CONTROLE DE CONVENCIONALIDADE
Temas Aprofundados

Organizadores
Luciano Mariz Maia
Yulgan Lira

CONTROLE DE CONVENCIONALIDADE
Temas Aprofundados

2018

EDITORA
*jus*PODIVM

www.editorajuspodivm.com.br

EDITORA JusPODIVM
www.editorajuspodivm.com.br

Rua Mato Grosso, 164, Ed. Marfina, 1º Andar – Pituba, CEP: 41830-151 – Salvador – Bahia
Tel: (71) 3045.9051
• Contato: https://www.editorajuspodivm.com.br/sac

Copyright: Edições JusPODIVM

Conselho Editorial: Eduardo Viana Portela Neves, Dirley da Cunha Jr., Leonardo de Medeiros Garcia, Fredie Didier Jr., José Henrique Mouta, José Marcelo Vigliar, Marcos Ehrhardt Júnior, Nestor Távora, Robério Nunes Filho, Roberval Rocha Ferreira Filho, Rodolfo Pamplona Filho, Rodrigo Reis Mazzei e Rogério Sanches Cunha.

Capa: Ana Caquetti

C764   Controle de convencionalidade: temas aprofundados / coordenadores Luciano Mariz Maia e Yulgan Lira – Salvador: Juspodivm, 2018.
720 p.

Vários autores
Bibliografia
ISBN 978-85-442-2033-7.

1. Controle. 2. Convencionalidade. 3. Direito Internacional. 4. Proteção Internacional aos Direitos Humanos. 4. Direitos Humanos. I. Maia, Luciano Mariz. II. Lira, Yulgan. III. Título.

CDD 341.1

Todos os direitos desta edição reservados à Edições JusPODIVM.

É terminantemente proibida a reprodução total ou parcial desta obra, por qualquer meio ou processo, sem a expressa autorização do autor e da Edições JusPODIVM. A violação dos direitos autorais caracteriza crime descrito na legislação em vigor, sem prejuízo das sanções civis cabíveis.

Apresentação

O presente estudo que temos a honra de coordenar, intitulado "Controle de Convencionalidade: temas aprofundados", traz reflexões inéditas sobre o controle de convencionalidade, debatendo profundamente temas ainda não explorados pela bibliografia nacional, sendo escrito por pesquisadores de notoriedade na academia e na atividade técnico-jurídica.

O crescimento do uso do controle de convencionalidade, no Brasil, é notável. Cada vez mais, os tribunais e instituições jurídicas se utilizam do mecanismo para analisar a compatibilidade das normas nacionais brasileiras com os tratados internacionais de direitos humanos. Com isso, entender as extensões e limites desse instrumento processual no direito é absolutamente fundamental no mundo globalizado, em que as convenções internacionais se tornam protagonistas no cenário de construção e interpretação do ordenamento jurídico doméstico.

Destaca-se a crescente cobrança do tema em provas de concursos públicos, sobretudo da área federal, como a Magistratura Federal e do Trabalho, o Ministério Público da União e a Defensoria Pública da União, o que resulta na necessidade de aprofundamento sobre as formas pelas quais o controle de convencionalidade deve ser concebido na teoria e na prática.

Diante disso, buscamos selecionar textos que espelham a amplitude jurídica do tema, de forma a auxiliar o leitor no entendimento do mecanismo em contextos jurídicos variados, pertinentes à teoria geral, aos aspectos constitucionais e legais, e até mesmo a propostas de efetivação do controle na jurisdição interna. Ressalta-se, ainda, que a obra vai além da visão geral e das explanações consolidadas, a ela são aglutinados textos críticos, pesquisas de dados no Brasil e no exterior e aprofundamentos necessários para o desenvolvimento do raciocínio autônomo do leitor sobre as formas de lidar com o controle de convencionalidade na prática forense.

De maneira condensada, esta obra tem, na primeira parte, intitulada "Teoria do controle de convencionalidade", artigos que demonstram aspectos gerais da teoria dos direitos humanos em relação com o controle de convencionalidade, como a justiça de transição, democracia e o princípio da aplicação da norma mais favorável à pessoa. Cumpre apontar, nesta seção, o artigo de abertura escrito pelo Prof. Dr. Valerio Mazzuoli, principal expoente do tema no Brasil, que inicia as explanações do livro apresentando a visão geral do instituto, após anos de reflexões e amadurecimento no tema. Em seguida, o Prof. Dr. Sven Peterke e a Profa. Dra. Fernanda Cristina Franco oferecem um texto crítico e essencial na problematização do controle de convencionalidade no Brasil, confrontando o instrumento com um olhar cético e contestando suas balizas fundamentais.

Em sequência, na parte intitulada "Constituição e controle de convencionalidade" deu-se a reflexão sobre o controle de convencionalidade em relação com a teoria constitucional. A análise deste tópico foi inaugurada pela Profa. Dra. Flávia Piovesan, atual comissária da Comissão Interamericana de Direitos Humanos, que trouxe artigo no qual se reflete o contexto político por trás do controle de convencionalidade, a violência e o diálogo pela máxima efetivação dos direitos fundamentais. Com efeito, este capítulo é composto por artigos de grande relevância para a prática dos tribunais, por discutir os desafios enfrentados pelos profissionais nas questões que envolvem o controle de convencionalidade. Os temas são o da possibilidade do controle concentrado de convencionalidade, da definição das competências recursais para avaliar recurso que versa sobre o controle de convencionalidade, dos diálogos interconstitucionais latino-americanos e da atual confrontação da lei de anistia com a Constituição do Brasil e a Convenção Americana sobre Direitos Humanos.

A terceira parte, nomeada "Jurisprudência internacional de direitos humanos e o exercício do controle de convencionalidade", tem por objetivo central explicar como o tema vem sendo desenvolvido pela jurisdição internacional e como o Brasil aceita as disposições advindas dos julgamentos da Corte Interamericana de Direitos Humanos (CrIDH) e das Convenções interpretadas pelos órgãos de proteção aos diretos humanos internacionais. O Prof. Dr. Sidney Guerra é responsável por fazer a reflexão do conhecido caso da Guerrilha do Araguaia (Gomes Lund) v. Brasil e demonstrar como o país reagiu à sentença da Corte em seu desfavor. Outro tema de repercussão é o do Me. Henrique Marcos, em que, refletindo sobre duas decisões internacionais, concede balizas para o entendimento do instituto da margem de apreciação, utilizado pelo Superior Tribunal de Justiça (STJ) no habeas corpus sobre a (in)convencionalidade do crime de desacato.

Na parte quatro, denominada "Controle de convencionalidade brasileiro", os autores se detiveram a examinar o fenômeno da recepção do controle de convencionalidade pelo ordenamento jurídico pátrio, o qual aparenta ter coloração própria, nos moldes talhados pelos nossos tribunais superiores. O capítulo se abre com o texto do Desembargador do Trabalho, Prof. Dr. Wolney Cordeiro, trazendo suas visões sobre o controle de convencionalidade na Lei da Reforma Trabalhista de 2017, tema absolutamente fundamental para a prática judicial e para concursos públicos. Além disso, esta seção do livro recebe reflexões inéditas sobre temas de relevo no Brasil contemporâneo, como a proteção do trabalhador, o crime de desacato, a maioridade penal, a questão dos encarcerados, a antecipação do cumprimento da pena frente a presunção de inocência, o direito das mulheres e o controle de convencionalidade no processo de execução civil.

Na parte cinco, "Controle de convencionalidade no direito comparado", dois artigos assumem protagonismo na realização da análise da experiência do controle de convencionalidade em outros países, nomeadamente os latino-americanos e a Guiné Bissau. O primeiro foi escrito pelo Prof. Dr. Thiago Oliveira Moreira, em relevante pesquisa sobre o uso do controle de convencionalidade no México, Nicarágua, Panamá, República Dominicana, Peru, Venezuela, Argentina e Uruguai, trabalho indispensável para as pesquisas sobre a experiência do controle de convencionalidade latino-americano. Em seguida, o Me. Mamadu Seidi apresenta a experiência do controle de convencionalidade na Guiné Bissau, refletindo sobre os aspectos constitucionais e os incentivos para mudança jurisprudencial sobre a efetividade dos tratados internacionais em âmbito doméstico.

A parte seis é responsável pelas propostas de efetivação, com foco nas experiências práticas com o controle de convencionalidade, e, por isso, recebeu o nome de "Propostas de efetivação do controle de convencionalidade". Nela, os textos apresentam experiências práticas em que o instrumento foi utilizado de forma inovadora e trouxe resultados positivos no contexto de proteção dos direitos humanos de grupos vulneráveis, a exemplo do trabalho da clínica de direitos humanos com os direitos das crianças que buscavam tratamento médico à base de *cannabidiol*. Destaca-se também as reflexões sobre o atual papel do Ministério Público Federal na implementação de decisões da CrIDH, o que ocorreu no âmbito das medidas cautelares do caso do Presídio Complexo de Curado. Tem-se ainda os textos que endereçam o controle de convencionalidade como forma de cooperação com o Tribunal Penal Internacional (TPI) e o estímulo à proteção ambiental por meio da atuação do Conselho Nacional de Justiça (CNJ) no controle de convencionalidade.

Com isso, acreditamos que a leitura desta obra representa o amadurecimento doutrinário do tema e a aquisição de bases para refletir o controle de convencionalidade como instrumento de ampliação da efetividade dos tratados internacionais de direitos humanos no Brasil. Sua importância repousa na absorção do direito internacional pelo Estado e tem por finalidade harmonizar o entendimento universal sobre os direitos humanos, aumentando a coerência do sistema e diminuindo os riscos de violação desses direitos. É o que se almeja.

João Pessoa-PB, 15 de março de 2018,

Luciano Mariz Maia & Yulgan Lira.

Sobre Organização e Autoria

ORGANIZADORES

LUCIANO MARIZ MAIA

Vice-Procurador-Geral da República (membro do Ministério Público Federal)
Professor Adjunto do Departamento de Direito Público da Universidade Federal da Paraíba
Doutor em Direito pela Universidade Federal de Pernambuco
Mestre em Direito pela University of London
Graduado em Direito pela Universidade Federal da Paraíba
E-mail: lucianomaia@mpf.mp.br.

YULGAN LIRA

Advogado. Aluno Especial do Doutorado em Direito Internacional pela Universidade de São Paulo (USP). Mestre e Graduado em Ciências Jurídicas pela Universidade Federal da Paraíba (UFPB). Aperfeiçoamento em Direito Internacional no Centro de Direito Internacional (CEDIN-BH), em Propriedade Intelectual pela World Intellectual Property Organization (WIPO) e Instituto Nacional de Propriedade Industrial (INPI), em Prevenção à Lavagem de Dinheiro em FinTechs pela Association of Certified Anti-Money Laundering Specialists (ACAMS), em Corrupção na University of Pennsylvania e em Direitos Humanos e Direito Humanitário na Washington College of Law (AU-Washington. DC). Pesquisador da Universidade de São Paulo (USP), no Núcleo de Estudos em Tribunais Internacionais (NETI-USP); da Pontifícia Universidade Católica de São Paulo (PUC-SP), na linha de Corrupção, Democracia e Direitos Humanos; da Universidade Federal de Pernambuco (UFPE), no Laboratório de Pesquisa em Desenhos Institucionais (LAPEDI) e da Universidade Federal da Paraíba, na linha de Análise de Estruturas de Violência e Direito. Membro da Academia Brasileira de Direito Internacional (ABDI); do International Law Association (ILA) - Ramo Brasileiro; da Association of Certified Anti-Money Laundering Specialists (ACAMS). Editor Executivo do Boletim da Sociedade Brasileira de Direito Internacional.
E-mail: contato@yulgan.com

AUTORES

ADELLE ROJO

Mestranda em Teoria do Direito e do Estado no Programa de Estudos Pós-Graduados em Direito do Centro Universitário Eurípides de Marília (UNIVEM) - Bolsista CAPES/PROSUP. Pós-graduada em Direito e Processo Penal pela Universidade Estadual de Londrina (UEL). Bacharel em Direito pelo Centro Universitário Eurípides de Marília (UNIVEM). Membra do Grupo de pesquisa DiFuSo (Direitos Fundamentais Sociais) cadastrado no CNPq. Advogada.

ALFREDO CARLOS GONZAGA FALCÃO JÚNIOR

Procurador da República. Procurador Regional de Direitos do Cidadão – Ministério Público Federal –Pernambuco. Doutorando e Mestre em Direito pela Universidade Federal de Pernambuco.

ANA ISABELLA BEZERRA LAU

Advogada. Professora universitária. Mestre em Direito Econômico pelo Programa de Pós Graduação em Ciências Jurídicas da Universidade Federal da Paraíba (PPGCJ/UFPB). Pós graduação em Direito do Trabalho e Previdenciário pela Pontifícia Universidade Católica de Minas Gerais (PUC Minas). Graduação em Direito pela Universidade Federal da Paraíba. Pesquisadora do Laboratório Internacional de Investigação em Transjuridicidade (LABIRINT). Membro associado da *International Law Association* (ILA) e Membro do Conselho Editorial da Lexmax: Revista do Advogado da Paraíba

ANTÔNIO ÍTALO HARDMAN

Mestre em Ciências Jurídicas, área de concentração: Direitos Humanos, pela Universidade Federal da Paraíba (PPGCJ-UFPB). Membro do grupo de pesquisa de Estudos em História do Direito (UFPB/CNPq). Membro do Laboratório Internacional de Humanização e Desestatização do Direito (LIHDD). Advogado.

BIANCA MENDES PEREIRA RICHTER

Mestre e doutoranda em Processo Civil – Universidade de São Paulo. Pesquisadora Visitante – Universidade de Coimbra, 2012. Professora de Prática Jurídica – Universidade Presbiteriana Mackenzie. Professora de Processo Civil – Direito São Bernardo. Advogada.

BRUNO DE OLIVEIRA BIAZATTI

Mestre em Direito Internacional Contemporâneo pela Universidade Federal de Minas Gerais (UFMG). Bacharel em Direito pela UFMG. Especialista em Direito Internacional pelo Centro de Estudos em Direito e Negócios (CEDIN). Pesquisador da Academia Nacional de Estudos Transnacionais (ANET).

EDNA FIRMINO RODRIGUES FERNANDES

Bacharelanda de direito (Unipê); Bacharel em ciências econômicas (UFPB) e Tecnóloga em negócios imobiliários (IFPB).

FELIPE DALENOGARE ALVES

Doutorando e Mestre em Direito pelo Programa de Pós-Graduação em Direito (Mestrado e Doutorado) da Universidade de Santa Cruz do Sul – UNISC (Capes 5). Professor no curso de Direito da Faculdade Antonio Meneghetti – AMF. Membro do Grupo de Pesquisa "Jurisdição Constitucional Aberta", coordenado pela Profª Pós-Dra Mônia Clarissa Hennig Leal, vinculado e financiado pelo CNPq e à Academia Brasileira de Direito Constitucional ABDConst, desenvolvido junto ao Centro Integrado de Estudos e Pesquisas em Políticas Públicas – CIEPPP (financiado pelo FINEP), ligado ao PPGD da UNISC. Membro docente do Instituto Brasileiro de Direito – IbiJus e da Rede para o Constitucionalismo Democrático Latino-Americano. Bolsista CAPES/PROSUP (Tipo II).

FERNANDA CRISTINA FRANCO

Pós-Doutoranda pelo PNPD/Capes perante o PPGDIR da UFMA. Doutora em Direitos Humanos e Desenvolvimento pelo PPGCCJ da UFPB. Mestre em Ciências Jurídicas pelo mesmo programa. Bacharel em Direito pela Faculdade de Direito da USP.

FLÁVIA PIOVESAN

Professora doutora em Direito Constitucional e Direitos Humanos da Pontifícia Universidade Católica de São Paulo, Professora de Direitos Humanos dos Programas de Pós Graduação da Pontifícia Universidade Católica do Paraná, da Pontifícia Universidade Católica de São Paulo e da Universidade Pablo de Olavide (Sevilha, Espanha); visiting fellow do Human Rights Program da Harvard Law School (1995 e 2000), visiting fellow do Centre for Brazilian Studies da University of Oxford (2005), visiting fellow do Max Planck Institute for Comparative Public Law and International Law (Heidelberg - 2007 e 2008); desde 2009 é Humboldt Foundation Georg Forster Research Fellow no Max Planck Institute (Heidelberg); foi membro do Conselho Nacional de Defesa dos Direitos da Pessoa Humana e da UN High Level Task Force on the implementation of the right to development. É membro do OAS Working Group para o monitoramento do Protocolo de San Salvador em matéria de direitos econômicos, sociais e culturais. Comissionada da Comissão Interamericana de Direitos Humanos.

FLAVIANNE FERNANDA BITENCOURT NÓBREGA

Professora de Teoria Política e do Estado da Faculdade de Direito do Recife - Universidade Federal de Pernambuco. Doutora em Direito pela UFPE, com período sanduíche na Bucerius Law School – Hamburg. Mestre em Direito. Mestre em Ciência Política. Coordenadora do Projeto de extensão universitária e pesquisa-ação "Acesso ao Sistema Interamericano de Proteção aos Direitos Humanos" (Sigproj/MEC- UFPE).

GIOVANNA DE MELLO CARDOSO PEREIRA

Advogada em São Paulo, bacharela em direito PUC SP, onde integra o grupo de pesquisas em direitos fundamentais.

GRAÇA ARETHA SOUZA DE LIRA

Discente do Curso de Direito da Universidade Federal da Paraíba campus João Pessoa.

HELOÍSA CLARA ARAÚJO ROCHA GONÇALVES

Mestre em Direitos Humanos, Cidadania e Políticas Públicas pela Universidade Federal da Paraíba (UFPB)

HENRIQUE JERÔNIMO BEZERRA MARCOS

Lawyer and Master's degree student at the Federal University of Paraíba (Universidade Federal da Paraíba).

KONSTANTIN GERBER

Advogado Consultor em São Paulo, mestre e doutorando em filosofia do direito, PUC-SP, onde integra o grupo de pesquisas em direitos fundamentais. Professor convidado do curso de especialização em direito constitucional e em direito internacional dos direitos humanos.

LUCIANO MARIZ MAIA

Vice-Procurador-Geral da República (membro do Ministério Público Federal). Professor Adjunto do Departamento de Direito Público da Universidade Federal da Paraíba. Doutor em Direito pela Universidade Federal de Pernambuco. Mestre em Direito pela *University of London*. Graduado em Direito pela Universidade Federal da Paraíba.

LUCIANO MENEGUETTI PEREIRA

Mestre em Direito Constitucional pelo Instituto Toledo de Ensino (ITE). Especialista em Direito Público com ênfase em Direito Constitucional pela Universidade Potiguar (UNP). Especialista em Educação no Ensino Técnico e Superior pelo Centro Universitário Toledo (UNITOLEDO). Graduado em Direito pelo Centro Universitário Toledo (UNITOLEDO). Professor de Direito Internacional e Direitos Humanos no Curso de Direito do Centro Universitário Toledo (UNITOLEDO). Advogado.

LUÍS CARLOS SANTOS LIMA

Doutor em Ciências Jurídicas pela Universidade Federal da Paraíba (2017), Mestre em Administração pela Universidade Federal da Paraíba (2007), Especialista em Direito Constitucional pela Universidade Anhanguera (2010), Master Business Administration em Gestão de Negócios pela Fundação Getúlio Vargas (2004), Bacharel em Direito pelo Centro Universitário de João Pessoa (2004) e Bacharel em Administração pela Universidade Federal da Paraíba (2003). Atualmente atua como Professor da Universidade Federal da Paraíba e Pesquisador do Laboratório Internacional de Investigação em Transjuridicidade (LABIRINT) e do Grupo de Pesquisa Grupo de Estudos em Tecnologias Empresariais e Conhecimento (GETEC), com experiência nas áreas de Direito Público e Administração Pública e Privada.

LUIZ GUILHERME ARCARO CONCI

Professor de Direito Constitucional e Teoria do Estado da Pontifícia Universidade Católica de São Paulo (PUC-SP), onde coordena o Curso de Especialização em Direito Constitucional. Professor Titular de Teoria do Estado da Faculdade de São Bernardo do Campo – Autarquia Municipal. Doutor e Mestre em Direito Constitucional (PUC-SP), com estudos de nível pós-doutorais no Instituto de Direito Parlamentar da Universidade Complutense de Madrid (2013-2014). Advogado Consultor em São Paulo e Presidente da Coordenação do Sistema Internacional de Proteção dos Direitos Humanos do Conselho Federal da Ordem dos Advogados do Brasil. Lidera o grupo de pesquisas em Direitos Fundamentais.

MADSON ANDERSON CORRÊA MATOS DO AMARAL

Advogado, mestrando em Direito pela Universidade Metodista de Piracicaba (UNIMEP).

MAMADU SEIDI

Mestre em Ciências Jurídicas pelo Centro de Ciências Jurídicas da Universidade Federal da Paraíba. Graduado em Direito Pela Universidade Federal do Rio Grande do Norte.

MARIANA TORRES LÓPEZ

Licenciada en Derecho por la Universidad Veracruzana, Asistente Legal en el Programa de Derechos Humanos de la Universidad Veracruzana, Diplomada en Derechos Humanos y Neoconstitucionalismo Mexicano por el Instituto de Investigaciones Jurídicas de la Universidad Veracruzana, Proyectista de la Comisión Estatal para la Atención y Protección de los Periodistas en Veracruz.

MÔNIA CLARISSA HENNIG LEAL

Pós-Doutora em Direito pela Ruprecht-Karls Universität Heidelberg, Alemanha. Doutora em Direito pela Universidade do Vale do Rio dos Sinos – Unisinos.

Professora e Coordenadora Adjunta do Programa de Pós-Graduação em Direito (Mestrado e Doutorado) da Universidade de Santa Cruz do Sul – UNISC (Capes 5). Coordenadora do Grupo de Pesquisa "Jurisdição Constitucional Aberta", vinculado e financiado pelo CNPq e à ABDConst, desenvolvido junto ao Centro Integrado de Estudos e Pesquisas em Políticas Públicas – CIEPPP (financiado pelo FINEP), ligado ao PPGD da UNISC. Bolsista de produtividade em pesquisa do CNPq.

NATÁLIA DINIZ DA SILVA

Mestre em Direito Processual Civil – USP. Graduada em Direito pela USP. Membra do Centro de Estudos Avançados de Processo (CEAPRO). Membra do Comitê Brasileiro de Arbitragem (CBAr). Advogada.

RAFAELLY OLIVEIRA FREIRE DOS SANTOS

Discente em Ciências Jurídicas pela Universidade Federal Federal da Paraíba, ex-participante do IAA Mapping Project da UNCTAD, Ex-bolsista do projeto de iniciação científica "Tráfico de Pessoas na Paraíba: um diagnóstico de 2015" e ex-extensionista do projeto "Acesso à Jurisdição Interamericana de Direitos Humanos".

RAPHAEL SILVA DE CASTRO LIMA

Graduando em Direito pela Universidade Federal da Paraíba.

RENATO GOMIDE MARTINEZ DE ALMEIDA

Graduado em direito pela Pontifícia Universidade Católica do Rio de Janeiro, com ênfase em Estado e Sociedade. Participação na pesquisa de iniciação científica (PIBIC) sobre o tema: Cooperação Jurídica internacional: o Projeto sobre o Reconhecimento e Execução de Sentenças da Conferência Da Haia de Direito Internacional Privado (2015-2016). Membro do Núcleo de Direitos Humanos da PUC-Rio entre 2013 e 2014. Aperfeiçoamento em direito internacional pelo Centro de Direito Internacional (CEDIN) em Belo Horizonte.

RODRIGO CLEMENTE DE BRITO PEREIRA

Mestre em Ciências Jurídicas pela Universidade Federal da Paraíba. Advogado. Procurador Geral Adjunto do Município de João Pessoa.

SIDNEY GUERRA

Pós-Doutor pelo Centro de Estudos Sociais da Universidade de Coimbra e Pós-Doutor pelo Programa Avançado em Cultura Contemporânea da UFRJ. Doutor e Mestre em Direito. Professor Associado da UFRJ. Presidente do Instituto Brasileiro Pacificador (IBP).

STEFANO BENETTON PIZZOL GRIGOLON

Advogado, mestre em Direito pela Universidade Metodista de Piracicaba (UNIMEP).

SVEN PETERKE

Pós-Doutorando pelo Instituto Max-Planck, Alemanha. Professor Adjunto IV no CCJ da UFPB. Doutor em Ciências Jurídicas pela Ruhr-Universität Bochum, Alemanha, onde também concluiu Mestrado em Assistência Internacional Humanitária. Graduou-se em Ciências Jurídicas pela Christian-Albrecht-Universität zu Kiel, Alemanha.

TÁSSIO JOSÉ PONCE DE LEON AGUIAR

Mestre em Comunicação e Culturas Midiáticas (PPGC/UFPB), graduado em Comunicação Social – Jornalismo (UFPB) e estudante do 5º período de Direito (CCJ/UFPB).

THAMIRYS PEREIRA SOARES DA SILVA

Graduanda em Direito (CCJ/UFPB).

THIAGO OLIVEIRA MOREIRA

Discente em Direito pela Universidade do País Basco (UPV/EHU) e pela Universidade de Coimbra (FDUC/PT). Mestre em Direito pela UFRN e UPV/EHU. Professor Adjunto da UFRN. Membro do Conselho Nacional da Academia Brasileira de Direito Internacional.

VALERIO DE OLIVEIRA MAZZUOLI

Pós-Doutor em Ciências Jurídico-Políticas pela Universidade de Lisboa. Doutor *summa cum laude* em Direito Internacional pela UFRGS. Mestre em Direito Internacional pela UNESP. Professor Associado de Direito Internacional da UFMT. Coordenador-adjunto do Programa de Mestrado em Direito da UFMT. Professor honorário da Faculdade de Direito e Ciências Políticas da Universidade de Huánuco (Peru). Membro da Sociedade Brasileira de Direito Internacional (SBDI) e da Associação Brasileira de Constitucionalistas Democratas (ABCD). Advogado e Consultor Jurídico.

WOLNEY DE MACEDO CORDEIRO

Desembargador do Trabalho do TRT da 13ª Região; Professor Titular do UNIPÊ-Centro Universitário de João Pessoa e da ESMAT13- Escola Superior da Magistratura Trabalhista da Paraíba; Mestre e Doutor em Direito pela Universidade Federal da Paraíba. Professor visitante das Escolas Judiciais dos TRT´s da 4ª,5ª, 6ª, 16ª, 20ª e 21ª Regiões. Vice-Presidente e Corregedor do Tribunal Regional do Trabalho da 13ª Região para o biênio 2017-2019.

YLANA LIRA

Discente em Ciências Jurídicas pela Universidade Federal da Paraíba, com mobilidade acadêmica na Universität Vechta (Alemanha). Pesquisadora bolsista do projeto de iniciação científica "Políticas de Regulação de Empresas

Transnacionais de Energia e Mineração por Violação aos Direitos Humanos". Membro do grupo "*Law and Economics*" e ex-extensionista bolsista do projeto "Acesso à Jurisdição Interamericana de Direitos Humanos".

YOSEPH EMANUEL DOS SANTOS VAZ

Discente em Direito, pela Universidade Estadual da Paraíba.

YULGAN LIRA

Advogado. Aluno Especial do Doutorado em Direito Internacional pela Universidade de São Paulo (USP). Mestre e Graduado em Ciências Jurídicas pela Universidade Federal da Paraíba (UFPB). Aperfeiçoamento em Direito Internacional no Centro de Direito Internacional (CEDIN-BH), em Propriedade Intelectual pela World Intellectual Property Organization (WIPO) e Instituto Nacional de Propriedade Industrial (INPI), em Prevenção à Lavagem de Dinheiro em FinTechs pela Association of Certified Anti-Money Laundering Specialists (ACAMS), em Corrupção na University of Pennsylvania e em Direitos Humanos e Direito Humanitário na Washington College of Law (AU-Washington. DC). Pesquisador da Universidade de São Paulo (USP), no Núcleo de Estudos em Tribunais Internacionais (NETI-USP); da Pontifícia Universidade Católica de São Paulo (PUC-SP), na linha de Corrupção, Democracia e Direitos Humanos; da Universidade Federal de Pernambuco (UFPE), no Laboratório de Pesquisa em Desenhos Institucionais (LAPEDI) e da Universidade Federal da Paraíba, na linha de Análise de Estruturas de Violência e Direito. Membro da Academia Brasileira de Direito Internacional (ABDI); do International Law Association (ILA) – Ramo Brasileiro; da Association of Certified Anti-Money Laundering Specialists (ACAMS). Editor Executivo do Boletim da Sociedade Brasileira de Direito Internacional.
E-mail: contato@yulgan.com

YURE LIRA

Especialista em Direito Público pela Universidade Cândido Mendes (UCAM). Graduado em Direito pela Universidade Federal da Paraíba (UFPB). Advogado.

Sumário

PARTE 1 – TEORIA DO CONTROLE DE CONVENCIONALIDADE

TEORIA GERAL DO CONTROLE DE CONVENCIONALIDADE NO DIREITO BRASILEIRO
Valerio de Oliveira Mazzuoli 23

CONTROLE DE CONVENCIONALIDADE: PROTEÇÃO DOS CÉUS OU VIGILÂNCIA DOS INFERNOS? ANÁLISE CÉTICA DOS POSICIONAMENTOS DOUTRINÁRIOS SOBRE ESSA FIGURA CONTROVERSA
Fernanda Cristina Franco & Sven Peterke 67

O CONTROLE DE CONVECIONALIDADE JUDICIAL COMO MEIO DE EFETIVAÇÃO DA JUSTIÇA DE TRANSIÇÃO E DE FOMENTO À DEMOCRACIA
Heloísa Clara Araújo Rocha Gonçalves 83

NORMAS IUS COGENS E PRINCÍPIO PRO PERSONA
Luiz Guilherme Arcaro Conci, Konstantin Gerber & Giovanna de Mello Cardoso Pereira 97

PARTE 2 – CONSTITUIÇÃO E CONTROLE DE CONVENCIONALIDADE

DIREITOS HUMANOS E CONSTITUCIONALISMO REGIONAL TRANSFORMADOR: O IMPACTO DO SISTEMA INTERAMERICANO
Flávia Piovesan 119

PODEM OS TRATADOS DE DIREITOS HUMANOS NÃO "EQUIVALENTES" ÀS EMENDAS CONSTITUCIONAIS SERVIR DE PARADIGMA AO CONTROLE CONCENTRADO DE CONVENCIONALIDADE?
Valerio de Oliveira Mazzuoli 145

CONTROLE DE CONVENCIONALIDADE NOS RECURSOS EXCEPCIONAIS
Luciano Mariz Maia, Yulgan Lira & Yure Lira 155

CONTROLE DE CONVENCIONALIDADE NA VIA CONCENTRADA
Rodrigo Clemente de Brito Pereira 185

CONTROLE DE CONVENCIONALIDADE E A NOVA CONSTITUIÇÃO: O INTERCONSTITUCIONALISMO À LUZ DO DIREITO INTERAMERICANO
Antônio Ítalo Hardman 207

CONTROLE DE CONVENCIONALIDADE E TRANSNACIONALIDADE: LIMITES E POTENCIALIDADES NA RELAÇÃO ENTRE SUPREMO TRIBUNAL FEDERAL E CORTE INTERAMERICANA DE DIREITOS HUMANOS
Luís Carlos Santos Lima 231

CONTROLES DE CONSTITUCIONALIDADE E DE CONVENCIONALIDADE: UMA ANÁLISE DO CHOQUE DE POSIÇÕES ENTRE O SUPREMO TRIBUNAL FEDERAL E A CORTE INTERAMERICANA DE DIREITOS HUMANOS SOBRE A LEI DE ANISTIA
Raphael Silva de Castro Lima 261

PARTE 3 – JURISPRUDÊNCIA INTERNACIONAL DE DIREITOS HUMANOS E O EXERCÍCIO DO CONTROLE DE CONVENCIONALIDADE

GOMES LUND X REPÚBLICA FEDERATIVA DO BRASIL: O CASO JUNTO À CORTE INTERAMERICANA DE DIREITOS HUMANOS E O CONTROLE DE CONVENCIONALIDADE
Sidney Guerra 289

FROM THE ANDES TO THE ALPS AND BACK AGAIN: A THIRD WORLD PERSPECTIVE OF THE MARGIN OF APPRECIATION TECHNIQUE THROUGH THE COMPARISON OF THE OLMEDO BUSTOS V. CHILE CASE AGAINST THE OTTO-PREMINGER INSTITUTE V. AUSTRIA CASE
Henrique Jerônimo Bezerra Marcos 319

LA REPARACIÓN DEL DAÑO AL PROYECTO DE VIDA EN EL SISTEMA INTERAMERICANO DE PROTECCIÓN A DERECHOS HUMANOS
Mariana Torres López 343

SOBERANIA, JURISDIÇÃO INTERNACIONAL E CONTROLE DE CONVENCIONALIDADE: UMA ANÁLISE DOS 10 ANOS DA CRIAÇÃO DA LEI MARIA DA PENHA (LEI 11.340/06) E UMA CRÍTICA A RESPEITO DA EFICÁCIA DAS DECISÕES INTERNACIONAIS NO ORDENAMENTO JURÍDICO INTERNO
Stefano Benetton Pizzol Grigolon & Madson Anderson Corrêa Matos do Amaral 357

PARTE 4 – CONTROLE DE CONVENCIONALIDADE BRASILEIRO

O CONTROLE DE CONVENCIONALIDADE E REFORMA TRABALHISTA: ADEQUAÇÃO DA LEI N.º 13.467, DE 13.07.2017 AOS PADRÕES REGULATÓRIOS DA ORGANIZAÇÃO INTERNACIONAL DO TRABALHO
  Wolney de Macedo Cordeiro 377

O ESTADO BRASILEIRO E O DEVER DE PROTEÇÃO AO TRABALHADOR: O CONTROLE DE CONVENCIONALIDADE APLICADO PELO TRIBUNAL SUPERIOR DO TRABALHO BRASILEIRO COMO INSTRUMENTO DE CONCRETIZAÇÃO DOS DIREITOS FUNDAMENTAIS NO *CASE* IVANILDO BANDEIRA V. AMSTED MAXION
  Mônia Clarissa Hennig Leal & Felipe Dalenogare Alves 405

O CONTROLE JURISDICIONAL DE CONVENCIONALIDADE NO BRASIL: UMA ANÁLISE DE COMPORTAMENTOS ANTAGÔNICOS ENTRE AS JUSTIÇAS PENAL E TRABALHISTA BRASILEIRAS
  Luciano Meneguetti Pereira 431

CONTROLE DE CONVENCIONALIDADE: AFINAL, DESACATO À AUTORIDADE OU LIBERDADE DE EXPRESSÃO?
  Edna Firmino Rodrigues Fernandes 471

CONTROLE DE CONVENCIONALIDADE: UMA ANÁLISE SOBRE A REDUÇÃO DA MAIORIDADE PENAL NO BRASIL
  Yoseph Emanuel dos Santos Vaz 485

O CONTROLE JURISDICIONAL DE CONVENCIONALIDADE COMO INSTRUMENTO DE EFETIVAÇÃO DOS DIREITOS HUMANOS DOS ENCARCERADOS
  Adelle Rojo 499

PRESUNÇÃO DE INOCÊNCIA VERSUS ANTECIPAÇÃO DE PENA: UMA ANÁLISE DAS DECISÕES DO STF SOB A PERSPECTIVA DO CONTROLE DE CONVENCIONALIDADE
  Tássio José Ponce de Leon Aguiar & Thamirys Pereira Soares da Silva 519

CONTROLE DE CONVENCIONALIDADE E A RECENTE DECISÃO DO STF NO HC 124.306 DO RIO DE JANEIRO
  Graça Aretha Souza de Lira 541

O CONTROLE DE CONVENCIONALIDADE COMO LIMITE PARA A DISCRICIONARIEDADE DO JUIZ NA EXECUÇÃO: ANÁLISE DAS DECISÕES RECENTES QUE TÊM APLICADO O ARTIGO 139, IV, DO NOVO CÓDIGO DE PROCESSO CIVIL

Bianca Mendes Pereira Richter & Natália Diniz da Silva 559

PARTE 5 – CONTROLE DE CONVENCIONALIDADE NO DIREITO COMPARADO

O EXERCÍCIO DO CONTROLE DE CONVENCIONALIDADE PELOS TRIBUNAIS LATINO-AMERICANOS

Thiago Oliveira Moreira 581

A NECESSIDADE DA IMPLEMENTAÇÃO DO CONTROLE DE CONVENCIONALIDADE NO DIREITO GUINEENSE

Mamadu Seidi 611

PARTE 6 – PROPOSTAS DE EFETIVAÇÃO DO CONTROLE DE CONVENCIONALIDADE

CUMPRIMENTO DE MEDIDAS PROVISÓRIAS IMPOSTAS PELA CORTE INTERAMERICANA NO CASO DO COMPLEXO PRISIONAL DO CURADO: DESAFIOS DO MINISTÉRIO PÚBLICO FEDERAL NO CONTROLE DE CONVENCIONALIDADE

Alfredo Carlos Gonzaga Falcão Júnior & Flavianne Fernanda Bitencourt Nóbrega 629

CONTROLE DE CONVENCIONALIDADE E A EXPERIÊNCIA DAS CLÍNICAS DE DIREITOS HUMANOS NA PARAÍBA: AUMENTO DO *ENFORCEMENT* DOS TRATADOS DE DIREITOS HUMANOS POR MEIO DE NOTAS TÉCNICAS

Rafaelly Oliveira Freire dos Santos & Ylana Zálife de Farias Lira 647

O CONTROLE DE CONVENCIONALIDADE COMO MECANISMO PARA GARANTIR A COOPERAÇÃO DOS ESTADOS COM O TRIBUNAL PENAL INTERNACIONAL

Bruno de Oliveira Biazatti 665

A IMPORTÂNCIA DO DIREITO À MEMÓRIA EM SITUAÇÕES PÓS-CONFLITOS ARMADOS E O USO DO CONTROLE DE CONVENCIONALIDADE COMO INSTRUMENTO GARANTIDOR

Renato Gomide Martinez de Almeida 691

O CNJ NO ESTÍMULO AO CONTROLE DE CONVENCIONALIDADE AMBIENTAL E AO ENFORCEMENT DE NORMAS PROTETIVAS INTERNACIONAIS

Ana Isabella Bezerra Lau 707

PARTE 1 –
TEORIA DO CONTROLE DE CONVENCIONALIDADE

TEORIA GERAL DO CONTROLE DE CONVENCIONALIDADE NO DIREITO BRASILEIRO

Valerio de Oliveira Mazzuoli[1]

INTRODUÇÃO

O tema do controle de convencionalidade das leis veio à luz no Brasil a partir da entrada em vigor da Emenda Constitucional nº 45/2004 e dos estudos pioneiros que desenvolvemos a partir então.[2] A novidade trazida pelo tema diz respeito à possibilidade de se proceder à compatibilização vertical das normas do direito interno (bem assim dos atos normativos do Poder Público) tendo como paradigma não só *a Constituição*, senão também *os tratados internacionais* (notadamente os de direitos humanos, mas não só eles) ratificados pelo governo e em vigor no Estado.

Atualmente, passados vários anos dessa alteração constitucional, pode-se dizer que o tema do controle de convencionalidade impregnou-se na doutrina brasileira e (felizmente) também no âmbito do Poder Judiciário, estando este poder cada vez mais apto a invalidar as normas internas incompatíveis com os tratados internacionais de direitos humanos em vigor no Estado, à luz do princípio *pro homine*.

---

1. Professor Associado da Faculdade de Direito da Universidade Federal de Mato Grosso – UFMT. Pós-Doutor em Ciências Jurídico-Políticas pela Universidade Clássica de Lisboa. Doutor *summa cum laude* em Direito Internacional pela Faculdade de Direito da Universidade Federal do Rio Grande do Sul – UFRGS. Mestre em Direito Internacional pela Faculdade de Direito da UNESP – *campus* de Franca. Professor convidado nos cursos de pós-graduação da Universidade Federal do Rio Grande do Sul (UFRGS), da Pontifícia Universidade Católica de São Paulo (PUC/SP) e da Universidade Estadual de Londrina (UEL). Membro da Sociedade Brasileira de Direito Internacional (SBDI) e da Associação Brasileira de Constitucionalistas Democratas (ABCD). Advogado e Consultor Jurídico.

2. Para um estudo completo do tema, *v*. MAZZUOLI, Valerio de Oliveira, *O controle jurisdicional da convencionalidade das leis*, São Paulo: RT, 2009.

Neste estudo verificaremos qual o modelo brasileiro de controle de convencionalidade das leis e suas modalidades, tudo para o fim de refinar ainda mais esse tema em franco desenvolvimento.

1. CONTROLE DE CONVENCIONALIDADE BRASILEIRO E A TEORIA DA DUPLA COMPATIBILIDADE VERTICAL MATERIAL

É bem sabido que a Emenda Constitucional nº 45/04, que acrescentou o § 3º ao art. 5º da Constituição, trouxe a possibilidade dos tratados internacionais de direitos humanos serem aprovados com um *quorum* qualificado, a fim de passarem (desde que *ratificados* e *em vigor* no plano internacional) de um *status* materialmente constitucional para a condição (formal) de tratados "equivalentes às emendas constitucionais".[3] Tal acréscimo constitucional trouxe ao direito brasileiro um novo tipo de controle à produção normativa doméstica, até hoje desconhecido entre nós: o controle *de convencionalidade* das leis. À medida que os tratados de direitos humanos ou são *materialmente* constitucionais (art. 5º, § 2º) ou *material e formalmente* constitucionais (art. 5º, § 3º),[4] é lícito entender que, para além do clássico "controle de constitucionalidade", deve ainda existir (doravante) um "controle de convencionalidade" das leis, que é a compatibilização da produção normativa doméstica com os tratados de direitos humanos ratificados pelo governo e em vigor no país.

Em outras palavras, se os tratados de direitos humanos têm "*status* de norma constitucional", nos termos do art. 5º, § 2º da Constituição, ou se são "equivalentes às emendas constitucionais", posto que aprovados pela maioria qualificada prevista no art. 5º, § 3º da mesma Carta, significa que podem eles ser paradigma de controle das normas infraconstitucionais no Brasil.[5] Ocorre que os tratados internacionais *comuns* (que versam temas alheios aos direitos humanos) também têm *status* superior ao das leis internas.[6] Se bem que não equiparados às normas consti-

---

3. Para um estudo completo do significado do art. 5º, § 3º da Constituição, v. MAZZUOLI, Valerio de Oliveira, O novo § 3º do art. 5º da Constituição e sua eficácia, in *Revista Forense*, vol. 378, ano 101, Rio de Janeiro, mar./abr./2005, pp. 89-109.
4. Sobre essa distinção entre tratados *materialmente constitucionais* e *material e formalmente constitucionais*, bem como para o seu melhor entendimento, veja-se o nosso estudo citado na nota anterior.
5. Cf. MENDES, Gilmar Ferreira. *Jurisdição constitucional: o controle abstrato de normas no Brasil e na Alemanha*, 5. ed. São Paulo: Saraiva, 2005, p. 239.
6. V. a comprovação dessa assertiva em MAZZUOLI, Valerio de Oliveira, *Curso de direito internacional público*, 3. ed. rev., atual. e ampl., São Paulo: RT, 2009, pp. 178-179; 229-230; e, especialmente, pp. 332-343.

tucionais, os instrumentos convencionais comuns têm *status* supralegal no Brasil, posto não poderem ser revogados por lei interna posterior, como estão a demonstrar vários dispositivos da própria legislação infraconstitucional brasileira, dentre eles o art. 98 do Código Tributário Nacional.[7] Neste último caso, tais tratados (comuns) também servem de paradigma ao controle das normas infraconstitucionais, posto estarem situados acima delas, com a única diferença (em relação aos tratados de direitos humanos) que não servirão de paradigma do controle *de convencionalidade* (expressão reservada aos tratados com nível constitucional), mas do controle *de supralegalidade* das normas infraconstitucionais.

Isso tudo somado demonstra que, doravante, todas as normas infraconstitucionais que vierem a ser produzidas no país devem, para a análise de sua compatibilidade com o sistema do atual Estado Constitucional e Humanista de Direito, passar por dois níveis de aprovação: (1) a *Constituição* e os *tratados de direitos humanos* (material ou formalmente constitucionais) ratificados pelo Estado; e (2) os *tratados internacionais comuns* também ratificados e em vigor no país. No primeiro caso, tem-se o controle de convencionalidade das leis; no segundo, o seu controle de supralegalidade.

Este ensaio tem por finalidade analisar essa nova concepção, segundo a qual as normas domésticas também se sujeitam a um controle de convencionalidade (compatibilidade vertical do direito doméstico com os tratados de direitos humanos em vigor no país) e ao de supralegalidade (compatibilidade vertical do direito doméstico com os tratados comuns em vigor no país), para além do clássico e já bem conhecido controle de constitucionalidade.

Para tanto, a primeira ideia a ser fixada é a de que a compatibilidade da lei com o texto constitucional não mais lhe garante *validade* no plano do direito interno. Para tal, deve a lei ser compatível com a Constituição *e com* os tratados internacionais (de direitos humanos e comuns) ratificados pelo governo. Caso a norma esteja de acordo com a Constituição, mas não com eventual tratado já ratificado e em vigor no plano interno, poderá ela ser até considerada *vigente* (pois, repita-se, está *de acordo* com o texto constitucional e não poderia ser de outra forma) – e ainda continuará perambulando nos compêndios legislativos publicados –, mas não poderá ser tida como *válida*, por não ter passado imune a um

---

7. Para uma análise do art. 98 do CTN à luz da supremacia do direito internacional, *v.* MAZZUOLI, Valerio de Oliveira, *Curso de direito internacional público*, cit., pp. 344-353.

dos limites verticais materiais agora existentes: os tratados internacionais em vigor no plano interno. Ou seja, a incompatibilidade da produção normativa doméstica com os tratados internacionais em vigor no plano interno (ainda que tudo seja compatível com a Constituição) torna *inválidas*[8] as normas jurídicas de direito interno.

Como se sabe, a dogmática positivista clássica confundia *vigência* com a *validade* da norma jurídica. Kelsen já dizia que uma norma vigente é válida e aceitava o mesmo reverso, de que uma norma válida é também vigente: em certo momento falava em "uma 'norma válida' ('vigente')" e, em outro, na "vigência (validade) de uma norma".[9] Porém, na perspectiva do Estado Constitucional e Humanista de Direito esse panorama muda, e nem toda norma *vigente* deverá ser tida como *válida*. Não são poucos os autores atuais que rechaçam a concepção positivista legalista de vigência e validade das normas jurídicas (*v. infra*).[10]

De nossa parte, também entendemos que não se poderá mais confundir *vigência* com *validade* (e a consequente *eficácia*) das normas jurídicas. Devemos seguir, a partir de agora, a lição de Ferrajoli, que bem diferencia ambas as situações.[11-12] Para Ferrajoli, a identificação da *validade* de uma norma com a sua *existência* (determinada pelo fato de se

---

8. Cf., em paralelo, BOBBIO, Norberto, *O positivismo jurídico: lições de filosofia do direito*, Trad. de Márcio Pugliesi; Edson Bini; Carlos E. Rodrigues, São Paulo: Ícone, 1995, pp. 137-138.
9. *V.* o trecho ao qual aludimos: "Então, e só então, o dever-ser, como dever-ser 'objetivo', *é uma 'norma válida' ('vigente')*, vinculando os destinatários. É sempre este o caso quando ao ato de vontade, cujo sentido subjetivo é um dever-ser, é emprestado esse sentido objetivo por uma norma, quando uma norma, que por isso vale como norma 'superior', atribui a alguém competência (ou poder) para esse ato". E mais à frente, leciona: "Se, como acima propusemos, empregarmos a palavra 'dever-ser' num sentido que abranja todas estas significações, podemos exprimir *a vigência (validade) de uma norma* dizendo que certa coisa deve ou não deve ser, deve ou não ser feita" [grifos nossos]. (KELSEN, Hans. *Teoria pura do direito*, 7. ed. Trad. de João Baptista Machado. São Paulo: Martins Fontes, 2006, p. 11).
10. Cf. FERRAJOLI, Luigi. *Derechos y garantías: la ley del más débil*. Trad. de Perfecto Andrés Ibáñez e Andrea Greppi. Madrid: Trotta, 1999, p. 20; GOMES, Luiz Flávio, *Estado constitucional de direito e a nova pirâmide jurídica*, São Paulo: Premier Máxima, 2008, p. 75; e GOMES, Luiz Flávio & VIGO, Rodolfo Luis, *Do Estado de direito constitucional e transnacional: riscos e precauções (navegando pelas ondas evolutivas do Estado, do direito e da justiça)*, São Paulo: Premier Máxima, 2008, p. 19.
11. Cf. FERRAJOLI, Luigi. *Derechos y garantías: la ley del más débil*, cit., pp. 20-22.
12. A dificuldade de precisão desses conceitos já foi objeto dos comentários de Kelsen, nestes termos: "A determinação correta desta relação é um dos problemas mais importantes e ao mesmo tempo mais difíceis de uma teoria jurídica positivista. É apenas um caso especial da relação entre o dever-ser da norma jurídica e o ser da realidade natural. Com efeito, também o ato com o qual é posta uma norma jurídica positiva é – tal como a eficácia da norma jurídica – um fato da ordem do ser. Uma teoria jurídica positivista é posta perante a tarefa de encontrar

pertencer a certo ordenamento e estar conforme as normas que regulam sua produção) é fruto "de uma simplificação, que deriva, por sua vez, de uma incompreensão da complexidade da legalidade no Estado constitucional de direito que se acaba de ilustrar".[13] Com efeito, continua Ferrajoli, "o sistema das normas sobre a produção de normas – habitualmente estabelecido, em nossos ordenamentos, com nível constitucional – não se compõe somente de normas formais sobre a competência ou sobre os procedimentos de formação das leis", incluindo também "normas substanciais, como o princípio da igualdade e os direitos fundamentais, que de modo diverso limitam e vinculam o poder legislativo, excluindo ou impondo-lhe determinados conteúdos", o que faz com que "uma norma – por exemplo, uma lei que viola o princípio constitucional da igualdade – por mais que tenha existência formal ou vigência, possa muito bem ser inválida e, como tal, suscetível de anulação por contrastar com uma norma substancial sobre sua produção".[14]

Com efeito, a existência de normas *inválidas*, ainda segundo Ferrajoli, "pode ser facilmente explicada distinguindo-se duas dimensões da regularidade ou legitimidade das normas: a que se pode chamar 'vigência' ou 'existência', que faz referência à *forma* dos atos normativos e que depende da conformidade ou correspondência com as *normas formais* sobre sua formação; e a 'validade' propriamente dita ou, em se tratando de leis, a 'constitucionalidade' [e, podemos acrescentar, também a *'convencionalidade'*], que, pelo contrário, têm que ver com seu *significado* ou conteúdo e que depende da coerência com as *normas substanciais* sobre sua produção".[15] Nesse sentido, a *vigência* de determinada norma guardaria relação com a *forma* dos atos normativos, enquanto que a sua *validade* seria uma questão de *coerência* ou de *compatibilidade* das normas produzidas pelo direito doméstico com aquelas de caráter substancial (a Constituição e/ou os tratados internacionais em vigor no país) sobre sua produção.[16]

Em nosso país, é certo que toda lei vigora formalmente até que não seja revogada por outra ou até alcançar o seu termo final de vigência

---

      entre os dois extremos, ambos insustentáveis, o meio-termo correto". (*Teoria pura do direito*, cit., p. 235).
13. FERRAJOLI, Luigi. *Derechos y garantías: la ley del más débil*, cit., p. 20.
14. FERRAJOLI, Luigi. Idem, pp. 20-21.
15. FERRAJOLI, Luigi. Idem, p. 21.
16. Cf. FERRAJOLI, Luigi. Idem, pp. 21-22.

(no caso das leis excepcionais ou temporárias). A vigência pressupõe a publicação da lei na imprensa oficial e seu eventual período de *vacatio legis*; se não houver *vacatio* segue-se a regra do art. 1º da LICC da entrada em vigor após quarenta e cinco dias. Então, tendo sido aprovada pelo Parlamento e sancionada pelo Presidente da República (com promulgação e publicação posteriores) a lei é *vigente*[17] (ou seja, *existente*[18]) em território nacional (podendo ter que respeitar, repita-se, eventual período de *vacatio legis*),[19] o que não significa que será materialmente *válida* (e, tampouco, *eficaz*).[20] Perceba-se a própria redação da LICC, segundo a qual (art. 1º): "Salvo disposição contrária, a lei começa a *vigorar* em todo o país quarenta e cinco dias depois de oficialmente publicada" [grifo nosso]. Portanto, ser *vigente* é ser *existente* no plano legislativo. Lei

---

17. Perceba-se o conceito de *vigência* do ordenamento jurídico formulado por Alf Ross: "O ponto de que partimos é a hipótese de que um sistema de normas será *vigente* se for capaz de servir como um esquema interpretativo de um conjunto correspondente de ações sociais, de tal maneira que se torne possível para nós compreender esse conjunto de ações como um todo coerente de significado e motivação e, dentro de certos limites, predizê-las. Esta capacidade do sistema se baseia no fato das normas serem efetivamente acatadas porque são sentidas como socialmente obrigatórias. (...) Conclui-se disso que os fenômenos jurídicos que constituem a contrapartida das normas têm que ser as decisões dos tribunais. É aqui que temos que procurar a efetividade que constitui a vigência do direito". Perceba-se que, em tal conceito, se está a vincular a *vigência* da norma à sua capacidade de ser *socialmente obrigatória*, no que se poderia dizer ter Alf Ross estabelecido um conceito de vigência *social* do ordenamento jurídico. E assim conclui Ross: "Em conformidade com isso, um ordenamento jurídico nacional, considerado como um sistema vigente de normas, pode ser definido como o conjunto de normas que efetivamente operam na mente do juiz, porque ele as sente como socialmente obrigatórias e por isso as acata". V. ROSS, Alf. *Direito e justiça*. Trad. de Edson Bini. Bauru: Edipro, 2000, p. 59.
18. Para nós, *existência* (formal) e *vigência* têm o mesmo significado. Cf., nesse exato sentido, FERRAJOLI, Luigi, *Derechos y garantías: la ley del más débil*, cit., p. 21.
19. Para um panorama das discussões quanto ao início de vigência da lei, v. TELLES JUNIOR, Goffredo, *Iniciação na ciência do direito*, São Paulo: Saraiva, 2001, pp. 193-197.
20. A esse respeito, assim (e corretamente) leciona Artur Cortez Bonifácio: "Válida é a norma de lei ordinária cuja produção e conteúdo material se conforma à Constituição [e, para nós, também aos *tratados* em vigor no país], à legitimidade conferida pelos princípios constitucionais [e internacionais] político ou ético-filosóficos. Afora isso, a norma terá uma validade eminentemente formal, de relação de pertinência com o sistema jurídico. Vigente é a norma que existe [perceba-se a equiparação entre *vigência* e *existência*, como querendo significar a mesma coisa, concepção com a qual também concordamos], em função da qual se pode exigir algum comportamento: é a norma promulgada e ainda não derrogada, respeitadas questões como a *vacatio legis*. É de se perceber que toda norma vigente, assim tratada, tem validade formal; a sua validade material repousará no *quantum* de legitimidade que venha a expressar". (*O direito constitucional internacional e a proteção dos direitos fundamentais*. São Paulo: Método, 2008, p. 121).

vigente é aquela que já *existe*,[21] por ter sido elaborada pelo Parlamento e sancionada pelo Presidente da República,[22] promulgada e publicada no *Diário Oficial da União*.

Depois de verificada a *existência* (vigência) da lei é que se vai aferir sua *validade*, para, em último lugar, perquirir sobre sua *eficácia*.[23] Esta última (a eficácia legislativa) está ligada à realidade social que a norma almeja regular; conota também um meio de se dar "aos jurisdicionados a confiança de que o Estado exige o cumprimento da norma, dispõe para isso de mecanismos e força, e os tribunais vão aplicá-las".[24] Mas vigência e eficácia não coincidem cronologicamente, uma vez que a lei que existe (que é *vigente*) e que também é *válida* (pois de acordo com a Constituição e com os tratados – de direitos humanos ou comuns – em vigor no país), já pode ser aplicada pelo Poder Judiciário, o que não significa que possa vir a ter *eficácia*.[25] Não há como dissociar a eficácia das normas à realidade social ou à produção de efeitos concretos no seio da *vida*

---

21. Perceba-se que o próprio Kelsen aceita esta assertiva, quando leciona: "Com a palavra 'vigência' designamos a *existência* específica de uma norma. Quando descrevemos o sentido ou o significado de um ato normativo dizemos que, com o ato em questão, uma qualquer conduta humana é preceituada, ordenada, prescrita, exigida, proibida; ou então consentida, permitida ou facultada". (*Teoria pura do direito*, cit., p. 11).

22. Em caso de veto do Presidente, pode o Congresso *derrubá-lo* em sessão conjunta e por maioria absoluta de votos (CF, art. 66, § 4º), devendo ser novamente enviado ao Presidente da República, agora para promulgação (art. 66, § 5º). Se a lei não for promulgada dentro de quarenta e oito horas pelo Presidente da República, nos casos dos §§ 3º e 5º, o Presidente do Senado a promulgará, e, se este não o fizer em igual prazo, caberá ao Vice-Presidente do Senado fazê-lo (art. 66, § 7º). Após a promulgação, a lei é *publicada*, devendo entrar em *vigência* a partir desse momento, se assim dispuser expressamente. Se não o fizer e não houver período de *vacatio legis*, entrará vigor em quarenta e cinco dias (LICC, art. 1º).

23. Cf. TELLES JUNIOR, Goffredo. *Iniciação na ciência do direito*, cit., p. 193.

24. SCHNAID, David. *Filosofia do direito e interpretação*, 2. ed. rev. e atual., São Paulo: RT, 2004, pp. 62-63. O mesmo autor, páginas à frente, conclui: "A *eficácia* de uma norma está na sua obrigatoriedade, tanto para os sujeitos passivos como para os órgãos estatais, que devem aplicá-la efetivamente". (Idem, p. 93).

25. Nesse sentido, *v.* a posição coincidente de KELSEN, Hans, *Teoria pura do direito*, cit., p. 12, nestes termos: "Um tribunal que aplica uma lei num caso concreto imediatamente após a sua promulgação – portanto, antes que tenha podido tornar-se eficaz – aplica uma norma jurídica válida [para nós, uma norma *vigente*, que poderá não ser *válida*, a depender da conformidade com o texto constitucional e com os tratados internacionais (de direitos humanos ou comuns) em vigor no país]. Porém, uma norma jurídica deixará de ser considerada válida quando permanece duradouramente ineficaz". Depois, contudo, Kelsen afirma: "A eficácia é, nesta medida, condição da vigência, visto ao estabelecimento de uma norma se ter de seguir a sua eficácia para que ela não perca a sua vigência". Perceba-se, nesta parte final, a confusão kelseniana mais uma vez estampada. Trataremos de esclarecer as diferenças atuais entre *vigência*, *validade* e *eficácia* logo mais à frente.

social. O distanciamento (ou inadequação) da eficácia das leis com as realidades sociais e com os valores vigentes na sociedade gera a falta de produção de efeitos concretos, levando à falta de *efetividade* da norma e ao seu consequente *desuso* social.

Deve ser afastada, doravante, a confusão que ainda faz o positivismo clássico (legalista, do modelo kelseniano), que atribui *validade* à lei *vigente*,[26] desde que tenha seguido o procedimento formal da sua elaboração. Como explica Luiz Flávio Gomes, o positivismo legalista ainda não compreendia "a complexidade do sistema constitucional e humanista de Direito, que conta com uma pluralidade de fontes normativas hierarquicamente distintas (Constituição, Direito Internacional dos Diretos Humanos e Direito ordinário). As normas que condicionam a produção da legislação ordinária não são só formais (maneira de aprovação de uma lei, competência para editá-la, *quorum* de aprovação etc.), senão também, e sobretudo, substanciais (princípio da igualdade, da intervenção mínima, preponderância dos direitos fundamentais, respeito ao núcleo essencial de cada direito etc.)".[27] Deve-se afastar, também, os conceitos de "vigência", "validade" e "eficácia" do positivismo (legalista) civilista, que confunde a *validade* (formal) com *vigência* (em sentido amplo).[28]

Em suma, para que uma norma seja *eficaz*, dependerá ela de também ser *válida*, sendo certo que para ser válida deverá ser ainda *vigente*. A recíproca, contudo, não é verdadeira, como pensava o positivismo clássico, que confundia lei vigente com lei válida. Em outras palavras, a *vigência* não depende da *validade*, mas esta depende daquela, assim como a *eficácia* depende da validade[29] (trata-se de uma escala de valores onde, em primeiro lugar, encontra-se a *vigência*, depois a *validade* e, por último, a

---

26. Cf. KELSEN, Hans. *Teoria pura do direito*, cit., p. 9.
27. GOMES, Luiz Flávio. *Estado constitucional de direito e a nova pirâmide jurídica*, cit., p. 75.
28. Cf. DINIZ, Maria Helena. *Lei de introdução ao Código Civil brasileiro interpretada*, 13. ed., rev. e atual. São Paulo: Saraiva, 2007, p. 51.
29. Daí a afirmação de Miguel Reale, de que quando se declara "que uma norma jurídica tem *eficácia*, esta só é jurídica na medida em que pressupõe a validez [ou *validade*] da norma que a insere no mundo jurídico, por não estar em contradição com outras normas do sistema, sob pena de tornar-se inconsistente". (*Fontes e modelos do direito: para um novo paradigma hermenêutico*. São Paulo: Saraiva, 1994, p. 4). Em outro momento, contudo, Reale coloca a expressão *vigência* entre parênteses depois de falar em *validade*, no seguinte trecho: "A exigência trina de *validade (vigência)* de *eficácia (efetividade)* e de *fundamento (motivação axiológica)* milita em favor da compreensão da vida jurídica em termos de *modelos jurídicos*, desde a instauração da fonte normativa até a sua *aplicação*, passando pelo momento de *interpretação*, pois o ato hermenêutico é o laço de comunicação ou de mediação entre validade e eficácia". (Idem, p. 33).

eficácia).³⁰ Por isso, não aceitamos os conceitos de *validade* e *vigência* de Tercio Sampaio Ferraz Jr., para quem norma *válida* é aquela que cumpriu o processo de formação ou de produção normativa³¹ (que, para nós, é a lei *vigente*), e *vigente* a que já foi *publicada*.³² O autor conceitua vigência como "um termo com o qual se demarca o tempo de validade de uma norma" ou, em outros termos, como "a norma válida (pertencente ao ordenamento) cuja autoridade *já* pode ser considerada imunizada, sendo exigíveis os comportamentos prescritos", arrematando que uma norma "pode ser válida sem ser vigente, embora a norma vigente seja sempre válida".³³ Não concordamos (também com base em Ferrajoli³⁴) com essa construção segundo a qual uma norma "pode ser válida sem ser vigente", e de que "a norma vigente seja sempre válida".³⁵

Para nós, lei formalmente *vigente* é aquela elaborada pelo Parlamento, de acordo com as regras do processo legislativo estabelecidas pela Constituição,³⁶ que já tem condições de *estar em vigor*; lei *válida* é a

---

30. Cf., por tudo, FERRAJOLI, Luigi, *Derechos y garantías: la ley del más débil*, cit., pp. 20-22. V., também, GOMES, Luiz Flávio & MOLINA, Antonio García-Pablos de, *Direito penal: parte geral*, vol. 2, São Paulo: RT, 2007, para quem: "A lei ordinária incompatível com o tratado não possui validade".
31. Goffredo Telles Junior elenca *duas* condições de validade das leis: *a*) o *seu correto domínio*; e *b*) a *sua correta elaboração*. Quanto à primeira "condição de validade, assinale-se que o *domínio das leis* compreende seu *domínio geográfico* e seu *domínio de competência*", e quanto "à segunda condição de validade, cumpre observar que, da *correta elaboração* das leis, depende, não só a *validade* delas, mas, também, fundamentalmente, a própria *qualidade de lei*, alcançada pela norma jurídica. De fato, *não é lei* a norma jurídica que não tenha sido elaborada em conformidade com o processo instituído para a produção delas" [grifos do original]. (*Iniciação na ciência do direito*, cit., p. 162).
32. Idêntica lição é encontrada em DINIZ, Maria Helena, *Lei de introdução ao Código Civil brasileiro interpretada*, cit., pp. 51-52. Neste caso, a autora nomina a *vigência* de vigência em sentido estrito, para diferenciar da vigência em sentido amplo, que (segundo ela) se confunde com a validade formal. Em outra passagem, a mesma autora diz que mesmo a vigência em sentido estrito pode se confundir com a validade formal, à exceção do caso da *vacatio legis* do art. 1º da Lei de Introdução ao Código Civil, onde embora válida, "a norma não vigorará durante aqueles quarenta e cinco dias, só entrando em vigor posteriormente". (Idem, p. 52).
33. V. FERRAZ JR., Tercio Sampaio. *Introdução ao estudo do direito: técnica, decisão, dominação*, 4. ed., rev. e ampl. São Paulo: Atlas, 2003, p. 198.
34. V. FERRAJOLI, Luigi. *Derechos y garantías: la ley del más débil*, cit., pp. 20-22.
35. Leia-se, a propósito, Luiz Flávio Gomes, para quem: "...nem toda lei vigente é válida". (*Estado constitucional de direito e a nova pirâmide jurídica*, cit., p. 75).
36. Assim também, ROSS, Alf, *Direito e justiça*, cit., p. 128, nestes termos: "Geralmente admite-se como ponto pacífico que uma lei que foi devidamente sancionada e promulgada é, por si mesma, *direito vigente*, isto é, independentemente de sua ulterior aplicação nos tribunais" [grifo nosso].

lei vigente compatível com o texto constitucional[37] e com os tratados (de direitos humanos ou não) ratificados pelo governo, ou seja, é a lei que tem sua autoridade respeitada e protegida contra qualquer ataque (porque compatível com a Constituição e com os tratados em vigor no país). Daí não ser errôneo dizer que a norma *válida* é a que respeita o princípio da hierarquia.[38] Apenas havendo compatibilidade vertical material com ambas as normas – a Constituição e os tratados – é que a norma infraconstitucional em questão será *vigente* e *válida* (e, consequentemente, *eficaz*). Caso contrário, não passando a lei pelo exame da compatibilidade vertical material com os tratados (segunda análise de compatibilidade), a mesma não terá qualquer validade (e eficácia) no plano do direito interno brasileiro, devendo ser rechaçada pelo juiz no caso concreto.

Muito antes de qualquer discussão sobre o tema entre nós, Miguel Reale já havia alertado – no exato sentido do que agora acabamos de propor, embora sem se referir aos tratados internacionais *comuns* – "que todas as fontes operam no *quadro de validade* traçado pela Constituição de cada país, e já agora nos limites permitidos por certos valores jurídicos transnacionais, universalmente reconhecidos como *invariantes jurídico-axiológicas*, como a Declaração Universal dos Direitos do Homem",[39] à qual se pode aditar todos os tratados de direitos humanos, tal como acabamos de expor. De qualquer forma, o que pretendeu o professor Reale mostrar é que a *validade* de certa fonte do direito é auferida pela sua compatibilidade com o texto constitucional *e com as normas internacionais*, as quais ele alberga sob a rubrica dos "valores jurídicos transnacionais, universalmente reconhecidos...".[40]

Daí o equívoco, no nosso entender, da afirmação de Kelsen segundo a qual a "norma criada com 'violação' do Direito internacional permanece válida, mesmo do ponto de vista do Direito internacional", uma vez que "este não prevê qualquer processo através do qual a norma da ordem jurídica estadual 'contrária ao Direito internacional' possa ser

---

37. .V. KELSEN, Hans. *Teoria pura do direito*, cit., p. 218, para quem: "Esta norma [a Constituição], pressuposta como norma fundamental, fornece não só o fundamento de validade como o conteúdo de validade das normas dela deduzidas através de uma operação lógica".
38. Cf. SCHNAID, David. *Filosofia do direito e interpretação*, cit., p. 123.
39. REALE, Miguel. *Fontes e modelos do direito...*, cit., p. 13.
40. REALE, Miguel. Idem, ibidem.

anulada [o que não é verdade atualmente e, tampouco, quando Kelsen escreveu a 2. edição de sua *Teoria pura do direito*, em 1960]".[41]

Como destaca Luiz Flávio Gomes, o modelo kelseniano (ou positivista legalista, ou positivista clássico) de ensino do direito, "confunde a vigência com a validade da lei, a democracia formal com a substancial, não ensina a verdadeira função do juiz no Estado constitucional e garantista de Direito (que deve se posicionar como garante dos direitos fundamentais), não desperta nenhum sentido crítico no jurista e, além de tudo, não evidencia com toda profundidade necessária o sistema de controle de constitucionalidade das leis".[42] Ainda para Gomes, o "equívoco metodológico-científico [do modelo kelseniano] decorre do pensamento do Estado Moderno, da revolução francesa, do código napoleônico, onde reside a origem da confusão entre lei e Direito; os direitos e a vida dos direitos valeriam pelo que está escrito (exclusivamente) na lei, quando o correto é reconhecer que a lei é só o ponto de partida de toda interpretação (que deve sempre ser conforme a Constituição). Deriva também da doutrina positivista legalista (Kelsen, Schmitt etc.) o entendimento de que toda lei vigente é, automaticamente, lei válida. A lei pode até ser, na atividade interpretativa, o ponto de chegada, mas sempre que conflita com a Carta Magna ou com o Direito humanitário internacional perde sua relevância e primazia, porque, nesse caso, devem ter incidência (prioritária) as normas e os princípios constitucionais ou internacionais".[43] Mais à frente, na mesma obra, o citado jurista conclui: "De acordo com a lógica positivista clássica (Kelsen, Hart etc.), lei vigente é lei válida, e mesmo quando incompatível com a Constituição ela (lei vigente) continuaria válida até que fosse revogada por outra. O esquema positivista clássico não transcendia o plano da legalidade (e da revogação). Confundia-se invalidade com revogação da lei e concebia-se uma presunção de validade de todas as leis vigentes. Não se reconhecia a tríplice dimensão normativa do Direito, composta de normas constitucionais, internacionais e infraconstitucionais. Pouca relevância se dava para os limites (substanciais) relacionados com o próprio conteúdo da produção do Direito. A revogação de uma lei, diante de tudo quanto foi exposto, é instituto coligado com o plano da 'legalidade' e da 'vigência'. Ou seja: acontece no plano formal e ocorre quando uma lei nova elimina

---

41. KELSEN, Hans. *Teoria pura do direito*, cit., pp. 367-368.
42. GOMES, Luiz Flávio. *Estado constitucional de direito e a nova pirâmide jurídica*, cit., p. 27.
43. GOMES, Luiz Flávio. Idem, ibidem.

a anterior do ordenamento jurídico. A revogação, como se vê, exige uma sucessão de leis (sendo certo que a posterior revoga a anterior expressamente ou quando com ela é incompatível – revogação tácita). A declaração de invalidade de uma lei, por seu turno, que não se confunde com sua revogação, é instituto vinculado com a nova pirâmide normativa do Direito (acima das leis ordinárias acham-se a CF assim como o DIDH), ou seja, deriva de uma relação (antinomia ou incoerência) entre a lei e a Constituição ou entre a lei e o Direito Internacional dos Direitos Humanos e relaciona-se com o plano do conteúdo substancial desta lei".[44]

Certo avanço do Supremo Tribunal Federal relativamente ao tema do conflito entre tratados e normas internas se deu com o voto do Min. Sepúlveda Pertence, em 29 de março de 2000, no *RHC* 79.785/RJ, onde entendeu ser possível considerar os tratados de direitos humanos como documentos de caráter *supralegal*. Mas a tese da supralegalidade dos tratados de direitos humanos ficou ainda mais clara, no STF, com o voto-vista do Min. Gilmar Mendes, na sessão plenária do dia 22 de novembro de 2006, no julgamento do *RE* 466.343-1/SP, onde se discutia a questão da prisão civil por dívida nos contratos de alienação fiduciária em garantia.[45] Apesar de continuar entendendo que os tratados internacionais *comuns* ainda guardam relação de paridade normativa com o ordenamento jurídico doméstico, defendeu o Min. Gilmar Mendes a tese de que os tratados internacionais de *direitos humanos* estariam num nível hierárquico intermediário: abaixo da Constituição, mas acima de toda a legislação infraconstitucional. Segundo o seu entendimento, "parece mais

---

44. GOMES, Luiz Flávio. Idem, pp. 76-77. Ainda segundo Luiz Flávio Gomes, deve-se admitir, contudo, uma hipótese excepcional, que ocorre quando a lei é declarada inconstitucional em seu aspecto *formal*. Neste caso, diz ele, "não há como negar que essa declaração de inconstitucionalidade afeta (desde logo) o plano da validade da norma, mas, além disso, também o da vigência. Uma lei que não tenha seguido o procedimento legislativo correto, após a declaração da sua inconstitucionalidade formal (embora publicada no Diário Oficial), deixa de possuir vigência. Se é certo que a declaração de inconstitucionalidade material não toca nesse aspecto formal (vigência), não se pode dizer a mesma coisa em relação à inconstitucionalidade formal". (Idem, p. 77).
45. O julgamento do *RE* 466.343-SP (rel. Min. Cezar Peluso) foi encerrado na sessão plenária de 03.12.2008, data em que se considera extinto no Brasil o instituto da prisão civil por dívida de depositário infiel. Frise-se que a tese da impossibilidade de prisão civil por dívida por infidelidade depositária, com fulcro nos tratados internacionais de direitos humanos, foi pioneiramente defendida por MAZZUOLI, Valerio de Oliveira, *Prisão civil por dívida e o Pacto de San José da Costa Rica: especial enfoque para os contratos de alienação fiduciária em garantia*, Rio de Janeiro: Forense, 2002, especialmente pp. 109-181. Antes da publicação deste livro citado o que existiam eram apenas pequenos trabalhos (artigos, comentários, etc.) sem muita amplitude.

consistente a interpretação que atribui a característica de *supralegalidade* aos tratados e convenções de direitos humanos", segundo a qual "os tratados sobre direitos humanos seriam infraconstitucionais, porém, diante de seu caráter especial em relação aos demais atos normativos internacionais, também seriam dotados de um atributo de *supralegalidade*". E continua: "Em outros termos, os tratados sobre direitos humanos não poderiam afrontar a supremacia da Constituição, mas teriam lugar especial reservado no ordenamento jurídico. Equipara-los à legislação ordinária seria subestimar o seu valor especial no contexto do sistema de proteção da pessoa humana".[46]

Ocorre que mesmo essa posição de vanguarda do STF, expressa no voto-vista do Min. Gilmar Mendes acima relatado, ainda é, a nosso ver, insuficiente. Em nosso entender, os tratados internacionais *comuns* ratificados pelo Estado brasileiro é que se situam num nível hierárquico *intermediário*, estando abaixo da Constituição, mas acima da legislação infraconstitucional, não podendo ser revogados por lei posterior (posto não se encontrarem em situação de paridade normativa com as demais leis nacionais). Quanto aos tratados de direitos humanos, entendemos que os mesmos ostentam o *status* de norma constitucional, independentemente do seu eventual *quorum* qualificado de aprovação.[47] A um resultado similar se pode chegar aplicando o princípio – hoje cada vez mais difundido na jurisprudência interna de outros países, e consagrado em sua plenitude pelas instâncias internacionais – da supremacia do direito internacional e da prevalência de suas normas em relação a toda normatividade interna, seja ela anterior ou posterior.[48]

Na Alemanha, este é também o critério adotado para a generalidade dos tratados ratificados por este país (art. 59 da Lei Fundamental: "Os tratados que regulem as relações políticas da Federação ou se refiram a matérias da legislação federal requerem a aprovação ou a participação, sob a forma de uma lei federal, dos órgãos competentes na respectiva matéria da legislação federal"), que passam a prevalecer (inclusive com aplicação imediata, se eles contêm direitos individuais) sobre toda a

---

46. V. o voto-vista do Min. Gilmar Mendes do STF, no RE 466.343-1/SP, rel. Min. Cezar Peluso, julg. 03.12.2008, p. 21.
47. V., por tudo, MAZZUOLI, Valerio de Oliveira, *Curso de direito internacional público*, cit., pp. 748-776.
48. Cf. VIGNALI, Heber Arbuet & ARRIGHI, Jean Michel. Os vínculos entre o direito internacional público e os sistemas internos, in *Revista de Informação Legislativa*, ano 29, nº 115, Brasília: Senado Federal, jul./set./1992, p. 420.

normatividade inferior ao direito federal, a exemplo das normas provenientes dos Estados Federados e dos decretos expedidos pelo governo. Este entendimento vale, na Alemanha, inclusive para os tratados de direitos humanos, o que é criticável, por permitir a aplicação do brocardo *lex posterior derogat legi priori* ao caso de conflito entre tratado e lei federal posterior; mas é bom fique nítido que, naquele país, também se encontram correntes doutrinárias tendentes a atribuir nível constitucional ao menos à Convenção Europeia de Direitos Humanos.[49]

Sob esse ponto de vista – de que, em geral, os tratados internacionais têm superioridade hierárquica em relação às demais normas de estatura infraconstitucional, quer seja tal superioridade *constitucional*, como no caso dos tratados de direitos humanos, quer *supralegal*, como no caso dos demais tratados, chamados de *comuns* – é lícito concluir que a produção normativa estatal deve contar não somente com limites *formais* (ou *procedimentais*), senão também com dois limites verticais materiais, quais sejam: *a*) a Constituição e os tratados de direitos humanos alçados ao nível constitucional; e *b*) os tratados internacionais comuns de estatura supralegal. Assim, uma determinada lei interna poderá ser até considerada *vigente* por estar de acordo com o texto constitucional, mas não será *válida* se estiver em desacordo ou com os tratados de direitos humanos (que têm estatura constitucional) ou com os demais tratados dos quais a República Federativa do Brasil é parte (que têm *status* supralegal).[50] Para que exista a *vigência* e a concomitante *validade* das

---

49. *V.*, por tudo, BANK, Roland, Tratados internacionales de derechos humanos bajo el ordenamiento jurídico alemán, in *Anuario de Derecho Constitucional Latinoamericano*, 10º año, Tomo II, Montevideo: Konrad-Adenauer-Stiftung, 2004, pp. 721-734. Sobre o tema, *v.* ainda GROS ESPIELL, Hector, La Convention américaine et la Convention européenne des droit de l'homme: analyse comparative, in *Recueil des Cours*, vol. 218 (1989-VI), pp. 167-412; e FACCHIN, Roberto, *L'interpretazione giudiziaria della Convenzione europea dei diritti dell'uomo*, Padova: CEDAM, 1990. Para um estudo do papel da União Europeia em matéria de direitos humanos, *v.* RIDEAU, Joel, Le rôle de l'Union européenne en matière de protection des droits de l'homme, in *Recueil des Cours*, vol. 265 (1997), pp. 9-480.

50. Cf. GOMES, Luiz Flávio. *Estado constitucional de direito e a nova pirâmide jurídica*, cit., p. 34. Este autor, contudo, não obstante aceitar o *status* constitucional dos tratados de direitos humanos (cf. *Op. cit.*, p. 32), ainda entende que a discussão sobre o *status* hierárquico dos tratados internacionais *comuns* "é uma questão aberta", uma vez tratar-se "de uma zona do Direito (ainda) indefinida". (Idem, p. 36). Este mesmo criminalista cita um caso da Suprema Corte Mexicana, onde se reconheceu o *status* supralegal dos tratados relativos à matéria tributária (os quais, pelo art. 98 do Código Tributário Nacional, no Brasil, já têm esse mesmo nível, por expressa disposição legal). Eis trecho da explicação do caso (por Priscyla Costa, in *Consultor Jurídico* de 15.02.07) citado por Luiz Flávio Gomes: "Tratados internacionais são mais importantes no México de que as leis federais. O entendimento é da Suprema Corte de Justiça do país, que acolheu o pedido de 14 empresas que se recusavam a pagar taxas fixadas por legisla-

leis, necessário será respeitar-se uma dupla compatibilidade vertical material,[51] qual seja, a compatibilidade da lei (1) com a Constituição e os tratados de direitos humanos em vigor no país e (2) com os demais instrumentos internacionais ratificados pelo Estado brasileiro. Portanto, a inexistência de decisão definitiva do Supremo Tribunal Federal, em controle tanto concentrado quanto difuso de constitucionalidade (nesse último caso, com a possibilidade de comunicação ao Senado Federal para que este – nos termos do art. 52, inc. X da Constituição – suspenda, no todo ou em parte, os efeitos da lei declarada inconstitucional pelo STF), mantém a *vigência* das leis no país, as quais, contudo, não permanecerão *válidas* se incompatíveis com os tratados internacionais (de direitos humanos ou comuns) de que o Brasil é parte.[52]

Doravante, é imperioso deixar claras quatro situações que podem vir a existir em nosso direito interno, segundo a tese que aqui estamos a demonstrar: *a*) se a lei conflitante é anterior à Constituição, o fenômeno jurídico que surge é o da *não-recepção*, com a consequente invalidade

---

ções nacionais. (...) As empresas alegaram que com base em algumas dessas leis federais é que se cobram os direitos alfandegários, contrários ao que determina o Tratado de Livre Comércio da América do Norte, o Nafta, segundo a sigla em inglês. O entendimento da Suprema Corte, por seis votos a cinco, foi de que as normas internacionais só estão abaixo da Constituição. O ministro Salvador Aguirre afirmou que no mundo globalizado atual há 'mais proximidade' das normas e que devido a isso a colaboração e a solidariedade internacionais são cada vez mais necessárias para permitir a convivência, 'em particular o tráfico mercantil'". (Idem, p. 36).

51. A ideia é originalmente nossa, tendo sido desenvolvida desde o nosso estudo inicial sobre o tema (2009).

52. Segundo Luiz Flávio Gomes: "Uma vez declarada inválida uma lei (no sistema concentrado), já não pode ser aplicada (perde sua eficácia prática). A lei declarada inválida, neste caso, continua vigente (formalmente), até que o Senado a retire do ordenamento jurídico (CF, art. 52, X), mas não tem nenhuma validade (já não pode ter nenhuma aplicação concreta, ou seja, cessou sua eficácia). (...) No plano sociológico, uma lei vigente e válida pode não ter eficácia quando não tem incidência prática. Quando, entretanto, a lei vigente é declarada inválida pelo STF, naturalmente perde sua eficácia (jurídica e prática), isto é, não pode mais ser aplicada. Sua vigência, entretanto, perdura, até que o Senado Federal elimine tal norma do ordenamento jurídico (a única exceção reside na declaração de inconstitucionalidade formal, posto que, nesse caso, é a própria vigência da lei que é afetada). (...) A partir dessa declaração em ação concentrada, ou quando o tema é discutido em tese pelo Pleno, de eficácia prática (da lei) já não se pode falar. Ela continua vigente no plano formal, mas substancialmente perdeu sua validade (e, na prática, cessou sua eficácia). O efeito *erga omnes* da decisão definitiva do STF é indiscutível em relação ao controle concentrado. (...) Para que não paire dúvida, logo após a declaração de invalidade de uma lei (pelo Pleno), deveria o STF: (a) comunicar o Senado (para o efeito do art. 52, X [no caso apenas da decisão ter sido em sede de controle *difuso*]) e, sempre que possível, (b) emitir uma súmula vinculante (recorde-se que a súmula vinculante exige *quorum* qualificado de 2/3 dos Ministros do STF)". (*Estado constitucional de direito e a nova pirâmide jurídica*, cit., pp. 85-86).

material da norma a partir daí; *b*) se a lei antinômica é posterior à Constituição, nasce uma *inconstitucionalidade*, que pode ser combatida pela via do controle difuso de constitucionalidade (caso em que o controle é realizado num processo subjetivo entre partes *sub judice*) ou pela via do controle concentrado (com a propositura de uma ADIn no STF pelos legitimados do art. 103 da Constituição); *c*) quando a lei anterior conflita com um tratado (comum – com *status* supralegal – ou de direitos humanos – com *status* de norma constitucional) ratificado pelo Brasil e já em vigor no país, a mesma é revogada (derrogada ou ab-rogada) de forma imediata (uma vez que o tratado que lhe é posterior, e a ela também é *superior*); e *d*) quando a lei é posterior ao tratado e incompatível com ele (não obstante ser eventualmente *compat*ível com a Constituição) tem-se que tal norma é *inválida* (apesar de *vigente*) e, consequentemente, totalmente *ineficaz*.[53]

Do exposto, vê-se que a produção normativa doméstica depende, para sua *validade* e consequente *eficácia*, em estar de acordo tanto com a Constituição como com os tratados internacionais (de direitos humanos ou não) ratificados pelo governo. Mas, para a melhor compreensão desta *dupla compatibilidade vertical material*, faz-se necessário, primeiro, entender como se dá (1) o respeito à Constituição (e aos seus direitos expressos e implícitos) e (2) aos tratados internacionais (em matéria de direitos humanos ou não) ratificados e em vigor no país.

O respeito à *Constituição* faz-se por meio do que se chama de *controle de constitucionalidade* das leis; o respeito *aos tratados* que sejam de *direitos humanos* faz-se pelo até agora pouco conhecido (pelo menos no Brasil) *controle de convencionalidade* das leis; e o respeito *aos tratados* que sejam *comuns* faz-se por meio do controle *de supralegalidade* das leis, conforme abaixo veremos com detalhes.

2. O RESPEITO À CONSTITUIÇÃO E O CONSEQUENTE CONTROLE DE CONSTITUCIONALIDADE

Primeiramente, para a vigência e validade da produção doméstica de um direito, faz-se necessária a sua compatibilidade com o texto constitucional em vigor, sob pena de incorrer em vício de inconstitucionali-

---

53. *V.*, nesse sentido, o *HC* 88.420-SP do STF, rel. Min. Ricardo Lewandowski; e, ainda, o *HC* 90.172-SP do STF, rel. Min. Gilmar Mendes, onde fica expresso o novo entendimento da Suprema Corte que agora atribui aos tratados de direitos humanos (e somente a estes, por enquanto) o *status* de supralegalidade dentro do ordenamento jurídico brasileiro.

dade, o qual pode ser combatido pela via *difusa* (de *exceção* ou *defesa*) ou pela via concentrada (ou *abstrata*) de controle, a primeira podendo ser realizada por qualquer cidadão (sempre quando se fizer presente um caso *concreto*) em qualquer juízo ou tribunal do país, e a segunda, por meio de Ação Direta de Inconstitucionalidade perante o Supremo Tribunal Federal, por um dos legitimados do art. 103 da Constituição.[54]

Então, a primeira ideia a fixar-se aqui é a de que a produção normativa doméstica deve ser compatível, em primeiro lugar, com a Constituição do Estado. Contudo, como explica Luiz Flávio Gomes, "não se deve observar exclusivamente limites formais, senão também materiais, que são constituídos, sobretudo, pelos conteúdos essenciais de cada direito positivado. A lei que conflita com a Constituição é inconstitucional e inválida; se se trata de lei antinômica anterior à Constituição de 1988 fala-se em não-recepção (ou invalidade); a lei que conflita com o DIDH [Direito Internacional dos Direitos Humanos], pouco importando se anterior ou posterior, também é inválida. Como se vê, qualquer que seja a antinomia entre a lei e as ordens jurídicas superiores (Constituição ou DIDH), tudo se conduz para a invalidade". E o mesmo jurista arremata: "Na era do ED [Estado de Direito] a produção da legislação ordinária (da lei) achava-se cercada tão-somente de limites formais (legitimidade para legislar, quorum mínimo de aprovação de uma lei, procedimento para sua edição, forma de publicação etc.). De acordo com o novo paradigma do ECD [Estado Constitucional de Direito] a produção legislativa (agora) encontra limites formais e materiais, ou seja, não pode violar o núcleo essencial de cada direito, não pode fazer restrições desarrazoadas aos direitos fundamentais etc".[55]

A compatibilidade das leis com a Constituição deve ser aferida em dois âmbitos: (*a*) relativamente aos direitos *expressos* no texto constitucional e (*b*) também em relação aos direitos *implícitos* na Constituição. Vejamos cada um deles.

---

54. Assim dispõe a referida norma: "Art. 103. Podem propor a ação direta de inconstitucionalidade e a ação declaratória de constitucionalidade: I - o Presidente da República; II - a Mesa do Senado Federal; III - a Mesa da Câmara dos Deputados; IV - a Mesa de Assembleia Legislativa ou da Câmara Legislativa do Distrito Federal; V - o Governador de Estado ou do Distrito Federal; VI - o Procurador-Geral da República; VII - o Conselho Federal da Ordem dos Advogados do Brasil; VIII - partido político com representação no Congresso Nacional; IX - confederação sindical ou entidade de classe de âmbito nacional".

55. GOMES, Luiz Flávio. *Estado constitucional de direito e a nova pirâmide jurídica*, cit., p. 65.

A – A obediência aos direitos expressos na Constituição

Existe dispositivo na Constituição de 1988 que demonstra claramente existir três vertentes dos direitos e garantias fundamentais na ordem jurídica brasileira. Trata-se do art. 5º, § 2º da Constituição, segundo o qual "os direitos e garantias expressos nesta Constituição [1ª vertente] não excluem outros decorrentes do regime e dos princípios por ela adotados [2ª vertente], ou dos tratados internacionais em que a República Federativa do Brasil seja parte [3ª vertente]". Assim, desmembrando este dispositivo, o que dele se extrai é que, além dos direitos expressos na Constituição (*primeira vertente*), existem também os direitos nela implícitos (*segunda vertente*), que decorrem do regime (primeira subdivisão da segunda vertente) e dos princípios (segunda subdivisão da segunda vertente) por ela adotados, e os direitos provenientes de tratados (*terceira vertente*), que não estão nem expressa nem implicitamente previstos na Constituição, mas provém ou podem vir a provir dos instrumentos internacionais de proteção dos direitos humanos ratificados pelo Brasil.[56]

A primeira das três vertentes dos direitos e garantias fundamentais diz respeito àqueles direitos *expressos* na Constituição. Efetivamente, são tais direitos os primeiros que devem ser respeitados pela produção normativa doméstica, até mesmo pelo princípio segundo o qual as leis devem respeito à sua criadora, que é a Constituição.

Os direitos e garantias constitucionais fazem parte do núcleo intangível da Constituição, protegidos pelas *cláusulas pétreas* do art. 60, § 4º, inc. IV, da Constituição de 1988, segundo o qual "[n]ão será objeto de deliberação a proposta de emenda tendente a abolir os direitos e garantias individuais". Perceba-se a referência aos "direitos e garantias *individuais*" pelo dispositivo citado, o que deixa entrever, *a priori*, que a respectiva cláusula não alcança os demais direitos fundamentais não-individuais (*v.g.*, os *sociais*, os *econômicos* e os *culturais*) e todos os outros de cunho *coletivo*. Contudo, a dúvida plantada pelo texto constitucional de 1988, sobre a inclusão de *outros direitos* ao rol das chamadas "cláusulas pétreas", não obteve o necessário esclarecimento da doutrina até o momento. Para nós – seguindo-se a lição de Ingo Sarlet –, não é aceitável que os direitos não-individuais (*v.g.*, uma direito trabalhista) e toda a gama de direitos coletivos prevista pelo texto constitucional fiquem

---

56. Sobre essas três vertentes dos direitos e garantias fundamentais no direito brasileiro, v. MAZZUOLI, Valerio de Oliveira, *Curso de direito internacional público*, cit., pp. 751-752.

excluídos da proteção outorgada pela norma do art. 60, § 4º, inc. IV, da Constituição.[57] Uma interpretação sistemática e teleológica da Constituição, em contraposição à interpretação literal do referido dispositivo, indica ser mais que sustentável a tese segundo a qual a Constituição (no art. 60, § 4º, inc. IV) disse menos do que pretendia (*lex minus dixit quam voluit*). Ao se ler o citado dispositivo constitucional deve-se substituir a expressão "direitos e garantias *individuais*" pela expressão "direitos e garantias *fundamentais*", subtraindo a *expressão-espécie* para inserir a *expressão-gênero*.

Seja como for, o que aqui se pretende dizer que é a produção normativa doméstica, para aferir a *validade* necessária à sua posterior *eficácia*, deve primeiramente ser compatível com os direitos expressos no texto constitucional, sendo este o primeiro limite (em verdade, a *primeira parte* desse *primeiro limite*) vertical material do qual estamos a tratar.

Contudo, não é neste estudo o lugar de se dissertar sobre os efeitos do desrespeito (formal ou material) da lei à Constituição, que enseja o chamado *controle de constitucionalidade*.[58] Apenas cumpre aqui informar que neste primeiro momento de compatibilidade das leis com o Texto Magno, a falta de *validade* normativa daquelas e sua expulsão do ordenamento jurídico contribui para o *diálogo das fontes*, na medida em que se retira da "conversa" normativa a lei que não tem *argumentos válidos* que a autorizem a continuar no diálogo (pois ela é *inconstitucional* e, portanto, *inválida*). Assim, retira-se da lei a possibilidade de continuar "conversando" e "dialogando" com as outras fontes jurídicas, autorizando-se a participação nessa "conversa" apenas fontes válidas e eficazes.

Somente a declaração de inconstitucionalidade *formal* afeta (desde logo) o plano de *vigência* da norma (e, consequentemente, os da *validade* e *eficácia*), como já se falou anteriormente.[59] Salvo essa hipótese excepcional, quando se trata do caso de declaração de inconstitucionali-

---

57. V., por tudo, SARLET, Ingo Wolfgang, *A eficácia dos direitos fundamentais*, 6. ed. rev. atual. e ampl., Porto Alegre: Livraria do Advogado, 2006, pp. 422-428.
58. Sobre o tema, v. KELSEN, Hans, *Teoria pura do direito*, cit., pp. 300-306. Na doutrina brasileira, v. especialmente MENDES, Gilmar Ferreira, *Jurisdição constitucional*..., cit., pp. 64-94 e pp. 146-250, respectivamente; e BARROSO, Luís Roberto, *O controle de constitucionalidade no direito brasileiro*, 2. ed. rev. e atual., São Paulo: Saraiva, 2007, 333p. Para um estudo clássico do controle jurisdicional de constitucionalidade no Brasil, v. ainda BITTENCOURT, Carlos Alberto Lúcio, *O contrôle jurisdicional da constitucionalidade das leis*, 2. ed., Rio de Janeiro: Forense, 1968, 164p.
59. Cf. GOMES, Luiz Flávio. *Estado constitucional de direito e a nova pirâmide jurídica*, cit., p. 77.

dade do "programa abstrato de aplicação" da norma, a mesma continua *vigente*, mas será *inválida* (porque inconstitucional), deixando de contar com qualquer incidência concreta.[60]

B – A obediência aos direitos implícitos na Constituição

Nos termos do citado art. 5º, § 2º, segunda parte, os direitos implícitos são aqueles que provêm ou podem vir a provir "do regime e dos princípios por ela [Constituição] adotados". Trata-se – segundo os autores constitucionalistas – de direitos de difícil caracterização *a priori*.[61]

A legislação infraconstitucional, quando da primeira compatibilidade vertical material (compatibilidade da norma com a Constituição), deverá observar, além dos direitos expressos na Constituição, também os direitos que nela se encontram implícitos. Tais direitos implícitos, não obstante de difícil visualização apriorística, também limitam a produção do direito neste desdobramento da primeira etapa da compatibilização vertical material.

Os direitos implícitos no texto constitucional, também chamados de direitos *decorrentes*, provêm ou podem vir a provir do *regime* ou dos *princípios* adotados pela Constituição. E, aqui, teríamos então mais uma subdivisão: (*a*) a obediência ao direito implícito proveniente do regime adotado pela Carta; e (*b*) a obediência ao direito implícito decorrente dos princípios constitucionais por ela adotados.

Deve-se perquirir, neste momento, se não está o princípio internacional *pro homine* a integrar os princípios adotados pela Constituição. Segundo entendemos, quer no plano do direito interno, quer no plano internacional, o princípio internacional *pro homine* pode ser considerado um *princípio geral de direito*. Seu conteúdo expansivo atribui primazia à norma que, no caso concreto, mais proteja os interesses da pessoa

---

60. Não é outra a lição de Luiz Flávio Gomes, nestes termos: "...toda norma, que tem como fonte um texto legal, conta com seu 'programa abstrato de aplicação'. Mas isso não se confunde com o seu programa concreto de incidência. Quando uma lei é julgada inconstitucional (totalmente inconstitucional) seu 'programa normativo' desaparece, ou seja, passa a não contar com nenhuma incidência concreta. O § 1º do art. 2º da Lei nº 8.072/90 proibia a progressão de regime nos crimes hediondos. Esse era o programa abstrato da norma. Depois de declarada pelo STF a invalidade (inconstitucionalidade) do dispositivo legal citado (HC 82.959), nenhuma incidência prática (eficácia) podia ter tal norma (mesmo antes da Lei nº 11.464/07)". (*Estado constitucional de direito e a nova pirâmide jurídica*, cit., p. 77).
61. V. FERREIRA FILHO, Manoel Gonçalves. *Direitos humanos fundamentais*. São Paulo: Saraiva, 1995, p. 88; e SILVA, José Afonso da, *Curso de direito constitucional positivo*, 26. ed. rev. e atual., São Paulo: Malheiros, 2006, p. 194.

em causa. Em outras palavras, por meio dele fica assegurada ao ser humano a aplicação da norma mais protetiva e mais garantidora dos seus direitos, encontrada como resultado do "diálogo" travado entre as fontes no quadro de uma situação jurídica real. Esse exercício, capaz de encontrar um princípio geral que albergue os elementos normativos antitéticos, é papel que compete ao aplicador do direito.[62]

Antes de verificarmos a consagração do princípio internacional *pro homine* pelo texto constitucional brasileiro, duas palavras devem ser ditas sobre alguns dos princípios regentes do nosso sistema constitucional.[63]

---

62. Cf. DINIZ, Maria Helena. *Conflito de normas*, 6. ed. atual. de acordo com o novo Código Civil (Lei n. 10.406/2002). São Paulo: Saraiva, 2005, pp. 58-59. Sobre os princípios gerais de direito, assim leciona Diniz: "Os princípios gerais de direito são normas de valor genérico que orientam a aplicação jurídica, por isso se impõem com validez normativa onde houver inconsistência de normas. Esses princípios gerais de direito têm natureza múltipla, pois são: *a)* decorrentes das normas do ordenamento jurídico, ou seja, da análise dos subsistemas normativos. Princípios e normas não funcionam separadamente, ambos têm caráter prescritivo. Atuam os princípios, diante das normas como fundamento de atuação do sistema normativo e como fundamento criteriológico, isto é, como limite da atividade jurisdicional; *b)* derivados das ideias políticas, sociais e jurídicas vigentes, ou melhor, devem corresponder aos subconjuntos axiológico e fático que compõem o sistema jurídico, constituindo um ponto de união entre consenso social, valores predominantes, aspirações de uma sociedade com o sistema jurídico, apresentando uma certa conexão com a ideologia imperante que condiciona até sua dogmática: daí serem princípios informadores; de maneira que a supracitada relação entre norma e princípio é lógico-valorativa. Apóiam-se estas valorações em critérios de valor objetivo; e *c)* reconhecidos pelas nações civilizadas [sobre esse conceito de "nações civilizadas" e as críticas que lhe faz a doutrina contemporânea, *v.* MAZZUOLI, Valerio de Oliveira, *Curso de direito internacional público*, cit., pp. 110-111] se tiverem *substractum* comum a todos os povos ou a alguns deles em dadas épocas históricas, não como pretendem os jusnaturalistas, que neles vislumbram princípios jurídicos de validade absolutamente geral". (Idem, p. 59).
63. Para um panorama geral dos valores e princípios constitucionais fundamentais da Constituição brasileira, *v.* BONIFÁCIO, Artur Cortez, *O direito constitucional internacional e a proteção dos direitos fundamentais*, cit., pp. 131-180. Merece destaque, contudo, a seguinte passagem: "Os princípios passaram, com efeito, ao grau de norma constitucional, modelando e conduzindo a interpretação e aplicação das demais normas e atos normativos, conferindo a fundamentação material imprescindível à ordem jurídica. De sua força normativa decorre o seu caráter diretivo e a eficácia derrogatória e invalidatória das demais normas para além de sua função informadora. O conjunto desses predicados confere aos princípios um caráter de fonte das fontes do direito, disposições normativas que qualificam o sistema, dando-lhe especial feição. Se a Constituição é o fundamento superior da unidade de um sistema jurídico, e a observância dos seus valores e princípios são os fatores possibilitadores do equilíbrio constitucional, infere-se por transitividade que os princípios são fatores decisivos à manutenção do sistema de direito. O direito não é, pois, um conjunto de regras tomadas aleatoriamente: estas têm uma conexão de sentidos, uma lógica, uma coerência e uma adequação de valores e princípios que o alimentam, e lhe dão a sua dinamicidade e consistência, fazendo-o subsistir. Quando existe um hiato entre esses fatores, é possível a implantação de uma nova estrutura política no Estado, refratária dos valores e princípios dissociados da compreensão do tecido social.

Primeiramente, é necessário dizer que a Constituição brasileira de 1988 representou a abertura do sistema jurídico nacional à consagração dos direitos humanos, rompendo com a lógica totalitária que imperava no Brasil até então, implementando o valor dos direitos humanos junto à redemocratização do Estado. Assim, logo depois de 1988, pareceu "haver um consenso sobre o valor positivo da democracia e sobre o valor positivo dos direitos humanos", não obstante, na prática, ser ele "mais aparente do que real".[64] De qualquer forma, a partir dessa abertura, ao menos no plano do desejável, o texto constitucional passou a consagrar valores e princípios até então inexistentes no sistema jurídico nacional.

No direito interno, o princípio internacional *pro homine* compõe-se de dois conhecidos princípios jurídicos de proteção de direitos: o da *dignidade da pessoa humana* e o da *prevalência dos direitos humanos*.

O princípio constitucional da dignidade da pessoa humana é o primeiro pilar (junto à prevalência dos direitos humanos) da *primazia da norma mais favor*ável.[65] Por *dignidade da pessoa humana* pode-se considerar, segundo Maria Garcia, a "compreensão do ser humano na sua integridade física e psíquica, como autodeterminação consciente, garantida moral e juridicamente".[66]

Trata-se de um bem soberano e essencial a todos os direitos fundamentais do homem, que atrai todos os demais valores constitucionais para si. Considerando ser a Constituição uma ordem sistêmica de valores, que são sopesados pelo legislador constituinte na *medida* e para

---

Os princípios, dessa forma, são disposições nas quais se radicam a origem dos enunciados normativos; são pontos de partida para a assimilação do sistema jurídico e seus desígnios de justiça. Ostentam um maior grau de indeterminação, abstração e um baixo grau de concretização, apresentando-se como *Standards*, padrões de observância obrigatória no sistema de direito". (Idem, pp. 133-134).

64. Cf. LOPES, José Reinaldo de Lima. Da efetividade dos direitos econômicos, culturais e sociais, in *Direitos humanos: visões contemporâneas*, São Paulo: Associação Juízes para a Democracia, 2001, p. 92.

65. Cf. HENDERSON, Humberto. Los tratados internacionales de derechos humanos en el orden interno: la importancia del principio *pro homine*, in *Revista IIDH*, vol. 39, San José, IIDH, 2004, pp. 92-96.

66. GARCIA, Maria. *Limites da ciência: a dignidade da pessoa humana, a ética da responsabilidade*. São Paulo: RT, 2004, p. 211. Aceito o conceito exposto, diz Artur Cortez Bonifácio, "importa reforçar um conteúdo ético que é anterior e inerente ao ser humano, e que faz da dignidade da pessoa humana um supravalor, um predicado da personalidade, ao lado de um componente normativo, jurídico-constitucional e de direito internacional público, a reclamar a sua concretização internamente e no espaço público internacional". (*O direito constitucional internacional e a proteção dos direitos fundamentais*, cit., p. 174).

o *fim* de preservar sua força normativa, pode-se afirmar que o texto constitucional brasileiro erigiu a dignidade da pessoa humana a valor fundante da ordem normativa doméstica, impacto certo do movimento expansionista dos direitos humanos iniciado no período pós-Segunda Guerra e em plena desenvoltura até hoje.⁶⁷ Daí a consideração de ser este princípio um princípio aberto, que chama para si toda a gama dos direitos fundamentais, servindo, ainda, de parâmetro à interpretação de todo o sistema constitucional.⁶⁸ Por isso, pode-se dizer que os direitos fundamentais são *conditio sine qua non* do Estado Constitucional e Humanista de Direito, ocupando o grau superior da ordem jurídica.

A Lei Fundamental alemã (*Grundgesetz*) deu ao princípio da dignidade humana significado tão importante, que o colocou no topo da Constituição, em seu primeiro artigo. Segundo este dispositivo, inserido no capítulo primeiro da Carta alemã, intitulado *Os Direitos Fundamentais*, "a dignidade do homem é inviolável", estando os Poderes Públicos "obrigados a respeitá-la e a protegê-la" (art. 1, nº 1). Assim estatuindo, passa a dignidade humana a ser declarada como o pressuposto último e o fundamento mais ético da realização da *miss*ão *constitucional*. Esse fundamento ético é "anterior ao direito e à sua positivação na ordem jurídica, representado no valor do homem em si e na sua existência, esta afirmada com autonomia e respeito à natureza humana, mas, sobretudo, plantada na consciência do reconhecimento de que todos são iguais".⁶⁹

Dessa forma, com base na própria Carta da República de 1988, é de se entender que, em se tratando de *direitos humanos* provenientes de tratados internacionais em que a República Federativa do Brasil seja parte, há de ser sempre aplicado, no caso de conflito entre o produto normativo convencional e a Lei Magna Fundamental, o princípio (de

---

67. Cf. GONZÁLEZ PEREZ, Jesus. *La dignidad de la persona*. Madrid: Civitas, 1986, pp. 200-203.
68. Como anota Artur Cortez Bonifácio, o princípio da dignidade da pessoa humana "é um dos princípios de maior grau de indeterminação e também uma das fontes mais recorridas da Constituição, especialmente por: justificar as ações do Estado Democrático de Direito em favor dos direitos fundamentais, consolidando um encadeamento lógico-jurídico de um modelo de democracia voltada para a justiça social; conferir um sentido unitário à Constituição; ou realizar uma ponderação de valores tendo em conta as normas e valores constitucionais". (*O direito constitucional internacional e a proteção dos direitos fundamentais*, cit., pp. 174-175).
69. BONIFÁCIO, Artur Cortez. *O direito constitucional internacional e a proteção dos direitos fundamentais*, cit., p. 175. Ainda segundo Bonifácio: "Mais do que isso, a dignidade da pessoa humana é o valor que conduz ao caráter universal dos direitos fundamentais, o elo e o sentido de toda uma construção dogmática histórica que vem ganhando força e efetividade nos processos de afirmação do constitucionalismo e do direito internacional público recente". (Idem, p. 175).

hermenêutica internacional) *pro homine*, expressamente assegurado pelo art. 4º, II, da Constituição.

Não se pode esquecer a lição de Peter Häberle, para quem se tem que caracterizar a Constituição como um "sistema de valores", impedindo-se entender os "valores" no sentido de um firmamento abstrato de valores. Segundo Häberle, os valores não são "impuestos desde fuera, o por encima, de la Constitución y el ordenamiento jurídico. No imponen ninguna pretensión de validez apriorística, que esté por encima del espacio y el tiempo. Ello contradiría el espíritu de la Constitución, que es una amplia ordenación de la vida del presente, que debe fundarse en la 'singular índole' de este presente y coordinar las fuerzas vitales de una época a fin de lograr una unidad. Si se impusiera un reino de valores desde arriba, se desconocería también el valor intrínseco y la autonomía de lo jurídico".[70] Em outras palavras, como leciona Bidart Campos, num sistema de normas "que comparten una misma jerarquía jamás puede interpretarse en el sentido de que unas deroguen, cancelem, neutralicen, excluyan o dejen sin efecto a otras, porque *todas* se integran coherentemente, y deben mantener su significado y su alcance en armonía recíproca y en compatibilidad dentro del conjunto".[71]

O outro princípio a complementar a garantia *pro homine* é o da prevalência dos direitos humanos, consagrado expressamente pelo art. 4º, inc. II, da Constituição brasileira de 1988. Este princípio faz comunicar a ordem jurídica internacional com a ordem interna, estabelecendo um critério hermenêutico de solução de antinomias que é a consagração do próprio princípio da norma mais favorável, a determinar que, em caso de conflito entre a ordem internacional e a ordem interna, a "prevalência" – ou seja, a norma que terá primazia – deve ser sempre do ordenamento que melhor proteja os direitos humanos.[72]

---

70. HÄBERLE, Peter. *La garantía del contenido esencial de los derechos fundamentales*. Trad. de Joaquín Brage Camazano. Madrid: Dykinson, 2003, pp. 9-10.
71. BIDART CAMPOS, German J. *Tratado elemental de derecho constitucional argentino*, Tomo III (El derecho internacional de los derechos humanos y la reforma constitucional de 1994). Buenos Aires: Ediar, 1995, p. 277.
72. Como leciona Artur Cortez Bonifácio, o art. 4º da Constituição "pontua um elo entre o direito constitucional internacional e o direito internacional e deve ser interpretado sob a ótica consensual que aproxima os sistemas, mas devemos admitir uma leve prevalência em favor do direito internacional público", posto que nele temos "a declaração de vários princípios de direito internacional geral, verdadeiras normas de *jus cogens*, tais como o princípio da independência nacional, a prevalência dos direitos humanos, a autodeterminação dos povos, a não--intervenção, a igualdade entre os Estados, a defesa da paz, a solução pacífica dos conflitos, o

Percebe-se, portanto, que o princípio internacional *pro homine* tem autorização constitucional para ser aplicado entre nós como resultado do diálogo entre fontes internacionais (tratados de direitos humanos) e de direito interno.

3. O RESPEITO AOS TRATADOS INTERNACIONAIS E OS CONTROLES DE CONVENCIONALIDADE (DIFUSO E CONCENTRADO) E DE SUPRALEGALIDADE DAS NORMAS INFRACONSTITUCIONAIS

Como já se falou, não basta que a norma de direito doméstico seja compatível apenas com a Constituição Federal, devendo também estar apta para integrar a ordem jurídica internacional sem violação de qualquer dos seus preceitos. A *contrario sensu*, não basta a norma infraconstitucional ser compatível com a Constituição e incompatível com um tratado ratificado pelo Brasil (seja de direitos humanos, que tem a mesma hierarquia do texto constitucional, seja um tratado comum, cujo *status* é de norma supralegal), pois, nesse caso, operar-se-á de imediato a terminação da *validade* da norma (que, no entanto, continuará *vigente*, por não ter sido expressamente revogada por outro diploma congênere de direito interno).

A compatibilidade do direito doméstico com os tratados internacionais de direitos humanos em vigor no país faz-se por meio do *controle de convencionalidade*, que é complementar e coadjuvante do conhecido controle de constitucionalidade.[73] A expressão "controle de *convencionalidade*" ainda é pouco conhecida no Brasil, não tendo sido objeto de qualquer estudo entre nós até o presente momento. O controle de convencionalidade tem por finalidade compatibilizar verticalmente as nor-

---

repúdio ao terrorismo, a concessão de asilo político e a integração" e, assim sendo, todos eles compõem "um conjunto normativo e axiológico que o Constituinte brasileiro tratou de assegurar, diante da fragilidade das instituições democráticas do Estado brasileiro recém-saído do arbítrio". (*O direito constitucional internacional e a proteção dos direitos fundamentais*, cit., p. 201). Daí se entender, junto a Otto Bachof, que um Estado até poderá desrespeitar tais princípios, ou mesmo fazer passar também por "direito" as prescrições e os atos estaduais que os desrespeitem, podendo impor a observância destes pela força, porém "um tal direito aparente nunca terá o suporte do consenso da maioria dos seus cidadãos e não pode, por conseguinte, reivindicar a obrigatoriedade que o legitimaria". (*Normas constitucionais inconstitucionais?* Trad. José Manuel M. Cardoso da Costa. Coimbra: Livraria Almedina, 1994, p. 2).

73. Para um paralelo entre os controles de convencionalidade e de constitucionalidade na França, v. SILVA IRARRAZAVAL, Luis Alejandro, El control de constitucionalidad de los actos administrativos en Francia y el control indirecto de constitucionalidad de la ley: la teoría de la ley pantalla, in *Ius et Praxis*, vol. 12, nº 2 (2006), pp. 201-219.

mas domésticas (as espécies de leis, *lato sensu*, vigentes no país) com os tratados internacionais de direitos humanos ratificados pelo Estado e em vigor no território nacional.

Nesse sentido, entende-se que o controle de convencionalidade deve ser exercido pelos órgãos da justiça nacional relativamente aos tratados aos quais o país se encontra vinculado. Trata-se de *adaptar* ou *conformar* os atos ou leis internas aos compromissos internacionais assumidos pelo Estado, que criam para este deveres no plano internacional com reflexos práticos no plano do seu direito interno.[74] Doravante, não somente os tribunais internos devem realizar o controle de convencionalidade (para além do clássico controle de constitucionalidade), mas também os tribunais internacionais (ou supranacionais)[75] criados por convenções entre Estados, em que estes (os Estados) se comprometem, no pleno e livre exercício de sua soberania, a cumprir tudo o que ali fôra decidido e a dar sequência, no plano do seu direito interno, ao cumprimento de suas obrigações estabelecidas na sentença, sob pena de responsabilidade internacional. O fato de serem os tratados internacionais (notadamente os de direitos humanos) imediatamente aplicáveis no âmbito doméstico, garante a legitimidade dos controles de convencionalidade e de supralegalidade das leis e dos atos normativos do Poder Público.[76]

---

74. *V.*, assim, a lição de ALCALÁ, Humberto Nogueira, Reforma constitucional de 2005 y control de constitucionalidad de tratados internacionales, in *Estudios Constitucionales*, Universidad de Talda, año 5, nº 1, 2007, p. 87: "Los órganos que ejercen jurisdicción constitucional e interpretan el texto constitucional, Tribunal Constitucional, Corte Suprema de Justicia y Cortes de Apelaciones, deben realizar sus mejores esfuerzos en armonizar el derecho interno con el derecho internacional de los derechos humanos. Asimismo, ellos tienen el deber de aplicar preferentemente el derecho internacional sobre las normas de derecho interno, ello exige desarrollar un control de convencionalidad sobre los preceptos legales y administrativos en los casos respectivos, como ya lo ha sostenido la Corte Interamericana de Derechos Humanos en el caso Almonacid".

75. Para um estudo do papel dos três mais importantes tribunais internacionais existentes (Corte Internacional de Justiça, Corte Interamericana de Direitos Humanos e Corte Europeia de Direitos Humanos), no que tange aos direitos humanos, *v.* respectivamente, GOY, Raymond, *La Cour Internationale de Justice et les droits de l'homme*, Bruxelles: Bruylant, 2002; TIGROUDJA, Hélène, *La Cour Interaméricaine des Droits de l'Homme: analyse de la jurisprudence consultative et contentieuse*, Bruxelles: Bruylant, 2003; MAZZUOLI, Valerio de Oliveira, *Comentários à Convenção Americana sobre Direitos Humanos – Pacto de San José da Costa Rica* (com Luiz Flávio Gomes), São Paulo: RT, 2008, pp. 239-296; e MARGUÉNAUD, Jean-Pierre, *La Cour Européenne des Droits de l'Homme*, 3e éd., Paris: Dalloz, 2005.

76. Cf. Corte Interamericana de Direitos Humanos, *Caso Trabajadores Cesados del Congreso v. Peru*, de 24 de novembro de 2006, voto apartado do Juiz Sergio García Ramírez, parágrafos 1-13.

O controle de convencionalidade interno é o *primário*, e o controle de convencionalidade internacional o *secundário*. Assim entente a jurisprudência constante da Corte Interamericana de Direitos Humanos (desde 2006) e sobre esse ponto não há qualquer divergência. Os juízes e tribunais internos devem controlar *em primeiro plano* a convencionalidade das leis, restando o controle de convencionalidade pelos tribunais internacionais como tema subsidiário.

Para realizar o controle de convencionalidade ou de supralegalidade das normas infraconstitucionais os tribunais locais não requerem qualquer autorização internacional. Tal controle passa, doravante, a ter também caráter *difuso*, a exemplo do controle difuso de constitucionalidade, onde qualquer juiz ou tribunal pode se manifestar a respeito. À medida que os tratados forem sendo incorporados ao direito pátrio os tribunais locais – estando tais tratados em vigor no plano internacional – podem, desde já e independentemente de qualquer condição ulterior, compatibilizar as leis domésticas com o conteúdo dos tratados (de direitos humanos ou comuns) vigentes no país.[77] Em outras palavras, os tratados internacionais incorporados ao direito brasileiro passam a ter eficácia paralisante (para além de derrogatória) das demais espécies normativas domésticas, cabendo ao juiz coordenar essas fontes (internacionais e internas) e escutar o que elas dizem.[78] Mas, também, pode ainda existir o controle de convencionalidade *concentrado* no Supremo Tribunal Federal, como abaixo se dirá, na hipótese dos tratados de direitos humanos (e somente destes) aprovados pelo rito do art. 5º, § 3º da Constituição[79] (uma vez ratificados pelo Presidente, após esta aprovação qualificada). Tal demonstra que, de agora em diante, os parâmetros de controle concentrado (de constitucionalidade/convencionalidade) no

---

77. A esse respeito, assim se expressou o Juiz Sergio García Ramírez, no seu voto citado: "Si existe esa conexión clara y rotunda – o al menos suficiente, inteligible, que no naufrague en la duda o la diversidad de interpretaciones –, y en tal virtud los instrumentos internacionales son inmediatamente aplicables en el ámbito interno, los tribunales nacionales pueden y deben llevar a cabo su propio 'control de convencionalidad'. Así lo han hecho diversos órganos de la justicia interna, despejando el horizonte que se hallaba ensombrecido, inaugurando una nueva etapa de mejor protección de los seres humanos y acreditando la idea – que he reiterado – de que la gran batalla por los derechos humanos se ganará en el ámbito interno, del que es coadyuvante o complemento, pero no sustituto, el internacional". (Corte Interamericana de Direitos Humanos, *Caso Trabajadores Cesados del Congreso v. Peru*, de 24 de novembro de 2006, voto apartado do Juiz Sergio García Ramírez, parágrafo 11).
78. *V.* JAYME, Erik. Identité culturelle et intégration: le droit international privé postmoderne, in *Recueil des Cours*, vol. 251 (1995), p. 259.
79. Cf. MENDES, Gilmar Ferreira. *Jurisdi*ção constitucional..., cit., p. 239.

Brasil são a Constituição *e os tratados internacionais de direitos humanos* ratificados pelo governo e em vigor no país.

Assim, frise-se que o controle de convencionalidade *difuso* existe entre nós desde a promulgação da Constituição, em 5 de outubro de 1988, e desde a entrada em vigor dos tratados de direitos humanos ratificados pelo Brasil após esse período, não obstante jamais qualquer doutrina no Brasil ter feito referência a esta terminologia. Já o controle de convencionalidade *concentrado*, este sim, nascera apenas em 8 de dezembro de 2004, com a promulgação da Emenda Constitucional nº 45. Destaque-se, ainda, que doutrina brasileira fomos nós quem pela primeira vez empregou as expressões "controle difuso de convencionalidade" e "controle concentrado de convencionalidade" (também não vimos na doutrina estrangeira qualquer utilização, ainda que similar, destas expressões por nós propostas).[80]

Necessário agora investigar como se realiza no Brasil a compatibilidade das normas de direito interno com os tratados internacionais (de direitos humanos ou comuns) ratificados pelo Estado e em vigor no país. Essa compatibilidade do direito doméstico com os tratados em vigor no Brasil, da mesma forma que no caso da compatibilidade com a Constituição, também deve ser realizada, simultaneamente, em dois âmbitos: (1) relativamente aos direitos previstos nos tratados de direitos humanos pelo Brasil ratificados e (2) em relação àqueles direitos previstos nos tratados *comuns* em vigor no país, tratados estes que se encontram *abaixo* da Constituição, mas *acima* de toda a normatividade infraconstitucional. Vejamos cada qual das duas hipóteses.

---

80. O emprego pioneiro dessas expressões ocorreu originalmente em nossa Tese de Doutorado em Direito Internacional (defendida na UFRGS em 4 de novembro de 2008). Para o texto original, *v.* MAZZUOLI, Valerio de Oliveira, *Rumo às novas relações entre o direito internacional dos direitos humanos e o direito interno: da exclusão à coexistência, da intransigência ao diálogo das fontes*, Tese de Doutorado em Direito, Porto Alegre: Universidade Federal do Rio Grande do Sul/Faculdade de Direito, 2008, pp. 201-241. Posteriormente, desenvolvemos a mesma ideia (e utilizamos a mesma terminologia) em um texto menor, publicado em veículo de maior acesso público. *V.* MAZZUOLI, Valerio de Oliveira, O controle de convencionalidade das leis, in *Revista Jurídica Consulex*, ano XIII, nº 290, São Paulo, fev./2009, pp. 42-43. A ideia foi também incorporada em nossos *Comentários à Convenção Americana sobre Direitos Humanos*, cit., pp. 17-18. O certo é que antes dessas expressões nenhum autor brasileiro (e, de nosso conhecimento, tampouco um autor estrangeiro) havia feito menção aos controles *difuso* e *concentrado* de convencionalidade; também não havia nada na doutrina que teorizasse o controle *jurisdicional* da convencionalidade das leis.

A – Os direitos previstos nos tratados de direitos humanos

Como se disse, deve haver *dupla* compatibilidade vertical material para que a produção do direito doméstico seja vigente e válida dentro da ordem jurídica brasileira. A *primeira* compatibilidade vertical se desdobra em duas: a da Constituição e a dos tratados de direitos humanos ratificados pelo Brasil. A compatibilidade com a Constituição (com seus direitos expressos e implícitos) já estudamos. Resta agora verificar a compatibilidade das leis com os tratados de direitos humanos em vigor no país. Esta segunda parte da primeira compatibilidade vertical material diz respeito somente aos tratados de *direitos humanos*, sem a qual nenhuma lei na pós-modernidade sobrevive. Versaremos, aqui, a compatibilidade que têm de ter as leis relativamente aos direitos expressos nos tratados de direitos humanos ratificados pelo Brasil.

São de fácil visualização os direitos *expressos* nos tratados dos quais a República Federativa do Brasil é parte. Todos se encontram publicados no *Diário Oficial da União* desde sua promulgação pelo Presidente da República, após ratificados e após terem sido seus instrumentos respectivos depositados no Secretariado das Nações Unidas ONU.[81]

A falta de compatibilização do direito infraconstitucional com os direitos previstos nos tratados de que o Brasil é parte *invalida* a produção normativa doméstica, fazendo-a cessar de operar no mundo jurídico. Frise-se que tais normas domésticas infraconstitucionais, que não passaram incólumes à segunda etapa da primeira compatibilização vertical material, deixam de ser *válidas* no plano jurídico, mas ainda continuam *vigentes* nesse mesmo plano, uma vez que sobreviveram ao primeiro momento da primeira compatibilidade vertical material (a compatibilidade com a Constituição). Por isso, a partir de agora, dever-se-á ter em conta que nem toda lei *vigente* é uma lei *válida*,[82] e o juiz estará obrigado a deixar de aplicar a lei inválida (contrária a um direito previsto em tratado de direitos humanos em vigor no país), não obstante ainda vigente (porque de acordo com a Constituição).

Esse exercício que o juiz doravante deverá fazer na aplicação (ou inaplicação) de uma lei infraconstitucional deverá basear-se no *diálogo das fontes* já estudado, uma vez que para se chegar à justiça da decisão deverá o magistrado compreender a lógica (*logos*) da dupla (*dia*) compa-

---

81. *V.* o art. 102 da Carta das Nações Unidas.
82. Cf. FERRAJOLI, Luigi. *Derechos y garantías: la ley del más débil*, cit., pp. 20-22.

tibilidade vertical material, a fim de dar ao caso concreto a melhor solução. Esta tese foi aceita pelo Min. Celso de Mello em antológico voto (*HC* 87.585-8/TO) lido no plenário do Supremo Tribunal Federal no dia 12 de março de 2008, onde reconheceu o valor constitucional dos tratados de direitos humanos na ordem jurídica brasileira, independentemente da aprovação legislativa qualificada (pelo § 3º do art. 5º da Constituição). Ficou ali assentado, pelo Min. Celso de Mello, que as fontes internas e internacionais devem "dialogar" entre si a fim de resolver a questão antinômica entre o tratado e a lei interna brasileira. Nas suas palavras: "Posta a questão nesses termos, a controvérsia jurídica remeter-se-á ao exame do conflito entre as fontes internas e internacionais (ou, mais adequadamente, *ao diálogo entre essas mesmas fontes*), de modo a se permitir que, tratando-se de convenções internacionais de direitos humanos, estas guardem primazia hierárquica em face da legislação comum do Estado brasileiro, sempre que se registre situação de antinomia entre o direito interno nacional e as cláusulas decorrentes de referidos tratados internacionais" [grifo nosso].[83]

O que se nota com clareza meridiana no voto do ilustre Ministro é que o seu novo entendimento – que revogara sua própria orientação anterior, que era no sentido de atribuir aos tratados de direitos humanos *status* de lei ordinária (*v. HC* 77.631-5/SC, *DJU* 158-E, de 19.08.1998, Seção I, p. 35) – aceita agora a tese do "diálogo das fontes" e a aplicação do princípio internacional *pro homine*. Referido princípio é um dos mais notáveis frutos da pós-modernidade jurídica, que representa a fluidez e a dinâmica que devem existir no âmago da questão relativa aos conflitos normativos.

É alentador perceber o avanço da jurisprudência brasileira no que tange à aplicação do *diálogo das fontes* e do princípio internacional *pro homine*. Tudo isto somado nos leva a concluir que a recente jurisprudência brasileira dá mostras de que já aceita as soluções pós-modernas para o problema das antinomias entre o direito internacional dos direitos humanos e o direito interno. Dá mostras, também, de que tais problemas devem ser encarados não como uma via de mão única, mas como uma rota de várias vias possíveis. Essa nova concepção jurídica atribui à força expansiva dos direitos humanos um especial realce: o de servir ao direito como instrumento da paz. Esse valor *paz* reconhecido pela força expansiva dos princípios em geral e, em especial, dos direitos humanos,

---

83. *V.* STF, *HC* 87.585-8, do Tocantins, Voto-vista do Min. Celso de Mello, de 12.03.08, p. 19.

é sempre *anterior* às normas jurídicas que o absorvem, além de sempre *mais amplo* que elas.

Como se percebe, a aplicação desse critério não exclui mutuamente uma ou outra ordem jurídica, mas antes as complementa, fazendo com que a produção do direito doméstico também "escute" o diálogo entre a Constituição e os tratados de direitos humanos, que se encontram em mesmo pé de igualdade que ela. Em outras palavras, a Constituição não exclui a aplicação dos tratados e nem estes excluem a aplicação dela, mas ambas as normas (Constituição *e* tratados) se unem para servir de obstáculo à produção normativa doméstica infraconstitucional que viole os preceitos ou a Constituição ou dos tratados de direitos humanos em que a República Federativa do Brasil é parte. As normas infraconstitucionais, doravante, para serem *vigentes* e *válidas*, deverão submeter-se a este novo exame de compatibilidade vertical material, solução esta mais fluida (e, portanto, capaz de melhor favorecer a "evolução do direito"[84]) e mais consentânea com os ditames da pós-modernidade jurídica.

Por meio dessa solução que se acaba de expor, repita-se, não será a Constituição que excluirá a aplicação de um tratado ou vice-versa, mas ambas essas supernormas (Constituição e tratados) é que irão se *unir* em prol da construção de um direito infraconstitucional compatível com ambas, sendo certo que a incompatibilidade desse mesmo direito infraconstitucional com apenas uma das supernormas já o invalida por completo. Com isto, possibilita-se a criação de um Estado Constitucional e Humanista de Direito em que *todo* o direito doméstico guarde total compatibilidade tanto com a Constituição quanto com os tratados internacionais de direitos humanos ratificados pelo Estado, chegando-se, assim, a uma ordem jurídica interna *perfeita*, que tem no valor dos direitos humanos sua maior racionalidade, principiologia e sentido.

No que tange ao respeito que deve ter o direito doméstico aos tratados de direitos humanos, surge, ainda, uma questão a ser versada. Trata-se daquela relativa aos tratados de direitos humanos aprovados por três quintos dos votos dos membros de cada Casa do Congresso Nacional, em dois turnos de votação, tal como estabelece o art. 5º, § 3º da Constituição de 1988. Neste caso, ter-se-á no direito brasileiro o controle de convencionalidade *concentrado*, como passaremos a expor. Antes disso, porém, merece ser citada – para fins de críticas – a lição de

---

84. CARNELUTTI, Francesco. *Teoria geral do direito*. Trad. de A. Rodrigues Queiró e Artur Anselmo de Castro. Rio de Janeiro: Âmbito Cultural, 2006, p. 188.

José Afonso da Silva, para quem somente haverá inconstitucionalidade (*inconvencionalidade*...) se as normas infraconstitucionais "violarem as normas internacionais acolhidas na forma daquele § 3º", ficando então "sujeitas ao sistema de controle de constitucionalidade na via incidente [controle *difuso*] como na via direta [controle *concentrado*]". Quanto às demais normas que não forem acolhidas pelo art. 5º, § 3º, segundo o mesmo José Afonso da Silva, elas "ingressam no ordenamento interno no nível da lei ordinária, e eventual conflito com as demais normas infraconstitucionais se resolverá pelo modo de apreciação da colidência entre *lei especial* e *lei geral* [que são os clássicos critérios de solução de antinomias]".[85]

No raciocínio do professor José Afonso da Silva, apenas os tratados de direitos humanos acolhidos na forma do art. 5º, § 3º, seriam paradigma de controle de constitucionalidade (para nós, de *convencionalidade*...), tanto na via incidente (*controle difuso*) como na via direta (*controle concentrado*). Os demais tratados (de direitos humanos ou não) que forem incorporados sem a aprovação qualificada não valeriam como paradigma de compatibilização vertical, caso em que o conflito de normas seria resolvido pela aplicação dos critérios clássicos de solução de antinomias (segundo o autor, "pelo modo de apreciação da colidência entre *lei especial* e *lei geral*"[86]).

Contrariamente a essa posição, da qual também outros autores já divergiram,[87] podemos lançar algumas observações.

A primeira delas é a de que se sabe que não é necessária a aprovação dos tratados de direitos humanos pelo *quorum* qualificado do art. 5º, § 3º da Constituição, para que tais instrumentos tenham *nível* de normas constitucionais. O que o art. 5º, § 3º do texto constitucional fez foi tão somente atribuir "equivalência de emenda" a tais tratados, e não o *status* de normas constitucionais que eles já detêm pelo art. 5º, § 2º da Constituição. Portanto, dizer que os tratados são "equivalentes às emendas" não é a mesma coisa que dizer que eles "têm *status* de norma

---

85. *V.*, por tudo, SILVA, José Afonso da, *Comentário contextual à Constituição*, 2. ed., São Paulo: Malheiros, 2006, p. 179. Cf. repetição da mesma lição em SILVA, José Afonso da, *Curso de direito constitucional positivo*, cit., p. 183.
86. SILVA, José Afonso da. *Comentário contextual à Constituição*, cit., p. 179; e SILVA, José Afonso da, *Curso de direito constitucional positivo*, cit., p. 183.
87. *V.* as críticas de BONIFÁCIO, Artur Cortez, *O direito constitucional internacional e a proteção dos direitos fundamentais*, cit., pp. 211-214, a esse pensamento de José Afonso da Silva, mas com fundamentos diferentes dos nossos.

constitucional".[88] Sem retomar esta discussão, a qual não tem lugar neste estudo, importa dizer que, uma vez aprovado determinado tratado de direitos humanos pelo *quorum* qualificado do art. 5º, § 3º da Constituição, tal tratado será *formalmente constitucional*, o que significa que ele passa a ser paradigma de controle da legislação infraconstitucional.[89] Assim, à medida que estes tratados passam a ser *equivalentes* às *emendas constitucionais*, fica autorizada a propositura (no STF) de todas as *ações* constitucionais existentes para garantir a estabilidade da Constituição e das normas a ela equiparadas, a exemplo dos tratados de direitos humanos formalmente constitucionais.

Em outras palavras, o que se está aqui a defender é o seguinte: quando o texto constitucional (no art. 102, inc. I, alínea *a*) diz competir precipuamente ao Supremo Tribunal Federal a "guarda da Constituição", cabendo-lhe julgar originariamente as ações diretas de inconstitucionalidade (ADIn) de lei ou ato normativo federal ou estadual ou a ação declaratória de constitucionalidade (ADECON) de lei ou ato normativo federal, está autorizando que os legitimados próprios para a propositura de tais ações (constantes do art. 103 da Carta) ingressem com essas medidas sempre que *a Constituição* ou *quaisquer normas a ela equivalentes* (*v.g.*, os tratados de direitos humanos internalizados com *quorum* qualificado) estiverem sendo violadas por quaisquer normas infraconstitucionais. A partir da Emenda Constitucional 45/04, é necessário entender que a expressão "guarda da Constituição", utilizada pelo art. 102, inc. I, alínea *a*, alberga, além do texto da Constituição propriamente dito, também as normas constitucionais por equiparação. Assim, ainda que a Constituição silencie a respeito de um determinado direito, mas estando este mesmo direito previsto em tratado de direitos humanos *constitucionalizado* pelo rito do art. 5º, § 3º, passa a caber, no Supremo Tribunal Federal, o controle concentrado de constitucionalidade (*v.g.*, uma ADIn)

---

88. *V.* explicação detalhada em MAZZUOLI, Valerio de Oliveira, *Curso de direito internacional público*, cit., pp. 764-774. *V.* ainda, MAZZUOLI, Valerio de Oliveira, O novo § 3º do art. 5º da Constituição e sua eficácia, cit., pp. 89-109.

89. Cf. BARROSO, Luís Roberto. Constituição e tratados internacionais: alguns aspectos da relação entre direito internacional e direito interno. In: MENEZES DIREITO, Carlos Alberto; CANÇADO TRINDADE, Antonio Augusto & PEREIRA, Antonio Celso Alves. *Novas perspectivas do direito internacional contemporâneo: estudos em homenagem ao Professor Celso D. de Albuquerque Mello*. Rio de Janeiro: Renovar, 2008, p. 207.

para compatibilizar a norma infraconstitucional com os preceitos do tratado constitucionalizado.[90]

A rigor, não se estaria, aqui, diante de controle de *constitucionalidade* propriamente dito (porque, no exemplo dado, a lei infraconstitucional é *compatível* com a Constituição, que silencia a respeito de determinado assunto), mas sim diante do controle de *convencionalidade* das leis, o qual se operacionaliza tomando-se por empréstimo uma ação do controle concentrado de constitucionalidade (*v.g.*, uma ADIn ou uma ADPF), na medida em que o tratado-paradigma em causa é *equivalente* a uma norma constitucional.

Ora, se a Constituição possibilita sejam os tratados de direitos humanos alçados ao patamar constitucional, com *equivalência de emenda*, por questão de lógica deve também garantir-lhes os meios que garante a qualquer norma constitucional ou emenda de se protegerem contra investidas não autorizadas do direito infraconstitucional. Nesse sentido, é plenamente possível defender a possibilidade de ADIn (para eivar a norma infraconstitucional de *inconvencionalidade*), de ADECON (para garantir à norma infraconstitucional a *compatibilidade* vertical com um tratado de direitos humanos formalmente constitucional), ou até mesmo de ADPF (*Arg*uição de Descumprimento de Preceito Fundamental) para exigir o cumprimento de um "preceito fundamental" encontrado em tratado de direitos humanos formalmente constitucional.

Então, pode-se dizer que os tratados de direitos humanos internalizados pelo rito qualificado do art. 5º, § 3º, da Constituição, passam a servir de meio de controle concentrado (agora de *convencionalidade*) da produção normativa doméstica, para além de servirem como paradigma para o controle *difuso*.

Quanto aos tratados de direitos humanos não internalizados pelo *quorum* qualificado, passam eles a ser paradigma apenas do controle *difuso* de constitucionalidade/convencionalidade. Portanto, para nós – contrariamente ao que pensa o ilustrado José Afonso da Silva – não se pode dizer que as antinomias entre os tratados de direitos humanos não incorporados pelo referido rito qualificado e as normas infraconstitu-

---

90. V., nesse exato sentido, MENDES, Gilmar Ferreira, *Jurisdição constitucional...*, cit., p. 239, que diz: "Independentemente de qualquer outra discussão sobre o tema, afigura-se inequívoco que o Tratado de Direitos Humanos que vier a ser submetido a esse procedimento especial de aprovação [nos termos do § 3º do art. 5º da Constituição] configurará, para todos os efeitos, parâmetro de controle das normas infraconstitucionais".

cionais somente poderão ser resolvidas "pelo modo de apreciação da colidência entre *lei especial* e *lei geral*".[91] Os tratados internacionais de direitos humanos ratificados pelo Brasil – independentemente de aprovação com *quorum* qualificado – têm nível de normas constitucionais e servem de paradigma ao controle de constitucionalidade/convencionalidade, sendo a única diferença a de que os tratados aprovados pela maioria qualificada do § 3º do art. 5º da Constituição servirão de paradigma ao controle *concentrado* (para além, evidentemente, do *difuso*), enquanto que os demais (tratados de direitos humanos não internalizados com aprovação congressual qualificada) apenas servirão de padrão interpretativo ao controle *difuso* (via de *exceção* ou *defesa*) de constitucionalidade/convencionalidade.

Em suma, todos os tratados que formam o *corpus juris* convencional dos direitos humanos de que um Estado é parte devem servir de paradigma ao controle de constitucionalidade/convencionalidade, com as especificações que se fez acima: *a*) tratados de direitos humanos internalizados com *quorum* qualificado são paradigma do controle concentrado (para além, obviamente, do controle *difuso*), cabendo ADIn no Supremo Tribunal Federal a fim de nulificar a norma infraconstitucional incompatível com o respectivo tratado equivalente à emenda constitucional; *b*) tratados de direitos humanos que têm apenas "*status* de norma constitucional" (não sendo "*equivalentes*" às emendas constitucionais", posto que não aprovados pela maioria qualificada do art. 5º, § 3º, da Constituição) são paradigma apenas do controle *difuso* de constitucionalidade/convencionalidade.

Como já se demonstrou em outro lugar, os tratados contemporâneos de direitos humanos já prevêem certas "cláusulas de diálogo"[92] (*v.g.*, o art. 29, alínea *b*, da Convenção Americana sobre Direitos Humanos) que possibilitam a intercomunicação e a retroalimentação entre o direito internacional dos direitos humanos e o direito interno. Na medida em que tais tratados se internalizam no Brasil com nível de normas constitucionais (materiais ou formais), tais "cláusulas de diálogo" passam a também deter o mesmo *status* normativo no direito interno, garantindo

---

91. SILVA, José Afonso da. *Comentário contextual* à *Constituição*, cit., p. 179; e SILVA, José Afonso da, *Curso de direito constitucional positivo*, cit., p. 183.
92. A expressão é de nossa autoria. Sobre tais "cláusulas de diálogo", *v.* MAZZUOLI, Valerio de Oliveira, *Rumo às novas relações entre o direito internacional dos direitos humanos e o direito interno*..., cit., pp. 124-139.

o *diálogo das fontes* no sistema jurídico interno como garantia de índole e nível constitucionais.

Pode-se então dizer que o critério dialógico[93] de solução de antinomias entre o sistema internacional de proteção dos direitos humanos e a ordem interna (que Erik Jayme chamou de *diálogo das fontes*[94]) passa a ficar *constitucionalizado* em nosso país à medida que os tratados de direitos humanos são ratificados pelo governo, independentemente de *quorum* qualificado de aprovação e de promulgação executiva suplementar. E nem se diga, por absoluta *aberratio juris*, que a internalização das "cláusulas de diálogo" dos tratados de direitos humanos (e, consequentemente, do *diálogo das fontes*) dá-se em patamar *inferior* à nossa ordem constitucional e, por isso, não poderia ter aplicação imediata. Reconhecer a superioridade da ordem interna sobre o direito internacional dos direitos humanos, dando prevalência àquela, mesmo quando *protege menos* o ser humano sujeito de direitos, é admitir "a desvinculação [do Estado] do movimento internacional de direitos humanos reconhecidos regional e universalmente".[95]

A integração do método dialógico de Erik Jayme no Brasil passa a ter caráter de norma de *ordre public* nacional, para além do caráter internacional também reconhecido de *jus cogens*, à medida que os tratados de direitos humanos que consagram as chamadas "cláusulas de diálogo" são normas aceitas e reconhecidas pela sociedade internacional dos Estados em seu conjunto, como normas das quais nenhuma derrogação é permitida e que só podem ser modificadas por outras da mesma natureza, fazendo eco à regra do art. 53 da Convenção de Viena sobre o Direito dos Tratados de 1969.

Tudo o que acima foi dito, relativamente ao respeito que deve ter o direito doméstico aos direitos expressos nos tratados de direitos humanos em que o Brasil é parte, para que só assim possam ser vigentes *e válidos* na ordem jurídica interna, também deve ser aplicado em relação aos direitos *implícitos* nesses mesmos tratados de direitos humanos. Os chamados direitos *implícitos* são encontrados, assim como na Constitui-

---

93. Para a nossa concepção de *dialógica jurídica*, em oposição à conhecida *dialética jurídica*, v. MAZZUOLI, Valerio de Oliveira, *Rumo às novas relações entre o direito internacional dos direitos humanos e o direito interno*..., cit., pp. 142-144.
94. JAYME, Erik. *Identité culturelle et intégration: le droit international privé postmoderne*, cit., p. 259.
95. WEIS, Carlos. *Direitos humanos contemporâneos*. São Paulo: Malheiros, 1999, p. 34.

ção, também nos tratados internacionais. Não obstante serem direitos de difícil caracterização (e enumeração) apriorística, o certo é que eles também compõem os direitos previstos nos tratados no âmbito do segundo momento da primeira compatibilização vertical material, sendo um desdobramento dos direitos expressos pelos quais também tem que passar o direito doméstico para que, somente assim, este sobreviva.

B – Os direitos previstos nos tratados comuns

Para que a produção do direito doméstico crie norma jurídica hábil a valer no plano do direito interno, será necessária, para além da primeira compatibilização vertical material – (*a*) da Constituição e (*b*) dos tratados de direitos humanos dos quais o Brasil é parte –, uma *segunda* conformidade vertical, dessa vez da norma infraconstitucional com os tratados internacionais *comuns* em vigor no país. Esta segunda conformidade das leis com os tratados comuns deve existir pelo fato de estarem tais instrumentos internacionais alçados ao nível *supralegal* no direito brasileiro.[96] Norma *supralegal* é aquela que está acima das leis e abaixo da Constituição. Trata-se, justamente, da posição em que se encontram tais instrumentos (*comuns*) no nosso direito interno.

A compatibilização das normas infraconstitucionais com os tratados internacionais comuns faz-se por meio do chamado controle *de supralegalidade*. Não se trata de controle de *convencionalidade* pelo fato de se reservar esta última expressão à compatibilidade vertical que devem ter as normas infraconstitucionais com aos tratados *de direitos humanos*, que têm índole e nível constitucionais. Também não se trata de controle de *legalidade*, pelo fato de não estar em jogo a compatibilidade de norma *infralegal* com uma lei ordinária (*v.g.*, a compatibilidade de um *decreto* com uma *lei*). No caso dos tratados internacionais comuns, estes estão *abaixo* da Constituição, mas *acima* das leis internas. Assim, eles passam a servir de paradigma de *supralegalidade* das normas domésticas, as quais também serão *inválidas* se violarem suas disposições.

Infelizmente, não há na Constituição brasileira de 1988 qualquer menção ao nível hierárquico dos tratados internacionais comuns. Os únicos dispositivos que existem no texto constitucional de 1988 a consagrar uma prevalência hierárquica a tratado internacional são os §§ 2º e 3º do art. 5º, aos quais já nos referimos. De resto, a Constituição bra-

---

96. Para detalhes, *v.* MAZZUOLI, Valerio de Oliveira, *Curso de direito internacional público*, cit., pp. 339-343.

sileira fica no silêncio, não obstante consagrar a declaração de inconstitucionalidade de tratados (art. 102, inc. III, alínea *b*). Pelo fato de não existir na Constituição qualquer menção expressa sobre o grau hierárquico dos tratados internacionais comuns, a outra solução não se pode chegar senão atribuir valor infraconstitucional (mas *supralegal*) a tais instrumentos. Assim, em relação aos tratados comuns o entendimento passa a ser o de que a lei interna não sucumbe ao tratado por ser ele *posterior* ou *especial* em relação a ela (pela aplicação daqueles critérios *clássicos* de solução de antinomias), mas sim em decorrência do *status* de supralegalidade desses tratados no plano doméstico. Nesta ordem de ideias, a *lei posterior* seria *inválida* (e, consequentemente, *ineficaz*) em relação ao tratado internacional, que não obstante *anterior* é hierarquicamente *superior* a ela.[97]

São vários os dispositivos da legislação brasileira que garantem a autenticidade da afirmação de estarem os tratados comuns alçados ao nível supralegal no Brasil. Tomemos como exemplo o art. 98 do Código Tributário Nacional, que assim dispõe: "Os tratados e as convenções internacionais revogam ou modificam a legislação tributária interna, e serão observados pela que lhes sobrevenha".[98]

Na redação do art. 98 do CTN os tratados em matéria tributária *revogam ou modificam* a legislação tributária interna, mas não poderão ser revogados por legislação tributária posterior, devendo ser *observados* por aquela (legislação tributária) *que lhes sobrevenha*. A disposição versa sobre tratados em matéria tributária, que são tratados *comuns*, salvo o evidente caso de o instrumento internacional em matéria tributária ampliar uma garantia do contribuinte, quando então poderão (mas esta hipótese é excepcional) ser considerados como tratados veiculadores de direitos fundamentais.

De qualquer forma, certo é que os tratados internacionais ratificados e em vigor no Brasil têm hierarquia *superior* às leis (sejam elas ordinárias ou complementares): *a*) os tratados de direitos humanos têm nível de normas constitucionais (podendo ser apenas *materialmente constitu-*

---

97. *V.*, por tudo, PEREIRA, André Gonçalves & QUADROS, Fausto de, *Manual de direito internacional público*, 3. ed. rev. e aum. (reimpressão), Coimbra: Almedina, 2001, pp. 121-123.

98. Para uma análise detalhada deste dispositivo, no que tange à questão das isenções de tributos estaduais e municipais pela via dos tratados, *v.* MAZZUOLI, Valerio de Oliveira, *Curso de direito internacional público*, cit., pp. 350-353. Cf., ainda, MAZZUOLI, Valerio de Oliveira, Eficácia e aplicabilidade dos tratados em matéria tributária no direito brasileiro, in *Revista Forense*, vol. 390, ano 103, Rio de Janeiro, mar./abr./2007, pp. 583-590.

cionais – art. 5º, § 2º – ou *material e formalmente constitucionais* – art. 5º, § 3º); e *b*) os tratados comuns têm nível *supralegal* por estarem abaixo da Constituição, mas acima de toda a legislação infraconstitucional.

O problema que visualizamos, em relação aos tratados *comuns*, diz respeito à falta de "cláusulas de diálogo" em seus textos, à diferença do que ocorre com os tratados de direitos humanos, que sempre trazem dispositivos no sentido de *não* excluir a aplicação do direito doméstico (ainda que em detrimento do próprio tratado) quando a norma interna for *mais benéfica* aos direitos da pessoa em causa, em consagração ao princípio internacional *pro homine*. Neste caso, parece certo que os critérios tradicionais de solução de antinomias (o *hierárquico*, o da *especialidade* e o *cronológico*) não têm aptidão para resolver os conflitos entre normas internacionais de *direitos humanos* e as normas de direito interno veiculadoras de *direitos fundamentais*, devendo os mesmos serem resolvidos pela aplicação do *diálogo das fontes*, quando o juiz "escuta" o que as fontes (internacionais e internas) dizem e as "coordena" para aplicá-las (com *coerência*) ao caso concreto.[99] E esta "conversa" entre as fontes internacionais de direitos humanos e as fontes internas sobre direitos fundamentais é veiculada por meio dos próprios "vasos comunicantes" (ou *cláusulas de diálogo*) previstos tanto nas normas internacionais (*v.g.*, o art. 29, alínea *b*, da Convenção Americana sobre Direitos Humanos) quanto nas normas internas (*v.g.*, o art. 5º, § 2º, c/c art. 4, inc. II, ambos da Constituição de 1988).

Portanto, de volta ao caso dos tratados *comuns*, pensamos que os conflitos entre eles e as normas infraconstitucionais do direito interno devem ser resolvidos pelo critério *hierárquico*.[100] Dessa forma, havendo conflito entre tratados comuns (que têm nível *supralegal* no Brasil) e leis internas, os juízes e tribunais nacionais deverão recusar-se a aplicar a norma infraconstitucional violadora do tratado enquanto este vincular o Estado.[101] Eis aqui a aplicação do *controle de supralegalidade* das normas de direito domésticos em relação aos tratados internacionais comuns.

---

99. Cf. JAYME, Erik. Identité culturelle et intégration: le droit international privé postmoderne, cit., p. 259.
100. Muitos autores que versaram a *teoria geral do direito* não cuidaram desse problema quando do estudo da hierarquia das fontes jurídicas. Assim, com nenhuma palavra sequer a esse respeito, CARNELUTTI, Francesco, *Teoria geral do direito*, cit., pp. 162-167.
101. Cf. PEREIRA, André Gonçalves & QUADROS, Fausto de. *Manual de direito internacional público*, cit., p. 123.

A solução para este caso é encontrada no art. 27 da Convenção de Viena sobre o Direito dos Tratados de 1969, segundo o qual uma parte "não pode invocar as disposições de seu direito interno para justificar o inadimplemento de um tratado".[102] O "direito interno" referido pela Convenção de Viena de 1969 é, evidentemente, *todo* o direito interno (inclusive a Constituição) do Estado.[103] Contudo, à medida que se entende que os tratados comuns *cedem* ante a Constituição, tal dispositivo passa a ser interpretado como os temperamentos que o Direito Constitucional lhe impõe.[104]

CONSIDERAÇÕES FINAIS

O que se pode concluir, ao fim e ao cabo desta exposição teórica, é que o direito brasileiro está integrado com um novo tipo de controle das normas infraconstitucionais, que é o *controle de convencionalidade* das leis, tema que antes da Emenda Constitucional nº 45/2004 era totalmente desconhecido entre nós.

Pode-se também concluir que, doravante, a produção normativa doméstica conta com um duplo limite vertical material: *a)* a Constituição e os tratados de direitos humanos (1º limite) e *b)* os tratados internacionais comuns (2º limite) em vigor no país. No caso do primeiro limite, no que toca aos tratados de direitos humanos, estes podem ter sido ou não aprovados com o *quorum* qualificado que o art. 5º, § 3º da Constituição

---

[102]. Não cabe aqui um estudo deste dispositivo. Para tal, *v.* MAZZUOLI, Valerio de Oliveira, *Curso de direito internacional público*, cit., pp. 225-230.

[103]. Cf. PEREIRA, André Gonçalves & QUADROS, Fausto de. *Manual de direito internacional público*, cit., p. 120.

[104]. Sobre tais temperamentos já escrevemos em outra obra: "...a regra do art. 27 da Convenção de Viena continua a valer em sua inteireza, não podendo uma parte em um tratado internacional invocar as disposições de seu Direito interno (qualquer delas, inclusive as normas da Constituição) para justificar o inadimplemento desse tratado. (...) A Constituição brasileira de 1988 aceita esta construção, ainda que por fundamentos diferentes, no que tange ao Direito Internacional convencional particular que versa sobre direitos humanos (art. 5º, §§ 2º e 3º). Quanto aos demais tratados, pensa mos que eles cedem perante a Constituição, por força do preceito constitucional que sujeita os tratados à fiscalização de sua constitucionalidade (art. 102, inc. III, alínea *b*). Somente na falta desse comando constitucional é que a regra *pacta sunt servanda*, bem como o já referido art. 27 da Convenção de Viena, imporia a prevalência de *todos* os tratados internacionais sobre a Constituição. Pelo fato de a Constituição brasileira consagrar a declaração de inconstitucionalidade de tratados, e dado que não há no nosso texto constitucional menção expressa sobre o grau hierárquico a ser atribuído aos tratados internacionais comuns, parece não restar outra saída senão atribuir valor infraconstitucional a tais tratados, ainda que supralegal". (MAZZUOLI, Valerio de Oliveira. *Curso de direito internacional público*, cit., pp. 226-229).

prevê. Caso não tenham sido aprovados com essa maioria qualificada, seu *status* será de norma (apenas) materialmente constitucional, o que lhes garante serem paradigma de controle somente *difuso* de convencionalidade; caso tenham sido aprovados (e entrado em vigor no plano interno, após sua ratificação) pela sistemática do art. 5º, § 3º, tais tratados servirão também de paradigma do controle *concentrado* (para além, é claro, do *difuso*) de convencionalidade.

Os tratados de direitos humanos paradigma do controle concentrado autorizam que os legitimados para a Ação Direta de Inconstitucionalidade (ADIn) previstos no art. 103 da Constituição proponham tal medida no STF como meio de retirar a validade de norma interna (ainda que *compatí*vel com a Constituição) que viole um tratado internacional de direitos humanos em vigor no país.

Quanto aos tratados internacionais comuns, temos como certo que eles servem de paradigma de controle *de supralegalidade* das normas infraconstitucionais, de sorte que a incompatibilidade destas com os preceitos contidos naqueles invalida a disposição legislativa em causa em benefício da aplicação do tratado.

REFERÊNCIAS

ALCALÁ, Humberto Nogueira. Reforma constitucional de 2005 y control de constitucionalidad de tratados internacionales. **Estudios Constitucionales**, Universidad de Talda, año 5, nº 1, 2007, pp. 59-88.

AMARAL JÚNIOR, Alberto do. **Introdução ao direito internacional público**. São Paulo: Atlas, 2008.

BACHOF, Otto. **Normas constitucionais inconstitucionais?** Trad. José Manuel M. Cardoso da Costa. Coimbra: Livraria Almedina, 1994.

BANK, Roland, Tratados internacionales de derechos humanos bajo el ordenamiento jurídico alemán. **Anuario de Derecho Constitucional Latinoamericano**, 10º año, Tomo II, Montevideo: Konrad-Adenauer-Stiftung, 2004, pp. 721-734.

BARROSO, Luís Roberto. **O controle de constitucionalidade no direito brasileiro**, 2. ed. rev. e atual. São Paulo: Saraiva, 2007.

_____. Constituição e tratados internacionais: alguns aspectos da relação entre direito internacional e direito interno. In: MENEZES DIREITO, Carlos Alberto; CANÇADO TRINDADE, Antonio Augusto & PEREIRA, Antonio Celso Alves. **Novas perspectivas do direito internacional contemporâneo:** estudos em homenagem ao Professor Celso D. de Albuquerque Mello. Rio de Janeiro: Renovar, 2008, pp. 185-208.

BIDART CAMPOS, German J. **Tratado elemental de derecho constitucional argentino**, Tomo III (El derecho internacional de los derechos humanos y la reforma constitucional de 1994). Buenos Aires: Ediar, 1995.

BITTENCOURT, Carlos Alberto Lúcio. **O contrôle jurisdicional da constitucionalidade das leis**, 2. ed. Rio de Janeiro: Forense, 1968.

BOBBIO, Norberto. **O positivismo jurídico:** lições de filosofia do direito. Trad. de Márcio Pugliesi; Edson Bini; Carlos E. Rodrigues. São Paulo: Ícone, 1995.

BONIFÁCIO, Artur Cortez. **O direito constitucional internacional e a proteção dos direitos fundamentais.** São Paulo: Método, 2008.

CANTOR, Ernesto Rey. Controles de convencionalidad de las leyes. In: MAC-GREGOR, Eduardo Ferrer & LELLO DE LARREA, Arturo Zaldívar (coords.). **La ciencia del derecho procesal constitucional:** estudios en homenaje a Héctor Fix-Zamudio en sus cincuenta años como investigador del derecho. México: Instituto de Investigaciones Jurídicas de la UNAM/Marcial Pons, 2008, pp. 225-262.

CARNELUTTI, Francesco. **Teoria geral do direito.** Trad. de A. Rodrigues Queiró e Artur Anselmo de Castro. Rio de Janeiro: Âmbito Cultural, 2006.

DINIZ, Maria Helena. **Conflito de normas**, 6. ed. atual. de acordo com o novo Código Civil (Lei n. 10.406/2002). São Paulo: Saraiva, 2005.

_____. **Lei de introdução ao Código Civil brasileiro interpretada**, 13. ed., rev. e atual. São Paulo: Saraiva, 2007.

FACCHIN, Roberto. **L'interpretazione giudiziaria della Convenzione europea dei diritti dell'uomo.** Padova: CEDAM, 1990.

FERRAJOLI, Luigi. **Derechos y garant**ías: la ley del más débil. Trad. de Perfecto Andrés Ibáñez e Andrea Greppi. Madrid: Trotta, 1999.

FERRAZ JR., Tercio Sampaio. **Introdu**ção ao estudo do direito: técnica, decisão, dominação, 4. ed., rev. e ampl. São Paulo: Atlas, 2003.

FERREIRA FILHO, Manoel Gonçalves. **Direitos humanos fundamentais.** São Paulo: Saraiva, 1995.

GARCIA, Maria. **Limites da ciência:** a dignidade da pessoa humana, a ética da responsabilidade. São Paulo: RT, 2004.

GOMES, Luiz Flávio. **Estado constitucional de direito e a nova pirâmide jurídica.** São Paulo: Premier Máxima, 2008.

_____. & VIGO, Rodolfo Luis. **Do Estado de direito constitucional e transnacional:** riscos e precauções (navegando pelas ondas evolutivas do Estado, do direito e da justiça). São Paulo: Premier Máxima, 2008.

GONZÁLEZ PEREZ, Jesus. **La dignidad de la persona.** Madrid: Civitas, 1986.

GOY, Raymond. **La Cour Internationale de Justice et les droits de l'homme.** Bruxelles: Bruylant, 2002.

GROS ESPIELL, Hector. La Convention américaine et la Convention européenne des droit de l'homme: analyse comparative. **Recueil des Cours**, vol. 218 (1989-VI), pp. 167-412.

HÄBERLE, Peter. **La garantía del contenido esencial de los derechos fundamentales.** Trad. de Joaquín Brage Camazano. Madrid: Dykinson, 2003.

HENDERSON, Humberto. Los tratados internacionales de derechos humanos en el orden interno: la importancia del principio *pro homine*. **Revista IIDH**, vol. 39, San José, IIDH, 2004, pp. 71-99.

JAYME, Erik. Identité culturelle et intégration: le droit international privé postmoderne. **Recueil des Cours**, vol. 251 (1995), pp. 9-267.

KELSEN, Hans. **Teoria pura do direito**, 7. ed. Trad. de João Baptista Machado. São Paulo: Martins Fontes, 2006.

LOPES, José Reinaldo de Lima. Da efetividade dos direitos econômicos, culturais e sociais. **Direitos humanos**: visões contemporâneas. São Paulo: Associação Juízes para a Democracia, 2001, pp. 91-106.

MARGUÉNAUD, Jean-Pierre. **La Cour Européenne des Droits de l'Homme,** 3ᵉ éd. Paris: Dalloz, 2005.

MAZZUOLI, Valerio de Oliveira. **Prisão civil por dívida e o Pacto de San José da Costa Rica**: especial enfoque para os contratos de alienação fiduciária em garantia. Rio de Janeiro: Forense, 2002.

_____. O novo § 3º do art. 5º da Constituição e sua eficácia. **Revista Forense**, vol. 378, ano 101, Rio de Janeiro, mar./abr./2005, pp. 89-109.

_____. Eficácia e aplicabilidade dos tratados em matéria tributária no direito brasileiro. **Revista Forense**, vol. 390, ano 103, Rio de Janeiro, mar./abr./2007, pp. 583-590.

_____. **Comentários à Convenção Americana sobre Direitos Humanos** – Pacto de San José da Costa Rica (com Luiz Flávio Gomes). São Paulo: RT, 2008.

_____. O controle de convencionalidade das leis. **Revista Jurídica Consulex**, ano XIII, nº 290, São Paulo, fev./2009, pp. 42-43.

_____. **Curso de direito internacional público**, 3. ed. rev., atual. e ampl. São Paulo: RT, 2009.

_____. **O controle jurisdicional da convencionalidade das leis**, São Paulo: RT, 2009.

MENDES, Gilmar Ferreira. **Jurisdição constitucional**: o controle abstrato de normas no Brasil e na Alemanha, 5. ed. São Paulo: Saraiva, 2005.

PEREIRA, André Gonçalves & QUADROS, Fausto de. **Manual de direito internacional público**, 3. ed. rev. e aum. (reimpressão). Coimbra: Almedina, 2001.

REALE, Miguel. **Fontes e modelos do direito**: para um novo paradigma hermenêutico. São Paulo: Saraiva, 1994.

RIDEAU, Joel. Le rôle de l'Union européenne en matière de protection des droits de l'homme. **Recueil des Cours**, vol. 265 (1997), pp. 9-480.

ROSS, Alf. **Direito e justiça**. Trad. de Edson Bini. Bauru: Edipro, 2000.

SARLET, Ingo Wolfgang. **A eficácia dos direitos fundamentais**, 6. ed. rev. atual. e ampl. Porto Alegre: Livraria do Advogado, 2006.

SCHNAID, David. **Filosofia do direito e interpretação**, 2. ed. rev. e atual. São Paulo: RT, 2004.

SILVA IRARRAZAVAL, Luis Alejandro. El control de constitucionalidad de los actos administrativos en Francia y el control indirecto de constitucionalidad de la ley: la teoría de la ley pantalla. **Ius et Praxis**, vol. 12, nº 2 (2006), pp. 201-219.

SILVA, José Afonso da. **Curso de direito constitucional positivo**, 26. ed. rev. e atual. São Paulo: Malheiros, 2006.

_____. **Comentário contextual** à **Constituição**, 2. ed. São Paulo: Malheiros, 2006.

TELLES JUNIOR, Goffredo. **Iniciação na ciência do direito**. São Paulo: Saraiva, 2001.

TIGROUDJA, Hélène. **La Cour Interaméricaine des Droits de l'Homme:** analyse de la jurisprudence consultative et contentieuse. Bruxelles: Bruylant, 2003.

VIGNALI, Heber Arbuet & ARRIGHI, Jean Michel. Os vínculos entre o direito internacional público e os sistemas internos. **Revista de Informação Legislativa**, ano 29, nº 115, Brasília: Senado Federal, jul./set./1992, pp. 413-420.

WEIS, Carlos. **Direitos humanos contemporâneos**. São Paulo: Malheiros, 1999.

CONTROLE DE CONVENCIONALIDADE: PROTEÇÃO DOS CÉUS OU VIGILÂNCIA DOS INFERNOS? ANÁLISE CÉTICA DOS POSICIONAMENTOS DOUTRINÁRIOS SOBRE ESSA FIGURA CONTROVERSA

Fernanda Cristina Franco[1] & Sven Peterke[2]

INTRODUÇÃO

Ainda no início do século passado, o renomado internacionalista chileno Alejandro Alvarez discorria a respeito de como há no continente americano questões *sui generis* a partir das quais é oferecido ao direito internacional um tipo de contribuição distinta e particular. Dizia ele que nas Américas os Estados estabeleceram questões de interesse universal que não haviam sido anteriormente reguladas pelos Estados Europeus (ALVAREZ, 1909:346). Ilustre-se que, naquele momento, mais precisamente em 1907, criava-se a Corte Centroamericana de Justiça[3], primeiro Tribunal Internacional Permanente e primeiro Tribunal de Direitos Humanos do mundo, acessível para pessoas físicas e jurídicas, o que significou grande inovação na época.

---

1. Pós-Doutoranda pelo PNPD/Capes perante o PPGDIR da UFMA. Doutora em Direitos Humanos e Desenvolvimento pelo PPGCCJ da UFPB. Mestre em Ciências Jurídicas pelo mesmo programa. Bacharel em Direito pela Faculdade de Direito da USP. E-mail: ffranco.cristina@gmail.com

2. Pós-Doutorando pelo Instituto Max-Planck, Alemanha. Professor Adjunto IV no CCJ da UFPB. Doutor em Ciências Jurídicas pela Ruhr-Universität Bochum, Alemanha, onde também concluiu Mestrado em Assistência Internacional Humanitária. Graduou-se em Ciências Jurídicas pela Christian-Albrecht-Universität zu Kiel, Alemanha. E-mail: speterke@yahoo.de

3. A Corte, também conhecida como Corte de Cartago, foi criada conforme Protocolo de Tegucigalpa da Carta da Organização Dos Estados Americanos Central (OCAS), no seu artigo 12. Disponível em: http://portal.ccj.org.ni/ccj/

Decorridos mais de um século, é possível atualizar a formulação de Alvarez, sem, contudo, se distanciar da questão principal: as criações e inovações no direito internacional que se verificam de maneira particular na região latino-americana. Destaque-se que, já nas primeiras décadas do século XXI, a região continua a oferecer aportes resultantes de políticas e práticas aqui originadas ou quase exclusivamente exercidas.

No contexto do direito internacional dos direitos humanos, órgãos regionais, a exemplo da Corte Interamericana de Direitos Humanos (doravante CtIDH ou Corte), por vezes seguem a tradição de elaborar inusitadamente respostas para questões que lhes são imputadas. Tais elaborações normalmente dividem a opinião de juízes e juristas, ao tempo em que mantêm aceso um debate que vai além das fronteiras regionais. A figura do Controle de Convencionalidade (doravante denominado apenas CtCn ou Controle), lançado há um pouco mais de dez anos, parece ser um bom exemplo disso.

Ainda que não seja exclusividade da região latino-americana, sem dúvida a maneira como tem sido construído, debatido e instrumentalizado na região se dá de forma própria, não encontrando similaridades, por exemplo, no Sistema Europeu, o que leva à conclusão de que se trata de construção jurisprudencial de destaque da CtIDH. De fato, a teorização sobre o CtCn foi construída, explicada e detalhada em vários dos julgados da Corte e votos separados[4], até finalmente ser mencionada de forma explícita na famosa sentença *Almonacid Arellano et all* vs *Chile* (2006)[5].

Mas qual a novidade trazida por esta sentença, se desde o início de suas atividades a Corte sempre exerceu certa fiscalização sobre a ade-

---

4. Para um apanhado histórico da jurisprudência da Corte em relação ao CtCn, consulte (BURGORGUE-LARSEN, 2016).
5. Sentença de 26 de setembro de 2006, especialmente o texto do parágrafo 124: "*La Corte es consciente que los jueces y tribunales internos están sujetos al imperio de la ley y, por ello, están obligados a aplicar las disposiciones vigentes en el ordenamiento jurídico. Pero cuando un Estado ha ratificado un tratado internacional como la Convención Americana, sus jueces, como parte del aparato del Estado, también están sometidos a ella, lo que les obliga a velar porque los efectos de las disposiciones de la Convención no se vean mermadas por la aplicación de leyes contrarias a su objeto y fin, y que desde un inicio carecen de efectos jurídicos. En otras palabras, el Poder Judicial debe ejercer una especie de "control de convencionalidad" entre las normas jurídicas internas que aplican en los casos concretos y la Convención Americana sobre Derechos Humanos. En esta tarea, el Poder Judicial debe tener en cuenta no solamente el tratado, sino también la interpretación que del mismo ha hecho la Corte Interamericana, intérprete última de la Convención Americana*". Disponível em: http://www.corteidh.or.cr/docs/casos/articulos/seriec_154_esp.pdf (grifos nossos).

quação da legislação nacional à internacional, bem como construiu livremente interpretações acerca deste mesmo assunto?

A inovação se dá a partir do momento em que a CtIDH declaradamente expande o atributo desta fiscalização – que até então vinha exercendo solitariamente - aos juízes nacionais e, ademais, lhes acrescenta nova competência: controlar a adequação da legislação doméstica não apenas ao texto do tratado internacional, mas também à sua interpretação, Corte, ao tratado. Implica assim dizer que a correção da inadequação da normativa doméstica frente à normativa internacional não se dá apenas de forma concentrada pelos juízes da CtIDH, mas ainda pelos juízes domésticos, de maneira difusa, o que faz com que passem a exercer papel relevante como juízes panamericanos.

Essa nova postura implica em transformação nos princípios que até então regiam a relação entre a CtIDH e os tribunais domésticos, bem como resulta em novo posicionamento do Sistema Regional diante das ordens jurídicas nacionais. Por essa razão, o CtCn tem dividido opiniões de juízes e juristas, alimentando a efervescência acadêmica de posicionamentos que analisam teórica e instrumentalmente o conceito, seus usos e limites. Seguindo esta tendência, o objetivo do presente estudo é contribuir para o aprofundamento do entendimento acerca do mecanismo do CtCn, sopesando alguns dos diversos argumentos prós e contras à luz de realidade complexa que a CtIDH enfrenta ao desempenhar suas funções.

Para tanto, o estudo parte da contextualização do CtCn como modalidade jurídica que assume contornos particulares na região latino-americana. A seguir, coteja-se alguns posicionamentos doutrinários atualmente debatidos em relação ao assunto, considerando tanto argumentos favoráveis como contrários levantados pela doutrina. Discute-se os resultados de forma a avaliar em que medida tal polaridade expressa tendência atual de atribuir à Corte, inadvertida e inadequadamente, o poder de criar "céus" e "infernos". Ao contrário, ao contextualizar o CtCn perante o atual cenário de contingenciamento de recursos ao Sistema Interamericano e de instabilidades nas instituições democráticas que ocorrem em alguns países da região, este estudo conclui que a adoção do CtCn é medida que potencialmente fortalece a corresponsabilidade entre a Corte e os Poderes Judiciários nacionais, a fim de que atuem conjuntamente diante do mandato - de ambos - de promover e proteger os direitos humanos na região latino-americana.

1. PARTICULARIDADES DO CTCN DO SISTEMA AMERICANO EM COMPARAÇÃO AO SISTEMA EUROPEU

De maneira geral, o CtCn é entendido como o exercício de compatibilidade vertical entre a norma doméstica e os comandos dos tratados internacionais de direitos humanos (MAZZUOLI, 2013:404), tendo como paradigma normativo de controle uma norma de direito internacional e não de direito interno, como é a Constituição no caso do tradicional Controle de Constitucionalidade.

Assim considerado, o CtCn não é exclusividade do Sistema Interamericano de Direitos Humanos, já que todos os órgãos de monitoramento de direitos humanos costumam lembrar os respectivos Estados-partes de suas obrigações de adequar a legislação nacional às exigências dos tratados ratificados. A Corte Europeia de Direitos Humanos é só um exemplo disso. No Sistema Europeu, cada Tribunal nacional exerce um tipo de controle de convencionalidade segundo sua própria iniciativa e de acordo com as orientações encontradas em seu próprio sistema constitucional nacional[6]. Assim, ao evitar conflitos e não estimular críticas severas acerca de uma potencial interpretação equivocada do seu papel como "corte constitucional", a Corte Europeia de Direitos Humanos atua com muito cuidado quando cobra melhor cumprimento de suas conclusões[7]. Por isso, alguns autores afirmam que a Corte Europeia nunca lançou uma teoria similar que clara e diretamente regule as competências dos tribunais nacionais de uma maneira tão hierarquicamente estruturada como se dá no Sistema Interamericano. Ou seja, comparativamente ao sistema europeu, o formato do CtCn trazido pelo Sistema Interamericano inova ao estabelecer aos juízes nacionais competência em relação ao direito convencional (BURGORGUE-LARSEN, 2016:648).

No caso *Belilos vs. Suíça*, de 1998[8], a Corte Europeia observa que a Convenção Europeia não lhe confere poderes para ordenar a um Estado que altere a sua legislação doméstica, deixando ao Estado a escolha

---

6. Ver para detalhes Arnold (2016).
7. No entanto, há também doutrinadores "sonhando", com boas razões, de tal papel. Veja, p.ex. Sweet (2009).
8. Parágrafo 78: "*The Court notes that the Convention does not empower it to order Switzerland to alter its legislation; the Court's judgment leaves to the State the choice of the means to be used in its domestic legal system to give effect to its obligation under Article 53 (art. 53) (see, mutatis mutandis, the Marckx judgment of 13 June 1979, Series A no. 31, p. 25, § 58, and the F v. Switzerland judgment of 18 December 1987, Series A no. 128, p. 19, § 43)*". Disponível em: http://www.worldlii.org/eu/cases/ECHR/1988/4.html.

dos meios a utilizar dentro do seu território nacional. Com essa decisão, declaradamente afastou qualquer medida de sua parte no sentido de alterar ou incidir sobre a legislação doméstica. Na opinião de Menezes (2009:165), essa decisão seria um verdadeiro patenteamento da ausência do CtCn no sistema europeu – conclusão que a nosso ver parece imprecisa, vez que não se deve confundir a competência de controlar a compatibilidade de legislação interna com a falta de competência para anular tais normais.

No sistema interamericano, tem ocorrido pela CtIDH certa "rejeição" mais expressiva da legislação doméstica, quando entende não ser compatível com a Convenção Americana segundo interpretações traçadas pelos próprios juízes da Corte. É o que se verifica em alguns julgados sobre as Lei de Anistia, analisado mais adiante neste ensaio. No entanto, assim como a Corte Europeia, a Corte Interamericana tampouco tem competência para anular[9] normas internas, mas só pode exigir a tomada das medidas necessárias para garantir a compatibilidade da legislação doméstica com a Convenção Americana.

Alguns autores opinam que a base da diferença entre o CtCn do sistema interamericano e do europeu seria oriunda do artigo 2º. da Convenção Americana[10] - previsão que não encontra qualquer equivalente na Convenção Europeia (BURGORGUE-LARSEN, 2016:653). Esse artigo trata do dever de adotar disposições de direito interno que tornem efetivos os direitos e liberdades expressos na Convenção Americana. Entretanto, pontue-se que tal obrigação decorre do direito internacional geral, em particular, dos princípios *pacta sunt servanda* e da boa-fé (LIRA, 2016: 39).

Verdade é, porém, que a Corte Interamericana tende a usar de forma bem mais específica (assim como mais criativa) seu poder de determinar medidas correcionais, às vezes até sugerindo atos de natureza legislativa para adequar a legislação doméstica à Convenção Americana[11].

---

9. No entanto, pode sim declarar que certa norma seja incompatível com *ius cogens*, como conferem os artigos 53 e 64 da Convenção de Viena sobre o Direito dos Tratados (1969).
10. Artigo 2: Se o exercício dos direitos e liberdades mencionados no artigo 1 ainda não estiver garantido por disposições legislativas ou de outra natureza, os Estados Partes comprometem-se a adotar, de acordo com as suas normas constitucionais e com as disposições desta Convenção, as medidas legislativas ou de outra natureza que forem necessárias para tornar efetivos tais direitos e liberdades.
11. Ver para detalhes Puente (2008).

Interessante notar que, em relação à força vinculante de sentenças, o Sistema Europeu parece ser mais rigoroso que o Sistema Interamericano: Enquanto o artigo 46, parágrafo 1º da Convenção Europeia estipula que: "As Altas Partes *obrigam-se* a respeitar as sentenças definitivas do Tribunal nos litígios em que forem partes" (grifos nossos), o artigo 68, parágrafo 1º da Convenção Americana requer que: "Os Estados Partes na Convenção *comprometem-se* a cumprir a decisão da Corte em todo caso em que forem partes" (grifos nossos). Seja como for, em ambos os casos a força vinculante restringe-se aos Estados que foram parte na ação, não possuindo força vinculante em relação a outros Estados. Para esses últimos, a sentença tem efeito orientador, já que devem tomar todas as medidas necessárias para prevenir uma violação semelhante à que já foi julgada. Todavia, como "cada caso é um caso", os Estados, apoiados por seus tribunais, raramente reconhecem a comparabilidade entre os casos.

Na Europa, a maioria dos tribunais propaga a ideia de que entre eles e a Corte Europeia de Direitos Humanos é formado um "conjunto", uma "unidade", ideia que de fato se reflete na prática de apreciação cuidadosa das sentenças da Corte Europeia – aliás, bem mais numerosas que as do Sistema Interamericano – pelos Estados, que se esforçam para honrá--las com o devido respeito (KIRCHHOF 2014: 272). Talvez seja até uma das particularidades da América Latina, a de que vários dos mais altos órgãos judiciais dos Estados continuem a reproduzir resistências, nem mesmo superadas pela entrada em vigor da Convenção Americana em 1978, resultando em evidente e fraca aceitação geral das competências da CtIDH e de efetivo cumprimento de suas sentenças.

Destaque-se que a CtIDH surgiu motivada por uma orientação voltada para a construção da democracia na América Latina, mais do que sob orientações da teoria da margem de apreciação[12] que orienta sua correspondente Corte Europeia (BAILLET, 2013:478). É também notório que o Sistema Interamericano carece de um mecanismo de monitoramento internacional das decisões da sua Corte que seja parecido ao do Sistema Europeu. Por isso, exige-se, já há muito tempo, uma reforma (DULITZKY 2011: 127), infelizmente rejeitada pela maioria dos Estados-partes por motivos políticos evidentes: não aumentar a pressão para cumprir suas

---

12. A teoria da margem de apreciação foi criada pela jurisprudência da Corte Europeia de Direitos Humanos com o objetivo de preservar a discricionariedade dos Estados na implementação de normas internacionais de direitos humanos.

respectivas obrigações internacionais. Talvez seja essa deficiência que explique, em parte, porque a CtIDH tenha impulsos de articular-se de forma mais expressiva do que sua irmã europeia, vez que, caso contrário, seria completamente ignorada.

2. O CTCN DIANTE DA RELAÇÃO ENTRE DIREITO INTERNO (CONSTITUCIONAL) E DIREITO INTERNACIONAL

É possível traçar paralelos entre o CtCn e o tradicional tema de direito interno: o Controle de Constitucionalidade. Se este último diz respeito à verificação da adequação da normativa infraconstitucional à Constituição, o CtCn, ainda que se inspire justamente nesta mesma ideia de compatibilização vertical entre as normas, tem como parâmetro não uma norma de direito interno (Constituição), mas uma norma de direito internacional (um tratado de direitos humanos)[13]. Nesse sentido, em termos de relação entre ordem interna e internacional, um dos efeitos pretendidos pela adoção do CtCn é que ele pacifica a clássica divergência acerca da integração entre direito interno e direito internacional.

A relação entre direito interno e internacional deu margem a distintas correntes teóricas que povoaram a doutrina internacionalista, ora defendendo serem ordens jurídicas partes de um mesmo sistema (monismo) – com prevalência na ordem jurídica interna sobre a internacional (monismo nacionalista) ou vice-versa (monismo internacionalista) – ora tratando-as como ordens jurídicas distintas e separadas (dualismo).

O CtCn conforme exercido no Sistema Interamericano, ao firmar entendimento de que a norma de direito interno deve estar de acordo com a norma de direito internacional, parece promover uma visão monista. Mas não só. Ao declarar que a legislação doméstica deve estar de acordo com a internacional, parece se posicionar pela superioridade hierárquica da norma internacional sobre a nacional (monismo internacionalista). No entanto, não é a CtIDH que define a qual hipótese seus membros devem aderir, mas as constituições dos Estados Partes – princípio essa, que jamais foi negado pelos juízes em São José da Costa Rica.

De fato, no contexto do direito interno dos países latino-americanos é corriqueiro que o bloco constitucional atribua *status* especial aos tratados internacionais de direitos humanos (PASQUALUCCI, 2013:300).

---

13. De acordo com Mazzuoli (2013) todo e qualquer tratado pode ser alvo de controle de convencionalidade, não apenas a Convenção Americana.

Tal fenômeno, fortalecido sob os auspícios da "constitucionalização do direito internacional" ou da "internacionalização do direito constitucional", despontou na América Latina sobretudo após processos de redemocratização que se seguiram à queda dos regimes autoritários que dominaram a região nas décadas de 1960 e 1970. Sob tal orientação, diversas constituições preveem posição relevante às normas de direitos humanos frente à legislação doméstica, muitas vezes reconhecendo-as com *status* de normas constitucionais[14]. Este tipo de constitucionalismo, com cláusula de abertura aos tratados internacionais, intenciona recepcionar melhor normas de direito internacional de direitos humanos de forma a garantir que tais questões não restem restritas à soberania absoluta do Estado-nação, mas, ao contrário, que haja mecanismos jurídicos que possibilitem estabelecer conexões com o sistema internacional de proteção dos direitos humanos, especialmente orientado para a proteção das vítimas. Observa-se, portanto, até mesmo certa reivindicação por parte dos Estados mais progressivos em direção a uma maior interação entre os níveis nacionais e o nível interamericano, reivindicação essa que a Corte parece atender pela figura do CtCn.

Para os críticos, entretanto, o problema trazido por esse efeito da adoção do CtCn é que a forma de incorporação dos tratados internacionais de direitos humanos, bem como o grau de hierarquia normativa por eles assumido, deveria ser assunto de interesse das constituições e processos legislativos nacionais e não ser uma decisão cuja última palavra é deixada nas mãos da CtIDH. Alertam, inclusive, que tal previsão não estaria explicitamente inserida no texto da Convenção Americana. Por essa razão, opinam que o CtCn, ao instituir a obrigatoriedade de ter a Convenção Americana como um *standard* legal hierarquicamente superior à legislação nacional, incluindo a Constituição, estaria provocando uma quebra no tradicional esquema de incorporação do direito internacional no direito doméstico, colocando a Corte e não o Estado como intérprete final de como as regras convencionais são traduzidas em direito doméstico (DULITZKY, 2015:58).

Para outros autores favoráveis ao CtCn, o tema da responsabilidade internacional do Estado por violação dos direitos humanos não deveria ser discutido de forma relacionada à questão da posição hierárquica dos tratados internacionais perante a ordem interna, visto ser tal questão

---

14. O caso brasileiro já foi fartamente tratado pela doutrina e basicamente se resolve por meio da exegese dos parágrafos segundo e terceiro do artigo 5º. da Constituição Federal.

irrelevante diante do resultado último de responsabilização internacional do Estado-parte pelo (des)cumprimento do tratado. Isto porque, em se tratando de violação da norma convencional, a responsabilidade do Estado perante o sistema internacional de direitos humanos independe do grau de hierarquia que o tratado assume perante a ordenamento jurídico doméstico (MENEZES, 2009:199) – assertiva certa essa, pelo menos sob a perspectiva do direito internacional.

Note-se, todavia, que o CtCn não diz respeito apenas ao controle de compatibilidade das normas. Incide também sobre qualquer ato emanado de um Poder do Estado, seja Executivo, Legislativo ou Judiciário, os quais podem violar a responsabilidade internacional assumida pelo Estado como um todo, podendo inclusive incidir sobre decisões judiciais que contrariem a interpretação da Corte. Particularmente nesse aspecto, o problema que se aponta ao CtCn é que quando os juízes nacionais devem exercer o CtCn de acordo com o posicionamento interpretativo da Corte, isso acaba criando uma obrigação aos tribunais locais a exercerem um tipo de revisão judicial *ex officio* aos quais normalmente eles não estão explicitamente obrigados pelas suas próprias constituições[15] (DULITZKY, 2015:48), embora não haja dúvida de que seus Estados sejam obrigados a cumprir de boa-fé suas obrigações internacionais, o que inclui honrar as decisões de cortes e tribunais cujas jurisdições foram aceitas.

O problema parece ser, muitas vezes, que tal exposição a um mundo jurídico internacionalizado não é visto pelos juízes nacionais, nem pelos tribunais supremos, com aquela atitude positiva prevista no próprio texto constitucional, notadamente quando a decisão do órgão internacional revela a falha do Estado e, em particular, do seu judiciário, em relação aos seus próprios cidadãos.

Com boas razões, alguns autores alegam que não se trata o CtCn de uma questão de intromissão indevida na ordem interna dos Estados, mas tão somente do imperativo de fiscalização da adequação da lei interna às previsões do tratado internacional ratificado pelo Estado-parte, seguindo a ideia de que sempre deve haver fiscalização de qualquer inadequação normativa que provoque a inobservância dos direitos humanos convencionalmente assegurados (MENEZES, 2009:194). Neste

---

15. No Brasil, o artigo 102, III, b da CF de 1988 prevê que em caso de conflito entre o tratado internacional e a constituição, cabe recurso extraordinário ao STF quando a decisão declarar a inconstitucionalidade do tratado.

ponto, não se trataria de uma inovação, vez que o CtCn apenas reforça o que pode ser largamente encontrado em dispositivos de direito internacional público, a exemplo do artigo 27 da Convenção de Viena sobre o Direito dos Tratados (1969)[16], que expressamente atesta que: "uma parte não pode invocar as disposições de seu direito interno para justificar o inadimplemento de um tratado"[17].

De fato, como explicado acima, não parece extraordinário ou mesmo questionável "o que" a Corte passa a praticar por meio do exercício do CtCn, mas, muito mais, o " como" o instrumento foi lançado e, sobretudo, recebido por segmentos da doutrina. O desafio parece ser aceitar não só no âmbito teórico, mas também na prática, o que a internacionalização dos direitos humanos traz consigo: a necessidade de adotar e defender uma visão mais cosmopolítica e cooperativa, o que sofistica consideravelmente o trabalho do judiciário nacional, agora obrigado a levar em consideração intepretações de uma Corte distante e integrada por juízes estrangeiros.

3. O CTCN DIANTE DOS ESFORÇOS DE JUDICIALIZAÇÃO DOS DIREITOS HUMANOS NA AMÉRICA LATINA

O Sistema Interamericano de Direitos Humanos surgiu e prossegue orientado para a proteção dos direitos humanos numa região marcada por regimes autoritários e inúmeras situações de sistemáticas violações de direitos humanos. Nesse contexto, a CtIDH tem sido órgão jurisdicional dedicado a analisar casos envolvendo violações de direitos humanos, peticionados especialmente quando a jurisdição doméstica seja falha ou inexistente, ou então quando não haja vontade política interna para torná-la efetiva. Tais situações seguem o princípio da subsidiariedade e da complementariedade, que tradicionalmente baseiam a atuação da Corte perante a ordem nacional.

Em suma, de acordo o princípio da subsidiariedade, o Sistema Interamericano é acionado após esgotarem-se os mecanismos internos, até porque entende-se que o sistema nacional é que primeiro deve respon-

---

16. No Brasil, promulgado pelo Decreto no. 7.030 somente em 14 de dezembro de 2009.
17. A Convenção de Viena acrescenta, ademais, no artigo 46, que um Estado não pode justificar o descumprimento do tratado alegando que se obrigou ao instrumento internacional em violação a uma disposição de seu direito interno sobre competência para concluir tratados, a não ser que a violação seja manifesta e diga respeito a uma norma de seu direito interno de importância fundamental.

der efetivamente por qualquer violação de direitos humanos, sendo a atuação internacional acionada subsidiariamente e em último caso. Neste sentido, é consenso que não há hierarquia entre os sistemas nacionais e regional que, porém, precisam dialogar entre si para evitar conflitos (GALINDO, 2010:209).

Para alguns autores, contudo, o CtCn modifica parcialmente este princípio ao colocar a Convenção Americana no topo do ordenamento legal, deixando assim de ser um mero tratado subsidiário para atuar como norma hierarquicamente superior. Dessa maneira, argumentam que estaria em curso o desenvolvimento de um novo princípio, o princípio da integração, o qual, ainda que não substitua o princípio da subsidiariedade, o transforma ao propor que os juízes domésticos apliquem a Convenção Americana por sobre a legislação pátria (DULITZKY, 2015:48). Favoravelmente, aponta-se o CtCn como um resultado positivo do esforço de judicialização de casos de violação de direitos humanos, seguindo tendência humanista da CtIDH.

Nas últimas décadas, a ideia do fortalecimento das instituições do Sistema de Justiça ganhou relevância no contexto dos investimentos internacionais, vez que se demonstrou a relação entre o melhor funcionamento das instituições e o impacto disso nos resultados do desenvolvimento (TREBILCOCK e PRADO, 2011:41). Em sentido semelhante, Bailliet (2013:495) conclui que a capacidade de implementação das decisões da Corte está relacionada a Poder Judiciários locais fortalecidos e autônomos. Entretanto, alguns problemas podem ser apontados nesta direção. Um deles que as reformas trazidas no âmbito do fortalecimento do *rule of law* e das instituições em geral por vezes têm dificuldades de considerar apropriadamente os contextos onde incidirão, acarretando que as reformas nas instituições do Sistema de Justiça, quando oriundas de fórmulas prontas e transplantadas, devem atentar mais seriamente às particularidades dos contextos políticos domésticos com vistas a terem maiores chances de sucesso (TREBILCOCK e PRADO, 2011:73). Diante disso, é possível indagar em que medida a força persuasiva dos precedentes da Corte sobre os julgados nacionais tem de fato proporcionado aberturas para a consideração de uma relação de mão dupla, ou seja, para possibilitar um efetivo diálogo entre a CtIDH e judiciários nacionais, ou se, ao contrário, estaria em configuração uma imposição de via única (*top-down*), dando à Corte a última palavra?

Por um lado, os experimentos em andamento da CtIDH, ao proporem soluções inovadoras, fornecem novas possibilidades para o enfrentamento dos desafios de aplicação nacional da normativa internacional dos direitos humanos. Por isso o CtCn é potencialmente um mecanismo que, de fato, convida a que haja maior envolvimento direto dos sistemas nacionais de justiça na promoção dos direitos humanos. Por outro, o receio é que haja certa supremacia da Convenção Americana sobre as Constituições nacionais e que se expanda os moldes trazidos pelas intepretações da Corte aos julgados domésticos, o que poderia dar margem aos perigos de interpretações descontextualizadas dos processos e arranjos nacionais.

Esta argumentação é bem desenvolvida quando da análise dos julgados da CtIDH sobre as Leis de Anistia nacionais, promulgadas em diversos países da região. Muitas dessas leis domésticas foram julgadas pela CtIDH como ilícitas e incompatíveis com a Convenção Americana de Direitos Humanos. Para alguns autores, com tal interpretação acerca das Leis de Anistia, a Corte não segue posição objetivamente definida em direito internacional (VEÇOSO, 2015:13). Ademais, alertam para o risco de a Corte, com tais posicionamentos, estar a desenvolver argumentos para aumentar sua influência na América Latina sem proceder a uma análise que propriamente entre em diálogo com os contextos locais, ou seja, sem atentar para a importância da correlação de forças que foram articuladas localmente e que se mostraram necessárias, por exemplo, para que se chegasse a um ambiente favorável para a concessão da anistia e assim promovessem a superação da situação de conflito (VEÇOSO, 2015:22).

Ainda que de fato essa argumentação seja pertinente em alguns casos particulares, é preciso lembrar, no entanto, que, nos casos da Anistia, normalmente a Corte foi acionada, por meio de casos peticionados por indivíduos, convencidos da situação de violação dos direitos humanos pelos Estados que reconhecem a jurisdição da Corte, mas que não possui competência para anular leis internas. Destarte, não parece ser útil criticar a Corte por ter adotado uma postura "absolutista"[18], pois já no plano formal inexiste tal hierarquia, razão pela qual a Corte precisa interagir com os tribunais nacionais, sobretudo, com base nas suas próprias palavras, para que suas decisões sejam respeitadas. Pelo contrário, em muitos casos, são os tribunais nacionais que tratam as vítimas de direitos humanos em estilo colonial, subjugando-as e descumprindo as sen-

---

18. Conforme tese de doutorado de Veçoso, Fabia Fernandes Carvalho: Entre absolutismo de direitos humanos e história contextual: aspectos da experiência da Corte Interamericana de Direitos Humanos. Faculdade de Direito da USP. São Paulo, 2012.

tenças da Corte que visam justamente sanar, reparar ou indenizar casos de flagrante violações aos direitos humanos. Portanto, ao invés de desmoralizar a CtIDH, é preciso apelar para que quaisquer críticas a ela sejam feitas com devida moderação, tendo como parâmetro o fato de que certos indivíduos se sentiram maltratados e, por isso, acionaram a Corte.

Decerto que o compromisso dos judiciários locais com a Corte permanece inconstante e por vezes fragilizado. Vide o grau de (des)cumprimento das sentenças, que permanece problemático em geral em países da América Latina, que revela que a grande maioria dos Estados nitidamente falha ao implementar aspectos das sentenças prolatadas pelo órgão (BAILLET, 2013: 495). O fato de que apenas um caso (contra Peru)[19], que afetou uma cidadã dos EUA, tenha resultado na plena conformidade da sentença, mostra a dificuldade em tornar efetiva sentenças da Corte em países latino-americanos. Por essa razão, grande parte das decisões permanece simbólica e orientada para o horizonte do longo-prazo, tornando-se, ao menos, referência importante no discurso sobre os direitos humanos.

CONSIDERAÇÕES FINAIS

A contribuição da América Latina para novos contornos ao direito internacional tem sido relevante, especialmente na proposição de reflexões críticas sobre uma série de temas, como a promoção e efetivação dos direitos humanos, o fortalecimento das instituições do sistema de justiça, a necessidade de democratização e transparência do Poder Judiciário. Trata-se o Controle de Convencionalidade, conforme expresso e aplicado pela CtIDH, de uma dessas contribuições, cujas características não muito ortodoxas têm dado margem a novas elaborações desse e de outros temas de direito internacional.

Conforme analisado, o CtCn encontra seus fundamentos no direito internacional público clássico, segundo o qual é corriqueiro falar-se em adequações dos Estados ao cumprimento das normas internacionais por eles ratificadas. Neste sentido, nada de novo sob o sol. A inovação trazida ocorre quando – possivelmente com vistas a sanar fragilidades

---

19. Case of Lori Berenson-Mejía v. Peru, que envolve a prisão e detenção de Lori Helene Berenson Mejía, cidadã norteamericana, acusada de traição por sua alegada afiliação às Forças Revolucionárias Tupac Amaru. Julgamento de 25 de November, 2004. Monitoring Compliance with Judgment, em 22 de Setembro de 2006. Disponível em: http://www.worldcourts.com/iacthr/eng/decisions/2006.09.22_Berenson_Mejia_v_Peru.pdf

de um Sistema Regional de Direitos Humanos no qual os tribunais nacionais e a Corte Internacional não encontram forte correspondência – o Controle é formulado como possível estratégia para aproximar as instituições domésticas e internacionais com vistas a aumentar parcerias e corresponsabilidades entre elas na promoção e defesa dos direitos humanos na região.

Decerto, as particularidades da região latino-americana revelam contexto que, de forma geral, mostra-se falho e até mesmo refratário em relação ao cumprimento das sentenças prolatadas pela Corte. Talvez por essa razão a CtIDH tenha optado por uma visão mais inclusiva quando criou o discurso sobre a CtCn, apostando no apoio por todos os tribunais domésticos – e não somente os supremos – nos esforços de tornar efetiva a promessa dos direitos humanos nessa região do mundo.

Ocorre, todavia, que, de maneira geral, a região latino-americana, seja no âmbito das instituições, seja no âmbito da academia, não se mostra muito receptiva à ideia de um tipo de CtCn que pretenda ocupar posição hierárquica de vigilância e moldar a extensão das interpretações a serem seguidas pelos tribunais nacionais. Por outro lado, pondera-se o contra-argumento de que o discurso sobre a humanização da justiça[20] e a proteção dos direitos humanos "não caiu do céu" – tampouco a esperança, muitas vezes exagerada, de que o Sistema Interamericano seja capaz de sanar todos os defeitos da efetivação dos direitos humanos na região. Por essa razão, este estudo filia-se aos apelos de adoção de um discurso mais moderado e flexível na análise do CtCn, vez que se trata de mecanismo que dificilmente assegura uma proteção dos céus às vítimas, tampouco se constitui em uma vigilância dos infernos imposta aos Estados e judiciários domésticos.

Diante das múltiplas possibilidades de enfoque do CtCn, aponta-se que ele pode representar mecanismo de empoderamento dos indivíduos vitimados que lutam juridicamente pela garantia de seus direitos diante de "juízes comuns", agora incentivados a ampliar seus horizontes interpretativos também sob os auspícios da jurisprudência da CtIDH. Se esta aposta dará certo ou se se tornará uma espécie de *boomerang* é, porém, questão que permanece aberta neste momento.

---

20. Conforme as ideias de Antonio Cançado Trindade, em sua obra "A Humanização do Direito Internacional", Ed. Del Rey, 2ª. Ed, 2015.

Por hora, argumenta-se que é preciso apreciar com olhos céticos não somente as decisões da Corte, mas também as manifestações doutrinárias que, às vezes, parecem ser pouco construtivas, colocando em xeque uma conquista que já comprovou sua necessidade e relevância em um continente que continua a buscar seus próprios remédios contra as frequentes violações dos direitos humanos, especialmente dos grupos e populações mais vulneráveis.

REFERÊNCIAS

ALVAREZ, Alejandro. Latin America and International Law. **The American Journal of International Law**, v.3, n. 2, p. 269-353, 1909.

ARNOLD, R. (ed.). **The Convergence of Fundamental Rights Protection in Europe**. Springer: Dordrecht 2016.

BAILLIET, Cecilia. Measuring Compliance with the Inter-American Court of Human Rights: The Ongoing Challenge of Judicial Independence in Latin America. **Nordic Journal of Human Rights**, v. 31 no. 4, p. 477-495, 2013.

BURGORGUE-LARSEN, Laurence. Chronicle of a fashionable theory in Latin America: Decoding the doctrinal discourse on Conventionality Control. In: Yves Haeck et. al (eds). **The Inter-American Court of Human Rights: Theory and Practice, Present and Future**. Intersentia: Cambridge p. 637- 653, 2016.

DULITZKY, Ariel E. The Inter-American Human Rights System Fifty Years Later: Time For Changes. **Quebec Journal of International Law** (Special Edition), p. 127-164, 2011.

DULITZKY, Ariel E. An Inter-American Constitutional Court-The Invention of the Conventionality Control by the Inter-American Court of Human Rights. **Texas International Law Journal**, v. 50, p. 45, 2015.

GALINDO, George Rodrigo Bandeira. A petição individual, In: PETERKE, Sven (org.), **Manual Prático de Direitos Humanos Internacionais**. ESMPU: Brasília 2010, p. 204-218, 2010.

KIRCHHOF, Ferdinand. Kooperation zwischen nationalen und europäischen Gericht. In: **Zeitschrift Europarecht** (EuR) 2014, Heft 3, p. 267-276.

MAZZUOLI, Valerio de Oliveira. **Curso de Direito Internacional Público**. 7ª. Edição. São Paulo: Editora Revista dos Tribunais, 2013.

MENEZES, André Felipe. **Controle de Convencionalidade no Sistema Interamericano de Direitos Humanos**. Recife. Tese [doutorado em direito]. Universidade Federal de Pernambuco, CCJ, Direito, 2009.

PASQUALUCCI, Jo M. **The Practice and Procedure of the Inter-American Court of Human Rights**. 2a ed., CUP: Cambridge 2013.

PUENTE, H. Sofía Galván. Legislative measures as guarantees of non-repetition: a reality in the Inter-American Court, a possible solution for the European Court. **Revista IIDH** vol. 49, p. 69-106, 2009.

SWEET, Alec Stone. On the Constitutionalisation of the Convention: The European Court of Human Rights as a Constitutional Court. **Yale Law School Legal Scholarship**

Repository, Paper 71, 2009, disponível em: http://digitalcommons.law.yale.edu/fss_papers/71(29/05/2017).

LIRA, Yulgan. **Controle de Convencionalidade. A tutela coletiva dos tratados internacionais de direitos humanos**. Ideia: João Pessoa, 2016.

TREBILCOCK, Michael e PRADO, Mariana. **What makes poor countries poor? Institutional Determinants of Development.** Edward Elgar, 2011.

VEÇOSO, Fabia Fernandes. O critério inter-americano sobre anistias: absolutismo de direitos humanos? **Derecho del Estado** n.º 35, Universidad Externado de Colombia, julio-diciembre de 2015, pp. 3-26.

O CONTROLE DE CONVECIONALIDADE JUDICIAL COMO MEIO DE EFETIVAÇÃO DA JUSTIÇA DE TRANSIÇÃO E DE FOMENTO À DEMOCRACIA

Heloísa Clara Araújo Rocha Gonçalves[1]

INTRODUÇÃO

Dentre os anos de 1945 e 1991, contexto da Guerra Fria, muitos países latino-americanos sofreram golpes militares. Verifica-se que, com o fim de um período de exceção e para a instauração de um novo regime político ocorrem as transições políticas, nas quais pode haver uma Justiça de Transição ou não. Na América Latina, destacam-se as transições políticas de ditaduras militares para democracias, sendo realizadas por meio de Justiças de Transição. A República Federativa do Brasil viveu sob um governo militar do ano de 1964 ao ano de 1985, nesse ínterim houve a cassação de direitos políticos de opositores; repressão aos movimentos sociais e aos meios de comunicação; a censura de artistas; implantação do bipartidarismo; a tortura, a morte e o desaparecimento de diversas pessoas por ação dos agentes do Estado. Ademais, destacam-se as violações contra os direitos humanos perpetradas no âmbito da intitulada Guerrilha do Araguaia, dentre os anos de 1972 e 1975, onde ocorreu o desaparecimento forçado, a tortura e a detenção arbitrária de 70 (setenta) pessoas, entre camponeses e membros do Partido Comunista Brasileiro. No ano de 1979, foi editada a Lei n.º 6.683 (Lei de Anistia), a qual perdoou os crimes políticos e conexos executados no período compreendido entre 02 de setembro de 1961 e 15 de agosto de 1979.

Findada a ditadura militar, no ano de 1985, se iniciou a transição política rumo à democracia. Destarte, verificam-se no país mudanças

---

[1]. Mestre em Direitos Humanos, Cidadania e Políticas Públicas pela Universidade Federal da Paraíba (UFPB).

políticas e jurídicas diante da necessidade de enfrentar as transgressões aos direitos humanos perpetradas no período de exceção. Desse modo, perante essas necessidades a Corte Interamericana de Direitos Humanos, no dia 24 de novembro de 2010, na esfera do julgamento do caso da Guerrilha do Araguaia, decidiu que a Lei de Anistia não pode ter validade, uma vez que ataca preceitos de direitos humanos. Desta feita, impôs ao Brasil a obrigação de investigar, julgar e, se cabível, punir os responsáveis pelas violações aos direitos humanos perpetradas durante o estado de exceção. Todavia, o Supremo Tribunal Federal não acolheu essas recomendações, não adotando, assim, o controle de convencionalidade explicitado pela referida Corte. Com efeito, diferentemente dos demais países da América Latina, no Brasil, não se observa um processo de responsabilização dos agentes do Estado executores dos delitos ocorridos no âmbito do regime militar. Assim, examina-se que, apesar da Constituição democrática ter sido promulgada há mais de 28 anos, a efetivação das dimensões da Justiça de Transição ainda encontra barreiras. Continuando, consequentemente, prejudicados a promulgação de direitos humanos, a democracia.

Perante essa conjuntura, o presente artigo, inicialmente, explanará brevemente sobre o contexto da ditadura militar brasileira. Em seguida, será feito um exame a respeito da Justiça de Transição. Por fim, realizar-se-á uma breve análise crítica do controle de convencionalidade do Sistema Interamericano de Direitos Humanos como instrumento de proteção aos direitos humanos e de fomento a democracia.

1. UM BREVE CONTEXTO HISTÓRICO DA DITADURA MILITAR NO BRASIL

Na República Federativa do Brasil, a ditadura militar foi do ano de 1964 ao de 1985, sendo governada nesse período por 05 (cinco) presidentes militares. Destaca-se que, de acordo com Brasil (2007, p. 21), a ditadura brasileira passou por três fases, sendo a primeira a do Golpe de Estado até sua consolidação; a segunda teve início com o Ato Institucional n.º 5 (dezembro de 1968) e foi até 1974, período que ficou conhecido "anos de chumbo". Com a posse Geisel foi iniciada a terceira e última fase, onde começou a lenta abertura política. Durante esses anos de estado de exceção, os direitos políticos de opositores ao governo foram cassados, inúmeros brasileiros foram exilados, houve a censura e represensão aos meios de comunicação, aos artistas e aos movimentos sociais. De acordo com Pereira e Marvilla (2005, p. 55), do ano de 1964 ao ano de 1966, houve a demissão e a aposentadoria compulsória de aproximadamente dois mil funcionários públicos. Além disso, várias pessoas foram torturadas, mortas e desapareceram por ação dos agentes do Estado. Sublinha-se que, entre 1972 e 1975, ocorreu o desaparecimento forçado e tortura de setenta pessoas, entre camponeses e membros do Partido Comunista Brasileiro (PC do B), no âmbito da chamada Guerrilha do Araguaia.

Conforme Brasil: nunca mais (1985, Tomo V, vol. I p. 02), a aplicação sistemática da tortura foi um ponto estratégico para a efetivação da repressão do governo militar, tendo ela sido praticada indiscriminadamente, independente do sexo, idade, situação física ou psicológica daqueles que eram tidos como suspeitos de ações subversivas. Os agentes torturadores buscavam não só depoimentos e provas, mas também a destruição moral das vítimas, por meio do rompimento dos limites emocionais. Verifica-se que, conforme o Relatório da Comissão Nacional da Verdade, volume III, de 2014, foram confirmadas 434 mortes e desaparecimentos de vítimas da ditadura militar, sendo, desse total, 191 mortos, 243 desaparecidos, destes 33 tiveram seus corpos identificados (BRASIL, 2014, v. 3, p. 26). É imperioso destacar que esses números não são os que realmente ocorreram, mas apenas os que foram comprovados.

Na República Federativa do Brasil, assim como em outros Estados, foi editada uma Lei de Anistia, sendo a brasileira a lei nº 6.683/79. Essa perdoou os delitos políticos e conexos, do período compreendido entre 02 de setembro de 1961 e 15 de agosto de 1979. Destarte, os agentes do Estado executores de crimes contra os direitos humanos no âmbito da ditadura militar foram anistiados e ficaram isentos de um processo de responsabilização. E isso afeta diretamente a realização da Justiça de Transição para um regime democrático.

2. JUSTIÇA DE TRANSIÇÃO

Findados os períodos de exceção, buscando a instauração de um novo regime político ocorrem as transições políticas, nas quais pode haver ou não uma Justiça de Transição. Esta pode ser conceituada como o conjunto de mecanismos jurídicos e políticos nos cenários de mudança política, que possuem como finalidade enfrentar as violações de direitos humanos perpetradas na esfera de períodos de exceção. Observa-se que, o presente artigo tratará de uma transição política que parte de um governo autoritário para uma democracia, que nas palavras de Kelsen (1993, p. 35) "é uma forma de Estado e de sociedade em que a vontade geral, ou sem tantas metáforas, a ordem social, é realizada por quem está submetido a essa ordem, isto é, pelo povo."

Teitel (2003, p. 136/147) assevera que a Justiça de Transição possui três fases, sendo a primeira configurada no período pós-segunda guerra e seus fundamentos tiveram como base o Direito Internacional. Nessa conjuntura, os julgamentos do Tribunal de Nuremberg serviram de paradigma e trouxeram a noção de delito contra a humanidade no plano da justiça internacional. A segunda fase foi afigurada no período pós-guerra Fria, em que se examina a relevância das normas legais internacionais na jurisprudência transicional, visto que essas podiam ser padrão para nortear os julgamentos internos dos países que se encontravam em transição para democracia. Essa fase foi além da justiça retributiva, posto que promoveu a justiça restaurativa, como meio de fomento à reconciliação nacional. Destacou-se, também, a reconstrução da verdade histórica dos fatos e o restabelecimento da dignidade das vítimas. A última fase da Justiça de Transição teve início no final do século XX, estando relacionada aos embates contemporâneos dos Balcãs e de Ruanda à instituição dos tribunais *ad hoc*, os quais investigaram e puniram os crimes de genocídio, dentre outras violações aos direitos humanos. Nesse período, houve uma acentuação da Justiça de Transição junto ao processo de globalização. Assim, com a atuação do Direito Internacional dos Direitos Humanos, a Justiça de Transição passou de exceção a padrão do Estado de Direito. Desta feita, restou claro que existe a responsabilidade internacional dos agentes de Estados pelas graves transgressões aos direitos humanos que ocorrem em suas jurisdições.

Conforme Tosi e Silva (2014, p. 44/45), a Justiça de Transição deve ser democrática, no que se refere aos seus meios e objetivos, isto é, ela deve apontar como as democracias devem lidar com os delitos perpetrados nos períodos ditatoriais. Para os citados autores, essa justiça objetiva essencialmente evitar a repetição dos fatos e o seu lema é o "nunca mais". Asseveram que essa temática relaciona-se continuamente com a "qualidade" da democracia. Almeida (2014, p. 195) destaca que a Justiça de Transição se fundamenta em quatro dimensões, quais sejam, a memória e a verdade; a reparação; a reforma das instituições e a justiça.

Baggio (2014, p.87) sublinha que as transições de ditaduras para democracia na América Latina foram marcadas, sob a ótica jurídica, por um processo de reconstitucionalização, que envolve a restauração dos textos constitucionais anteriores com reformas sofridas a *posteriori*, bem como pelo advento de novas constituições. Ressalta que a simples implementação de novos textos constitucionais ou a tentativa de retomada da legitimidade dos haviam sido ignorados nos períodos de exceção não têm o condão de instituir causas imediatas de garantias de direitos ou medidas automáticas de produção de efeitos normativos, sobretudo, na reassunção das bases do Estado Constitucional de Direito. O'donnel e Schmitter (1988, p. 26/27) explicam que a democratização diz respeito aos processos por meio dos quais as regras e procedimentos da cidadania são aplicados às instituições políticas, que são primeiramente dirigidas por outros princípios, a exemplo do controle coercitivo, da tradição social, e do julgamento por especialistas.

No que diz respeito à Justiça de Transição brasileira, observa-se que em relação à realização de cada uma das suas dimensões, ela se encontra em estágios diferentes, sendo a referente à reparação a mais desenvolvida. Analisa-se que o processo de reparação iniciou-se ainda no âmbito da ditadura, com a promulgação da Lei de Anistia (Lei n.º 6.683/79), que trouxe reparação aos perseguidos políticos. Araújo (2013) aduz que o Estado brasileiro deu prioridade às indenizações das vítimas, todavia, isso não é suficiente para propagar as verdades, produzir justiça e promover uma reconciliação nacional. A historiadora assevera que para que a Justiça de Transição brasileira seja concluída é essencial que haja a nomeação dos agentes de Estado responsáveis pelos crimes executados na ditadura.

Baggio (2014, p. 101) explica que a transição brasileira foi semeada e administrada, de modo lento e gradual, pelos próprios militares. Abrão (2012, p. 64/65) ao citar Teitel (2010), declara que as decisões referentes à Justiça de Transição no Brasil sempre foram aderidas em um contexto político. Destaca que as medidas relativas aos fatos passados, a exemplo da investigação dos delitos, confrontaram vigorosamente com as limitações políticas do governo militar. Analisa-se que as investigações inicialmente foram restritas, visto que afetavam os membros do antigo governo. Enquanto as medidas de reparação às vítimas não sofreram muitas restrições políticas, uma vez que elas não atingiam diretamente os membros da ditadura, nem as limitações que os militares impuseram à transição. A legitimação da transição foi conferida aos políticos que se posicionavam do lado dos militares em conjunto com a elite burocrática e política que surgiu no período militar.

A lei de Anistia (Lei n.º 6.683/79) trouxe em seu rol algumas medidas de reparação, a exemplo da restituição de direitos políticos; do direito a reintegração ao trabalho para os servidores que haviam sido retirados de seus cargos de modo arbitrário; localização de corpos dos desaparecidos políticos e; o regresso de estudantes perseguidos aos cursos de graduação em instituições públicas (BRASIL, Lei nº 6.683/79). Sendo, então, um marco fundamental para a transição. Entretanto, ela trouxe malefícios para a Justiça de Transição brasileira. Ela adveio de reivindicações por parte da população, porém a anistia que era ansiada não abarcava as infrações dos agentes do Estado.

Assim, segundo Baggio (2014, p.101) o pacto para redemocratização do Brasil foi iniciado pela lei n.º 6.683/79, como um meio apto de conceber um processo de esquecimento, em que a nação deveria olhar para frente e esquecer o passado. Dentre os avanços da Justiça de Transição brasileira, destaca-se a lei n.º 9.140/95, que reconheceu como mortas as pessoas desaparecidas, que eram opositoras do regime; bem como a lei n.º 10.559/02, que previu medidas reparatórias para os demais atos de exceção. No que diz respeito a políticas públicas, examina-se que algumas cidades, a exemplo de São Paulo e de Belo Horizonte, têm buscado a construção de um memorial da Resistência. Porém, elas ainda são tímidas quando comparadas a outros Estados da América do sul. Atenta-se a necessidade da construção de uma memória social, sendo essa de profunda significância para o processo de formação da identidade nacional. A dimensão referente à justiça é a que se encontra mais atrasada, ou até mesmo estagnada, nas palavras de Filho e Castro (2014, p. 131).

3. O CONTROLE DE CONVENCIONALIDADE COMO INSTRUMENTO DE PROTEÇÃO AOS DIREITOS HUMANOS E FOMENTO DA DEMOCRACIA

A adesão da República Federativa do Brasil à Convenção Americana de Direitos Humanos ocorreu no ano de 1992, sendo essa convenção promulgada por meio do Decreto n.º 678/92. No ano 1998, foi reconhecida pelo Estado brasileiro a competência da Corte Interamericana de Direitos Humanos, através do Decreto-Legislativo n.º 89/98. Desta feita, foi afirmada no âmbito do Estado brasileiro a competência obrigatória dessa Corte Internacional para todos os casos que digam respeito à interpretação ou ao emprego da Convenção Americana de Direitos Humanos.

Observa-se que em outubro de 2008, o Conselho Federal da Ordem dos Advogados do Brasil propôs a ADPF (Arguição de Descumprimento de Preceito Fundamental) n.º 153, cujo propósito era que o Supremo Tribunal Federal (STF) concedesse uma interpretação pela qual a Lei da Anistia (lei n.º 6.683/79) não abrangesse os crimes comuns praticados pelos agentes do Estado, que foram acusados de homicídio, abuso de autoridade, lesões corporais e estupros contra os opositores políticos.

Para a OAB, os agentes policiais e militares não perpetraram crimes políticos, mas sim crimes comuns, uma vez que crimes políticos são apenas os contrários à segurança nacional e à ordem política. Contudo, o STF compreendeu que a lei 6.683/79 assegurou anistia geral, tendo alcançado os agentes estatais, assim, esses não podem ser punidos pelos delitos que cometeram durante o regime militar. O Supremo destacou que a lei de anistia era resultado de um acordo político, sendo necessária para o processo de reconciliação e redemocratização do país. Ressaltou que a revisão dela, caso seja imposta pelas mudanças sociais, é papel do Poder Legislativo e não do Judiciário. Piovesan (2011, p. 86) assevera que com essa decisão o Supremo afirmou a vigência e a constitucionalidade da lei de anistia, com eficácia *erga omnes* e efeito vinculante aos órgãos do Poder Judiciário, assim como para a Administração Pública.

Destaca-se que, no dia 24 de novembro de 2010, a Corte Interamericana de Direitos Humanos julgou o caso *Gomes Lund e outros versus Brasil* ("Guerrilha do Araguaia"), que tratava do desaparecimento de integrantes da Guerrilha do Araguaia por operações dos militares. Assim, condenou o Brasil a investigar, processar e punir as profundas violações contra os direitos humanos. A Corte decretou que os dispositivos da Lei n.º 6.683/79 são manifestadamente incongruentes com o Direito Internacional, assim como com os deveres jurídicos internacionais contraídos pelos Estados. No entanto, a República Federativa do Brasil não acolheu as determinações da Corte internacional. Com efeito, continuam prejudicados os direitos à verdade, à memória e à justiça, assim como a transição para um governo democrático.

Posteriormente a promulgação dessa sentença, o Supremo Tribunal Federal defendeu a posição que havia adotado no plano da ADPF 153. Asseverou-se que a decisão da CIDH "não revoga, não anula, não caça a decisão do Supremo", e que a citada corte internacional não possui competência para revisar as decisões tomadas soberanamente pelos sistemas judiciários dos seus Estados-Membros.

Em oposição ao posicionamento tomado pelo STF, as doutrinas de Luiz Flávio Gomes, Valerio Mazzuoli, Flávia Piovesan e Antônio Augusto Cançado Trindade, com as quais comungam o presente artigo, entendem que o Estado brasileiro deve cumprir a decisão da Corte Interamericana de Direitos Humanos.

Trindade (2002, p. 502) elucida que não se pode, de maneira legitima, fazer com que os dispositivos internacionais se subordinem às soluções de Direito Constitucional ou de Direito Público Interno. Analisa-se que a Convenção Americana de Direitos Humanos é dividida em duas partes, quais sejam, a Parte I (rol de direitos civis e políticos), e a Parte II (os meios de se atingir a proteção dos direitos que foram dispostos na Parte I). É relevante destacar que o art. 1º, 1, denominado "Obrigação de respeitar os direitos", prevê que os Estados-partes firmaram o compromisso de respeitar os direitos e liberdades que nela foram consagrados, e têm o dever de proporcionar a ampla aplicação desses direitos por todos as pessoas que se encontram submetidas à sua jurisdição, independentemente de raça, sexo, idioma, religião, opinião política, ou qualquer condição social. De acordo com o art. 2º, não havendo disposições legislativas ou de outra espécie que asseguram os direitos e liberdades previstos no art. 1º, os Estados-partes "comprometem-se a adotar, de acordo com as suas formas constitucionais e com as disposições desta Convenção, as medidas legislativas ou de outra natureza que foram necessários para tornar efetivos tais direitos e liberdades".

Ao explanarem sobre decisão da Corte Interamericana de Direitos Humanos, aduziram Gomes e Mazzuoli:

> O direito na era da pós-modernidade mudou completamente sua fisionomia. Toda lei, agora, está sujeita a dois tipos de controle (vertical): de constitucionalidade e de convencionalidade. O STF fez o primeiro controle (e validou a lei). A CIDH celebrou o segundo (e declarou inválida referida lei de anistia). Os juízes brasileiros precisam se atualizar e admitir que, agora, já não basta um só controle. E na medida em que a jurisprudência desses juízes não segue a jurisprudência da Corte, ela pode ser questionada (e eventualmente invalidada, de forma indireta, visto que a Corte só pode condenar o país, o Brasil) (GOMES; MAZZUOLI, 2010.4).

Realizando uma análise dos comandos constitucionais que dispõem a respeito da execução dos tratados internacionais de direitos humanos e o art. 7º do Ato das Disposições Constitucionais Transitórias, vê-se que as decisões derivadas da CIDH são vinculantes e apresentam força constitucional.

Para Maués (2013, p. 229), as convenções internacionais de direitos humanos devem servir de parâmetro de interpretação constitucional no direito brasileiro, possibilitando, assim, a harmonização das disposições constitucionais e internacionais. Além disso, o autor sublinha:

> Além de se beneficiarem do princípio *pacta sunt servanda,* que se encontra na base do direito internacional (articulo 26 da Convenção de Viena sobre Direito dos Tratados), os tratados de direitos humanos possuem características que tornam necessário ajustar o direito interno dos Estados Partes às normas internacionais. Ao contrário dos instrumentos

que somente criam obrigações recíprocas entre os Estados, esses tratados têm como objetivo a proteção das pessoas, estabelecendo deveres do poder público em relação a seus jurisdicionados. Não se trata de casualidade, portanto, que o conteúdo dos tratados de direitos humanos frequentemente se sobreponha ao conteúdo das Constituições, uma vez que a garantia dos direitos a pessoa humana é uma área comum aos dois sistemas (MAUÉS, 2013, p. 226).

Faz-se necessário destacar que a Constituição Federal não impede a aplicação das convenções internacionais de direitos humanos, nem estas o exercício daquela. Na verdade, elas se unem para obstar o vigor de normas infraconstitucionais que agridam preceitos da Constituição ou dos Tratados de direitos humanos de que o Brasil seja signatário. Destarte, é necessário de um diálogo entre a jurisdição interna e as decisões da Corte Interamericana.

Yulgan Lira (2016, p. 237) destaca que o controle de convencionalidade proporciona a comunicação eficiente entre as ordens jurídicas, mostrando-se como instrumento vocacionado a elevar o grau de respeitabilidade das determinações internacionais em âmbito interno.

Nesse contexto, Conci (2012, p. 325) ressalta que o juiz nacional, como agente estatal, ao desrespeitar as decisões da Corte Interamericana de Direitos Humanos estaria cometendo ilícitos internacionais. Nesse sentido, o autor aduz que a decisão do STF, que é anterior a da CIDH, teve seus efeitos destituídos.

Em relação ao *status* das Convenções Internacionais de Direitos Humanos, Trindade (2002, p. 498) aclara que o art. 5º, § 2º assegura a hierarquia de norma constitucional aos Tratados Internacionais de Direitos Humanos ratificadas pela República Federativa do Brasil. Comungando do mesmo posicionamento, Piovesan afirma:

> Eis o sistema misto propugnado pela Constituição brasileira de 1988, que combina regimes jurídicos diversos- um aplicável aos tratados internacionais de proteção dos direitos humanos e o outro aos tratados em geral. Enquanto os tratados internacionais de proteção dos direitos humanos apresentam *status* constitucional e aplicação imediata (por força do art. 5º, §§ 1º e 2º, da Carta de 1988), os tratados tradicionais apresentam *status* infraconstitucional e aplicação não imediata (por força do art. 102, III, b da Carta de 1988 e da inexistência de dispositivo constitucional que lhes assegure aplicação imediata). (PIOVESAN, 2008, p. 90).

A Constituição Federal de 1988, em seu art. 5º, parágrafos 1º e 2º, dispõe:

> Art. 5º [...]
>
> §1º- As normas definidoras dos direitos e garantias fundamentais têm aplicação imediata.
>
> § 2º - Os direitos e garantias expressos nesta Constituição não excluem outros decorrentes do regime e dos princípios por ela adotados, ou dos tratados internacionais em que a República Federativa do Brasil seja parte.

Seguindo essa linha doutrinária, Mazzuoli (2009) declara que todas as Convenções Internacionais de Direitos Humanos, que foram ratificados pelo Estado brasileiro e que se encontram em vigor, possuem status de normas constitucionais. Sustenta, também, que elas podem vir ter hierarquia material e formal, quando são aprovadas nos termos do art. 5º, §3º da CF, quando serão, então, equivalentes as emendas constitucionais.

Desta feita, comungando as referidas posições, entende-se que as convenções internacionais de direitos humanos que vigoram no Brasil, assim como a Constituição Federal, são paradigmas de controle para a instituições da legislação interna. Desse modo, a Constituição Federal deixou de ser o único paradigma para o controle de produção normativa brasileira. Assim, atualmente o controle de convencionalidade se trata um meio de se retirar a validade de uma norma interna que transgrida um tratado internacional de direitos humanos em vigor no Estado, mesmo que essa norma seja constitucional.

Ao explanar a respeito dessa temática, Mazzuoli dispõe:

> É mais que necessário entender, no atual estágio em que se encontra o direito pós-moderno, que a Constituição não é um fim em si mesma, sempre absoluta e desonerada de qualquer outra vinculação jurídica, mas um documento que se encontra, ele próprio, sujeito à procedência de valores supraordenados, aceitos e reconhecidos por outras normas jurídicas (*v.g.*, as de direito internacional) ou por costumes, capazes de lhe impor respeito e observância. (MAZZUOLI, 2013, p. 171).

Além disso, deve-se destacar que a Convenção Americana, em seu art. 29, b, dispõe a aplicação do princípio *pro homine*, que determina que a norma que deve ser aplicada é a que for mais favorável ao ser humano sujeito de direitos. Destarte, diante uma diversidade de fontes legislativas, o referido princípio é o meio a ser aplicado para se atingir o equilíbrio.

Perante esse cenário, é imprescindível salientar que o Ministério Público Federal tem realizado denuncias contra agentes de Estado que perpetraram delitos contra os direitos humanos de opositores ao governo militar. No entanto, há resistência por parte do Poder Judiciário, que se posiciona predominantemente no sentido de que os denunciados estariam acobertados pela Lei de Anistia (Lei 6.683/1979). É por isso que Piovesan (2011, p. 85) sustenta que decisão do STF, no âmbito da ADPF 153, tem eficácia *erga omnes* e efeito vinculante aos órgãos do Poder Judiciário e da Administração Pública. Destarte, continuam prejudicados os direitos humanos à verdade, à memória e à justiça, e, consequentemente a democracia brasileira.

Verifica-se que a atual posição adotada pelo Judiciário brasileiro, no tocante à Lei de Anistia e ao controle de convencionalidade das leis, não é o que melhor salvaguarda os direitos humanos. Starck (2015) destaca que estes afloram como um meio de compensação e reparação às muitas barbáries executadas contra a raça humana. Além disso, é substancial ressaltar que a Constituição Federal de 1988 busca o fortalecimento das disposições de proteção dos direitos humanos, assim como reclama a aplicação das normas que forem mais beneficentes à tutela desses direitos. Observa-se que o Brasil possui dentre seus fundamentos a "dignidade da pessoa humana", em seu art. 1º, inciso III; e rege-se em suas relações internacionais pelo princípio da "prevalência dos direitos humanos", consoante prevê o art. 4º, II, CF.

De acordo com Lira (2016, p. 237), é inoportuno cogitar que o Direito Internacional pode ser apático ao direito interno, e vice-versa, como se regulasse somente relações próprias e independentes, uma vez que a importância de ambos repousa sob o mesmo alicerce, qual seja, a maior proteção da dignidade da pessoa humana.

Como foi citado anteriormente, a transição política do Brasil é de uma ditadura militar para uma democracia. Dessa maneira, é forçoso sublinhar que, conforme Comparato (2004), na Idade Moderna é considerado democrático o regime político que tem como fim o respeito integral aos direitos fundamentais da pessoa humana. Assim, para avigorar o Estado Democrático de Direito brasileiro faz-se necessário que a Lei Anistia seja interpretada à luz dos direitos humanos.

CONSIDERAÇÕES FINAIS

Ao longo das explanações desse artigo foi possível demonstrar que o processo de Justiça de Transição brasileiro ainda não foi concluído, sendo necessário executar as suas quatro dimensões, em especial a da justiça, visto que é a que se encontra mais atrasada. Ressalta-se que, políticas públicas referentes aos direitos à verdade, à memória e à justiça são mecanismos de identificar as injustiças e violências perpetradas pela ditadura e são meios de colaboração para a reparação das vítimas diretas da violência estatal. Além disso, observou-se que o controle de controle de convencionalidade do Sistema Interamericano de Direitos Humanos tem sido um instrumento de ampla relevância nos processos de Justiça de Transição dos Estados da América Latina, sendo instrumento de promoção dos direitos humanos e de fomento à democracia. Constatou-se que a jurisprudência Corte Interamericana de Direitos Humanos é pacífica no tocante à incongruência das leis de anistia com a Convenção Americana de Direitos Humanos. Contudo, o Poder Judiciário brasileiro ainda não acatou tal posicionamento.

É importante destacar que a promoção dos direitos à verdade, à memória e à justiça está diretamente relacionada ao desenvolvimento da democracia brasileira. Verifica-se que, intitula-se Estado Democrático de Direito o Estado que respeita os direitos humanos e as garantias fundamentais, através da constituição de uma proteção jurídica.

Conclui-se, então, que há a necessidade de se adotar o controle de convencionalidade judicial como instrumento de proteção aos direitos humanos e de fomento à democracia.

REFERÊNCIAS

ABRÃO, Paulo. Direito à verdade e à justiça na transição política brasileira. In: ABRÃO, Paulo; GENRO, Tarso (Orgs.). **Os direitos da transição e a democracia no Brasil:** estudos sobre justiça de transição e teoria da democracia. Belo Horizonte: Fórum, 2012, p. 59-80.

ALMEIDA, Enéa de Stutz e. Direito à justiça: a questão dos civis que atuaram na ditadura brasileira. In: TOSI, Giuseppe; FERREIRA, Lucia de Fátima Guerra; TORELLY, Marcelo Dalmás; ABRÃO, Paulo (Orgs.). **Justi**ça de transição: direito à justiça, à memória e à verdade. João Pessoa: Editora da UFPB, 2014, p. 195-212.

ARAÚJO, Maria Paula. **Passado criminoso:** de volta à democracia, o Brasil ainda não sabe o que fazer com o passado obscuro da ditadura militar. Disponível em: http://www.revistadehistoria.com.br/secao/capa/passado-criminoso. Acesso em: 24 ago. 2016.

ARISTÓTELES. **Política**. Tradução Mário da Gama Kury. Brasília: Universidade de Brasília, 1985.

ARQUIDIOCESE DE SÃO PAULO. **Brasil:** nunca mais. 6 ed. Petrópolis: Vozes, 1985

BAGGIO, Roberta Camineiro. Tensionamentos sociais e justiça de transição: contribuições ao constitucionalismo latino-americano. In: TOSI, Giuseppe; FERREIRA, Lucia de Fátima Guerra; TORELLY, Marcelo Dalmás; ABRÃO, Paulo (Orgs.). Justiça de transição: direito à justiça, à memória e à verdade. João Pessoa: Editora da UFPB, 2014, p. 87-117.

BRASIL. Constituição (1988). Constituição da República Federativa do Brasil. Brasília, DF, Senado, 2015.

_____. **Direito à verdade e à memória:** comissão especial sobre mortos e desaparecidos políticos. Brasília: Secretaria Especial dos Direitos Humanos, 2007.

_____. **Decreto nº 7.037 de 21 de dezembro de 2009.** Aprova o Programa Nacional de Direitos Humanos-PNH-3 e dá outras providências. Disponível em: http://www.planalto.gov.br/ccivil_03/_Ato2007-2010/2009/Decreto/D7037.htm. Acesso em: 25 ago. 2016.

_____. Lei nº 6.683, de 28 de agosto de 1979. Concede anistia e dá outras providências. **Diário Oficial [da República Federativa do Brasil],** Brasília, DF.

_____. Supremo Tribunal Federal. **Arguição de Descumprimento de Preceito Fundamental nº** 153-DF, Tribunal Pleno, Brasília, DF, 29 de abril de 2010. Disponível em http://www.stf.jus.br/arquivo/cms/noticianoticiastf/anexo/adpf153.pdf:. Acesso em: 25 ago. 2016.

COMISSÃO INTERAMERICANA DE DIREITOS HUMANOS. **Conven**ção Americana sobre Direitos Humanos. 2014. Disponível em: http://www.cidh.oas.org/basicos/portugues/c.convencao_americana.htm. Acesso em: 13 jul. 2016.

COMPARATO, Fábio Konder. **O poder judiciário no regime democrático.** 2004. Disponível em: http://www.scielo.br/scielo.php?script=sci_arttext&pid=S0103-40142004000200008&lng=pt&nrm=iso&tlng=pt. Acesso em: 30 ago. 2016.

CONCI, Luiz Guilherme. Decisões conflitantes do Supremo Tribunal Federal e da Corte Interamericana de Direitos Humanos: vinculação ou desprezo. In: SOUSA, Marcelo Rabelo, et al (Orgs.). Estudos de homenagem ao professor doutor Jorge Miranda. 1 ed. Coimbra: Coimbra, 2012, p. 301-326.

CORTE INTERAMERICANA DE SIREITOS HUMANOS. **Caso Gomes Lund e outros ("Guerrilha do Araguaia") Vs. Brasil**, julgado em 24 de novembro de 2010. Series C No. 219. Disponível em: http://www.corteidh.or.cr/docs/casos/articulos/seriec_219_por.pdf . Acesso em: 30 ago. 2016.

FILHO, José Carlos Moreira da Silva; CASTRO, Ricardo Silveira. Justiça de transição e poder judiciário brasileiro a barreira da lei de anistia para a responsabilização dos crimes da ditadura civil-militar no Brasil. In: TOSI, Giuseppe; FERREIRA, Lucia de Fátima Guerra; TORELLY, Marcelo Dalmás; ABRÃO, Paulo (Orgs.). Justiça de transição: direito à justiça, à memória e à verdade. João Pessoa: Editora da UFPB, 2014, p. 119-156.

KELSEN, Hans. **A democracia.** Tradução Ivone Castilho Benedetti et alii. São Paulo: Martins Fontes, 1993.

KELSEN, Hans. **Teoria pura do direito**. 8 ed. São Paulo: WMF, 2009.

LEAL, Rogério Gesta. **Verdade, memória e justiça:** um debate necessário. Santa Cruz do Sul: EDUNISC, 2012.

MAUÉS, Antônio Moreira. Supralegalidade dos tratados internacionais de direitos humanos e interpretação constitucional. In: **UR-Revista Internacional de Direitos Humanos**. Ed. 18, 2013, p. 213-235.

MAZZUOLI. Valerio de Oliveira. **O controle jurisdicional da convencionalidade das leis**. 3. ed. São Paulo: Revista dos Tribunais, 2013.

_____. **A tese da supralegalidade dos tratados de direitos humanos.** 2009. Disponível em: http://jus.com.br/artigos/12584/a-tese-da-supralegalidade-dos-tratados-de-direitos-humanos. Acesso em: 10 jul. 2016.

NORA, Pierre. Entre história e memória: a problemática dos lugares. Projeto História. PUC-São Paulo. v. 10, 1993.

O'DONNEL, Guillermo; SCHMITTER, Philippe C. Transições do Regime Autoritário: primeiras conclusões. São Paulo: Revista dos Tribunais, 1988.

PEREIRA, Valter Pires; MARVILLA, Miguel. **Ditaduras não são eternas:** memórias da resistência ao golpe de 1964, no Espírito Santo. Vitória: Flor&Cultura: Assembléia Legislativa do Estado do Espírito Santo, 2005.

PIOVESAN, Flávia. **Direitos humanos e o direito constitucional internacional.** 5ª ed. São Paulo: Max Limonad, 2008.

_____. **Direitos Humanos:** memória, verdade e justiça. 2010. Disponível em: http://csbh.fpabramo.org.br/node/6341. Acesso em: 10 jul. 2016.

_____. Lei de anistia, sistema interamericano e o caso brasileiro. In: GOMES, L. F.; MAZZUOLI, V. O. (Orgs.). **Crimes da ditadura militar:** uma análise à luz da jurisprudência atual da Corte Interamericana de Direitos Humanos. São Paulo: Revista dos Tribunais, 2011, p. 73-86.

RAMOS, André de Carvalho. Crimes da ditadura militar: a ADPF 153 e a Corte Interamericana de Direitos Humanos. In: GOMES, L. F.; MAZZUOLI, V. O. (Orgs.). **Crimes da ditadura militar:** uma análise à luz da jurisprudência atual da Corte Interamericana de Direitos Humanos. São Paulo: Revista dos Tribunais, 2011, p. 174-225.

STARCK, Gilberto. **O controle de convencionalidade dos tratados internacionais de direitos humanos.** 2015. Disponível em: http://www.cedin.com.br/wp-content/uploads/2014/05/Artigo-Gilberto-Starck-O-Controle-de-Convencionalidade-dos-Tratados-internacionais-de-Direitos-Humanos.pdf. Acesso em: 11 jul. 2016.

TEITEL, Ruti. Genealogia da justiça transicional. In: REÁTEGUI, Félix (Org.). Justiça de Transição: manual para a América Latina. Brasília: Comissão de Anistia-Ministério da Justiça, 2011, p. 135-170.

TORELLY, Marcelo Dalmás. Das comissões de reparação à Comissão da Verdade: contribuições da comissão sobre mortos e desaparecidos políticos (1995) e da comissão de anistia (2001) para a comissão nacional da verdade. In: TOSI, Giuseppe; FERREIRA, Lucia de Fátima Guerra; TORELLY, Marcelo Dalmás; ABRÃO, Paulo (Orgs.). Justiça de transição: direito à justiça, à memória e à verdade. João Pessoa: Editora da UFPB, 2014, p. 215-231.

TOSI, Giuseppe; SILVA, Jair Pessoa de Albuquerque e. A Justiça de transição no Brasil e o processo de democratização. In: TOSI, Giuseppe; FERREIRA, Lucia de Fátima Guerra; TORELLY, Marcelo Dalmás; ABRÃO, Paulo (Orgs.). Justiça de transição: direito à justiça, à memória e à verdade. João Pessoa: Editora da UFPB, 2014, p. 41-61.

LIRA, Yulgan. O direito interno como ponto chave para a garantia do enforcement do direito internacional: controle de convencionalidade à luz do processo normativo transnacional de Harold Hongju Koh. In: MENEZES, Wagner (org.). **Direito internacional em expansão:** anais do 14º congresso brasileiro de direito internacional, v. 7, 2016, p. 522-539.

TRINDADE, Antônio Augusto Cançado. **O direito internacional em um mundo em transformação.** Rio de Janeiro: Renovar, 2002.

VASCONCELOS, Daniela Mateus. Justiça de transição e direito internacional: o direito à verdade e o dever do Estado de processar e punir graves violações aos direitos humanos. **E-Civitas-Revista Científica do Departamento de Ciências Jurídicas, Políticas Gerenciais do UNI-BH,** v. 6, n. 2, 2013.

NORMAS IUS COGENS E PRINCÍPIO PRO PERSONA

Luiz Guilherme Arcaro Conci[1], Konstantin Gerber[2]
& Giovanna de Mello Cardoso Pereira[3]

> *"(...) é inconvincente apresentar o positivismo sui generis dos códigos internacionais legislados por governos, das comissões nomeadas por governos e dos mecanismos de aplicação politicamente motivados como sendo o remédio contra o positivismo do direito natural, sua desumanidade persistente e seu divórcio da ética e da justiça. Pessoas ainda são assassinadas, torturadas e morrem de fome graças a governos, leis e instituições nacionais".*
> *Costas Douzinas.*

INTRODUÇÃO

Pretende-se compreender e relacionar dois termos com o chamado constitucionalismo multinível: *ius cogens* e *pro persona*. Para além da declaração de inconvencionalidade de um ato estatal, é preciso também identificar a possibilidade de interpretação conforme os parâmetros interamericanos ou internacionais, bem como sobre a possibilidade de

---

1. Professor de Direito Constitucional e Teoria do Estado da Pontifícia Universidade Católica de São Paulo (PUC-SP), onde coordena o Curso de Especialização em Direito Constitucional. Professor Titular de Teoria do Estado da Faculdade de São Bernardo do Campo – Autarquia Municipal. Doutor e Mestre em Direito Constitucional (PUC-SP), com estudos de nível pós-doutorais no Instituto de Direito Parlamentar da Universidade Complutense de Madrid (2013-2014). Advogado Consultor em São Paulo e Presidente da Coordenação do Sistema Internacional de Proteção dos Direitos Humanos do Conselho Federal da Ordem dos Advogados do Brasil. Lidera o grupo de pesquisas em Direitos Fundamentais. Email: lgaconci@hotmail.com
2. Advogado Consultor em São Paulo, mestre e doutorando em filosofia do direito, PUC-SP, onde integra o grupo de pesquisas em direitos fundamentais. Professor convidado do curso de especialização em direito constitucional e em direito internacional dos direitos humanos. Email: k.gerber@uol.com.br
3. Advogada em São Paulo, bacharela em direito PUC SP, onde integra o grupo de pesquisas em direitos fundamentais.Email:giovanna_cardoso2@hotmail.com

utilização do princípio *pro persona*, que possui algumas variações de significado na literatura, que pode ser considerado um princípio do direito internacional dos direitos humanos consagrado em muitos tratados e convenções, mas também uma característica de tratados ou mesmo declarações que reconhecem o indivíduo como sujeito de direito internacional. Tal princípio recebe críticas doutrinárias, tanto por parte de constitucionalistas, quanto por parte de internacionalistas. Defendemos que certas normas *ius cogens* compõem o bloco de convencionalidade desde a constituição da ONU e das declarações de direitos humanos da ONU e OEA, daí porque também podem ser invocadas quando do exercício de um raciocínio que se propõe a pensar as diversas fontes do direito constitucional internacional.

1. SOBERANIA E DIREITOS HUMANOS

A ideia de soberania desenvolve-se "a partir dos intermináveis conflitos de jurisdição entre papas, reis e imperadores" (KRITSCH, 2004, p. 106) no final da idade Média. Os debates podem ser traduzidos em duas teses básicas: a do poder ascendente, de que o povo é a fonte do poder; e a do poder descendente, de que o poder derivava de um ser supremo, uma divindade, com diferentes versões; em que o Papa era o transmissor da autoridade divina, em que o poder era concedido diretamente aos governantes por Deus e em que o poder era concedido por Deus ao povo (KRITSCH, 2004, pp. 108-109). Atribui-se a Beaumanoir a primeira referência ao termo "*souverain*", com o significado tanto de função governamental, quanto de jurisdição (KRITSCH, 2004, p. 111).

A Paz de Westfália no ano de 1648 (Tratados de Munster e Osnabruck) que encerra a guerra dos 30 anos revela o *status quo* da época (BECAK, 2013, p. 346), ao assegurar a "coexistência de diferentes unidades políticas com fundamento nos princípios da soberania e da igualdade" (LEWANDOWSKI, 2002, p. 271). É o chamado processo de consolidação do modelo de Estado territorial, na definição de James Caporaso: a "virada vestfaliana" (BASTOS JÚNIOR, 2014, p. 186). Antes já se reconheciam as existências de soberanias, como da Espanha, depois da união de Castela e Aragão, da Inglaterra, após a guerra das duas rosas e da França, depois da guerra dos cem anos (LEWANDOWSKI, 2002, p. 346) ou mesmo de Portugal (BECAK, 2013, p. 344), ainda que a teoria se formasse com abstração em torno do termo *stato* (Maquiavel), em realidade, tratavam-se de impérios coloniais.

Uma das mais notáveis transformações jurídicas do século XX, ensejada principalmente como consequência da 2º Guerra Mundial e, em segundo plano, pelo processo de globalização, cada vez mais incidente sobre a interação dos Estados, organizações internacionais e demais atores não-estatais, foi certamente o processo de internacionalização dos Direitos Humanos.

Após todos os eventos execráveis e a série de atentados contra a humanidade cometidos no transcorrer da 2ª Guerra Mundial, com destaque ao holocausto (ou shoah) promovido pelo governo nazista, as autoridades mundiais se atentaram à necessidade da positivação jurídica internacional dos direitos humanos, bem como da criação de uma ordem jurídica global que visasse impedir que a dignidade da pessoa humana fosse tão violada. Em realidade, a preocupação inicial era a segurança coletiva, de modo a se instituir o Conselho de Segurança das Nações Unidas. A breve referência aos direitos humanos na Carta das Nações Unidas foi uma proposta dos Estados Unidos da América (BELLI, 2009, p. 29).

Ainda que houvesse objeção de que os direitos humanos figurassem como um dos objetivos da Carta das Nações Unidas por parte alguns países, esta foi superada na Conferência de São Francisco de 1945, como analisa Benoni Belli:

> As objeções foram superadas porque a Carta também consagrou a igualdade soberana dos Estados e a não interferência em assuntos domésticos, o que foi interpretado na ocasião como garantia suficiente de que os dispositivos sobre direitos humanos não limitariam a capacidade de os Estados membros tomarem as decisões que bem entendessem no âmbito doméstico (BELLI, 2009, pp. 32-33).

A cooperação entre Estados para o respeito aos direitos humanos veio prevista no art. 1.3 da Carta, estabelecendo em seu art. 13.b que caberia à Assembleia Geral "iniciar estudos e formular recomendações, entre outros, no campo da realização dos direitos humanos", cabendo, então, ao Conselho Econômico Social – ECOSOC (art. 62.2) a realização de tal tarefa (BELLI, 2009, p. 34).

Os direitos humanos são referidos nos artigos 1º (cooperação entre Estados); 13 (poderes da Assembleia Geral); 55 (propósitos da ONU); 62 (competência do Conselho Econômico Social); 68 (determinação de criação de comissão de direitos humanos); e 76 (propósito do sistema internacional de tutela) (HANNUM, 2012, pp. 61-62).

Por meio de Resolução do ECOSOC de 21 de junho de 1946, foi estabelecida a Comissão de Direitos Humanos, comissão intergovernamental integrada por 18 membros, sendo determinada a elaboração de "Carta Internacional de Direitos" (BELLI, 2009, p. 36).

Por determinação da Assembleia Geral, também no ano de 1946, coube ao ECOSOC realizar estudos para redação de projeto de Convenção sobre o crime de genocídio (BELLI, 2009, p. 38).

Assim, foi estimulada a criação, em plano internacional, de normas e de princípios gerais, com o objetivo de assegurar o respeito à dignidade da pessoa humana, bem como a responsabilização, em plano internacional, por crimes perpetrados contra a humanidade (PIOVESAN, 2006, p. 117).

Foi nesse contexto, de fim de guerra, que surgiu a Organização das Nações Unidas (ONU), em 1945, e a Declaração Universal dos Direitos Humanos, em 1948. O surgimento da ONU – criada para fomentar pela paz e pela segurança mundial – deu início a toda proteção dos direitos humanos, em âmbito internacional que hoje conhecemos.

Note que naquele mesmo ano de 1948, meses antes surgia também a Declaração Americana de Direitos e Deveres do Homem, que possui trinta e oito artigos e tem, no seu preâmbulo, manifestações que denotam o ambiente que circundava a sua elaboração, além de referências à necessidade de se entender que os direitos dos indivíduos não derivam dos Estados nacionais dos quais são tidos como cidadãos, mas, sim, dos seus próprios atributos como pessoa humana; que "a proteção internacional dos direitos do homem deve ser a orientação principal do direito americano em evolução"; e que essa consagração não dispensa a primazia dos Estados nacionais de protegê-los em ambiente interno, mas que deverá haver um fomento ao fortalecimento dos direitos humanos internacionais "à medida que essas circunstâncias se tornem mais propícias"[4] (CIDH, OC 10/89). Além dos direitos, trata dos deveres do homem, algo que a coloca como um instrumento internacional com conteúdo mais amplo que o da Declaração Universal dos Direitos Humanos, que deles trata apenas em seu artigo 29.

---

4. A declaração passou por uma sensível reforma, em 1967, com o protocolo de Buenos Aires, que tem como principal mudança o estabelecimento da Comissão Americana de Direitos Humanos como órgão independente. Mais a frente, em 1985(Cartagena de Indias, Colombia), em 1992 (Washington, EUA) e Manágua (1993), algumas alterações pontuais também foram feitas.

Após dois anos de trabalho da Comissão de Direitos Humanos (ONU), presidida por Eleanor Roosevelt, fora então elaborado o projeto de Declaração Universal dos Direitos Humanos, sendo adotada pela Assembleia Geral das Nações Unidas em 10 de dezembro de 1948 (BELLI, 2009, p. 41). Note que houve uma divisão dos trabalhos em 1947. Não havia consenso para um tratado de direitos humanos vinculante, mas mesmo sendo uma declaração de princípios, muitos de seus artigos passaram a integrar o direito costumeiro internacional, veiculando normas *ius cogens* (direito à vida e proibições da tortura e da escravidão). Dita declaração, ainda, passou a ser instrumento de monitoramento (extra--convencional) de direitos humanos na década de 60 pela Comissão de Direitos Humanos (BELLI, 2009, p. 42).

A Declaração Universal dos Direitos Humanos foi o instrumento jurídico internacional de afirmação dos direitos humanos em âmbito internacional, "ao mesmo tempo, universal e positiva" (BOBBIO, 1992, pp. 28 e 30), dando início à faceta dos direitos humanos fundada nos princípios da liberdade, da igualdade e da fraternidade. Isso porque houve uma composição entre os juristas redatores, daí porque o texto acabou por consagrar direitos civis, políticos (arts. 4 a 21), econômicos, sociais e culturais (arts. 23 a 27) (BELLI, 2009, p. 43).

A Declaração foi adotada pela Assembleia Geral com 48 votos a favor, nenhum contra e 8 abstenções. Existem posições doutrinárias divergentes quanto à possibilidade da Declaração ser tida por direito costumeiro e interpretação autorizada da Carta das Nações Unidas (HANNUM, 2012, p. 64).

Conforme narra Sidney Guerra, a Declaração Universal dos Direitos Humanos foi adotada por meio de uma Resolução da Assembleia Geral, não sendo um documento de natureza vinculante para os Estados, conforme alguns doutrinadores. Com suporte em Ana Maria Guerra Martins, arrola os diferentes entendimentos: (i) mesmo valor jurídico de outras resoluções; (ii) elemento constitutivo de direito costumeiro preexistente; (iii) os princípios e direitos nela contidos foram adquirindo caráter consuetudinário posterior. Subsistem opiniões de que a Declaração veicula normas *ius cogens*, pois como o próprio autor refere, houve julgado da Corte Internacional de Justiça de 1980, em caso envolvendo privação de liberdade de pessoal diplomático e consular dos EUA em Teerã em que se considerou por violados os princípios da Carta das Nações Unidas e da Declaração Universal (GUERRA, 2014, pp. 109-110).

Como afirmado por Benoni Belli, a importância da Declaração Universal dos Direitos humanos foi ser um "documento inovador" ao considerar o indivíduo como sujeito internacional de direitos (BELLI, 2009, pp. 46-47). Em matéria de direitos humanos e soberania, já se afirmou "(...) não há que se falar em soberania quando o centro do sistema protetivo está no indivíduo e não no próprio Estado" (CONCI, GERBER, 2017, p. 150).

Foi Alfred Verdross quem cunhou o termo "Constituição da Comunidade de Direito Internacional" em 1926. Posteriormente Ronald St. John Macdonald e Douglas M. Johnston cunharam o termo "constitucionalismo global" (PERNICE, 2006, p. 5), subsistindo a discussão se é correto ou não a utilização do termo "Constituição" para o direito internacional, ou mais propriamente se a Carta das Nações Unidas seria ou não uma "Constituição Internacional", pois para certa corrente, da "escola da comunidade internacional", a existência de normas vinculantes, como as normas *ius cogens*, atestaria o "coração da Constituição Internacional" (PERNICE, 2006, p. 6).

Da mesma forma, Martín C. Ortega Carcelén utiliza o termo "princípios constitucionais da sociedade internacional" ou "princípios fundamentais", ainda que este autor diferencie o termo de outras ideias como de obrigações *erga omnes*, *ius cogens* e ordem pública internacional (CARCELÉN, 1997, p. 50). Referido autor invoca o caso Nicarágua de 1986 da Corte Internacional de Justiça, pois esta afirmou haver um "princípio fundamental" de não-intervenção na Carta da ONU (CARCELÉN, 1997, p. 57).

Luigi Ferrajoli também se utiliza do termo "constitucionalismo global", afirmando que do ponto de vista normativo, a partir da Carta da ONU e da Declaração Universal dos Direitos Humanos:

> (...) la soberania se torno un concepto inconsistente desde el punto de vista lógico. Por una parte, la prohibición contra la guerra defendida por Naciones Unidas suplanto el*ius ad bellum* que siempre ha sido su principal atributo. Por otro lado, la santificación de los derechos humanos en la Declaración de 1948 y los tratados de 1966 hizo de ellos no solo derechos constitucionales sino supra-estatales, transformandolos en limites externos y no simplesmente internos de los poderes de los Estados (FERRAJOLI, 1998, p. 177)

A questão recai sobre a centralidade do indivíduo no direito internacional. A própria Corte Internacional de Justiça no caso La Grand entendeu que houve violações aos direitos individuais à notificação consular, em caso envolvendo cidadãos alemães acusados de assassinato nos

Estados Unidos (e não somente do Estado). Da mesma forma, em outro caso envolvendo o direito à proteção diplomática, entendeu a Corte Internacional de Justiça ter havido violações de direitos individuais (Caso Ahmadou Sadio Diallo), pela prisão e expulsão de cidadão da Guiné pela República Democrática do Congo (MAZZUOLI, 2016, p. 6).

Dois Pactos vinculantes foram adotados em 1976 (mecanismo convencional de proteção de direitos humanos), nomeadamente, Pactos de Direitos Civis e Políticos e de Direitos Econômicos, Sociais e Culturais. Juntamente à Carta da ONU e à Declaração, os Pactos e as Convenções Internacionais de Direitos Humanos destacam-se, em âmbito global, como os principais instrumentos jurídicos internacionais a prezarem pelos direitos humanos e pela dignidade da pessoa humana.

Por oportuno, firmar a distinção entre o sistema de proteção advindo da Carta da ONU (Assembleia Geral, Conselho de Direitos Humanos, Conselho de Segurança, Secretaria Geral e Alto Comissariado) e o sistema de proteção advindo de tratados que contam com os respectivos comitês (que têm o apoio da Secretaria Geral).

Cumpre aclarar que o Conselho de Direitos Humanos (antes comissão) tem por atribuição proteger os direitos humanos em virtude dos direitos previstos na Carta da ONU e na Declaração Universal de Direitos Humanos (mecanismo extra-convencional). Trata-se de órgão vinculado à Assembleia Geral da ONU e também ao Conselho Econômico Social. Realiza procedimentos especiais para investigar violações de direitos humanos (com peritos especiais), relatorias especializadas (com relatores) e recebe denúncias (de indivíduos ou grupo de indivíduos) para comprovados casos de graves violações que sejam padrão no país (ONU, 2007). É composto pelo mecanismo de revisão periódica universal (em que os Estados submetem relatórios anuais), pelo comitê consultivo e pelo procedimento de reclamação (CARDIA, 2013, pp. 278-279).

A par destes mecanismos, existem os comitês da ONU (mecanismo convencional), que recebem petições de indivíduos ou grupos de indivíduos quando da violação das normas previstas nos tratados internacionais respectivos.

Da mesma forma, cumpre esclarecer que a Declaração Americana de Direitos e Deveres do Homem não era, ainda, um dos instrumentos normativos do Sistema Interamericano de Direitos Humanos (CIDH, OC 10/89), funcionando, inicialmente, como um instrumento de auxílio na interpretação do direito interamericano, nos termos do artigo 64 da

Convenção Americana de Direitos Humanos, sendo utilizado pela Corte Interamericana na elaboração de seu posicionamento em opiniões consultivas. Todavia, vem adquirindo, paulatinamente, força normativa, não mais podendo ser tida como um documento em que são feitos apelos meramente políticos ou morais e, sim, que adquire força jurídica cogente (HITTERS, FAPPIANO, 2007, p. 396). Ainda mais quando se verifica que, dentre os instrumentos que podem fundar a denúncia de um Estado nacional perante a Comissão Interamericana de Direitos Humanos. A violação à Declaração Americana pode ser utilizada independentemente de violação concomitante de outro dos instrumentos previstos no artigo 23 do Regulamento da Comissão Interamericana de Direitos Humanos.

O Brasil reconheceu por Decretos do Executivo a jurisdição da Corte Interamericana e a competência para receber petições dos comitês das Convenções pela Eliminação de todas as formas de discriminação étnico-racial e pela Eliminação de todas as formas de discriminação contra mulheres, bem como a competência do Comitê contra tortura e do Comitê sobre direitos de pessoas com deficiência e por Decreto Legislativo, a competência do Comitê de Direitos Humanos (Protocolo opcional do Pacto de Direitos Civis e Políticos). A respeito da Declaração Universal dos Direitos Humanos, o STF já embasou seus julgados com base nesta: Adin 3.741, conforme Relator Min. Ricardo Lewandowki; HC 82.424-RS, Relator para o Acórdão, Min. Maurício Correa; e RE 86.297, Relator Thompson Flores.

2. NORMAS IUS COGENS

A noção de norma imperativa de direito internacional geral está no art. 53 da Convenção de Viena (Decreto 7.030 de 14 de dezembro de 2009):

> Art. 53. É nulo um tratado que, no momento de sua conclusão, conflite com uma norma imperativa de Direito Internacional geral. Para os fins da presente Convenção, uma norma imperativa de Direito Internacional geral é uma norma aceita e reconhecida pela comunidade internacional dos Estados como um todo, como norma da qual nenhuma derrogação é permitida e que só pode ser modificada por norma ulterior de Direito Internacional geral da mesma natureza.

O art. 64 da Convenção de Viena, por sua vez, trata da norma *ius cogens* superveniente:

> "Se sobrevier uma nova norma imperativa de direito internacional geral, qualquer tratado existente que estiver em conflito com essa norma torna-se nulo e extingue-se."

Para que uma norma internacional seja considerada de *ius cogens*, imperativa, deve assim ser reconhecida pela comunidade internacional ("um conjunto qualificado de Estados"), o que implica sua aceitação sem acordo em contrário e que esta norma só pode ser modificada por norma da mesma natureza, remanescendo a discussão se as normas *ius cogens* são costumeiras, ou se também encontradiças em tratados, e em que medida estas normas também possam ser consideradas por *ius cogens* regionais (ALVARADO, 2007, pp. 91-95), isso porque a Corte Interamericana tem jurisprudência própria a respeito.

Como pensa Salem Hikmat Nasser, o conceito de *ius cogens* é impreciso (NASSER, 2005, p. 164). A seu respeito, disserta o autor:

> Há controvérsias quanto a poderem essas normas ser de origem convencional ou costumeira apenas. Como quer que seja e qualquer que seja a origem, a consolidação do status de imperatividade depende daquilo que é constitutivo da fonte costumeira: a prática generalizada e a *opinio juris*. O que diferencia uma norma de *jus cogens* de uma outra norma de direito costumeiro de caráter geral não está em que a primeira foi aceita e reconhecida pela comunidade dos Estados como um todo, mas sim no fato de que ela teria sido aceita e reconhecida... como norma da qual não se admite derrogação. A pretensa superioridade das normas de *jus cogens* não está ligada, portanto, ao seu modo de produção, mas sim ao seu conteúdo e aos valores expressos por esse conteúdo (NASSER, 2005, p. 167).

O art. 66 alínea a) da Convenção de Viena estipula que se houver diferendo com relação à interpretação do *ius cogens*, qualquer Estado pode submeter a decisão à Corte Internacional de Justiça, que, segundo Catherine Maia:

> (...) tem permanecido extremamente tímida na sua obra de materialização do direito imperativo, preferindo durante muito tempo usar perífrases ou noções vizinhas para reconhecer a existência de normas fundamentais para a comunidade internacional em vez de usar a expressão *expressis verbis* (MAIA, 2014, p. 58).

A Corte Internacional de Justiça utilizou-se diretamente da expressão *ius cogens*: no caso Templo de Préah Vihéar de 1961, em que se anulou um tratado com sentido contrário; no caso Atividades Armadas no Território do Congo (Novo Pedido de 2002), reconhecendo-se que a proibição do genocídio tem caráter imperativo; no caso Imunidades Jurisdicionais do Estado de 2012, em caso envolvendo o direito de reparação de vítimas italianas de graves violações do direito humanitário cometidas pela Alemanha Nazista na Segunda Guerra Mundial; e no caso Questões Relativas à obrigação de processar ou extraditar de 2012, em que considerou por *ius cogens* a proibição da tortura (MAIA, 2014, p. 68, p. 70, p. 72, p. 74).

Já a Corte Interamericana de Direitos Humanos tem se pronunciado tanto em opiniões consultivas, como em casos contenciosos a respeito, *inter alia*, reconhecendo por normas de *ius cogens*: a proibição da tortura (CIDH, *Cantoral Benavides v. Peru*); o princípio da não-discriminação e tratamento igualitário perante a lei (OC n. 13 de 2003); o acesso à justiça - direito de investigar e punir (CIDH, *Masacre de Plan de Sanchez v. Guatemala*); e que o crime de desaparecimento forçado configura grave violação de direitos humanos e sua proibição possui o caráter de *ius cogens*, no caso *Gomes Lund vs. Brasil* (GERBER, CARDOSO, 2016, p. 211).

No caso Masacre Plan de Sánchez vs. Guatemala, Sentença de 29 de abril de 2004, no *voto razonado* de Antonio Cançado Trindade, parágrafo 14, extrai-se que:

> *Violaciones graves de los derechos humanos, actos de genocidio, crímenes contra la humanidad, entre otras atrocidades, son violadores de prohibiciones absolutas, del jus cogens* (CIDH, 2004, p. 6).

Além dos tratados internacionais, da jurisprudência interamericana, incluídas aí as Opiniões Consultivas, integram também o "bloco de convencionalidade" (FERRER-MAC GREGOR) as referidas normas de *ius cogens*, sobretudo, as assim consideradas pela Corte Interamericana de Direitos Humanos.

A Convenção Americana de Direitos Humanos, além de seus protocolos, e as sentenças da Corte IDH, formam o que se denomina que se faz paradigma de controle de validade de atos em sentido lato (sentenças, leis, atos administrativos, constituições) expedidos pelos estados nacionais e submetidos ao sistema interamericano de direitos humanos.

O controle de convencionalidade tem fundamento jurídico nos artigos 1.1º, 2º e 63 da CADH, visto que se baseia na condição obrigatória que assumem os Estados-partes do SIDH de fazer com que o seu direito interno esteja de acordo.

Compõem também o bloco de convencionalidade as demais convenções interamericanas, bem como tratados internacionais, que pela cláusula de interpretação do art. 29, podem ser invocados e aplicados, desde que mais favoráveis à pessoa ou menos restritivos em direitos, o chamado princípio *pro persona*.

3. PRINCÍPIO PRO PERSONA

O Direito Internacional dos Direitos Humanos abarca princípios gerais destinados à proteção da dignidade da pessoa humana. Tais princípios foram conduzidos ao centro dos sistemas jurídicos atuais, conquistando, tanto no direito internacional, quanto no direito interno dos Estados, o status de norma jurídica.

O princípio *pro persona*, sumariamente, consiste num instrumento interpretativo desenvolvido pela doutrina, cuja finalidade é buscar sempre a melhor proteção à dignidade da pessoa humana. Em plano material, resta na idéia de que, caso exista mais de uma norma aplicável a um caso concreto, deverá prevalecer aquela que tutelar determinado direito da forma mais ampla ou menos restritiva o possível, em detrimento daquela que assim não o faça. Assim entende a doutrina de Monica Pinto sobre o tema:

> El principio pro homine es un critério hermenéutico que informa todo el derecho de los derechos humanos, en virtud del cual se debe acudir a la norma más amplia, o a la interpretación más extensiva, cuando se trata de reconocer derechos protegidos e, inversamente, a la norma o a la interpretación más restringida cuando se trata de establecer restricciones permanentes al ejercicio de los derechos o suspensión extraordinária (PINTO, 1997, p. 163).

Caracterizado como direito humano e, assim, englobando todas as delimitações da teoria dos mesmos, o *pro persona*, partindo da finalidade de ampliar ao máximo o gozo de todo e qualquer direito, considera que as normas jurídicas não se excluem, mas se completam. A aplicação do princípio deve ocorrer de forma contingente, ou seja, diante do conflito entre duas normas jurídicas, ao invés de utilizarem-se os critérios cronológico, hierárquico, ou da especialidade, devem elas ser consideradas conjuntamente, ponderando-se, assim, sobre qual produz o resultado que melhor resguarda a dignidade humana.

Além das situações em que haja confronto entre duas normas jurídicas que protejam os direitos humanos, o *pro persona* incide também sobre a fixação da extensão interpretativa das normas. Assim, tratando-se da análise de uma norma jurídica por si só, o princípio impõe sempre a observância da interpretação mais favorável ou extensiva à dignidade da pessoa humana, consistindo naquela que melhor amplie o exercício do direito em questão, que produza as maiores garantias, que admita menos restrições ao exercício do direito, ou, ainda, que imponha maiores condições a uma eventual restrição do mesmo. Tratando-se de normas limitadoras aos direitos humanos, por outro lado, a interpretação deve ser sempre restringente.

Tais entendimentos vão de encontro à doutrina de Humberto Henderson, para quem o princípio *pro persona* engloba três pontos principais (HENDERSON, 2004, pp. 94-96). Em primeiro lugar, em se tratando de duas ou mais normas válidas a determinado caso concreto, deverá ser aplicada a mais protetora ou favorável. Segundo, em caso de sucessão de normas, deve-se entender que a posterior não derroga a anterior se esta última consagrar maior proteção a determinado direito, da onde se compreende pela conservação da norma anterior mais favorável. Por último, o autor conclui que, quando tratar-se da aplicação de uma norma jurídica, esta deve ser interpretada da maneira que conceda a tutela mais ampla o possível. Classifica as cláusulas *pro persona* em três tipos para: aplicação da norma mais protetora; conservação de norma anterior mais favorável; e interpretação com sentido tutelar diante de várias interpretações possíveis (HENDERSON, 2004, pp. 94-96).

Para a aplicação do princípio *pro persona*, deve-se rememorar da centralidade da pessoa humana como titular e destinatária da proteção jurídica. Assim, os tratados internacionais e as normas jurídicas internas devem ser aplicados de forma humanística –em caso de conflito, vigora não a mais especial, recente, ou hierarquicamente superior, porém a mais protetiva – ou a menos restritiva – à proteção dos direitos humanos. Em outras palavras, prevalece o mandamento mais favorável ao caso concreto.

Antônio Cançado Trindade infere o critério da "norma mais favorável a supostas vítimas" a partir das chamadas cláusulas de interpretação existentes em diversos tratados internacionais de direitos humanos (TRINDADE, 2006, p. 41).

A crítica de André de Carvalho Ramos é feita por meio de perguntas: "como é possível adotar a interpretação *pro homine* em casos envolvendo direitos em colisão"; "em casos de direitos colidentes, quem deveria ser privilegiado e quem deveria ter seu direito restrito" (CARVALHO RAMOS, 2016, p. 16).

Nos parece que nestes casos de colisão o que deve haver é a adoção do princípio da proporcionalidade, como o fez a Corte Interamericana no caso *Kimel vs. Argentina*, devendo analisar o grau de afetação dos bens em jogo (se grave ou moderada), a importância do bem colidente e se a satisfação de um bem justifica a restrição do outro (MENDES, 2017, p. 214).

De outra parte, Leonardo Martins e Thiago Oliveira Moreira criticam o princípio *propersona* "como se o operador do direito estivesse em um supermercado de normas", entendendo haver corrosão da ordem constitucional, preferindo falar em critério de especificidade e não de cronologia como fundamento do controle de convencionalidade de tratados não-equivalentes a emendas constitucionais (art. 5º, parágrafo 2º, CF) (MARTINS, MOREIRA, 2011, pp. 481-482).

Apesar de sua conceituação advir da construção doutrinária, o *pro persona* se faz presente em diversos dispositivos dos instrumentos jurídicos que perfazem o Direito Internacional dos Direitos Humanos. Dentre os documentos incorporados pelo Estado brasileiro,*inter plures*, o princípio reluz na Convenção dos Direitos da Criança da ONU, artigo 41, cujo conteúdo determina que "nada do estipulado na presente Convenção afetará disposições que sejam mais convenientes para a realização dos direitos da criança"; na Convenção Americana de Direitos Humanos, artigo 29, b, no sentido de que "nenhuma de suas disposições pode ser interpretada no sentido de ou limitar o gozo ou liberdade reconhecido em lei ou tratado de que o Estado seja também parte";no Pacto de Direitos Civis e Políticos ao prever no art. 5 que "não se poderá admitir restrição ou menoscabo de nenhum dos direitos humanos fundamentais reconhecidos ou vigentes em um Estado Parte em virtude de leis, convenções, regulamentos ou costumes, sob o pretexto de que o presente Pacto não os reconhece ou os reconhece em menor grau"; na Convenção pela Eliminação de todas as formas de discriminação contra a mulher no artigo 23 ao dizer que "nada do disposto na presente Convenção afetará disposição alguma que seja mais conducente ao logro da igualdade entre homens e mulheres"; na Convenção contra a tortura e outros tratamentos ou penas cruéis ao referir "sem prejuízo de qualquer outro instrumento internacional ou legislação nacional que contenha ou possa conter disposições de maior alcance" e; com grande relevância para o plano jurídico nacional, conforme se verá a seguir, na Convenção de Viena, artigo 27, estabelecendo que "uma parte não pode invocar as disposições de seu direito interno para justificar o inadimplemento de um tratado".

Portanto, tanto outros tratados ou mesmo a legislação nacional pode ser aplicada, conquanto sejam mais favoráveis. A questão da hierarquia é desimportante para o controle de convencionalidade. Verificando-se que há contrariedade entre o tratado e os atos internos, deve-se passar para a análise da inconvencionalidade, que diz respeito, a saber, quais dos instrumentos normativos, internos ou internacionais, são mais protetivos aos direitos humanos envolvidos ou menos restritivos (*princ*ípio pro persona). Caso se entenda que o tratado internacional concretiza o princípio *pro persona*, tem-se uma situação de inconvencionalidade. Caso mais protetivos ou menos restritivos os atos internos, não existe a possibilidade de declarar-se a inconvencionalidade, mas sim de interpretação conforme com a Convenção Americana de Direitos Humanos (*standards mínimos*) e a jurisprudência da Corte Interamericana.

A Corte Interamericana ratifica a competência contenciosa para conhecer de violações ao art. 7 da Convenção Belém do Pará, no Caso Gonzalez y otras "Campo algodonero vs Mexico", aludindo ao "princípio do efeito útil" (CIDH, 2009, p.19). Ao final ressalta que do princípio da interpretação mais favorável "não se deriva um enunciado normativo inexistente", para justificar a análise estrita à violação do art. 7 da Convenção do Belém do Pará (CIDH, 2009, p. 19). O efeito útil pode ser deduzido do art. 31.1 da Convenção de Viena sobre Direito dos Tratados a estabelecer que: "um tratado deve ser interpretado de boa-fé segundo o sentido comum atribuível aos termos do tratado em seu contexto e à luz de seu objetivo e finalidade".

Na Opinião Consultiva n. 5, a Corte Interamericana afirma que "se a uma mesma situação são aplicáveis a Convenção Americana e outro tratado internacional, deve prevalecer a norma mais favorável à pessoa humana" (VILLAREAL, 2005, p. 353). Em muitos outros casos, correlaciona o princípio *pro persona* com o art. 31.1 da Convenção de Viena, afirmando no caso 19 comerciantes vs. Colômbia que o "direito ao devido processo deve ser analisado de acordo ao objeto e fim da Convenção Americana (...), é dizer, deve-se fazer uma interpretação *pro persona*" (VILLAREAL, 2005, p. 365).

No Brasil, na linha do Min. Celso Melo (HC 96772), a saída, no STF, tem sido da interpretação judicial como mutação constitucional para aplicar a cláusula *pro persona*, em observância ao art. 29 da Convenção Americana de Direitos Humanos:

> O Poder Judiciário, nesse processo hermenêutico que prestigia o critério da 'norma mais favorável' (que tanto pode ser aquela prevista no tratado internacional como a que se acha positivada no próprio direito interno do Estado), deverá extrair a máxima eficácia das declarações internacionais e das proclamações constitucionais de direitos, como forma de viabilizar o acesso dos indivíduos e dos grupos sociais, notadamente os mais vulneráveis, a sistemas institucionalizados de proteção aos direitos fundamentais da pessoa humana, sob pena de a liberdade, a tolerância e o respeito à alteridade humana tornarem-se palavras vãs (BRASIL, 2009, pp. 9 e 10).

O Min. Celso de Mello entende haver "eficácia derrogatória ou inibitória" das convenções internacionais de direitos humanos (BRASIL, 2009, p. 38). Refere, para tanto, a doutrina de Gilmar Mendes, Inocencio Mártires Coelho e Paulo Gustavo Gonet Branco, pois a prisão do depositário infiel (art. 5º, LXVII, CF) não foi revogada pelo Pacto de San José da Costa Rica (art. 7º, 7), "mas deixou de ter aplicabilidade diante do efeito paralisante" dos tratados de direitos humanos em relação à legislação infraconstitucional (BRASIL, 2009, p. 23). Em não havendo aplicabilidade direta, depende de intervenção do legislador, mas essa foi obstada pela superveniência de tratado de direitos humanos. Alude a uma "exegese atualizadora" (BRASIL, 2009, p. 42). Entende que os parágrafos 2º e 3º do artigo 5º conferem status constitucional aos tratados de direitos humanos, aderindo à noção de bloco de constitucionalidade (BRASIL, 2009, p. 50, p. 54). Afirma a existência de um critério de norma mais favorável, sendo um "princípio hermenêutico básico" para extrair "máxima eficácia" das declarações internacionais e das proclamações constitucionais de direitos (BRASIL, 2009, p. 10).

De forma sintética, pode-se definir o controle de convencionalidade como sendo instrumento complementar e auxiliar do controle de constitucionalidade, consistindo na compatibilização vertical das normas domésticas infraconstitucionais, com os tratados internacionais de direitos humanos ratificados e vigentes no país.

Nesse ponto, destaca-se que há, no âmbito jurídico interno, acalorado debate quanto ao emprego integral do princípio *pro persona*. Muito embora o caráter inovador, grande parte dos juristas brasileiros apresenta resistência à sua aplicação, partindo da premissa que, segundo a hierarquia das normas, não seria possível utilizá-lo para fazer valer, quando do conflito com a Constituição, tratados internacionais de Direitos Humanos que possuam caráter apenas supralegal. Segundo tal entendimento, isso restaria na violação da hierarquia das normas, retirando a supremacia do texto constitucional e agredindo a disposição do ordenamento jurídico brasileiro.

Por outro lado, o princípio *pro persona* faz questionar sobre até que ponto deve a norma constitucional prevalecer em detrimento de uma melhor proteção que possa ser dada a determinado direito humano. O que seria de mais valor: o respeito ao direito por si só, ou uma melhor proteção que possa ser resguardada à dignidade da pessoa humana?

Em conformidade com a teoria do princípio *pro persona*, pouco importa o status legal da norma jurídica a ser aplicada. O que se busca, primordialmente, é seu conteúdo, sua extensão protetiva. Portanto, partindo de tal entendimento, mesmo que um tratado de direitos humanos não possua o status constitucional determinado conforme os requisitos dispostos pela legislação doméstica brasileira, caso ele esteja em vigor no país e sua proteção seja superior àquela resguardada pela Constituição, deverá então seu mandamento prevalecer. Do mesmo modo, caso as proteções constitucionais aos direitos humanos sejam mais amplas que as resguardadas pelos tratados internacionais dos quais o país é signatário, prevalecerão as primeiras.

Considerando o teor do artigo 27 da Convenção de Viena, promulgada no Brasil através do Decreto nº 7030/2009, uma parte signatária não pode invocar as disposições de seu direito interno com a finalidade de justificar o inadimplemento de um tratado internacional. Ora, se o Brasil aderiu à referida Convenção, aceitando para si o conteúdo de suas disposições, não poderia o país, após aderir a um tratado internacional, mesmo que este não possua caráter de emenda constitucional, invocar o direito interno para descumpri-lo.

Isso significa que, para que uma norma jurídica tenha efetividade, deve-se observar, juntamente ao direito interno, o conteúdo dos tratados internacionais assumidos pelo país. Do mesmo modo, em relação a um conflito de normas, para a devida aplicação sobre um direito humano, além do direito interno, deve ser observado o conteúdo jurídico dos tratados internacionais, mais uma vez, sem considerar para tanto a hierarquia das normas jurídicas. Pouco importa, então, se a norma doméstica é constitucional ou infraconstitucional; ao Estado cabe cumprir com suas obrigações internacionais, assumidas por meio dos tratados aos quais escolheu aderir.

O que difere o controle de convencionalidade do controle de constitucionalidade é exatamente o paradigma do controle. Se a partir da Constituição ou de outra norma nacional, incluindo os tratados internacionais de direitos humanos em sede nacional, não se está a falar em controle de convencionalidade, como veremos, visto que se parte do critério hierárquico, baseado no pressuposto de supra infra ordenação do ordenamento jurídico nacional.

Assim, para citar um exemplo, caso uma norma nacional entre em conflito com a Convenção sobre os Direitos das Pessoas com Deficiência e seu Protocolo Facultativo, aprovados segundo o procedimento instaurado pelo parágrafo 3º do artigo 5º da Constituição, está-se a falar, inegavelmente, em controle de constitucionalidade, caso se entenda que a invalidade decorre do critério hierárquico e se exija, para isso, o cumprimento do referido procedimento. Outra abordagem seria aplicar, em caso concreto, o Estatuto da Pessoa com Deficiência, lei nacional (Lei 13.146 de 06 de julho de 2015), pelo princípio da norma mais favorável, desde que assim o seja, devendo-se falar então em aplicação do princípio *pro persona*.

CONSIDERAÇÕES FINAIS

Considera-se a Carta da ONU e a Declaração Universal dos Direitos Humanos como marco de um constitucionalismo global; o sistema interamericano de direitos humanos, como signo de um constitucionalismo regional.

A soberania cede à proteção do indivíduo por meio do direito internacional que passa a interagir com o direito constitucional. O princípio *pro persona* é identificado com o escopo dos tratados de direitos humanos e constitui cláusula de interpretação em muitos destes.

No centro deste constitucionalismo global, identifica-se a presença de normas *ius cogens*, como foi assim reconhecida a proibição da tortura tanto pela Corte Internacional de Justiça, quanto pela Corte Interamericana de Direitos Humanos.

Crimes de tortura são imprescritíveis por também serem crimes contra a humanidade e sua proibição normas de *ius cogens*. Portanto, se houve violações de tais normas de *ius cogens*, mesmo que ausente convenção ou tratado específico, dado se tratar, em grande maioria, de costumes internacionais, por parte do Estado Brasileiro durante o regime militar, é o que o STF deverá dizer a respeito, enfrentando o tema do *ius cogens*, quando do julgamento da ADPF 320 e dos embargos da ADPF 153, sobre a convencionalidade da lei de anistia brasileira (CONCI, GERBER, 2016).

Sobre o tema, ainda que na esfera da responsabilidade civil, não ainda na criminal, o STJ já declarou ser imprescritível a ação declaratória de "relação jurídica de responsabilidade do réu por danos morais decorrentes da prática de tortura", afirmando que "deve ser reconhecido também o direito individual daqueles que sofreram diretamente as arbitrariedades cometidas durante o regime militar de buscar a plena apuração dos fatos, com a declaração da existência de tortura e da responsabilidade daqueles que a perpetraram" (BRASIL, 2014).

Em um país como o Brasil, em que a tortura assola o sistema penitenciário nacional, e com uma estrutura de segurança pública que pouco investe em policiamento investigativo, com predominância do policiamento ostensivo, com violação diuturna e sistemática do devido processo legal, com baixa apuração de tortura por agentes estatais (CONECTAS, 2017), de se interpretar em favor da pessoa humana por respeito ao *ius cogens*.

REFERÊNCIAS

ALVARADO, Paola Andrea Acosta. **El derecho de acceso a la justicia em la jurisprudencia interamericana**. Universidad Externado de Colombia, Bogotá: 2007, pp. 91-95

BRASIL, STF, **HC 91.361/SP**, Rel. Min. Celso de Mello, j. 23/09/2008, pp. 9 e 10

BRASIL, STJ, **REsp 1434498/SP**, Rel. Ministra NANCY ANDRIGHI, Rel. p/ Acórdão Ministro PAULO DE TARSO SANSEVERINO, julgado em 09/12/2014

BASTOS JUNIOR, Luiz Magno Pinto. Territorialidade, soberania e Constituição: as bases institucionais do modelo de Estado territorial soberano. **Revista Novos Estudos Jurídicos**, Vol. 19, n. 1, 2014, p.186

BECAK, Rubens. A soberania, o Estado e sua conceituação. **Revista da Faculdade de Direito da Usp** v. 108, São Paulo: 2013, p. 346

BELLI, Benoni. **A politização dos direitos humanos**. O conselho de direitos humanos das nações unidas e as resoluções sobre países. Perspectiva, São Paulo: 2009, p. 29

BOBBIO, Norberto. **A era dos direitos**. Rio de Janeiro: Campus, 1992, pp. 28 e 30.

CARCELÉN, Martín C. Ortega. Naturaleza y evoluciones de los princípios Fundamentals del derecho internacional. **Revista Española de Derecho Internacional** vol. XLVIII, n. 2, Madrid: 1997, p. 50

CARDIA, Ana Cláudia Ruy. A situação do Brasil no grupo de trabalho da revisão periódica universal do Conselho de Direitos Humanos da ONU. In: FINKELSTEIN, Cláudio & SILVEIRA, Vladmir Oliveira da Silveira (Coord.) CAMPELLO, Lívia Gaigher Bósio (Org.) **Direito internacional em análise**. Segundo volume. Clássica, Curitiba: 2013, pp. 278-279.

CARVALHO RAMOS, André de. Control of conventionality and the struggle to achieve a definitive interpretation of human rights: the brazilian experience. **Revista IIDH**, Instituto Interamericano de Derechos Humanos n. 64, 2016, pp. 22-23

____. Pluralidade das ordens jurídicas: uma nova perspectiva na relação entre o direito internacional e o direito constitucional. **Revista Faculdade de Direito Usp**, v. 106-107, São Paulo: 2011,2012, p. 507.

CIDH. Opinião Consultiva OC-10/89 de 14 de julho de 1989. Série A No. 10 - Interpretação da Declaração Americana dos Direitos e Deveres do Homem no marco do artigo 64 da Convenção Americana de Direitos Humanos, especialmente, os parágrafos 34 e ss.

____. **Masacre Plan de Sánchez vs. Guatemala**, Sentença de 29 de abril de 2004, p. 6.

____. **Caso González y otras ("campo algodonero") vs. Mexico**. Sentença de 16 de novembro de 2009, parágrafo 77, p. 19

CONCI, Luiz Guilherme Arcaro; GERBER, Konstantin. Os direitos culturais e a agrobiodiversidade: análise de caso a partir de uma perspectiva multinível In: CONCI, Luiz Guilherme Arcaro; FIGUEIREDO, Marcelo (Coords); GERBER, Konstantin (Org.) **Constitucionalismo multinível e pluralismo jurídico**. Lumen Juris, Rio de Janeiro: 2017, p. 150.

____. _O STF pode lançar mão de normas internacionais para julgar crimes da ditadura. Justificando, 18 de abril de 2016, disponível em: http://justificando.cartacapital.com.br/2016/04/18/o-stf-pode-lancar-mao-de-normas-internacionais-para-julgar-os-crimes-da-ditadura/CONECTAS. Tortura blindada, 2017.

DOUZINAS, Costas. **O fim dos direitos humanos**. Editora Unisinos, São Leopoldo: 2009, p. 140

FERRAJOLI, Luigi. **Más alla de la soberania y la ciudadania**: un constitucionalismo global. Isonomia n. 9, 1998, p. 177

FERRER-MAC GREGOR, Eduardo. **Interpretación conforme y control difuso de convencionalidad**. El nuevo paradigma para el juez mexicano. Disponível em http://biblio.juridicas.unam.mx/libros/7/3033/14.pdf

GERBER, Konstantin; CARDOSO, Joao Vitor. O pluralismo de fontes em perspectiva comparada: Alemanha, Brasil e Colombia. In: FIGUEIREDO, Marcelo; CONCI, Luiz Guilherme Arcaro (Coords.) GERBER, Konstantin (Org.) **A jurisprudência e o diálogo entre cortes**. Lumen Juris, Rio de Janeiro: 2016, p. 211

HANNUM, Hurst. The United Nations and Human Rights In: KRAUSE, Catarina; SCHEININ, Martin. **International protection of human rights**: a textbook. Second, revised edition. Abo Akademi University, Institute for Human Rights, Turku, Abo: 2012, pp. 61-62

HENDERSON, Humberto. **Los tratados internacionales de derechos humanos enelorden interno**: la importancia del principio *pro homine*. Revista do Instituto Interamericano de Derehos Humanos n. 39, Costa Rica: 2004, pp. 94-96.

HITTERS, Juan e FAPPIANO, Oscar. **Derecho internacional de los derechos humanos**. Tomo I, V. 1. Buenos Aires, Ediar, 2007, p. 396.

KRITSCH, Raquel. **Rumo ao Estado Moderno**: as raízes medievais de alguns de seus elementos formadores. Revista de Sociologia e Política n. 23, Curitiba: 2004, p. 106

LEWANDOWSKI, Enrique Ricardo. **Globaliza**ção, Regionalização e Soberania. Tese de Professor Titular, Faculdade de Direito da Usp, São Paulo: 2002, p. 271.

MAIA, Catherine. A contribuição do juiz internacional à noção de direito imperativo na ordem jurídica internacional: análise comparada da Jurisprudência da Corte Internacional de Justiça e da Corte Interamericana de Direitos Humanos (Parte I). **IX Anuário de Direito Internacional** vol. 1, n. 16, Cedin, Belo Horizonte: 2014, p. 68, p. 70, p. 72, p. 74.

MAZZUOLI, Valerio de Oliveira; RIBEIRO, Dilton. The *pro homine* principle as a fundamental aspect of international human rights Law. **Meridiano 47, Journal of Global Studies**, n. 47, 2016, p. 6.

MENDES, André Sposito. Juízo de proporcionalidade e liberdade de expressão na Corte Interamericana de direitos humanos In: CONCI, Luiz Guilherme Arcaro; FIGUEIRE-

DO, Marcelo (Coords); GERBER, Konstantin (Org.) **Constitucionalismo multinível e pluralismo jurídico**. Lumen Juris, Rio de Janeiro: 2017, p. 214.

MARTINS, Leonardo; MOREIRA, Thiago Oliveira. Constitucionalidade e convencionalidade de atos do poder público: concorrência ou hierarquia. Uma contributo em face da situação jurídico-constitucional brasileira. In. **Anuario de Derecho Constitucional Latinoamericano**, Montevideo: 2011, pp. 481-482.

NASSER, Salem Hikmat. Jus Cogens, ainda esse desconhecido. In. **Revista Direito GV**. v. n. 2, São Paulo: 2005, p. 164.

ONU. Item 85, Human Rights Council resolution 5/1 of 18 June 2007.

PERNICE, Ingolf. **The global dimension of multilevel constitutionalism**. A legal response to the challenges of globalisation. In: Essays in honour of Christian Tomuschat, 2006, p. 5.

PIOVESAN, Flávia. **Direitos Humanos e o Direito Constitucional Internacional**. São Paulo: Saraiva 2006, p. 117

PINTO, Monica. El principio pro homine. Criterios de hermenêutica y pautas para La regulación de lós derechos humanos. In: **La aplicación de lós tratados de derechos humanos por lós tribunales locales:** Buenos Aires: Ediar, Centro de Estudios Legales y Sociales- Editorial del Puerto, 1997, p. 163.

TRINDADE, Antonio A. Cançado. **El derecho internacional de los derechos humanos en el siglo XXI**. Editorial Juridica de Chile, Santiago: 2006, p. 41.

VILLAREAL, Álvaro Franscisco Amaya. **El princípio pro homine**: interpretación extensiva vs. el consentimiento del Estado. Revista Colombiana de derecho internacional n. 5, 2005, p. 353.

PARTE 2
CONSTITUIÇÃO E CONTROLE DE CONVENCIONALIDADE

DIREITOS HUMANOS E CONSTITUCIONALISMO REGIONAL TRANSFORMADOR: O IMPACTO DO SISTEMA INTERAMERICANO

Flávia Piovesan[1]

INTRODUÇÃO

Objetiva este artigo enfocar o impacto do sistema interamericano de direitos humanos na composição de um constitucionalismo regional transformador, com destaque às transformações fomentadas no contexto latino-americano, com vistas ao fortalecimento do Estado de Direito, da democracia e dos direitos humanos na região.

Considerando o desafiador contexto latino-americano, sob as marcas da acentuada desigualdade, violência sistêmica e centralismo do poder político, será estudado inicialmente o impacto transformador do sistema interamericano na região, a partir de uma tipologia de casos emblemáticos da jurisprudência da Corte Interamericana.

À esta análise soma-se o exame do crescente empoderamento do sistema interamericano e sua força catalizadora na região, fruto da efe-

---

1. Membro da Comissão Interamericana de Direitos Humanos. Professora doutora em Direito Constitucional e Direitos Humanos da Pontifícia Universidade Católica de São Paulo, Professora de Direitos Humanos dos Programas de Pós Graduação da Pontifícia Universidade Católica do Paraná, da Pontifícia Universidade Católica de São Paulo e da Universidade Pablo de Olavide (Sevilha, Espanha); visiting fellow do Human Rights Program da Harvard Law School (1995 e 2000), visiting fellow do Centre for Brazilian Studies da University of Oxford (2005), visiting fellow do Max Planck Institute for Comparative Public Law and International Law (Heidelberg - 2007 e 2008); desde 2009 é Humboldt Foundation Georg Forster Research Fellow no Max Planck Institute (Heidelberg); foi membro do Conselho Nacional de Defesa dos Direitos da Pessoa Humana e da UN High Level Task Force on the implementation of the right to development. É membro do OAS Working Group para o monitoramento do Protocolo de San Salvador em matéria de direitos econômicos, sociais e culturais. Comissionada da Comissão Interamericana de Direitos Humanos.

tividade do diálogo jurisdicional em um sistema multinível. É sob esta perspectiva multinível que emergem duas vertentes do diálogo jurisdicional, a compreender o diálogo com os sistemas nacionais (a abranger o controle da convencionalidade) e o diálogo com a sociedade civil (a emprestar ao sistema interamericano crescente legitimação social).

Por fim, pretende-se avaliar o impacto do sistema interamericano na pavimentação de um constitucionalismo regional transformador em matéria de direitos humanos, com ênfase em seus riscos, potencialidades e desafios.

1. DESAFIOS DO CONTEXTO LATINO-AMERICANO: VIOLÊNCIA, DESIGUALDADE E CENTRALISMO DO PODER POLÍTICO

A América Latina ostenta o maior grau de desigualdade do mundo. A pobreza na região diminuiu do patamar de 48,3% a 33,2%, no período de 1990 e 2008. Todavia, cinco dos dez países mais desiguais do mundo estão na América Latina, dentre eles o Brasil (DAMMERT, 2012, p. 3). Na América Latina, 40,5% das crianças e adolescentes são pobres.

Sob o prisma étnico-racial, de acordo com o International Development Bank, a população afro-descendente corresponde a aproximadamente 25% da população latino-americana. No que se refere à população indígena, estima-se corresponder a 8% da população latino-americana. Indicadores sociais demonstram o sistemático padrão de discriminação, exclusão e violência a acometer as populações afro-descendentes e indígenas na região, sendo que mulheres e crianças são alvo de formas múltiplas de discriminação (*overlapping discrimination*). Conclui-se, assim, que em média 33% da população latino-americana enfrenta um grave padrão de violação a direitos. Povos indígenas e afro-descendentes estão desproporcionalmente representados entre a população em situação de pobreza e miséria, sendo que as mulheres sofrem ainda maior grau de vulnerabilidade, por meio da etnização e da feminização da pobreza.

Não bastando o acentuado grau de desigualdade, a região ainda se destaca por ser a mais violenta do mundo. Concentra 27% dos homicídios, tendo apenas 9% da população mundial. Dez dos vinte países com maiores taxas de homicídio do mundo são latino-americanos (DAMMERT, 2012, p. 3).

Na pesquisa Latinobarometro 2013 sobre o apoio à democracia na América Latina, embora 56% dos entrevistados considerarem a democracia preferível a qualquer outra forma de governo, a resposta afirmativa encontra no Brasil o endosso de apenas 49% e no México 37%. De acordo com a pesquisa, 31% consideram que pode haver democracia sem partidos políticos e 27% consideram que a democracia pode funcionar sem Congresso Nacional.

A região latino-americana marcada por sociedades pós-coloniais tem assim sido caracterizada por elevado grau de exclusão e violência ao qual se somam democracias em fase de consolidação. A região sofre com um centralismo autoritário de poder, o que vem a gerar o fenômeno do "hiperpresidencialismo" ou formas de "democracia delegativa". A democratização fortaleceu a proteção de direitos, sem, contudo, efetivar reformas institucionais profundas necessárias à consolidação do Estado Democrático de Direito. A região ainda convive com as reminiscências do legado dos regimes autoritários ditatoriais, com uma cultura de violência e de impunidade, com a baixa densidade de Estados de Direitos e com a precária tradição de respeito aos direitos humanos no âmbito doméstico.

É neste contexto político, social e cultural, por compartilhar de problemas, desafios, dilemas e tensões similares, que se justifica a defesa de um constitucionalismo regional transformador.

2. IMPACTO TRANSFORMADOR DO SISTEMA INTERAMERICANO NO CONTEXTO LATINO-AMERICANO

A criação de um constitucionalismo regional transformador em matéria de direitos humanos decorre da combinação de 3 (três) importantes fatores ao longo do processo de democratização na região: i) o crescente empoderamento do sistema interamericano de proteção dos direitos humanos e seu impacto transformador na região; ii) a emergência de Constituições latino-americanas que, na qualidade de marcos jurídicos de transições democráticas e da institucionalização de direitos, apresentam cláusulas de abertura constitucional, a propiciar maior diálogo e interação entre o Direito interno e o Direito Internacional dos Diretos Humanos; iii) o fortalecimento da sociedade civil na luta por direitos e por justiça.

É neste cenário que o sistema interamericano gradativamente se legitima como importante e eficaz instrumento para a proteção dos direitos humanos. Com a atuação da sociedade civil, a partir de articuladas e competentes estratégias de litigância, o sistema interamericano tem tido a força catalizadora de promover avanços no regime de direitos humanos.

Permitiu a desestabilização dos regimes ditatoriais; exigiu justiça e o fim da impunidade nas transições democráticas; e agora demanda o fortalecimento das instituições democráticas com o necessário combate às violações de direitos humanos e proteção aos grupos mais vulneráveis.

Dois períodos demarcam o contexto latino-americano: o período dos regimes ditatoriais; e o período da transição política aos regimes democráticos, marcado pelo fim das ditaduras militares na década de 80, na Argentina, no Chile, no Uruguai e no Brasil.

Em 1978, quando a Convenção Americana de Direitos Humanos entrou em vigor, muitos dos Estados da América Central e do Sul eram governados por ditaduras. Dos 11 Estados-partes da Convenção à época, menos que a metade tinha governos eleitos democraticamente, ao passo que hoje quase a totalidade dos Estados latino-americanos na região tem governos eleitos democraticamente[2]. Diversamente do sistema regional europeu que teve como fonte inspiradora a tríade indissociável Estado de Direito, Democracia e Direitos Humanos, o sistema regional interamericano tem em sua origem o paradoxo de nascer em um ambiente acentuadamente autoritário, que não permitia qualquer associação direta e imediata entre Democracia, Estado de Direito e Direitos Humanos. Ademais, neste contexto, os direitos humanos eram tradicionalmente concebidos como uma agenda contra o Estado. Diversamente do sistema europeu, que surge como fruto do processo de integração européia e tem servido como relevante instrumento para fortalecer este processo de integração, no caso interamericano havia tão somente um movimento ainda embrionário de integração regional.

Considerando a atuação da Corte Interamericana, é possível criar uma tipologia de casos baseada em decisões concernentes a 6 (seis) diferentes categorias de violação a direitos humanos:

---

2. Como observa Thomas Buergenthal (PASQUALUCCI, 2003, p. XV): "O fato de hoje quase a totalidade dos Estados latino-americanos na região, com exceção de Cuba, terem governos eleitos democraticamente tem produzido significativos avanços na situação dos direitos humanos nesses Estados. Estes Estados ratificaram a Convenção e reconheceram a competência jurisdicional da Corte". (Prefácio de Thomas Buergenthal, Jo M. Pasqualucci, The Practice and Procedure of the Inter-American Court on Human Rights, Cambridge, Cambridge University Press, 2003, p.XV). Em 2012, 22 Estados haviam reconhecido a competência da Corte Interamericana de Direitos Humanos. De acordo com: http://www.cidh.oas.org/Basicos/English/Basic4.Amer.Conv.Ratif.htm (acesso em 06/01/12)

2.1. Violações que refletem o legado do regime autoritário ditatorial

Esta categoria compreende a maioria significativa das decisões da Corte Interamericana, que tem por objetivo prevenir arbitrariedades e controlar o excessivo uso da força, impondo limites ao poder punitivo do Estado.

A título de exemplo, destaca-se o *leading case* – Velasquez Rodriguez versus Honduras concernente a desaparecimento forçado. Em 1989 a Corte condenou o Estado de Honduras a pagar uma compensação aos familiares da vítima, bem como ao dever de prevenir, investigar, processar, punir e reparar as violações cometidas[3].

Adicionem-se ainda decisões da Corte que condenaram Estados em face de precárias e cruéis condições de detenção e da violação à integridade física, psíquica e moral de pessoas detidas; ou em face da prática de execução sumária e extrajudicial; ou tortura. Estas decisões enfatizaram o dever do Estado de investigar, processar e punir os responsáveis pelas violações, bem como de efetuar o pagamento de indenizações.

No plano consultivo, merecem menção as opiniões a respeito da impossibilidade de adoção da pena de morte pelo Estado da Guatemala[4] e da impossibilidade de suspensão da garantia judicial de habeas corpus inclusive em situações de emergência, de acordo com o artigo 27 da Convenção Americana[5].

2.2. Violações que refletem questões da justiça de transição *(transitional justice)*

Nesta categoria de casos estão as decisões relativas ao combate à impunidade, às leis de anistia e ao direito à verdade.

No caso Barrios Altos (massacre que envolveu a execução de 15 pessoas por agentes policiais), em virtude da promulgação e aplicação de leis de anistia (uma que concede anistia geral aos militares, policiais e civis, e outra que dispõe sobre a interpretação e alcance da anistia), o Peru foi condenado a reabrir investigações judiciais sobre os fatos em questão, relativos ao "massacre de Barrios Altos", de forma a derrogar ou

---

3. Velasquez Rodriguez Case, Inter-American Court of Human Rights, 1988, Ser. C, No. 4.
4. Advisory Opinion No. 3/83, of 8 September 1983.
5. Advisory Opinion No. 08/87, of 30 January 1987.

a tornar sem efeito as leis de anistia mencionadas. O Peru foi condenado, ainda, à reparação integral e adequada dos danos materiais e morais sofridos pelos familiares das vítimas[6].

Esta decisão apresentou um elevado impacto na anulação de leis de anistia e na consolidação do direito à verdade, pelo qual os familiares das vítimas e a sociedade como um todo devem ser informados das violações, realçando o dever do Estado de investigar, processar, punir e reparar violações aos direitos humanos.

Concluiu a Corte que as leis de "auto-anistia" perpetuam a impunidade, propiciam uma injustiça continuada, impedem às vítimas e aos seus familiares o acesso à justiça e o direito de conhecer a verdade e de receber a reparação correspondente, o que constituiria uma manifesta afronta à Convenção Americana. As leis de anistiam configurariam, assim, um ilícito internacional e sua revogação uma forma de reparação não pecuniária.

No mesmo sentido, destaca-se o caso Almonacid Arellano versus Chile[7] cujo objeto era a validade do decreto-lei 2191/78 -- que perdoava os crimes cometidos entre 1973 e 1978 durante o regime Pinochet -- à luz das obrigações decorrentes da Convenção Americana de Direitos Humanos. Decidiu a Corte pela invalidade do mencionado decreto lei de "auto-anistia", por implicar a denegação de justiça às vítimas, bem como por afrontar os deveres do Estado de investigar, processar, punir e reparar graves violações de direitos humanos que constituem crimes de lesa humanidade.

Cite-se, ainda, o caso argentino, em que decisão da Corte Suprema de Justiça de 2005 anulou as leis de ponto final (Lei 23.492/86) e obediência devida (Lei 23.521/87), adotando como precedente o caso Barrios Altos.

Em 2010, no caso Gomes Lund e outros *versus* Brasil, a Corte Interamericana condenou o Brasil em virtude do desaparecimento de integrantes da guerrilha do Araguaia durante as operações militares ocorridas na década de 70[8]. A Corte realçou que as disposições da lei

---

6. Barrios Altos case (Chumbipuma Aguirre and others vs. Peru). Judgment of 14 March 2001.
7. Caso Almonacid Arellano and others vs. Chile. Judgment of 26 September 2006.
8. Caso Gomes Lund and others *versus* Brasil, Judgment of 24 November 2010. O caso foi submetido à Corte pela Comissão Interamericana, ao reconhecer que o caso "representava uma oportunidade importante para consolidar a jurisprudência interamericana sobre leis de anis-

de anistia de 1979 são manifestamente incompatíveis com a Convenção Americana, carecem de efeitos jurídicos e não podem seguir representando um obstáculo para a investigação de graves violações de direitos humanos, nem para a identificação e punição dos responsáveis. Enfatizou que leis de anistia relativas a graves violações de direitos humanos são incompatíveis com o Direito Internacional e as obrigações jurídicas internacionais contraídas pelos Estados. Concluiu, uma vez mais, que as leis de anistia violam o dever internacional do Estado de investigar e punir graves violações a direitos humanos.

Na mesma direção, em 2011, no caso Gelman *versus* Uruguai[9], a Corte Interamericana decidiu que a "Lei de Caducidade da Pretensão Punitiva" carecia de efeitos jurídicos por sua incompatibilidade com a Convenção Americana e com a Convenção Interamericana sobre o Desaparecimento Forçado de Pessoas, não podendo impedir ou obstar a investigação dos fatos, a identificação e eventual sanção dos responsáveis por graves violações a direitos humanos.

2.3. Violações que refletem desafios acerca do fortalecimento de instituições e da consolidação do Estado de Direito *(rule of law)*

Esta terceira categoria de casos remete ao desafio do fortalecimento de instituições e da consolidação do *rule of law*, particularmente no que se refere ao acesso à justiça, proteção judicial e fortalecimento e independência do Poder Judiciário.

Destaca-se o caso do Tribunal Constitucional contra o Peru (2001)[10], envolvendo a destituição de juízes, em que a Corte reconheceu necessário garantir a independência de qualquer juiz em um Estado de Direito, especialmente em Cortes constitucionais, o que demanda: a) um adequado processo de nomeação; b) um mandato com prazo certo; e c) garantias contra pressões externas.

Tal decisão contribuiu decisivamente para o fortalecimento de instituições nacionais e para a consolidação do Estado de Direito.

---

tia em relação aos desaparecimentos forçados e às execuções extrajudiciais, com a consequente obrigação dos Estados de assegurar o conhecimento da verdade, bem como de investigar, processar e punir graves violações de direitos humanos".

9. Caso Gelman *versus* Uruguai, Judgment of 24 February 2011.
10. Aguirre Roca and others vs. Peru case (Constitutional Court Case). Judgment of 31 January 2001.

2.4. Violações de direitos de grupos vulneráveis

Esta quarta categoria de casos atém-se a decisões que afirmam a proteção de direitos de grupos socialmente vulneráveis, como os povos indígenas, as crianças, os migrantes, os presos, dentre outros.

Quanto aos direitos dos povos indígenas, destaca-se o relevante caso da comunidade indígena Mayagna Awas Tingni contra a Nicarágua (2001)[11], em que a Corte reconheceu o direitos dos povos indígenas à propriedade coletiva da terra, como uma tradição comunitária, e como um direito fundamental e básico à sua cultura, à sua vida espiritual, à sua integridade e à sua sobrevivência econômica. Acrescentou que para os povos indígenas a relação com a terra não é somente uma questão de possessão e produção, mas um elemento material e espiritual de que devem gozar plenamente, inclusive para preservar seu legado cultural e transmiti-lo às gerações futuras.

Em outro caso – caso da comunidade indígena Yakye Axa contra o Paraguai (2005)[12] --, a Corte sustentou que os povos indígenas têm direito a medidas específicas que garantam o acesso aos serviços de saúde, que devem ser apropriados sob a perspectiva cultural, incluindo cuidados preventivos, práticas curativas e medicinas tradicionais. Adicionou que para os povos indígenas a saúde apresenta uma dimensão coletiva, sendo que a ruptura de sua relação simbiótica com a terra exerce um efeito prejudicial sobre a saúde destas populações.

No caso da comunidade indígena *Xákmok Kásek v. Paraguai*[13], a Corte Interamericana condenou o Estado do Paraguai pela afronta aos direitos à vida, à propriedade comunitária e à proteção judicial (artigos 4º, 21 e 25 da Convenção Americana, respectivamente), dentre outros direitos, em face da não garantia do direito de propriedade ancestral à aludida comunidade indígena, o que estaria a afetar seu direito à iden-

---

11. Mayagna (Sumo) Awas Tingni Community vs. Nicaragua, Inter-American Court, 2001, Ser. C, No. 79.
12. Yakye Axa Community vs. Paraguay, Inter-American Court, 2005, Ser. C, No. 125.
13. Corte Interamericana de Direitos Humanos, Caso Comunidad Indígena Xákmok Kásek. vs. Paraguay, Fondo, Reparaciones y Costas. Sentencia de 24 de agosto de 2010 Serie C N. 214. Note--se que, no sistema africano, merece menção um caso emblemático que, ineditamente, em nome do direito ao desenvolvimento, assegurou a proteção de povos indígenas às suas terras. Em 2010, a Comissão Africana dos Direitos Humanos e dos Povos considerou que o modo pelo qual a comunidade Endorois no Kenya foi privada de suas terras tradicionais, tendo negado acesso a recursos, constitui uma violação a direitos humanos, especialmente ao direito ao desenvolvimento.

tidade cultural. Ao motivar a sentença, destacou que os conceitos tradicionais de propriedade privada e de possessão não se aplicam às comunidades indígenas, pelo significado coletivo da terra, eis que a relação de pertença não se centra no indivíduo, senão no grupo e na comunidade. Acrescentou que o direito à propriedade coletiva estaria ainda a merecer igual proteção pelo artigo 21 da Convenção (concernente ao direito à propriedade privada). Afirmou o dever do Estado em assegurar especial proteção às comunidades indígenas, à luz de suas particularidades próprias, suas características econômicas e sociais e suas especiais vulnerabilidades, considerando o direito consuetudinário, os valores, os usos e os costumes dos povos indígenas, de forma a assegurar-lhes o direito à vida digna, contemplando o acesso à água potável, alimentação, saúde, educação, dentre outros.

No caso dos direitos das crianças, cabe menção ao caso Villagran Morales contra a Guatemala (1999)[14], em que este Estado foi condenado pela Corte, em virtude da impunidade relativa à morte de 5 meninos de rua, brutalmente torturados e assassinados por 2 policiais nacionais da Guatemala. Dentre as medidas de reparação ordenadas pela Corte estão: o pagamento de indenização pecuniária aos familiares das vítimas; a reforma no ordenamento jurídico interno visando à maior proteção dos direitos das crianças e adolescentes guatemaltecos; e a construção de uma escola em memória das das vítimas.

Adicione-se, ainda, as opiniões consultivas sobre a condição jurídica e os direitos humanos das crianças (OC 17, emitida em agosto de 2002, por solicitação da Comissão Interamericana de Direitos Humanos) e sobre a condição jurídica e os direitos de migrantes sem documentos (OC18, emitida em setembro de 2003, por solicitação do México).

Mencione-se, também, o parecer emitido, por solicitação do México (OC16, de 01 de outubro de 1999), em que a Corte considerou violado o direito ao devido processo legal, quando um Estado não notifica um preso estrangeiro de seu direito à assistência consular. Na hipótese, se o preso foi condenado à pena de morte, isso constituiria privação arbitrária do direito à vida. Note-se que o México embasou seu pedido de consulta nos vários casos de presos mexicanos condenados à pena de morte nos Estados Unidos.

---

14. Villagran Morales et al versus Guatemala (The Street Children Case), Inter-American Court, 19 November 1999, Ser. C, No. 63.

Com relação aos direitos das mulheres, destacam-se relevantes decisões do sistema interamericano sobre discriminação e violência contra mulheres, o que fomentou a reforma do Código Civil da Guatemala, a adoção de uma lei de violência doméstica no Chile e no Brasil, dentre outros avanços[15]. No caso González e outras contra o México (caso "Campo Algodonero"), a Corte Interamericana condenou o México em virtude do desaparecimento e morte de mulheres em Ciudad Juarez, sob o argumento de que a omissão estatal estava a contribuir para a cultura da violência e da discriminação contra a mulher. No período de 1993 a 2003, estima-se que de 260 a 370 mulheres tenham sido vítimas de assassinatos, em Ciudad Juarez. A sentença da Corte condenou o Estado do México ao dever de investigar, sob a perspectiva de gênero, as graves violações ocorridas, garantindo direitos e adotando medidas preventivas necessárias de forma a combater a discriminação contra a mulher[16].

Ineditamente, em 24 de fevereiro de 2012, a Corte Interamericana reconheceu a responsabilidade internacional do Estado do Chile em face do tratamento discriminatório e interferência indevida na vida privada e familiar da vítima Karen Atala devido à sua orientação sexual[17]. O caso foi objeto de intenso litígio judicial no Chile, que culminou com a decisão da Corte Suprema de Justiça em determinar a custódia das três filhas ao pai, sob o argumento de que a Sra. Atala não deveria manter a custódia por conviver com pessoa do mesmo sexo, após o divórcio. No entender unânime da Corte Interamericana, o Chile violou os artigos 1º, parágrafo 1º e 14 da Convenção Americana, por afrontar o princípio da igualdade e da proibição da discriminação.

2.5. Violações a direitos sociais

Nesta quinta categoria de casos emergem decisões da Corte que protegem direitos sociais. Importa reiterar que a Convenção Americana de Direitos Humanos estabelece direitos civis e políticos, contemplando apenas a aplicação progressiva dos direitos sociais (artigo 26). Já o Protocolo de San Salvador, ao dispor sobre direitos econômicos, sociais e culturais, prevê que somente os direitos à educação e à liberdade sin-

---

15. A respeito, ver caso María Eugenia versus Guatemala e caso Maria da Penha versus Brasil decididos pela Comissão Interamericana.
16. Ver sentença de 16 de novembro de 2009. Disponível em: www.corteidh.or.cr/docs/casos/articulos/seriec_205_esp.pdf
17. Caso Atala Riffo and daughters vs. Chile, Inter-American Court, 24 February 2012, Series C N.239.

dical seriam tuteláveis pelo sistema de petições individuais (artigo 19, parágrafo 6º).

À luz de uma interpretação dinâmica e evolutiva, compreendendo a Convenção Americana como um *living instrument*, no já citado caso Villagran Morales contra a Guatemala[18], a Corte afirmou que o direito à vida não pode ser concebido restritivamente. Introduziu a visão de que o direito à vida compreende não apenas uma dimensão negativa – o direito a não ser privado da vida arbitrariamente --, mas uma dimensão positiva, que demanda dos Estados medidas positivas apropriadas para proteger o direito à vida digna – o "direito a criar e desenvolver um projeto de vida". Esta interpretação lançou um importante horizonte para proteção dos direitos sociais.

Em outros julgados, a Corte tem endossado o dever jurídico dos Estados de conferir aplicação progressiva aos direitos sociais, com fundamento no artigo 26 da Convenção Americana de Direitos Humanos, especialmente em se tratando de grupos socialmente vulneráveis. No caso niñas Yean y Bosico versus Republica Dominicana, a Corte enfatizou o dever dos Estados no tocante à aplicação progressiva dos direitos sociais, a fim de assegurar o direito à educação, com destaque à especial vulnerabilidade de meninas. Sustentou que: "en relación con el deber de desarrollo progresivo contenido en el artículo 26 de la Convención, el Estado debe prover educación primaria gratuita a todos los menores, en un ambiente y condiciones propicias para su pleno desarrollo intelectual.[19]"

Há, ademais, um conjunto de decisões que consagram a proteção indireta de direitos sociais, mediante a proteção de direitos civis, o que confirma a idéia da indivisibilidade e da interdependência dos direitos humanos.

No caso Albán Cornejo y otros versus Equador[20] referente à suposta negligência médica em hospital particular -- mulher deu entrada no hospital com quadro de meningite bacteriana e foi medicada, vindo a falecer no dia seguinte, provavelmente em decorrência do medicamento prescrito --, a Corte decidiu o caso com fundamento na proteção ao di-

---

18. Villagran Morales et al versus Guatemala (The Street Children Case), Inter-American Court, 19 November 1999, Ser. C, No. 63.
19. Caso de las ninas Yean y Bosico v. Republica Dominicana, Inter-American Court, 08 November 2005, Ser. C, N.130.
20. Albán Cornejo y otros v. Ecuador, Inter-American Court, 22 November 2007, serie C n. 171.

reito à integridade pessoal e não no direito à saúde. No mesmo sentido, no caso Myrna Mack Chang versus Guatemala[21], concernente a danos à saúde decorrentes de condições de detenção, uma vez mais a proteção ao direito à saúde deu-se sob o argumento da proteção do direito à integridade física.

Outros casos de proteção indireta de direitos sociais atêm-se à proteção ao direito ao trabalho, tendo como fundamento o direito ao devido processo legal e a proteção judicial. A respeito, destaca-se o caso Baena Ricardo y otros versus Panamá[22], envolvendo a demissão arbitrária de 270 funcionários públicos que participaram de manifestação (greve). A Corte condenou o Estado do Panamá pela violação da garantia do devido processo legal e proteção judicial, determinando o pagamento de indenização e a reintegração dos 270 trabalhadores. No caso Trabajadores cesados del congreso (Aguado Alfaro y otros) versus Peru[23], envolvendo a despedida arbitrária de 257 trabalhadores, a Corte condenou o Estado do Peru também pela afronta ao devido processo legal e proteção judicial. Em ambos os casos, a condenação dos Estados teve como argumento central a violação à garantia do devido processo legal e não a violação ao direito do trabalho.

Um outro caso emblemático é o caso "cinco pensionistas" versus Peru[24], envolvendo a modificação do regime de pensão no Peru, em que a Corte condenou o Estado com fundamento na violação ao direito de propriedade privada e não com fundamento na afronta ao direito de seguridade social, em face dos danos sofridos pelos 5 pensionistas.

No caso Acevedo Buendia *vs.* Peru[25], a Corte reconheceu que os direitos humanos devem ser interpretados sob a perspectiva de sua integralidade e interdependência, a conjugar direitos civis e políticos e direitos econômicos, sociais e culturais, inexistindo hierarquia entre eles e sendo todos direitos exigíveis. Realçou ser a aplicação progressiva dos direitos sociais suscetível de controle e fiscalização pelas instâncias

---

21. Myrna Mack Chang v. Guatemala, Inter-American Court, 25 November 2003, serie C n. 101.
22. Baena Ricardo y otros v. Panamá, Inter-American Court, 02 February 2001, serie C n. 72.
23. Caso Trabajadores cesados del congreso (Aguado Alfaro y otros) v. Peru, Inter-American Court, 24 November 2006, serie C n. 158.
24. Caso "cinco pensionistas" v. Peru, Inter-American Court, 28 February 2003, serie C n. 98.
25. Caso Acevedo Buendía y otros ("Cesantes y Jubilados de la Contraloría") contra o Peru, sentença prolatada em 01 de julho de 2009.

competentes, destacando o dever dos Estados de não-regressividade em matéria de direitos sociais.

2.6. Violações a novos direitos da agenda contemporânea

Finalmente, esta sexta categoria de casos compreende novos direitos da agenda contemporânea, com especial destaque aos direitos reprodutivos.

Em sentença proferida em 28 de novembro de 2012, a Corte Interamericana de Direitos Humanos, no caso Artavia Murillo e outros contra a Costa Rica[26], enfrentou, de forma inédita, a temática da fecundação "in vitro" sob a ótica dos direitos humanos. O caso foi submetido pela Comissão Interamericana, sob o argumento de que a proibição geral e absoluta de praticar a "fecundação in vitro" na Costa Rica desde 2000 estaria a implicar violação a direitos humanos. Com efeito, por decisão da Sala Constitucional da Corte Suprema de Justiça de 15 de março de 2000, a prática da fertilização in vitro atentaria claramente contra a vida e a dignidade do ser humano. Todavia, no entender da Comissão, tal proibição estaria a constituir uma ingerência arbitrária com relação aos direitos à vida privada e familiar, bem como ao direito de formar uma família. A proibição estaria ainda a afetar o direito de igualdade das vítimas, eis que o Estado estaria a impedir o acesso a tratamento que permitiria superar uma situação de desvantagem relativamente a ter filhas e filhos biológicos, com impacto desproporcional nas mulheres. O argumento da Comissão é de que a proibição da fertilização in vitro afrontaria os direitos à vida privada e familiar; à integridade pessoal; à saúde sexual e reprodutiva; bem como o direito de gozar dos benefícios do progresso científico e tecnológico e o princípio da não discriminação.

A partir de uma interpretação sistemática e histórica, com destaque à normatividade e à jurisprudência dos sistemas universal, europeu e africano, concluiu a Corte Interamericana não ser possível sustentar que o embrião possa ser considerado pessoa. Recorrendo a uma interpretação evolutiva, a Corte observou que o procedimento da fertilização in vitro não existia quando a Convenção foi elaborada, conferindo especial relevância ao Direito Comparado, por meio do diálogo com a experiência jurídica latino-americana e de outros países, como os EUA e a Alemanha, a respeito da matéria. Concluiu que ter filhos biológicos, por meio

---

26. Caso Artavia Murillo e outros ("fecundación in vitro") vs. Costa Rica, Corte Interamericana de Direitos Humanos, sentença proferida em 28 de novembro de 2012.

de técnica de reprodução assistida, decorre dos direitos à integridade pessoal, liberdade e vida privada e familiar. Argumentou que o direito absoluto à vida do embrião -- como base para restringir direitos – não encontra respaldo na Convenção Americana. Condenou, assim, a Costa Rica por violação aos artigos 5º, parágrafo 1º, 7º, 11, parágrafo 2º e 17, parágrafo 2º da Convenção Americana, determinando ao Estado adotar com a maior celeridade possível medidas apropriadas para que fique sem efeito a proibição de praticar a fertilização "in vitro", assegurando às pessoas a possibilidade de valer-se deste procedimento sem impedimentos. Determinou também ao Estado a implementação da fertilização "in vitro", tornando disponíveis os programas e os tratamentos de infertilidade, com base no princípio da não discriminação. Adicionou o dever do Estado de proporcionar às vítimas atendimento psicológico de forma imediata, fomentando, ademais, programas e cursos de educação e capacitação em direitos humanos, no campo dos direitos reprodutivos, sobretudo aos funcionários judiciais.

Ainda no campo dos direitos reprodutivos, em 29 de maio de 2013, ineditamente, a Corte concedeu medidas provisórias em face de El Salvador[27], em conformidade com os artigos 63.2 da Convenção Americana de Direitos Humanos e 27 do Regulamento da Corte, em caso envolvendo interrupção de gravidez em virtude de anencefalia fetal. Na hipótese, a Senhora "B"[28] encontrava-se na 26ª de gravidez de um feto anencefálico, portador de anomalia incompatível com a vida extra-uterina. A Senhora "B" apresentava enfermidade materna grave com risco de morte materna.

A Corte determinou ao Estado de El Salvador a concessão de medidas necessárias para proteger a vida, a integridade pessoal e a saúde da Senhora "B", considerando o urgente e iminente risco de dano irreparável. Endossou a necessidade do Estado de El Salvador de adotar e garantir, com urgência, todas as medidas que sejam necessárias e efetivas para que a equipe médica responsável pela Senhora "B" possa adotar, sem qualquer interferência, as medidas médicas para assegurar a devida proteção aos direitos consagrados nos artigos 4º e 5º da Convenção Americana, evitando, assim, danos que possam ser irreparáveis aos direitos à vida, à integridade pessoal e à saúde da Senhora "B".

---

27. Medidas provisórias em face do Estado de El Salvador, Corte Interamericana de Direitos Humanos, 29 de maio de 2013.
28. Por solicitação da Comissão Interamericana, em respeito à identidade e à privacidade da vítima, a mesma é identificada como Senhora "B".

3. O EMPODERAMENTO DO SISTEMA INTERAMERICANO MEDIANTE A EFETIVIDADE DO DIÁLOGO JURISDICIONAL E CRESCENTE LEGITIMAÇÃO SOCIAL

O sistema interamericano é capaz de revelar as peculiariedades e especificidades das lutas emancipatórias por direitos e por justiça na região latino-americana. O sistema apresenta uma particular institucionalidade marcada pelo protagonismo de diversos atores, em um palco em que interagem Estados, vítimas, organizações da sociedade civil nacionais e internacionais, a Comissão e a Corte Interamericana no âmbito da Organização dos Estados Americanos.

Neste contexto, o sistema interamericano gradativamente se empodera, mediante diálogos a permitir o fortalecimento dos direitos humanos em um sistema multinível. É sob esta perspectiva multinível que emergem duas vertentes do diálogo jurisdicional, a compreender o diálogo com os sistemas nacionais (a abranger o controle da convencionalidade) e o diálogo com a sociedade civil (a emprestar ao sistema interamericano crescente legitimação social).

A respeito do diálogo com os sistemas nacionais consolida-se o chamado "controle de convencionalidade". Tal controle é reflexo de um novo paradigma a nortear a cultura jurídica latino-americana na atualidade: da hermética pirâmide centrada no *State approach* à permeabilidade do trapézio centrado no *Human rights approach*.

Isto é, aos parâmetros constitucionais somam-se os parâmetros convencionais, na composição de um trapézio jurídico aberto ao diálogo, aos empréstimos e à interdisciplinariedade, a resignificar o fenômeno jurídico sob a inspiração do *human rights approach*.

No caso latino-americano, o processo de democratização na região, deflagrado na década de 80, é que propiciou a incorporação de importantes instrumentos internacionais de proteção dos direitos humanos pelos Estados latino-americanos. Hoje constata-se que os países latino-americanos subscreveram os principais tratados de direitos humanos adotados pela ONU e pela OEA.

De um lado, despontam Constituições latino-americanas com cláusulas constitucionais abertas, com destaque à hierarquia especial dos tratados de direitos humanos, à sua incorporação automática e às regras interpretativas alicerçadas no princípio *pro persona*.

Com efeito, as Constituições latino-americanas estabelecem cláusulas constitucionais abertas, que permitem a integração entre a ordem constitucional e a ordem internacional, especialmente no campo dos direitos humanos, ampliando e expandindo o bloco de constitucionalidade. Ao processo de constitucionalização do Direito Internacional conjuga-se o processo de internacionalização do Direito Constitucional. A título exemplificativo, a Constituição da Argentina, após a reforma constitucional de 1994, dispõe, no artigo 75, inciso 22, que, enquanto os tratados em geral têm hierarquia infra-constitucional, mas supra-legal, os tratados de proteção dos direitos humanos têm hierarquia constitucional, complementando os direitos e garantias constitucionalmente reconhecidos. A Constituição Brasileira de 1988, no artigo 5º, parágrafo 2º, consagra que os direitos e garantias expressos na Constituição não excluem os direitos decorrentes dos princípios e do regime a ela aplicável e os direitos enunciados em tratados internacionais ratificados pelo Brasil, permitindo, assim, a expansão do bloco de constitucionalidade. A então Constituição do Peru de 1979, no mesmo sentido, determinava, no artigo 105, que os preceitos contidos nos tratados de direitos humanos têm hierarquia constitucional e não podem ser modificados senão pelo procedimento que rege a reforma da própria Constituição. Já a atual Constituição do Peru de 1993 consagra que os direitos constitucionalmente reconhecidos devem ser interpretados em conformidade com a Declaração Universal de Direitos Humanos e com os tratados de direitos humanos ratificados pelo Peru. Decisão proferida em 2005 pelo Tribunal Constitucional do Peru endossou a hierarquia constitucional dos tratados internacionais de proteção dos direitos humanos, adicionando que os direitos humanos enunciados nos tratados conformam a ordem jurídica e vinculam os poderes públicos. A Constituição da Colômbia de 1991, reformada em 1997, confere, no artigo 93, hierarquia especial aos tratados de direitos humanos, determinando que estes prevaleçam na ordem interna e que os direitos humanos constitucionalmente consagrados serão interpretados em conformidade com os tratados de direitos humanos ratificados pelo país. Também a Constituição do Chile de 1980, em decorrência da reforma constitucional de 1989, passou a consagrar o dever dos órgãos do Estado de respeitar e promover os direitos garantidos pelos tratados internacionais ratificados por aquele país. Acrescente-se a Constituição da Bolívia de 2009, ao estabelecer que os direitos e deveres reconhecidos constitucionalmente serão interpretados em conformidade com os tratados de direitos humanos ratificados pela Bolívia, que prevalecerão em relação à própria Constituição se enunciarem direitos mais favoráveis (artigos 13,IV e 256). Na mesma direção, destaca-se a Constituição do Equador de 2008, ao consagrar que a Constituição e os tratados de direitos humanos ratificados pelo Estado que reconheçam direitos mais favoráveis aos previstos pela Constituição têm prevalência em relação a qualquer outra norma jurídica ou ato do Poder Público (artigo 424), adicionando que serão aplicados os princípios pro ser humano, de não restrição de direitos, de aplicabilidade direta e de cláusula constitucional aberta (artigo 416). A Constituição do México, com a reforma de junho de 2011, passou a contemplar a hierarquia constitucional dos tratados de direitos humanos e a regra interpretativa fundada no principio *pro persona*.

Por outro lado, o sistema interamericano revela permeabilidade e abertura ao diálogo mediante as regras interpretativas do artigo 29 da Convenção Americana, em especial as que asseguram o princípio da prevalência da norma mais benéfica, mais favorável e mais protetiva à vítima. Ressalte-se que os tratados de direitos humanos fixam parâmetros protetivos mínimos, constituindo um piso mínimo de proteção e não um teto protetivo máximo. Daí a hermenêutica dos tratados de direitos humanos endossar o princípio pro ser humano. Às regras interpretativas consagradas no artigo 29 da Convenção Americana, somem-se os tratados de direitos humanos do sistema global – que, por sua vez, também enunciam o princípio pro persona fundado na prevalência da norma mais benéfica, como ilustram o artigo 23 da Convenção sobre a Eliminação da Discriminação contra a Mulher, o artigo 41 da Convenção sobre os Direitos da Criança, o artigo 16, parágrafo 2º da Convenção contra a Tortura e o artigo 4º, parágrafo 4º da Convenção sobre os Direitos das Pessoas com Deficiência.

Cláusulas de abertura constitucional e o princípio pro ser humano inspirador dos tratados de direitos humanos compõem os dois vértices -- nacional e internacional -- a fomentar o diálogo em matéria de direitos humanos. No sistema interamericano este diálogo é caracterizado pelo fenômeno do "controle da convencionalidade", na sua forma difusa e concentrada.

Como enfatiza a Corte Interamericana[29]:

> Quando um Estado ratifica um tratado internacional como a Convenção Americana, seus juízes, como parte do aparato do Estado, também estão submetidos a ela, o que lhes obriga a zelar para que os efeitos dos dispositivos da Convenção não se vejam mitigados pela aplicação de leis contrárias a seu objeto, e que desde o início carecem de efeitos jurídicos.

---

29. Ver caso Almonacid Arellano and others vs. Chile. Judgment of 26 September 2006.

(...) o poder Judiciário deve exercer uma espécie de "controle da convencionalidade das leis. entre as normas jurídicas internas que aplicam nos casos concretos e a Convenção Americana sobre Direitos Humanos. Nesta tarefa, o Poder Judiciário deve ter em conta não somente o tratado, mas também a interpretação que do mesmo tem feito a Corte Interamericana, intérprete última da Convenção Americana.

Como sustenta Eduardo Ferrer Mac-Gregor (2013, pp. 627-505), o juiz nacional agora é também juiz interamericano, tendo como mandato exercer o controle de convencionalidade na modalidade difusa. Cortes nacionais exercem o controle da convencionalidade na esfera doméstica, mediante a incorporação da normatividade, principiologia e jurisprudência protetiva internacional em matéria de direitos humanos no contexto latino-americano. Frise-se: quando um Estado ratifica um tratado, todos os órgãos do poder estatal a ele se vinculam, comprometendo-se a cumpri-lo de boa fé.

A Corte Interamericana exerce o controle da convencionalidade na modalidade concentrada, tendo a ultima palavra sobre a interpretação da Convenção Americana. Na realização do controle de convencionalidade, a Corte Interamericana guia-se pelo princípio pro persona, conferindo prevalência à norma mais benéfica, destacando, em diversas sentenças, decisões judiciais proferidas pelas Cortes constitucionais latino-americanas, bem como menção a dispositivos das Constituições latino-americanas, como podem revelar os casos Pueblo Indígena Kichwa de Sarayaku *vs.* Equador (sentença proferida em 27 de junho de 2012), Atala Riffo y ninas *vs.* Chile (sentença proferida em 24 de fevereiro de 2012) e Gelman *vs.* Uruguai (sentença proferida em 24 de fevereiro de 2012).[30]

Por fim, adicione-se o profícuo diálogo do sistema interamericano com a sociedade civil, o que lhe confere gradativa legitimação social e crescente empoderamento. O sistema enfrenta o paradoxo de sua ori-

---

30. A título ilustrativo, cabe menção à sentença proferida pela Corte Interamericana no caso Pueblo Indígena Kichwa de Sarayaku *vs.* Equador, de 27 de junho de 2012, em que a Corte incorpora precedentes judiciais em matéria indígena da Corte Constitucional Colombiana (sentencia C-169/01), no que se refere ao direito à consulta prévia dos povos indígenas, bem como ao pluralismo. Empresta ainda destaque às Constituições da Argentina, da Bolívia, do Brasil, do Peru e do Chile. Outro exemplo atém-se à sentença do caso Atala Riffo y ninas *vs.* Chile, de 24 de fevereiro de 2012, em que a Corte Interamericana faz alusão à jurisprudência da Suprema Corte de Justicia de la Nación do México, na AI 2/2010, concernente à proibição da discriminação por orientação sexual. No caso Guelman *vs.* Uruguai, por sua vez, a Corte destaca a jurisprudência da Venezuela, do México, do Chile, da Argentina e da Bolivia reconhecendo a natureza pluriofensiva e permanente do delito de desaparecimento forçado, bem como a jurisprudência latino-americana invalidando leis de anistia.

gem – nasceu em um ambiente marcado pelo arbítrio de regimes autoritários com a expectativa estatal de seu reduzido impacto – e passa a ganhar credibilidade, confiabilidade e elevado impacto. A força motriz do sistema interamericano tem sido a sociedade civil organizada por meio de um transnational network, a empreender exitosos litígios estratégicos.

Na experiência brasileira, por exemplo, 100% dos casos submetidos à Comissão Interamericana foram fruto de uma articulação a reunir vítimas e organizações não governamentais locais e internacionais (PIOVESAN, 2014, p. 431), com intenso protagonismo na seleção de um caso paradigmático, na litigância do mesmo (aliando estratégias jurídicas e políticas) e na implementação doméstica de eventuais ganhos internacionais.

Na percepção de Kathryn Sikkink (1993, pp. 414-415):

> Os trabalhos das ONGs tornam as práticas repressivas dos Estados mais visíveis e públicas, exigindo deles, que se manteriam calados, uma resposta. Ao enfrentar pressões crescentes, os Estados repressivos buscam apresentar justificativas. (...) Quando um Estado reconhece a legitimidade das intervenções internacionais na questão dos direitos humanos e, em resposta a pressões internacionais, altera sua prática com relação à matéria, fica reconstituída a relação entre Estado, cidadãos e atores internacionais.

Adiciona a autora (SIKKINK; RISSE, 1999, p. 275):

> pressões e políticas transnacionais no campo dos direitos humanos, incluindo network de ONGs, têm exercido uma significativa diferença no sentido de permitir avanços nas práticas dos direitos humanos em diversos países do mundo. Sem os regimes internacionais de proteção dos direitos humanos e suas normas, bem como sem a atuação das networks transnacionais que operam para efetivar tais normas, transformações na esfera dos direitos humanos não teriam ocorrido".

O sucesso do sistema interamericano reflete o intenso comprometimento das ONGs (envolvendo movimentos sociais e estratégias de mídia), a boa resposta do sistema e a implementação de suas decisões pelo Estado, propiciando transformações e avanços no regime interno de proteção dos direitos humanos.

Transita-se, por fim, ao enfoque do sistema interamericano na pavimentação de um constitucionalismo regional transformador, com ênfase em suas potencialidades e desafios.

CONSIDERAÇÕES FINAIS

A partir da análise do impacto da jurisprudência da Corte Interamericana de Direitos Humanos na região latino-americana, sob a perspectiva de um sistema multinível e dialógico a envolver as esferas regional e local, tendo ainda como força impulsionadora o ativismo transnacional da sociedade civil, vislumbra-se a pavimentação de um constitucionalismo regional transformador em direitos humanos.

É à luz desta dinâmica que emergem três desafios centrais à pavimentação deste constitucionalismo latino-americano em direitos humanos, são eles:

i) **Fomentar uma cultura jurídica inspirada em novos paradigmas jurídicos e na emergência de um novo Direito Público: estatalidade aberta, diálogo jurisdicional e prevalência da dignidade humana em um sistema multinivel**[31]

A existência de cláusulas constitucionais abertas a propiciar o diálogo entre as ordens jurídicas local, regional e global, por si só, não assegura a efetividade do diálogo jurisdicional em direitos humanos. Se, de um lado, constata-se o maior refinamento das cláusulas de abertura constitucional – a contemplar a hierarquia, a incorporação e as regras interpretativas de instrumentos internacionais de direitos humanos – por outro lado, esta tendência latino-americana não é suficiente para o êxito do diálogo jurisdicional em matéria de direitos humanos.

Isto porque interpretações jurídicas reducionistas e restritivas das ordens constitucionais podem comprometer o avanço e a potencialidade de cláusulas abertas.

Daí a necessidade de fomentar uma doutrina e uma jurisprudência emancipatórias no campo dos direitos humanos inspiradas na prevalência da dignidade humana[32] e na emergência de um novo Direito Público marcado pela estatalidade aberta em um sistema jurídico multinível. A formação de uma nova cultura jurídica, baseada em uma nova racionalidade e ideologia, surge como medida imperativa à afirmação de um constitucionalismo regional transformador.

---

31. Ver (BOGDANDY; PIOVESAN; ANTONIAZZI, 2013).
32. Para Habermas (2012, p. 75), o princípio da dignidade humana é a fonte moral da qual os direitos fundamentais extraem seu conteúdo. Adiciona Habermas: "The appeal to human rights feeds off the outrage of the humiliated at the violation of their human dignity (...) The origin of human rights has always been resistance to despotism, oppression and humiliation (...)".

ii) **Fortalecer o sistema interamericano de proteção de direitos humanos: universalidade, institucionalidade, independência, sustentabilidade e efetividade**

Outro importante desafio à consolidação de um constitucionalismo regional transformador atém-se ao aprimoramento do sistema interamericano, considerando a agenda de reformas do sistema[33].

Com relação à universalidade do sistema interamericano há se expandir o universo de Estados-partes da Convenção Americana (que contava com 24 Estados-partes em 2014) e sobretudo do Protocolo de San Salvador em matéria de direitos econômicos, sociais e culturais (que contava apenas com 16 Estados-partes em 2014). Outra medida essencial é ampliar o grau de reconhecimento da jurisdição da Corte Interamericana de Direitos Humanos, a contar com o aceite de 21 Estados, em 2014. Observa-se que a OEA compreende 34 Estados membros.

Outra relevante medida é assegurar a elevada independência e autonomia dos membros integrantes da Comissão e da Corte Interamericana, que devem atuar a título pessoal e não governamental. Faz-se necessário densificar a participação da sociedade civil no monitoramento do processo de indicação de tais membros, doando-lhe maior publicidade, transparência e *accountability*.

Também fundamental é fortalecer a efetividade do sistema interamericano, seja no que se refere à supervisão das decisões da Corte e da Comissão.[34] Diversamente do sistema europeu, no sistema interamericano são seus próprios órgãos que realizam o *follow up* das decisões que eles próprios proferem. Isto porque a Convenção Americana não estabelece mecanismo específico para supervisionar o cumprimento das decisões da Comissão ou da Corte, embora a Assembleia Geral da OEA tenha o mandato genérico a este respeito, nos termos do artigo 65 da Conven-

---

33. No debate acerca da reforma do sistema interamericano, há controvertidas propostas formuladas por Estados visando à restrição do poder da Comissão Interamericana em conceder medidas cautelares e à limitação de relatorias especiais, como a relatoria especial sobre a liberdade de expressão e acesso à informação. Para um enfoque crítico destas propostas, ver Deisy Ventura, Flávia Piovesan e Juana Kweitel, *Sistema Interamericano sob Forte Ataque*, Folha de São Paulo, p. A3, 07 de agosto de 2012.

34. No sistema europeu, a título exemplificativo, o Comitê de Ministros (órgão político) tem a função de supervisionar a execução das decisões da Corte Européia, atuando coletivamente em nome do Conselho da Europa. Para uma análise comparativa dos sistemas regionais, ver PIOVESAN, 2014.

ção Americana[35]. Na avaliação de Antônio Augusto Cançado Trindade: "(...) a Corte Interamericana tem atualmente uma especial preocupação quanto ao cumprimento de suas sentenças. Os Estados, em geral, cumprem as reparações que se referem a indenizações de caráter pecuniário, mas o mesmo não ocorre necessariamente com as reparações de caráter não pecuniário, em especial as que se referem às investigações efetivas dos fatos que originaram tais violações, bem como à identificação e sanção dos responsáveis, – imprescindíveis para por fim à impunidade (e suas consequências negativas para o tecido social como um todo). (...) Atualmente, dada a carência institucional do sistema interamericano de proteção dos direitos humanos nesta área específica, a Corte Interamericana vem exercendo *motu propio* a supervisão da execução de suas sentenças, dedicando-lhe um ou dois dias de cada período de sessões. Mas a supervisão – como exercício de garantia coletiva – da fiel execução das sentenças e decisões da Corte é uma tarefa que recai sobre o conjunto dos Estados-partes da Convenção (TRINDADE; ROBLES, 2004, p. 434)[36]."

Ademais, as decisões internacionais em matéria de direitos humanos devem produzir eficácia jurídica direta, imediata e obrigatória no âmbito do ordenamento jurídico interno, cabendo aos Estados sua fiel execução e cumprimento, em conformidade com o princípio da boa fé, que orienta a ordem internacional. Para Antonio Augusto Cançado Trindade (2004, p. 91): "O futuro do sistema internacional de proteção dos direitos humanos está condicionado aos mecanismos nacionais de implementação."

Outra medida emergencial atém-se à sustentabilidade do sistema interamericano, mediante o funcionamento permanente da Comissão e da Corte, com recursos financeiros[37], técnicos e administrativos suficientes.

---

35. De acordo com o artigo 65 da Convenção: "A Corte submeterá à consideração da Assembléia Geral da OEA, em cada período ordinário de sessões, um relatório sobre as suas atividades no ano anterior. De maneira especial, e com as recomendações pertinentes, indicará os casos em que um Estado não tenha dado cumprimento a suas sentenças".
36. Propõe os autores (2004, p. 91-92): "Para assegurar o monitoramento contínuo do fiel cumprimento de todas as obrigações convencionais de proteção, em particular das decisões da Corte, deve ser acrescentado ao final do artigo 65 da Convenção Americana, a seguinte frase: "A Assembléia Geral os remeterá ao Conselho Permanente, para estudar a matéria e elaborar um informe, a fim de que a Assembléia Geral delibere a respeito." Deste modo, se supre uma lacuna com relação a um mecanismo, a operar em base permanente (e não apenas uma vez por ano, ante a Assembléia Geral da OEA), para supervisionar a fiel execução, por todos os Estados-partes demandados, das sentenças da Corte".
37. A título ilustrativo, o orçamento da Corte Européia corresponde aproximadamente a 20% do orçamento do Conselho da Europa, envolvendo 41 milhões de euros, enquanto que o orça-

iii) Avançar na proteção dos direitos humanos, da democracia e do Estado de Direito na região

Finalmente, considerando o contexto latino-americano marcado por acentuada desigualdade social e violência sistêmica, fundamental é avançar na afirmação dos direitos humanos, da democracia e do Estado de Direito na região.

Ao enfrentar os desafios de sociedades pós coloniais latino-americanas – em que direitos humanos tradicionalmente constituíam uma agenda contra o Estado – o sistema interamericano empodera-se e com sua força invasiva contribui para o fortalecimento dos direitos humanos, da democracia e do Estado de Direito na região.

O sistema interamericano rompe com o paradoxo de sua origem. Nascido em um contexto regional marcado por regimes ditatoriais – seguramente com a expectativa de reduzido impacto por parte dos então Estados autoritários – o sistema se consolida e se fortalece como ator regional democratizante, provocado por competentes estratégias de litigância da sociedade civil em um *transnational network* a lhe conferir elevada carga de legitimação social.

Como evidenciado por este artigo, o sistema interamericano permitiu a desestabilização dos regimes ditatoriais; exigiu justiça e o fim da impunidade nas transições democráticas; e agora demanda o fortalecimento das instituições democráticas com o necessário combate às violações de direitos humanos e proteção aos grupos mais vulneráveis.

O seu impacto transformador na região – fruto sobretudo do papel vital da sociedade civil organizada em sua luta por justiça e por direitos – é fomentado pela efetividade do diálogo regional-local em um sistema multinível com abertura e permeabilidade mútuas. De um lado, o sistema interamericano se inspira no princípio pro ser humano, mediante regras convencionais interpretativas baseadas no princípio da norma mais protetiva e favorável à vítima, endossando contemplar parâmetros protetivos mínimos. Por outro lado, as Constituições latino-americanas estabelecem cláusulas de abertura constitucional a propiciar o diálogo em matéria de direitos humanos, concernentes à hierarquia, incorporação e

---

mento conjunto da Comissão e da Corte Interamericana corresponde aproximadamente a 5% do orçamento da OEA, envolvendo apenas 4 milhões de dólares norte-americanos. Observe-se, ainda, que os 5% de orçamento da OEA cobre tão somente 55% das despesas da Comissão e 46% das despesas da Corte Interamericana.

impacto dos tratados de direitos humanos. No sistema interamericano este diálogo é ainda caracterizado pelo fenômeno do "controle da convencionalidade", na sua forma difusa e concentrada. Constata-se também a crescente abertura da Corte Interamericana ao incorporar em suas decisões a normatividade e a jurisprudência latino-americana em direitos humanos, com alusão a dispositivos de Constituições latino-americanas e à jurisprudência das Cortes Constitucionais latino-americanas. O diálogo jurisdicional se desenvolve em dupla via: movido pelos vértices de cláusulas constitucionais abertas e do princípio pro ser humano.

É neste contexto que o sistema interamericano tem a potencialidade de exercer um extraordinário impacto na pavimentação de um constitucionalismo regional transformador, contribuindo para o fortalecimento dos direitos humanos, da democracia e do Estado de Direito na região mais desigual e violenta do mundo.

REFERÊNCIAS

BOGDANDY, Armin von; PIOVESAN, Flávia; ANTONIAZZI, Mariela Morales. (coord) **Direitos humanos, democracia e integração jurídica**: emergência de um novo direito público. Rio de Janeiro: Elsevier, 2013.

BUERGENTHAL, Thomas. Foreword. In: PASQUALUCCI, Jo M.. **The Practice and Procedure of the Inter-American Court on Human Rights**, Cambridge, Cambridge University Press, 2003.

CANÇADO TRINDADE, Antônio Augusto. ROBLES, Manuel E. Ventura. **El futuro de la Corte Interamericana de Derechos Humanos**. 2.ed. San José: Corte Interamericana de Derechos Humanos y ACNUR, 2004.

DONNELLY, Jack. **Universal human rights in theory and practice**. 2.ed. Ithaca: Cornell University, 2003, p.57-126.

DWORKIN, Ronald. "Rights as trumps". *In:* WALDRON, Jeremy. **Theories of rights**. Nova Iorque: Oxford University, 1984, p.153-67.

HENKIN, Louis. *et au*. **Human rights**. New York: New York Foundation, 1999, p.92-116.

HERRERA FLORES, Joaquín. **Direitos humanos, interculturalidade e racionalidade da resistencia**.

LAFER, Celso. **A reconstrução dos direitos humanos**: um diálogo com o pensamento de Hannah Arendt. São Paulo: Cia das Letras, 1988, p.117-34.

LAGOS, Marta; DAMMERT, Lucía. **La Seguridad Ciudadana**: El problema principal de América Latina. Latinobarómetro, 9 de maio de 2012, p.3.

PIOVESAN, Flávia. **Direitos humanos e o direito constitucional internacional**. 15.ed. São Paulo: Saraiva, 2015.

___. **Direitos humanos e justiça internacional**: estudo comparativo dos sistemas interamericano, europeu e africano. 6 ed. São Paulo: Saraiva, 2015.

___. **Temas de direitos humanos**. 8 ed. São Paulo: Saraiva, 2015.

RAZ, Joseph. "Rights based moralities". *In:* WALDRON, Jeremy. **Theories of rights**. New York: Oxford University, 1984, p.182-200.

SOUZA SANTOS, Boaventura. "Para uma concepção intercultural dos direitos humanos". In: SARMENTO, Daniel. IKAWA, Daniela.

STEINER, Henry J. ALSTON, Philip. GOODMAN, Ryan. **International human rights in context: law, politics and morals**. 3.ed. Oxford: Oxford University, 2008.

JURISPRUDENCIA DA CORTE INTERAMERICANA DE DIREITOS HUMANOS:

CORTE INTERAMERICANA DE DIREITOS HUMANOS. **Caso Velásquez Rodríguez vs. Honduras,** sentença de 29 de julho de 1988.

___. **Caso "Niños de la Calle" (Villagrán Morales y otros) vs. Guatemala,** _____. **Caso Aguirre Roca y otros vs. Peru (Caso Tribunal Constitucional)**, sentença de 31 de janeiro de 2001.

___. **Caso Baena Ricardo y otros vs. Panamá**, sentença de 2 de fevereiro de 2001.

___. **Caso Barrios Altos vs. Peru**, sentença de 14 de março de 2001.

___. **Caso de la Comunidad Mayagna (Sumo) Awas Tingni Community vs. Nicaragua,** sentença de 31 de agosto de 2001.

___. **Caso "cinco pensionistas" vs. Peru,** sentença de 28 de fevereiro de 2003.

___. **Caso Myrna Mack Chang vs. Guatemala**, sentença de 25 de novembro de 2003.

___. **Caso Comunidad Indígena Yakye Axa vs. Paraguai,** sentença de 17 de junho de 2005.

___. **Caso de las Niñas Yean y Bosico vs. República Dominicana,** sentença de 8 de setembro de 2005.

___. **Caso Almonacid Arellano y otros vs. Chile**, sentença de 26 de setembro de 2006.

___. **Caso Trabajadores cesados del congreso (Aguado Alfaro y otros) vs. Peru**, sentença de 24 de novembro de 2006.

___. **Caso Albán Cornejo y otros vs. Ecuador**, sentença de 22 de novembro de 2007.

___. **Caso Acevedo Buendía y otros ("Cesantes y Jubilados de la Contraloría") vs. Peru**, sentença de 01 de julho de 2009.

___. **caso González y otras (caso "Campo Algodonero") vs. México**, sentença de 16 de novembro de 2009.

___. **Caso Comunidad Indígena Xákmok Kásek. vs. Paraguai**, sentença de 24 de agosto de 2010.

___. **Caso Gomes Lund e outros vs. Brasil**, sentença de 24 de novembro de 2010.

___. **Caso Gelman vs. Uruguai**, sentença de 24 de fevereiro de 2011.

___. **Caso Atala Riffo y hijas vs. Chile**, sentença de 24 de fevereiro de 2012.

___. **Caso Artavia Murillo y otros ("fecundación in vitro") vs. Costa Rica**, sentença proferida em 28 de novembro de 2012.

PODEM OS TRATADOS DE DIREITOS HUMANOS NÃO "EQUIVALENTES" ÀS EMENDAS CONSTITUCIONAIS SERVIR DE PARADIGMA AO CONTROLE CONCENTRADO DE CONVENCIONALIDADE?

Valerio de Oliveira Mazzuoli[1]

INTRODUÇÃO

Este artigo tem por finalidade verificar como (e em quais condições) podem os tratados de direitos humanos servir de paradigma ao *controle de convencionalidade* das leis no Brasil. Para tanto, necessário diferenciar os tratados de direitos humanos incorporados com "equivalência" de emenda constitucional, daqueles que detêm apenas *status* constitucional (não aprovados por três quintos dos votos dos membros de cada Casa do Congresso Nacional, em dois turnos). Buscar-se-á demonstrar que apenas os tratados de direitos humanos "equivalentes" às emendas constitucionais podem servir de paradigma ao controle *concentrado* de convencionalidade das leis no Brasil.

---

1. Pós-Doutor em Ciências Jurídico-Políticas pela Universidade de Lisboa. Doutor *summa cum laude* em Direito Internacional pela UFRGS. Mestre em Direito Internacional pela UNESP. Professor Associado de Direito Internacional da UFMT. Coordenador-adjunto do Programa de Mestrado em Direito da UFMT. Professor honorário da Faculdade de Direito e Ciências Políticas da Universidade de Huánuco (Peru). Membro da Sociedade Brasileira de Direito Internacional (SBDI) e da Associação Brasileira de Constitucionalistas Democratas (ABCD). Advogado e Consultor Jurídico.

1. ADPF 320/DF RELATIVA À INVALIDAÇÃO DA LEI DE ANISTIA

O Partido Socialismo e Liberdade (PSOL) propôs, no STF, a Arguição de Descumprimento de Preceito Fundamental (ADPF) nº 320/DF, com o fim de obter tutela jurisdicional relativa a certos efeitos da Lei nº 6.683, de 28 de agosto de 1979, conhecida como "Lei da Anistia", especialmente em face do julgamento da Corte Interamericana de Direitos Humanos relativo ao caso *Gomes Lund e outros Vs. Brasil*. Na inicial, requereu ao STF que declare "que a Lei Federal 6.683/79 não se aplica aos crimes de graves violações de direitos humanos cometidos por agentes públicos, militares ou civis, contra pessoas que, de modo efetivo ou suposto, praticaram crimes políticos; e, de modo especial, que a Lei de Anistia não se aplica aos autores de crimes continuados ou permanentes, tendo em vista que os efeitos desse diploma legal expiraram em 15 de agosto de 1979" (fls. 1-2).

Pretendeu o PSOL, ainda, que o STF "determine a todos os órgãos do Estado brasileiro que deem cumprimento integral aos doze pontos decisórios constantes da conclusão da referida sentença de 24 de novembro de 2010 da Corte Interamericana de Direitos Humanos, no caso Gomes Lund e outros *vs.* Brasil". Por fim, sustentou que foram afrontados os preceitos fundamentais dos arts. 1º, incs. I e II, 4º, inc. II, e 5º, § 2º, da Constituição Federal, e do art. 7º do Ato das Disposições Constitucionais Transitórias (ADCT) de 1988.

2. TRATADOS "EQUIVALENTES" ÀS EMENDAS COMO PARADIGMA DO CONTROLE ABSTRATO DE CONVENCIONALIDADE

Não fosse a alegação de descumprimento dos citados dispositivos constitucionais, não poderia o PSOL (infelizmente) propor, perante o STF, a citada ADPF, tendo como paradigma exclusivamente a Convenção Americana sobre Direitos Humanos, pelo motivo de que, para que se possa propor quaisquer ações do controle abstrato de normas, necessário se faz "equivaler" o tratado de direitos humanos em causa às normas constitucionais em vigor, tal como prevê o art. 5º, § 3º, da Constituição.[2]

Os tratados de direitos humanos não internalizados pelo procedimento previsto no art. 5º, § 3º, da Carta (ou seja, não aprovados por três quintos dos votos dos membros de cada Casa do Congresso Nacional,

---

2. Para detalhes, *v.* Mazzuoli, Valerio de Oliveira. *O controle jurisdicional da convencionalidade das leis*. 3. ed. rev., atual. e ampl. São Paulo: Ed. RT, 2013.

em dois turnos), possuem, segundo defendemos, *status* (não "equivalência") constitucional, por serem *materialmente* constitucionais, o que lhes garante servirem de paradigma apenas ao controle *difuso* de convencionalidade, não ao controle *concentrado*. É exatamente esse o caso da Convenção Americana sobre Direitos Humanos. E mais: segundo o STF, todos os tratados não internalizados pelo rito do art. 5º, § 3º, guardam apenas nível *supralegal* no País (o que, na visão do Supremo, impediria utilizar tais tratados como fundamento para o controle abstrato de normas).[3]

Desse modo, por não serem tais instrumentos "equivalentes" às emendas constitucionais, não podem servir de paradigma ao controle *concentrado* de convencionalidade. Em outras palavras: não se pode propor, com base nesses instrumentos, as ações do controle *abstrato* de normas (ADI, ADC, ADPF etc.) para invalidar as leis federais ou estaduais contrárias aos seus comandos, senão apenas se utilizar do controle *difuso* de convencionalidade (se se entender, como nós, que os tratados de direitos humanos não aprovados por maioria qualificada no Congresso têm *status* – não "equivalência" – de norma constitucional) ou do controle de *supralegalidade* das normas infraconvencionais (se se entender, como o STF, que os tratados de direitos humanos não aprovados por maioria qualificada guardam nível *supralegal* no Brasil).

Caso o tratado em causa tenha sido aprovado por maioria qualificada e, posteriormente, ratificado e entrado em vigor no Brasil com "equivalência" de emenda constitucional, a situação se altera.[4] De fato, se a Constituição possibilita sejam os tratados de direitos humanos alçados ao patamar constitucional, com *equivalência de emenda*, por questão de lógica deve também garantir-lhes os meios que prevê a qualquer norma constitucional ou emenda de se protegerem contra investidas não autorizadas do direito infraconstitucional.

Nesse sentido, defendemos ineditamente no Brasil (*v.* nosso livro *O controle jurisdicional da convencionalidade das leis*, já citado) ser plenamente possível utilizar-se das ações do controle concentrado, como

---

3. *V. RE* 466.343-1/SP, julg. 03.12.2008.
4. Cf., a propósito, Barroso, Luís Roberto. Constituição e tratados internacionais: alguns aspectos da relação entre direito internacional e direito interno. In: Menezes Direito, Carlos Alberto; Cançado Trindade, Antonio Augusto; Pereira, Antonio Celso Alves (coords.). *Novas perspectivas do direito internacional contemporâneo: estudos em homenagem ao Professor Celso D. de Albuquerque Mello*. Rio de Janeiro: Renovar, 2008, p. 207.

a ADIn (para invalidar a norma infraconstitucional por *inconvencionalidade*), a ADECON (para garantir à norma infraconstitucional a compatibilidade vertical com um tratado de direitos humanos formalmente constitucional), e até mesmo a ADPF (para exigir o cumprimento de um "preceito fundamental" encontrado em tratado de direitos humanos formalmente constitucional), não mais fundamentadas apenas no texto constitucional, senão também nos tratados de direitos humano aprovados pela sistemática do art. 5º, § 3º, da Constituição e em vigor no país.

Então, pode-se dizer que os tratados de direitos humanos internalizados com *quorum* qualificado pelo Congresso Nacional (e, posteriormente, ratificados pelo Governo) passam a servir de meio de controle concentrado (de *convencionalidade*) da produção normativa doméstica, para além de servirem como paradigma para o seu controle *difuso*.

Quanto aos tratados de direitos humanos não internalizados pela dita maioria qualificada (como é o caso da Convenção Americana sobre Direitos Humanos), passam a servir de paradigma apenas do controle *difuso* de convencionalidade (pois, no nosso entendimento, os tratados de direitos humanos não aprovados por tal maioria qualificada são *materialmente constitucionais*, diferentemente dos tratados aprovados por aquela maioria, que têm *status* material e *formalmente* constitucionais).

Em nosso livro referido, defendemos (pioneiramente) que à medida que o texto constitucional (no art. 102, inc. I, alínea *a*) diz competir precipuamente ao Supremo Tribunal Federal a "guarda da Constituição", cabendo-lhe julgar originariamente as ações diretas de inconstitucionalidade de lei ou ato normativo federal ou estadual ou a ação declaratória de constitucionalidade de lei ou ato normativo federal, está autorizando que os legitimados próprios para a propositura de tais ações (constantes do art. 103 da Constituição) ingressem com tais medidas sempre que *a Constituição* ou *quaisquer normas a ela equivalentes* (como, *v.g.*, os tratados de direitos humanos internalizados com *quorum* qualificado) forem violadas por normas infraconstitucionais.

Assim, a partir da Emenda Constitucional 45/04, é necessário entender que a expressão "guarda da Constituição", referida pelo art. 102, inc. I, alínea *a*, alberga, além do texto constitucional propriamente dito, também as normas constitucionais *por equiparação*. Dessa forma, ainda que a Constituição silencie a respeito de um determinado direito, mas estando esse mesmo direito previsto em tratado de direitos humanos *constitucionalizado* pelo rito do art. 5º, § 3º, passa a caber, no Supremo Tribunal Federal, o controle concentrado de convencionalidade (*v.g.*, uma ADIn ou uma ADPF) para compatibilizar a norma infraconstitucional com os preceitos do tratado constitucionalizado.

3. TRATADOS DE DIREITOS HUMANOS "EQUIVALENTES" ÀS EMENDAS E TRATADOS COM *STATUS* CONSTITUCIONAL

Todos os tratados que formam o *corpus juris* convencional dos direitos humanos de que um Estado é parte servem como paradigma ao controle de convencionalidade das normas infraconstitucionais, porém, com as seguintes especificações:

a) tratados de direitos humanos internalizados com *quorum* qualificado (equivalentes às emendas constitucionais) são paradigma do controle concentrado (para além, evidentemente, do controle *difuso*), cabendo, *v.g.*, uma ADIn ou uma ADPF no STF para invalidar norma infraconstitucional incompatível com eles; e

b) tratados de direitos humanos que têm apenas "*status* de norma constitucional" (não sendo "*equivalentes*" às emendas constitucionais", porque não aprovados pela maioria qualificada estabelecida pelo art. 5º, § 3º) são paradigma somente do controle *difuso* de convencionalidade.

Ocorre que os tratados internacionais *comuns* (que versam temas alheios a direitos humanos) também têm *status* superior ao das leis internas (conforme entendemos). Se bem que não equiparados às normas constitucionais, os instrumentos convencionais comuns (*v.* art. 27 da Convenção de Viena sobre o Direito dos Tratados, de 1969) têm *status* supralegal no Brasil, pois não podem ser revogados por lei interna posterior, como também estão a demonstrar vários dispositivos da própria legislação brasileira, dentre eles, o art. 98 do Código Tributário Nacional: "Os tratados e as convenções internacionais revogam ou modificam a legislação tributária interna, e serão observados pela que lhes sobrevenha".

Nesse último caso, tais tratados (comuns) também servem de paradigma ao controle das normas infraconstitucionais, posto estarem situados acima delas, com a única diferença (em relação aos tratados de direitos humanos) de que não servirão de paradigma para o controle *de convencionalidade* (expressão reservada aos tratados com, no mínimo, nível constitucional), senão apenas para o controle *de supralegalidade* das normas infraconstitucionais (destaque-se que para o STF esse controle de supralegalidade é o que deve ser exercido para os tratados *de direitos humanos* não internalizados pelo rito do art. 5º, § 3º, da Constituição[5]).

4. DE VOLTA À ADPF 320/DF: QUAIS OS "PRECEITOS FUNDAMENTAIS" VIOLADOS? OS DA CONSTITUIÇÃO *E TAMBÉM* OS DA CONVENÇÃO AMERICANA?

É certo que no julgamento das ADPFs 33/PA, 144/DF e 187/DF, o STF assentou a admissibilidade de ADPF contra interpretação judicial de que possa resultar lesão a preceito fundamental. Qual, porém, há de ser tal preceito fundamental? Trata-se, como parece, ou de um preceito constitucional ou de um preceito a ele "equivalente" (previsto em tratado de direitos humanos com *equivalência* de emenda constitucional).

Em parecer exarado relativamente à citada ADPF nº 320/DF, de 28 de agosto de 2014, o Procurador-Geral da República, ao defender o cabimento da ADPF ao caso, entendeu que "deve reconhecer-se admissível, sob a perspectiva do postulado da subsidiariedade, a utilização do instrumento processual da arguição de descumprimento de preceito fundamental contra interpretações judiciais que, contrariando o disposto na sentença Gomes Lund, declarem extinta a punibilidade de agentes envolvidos em graves violações a direitos humanos, com fundamento na Lei da Anistia, por óbices de prescrição da pretensão punitiva do Estado ou por não caracterizarem como crimes permanentes o desaparecimento forçado de pessoas, ante a tipificação de sequestro ou de ocultação de cadáver". Ao final, frisou que "essas interpretações violentam *preceitos fundamentais da Constituição da República*, de maneira a ensejar a admissibilidade da arguição". Mais especificamente, disse: "Há potencial violação aos preceitos dos artigos 1º, inciso III (princípio da dignidade do ser humano), 4º, inciso II (prevalência dos direitos humanos nas relações internacionais), 5º, §§ 1º e 2º (eficácia plena e imediata de preceitos de proteção a direitos fundamentais e aplicabilidade dos tratados internacionais de direitos humanos), todos da Constituição da República, e ao artigo 7º do ADCT (vinculação do Brasil a tribunais internacionais de direitos humanos)" (fls. 25-29).

Nenhum dispositivo da Convenção Americana, como se nota, foi citado na manifestação do Procurador-Geral da República. Qual o motivo?

---

5. Cf. *RE* 466.343-1/SP, julg. 03.12.2008.

O motivo diz respeito ao fato de a Convenção Americana não ter se internalizado no Brasil com "equivalência" de emenda constitucional, não servindo, portanto, de paradigma ao controle *concentrado* de convencionalidade, senão apenas ao controle de convencionalidade *difuso*.

O alento que se tem, nesta seara, é que sempre sobrarão as disposições dos §§ 1º, 2º e 3º, do art. 5º, da Constituição Federal, como potenciais "preceitos fundamentais" violados em caso de desrespeito, pelo Brasil, dos comandos dos tratados de direitos humanos não equivalentes às emendas constitucionais. Assim, o respeito às decisões (que são *vinculantes*) da Corte Interamericana de Direitos Humanos proferidas no exercício de sua competência contenciosa, também provém da própria Constituição, que estabelece (no seu art. 5º, §§ 1º, 2º e 3º) um regime diferenciado para os tratados internacionais de direitos humanos em vigor no Brasil.

Percebe-se, novamente, no parecer do Procurador-Geral da República, exarado na ADPF 320/DP, a dificuldade em tratar do tema e em demonstrar o cabimento da ADPF à espécie, tendo em vista saber que os tratados não internalizados com *quorum* qualificado não servem de paradigma ao controle abstrato de normas. Daí a sua conclusão: "Há, portanto, nítida incompatibilidade entre atos estatais (judiciais) brasileiros e o conteúdo da sentença internacional, o que caracteriza, a um só tempo, desrespeito à obrigação internacional inscrita no art. 68(1) da Convenção Americana sobre Direitos Humanos *e violação a preceitos fundamentais da Constituição brasileira* (art. 7º do ADCT, §§ 1º e 2º do art. 5º e art. 4º, II)" [grifo nosso].

Na visão do Procurador, os preceitos fundamentais violados dizem respeito, como se vê, *apenas* à Constituição brasileira. A dificuldade redacional se deu porque sabia o Procurador-Geral da República que não seria conhecida a ADPF caso tomasse *apenas* a Convenção Americana como paradigma para a Arguição. Daí a sua conclusão de se estar diante de violação direta ou indireta *do texto constitucional* brasileiro, aduzindo: "Ponto relevante desta ADPF *é que a própria Constituição brasileira*, se interpretada segundo a premissa de que os sistemas interno e internacional de proteção aos direitos humanos devem ser compatibilizados, confere plena força vinculante à sentença do caso GOMES LUND, inclusive no que se refere à interpretação judicial da Lei 6.683/1979" (fl. 50).

CONSIDERAÇÕES FINAIS

Tudo o que acima de disse demonstra nitidamente que apenas os tratados de direitos humanos "equivalentes" às emendas constitucionais (aprovados nos moldes do art. 5º, § 3º, da Constituição) servem de paradigma para o controle abstrato (concentrado) de convencionalidade, não aqueles que possuem apenas *status* materialmente constitucional (posição doutrinária) ou nível supralegal (como pretende o STF).

O motivo para tanto liga-se à importância que atribuiu a Constituição Federal de 1988 ao controle abstrato de normas, invertendo a lógica dos textos constitucionais anteriores, nos quais a preponderância era para a fiscalização *difusa* de constitucionalidade. Prova disso é que a Carta de 1988 destinou legitimados *específicos* para o exercício do controle abstrato, dando particular *ênfase* à fiscalização concentrada de normas, em detrimento do controle de constitucionalidade *difuso* (veja-se, a esse respeito, todo o escólio doutrinário de Gilmar Mendes, explicando detalhadamente – com profunda visão histórica – essa evolução constitucional).[6]

Daí se entender, em suma, que apenas os instrumentos de direitos humanos "equivalentes" às emendas constitucionais (aprovados por três quintos dos votos dos membros de casa Casa do Congresso Nacional, em dois turnos) podem ser paradigma ao controle *abstrato* de convencionalidade perante o STF, por se tratar de normas internacionais de direitos humanos que, igualmente, guardam maior importância na nossa ordem constitucional (*equivalentes* que são às próprias normas *formalmente constitucionais*).

Caso uma ADI ou uma ADPF seja proposta no Supremo visando invalidar lei doméstica incompatível com um tratado de direitos humanos não internalizado por maioria qualificada no Congresso Nacional, a solução do STF será o não conhecimento da ação em causa, por faltar-lhe requisito indispensável à sua propositura, qual seja, a equivalência de emenda constitucional, que, doravante, também devem compor a expressão "guarda da Constituição", referida pelo art. 102 da Carta.

O ideal seria que se alterasse a Constituição autorizando o STF a controlar a convencionalidade das leis por todos os meios (pelas vias difusa e abstrata) e em quaisquer casos a envolver tratados de direitos hu-

---

6. Mendes, Gilmar Ferreira. *Direitos fundamentais e controle de constitucionalidade.* 3. ed. São Paulo: Saraiva, 2004, p. 207 ss.

manos, o que reduziria, sobremaneira, a responsabilidade internacional do Estado brasileiro quando faltasse o efetivo controle de convencionalidade das normas internas contrárias e menos benéficas às disposições convencionais de direitos humanos ratificadas e em vigor no Brasil. Mas isso, como diria Kipling, é uma outra história.

REFERÊNCIAS

Barroso, Luís Roberto. **Constituição e tratados internacionais**: alguns aspectos da relação entre direito internacional e direito interno. In: Menezes Direito, Carlos Alberto; Cançado Trindade, Antonio Augusto;

Pereira, Antonio Celso Alves (coords.). **Novas perspectivas do direito internacional contemporâneo**: estudos em homenagem ao Professor Celso D. de Albuquerque Mello. Rio de Janeiro: Renovar, 2008, p. 185-208.

Mazzuoli, Valerio de Oliveira. **O controle jurisdicional da convencionalidade das leis**. 3. ed. rev., atual. e ampl. São Paulo: Ed. RT, 2013.

Mendes, Gilmar Ferreira. **Direitos fundamentais e controle de constitucionalidade**. 3. ed. São Paulo: Saraiva, 2004.

CONTROLE DE CONVENCIONALIDADE NOS RECURSOS EXCEPCIONAIS

Luciano Mariz Maia[1], Yulgan Lira[2] & Yure Lira[3]

INTRODUÇÃO

A gênese do mecanismo do Controle de Convencionalidade (doravante denominado CtCv ou Controle), por meio da atuação criativa da Corte Interamericana de Direitos Humanos (doravante referenciada como CtIDH ou Corte)[4], em 2006, trouxe impactos na forma de conceber o direito doméstico dos Estados latino-americanos, sobretudo no aspecto processual.

---

1. Vice-Procurador-Geral da República (membro do Ministério Público Federal). Professor Adjunto do Departamento de Direito Público da Universidade Federal da Paraíba. Doutor em Direito pela Universidade Federal de Pernambuco. Mestre em Direito pela *University of London*. Graduado em Direito pela Universidade Federal da Paraíba. E-mail: lucianomaia@mpf.mp.br.

2. Advogado. Aluno Especial do Doutorado em Direito Internacional pela Universidade de São Paulo (USP). Mestre e Graduado em Ciências Jurídicas pela Universidade Federal da Paraíba (UFPB). Aperfeiçoamento em Direito Internacional no Centro de Direito Internacional (CEDIN-BH), em Propriedade Intelectual pela World Intellectual Property Organization (WIPO) e Instituto Nacional de Propriedade Industrial (INPI), em Prevenção à Lavagem de Dinheiro em FinTechs pela Association of Certified Anti-Money Laundering Specialists (ACAMS), em Corrupção na University of Pennsylvania e em Direitos Humanos e Direito Humanitário na Washington College of Law (AU-Washington.DC). Pesquisador da Universidade de São Paulo (USP), no Núcleo de Estudos em Tribunais Internacionais (NETI-USP); da Pontifícia Universidade Católica de São Paulo (PUC-SP), na linha de Corrupção, Democracia e Direitos Humanos; da Universidade Federal de Pernambuco (UFPE), no Laboratório de Pesquisa em Desenhos Institucionais (LAPEDI) e da Universidade Federal da Paraíba, na linha de Análise de Estruturas de Violência e Direito. Membro da Academia Brasileira de Direito Internacional (ABDI); do International Law Association (ILA) – Ramo Brasileiro; da Association of Certified Anti-Money Laundering Specialists (ACAMS). Editor Executivo do Boletim da Sociedade Brasileira de Direito Internacional. E-mail: contato@yulgan.com

3. Especialista em Direito Público pela Universidade Cândido Mendes (UCAM). Graduado em Direito pela Universidade Federal da Paraíba (UFPB). Advogado. E-mail: yuretenno@gmail.com.

4. A primeira referência expressa do CtCv na jurisprudência da Corte ocorreu no caso *Almonacid Arellano et al. v. Chile* (2006). Em que Corte Interamericana determina que os Estados exerçam *"una especie de controle de convencionalidad"* das disposições domésticas.

A institucionalização jurisprudencial do CtCv resultou no aumento da eficácia das disposições internacionais no direito dos Estados, já que a fiscalização da observância do direito internacional passou a ser realizada pelos juízes nacionais, com métodos e normativas próprias de combate aos atos inconvencionais. Com efeito, a falta de mecanismo anteriores de coerção interna para executar as disposições internacionais resultava em esvaziamento da eficácia da dogmática internacional que se desenvolveu no decorrer do século XX e XXI.

Para a Corte, o Poder Judiciário estatal deve se valer do CtCv para controlar a validade material das normas domésticas, com o propósito de harmonizar o sistema nacional em relação ao sistema internacional e, assim, maximizar a proteção dos direitos humanos. Nessa perspectiva, os juízes brasileiros assumiram a investidura de "juízes internacionais da jurisdição doméstica", interpretando e aplicando os tratados de direitos humanos, com o auxílio da jurisprudência da CrIDH.

Esses novos magistrados internacionais passaram a confrontar o conteúdo das normas nacionais com o texto da Convenção Americana sobre Direitos Humanos (referenciada como CADH ou Pacto de San José da Costa Rica), invalidando os dizeres incompatíveis com o texto internacional através do método difuso de análise, por meio do caso concreto.

Nesse aspecto, o CtCv, como todo instrumento processual, está sujeito ao princípio da instrumentalidade das formas, por isso existe para proteger um interesse ou atingir uma finalidade. Portanto, o CtCv se apresenta como o instrumento de concretização dos direitos humanos internacionais na ordem doméstica, mediante a regulação judicial do conteúdo das normas brasileiras. Foi assim que, *e.g.*, o crime de desacato passou a ser contestado e teve sua validade questionada em virtude de incompatibilidade com o direito de liberdade de expressão, constante na CADH[5].

No Brasil, a ideia sobre "uma espécie de CtCv"[6] ganha ainda mais relevo com o reconhecimento, pelo Supremo Tribunal Federal (doravante intitulado STF, Supremo ou Pretório Excelso), da hierarquia superior das normas convencionais de direitos humanos frente ao direito nacio-

---

5. A discussão foi veiculada no âmbito do Superior Tribunal de Justiça, em 2017, notadamente no REsp 1.640.084/SP e no HC 379269/MS.
6. Em referência ao termo utilizado na jurisprudência da CrIDH, no caso *Almonacid*, "*una especie de controle de convencionalidad*".

nal. Após a decisão de 2008[7], o ordenamento jurídico brasileiro passou a adotar a teoria da supralegalidade, em que os tratados de direitos humanos estariam acima de todas as normas brasileiras, exceto da Constituição da República Federativa do Brasil de 1988 (doravante denominada CRFB/88, Constituição ou Carta de 1988).

A declaração, pelo STF, da hierarquia superior desse direito internacional torna consistente e juridicamente possível a utilização do CtCv, já que a sindicância de uma norma pela outra, necessariamente, requer a estratificação hierárquica entre elas.

Nos quase dez anos de vigência da teoria da supralegalidade no Brasil, tímidos avanços foram observados na jurisprudência brasileira dos tribunais superiores e diversas indagações surgiram com o passar das experiências processuais da utilização do instrumento, sobretudo devido à omissão legislativa em editar lei regulamentando o CtCv, o que torna obscura a forma de cotejo utilizada pelos juízes na viabilização e utilização do Controle.

Nessa senda, os juízes nacionais vêm imprimindo esforços e se utilizando do método difuso para exercício do CtCv. Ao passo que as demandas de primeira instância vão sendo julgadas, problemas processuais recursais emergem, sem amparo de regulamentações precisas sobre como o debate do CtCv deve ocorrer nos recursos, mormente a definição de competência extraordinária para interpretar e aplicar a CADH.

Uma dessas implicações processuais, no que tange ao julgamento em grau recursal, é determinar qual o recurso extraordinário *lato sensu* cabível para analisar demanda que envolve o CtCv: recurso extraordinário *stricto sensu* (doravante RE) ou recurso especial (doravante REsp)? Neste deambular, estar-se a definir qual o Tribunal superior, STF ou Superior Tribunal de Justiça (doravante intitulado como STJ), é competente para dirimir esse conflito.

Tal problemática constitui o objetivo do presente estudo e tende a auxiliar no preenchimento de lacuna jurídica no que tange à inexistência de previsão legislativa sobre a matéria, relegando à doutrina e à jurisprudência a necessidade de fazê-lo, dada a importância desse mecanismo na efetivação dos direitos humanos internacionais no Brasil.

---

7. Esse entendimento ocorreu na decisão sobre a possibilidade de prisão civil do depositário infiel (Recurso Extraordinário 466.343-1/São Paulo, em 03/12/2008).

Para que o trabalho seja possível, delimita-se, inicialmente, de que forma o STF e o STJ vêm interpretando as normas constitucionais sobre sua competência recursal. Logo em seguida, passa-se à análise constitucional sobre o recurso cabível em caso de demanda envolvendo CtCv, inclusive delimitando o conceito de tratado para a Constituição da República Federativa do Brasil de 1988. Por fim, apresentam-se as conclusões da pesquisa.

1. COMO O STF E O STJ INTERPRETAM SUA COMPETÊNCIA RECURSAL?

Como é cediço, a CRFB/88 regulamenta as competências do STF e do STJ nos artigos 102 e 105, respectivamente. Esses artigos são responsáveis por delimitar a competência excepcional (extraordinária em sentido amplo) de ambos os tribunais e também onde emergem os temas recursais que podem ser veiculados pelo recurso extraordinário (CRFB/88, Art. 102, III, a, b, c[8]) e pelo recurso especial (CRFB/88, Art. 105, III, a[9]).

Os temas extraordinários levados aos tribunais superiores possuem a finalidade de uniformização da interpretação do direito e nomofilaquia[10] (aclaramento e integração do sistema normativo), razão pela qual a força dos precedentes advinda desses tribunais (que envolve o STF, STJ e também o TST e STM) ultrapassa o interesse subjetivo da causa[11]. É nesse contexto que se diz que o desígnio dos recursos excepcionais é

---

8. O dispositivo constitucional tem a seguinte inteligência: "Art. 102. Compete ao Supremo Tribunal Federal, precipuamente, a guarda da Constituição, cabendo-lhe: III - julgar, mediante recurso extraordinário, as causas decididas em única ou última instância, quando a decisão recorrida: a) contrariar dispositivo desta Constituição; b) declarar a inconstitucionalidade de tratado ou lei federal; c) julgar válida lei ou ato de governo local contestado em face desta Constituição. d) julgar válida lei local contestada em face de lei federal".
9. Segue o teor da norma: "Art. 105. Compete ao Superior Tribunal de Justiça: III - julgar, em recurso especial, as causas decididas, em única ou última instância, pelos Tribunais Regionais Federais ou pelos tribunais dos Estados, do Distrito Federal e Territórios, quando a decisão recorrida: a) contrariar tratado ou lei federal, ou negar-lhes vigência; b) julgar válido ato de governo local contestado em face de lei federal; c) der a lei federal interpretação divergente da que lhe haja atribuído outro tribunal".
10. Piero Calamandrei (1945, p. 10) conceitua nomofilaquia como a função que visa a aclarar e integrar o sistema normativo, de modo a permitir a aplicação harmônica e uniforme do direito.
11. A respeito do tema, consultar o voto do min. Teori Zavascki na Rcl 4335/AC (STF, 2014).

a preservação e aplicação do direito objetivo, e não do direito subjetivo das partes[12].

Assim, ao STF foi atribuída a função de proteção do direito objetivo constitucional. Enquanto que ao STJ, a de tutela do direito infraconstitucional. É o que se dessume da previsão de competência recursal prevista nos arts. 102, III e 105, III da Constituição.

Nessa senda, a Constituição possibilita que seja interposto ao Supremo o assim chamado recurso extraordinário (RE), desde que a decisão recorrida: (i) contrarie dispositivo da Constituição; (ii) declare a inconstitucionalidade de tratado ou lei federal; (iii) julgue válida lei ou ato de governo local contestado em face da Constituição; (iv) julgue válida lei local contestada em face de lei federal (CRFB/88, art. 102, III, alíneas a, b, c, d).

Historicamente, o Supremo interpreta sua própria competência de forma restritiva, afirmando que as hipóteses de cabimento são *numerus clausus*, e que não comportam a possibilidade de ser estendidas às situações que extravasem os limites fixados pelo rol exaustivo do art. 102, III, CRFB/88 (STF, 1999).

No magistério de Pontes de Miranda (2002, p. 39), o RE tem por finalidade assegurar a inteireza positiva, a validade, a autoridade e uniformidade da interpretação constitucional. Nessa esteira, apenas se conhece do RE que demonstre a violação do texto positivado na Constituição, de forma expressa. Tanto é assim que, no AI 162.245 (STF, 2000), o Pretório Excelso fixou o entendimento de que a função jurídico-processual do RE é a defesa objetiva da norma constitucional[13].

Desse modo, o STF assume a função de guarda e proteção da intangibilidade jurídica formalmente positivada na CF, estabelecendo os limites e extensões da interpretação da norma constitucional (WAMBIER, 2008, p. 59), o que resulta no juízo de que o RE é o recurso adequado para contestar a decisão judicial que viole objetiva e diretamente a Constituição positivada (STF, 2007a)[14]. Prova disso é que, no RE 479.887 (2007) e

---

12. Nesse contexto, como assevera Márcio Carvalho Faria (2015, p. 268), tem-se a tutela do *jus constitutionis*, em que há atuação voltada à unidade do direito de modo geral, e não sob o foco do direito individualmente considerado.
13. Esse mesmo entendimento pode ser encontrado no AI 603.866 (STF, 2009) e no HC 94.337 (STF, 2008).
14. Nesse sentido, na Pet 1.738 AgR (STF, 1999), estabelece o tribunal: "O regime de direito estrito, a que se submete a definição dessa competência institucional, tem levado o STF, por efeito

no RE 493.769 (2007a), foi reconhecido que essa violação não pode ser meramente indireta ou reflexa.

Salienta-se que essa função do STF é exercida por meio do controle de constitucionalidade[15], que autoriza o controle da validade formal e material das normas com base na Constituição, e tão somente nela. Com isso, quer-se dizer que o parâmetro de controle é, exclusivamente, a Constituição vigente (MENDES, 2013, p. 1131), não sendo possível a existência de parâmetro alargado para fins de controle de constitucionalidade – no sentido de se permitir a abertura para que outras normas, que não estejam incluídas formalmente em seu âmago, possam invalidar leis no País, por via deste tipo de controle[16].

No que tange ao recurso especial (REsp) ao STJ, este será possível nas hipóteses de a decisão recorrida (i) contrariar tratado ou lei federal, ou negar-lhes vigência[17]; (ii) julgar válido ato de governo local contesta-

---

da taxatividade do rol constante da Carta Política, a afastar, do âmbito de suas atribuições jurisdicionais originárias, o processo e o julgamento de causas de natureza civil que não se acham inscritas no texto constitucional (ações populares, ações civis públicas, ações cautelares, ações ordinárias, ações declaratórias e medidas cautelares), mesmo que instauradas contra o presidente da República ou contra qualquer das autoridades, que, em matéria penal (CF, art. 102, I, b e c), dispõem de prerrogativa de foro perante a Corte Suprema ou que, em sede de mandado de segurança, estão sujeitas à jurisdição imediata do Tribunal (CF, art. 102, I, d)." Além disso, estabelece o tribunal no RE 493.769 (2007a): "RECURSO EXTRAORDINÁRIO - ALEGADA VIOLAÇÃO A PRECEITO INSCRITO NA CONSTITUIÇÃO DA REPÚBLICA - AUSÊNCIA DE OFENSA DIRETA À CONSTITUIÇÃO - INVIABILIDADE DO RECURSO EXTRAORDINÁRIO - AGRAVO IMPROVIDO. - A situação de ofensa meramente reflexa ao texto constitucional, quando ocorrente, não basta, só por si, para viabilizar o acesso à via recursal extraordinária."

15. O controle de constitucionalidade é decorrência do princípio da supremacia da Constituição em face das leis, permitindo a invalidação destas sempre que seu espírito for de encontro aos preceitos da Constituição (SARLET; MARINONI; MITIDIERO, 2013, p. 813).

16. Essa constatação antecipa a conclusão de Antonio Moreira Maués (2013, p. 228), que defende que a teoria da supralegalidade exclui a possibilidade de os tratados internacionais de direitos humanos servirem como parâmetro de controle de constitucionalidade, já que, para o STF, esse parâmetro continua sendo formado exclusivamente pela Constituição. Salienta, ainda, que "o campo em que a diferença entre as teses da supralegalidade e da constitucionalidade pode ser acentuado é eminentemente processual: seja no âmbito do controle pela via incidental, seja no âmbito do controle pela via direta, os tratados internacionais de direitos humanos não podem ser invocados como causa de pedir, a menos que tenham sido incorporados ao ordenamento jurídico como emenda constitucional, tal como previsto no artigo 5º, paragrafo 3º".

17. Esclarece-se que contrariar é o mesmo que descumprir, enquanto que negar vigência significa recusar aplicação, ignorar preceito. Na visão de Antônio de Pádua Ribeiro (1990, p. 81), a alínea "a", do 105, III, constitucional, introduz a hipótese de aplicar erroneamente o direito federal, com ofensa a sua letra ou seu espírito, o que ocorre quando o intérprete dá o que a norma nega, ou nega o que a norma dá.

do em face de lei federal; (iii) der a lei federal interpretação divergente da que lhe haja atribuído outro tribunal (CRFB/88, art. 105, III, a).

O REsp é também um recurso de fundamentação vinculada, ou seja, deve necessariamente trazer ao debate controvérsia jurídica federal, no afã de contribuir para a uniformização do entendimento sobre o direito infraconstitucional federal, não sendo possível a discussão de direito local, de fatos ou de provas (MEDINA, 2016, p. 1362).

Destarte, como leciona Danilo Knijnk (2005, p. 192), a característica fundamental da questão de direito, que deve ser apreciada enquanto questão constitucional (STF) ou questão federal (STJ), é a de envolver o debate que seja preponderantemente normativo, ou seja, que não protagonize o fato. Nesse diapasão, no REsp 839.575/MG (2007), sustentou-se que "a competência do STJ, nos termos do art. 105, III, da Constituição, restringe-se à uniformização da aplicação da lei federal infraconstitucional". Na mesma senda, no AgRg no AREsp 645.128/SC (2015), o STJ reconheceu que a Súmula nº 280 do STF se aplica, analogicamente, ao REsp, o que torna incabível o conhecimento deste recurso por ofensa ao direito local (municipal ou estadual), pois se faz necessária a violação à norma federal.

Diante de tais premissas, é possível afirmar que ao STJ compete analisar o REsp que veicule debate sobre o direito infraconstitucional federal, por meio de sua função constitucional uniformizadora (CAMARA, 2013, p. 58). Sendo que, por "questão federal", compreende-se toda regra de direito cuja fonte seja a União Federal (FERNANDES, 2015, p. 1026), o que inclui as leis federais[18] e os tratados (que são internalizados por meio de decretos do Presidente da República).

Frisa-se que não se versa sobre qualquer ato normativo federal, mas apenas os gerais e abstratos que derivam da própria Constituição (STF, 2012), o que exclui as portarias, normas regulamentares, *v.g.* Tal conclusão leva ao entendimento de que o STJ interpreta sua competência recursal, no que tange ao REsp, de forma restritiva[19], minimizando as

---

18. No entanto, o conceito de lei federal, para fins de interposição de recurso especial, compreende apenas os atos normativos gerais e abstratos produzidos por órgão da União com base em competência derivada da própria Constituição, a exemplo das leis e das medidas provisórias (STF, 2012).

19. A título de exemplo, o STJ foi provocado a deliberar sobre a natureza jurídica do decreto regulamentar do Presidente da República, com o objetivo de fixar o entendimento de que o referido se trataria ou não de lei federal e que, portanto, seria ou não parâmetro para REsp. Nesse diapasão, no REsp 787.396/RS (2009), o min. Teori Zavascki entendeu que o conceito

hipóteses de cabimento para a quase literalidade daquelas previstas na Constituição.

De se notar que em todos os incisos do art. 105, tem-se a lei federal enquanto objeto principal da demanda, com exceção do inciso I, que também abarca o tratado. Sendo assim, resta saber qual a interpretação para o termo "tratado", constante neste dispositivo.

2. O SIGNIFICADO DA EXPRESSÃO "TRATADO" NO ART. 105, III, DA CONSTITUIÇÃO

A concepção sobre que é um "tratado" advém do direito internacional, especialmente do art. 2º, 1, a, da Convenção de Viena sobre Direitos dos Tratados de 1969. Esta define o termo como "um acordo internacional concluído por escrito entre Estados e regido pelo Direito Internacional, quer conste de um instrumento único, quer de dois ou mais instrumentos conexos, qualquer que seja sua denominação específica"[20].

Na jurisprudência dos tribunais superiores brasileiros não há maiores controvérsias sobre o conceito de tratado, tendo em vista ser uma denominação própria do regime de direito internacional. Contudo, a Constituição estabelece um procedimento específico para que ele passe a ter vigência no ordenamento interno.

Na esteira da decisão do STF (1997), na ADI 1480, a incorporação dos tratados na ordem jurídica interna é ato complexo, que envolve a

---

de lei federal, constante no art. 105, III, da CRFB/88, englobaria os decretos regulamentares expedidos pelo Presidente da República. Em que pese este entendimento tenha alguma ressonância na jurisprudência recente, o que pode ser visitado no AgRg no REsp 859349/PR (STJ, 2015a), prevalece o entendimento de que o decreto regulamentar não é parâmetro de REsp, pois não se trata de norma cujo fundamento de validade advém diretamente da Constituição (AgRg no REsp 1274513/SC, 2012). O STJ, inclusive, fixou tese no seguinte sentido: "O decreto regulamentar não se enquadra no conceito de lei federal, o que inviabiliza sua discussão em sede de recurso especial. Precedentes: AgRg no AREsp 587049/SP, Rel. Ministra Assusete Magalhães, Segunda Turma, julgado em 09/12/2014, DJe 16/12/2014, *et. al*.". Dessa forma, do mesmo modo que o Supremo, tem-se que o Superior Tribunal de Justiça tende a interpretar as hipóteses de cabimento do REsp de modo restrito, estreitando a interpretação de sua competência recursal para a quase literalidade da norma constitucional do art. 105, III.

20. Conforme se propôs em obra própria, "tratado é um gênero que incorpora várias espécies, como convenção, acordo, pacto, protocolo etc., (...) o emprego dos termos que indicam os tipos de tratados é indiscriminado na prática internacional..." (PORTELA, 2016, p. 84). Assim, um pacto, como é conhecido o Pacto de Direitos Civis e Políticos, também ostenta a natureza jurídica de tratado internacional.

conjugação de vontades do Congresso Nacional e da Presidência da República. O primeiro, por meio da edição do decreto legislativo que resolve definitivamente sobre o tratado (art. 49, I, CRFB/88). Já o segundo – além de poder celebrar os tratados no direito internacional – promulga-o na ordem interna, mediante o exercício de sua função de Chefe de Estado (art. 84, VIII, CRFB/88).

Desse modo, conforme pontua o Supremo (2008) no RE 466.343/SP, os poderes públicos brasileiros também estão submetidos materialmente à Constituição quando atuam nas relações internacionais em exercício do *treaty-making power*[21]. Isso porque os tratados e convenções devem ser celebrados em consonância não só com o procedimento formal descrito na Constituição, mas com respeito ao seu conteúdo material, especialmente em tema de direitos e garantias fundamentais (MAZZUOLI, 2011).

Assim, o Supremo, neste mesmo julgado, assentou que o tratado passa a ter aplicabilidade no Estado brasileiro quando, além de ser materialmente compatível com a Constituição, cumpre os requisitos solenes para a sua devida integração à ordem jurídico-constitucional. Tais requisitos são: (i) celebração da convenção internacional; (ii) aprovação pelo Parlamento; e (iii) a ratificação pelo Chefe de Estado.

Entrementes, a conclusão do tratado é realizada por meio da expedição de Decreto Presidencial, de cuja edição derivam três efeitos básicos que lhe são inerentes: (i) promulgação do tratado internacional; (ii) publicação oficial de seu texto; e (iii) executividade do ato internacional. Frisa-se, somente a partir desse momento, o preceito internacional passa a vincular e a obrigar no plano do direito positivo interno (STF, 2008)[22].

Tal premissa formal consagra a teoria dualista do direito internacional na ordem brasileira[23], mediante a qual o tratado apenas pode ser

---

21. Em tradução livre, o poder de participar da construção dos tratados na ordem internacional.
22. Neste ponto, Francisco Rezek (2011, p. 102-104) traz importante crítica, no sentido de que a celebração do tratado no sistema internacional já exerce efeitos próprios frente à comunidade internacional, *i. e.,* caso o Estado descumpra o compromisso de introdução do tratado na ordem jurídica local, há o cometimento de ilícito internacional. Enquanto que a promulgação doméstica, mediante publicação de seu texto por meio do decreto presidencial, vincula a atuação interna, autorizando os juízes nacionais a aplicarem o direito agora vigente.
23. Cumpre ressaltar que Flávia Piovesan (2012, p. 151) discorda do posicionamento do Supremo, ao afirmar que os tratados internacionais de direitos humanos são incorporados de forma automática no ordenamento brasileiro, por força do art. 5º, §1º, da CRFB/88, ou seja, que

aplicado após seu efetivo processo solene constitucional, como já entendeu o STF (2008).

Nesse deambular, o STJ (2010) conheceu do REsp 642.213/RJ, com fundamento no 105, III, a, da CRFB/88, em litígio sobre tratado internacional, o que demonstra que o Tribunal se certificou do cabimento do REsp com fundamento na negativa de vigência ou violação de tratado e, com isso, estarem cumpridos os requisitos formais de sua interposição[24].

Nessa via, sem divergências, o STJ vem admitindo recursos especiais que possuem fundamento na violação de tratado internacional, conforme se denota de seu largo jurisprudencial[25].

Dessa forma, diz-se que o "tratado" do art. 105, III, a, da CRFB/88 é o acordo internacional concluído entre Estados (ou entre Estados e Organizações Internacionais[26]), que reúne os elementos do art. 2º, 1, a, da Convenção de Viena de 1969, e é internalizado na ordem nacional brasileira pelo procedimento próprio da Constituição, sendo com esta compatível materialmente.

---

o direito do Brasil é monista quanto aos tratados de direitos humanos. Em suas palavras, aduz: "Diante dessas duas sistemáticas diversas, conclui-se que o direito brasileiro faz opção por um sistema misto, no qual, aos tratados internacionais de proteção dos direitos humanos – por força do art. 5º, §1º –, aplica-se a sistemática da incorporação automática [monismo], enquanto aos demais tratados internacionais, aplica-se a sistemática de incorporação legislativa [dualismo], na medida em que se tem exigido a intermediação de um ato normativo para tornar o ato obrigatório na ordem interna."

24. O teor do REsp questionava a negativa de vigência de tratado internacional, qual seja, os arts. 33 e 70.2 do Acordo sobre Aspectos dos Direitos de Propriedade Intelectual relacionados ao Comércio, conhecido por Acordo TRIPs, que foi ratificado pelo Congresso Nacional por meio do Decreto Legislativo n. 30, de 15/12/1994, e do Decreto Presidencial n. 1.355, de 30/12/1994, tendo, portanto, plena vigência na ordem jurídica brasileira. O REsp referenciado traz a seguinte ementa: "COMERCIAL. PROPRIEDADE INTELECTUAL. RECURSO ESPECIAL. MANDADO DE SEGURANÇA. PATENTES. VIGÊNCIA DE QUINZE ANOS. ART. 24 DA LEI N. 5.772/71. EXTENSÃO DO PRAZO DE VALIDADE. ACORDO TRIPS. (ARTS. 65 e 70, I). PAÍSES MEMBROS. DIREITO DE RESERVA. PERÍODOS DE INCIDÊNCIA DO ACORDO. PRIVILÉGIOS DE INVENÇÃO ANTERIORMENTE CONCEDIDOS. PRORROGAÇÃO DO PRAZO POR CINCO ANOS. AUSÊNCIA DE SUPORTE LEGAL. (...)".

25. O conhecimento de recurso especial para discussão de direito previsto em tratado, como no caso referenciado, ocorreu, *e.g.*, no AgInt no REsp 1.123.227/RJ (2017), REsp 1.201.981/RJ (2014) e no REsp 960.728/RJ (2009).

26. Atualmente, reconhece-se a possibilidade de organizações internacionais serem membros de tratado, a exemplo do Acordo de Marraquexe, que criou a Organização Mundial do Comércio (OMC), em 1994, que conta com ratificação da União Europeia (UE). Disponível em: < https://www.wto.org/english/thewto_e/countries_e/european_communities_e.htm>.

Com relação à hierarquia, cabe identificar três tipos de tratados no Brasil, segundo o regime constitucional vigente, quais sejam: os (i) equivalentes às leis ordinárias (tratados em geral, como o citado Acordo de TRIPS); (ii) os superiores a todas as normas brasileiras, com exceção da Constituição (teoria da supralegalidade[27], aplicada aos tratados internacionais de direitos humanos[28], a exemplo da CADH); e os (iii) tratados equivalentes às normas constitucionais (aprovados pelo rito de emenda constitucional, conforme §3º, art. 5º, CRFB/88, a exemplo da Convenção Internacional sobre os Direitos das Pessoas com Deficiência e seu Protocolo Facultativo, de 2007).

Entretanto, salienta-se que o "tratado" do art. 105, III, a, da CRFB/88, faz referência, apenas, aos tipos previstos nos itens (i) e (ii) da classificação acima, já que o (iii) integra a Constituição formal, e, portanto, desafia recurso extraordinário, nos termos do art. 102, III, da CRFB/88, tendo em vista que tratados dessa estirpe devem ser interpretados como Constituição.

Aliás, a doutrina, *v.g.*, Gilmar Ferreira Mendes (2005, p. 239) e Valerio Mazzuoli (2009, p. 133)[29], argumenta que os tratados equivalentes às emendas constitucionais podem, inclusive, serem utilizados como parâmetro para o controle concentrado de constitucionalidade, ou seja, tais tratados podem se valer das ações constitucionais que resguardam a higidez da Constituição para a sua defesa própria. Nesse diapasão, seria possível o ajuizamento de Ação Direita de Inconstitucionalidade (ADIn), Ação Declaratória de Constitucionalidade (ADC), Ação Direito de Inconstitucionalidade por Omissão (ADO) e Arguição de Descumprimento de Preceito Fundamental (ADPF) para a defesa do tratado de equivalência constitucional (MAZZUOLI, 2011).

---

27. A teoria da supralegalidade dos tratados de direitos humanos foi desenvolvida, no Brasil, a partir do julgamento do Habeas Corpus nº 87.585- 8/SP e dos Recursos Extraordinários nº 349.703-1/RS e nº 466.343-1/SP, em 2008.

28. Para o debate mais amplo sobre que são tratados internacionais de direitos humanos, conferir: (LIRA, Yulgan. O conceito prático de tratado internacional de direitos humanos. In. *Anuário de Direito Internacional do CEDIN*, Belo Horizonte, 2017. *No prelo*).

29. Em suas palavras, aduz o segundo doutrinador: "Assim, ainda que a Constituição silencie a respeito de um determinado direito, mas estando esse mesmo direito previsto em tratado de direitos humanos constitucionalizado pelo rito do art. 5º, § 3º, passa a caber, no Supremo Tribunal Federal, o controle concentrado de constitucionalidade (v.g., uma ADIn) para compatibilizar a norma infraconstitucional com os preceitos do tratado constitucionalizado" (MAZZUOLI, 2009, p. 133).

No mesmo norte, se a equivalência constitucional dos tratados aprovados com o rito do §3º, do art. 5º, CRBF/88, ensejam a propositura das ações do controle concentrado de constitucionalidade, por muito menos teriam o condão de serem considerados parâmetro para interposição de recurso extraordinário, na esteira do art. 102, III, CRFB/88 (quem pode o mais, pode o menos).

Em conclusão, os tratados que desafiam REsp são os que possuem hierarquia de lei ordinária ou de supralegalidade; enquanto que os tratados que abrem oportunidade de interposição de RE são aqueles aprovados pelo rito de emenda constitucional, conforme §3º, art. 5º, CRFB/88.

3. A COMPETÊNCIA RECURSAL DO STJ PARA ANALISAR CONTROLE DE CONVENCIONALIDADE

Com relação ao CtCv brasileiro, ao nosso sentir, sua utilização se pauta no *judicial review* das normas internas sob o parâmetro dos tratados internacionais de direitos humanos (LIRA, 2016, p. 32). Na teoria geral, Valerio Mazzuoli (2011, p. 133) indica que o controle de convencionalidade trata de adaptar ou conformar os atos ou leis internas aos compromissos internacionais assumidos pelo Estado.

De mais a mais, o CtCv é, em última análise, o mecanismo idôneo para questionar a negativa de vigência ou violação de tratado internacional de direitos humanos no caso concreto. No direito brasileiro, esse controle foi possibilitado graças à consagração da teoria da supralegalidade, firmada pelo STF, em 2008, que permitiu o controle da validade das leis, decretos e atos em geral por meio do parâmetro normativo do tratado internacional de direitos humanos (LIRA, 2016, p. 67).

Com base nessa premissa, considerando que o Supremo interpreta restritivamente sua competência recursal excepcional e ainda que o controle de constitucionalidade apenas pode ser realizado com o parâmetro da Constituição formal positivada, a conclusão lógica é que, em regra[30], o STF não possui competência recursal para analisar o pedido de controle de convencionalidade.

---

30. Esta regra admite uma exceção, qual seja, a hipótese de crise entre paradigmas de controle, que será estudada no capítulo seguinte.

Essa conclusão advém de interpretação da jurisprudência dominante do tribunal, já que o julgamento do Habeas Corpus nº 87.585- 8/SP e dos Recursos Extraordinários nº 349.703-1/RS e nº 466.343-1/SP fixaram a tese da hierarquia supralegal (e não de hierarquia Constitucional), dos tratados de direitos humanos. Ademais, o STF interpreta sua competência de forma restrita, considerando como Constituição, para fins de parâmetro de controle de constitucionalidade, apenas o texto positivado na Carta de 1988.

Assim, pelo exposto, não é possível que o recurso extraordinário veicule o CtCv, tendo em vista que a sindicância é feita por uma norma infraconstitucional (norma parâmetro), qual seja, os tratados de direitos humanos, o que não comporta previsão no art. 102, III, da CRFB/88.

Por outro lado, o dispositivo que permite o debate sobre a negativa de vigência (ou a violação) de tratado (norma parâmetro), incluindo-se, nesse aspecto, o tratado internacional de direitos humanos, é o art. 105, III, a, da CRFB/88, ou seja, o que prevê a interposição de REsp ao STJ.

Nesse diapasão, o Superior Tribunal de Justiça desponta como a Corte que possui competência recursal excepcional para apreciação do CtCv, mediante interposição de recurso especial, pois o art. 105, III, a, da CRFB/88, autoriza, expressamente, a interposição deste recurso excepcional no caso de a decisão guerreada negar vigência ou violar o tratado.

Como lecionado anteriormente, o termo "tratado", que consta no art. 105, III, a, para fins de cabimento do REsp, faz referência a todos os tratados internacionais, com exceção daqueles impregnados de hierarquia constitucional (§3º, art. 5º, CRFB/88). Neste último caso, é dizer, na hipótese de a decisão vergastada negar vigência ou violar tratado internacional de direitos humanos de estatura constitucional, haverá a possibilidade de interposição de recurso extraordinário, pois o rito do §3º, do art. 5º, permite que este tratado específico seja introduzido na ordem doméstico como Constituição formal.

Neste deambular, merece destaque a afirmação de J. J. Canotilho (1987, p. 809), ao considerar que nesta função de Corte de análise da validade das normas *in abstracto* frente ao parâmetro da Constituição (controle concentrado de constitucionalidade), o STF desempenha o papel de "órgão de garantia da supremacia normativa da ordem constitucional".

Dessa forma, a violação do tratado que foi aprovado pelo rito do §3º, art. 5º, é violação da própria Constituição positivada, isso porque a jurisprudência pacífica do Supremo, em especial na ADI 595/ES (2002), entende que as ações do controle concentrado de constitucionalidade apenas podem ser manejadas na hipótese de violação da Constituição, de modo a preservar a "integridade jurídica da ordem constitucional vigente". Assim, o controle exercido é, verdadeiramente, o controle de constitucionalidade, e não de convencionalidade[31].

Diante disso, em análise atenta do item (ii) da classificação citada, percebe-se que o STJ terá competência recursal para analisar os tratados internacionais de direitos humanos com natureza supralegal. Isso nos leva à conclusão de que a instância, por excelência, de realização do controle de convencionalidade é o STJ.

Todavia, não se relega ao oblívio o debate ventilado pelo min. Teori Zavascki, voto proferido na ADI 5240/SP (2016), no qual se definiu a constitucionalidade dos provimentos do Tribunal de Justiça de São Paulo regulamentando a audiência de custódia. Nesta ocasião, o citado ministro defende expressamente que o controle de convencionalidade deveria ser exercido pelo Supremo, mas não demonstra as premissas que o conduziram a tal entendimento[32].

Em que pese tal orientação, confirmando a tese defendida neste trabalho, importante debate deslanchou no STJ quanto a convencionalidade do crime de desacato, conduzido ao tribunal por meio de recurso especial.

---

31. Em sentido contrário, Valério Mazzuoli (2009, p. 131-133), cujo entendimento é de que o controle exercido pelo tratado que foi aprovado pelo rito do §3º, do art. 5º, continua sendo o controle de convencionalidade, a despeito desta norma guardar "equivalência" com a Constituição. Em suas palavras, aduz: "(...) esse mesmo direito previsto em tratado de direitos humanos constitucionalizado pelo rito do art. 5º, § 3º, passa a caber, no Supremo Tribunal Federal, o controle concentrado de constitucionalidade (v.g. , uma ADIn) (...). A rigor, não se estaria, aqui, diante de controle de constitucionalidade propriamente dito (porque, no exemplo dado, a lei infraconstitucional é compatível com a Constituição, que silencia a respeito de determinado assunto), mas sim diante do controle de convencionalidade das leis, o qual se operacionaliza tomando-se por empréstimo uma ação do controle concentrado de constitucionalidade (v.g. , uma ADIn ou uma ADPF), na medida em que o tratado paradigma em causa é equivalente a uma norma constitucional."

32. Com efeito, aduz o min. Teoria Zavascki: "A questão surgiu com a Emenda nº 45, que veio a conferir certas características especiais às convenções sobre direitos humanos. Essa convenção foi anterior à Emenda nº 45, por isso que se gerou debate. Mas, mesmo que seja considerada, como reza a jurisprudência do Supremo, uma norma de hierarquia supralegal (e não constitucional), penso que o controle - que se poderia encartar no sistema de controle da convencionalidade - deve ser exercido para aferir a compatibilidade da relação entre uma norma supralegal e uma norma legal. E o exercício desse controle só pode ser da competência do Supremo Tribunal Federal."

Com efeito, no REsp 1.640.084/SP, publicado no início de 2017, a 5ª Turma do STJ havia declarado a atipicidade do crime de desacato, com base no exercício do controle de convencionalidade realizado em face ao art. 331 do Código Penal (CP) em cotejo com o art. 13 da CADH, que declara o direito de liberdade de expressão. O STJ reconheceu que a vigência do referido delito no ordenamento brasileira exercia o efeito indesejado de intimidar as pessoas que desejavam criticar a atuação de membros do Estado, uma vez que estas temiam possíveis represálias penais, o que seria incompatível com o núcleo do direito humano de liberdade de expressão[33].

Todavia, no HC 379269/MS, publicado em junho de 2017, a 3ª Seção do STJ passou a adotar posicionamento oposto, em que foi afastada a possibilidade de exercício do controle de convencionalidade frente ao crime de desacato, sobretudo por não haver decisão da CrIDH declarando que este crime é incompatível com a CADH. Ademais, o STJ ponderou que, mesmo existindo uma decisão internacional como esta, o crime ainda subsistiria vigente no ordenamento pátrio, por força da teoria da margem de apreciação nacional (*margin of appreciation*[34]), que, segundo o entendimento do tribunal, é pautada no respeito à soberania dos Estados.

Sem embargo do mérito do caso (que foge da proposta deste trabalho), o precedente tem relevância por permitir a viabilização do CtCv por via recursal (REsp 1.640.084/SP), tendo sido admitido a despeito dos filtros constitucionais estritos para o cabimento deste recurso excepcional[35].

---

33. Conforme anota André de Carvalho Ramos (2017, p. 617), em referência ao HC 83.996/RJ (STF, 2004), o direito de liberdade de expressão comporta o direito de manifestar, sob qualquer forma, ideias e informações de qualquer natureza, o que abarcar, inclusive, a crítica.

34. A teoria da margem de apreciação se relaciona com a não interferência de cortes internacionais nos assuntos relacionados aos valores morais e culturais dos Estados, baseado na ideia de que as autoridades nacionais estão numa posição melhor do que um tribunal internacional para julgar o que é necessário de acordo com as condições locais. Essa teoria foi desenvolvida na jurisprudência da Corte Europeia de Direitos Humanos. Entre nós, em que pese o STJ ter se valido de tal doutrina no precedente anunciado, diz-se que a CrIDH não aceita a tese, por considerar incompatível com a proteção de direitos humanos no continente americano. (LIRA, 2016, p. 55-57).

35. A segunda discussão foi viabilizada por meio de ação autônoma (HC 379269/MS) ao STJ, o que não altera as conclusões da presente discussão. Merece atenção o fato do HC ser uma ação autônoma (e não um recurso), que possui como objeto primordial a defesa da liberdade de locomoção do paciente. Assim, as hipóteses de cabimento do HC são mais alargadas e partem

Assim, entende-se que o STJ é a instância adequada para se resolver, por último, a disputa no âmago do controle de convencionalidade.

4. A CRISE ENTRE PARÂMETROS DE CONTROLE

Sem embargo de o STJ ser a instância por excelência para a análise do controle de convencionalidade das leis e atos normativos, como foi firmado no tópico acima, não há como ignorar o descortinamento de um fenômeno específico, ocorrido no julgamento dos casos que envolveram a prisão civil do depositário infiel (Habeas Corpus nº 87.585- 8/SP e dos Recursos Extraordinários nº 349.703-1/RS e nº 466.343-1/SP), cuja importância decorre da pertinência processual para definição do Tribunal competente para julgamento de casos similares.

Trata-se da "crise entre parâmetros de controle" ou "crise de parametricidade", como se convencionou chamar nesta obra. Essa "crise" se configura na específica presença de antinomia entre regras convencionais e constitucionais, igualmente aptas a servir como parâmetro de controle de outras normas dispostas no sistema jurídico[36].

---

da análise subjetiva (prisão de pessoa) em comparação com o REsp, de admissão estrita e análise objetiva (interpretação do direito federal).

36. Com isso, não queremos esgotar todas as possíveis relações existentes entre as normas convencionais (de natureza supralegal) e as normas constitucionais, cuja complexidade é perceptível. Apenas tentamos apontar para uma das várias possibilidades de relacionamento entre tais regras, que, *in casu*, origina situação conflituosa a reverberar na seara processual, diante do peculiar arranjo institucional que rege as competências de nossos tribunais superiores. Salientamos que toda a linha de raciocínio trilhada labora em uma específica relação de conflitualidade entre normas convencionais e constitucionais. O paradigma de análise parte do conflito de regras (não de princípios) fundada na lógica deôntica, em que se contrapõem normas em sentidos opostos, *e.g.* confronto entre normas do tipo "permitido e proibido", tal qual ocorreu no caso do depositário infiel. Totalmente diferente é o trato com princípios e valores jurídicos presentes na Constituição e nos tratados de direitos humanos. Nestes casos, toda a problemática tratada no presente texto tende a se dissolver, uma vez que é menos custoso à Corte Suprema criar canais de diálogo entre os paradigmas constitucionais e convencionais, no sentido desenvolver uma racionalidade transversal à interpretação do próprio texto constitucional (NEVES, 2013, p. 139), que sofre leitura enriquecida pela peculiar abordagem internacionalista. Assim, quando tratamos de princípios, é factível que o STF procure dialogar com as fontes internacionais, aproximando os horizontes linguísticos presentes na tradição constitucional interna e nas convenções internacionais, para, enfim, atribuir nova luz e significado ao Texto Maior. A abordagem é, nesse sentido, estritamente constitucional, servindo-se das normas internacionais como *background* teórico para construção de nova leitura dos valores e princípios constitucionais. Cuida-se do diálogo transconstitucional. Sobre o tema, Yulgan Lira (2016, p.44-49): "A ideia é se valer da normativa presente nos TIDH [tratados internacionais de direitos humanos] e na jurisprudência correlata para estabelecer um diálogo permanente entre a referida ordem interna, no sentido de um transconstitucionalismo entre direito internacional público e direito estatal (NEVES, 2013, p. 132) (...) o transconstitucio-

Como se sabe, foi o STF, e não o STJ, quem definiu ser "ilícita a prisão civil de depositário infiel, qualquer que seja a modalidade do depósito" (Súmula Vinculante nº 25). Logo, a pergunta que se faz é a seguinte: por que a questão da convencionalidade da prisão civil foi afeta à competência do Supremo? Qual o fundamento? Percebe-se que a referida Súmula declara a ilicitude da prisão civil, o que, neste caso, deve ser lido como "declaração de inconvencionalidade".

Essa asserção denuncia o fato de que o STF não realizou controle de constitucionalidade do instituto jurídico referido, mas sim verdadeiro CtCv. Vale dizer: uma questão sobre convencionalidade das leis nacionais foi suscitada mediante recurso extraordinário, sendo aceita e jul-

nalismo [este que] tende a suprir essa demanda pela integração normativa pluridimensional dos direitos humanos. (...) [nesse sentido] a própria Corte IDH (2006, § 124) estabeleceu que 'O Poder Judiciário deve ter em conta não somente o Tratado senão também a interpretação que do mesmo há dado a Corte Interamericana, intérprete última da Convenção'. (...) De igual forma, o transconstitucionalismo também se encontra presente na jurisprudência do Supremo, eis que inúmeros julgados do STF evidenciam sua presença na ordem jurídica brasileira (BULOS, 2012, p. 95)". O Min. Gilmar Mendes já acenou favoravelmente para essa possibilidade de diálogo de enriquecimento da semântica do texto constitucional, no julgamento da ADI 5240 / SP (que tratou sobre a audiência de custódia), com base nas lições doutrinárias de Werner Beulke. Anota o Ministro que a doutrina alemã já constatou que "a adoção da Convenção Europeia de Direitos Humanos por muitos países fez com que ocorresse expansão singular de direitos e garantias nela contemplados no âmbito europeu". O ministro tentar coser o mesmo raciocínio ao caso da ADI que trata sobre as "audiências de custódia", com o fim de trazer a discussão para a seara constitucional. Em suas palavras: "Eu estava, nesse contexto, então, especulando se, a rigor, com as mesmas premissas, não seria devido, a partir da admissão da Convenção Interamericana, ler o disposto, por exemplo, aqui, na cláusula do devido processo legal (artigo 5º, inciso LIV) - "ninguém será privado da liberdade ou de seus bens sem o devido processo legal" - com o conteúdo que lhe dá a própria Convenção Interamericana, à parte da possibilidade aventada pelo ministro Teori de se fazer, talvez, o contraste direto. Mas o curioso é que, na prática, isso, para o qual ele chama a atenção, passa a ocorrer, porque, internalizada a Convenção, nós passamos a ler o Texto Constitucional, como cláusula do devido processo legal, com esses conteúdos. Portanto, há um tipo de - vamos chamar assim - modificação positiva no sentido de iluminar o conceito jurídico indeterminado como uma cláusula: o princípio do contraditório ou a cláusula do devido processo legal". Também no sentido de que, na Alemanha, os debates constitucionais são pautados pelas convenções internacionais de direitos humanos, sustento: "Como arquétipo, reportam-se às queixas constitucionais da Alemanha (*Verfassungsbeschwerde*), que são ações diretas ao Tribunal Constitucional Federal (TCF), manejadas por qualquer pessoa, desde que lesado um direito fundamental. As queixas constitucionais assumiram destaque no caso Görgülü, porquanto o TCF ratificou que os tribunais internos devem levar em consideração as decisões da Corte Europeia de Direitos Humanos (Corte EDH) e as normas da Convenção Europeia de Direitos Humanos (Convenção EDH) na interpretação da Constituição, afirmando que seu desrespeito abre possibilidade de manejo de queixa constitucional direta ao Tribunal, por violação de direitos fundamentais." (LIRA, 2016, p. 82-83).

gada pelo STF, o qual firmou inclusive tese sobre o ponto, veiculada por meio de súmula vinculante.

Qual o fundamento para o reconhecimento da competência do STF para o caso? Pela análise dos julgados, percebe-se que o Pretório Excelso compreendeu que existia uma simbiose constitucional e convencional em torno do problema[37]. Antes da apreciação da ilegalidade (leia-se, inconvencionalidade) da prisão civil do depositário infiel era necessário investigar, do ponto de vista constitucional[38], a possibilidade do próprio ato de controle de normas internas via tratados internacionais sobre direitos humanos.

Assim, sobre o CtCv das leis no Brasil pendiam duas questões prejudiciais de natureza constitucional, são elas: (i) qual o *status* ou posição hierárquico-normativa das convenções internacionais sobre direitos humanos?; (ii) qual seria o parâmetro de controle aplicável ao caso do depositário infiel, a Constituição (permissivo) ou a CADH (proibitivo)?

Destarte, o problema foi discutido pelo Supremo Tribunal Federal porque, em primeiro lugar, não se sabia ao certo se tratados sobre direitos humanos teriam estatura constitucional; em segundo lugar, em caso de resposta negativa à primeira questão, se o STF atribuísse aos tratados internacionais de direitos humanos (TIDH) *status* supralegal e infraconstitucional (com exceção daqueles que foram incorporados pelo procedimento previsto no § 3º, do art. 5º, da CRFB, porquanto são impregnados de hierarquia constitucional), era necessário definir quais das normas serviria de parâmetro de controle sobre os demais diplomas

---

37. Essa visão é explicitada no Habeas Corpus nº 87.585- 8/SP – em virtude da tese suscitada pela defesa, que advoga o entendimento do *status* constitucional dos tratados de direitos humanos após a emenda constitucional 45/2004, para então invocar o Pacto de São José da Costa Rica e o Pacto Internacional de Direitos Civis e Políticos, que proíbem a prisão por descumprimento de obrigação contratual.

38. Importante consignar observação do STF sobre a aplicação do princípio da Supremacia da Constituição aos tratados internacionais: "Supremacia da Constituição da República sobre todos os tratados internacionais. O exercício do *treaty-making power*, pelo Estado brasileiro, está sujeito à observância das limitações jurídicas emergentes do texto constitucional. Os tratados celebrados pelo Brasil estão subordinados à autoridade normativa da Constituição da República. Nenhum valor jurídico terá o tratado internacional, que, incorporado ao sistema de direito positivo interno, transgredir, formal ou materialmente, o texto da Carta Política". (MI 772 AgR, rel. min. Celso de Mello, j. 24-10-2007, P, DJE de 20-3-2009). O mesmo afirma o Min. Gilmar Mendes, em voto proferido no julgamento conjunto do RE 466.343 e RE 349.703: "Os tratados e convenções devem ser celebrados em consonância não só com o procedimento formal descrito na Constituição, mas com respeito ao seu conteúdo material, especialmente em tema de direitos e garantias fundamentais".

normativos que regulavam a prisão civil do depositário infiel, de natureza meramente legal.

Como se sabe, o primeiro tema foi definitivamente resolvido pelo STF, cuja tese fixada foi no sentido de reconhecer a supralegalidade dos TIDH[39], com a exceção constitucional do § 3º, do art. 5º, da CRFB. Essa tese é o fundamento sobre o qual se sustenta a Súmula Vinculante nº 25[40].

Porém, a fixação da supralegalidade só resolve parte do problema, uma vez que a posição do Supremo acabou criando no Brasil dois sis-

---

39. A motivação para a fixação da tese foi a promulgação da Emenda Constitucional nº 45/2004 (reforma do Judiciário), que incluiu o §3º ao art. 5º da Constituição, implicando a modificação de entendimento dos ministros do Supremo, que repensaram o *status* normativo do tratado de direitos humanos no Brasil, já que o citado dispositivo diferencia os tratados de direitos humanos de acordo com o rito de incorporação, concedendo às convenções aprovadas pelo procedimento previsto no referido parágrafo caráter constitucional, enquanto as demais não teriam o mesmo regime. Nesse sentido, o voto do min. Gilmar Mendes, no RE 466.343: Apesar da interessante argumentação proposta por essa tese [da hierarquia constitucional dos TIDH], parece que a discussão em torno do *status* constitucional dos tratados de direitos humanos foi, de certa forma, esvaziada pela promulgação da Emenda Constitucional no 45/2004, a Reforma do Judiciário (oriunda do Projeto de Emenda Constitucional no 29/2000), a qual trouxe como um de seus estandartes a incorporação do § 3º ao art. 5º, com a seguinte disciplina: "*Os tratados e convenções internacionais sobre direitos humanos que forem aprovados, em cada Casa do Congresso Nacional, em dois turnos, por três quintos dos votos dos respectivos membros, serão equivalentes às emendas constitucionais.*" Em termos práticos, trata-se de uma declaração eloqüente de que os tratados já ratificados pelo Brasil, anteriormente à mudança constitucional, e não submetidos ao processo legislativo especial de aprovação no Congresso Nacional, não podem ser comparados às normas constitucionais. Não se pode negar, por outro lado, que a reforma também acabou por ressaltar o caráter especial dos tratados de direitos humanos em relação aos demais tratados de reciprocidade entre os Estados pactuantes, conferindo-lhes lugar privilegiado no ordenamento jurídico." (Grifos no original).

40. Destaca-se dos precedentes do Supremo a seguinte tese: "(...) desde a adesão do Brasil, sem qualquer reserva, ao Pacto Internacional dos Direitos Civis e Políticos (art. 11) e à Convenção Americana sobre Direitos Humanos – Pacto de São José da Costa Rica (art. 7º, 7), ambos no ano de 1992, não há mais base legal para prisão civil do depositário infiel, pois o caráter especial desses diplomas internacionais sobre direitos humanos lhes reserva lugar específico no ordenamento jurídico, estando abaixo da Constituição, porém acima da legislação interna. O *status* normativo supralegal dos tratados internacionais de direitos humanos subscritos pelo Brasil, dessa forma, torna inaplicável a legislação infraconstitucional com ele conflitante, seja ela anterior ou posterior ao ato de adesão. Assim ocorreu com o art. 1.287 do CC de 1916 e com o DL 911/1969, assim como em relação ao art. 652 do novo CC (Lei 10.406/2002)". [RE 466.343, rel. min. Cezar Peluso, voto do min. Gilmar Mendes, j. 3-12-2008, P, DJE de 5-6-2009, com repercussão geral.] = RE 349.703, rel. p/ o ac. min. Gilmar Mendes, j. 3-12-2008, P, DJE de 5-6-2009. Vide AI 601.832 AgR, rel. min. Joaquim Barbosa, j. 17-3-2009, 2ª T, DJE de 3-4-2009. Vide HC 91.361, rel. min. Celso de Mello, j. 23-9-2008, 2ª T, DJE de 6-2-2009.

temas de controle de leis, relativamente independentes entre si e que podem entrar em confronto direto, eventualmente.

O exemplo mais claro de um possível confronto entre os dois sistemas de controle é dado pelo próprio caso da prisão civil do depositário infiel, no qual se vislumbra aparente antinomia entre o art. 5º, LXVII da CRFB e o art. 7º, 7, da CADH, em que o primeiro dispositivo permite tal modalidade de prisão civil enquanto o último a proíbe terminantemente.

Diante desse quadro, desenha-se um conflito normativo até então inexistente em nosso ordenamento jurídico. O sistema de duplo controle inaugurado pela jurisprudência do STF também traz a inédita possibilidade de antinomia entre parâmetros de controle normativo.

Isso significa que em determinados casos, antes de se realizar o efetivo controle de convencionalidade/constitucionalidade das leis, faz-se necessário resolver questão prévia, ligada a antinomia entre os próprios parâmetros de controle presentes no sistema jurídico, em que se entrechocam normas constitucionais e convencionais. Diante dessa verdadeira "crise de parametricidade" ou crise entre parâmetros de controle, segue a necessidade de prévia solução da antinomia instalada.

Cabe observar, que, nessa hipótese específica, o órgão jurisdicional não poderá resolver a crise entre os parâmetros de controle valendo-se dos clássicos mecanismos de resolução de antinomias (hierarquia, especialidade e anterioridade). Isso porque, as máximas da *lex priori derogat posteriori* e da *lex specialis derogat legi generali* não fazem sentido na específica situação de conflito entre duas normas que servem de parâmetros para dois sistemas de controle relativamente independentes.

Por outro lado, o critério hierárquico, que a princípio não possui qualquer impedimento para aplicação, não foi utilizado pelo STF para resolver o caso específico da prisão civil do depositário infiel. Tanto foi assim que prevaleceu a norma convencional como parâmetro para a declaração contida na Súmula Vinculante nº 25.

Em apertada síntese, colhe-se dos votos proferidos dos precedentes que trataram do multicitado caso do depositário infiel os seguintes elementos para solução de antinomias: (a) Se a norma constitucional tem eficácia limitada é possível que o TIDH produza "efeitos paralisantes" sobre os dispositivos legais internos que regulamentam a questão[41], sem invalidá-los, desde que (b) o dispositivo presente na Convenção sobre direitos humanos atribua direitos aos indivíduos[42] e a plena realização desses direitos sejam obstadas pelas referidas disposições de direito interno (aparentemente há aplicação do princípio *pro homini* como método de escolha do parâmetro de controle[43], malgrado a norma conven-

---

41. Colhe-se do voto do Min. Gilmar Mendes trecho esclarecedor sobre a questão, consignando que o tratado internacional sobre direitos humanos atuam sobre âmbito de eficácia jurídica das normas anteriores ou posteriores que contradizem o dispositivo convencional, sem tangenciar seu âmbito de validade: "Portanto, diante do inequívoco caráter especial dos tratados internacionais que cuidam da proteção dos direitos humanos, não é difícil entender que a sua internalização no ordenamento jurídico, por meio do procedimento de ratificação previsto na Constituição, tem o condão de paralisar a eficácia jurídica de toda e qualquer disciplina normativa infraconstitucional com ela conflitante. Nesse sentido, é possível concluir que, diante da supremacia da Constituição sobre os atos normativos internacionais, a previsão constitucional da prisão civil do depositário infiel (art. 5º, inciso LXVII) não foi revogada pelo ato de adesão do Brasil ao Pacto Internacional dos Direitos Civis e Políticos (art. 11) e à Convenção Americana sobre Direitos Humanos - Pacto de San José da Costa Rica (art. 7º, 7), mas deixou de ter aplicabilidade diante do efeito paralisante desses tratados em relação à legislação infraconstitucional que disciplina a matéria, incluídos o art. 1.287 do Código Civil de 1916 e o Decreto-Lei n° 911, de 1º de outubro de 1969. Tendo em vista o caráter supralegal desses diplomas normativos internacionais, a legislação infraconstitucional posterior que com eles seja conflitante também tem sua eficácia paralisada. É o que ocorre, por exemplo, com o art. 652 do Novo Código Civil (Lei n° 10.406/2002), que reproduz disposição idêntica ao art. 1.287 do Código Civil de 1916" (RE 349.703, rel. p/ o ac. min. Gilmar Mendes, j. 3-12-2008, P, DJE de 5-6-2009).

42. O voto do Min. Luiz Fux, por ocasião do julgamento da ADI que julgou a viabilidade da regulamentação das audiências de custódia pelo Tribunal de Justiça de São Paulo, bem esclarece a posição do Supremo: "Tratados e convenções internacionais com conteúdo de direitos humanos, uma vez ratificados e internalizados, ao mesmo passo em que criam diretamente direitos para os indivíduos, operam a supressão de efeitos de outros atos estatais infraconstitucionais que se contrapõem à sua plena efetivação" (ADI 5240, Relator Ministro Luiz Fux, Tribunal Pleno, julgamento em 20.8.2015, DJe de 1.2.2016).

43. Nesse sentido interpreto as seguintes manifestações dos ministros do STF, ao tratarem da questão do depositário infiel: "(...) HERMENÊUTICA E DIREITOS HUMANOS: A NORMA MAIS FAVORÁVEL COMO CRITÉRIO QUE DEVE REGER A INTERPRETAÇÃO DO PODER JUDICIÁRIO. - Os magistrados e Tribunais, no exercício de sua atividade interpretativa, especialmente no âmbito dos tratados internacionais de direitos humanos, devem observar um princípio hermenêutico básico (tal como aquele proclamado no Artigo 29 da Convenção Americana de Direitos Humanos), consistente em atribuir primazia à norma que se revele mais favorável à pessoa humana, em ordem a dispensar-lhe a mais ampla proteção jurídica. - O Poder Judiciário, nesse processo hermenêutico que prestigia o critério da norma mais favorável (que tanto pode ser aquela prevista no tratado internacional como a que se acha positivada no próprio direito interno do Estado), deverá extrair a máxima eficácia das declarações internacionais e das proclamações constitucionais de direitos, como forma de viabilizar o acesso dos indivíduos e dos grupos sociais, notadamente os mais vulneráveis, a sistemas institucionalizados de proteção aos direitos fundamentais da pessoa humana, sob pena de a liberdade, a tolerância e o respeito à alteridade humana tornarem-se palavras vãs. - Aplicação, ao caso, do Artigo 7º, n. 7, c/c o Artigo 29, ambos da Convenção Americana de Direitos Humanos (Pacto de São

cional, hierarquicamente inferior, não tenha capacidade de invalidar a norma constitucional).

Todavia, o que importa registrar para os estreitos fins do presente artigo é que a presença da crise entre parâmetros de controle, enquanto questão suscitada no processo, atrai a competência do STF para resolução do problema, *i. e.*, diante da antinomia entre normas convencionais e constitucionais igualmente aplicáveis para o controle das leis que lastreiam as pretensões das partes litigantes, o recurso excepcional cabível será o recurso extraordinário para o STF, com base do art. 102, III, *a* ou *b*, da CRFB[44].

Isso porque, nesses casos há inevitável confronto entre norma constitucional e norma infraconstitucional (tratado de direitos humanos).

José da Costa Rica): um caso típico de primazia da regra mais favorável à proteção efetiva do ser humano. (HC 96772, Relator(a): Min. CELSO DE MELLO, Segunda Turma, julgado em 09/06/2009, DJe-157 DIVULG 20-08-2009 PUBLIC 21-08-2009 EMENT VOL-02370-04 PP-00811 RTJ VOL-00218-01 PP-00327 RT v. 98, n. 889, 2009, p. 173-183)". A título de reforço, colacionam-se outras manifestações do Pretório Excelso: Se não existem maiores controvérsias sobre a legitimidade constitucional da prisão civil do devedor de alimentos, assim não ocorre em relação à prisão do depositário infiel. As legislações mais avançadas em matérias de direitos humanos proíbem expressamente qualquer tipo de prisão civil decorrente do descumprimento de obrigações contratuais, excepcionando apenas o caso do alimentante inadimplente. O art. 7º (n.º 7) da Convenção Americana sobre Direitos Humanos 'Pacto de San José da Costa Rica, de 1969, dispõe desta forma: 'Ninguém deve ser detido por dívidas. Este princípio não limita os mandados de autoridade judiciária competente expedidos em virtude de inadimplemento de obrigação alimentar.' Com a adesão do Brasil a essa convenção, assim como ao Pacto Internacional dos Direitos Civis e Políticos, sem qualquer reserva, ambos no ano de 1992, iniciou-se um amplo debate sobre a possibilidade de revogação, por tais diplomas internacionais, da parte final do inciso LXVII do art. 5º da Constituição brasileira de 1988, especificamente, da expressão 'depositário infiel', e, por consequência, de toda a legislação infraconstitucional que nele possui fundamento direto ou indireto" (RE 466343, Voto do Ministro Gilmar Mendes, Tribunal Pleno, julgamento em 3.12.2008, DJe de 5.6.2009). Segue a mesma trilha a fundamentação da Ministra Ellen Greice, qual seja: "Na atualidade a única hipótese de prisão civil, no Direito brasileiro, é a do devedor de alimentos. O art. 5º, §2º, da Carta Magna, expressamente estabeleceu que os direitos e garantias expressos no caput do mesmo dispositivo não excluem outros decorrentes do regime dos princípios por ela adotados, ou dos tratados internacionais em que a República Federativa do Brasil seja parte. O Pacto de São José da Costa Rica, entendido como um tratado internacional em matéria de direitos humanos, expressamente, só admite, no seu bojo, a possibilidade de prisão civil do devedor de alimentos e, consequentemente, não admite mais a possibilidade de prisão civil do depositário infiel". (HC 95967, Relatora Ministra Ellen Gracie, Segunda Turma, julgamento em 11.11.2008, DJe de 28.11.2008).

44. Segue o texto do dispositivo constitucional: "art. 102. Compete ao Supremo Tribunal Federal, precipuamente, a guarda da Constituição, cabendo-lhe: (...) III - julgar, mediante recurso extraordinário, as causas decididas em única ou última instância, quando a decisão recorrida: a) contrariar dispositivo desta Constituição; b) declarar a inconstitucionalidade de tratado ou lei federal...".

Nessa perspectiva, antecipa-se que a questão trazida ao Supremo versará sobre duas possíveis situações: (a) o acórdão recorrido realizou CtCv, ignorando norma constitucional que trata sobre o caso, ou (b) o tribunal *a quo* resolveu declarar inconstitucional o parâmetro do tratado (ou afasta sua incidência no todo ou em parte) e, assim, solucionar a questão por meio do controle de constitucionalidade. Ou seja, se o Tribunal *a quo* realiza o CtCv, ignora a norma Constitucional; se se utiliza do controle de constitucionalidade, ignora a norma convencional. Em ambas situações, cabe recurso extraordinário para solucionar a crise entre os parâmetros, já que o que se está se discutindo é a aplicação ou não da Constituição (art. 102, III, *a* e *b*, CRFB/88).

Nessa oportunidade, vale salientar a natureza ligeiramente distinta da discussão levada à apreciação da Corte Suprema na hipótese acima aventada, uma vez que a questão constitucional não é considerada como um incidente em relação à questão principal do processo (como é o caso do controle concreto de constitucionalidade), mas sim um incidente do incidente.

Observa-se que a análise da constitucionalidade/convencionalidade das leis, que já se configura em "metadebate" no que concerne à lide subjetiva levada a efeito no processo individual comum, abre espaço para uma liça de natureza ainda mais elevada, prejudicial ao exercício do próprio controle incidental de constitucionalidade/convencionalidade.

Assim, como bem indica a lógica jurídica, é válido inferir que um RE apreciado pelo Supremo para a resolução da crise de parametricidade pode ter duas soluções possíveis, quais sejam: (a) o STF reconhece que o parâmetro a ser observado é o parâmetro constitucional e passa, então, para a análise da posterior questão, vale dizer, o controle incidental de constitucionalidade; (b) ou o Tribunal resolve a crise em prol do parâmetro convencional, afirmando, pois, que não há questão constitucional a ser apreciada, tendo em vista que reconhece como parâmetro válido para a apreciação do caso unicamente a norma convencional.

Mirando de modo específico a situação descrita na leta (b) acima, percebe-se que, aparentemente, o STF esgotaria sua competência com a simples resolução da crise de parâmetros em prol do CtCv, ao afastar a questão constitucional a ser apreciada.

Não se trata de afirmar sua incompetência ou de declarar que o RE veiculou questão que afronta indiretamente a Constituição, pois a Suprema Corte, nesse caso, firma sua competência ao proferir decisão por meio da qual reconhece ser constitucional a realização do CtCv sobre o caso, afastando, por conseguinte, o controle de constitucionalidade, tendo em vista desconsiderar a norma constitucional como parâmetro aplicável.

No entanto, no momento em que o STF firma a possibilidade do controle de convencionalidade e resolve a crise entre os parâmetros, não há mais qualquer questão constitucional a ser apreciada.

Isso porque o debate jurídico posterior à resolução da crise de parâmetros transcorrerá entre a norma do tratado internacional de direitos humanos, cuja natureza supralegal lhe confere autoridade para servir de parâmetro de controle (excluídas as incorporadas pelo procedimento previsto no § 3º do art. 5º, da CRFB), e a norma jurídica objeto desse controle.

Assim, considerando a forma como foi posta a questão, o STF deverá reconhecer que esgotou sua competência ao resolver a crise de parametricidade, e declarar prejudicado eventual pedido de controle de constitucionalidade, remetendo o pleito ao tribunal competente, para que seja realizada, caso ainda não a tenha feito, a análise da convencionalidade das normas sobre as quais se fundam as pretensões dos demandantes.

Na hipótese acima, caso o tribunal de piso realize posterior CtCv, o recurso cabível contra a nova decisão da corte de segunda instância será o recurso especial, com base nas razões já assentadas no presente artigo.

Por outro lado, caso as instâncias inferiores realizem de plano CtCv sobre as questões controvertidas no processo, caberá REsp contra a decisão acerca da convencionalidade e RE com fundamento na crise de parametricidade e no eventual controle de constitucionalidade. Nessa hipótese, recebido o recurso especial pelo STJ, o relator irá considerar o recurso extraordinário prejudicial à matéria de fundo analisada, em decisão irrecorrível, determinando o sobrestamento do julgamento e a remessa dos autos ao STF, nos termos do § 2º, art. 1.031, do CPC/2015.

A par do esposado em linhas acima, com arrimo na própria *ratio* interpretativa que o STJ e o STF seguem para lindar sua competência, torna-se evidente que a Suprema Corte excedeu sua competência nos julgamentos dos Recursos Extraordinários nº 349.703-1/RS e nº 466.343-1/

SP[45], a partir do momento em que avançou na questão sobre inconvencionalidade das normas que tratam da prisão civil do depositário infiel, declarando ilícita a referida prisão, qualquer que seja a modalidade do depósito.

Isso porque, o STF declarou a prisão ilícita, utilizando-se do parâmetro infraconstitucional, e não da Constituição, extrapolando, portanto, os limites de sua competência.

Por isso, conclui-se pela necessidade de transformação da jurisprudência dos Tribunais Superiores, no sentido de atribuir a competência de análise do controle de convencionalidade em grau recursal ao STJ e evitar o citado controle na instância suprema (STF), por carência de fundamento jurídico-constitucional.

É certo que a orientação da CrIDH é de que todos os juízes da jurisdição interna exerçam o CtCv (o que inclui os ministros do Supremo Tribunal Federal). Contudo, como vem se delineando a teoria do controle de convencionalidade no Brasil, a decisão internacional deve ser interpretada e aplicada nos limites da Constituição nacional, que restringe a competência recursal do Supremo para as hipóteses de ameaça ou violação da Constituição positivada (art. 102, III, CRFB/88). Essa conclusão decorre do próprio princípio da Supremacia da Constituição, que se impõe, inclusive, sobre os tratados internacionais, como firmado pelo STF.

Assim, este trabalho propõe que o CtCv pátrio exercido em sede recursal pelos tribunais superiores deva obedecer ao disposto na Constituição, e, portanto, emprestar ao STJ a competência para exercer a última palavra sobre a convencionalidade das normas nacionais e, excepcionalmente, que o STF se pronuncie sobre a antinomia dos parâmetros de controle (constitucional/convencional) sem, no entanto, adentrar no mérito da convencionalidade.

CONSIDERAÇÕES FINAIS

O STF e o STJ interpretam restritivamente as normas constitucionais que delineiam suas competências, o que leva ao entendimento de

---

45. O mesmo não se pode dizer da decisão no Habeas Corpus nº 87.585- 8/SP, pois neste caso, a ação autônoma não possui fundamentação vinculada, nem tem como principal objetivo a interpretação o direito objetivo constitucional. Trata-se de pretensão individual, em que o Supremo está autorizado para interpretar a Constituição e também o tratado de direitos humanos e até a lei infraconstitucional, como o CP.

que os termos utilizados pela Constituição na seara da competência recursal são interpretados, comumente, de modo literal e restrito. Tal fato constitui premissa para as conclusões do presente estudo.

Explicando, o art. 102, III, da CRFB/88 determina que o cabimento de recurso extraordinário ocorre quando há violação da Constituição positivada; enquanto que o recurso especial, conforme art. 105, III, da CRFB/88, é cabível na hipótese de violação ou negativa de vigência do tratado.

Diante disso, com arrimo na jurisprudência do STF e STJ, é possível afirmar que o sentido e o alcance do termo "tratado", constante no art. 105, III, da CRFB/88 deve ser interpretado como sendo o acordo internacional concluído entre Estados (ou entre Estados e Organizações Internacionais), que reúne os elementos do art. 2º, 1, a, da Convenção de Viena de 1969, e é internalizado na ordem nacional brasileira pelo procedimento próprio da Constituição, sendo com esta compatível materialmente.

Contudo, o conceito acima exposto, que define o cabimento de recurso especial, não abrange os tratados aprovados pelo rito de emenda constitucional, mas apenas os tratados de hierarquia ordinária e supralegal. Porquanto o §3º, do art. 5º, da CRFB/88 confere àquela espécie normativa o caráter de Constituição formal, incorrendo no conceito de Constituição previsto no art. 102, III, a, b, da CRFB/88, para fins de recurso extraordinário.

O mesmo não se pode dizer dos tratados de direitos humanos com estatura supralegal que, à míngua de regramento específico no texto constitucional, deve ser incluído na conjuntura geral dos tratados objeto da competência recursal do STJ.

Dessa forma, o conceito de tratado plasmado no art. 105, III, CRFB/88 confere ao STJ a competência para analisar recurso especial que veicula o debate acerca da negativa de vigência ou violação do tratado internacional de direitos humanos de natureza supralegal, malgrado haja entendimento em contrário do min. Teori Zavascki, que ventilou a possibilidade de tal controle ser exercido pelo STF, conforme visto acima.

Sem embargo de o STJ ser a instância por excelência para a análise do controle de convencionalidade das leis e atos normativos, não há como ignorar o descortinamento da "crise entre parâmetros de controle" ou "crise de parametricidade", ocorrido em decorrência da adoção de um duplo sistema de controle constitucional/convencional, que, eventualmente, podem entrar em rota de colisão.

Essa "crise" se configura na específica presença da antinomia entre regras convencionais e constitucionais, ambas igualmente aptas a servir como parâmetro de controle de outras normas dispostas no sistema jurídico.

A presença da crise entre parâmetros de controle, enquanto questão suscitada no processo, atrai a competência do STF para resolução do problema, *i. e.*, diante da antinomia entre normas convencionais e constitucionais igualmente aplicáveis para o controle das leis que lastreiam as pretensões das partes litigantes, o recurso excepcional cabível será o recurso extraordinário para o STF, com base no art. 102, III, *a* ou *b*, da CRFB.

Isso porque se o tribunal *a quo* realiza o CtCv, ignora a norma Constitucional; se se utiliza do controle de constitucionalidade, ignora a norma convencional. Em ambas situações, cabe recurso extraordinário para solucionar a crise entre os parâmetros, porquanto o que se discute é a aplicação ou não da Constituição.

Nesse diapasão, caso o Supremo resolva a crise em prol do parâmetro convencional, afirmando, pois, que não há questão constitucional a ser apreciada, deve reconhecer como parâmetro válido para a apreciação do caso unicamente a norma convencional e, por isso, deve reconhecer que se esgotou sua competência para adentrar no mérito da convencionalidade. Neste caso, deve remeter a apreciação do CtCv ao tribunal competente.

Assim, à luz da vigente teoria da supralegalidade dos tratados internacionais de direitos humanos, este trabalho propõe que o CtCv pátrio, exercido em sede recursal pelos tribunais superiores, deva obedecer ao disposto na Constituição e, portanto, emprestar ao STJ a competência para declarar a última palavra sobre a convencionalidade das normas nacionais; restando ao STF, excepcionalmente, a competência para se pronunciar sobre a antinomia dos parâmetros de controle (constitucional/convencional) sem, no entanto, adentrar no mérito da convencionalidade.

REFERÊNCIAS

BULOS, Uadi Lammêgo. **Curso de direito constitucional**. São Paulo: Saraiva, 2012.

CALAMANDREI, Piero. **La casación civil**. Trad. Santiago Sentis Melendo. Buenos Aires: Editorial Bibliografica Argentina, 1945. p. 10.

CAMARA, Bernardo Ribeiro. **Recurso especial e extraordinário**: da teoria à prática. Salvador: Jus Podivm, 2013.

CANOTILHO, J. J. Gomes. **Direito Constitucional**. 4ª ed. Coimbra: Almedina, 1987.

CARVALHO RAMOS, André de. **Curso de direitos humanos**. 4ª Ed. São Paulo: Saraiva, 2017.

FARIA, Márcio Carvalho. As funções das cortes superiores, os recursos excepcionais e a necessária revisão dos parâmetros interpretativos em relação à lealdade processual (parte um). In. WAMBIER, Teresa Arruda Alvim (Coord.). **Revista de Processo – RePro**. São Paulo: Revista dos Tribunais, a. 40, v. 247, setembro 2015, p. 265-297.

FERNANDES, Bernardo Gonçalves. **Curso de direito constitucional**. 7ª Ed. Salvado: Juspodivm, 2015.

KNIJNIK, Danilo. **O recurso especial e a revisão da quest**ão de fato pelo Superior Tribunal de Justiça. Rio de Janeiro: Forense, 2005.

MAUÉS, Antonio Moreira. Supralegalidade dos tratados internacionais de direitos humanos e interpretação constitucional. In. **SUR – Revista Internacional de Direitos Humanos**. Ed. 18, pp. 215-235, 2013.

MAZZUOLI, Valerio de Oliveira. **Controle jurisdicional da convencionalidade das leis**. 2ª Ed. São Paulo: Revista dos Tribunais, 2011.

___. Teoria geral do controle de convencionalidade no direito brasileiro. In. **Revista de Informação Legislativa do Senado**. Brasília, a. 46 n. 181 jan./mar, pp. 113-139, 2009.

MEDINA, José Miguel Garcia. **Direito processual civil moderno**. 2ª ed. São Paulo: Revista dos Tribunais, 2016.

MENDES, Gilmar Ferreira. **Jurisdi**ção constitucional: o controle abstrato de normas no Brasil e na Alemanha. 5 ed. São Paulo: Saraiva, 2005.

___.; BRANCO, Paulo Gustavo Gonet. **Curso de direito constitucional**. 8ª Ed. São Paulo: Saraiva, 2013.

NEVES, Marcelo. **Transconstitucionalismo**. São Paulo: Martins Fontes, 2013.

PONTES DE MIRANDA, Francisco Cavalcanti. **Coment**ários ao **C**ódigo de Processo Civil, tomo VIII: arts. 539 a 565. Rio de Janeiro: Forense, 2002.

PORTELA, Paulo Henrique Gonçalves. **Direito internacional p**úblico e privado: incluindo noções de direitos humanos e de direito comunitário. 8ª Ed. Salvador: Juspodivm, 2016.

PIOVESAN, Flávia. **Direitos humanos e o direito constitucional internacional**. 13ª Ed. São Paulo: Saraiva, 2012.

RIBEIRO, Antônio de Pádua. Do recurso especial para o Superior Tribunal de Justiça. In. **Revista de Informações Legislativas do Senado**. Brasília, a. 27, n. 105 jan./mar., 1990, pp. 73-86.

SARLET, Ingo Wolfgang; MARINONI, Luiz Guilherme; MITIDIERO, Daniel. **Curso de direito constitucional**. 2ª Ed. São Paulo: Revista dos Tribunais, 2013.

SUPERIOR TRIBUNAL DE JUSTIÇA. **AgRg no AREsp 645128/SC**, rel. min. Mauro Campbell Marques, 2ª T, julgado em 10/03/2015, DJe 16/03/2015.

___. **AgRg no REsp 859349/PR**, rel. min. Nefi Cordeiro, 6ª T, j. 16-12-2014, DJe 03-02-2015a.

___. **REsp 839.575/MG**, rel. min. Teori Albino Zavascki, j. 10-04-2007, DJ de 26-04-2007.

___. **REsp 787.396/RS**, rel. min. Teori Albino Zavascki, 1ª T, j. 05-05-2009, DJe 18-05-2009.

___. **REsp** 642213/RJ, rel. min. João Otávio de Noronha, 2ª Seção, j. 28-04-2010, DJe 02-08-2010.

___. **AgRg no REsp 1274513/SC**, rel. min. Herman Bejamin, 2ª T, j. 01-03-2012, DJe 12-04-2012.

SUPREMO TRIBUNAL FEDERAL. **Pet 1.738** AgR, rel. min. Celso de Mello, j. 1º-9-1999, P, DJ de 1º-10-1999.

___. **AI 162.245 AgR**, rel. min. Celso de Mello. j. 30-8-1994, 1ª T, DJ de 24-11-2000.

___. **ADI 595/ES**, rel. min. Celso de Mello. J. 18-02-2002, DJU 26-02-2002.

___. **RE 479.887**, rel. min. Ayres Britto, j. 7-8-2007, 1ª T, DJ de 31-10-2007.

___. **RE 493.769/SP**, rel. min Celso de Mello, j. 31-10-2006, 2ª T, DJE 23-02-2007a.

___. **HC nº 94.337**, rel. min. Cármen Lúcia, j. 3-6-2008, 1ª T, DJE 31-10-2008.

___. **HC nº 95.967-9/MS**, rel. mim. Ellen Gracie, j. 11-11-2008, DJE 28-11-2008.

___. **HC nº 87.585-8/TO**, rel. min. Marco Aurélio, j. 03-12-2008, DJE 26-06-2009.

___. **RE 349.703-1/RS**, rel. p/ acórdão min. Gilmar Mendes, j. 03-12-2008, DJE 05-06-2009.

___. **HC nº 96.772-8/SP**, rel. min. Celso de Mello, j. 09-06-2009, DJE 21-08-2009.

___. **RE 466.343/SP**, rel. min. Cézar Peluso, j. 03-12-2008, DJE 05-06-2009.

___. **MI 772-1/RJ**, rel. min. Celso de Mello, j. 24/10/2007, DJE 20-03-2009.

___. **AI 603.866 AgR**, rel. min. Marco Aurélio, j. 9-6-2009, 1ª T, DJE de 21-8-2009.

___. **AI 601.832**, rel. min. Joaquim Barbosa, j. 17-03-2009, DJE 03-04-2009.

___. **Rcl 4335/AC**, Inf. 739, rel. min. Gilmar Mendes, j. 20.3.2014.

___. **ADI 5240/SP**, rel. min. Luiz Fux, j. 20-08-2015, DJE de 01-02-2016.

REZEK, Francisco. **Direito internacional público**: curso elementar. 13º ed. São Paulo: Saraiva, 2011.

LIRA, Yulgan. **Controle de convencionalidade**: a tutela coletiva dos tratados internacionais de direitos humanos. João Pessoa: Ideia, 2016.

WAMBIER, Teresa Arruda Alvim. **Recurso especial, recurso extraordinário e ação rescisória**. 2º Ed. São Paulo: Revista dos Tribunais, 2008.

CONTROLE DE CONVENCIONALIDADE NA VIA CONCENTRADA

Rodrigo Clemente de Brito Pereira[1]

INTRODUÇÃO

No julgamento do Recurso Extraordinário nº 466.343 (2008), o Supremo Tribunal Federal decidiu que os tratados de direitos humanos não incorporados com os trâmites de uma emenda constitucional possuem *status* supralegal (mas infraconstitucional). Parte da doutrina comemorou o entendimento firmado, que impulsionaria a realização do controle de convencionalidade no Brasil; outra parte lamentou-o, apontando-o como empecilho ao controle concentrado de convencionalidade no Brasil.

A adoção da teoria da supralegalidade, isto é, a não atribuição de um *status* constitucional a todos os tratados de direitos humanos ter-lhes-ia reduzido o *enforcement* (garantia de cumprimento desses tratados na jurisdição brasileira), excluindo a possibilidade de que o controle de convencionalidade seja realizado de modo abstrato ou concentrado, como o é o controle de constitucionalidade baseado nos direitos que compõem o bloco de constitucionalidade restrito (normas formal e materialmente constitucionais).

Através do presente artigo, buscamos demonstrar que a aplicação do princípio da primazia da norma mais favorável, enquanto critério que deve reger a hermenêutica dos direitos humanos, possibilita a flexibilização do princípio hierárquico das normas, a adoção de uma concepção ampla de bloco de constitucionalidade e permite que a Corte Excelsa realize controle de convencionalidade em sede de controle concentrado de normas, ainda que as disposições convencionais tidas como supralegais não constituam, a princípio, parâmetros aptos a desencadear as ações de via direta ao Supremo.

---

1. Rodrigo Clemente de Brito Pereira é mestre em Ciências Jurídicas pela Universidade Federal da Paraíba, advogado e Procurador Geral Adjunto do Município de João Pessoa.

Para tanto, analisaremos, na primeira parte do trabalho, o princípio da primazia da norma mais favorável, conceituando-o e fundamentando-o. Nas partes segunda e terceira, por sua vez, analisaremos as implicações da aplicação de tal princípio na ordem jurídica, a fim de alcançar o objetivo proposto, qual seja, demonstrar a possibilidade de realização de controle de convencionalidade em sede de controle concentrado de normas, isto é, nas ações da via direta ao Supremo: Ação Direta de Inconstitucionalidade (ADI), Ação Declaratória de Constitucionalidade (ADC) e Ação de Descumprimento de Preceito Fundamental (ADPF).

1. O PRINCÍPIO DA PRIMAZIA DA NORMA MAIS FAVORÁVEL

Como já assinalou o Supremo Tribunal Federal, no julgamento do HC 96.772 (2009), de relatoria do Ministro Celso de Mello, a hermenêutica dos direitos humanos deve reger-se pelo princípio da primazia da norma mais favorável, normalmente conceituado como um vetor de interpretação segundo o qual o aplicador do direito deve, diante da pluralidade de diplomas normativos internos e internacionais de direitos humanos, escolher a solução que estabeleça o maior grau de proteção, aproveitando a coexistência de distintos instrumentos jurídicos (nacionais e internacionais) de garantia de direitos humanos com vistas a potencializar a capacidade de proteção do sistema.

Noutras palavras, a utilização do princípio da primazia da norma mais favorável permite que a vítima tenha a possibilidade de invocar a solução mais vantajosa à proteção de seus direitos, seja esta solução prevista no sistema doméstico, no sistema regional ou no sistema global de proteção dos direitos humanos. Destina-se, também, a garantir sempre e continuamente a elevação dos parâmetros de proteção dos direitos, pois, ao orientar a aplicação da norma mais favorável, proíbe que um nível de proteção já alcançado no plano interno ou internacional sofra uma diminuição em razão da superveniência de um novo diploma normativo ou de uma interpretação menos garantista. Apresenta, dessa forma, a dupla vocação de, por um lado, impedir retrocessos e, por outro, fomentar avanços no regime de proteção dos direitos humanos, sob a inspiração de uma ordem centrada no valor da absoluta prevalência da dignidade humana.

André de Carvalho Ramos explica que "de acordo com tal princípio, nenhuma norma de direitos humanos pode ser invocada para limitar, de qualquer modo, o exercício de qualquer direito ou liberdade já reconhecida por outra norma internacional ou nacional" (2016, p. 149). E complementa: "caso haja dúvida na interpretação de qual norma deve reger determinado caso, impõe-se que seja utilizada a norma *mais favorável* ao indivíduo, quer seja tal norma de origem *internacional* ou mesmo *nacional*" (2016, p. 149). No mesmo sentido, Flávia Piovesan ressalta que "no plano de proteção dos direitos humanos, interagem o Direito Internacional e o Direito interno movidos pelas mesmas necessidades de proteção, prevalecendo as normas que melhor protejam o ser humano, tendo em vista que a primazia é da pessoa humana" (2016, p. 179).

Adotando a distinção proposta por Friedrich Müller, em sua "Teoria Estruturante do Direito", entre texto normativo e norma[2], podemos afirmar que o princípio da primazia da norma mais favorável não deve ser concebido apenas como um mecanismo destinado a reduzir ou minimizar os possíveis conflitos entre diplomas normativos internacionais e nacionais, mas como um dos elementos de concretização da norma de direitos humanos.

A "norma" do princípio da primazia da norma mais favorável não diz respeito apenas ao texto normativo, mas à própria norma de decisão. Dessa forma, o princípio em tela não só se destina a solucionar o impasse acerca de qual texto normativo (entre dois ou mais) traz a prescrição mais favorável ao ser humano, mas também a extrair de um único texto normativo (ou da conjugação de mais de um texto normativo) a norma de decisão que melhor otimiza a proteção à vítima de uma violação de direitos.

A solução de conferir primazia à norma mais favorável, em tema de direitos humanos, baseia-se na concepção de que tais direitos, quer sejam reconhecidos no Direito interno, quer constem em convenções internacionais, têm como objetivo comum a promoção da dignidade humana, de forma que sua aplicação deve ser norteada sempre com vistas à máxima densificação desse princípio, não importando, para tanto, que se utilize norma de Direito Internacional ou de Direito interno.

Ampara-se, igualmente, na ideia de que os direitos humanos não encontram seu fundamento na autoridade estatal[3], tampouco na auto-

---

2. Consoante Müller, a diferença de norma e texto normativo é apresentada pelo "significado apenas indicativo do texto normativo para o sentido jurídico decisivo dessa norma, ou seja, para o teor de validade da disposição concretizada no caso particular" (2009, p. 198). Vale dizer, o texto normativo é tão-somente o "ponto de partida e ponto de referência" do processo de concretização que resulta na norma materialmente determinada, funcionando como "uma fronteira de concretização permitida" (2009, p. 205).
3. Com sua notável capacidade de persuasão, Luciano Mariz Maia argumenta que "quando os direitos fundamentais o são não em razão de uma essencialidade, ou em razão da dignidade

ridade de alguma instituição supranacional, e, por conta disso, o processo de interpretação e de aplicação das normas que enunciam esses direitos deve basear-se nos valores que enunciam, isto é, naquilo que prescrevem. Nesse sentido, Piovesan (2016, p. 142), afirma que "na hermenêutica emancipatória dos direitos há que imperar uma lógica material e não formal, orientada por valores, a celebrar o valor fundante da prevalência da dignidade humana". A hermenêutica dos direitos humanos deve inspirar-se, portanto, em "uma lógica e racionalidade material" com "o primado da substância sobre a forma" (PIOVESAN, 2016, p. 144). Assim, em caso de conflito aparente entre normas internacionais e internas, em matéria de direitos humanos, há de prevalecer sempre a mais favorável ao sujeito de direito que necessita de sua proteção.

2. A FLEXIBILIZAÇÃO DO PRINCÍPIO HIERÁRQUICO DAS NORMAS

A Constituição de 1967 não previa expressamente que os direitos enunciados em tratados internacionais de direitos humanos incluíam-se entre os constitucionalmente protegidos. No art. 150, § 35, previa: "A especificação dos direitos e garantias expressas nesta Constituição não exclui outros direitos e garantias decorrentes do regime e dos princípios que ela adota."

A Constituição de 1988 inovou, ao prever, em seu texto original, que os direitos e garantias nela expressos não excluem outros decorrentes dos tratados internacionais em que a República Federativa do Brasil é parte (art. 5º, § 2º). Com base nesse dispositivo de nítida abertura constitucional[4], invocando a natureza de matéria eminentemente constitu-

---

    da pessoa humana, mas unicamente em razão de assim serem mencionados em um texto constitucional, recuam-se séculos de avanços e lutas, para abdicar da circunstância de que Estados não instituem direitos fundamentais, mas apenas os reconhecem, porque tais direitos precedem ao próprio Estado" (2004, p. 127).

4.   Discorrendo sobre o art. 16 (1) da Constituição portuguesa, de teor semelhante ao § 2º do art. 5º da Constituição do Brasil, Jorge Miranda (1988, p. 153) apelida esse dispositivo de cláusula aberta ou de não tipicidade de direitos fundamentais, explicando que: "Não se depara, pois, no texto constitucional, com um elenco taxativo de direitos fundamentais. Pelo contrário, a enumeração é uma enumeração aberta, sempre pronta a ser preenchida ou completada através de outros direitos ou, quanto a cada direito, através de novas faculdades para além daquelas que se encontram definidas ou especificadas em cada momento".

cional dos direitos humanos[5] e amparando-se no Direito comparado[6], grande parte da doutrina pátria passou a enxergar que o texto original da nossa Carta Política conferiu hierarquia constitucional aos tratados de direitos humanos em que o Brasil é parte. Nesse sentido, vozes de renome, como Antônio Augusto Cançado Trindade (1996, p. 21), sustentavam que:

> ... no caso dos tratados de proteção internacional dos direitos humanos em que o Brasil é Parte, os direitos fundamentais neles garantidos passam, consoante os artigos 5º, § 2º e 5º, § 1º, da Constituição Brasileira de 1988, a integrar o elenco dos direitos constitucionalmente consagrados e direta e imediatamente exigíveis no plano do ordenamento jurídico interno.

Todavia, a jurisprudência do STF insistia em equiparar todos os tratados internacionais, inclusive os de direitos humanos, à lei federal, na esteira do precedente firmado em 1977, no julgamento do Recurso Extraordinário nº 80.004. Não havia, pois, um entendimento pacífico acerca da hierarquia que os tratados de direitos humanos assumem ao serem incorporados ao ordenamento pátrio.

Através da Emenda Constitucional nº 45, de 08 de dezembro de 2004, o constituinte reformador acrescentou o § 3º ao artigo 5º da Constituição, dispondo que os tratados e convenções internacionais sobre direitos humanos que forem aprovados, em cada Casa do Congresso Nacional, em dois turnos, por três quintos dos votos dos respectivos membros (mesmo trâmite exigido para a aprovação de emendas constitucionais),

---

5. Consoante J. J. Gomes Canotilho (1993, p. 68), "historicamente (na experiência constitucional), foram consideradas matérias constitucionais, 'par excellence', a organização do poder político (informada pelo princípio da divisão de poderes) e o catálogo dos direitos, liberdades e garantias". No mesmo sentido, Georges Burdeau (1995, p. 55), discorrendo sobre as declarações de direitos humanos, ressalta que: "Énoncer des droits, c'est donc aussi énoncer lês obligations des pouvoirs publics, ce qui relève bien de la constitution matérielle".

6. A partir de um estudo de Direito Comparado, Antônio Augusto Cançado Trindade (1996, p. 19 e ss.) revela que há uma tendência recente de as Constituições dos Estados, sobretudo na América Latina, conferirem hierarquia constitucional aos tratados de direitos humanos. Informa que as Constituições da Guatemala de 1985 (art. 46), da Nicarágua de 1987 (art. 46), do Chile de 1989 (art. 5º, II) e da Argentina pós-reforma de 1994 (art. 75, inciso 22) integram as normas internacionais de direitos humanos ao direito interno em nível constitucional, e a Constituição da Colômbia de 1991 (art. 93) confere-lhes *status* até supraconstitucional. Da mesma forma, na Europa, a Lei Fundamental alemã de 1949 (art. 25) faz prevalecer as normas de direito internacional sobre a lei interna. Flávia Piovesan (2016, p. 156/157) complementa o rol de Estados que dispensam tratamento diferenciado aos tratados de direitos humanos, fazendo referência também à Constituição da Venezuela de 1999 (art. 23).

serão equivalentes às emendas constitucionais. Os debates em torno do tema, porém, não terminaram.

Para alguns autores, o novo dispositivo veio tão-somente reforçar a natureza constitucional dos tratados de direitos humanos, possibilitando que os mesmos, além de materialmente constitucionais, passem também a ser formalmente constitucionais. Nesse sentido, defende Piovesan que:

> ... por força do art. 5º, § 2º, todos os tratados de direitos humanos, independentemente do *quorum* de aprovação, são materialmente constitucionais, compondo o bloco de constitucionalidade. O *quorum* qualificado está tão somente a reforçar tal natureza, ao adicionar um lastro formalmente constitucional aos tratados ratificados, propiciando a "constitucionalização" formal dos tratados de direitos humanos no âmbito jurídico interno (2016, p. 142).

Segundo Piovesan (2016, p. 152/156), o advento do § 3º do art. 5º da Constituição possibilitou o surgimento de duas categorias de tratados de direitos humanos no Brasil: os materialmente constitucionais (aprovados sem as formalidades de uma proposta de emenda à Constituição) e os material e formalmente constitucionais (aprovados com as formalidade de uma proposta de emenda à Constituição, nos termos do § 3º do art. 5º da Constituição). A diferença de regimes jurídicos entre essas duas categorias de tratados, na visão da autora, dá-se exclusivamente em relação à possibilidade de denúncia, que é o ato por meio do qual um Estado desvincula-se de um tratado. Nesse sentido, os tratados materialmente constitucionais são suscetíveis de denúncia, cujo processo deve ser democratizado, com a participação do Legislativo. Já os tratados aprovados nos termos do § 3º do art. 5º da Constituição não poderiam ser denunciados, em razão da constitucionalização formal.

Para outros doutrinadores, contudo, o § 3º do art. 5º da Constituição, quando interpretado *a contrario sensu*, leva à conclusão de que os tratados internacionais que não foram aprovados seguindo o trâmite de uma emenda à Constituição não têm o *status* de norma constitucional. Nessa perspectiva, ilustres juristas, como Manoel Gonçalves Ferreira Filho (2011, 124-126) e Luís Roberto Barroso (2013, p. 171-180), não enxergam a possibilidade de se reconhecer às normas de tratados de direitos humanos valor constitucional, senão quando incorporadas pelo trâmite de emenda constitucional.

Esse último ponto de vista, aliás, é o que predomina, atualmente, no Supremo Tribunal Federal. Apesar das balizadas vozes dos Ministros Celso de Mello, Cezar Peluso, Ellen Gracie e Eros Grau defendendo a qualificação constitucional de todos os tratados de direitos humanos, a posição que prevaleceu (e ainda prevelece hoje), no julgamento do Recurso Extraordinário nº 466.343 (2008), foi a de atribuir hierarquia supralegal (mas infraconstitucional) aos tratados de direitos humanos incorporados sem as formalidades do § 3º do artigo 5º da Constituição Federal, reservando-se o *status* constitucional somente aos tratados de direitos humanos aprovados, em cada Casa do Congresso Nacional, em dois turnos, por três quintos dos votos dos respectivos membros.

Nessa última ótica, dos tratados em que o Brasil é signatário, apenas a Convenção Internacional sobre os Direitos da Pessoas com Deficiência com seu Protocolo Facultativo, promulgada pelo Decreto n. 6.949, de 25 de agosto de 2009, teria hierarquia de norma constitucional, pois nenhum outro seguiu o trâmite do § 3º do artigo 5º. É que a maioria dos tratados internacionais em que o Brasil é parte foram ratificados durante o período de redemocratização, após o fim do regime militar, antes, portanto, da vigência da Emenda Constitucional nº 45/2004, que acrescentou o referido § 3º ao art. 5º do texto constitucional. É o caso da Convenção Americana de Direitos Humanos (Pacto de San José da Costa Rica), aprovada e promulgada em 1992, mesmo ano em que foram aprovados e promulgados o Pacto Internacional dos Direitos Civis e Políticos e o Pacto Internacional dos Direitos Econômicos, Sociais e Culturais[7].

Do fato de a jurisprudência dominante no Brasil não reconhecer à maior parte dos tratados de direitos humanos o mesmo *status* da Constituição decorreria, em tese, a conclusão de que, havendo uma situação de incompatibilidade entre um tratado supralegal e a Constituição, esta haveria de prevalecer sempre, haja vista que o nosso ordenamento jurídico, seguindo a concepção kelseniana de um sistema dinâmico de normas positivadas hierarquicamente dispostas (KELSEN, 1990, p. 118-119 e 129-131)[8], funda-se na supremacia da Constituição. Noutras pa-

---

7. Observa Piovesan (2016, p. 142) que "os tratados de direitos humanos ratificados anteriormente à Emenda Constitucional n. 45/2004 contaram com ampla maioria na Câmara dos Deputados e no Senado Federal, excedendo, inclusive, o quórum dos três quintos dos membros em cada Casa. Todavia, não foram aprovados por dois turnos de votação, mas em um único turno de votação em cada Casa, uma vez que o procedimento de dois turnos não era tampouco previsto".

8. Nas palavras de Kelsen (1990, p. 118): "O sistema de normas que chamamos de ordem jurídica é um sistema do tipo dinâmico. As normas jurídicas não são válidas por terem, elas próprias, ou a norma básica, um conteúdo cuja força de obrigatoriedade que seja auto-evidente. Elas não são válidas por causa de um atrativo que lhes é inerente. As normas jurídicas podem

lavras, é a Constituição que confere validade às demais normas do ordenamento jurídico, e isso representa uma das expressões da soberania do Estado, posto que a Constituição deriva do poder fundador do Estado, o poder constituinte originário. Por esse raciocínio, a Constituição haveria sempre de predominar, pois, do contrário, "o princípio mesmo da ordem hierárquica das normas seria tornado vão, porque a norma superior perderia o poder, que lhe é próprio, de não ser ab-rogada pelas normas inferiores" (BOBBIO, 1999, p. 107-108).

Ocorre que, apesar de as normas de proteção dos direitos humanos fazerem parte do ordenamento jurídico pátrio, não há como lhes atribuir a característica de um sistema dinâmico, pois, conforme já ressaltado anteriormente, os direitos humanos não encontram fundamento na autoridade estatal ou supranacional que os reconhece, mas, sim, na autoridade do conteúdo que prescrevem. O próprio reconhecimento dos valores que enunciam implica no seu reconhecimento social, na sua aceitação e institucionalização. Assim, compõem um sistema jurídico em evolução, que não pode ser completamente compreendido em termos

---

ter qualquer tipo de conteúdo. (...) A validade de uma norma jurídica não pode ser questionada a pretexto de seu conteúdo ser incompatível com algum valor moral ou político. Uma norma é uma norma jurídica válida em virtude de ter sido criada segundo um regra definida, e apenas em virtude disso. (...) O Direito é sempre Direito positivo, e sua positividade repousa no fato de ter sido criado e anulado por atos de seres humanos, sendo, desse modo, independente da moralidade e de sistemas similares de normas." Em outra passagem, explicando o pressuposto hierárquico do ordenamento jurídico que faz dele um sistema dinâmico, afirma que: "Como uma norma jurídica é válida por ser criada de um modo determinado por outra norma jurídica, esta é o fundamento de validade daquela. (...) A ordem jurídica, especialmente a ordem jurídica cuja personificação é o Estado, é, portanto, não um sistema de normas coordenadas entre si, que se acham por assim dizer, lado a lado, no mesmo nível, mas uma hierarquia de diferentes níveis de normas. A unidade dessas normas é constituída pelo fato de que a criação de uma norma – a inferior – é determinada por outra – a superior – cuja criação é determinada por outra ainda mais superior, e de que esse regressus é finalizado por uma norma fundamental, a mais superior, que, sendo o fundamento supremo de validade da ordem jurídica inteira, constitui a sua unidade" (KELSEN, 1990, p. 129). Para Kelsen, os ordenamentos jurídicos são sistemas dinâmicos, em contraposição aos ordenamentos morais, que são estáticos. Tomando essa distinção em conta, Bobbio (1999, p. 71-74) explica que, num sistema estático, "as normas estão relacionadas entre si no que se refere ao seu conteúdo". No dinâmico, por sua vez, "as normas que o compõem derivam umas das outras através de sucessivas delegações de poder, isto é, não através do seu conteúdo, mas através da autoridade que as colocou". Os sistemas dinâmicos se assentam sobre o pressuposto de uma hierarquia de normas, posto que "as normas que o compõem derivam umas das outras através de sucessivas delegações de poder". Num sistema desse gênero, "uma autoridade inferior deriva de uma autoridade superior". A relação entre as normas não é material, mas formal. As normas encontram sua validade (pertencimento ao ordenamento) no fato de respeitarem normas emanadas de autoridades superiores.

de si mesmo (SHAW, 2008, p. 267)[9]. Seu fundamento encontra-se na aceitação geral de que todo indivíduo tem direitos que precisam ser respeitados e protegidos pelos Estados. Noutras palavras, conforme ensina Fábio Konder Comparato (2007, p. 60), seu fundamento:

> ... só pode ser a consciência ética coletiva, a convicção, longa e largamente estabelecida na comunidade internacional de que a dignidade da condição humana exige o respeito a certos bens ou valores em qualquer circunstância, ainda que não reconhecidos no ordenamento estatal ou em documentos normativos internacionais.

Por tal razão, o princípio hierárquico cede lugar ao da primazia da norma mais favorável na solução de casos em que haja incompatibilidades aparentes entre normas de direitos humanos previstas na Constituição e nos tratados internacionais. Nesse sentido, anota Comparato que, "na hipótese de conflito entre normas internacionais e internas, em matéria de direitos humanos, há de prevalecer sempre a mais favorável ao sujeito de direito, pois a proteção da dignidade da pessoa humana é a finalidade última e a razão de ser de todo o sistema jurídico" (2007, p. 62).

O reconhecimento e a utilização do princípio da primazia da norma mais favorável, portanto, permite que se afaste a aplicação indiscriminada da teoria escalonada do ordenamento jurídico – segundo a qual uma norma é válida se for compatível com a norma hierarquicamente superior, não cabendo ao intérprete valorar a norma, mas apenas verificar a sua compatibilidade com a norma superior – e flexibiliza o princípio hierárquico das normas, pois recomenda a aplicação de uma norma não em razão da hierarquia que ocupa no ordenamento jurídico, mas em virtude do seu conteúdo, isto é, do que ela prescreve.

3. POSSIBILIDADE DE CONTROLE DE CONVENCIONALIDADE NA VIA CONCENTRADA

Ao permitir que um determinado caso seja solucionado pela criação/aplicação de uma norma independentemente da hierarquia que ocupa no ordenamento jurídico, mas em função do seu conteúdo mais

---

9. Esclarece Malcolm N. Shaw (2008, p. 267) que "modern rights theories cover a wide range of approaches, and this clearly emphasises the need to come to terms with the requirements of an evolving legal system that cannot be totally comprehended in terms of that system itself". Nesse sentido, Ronald Dworkin (2007, p. 185 e ss.) enfatiza que o Direito possui, ao lado da legalidade e da faticidade, um terceiro componente axiológico em sua estrutura, que sempre envolve o conjunto de preceitos morais que lhe servem de fundamento e aos quais devem coerência.

protetivo, o princípio da primazia da norma mais favorável possibilita a (re)leitura da própria Constituição a partir dos tratados de direitos humanos – ou vice-versa, a depender de qual seja a norma mais protetiva no caso concreto – a exemplo do que ocorreu no julgamento do RE 466343 (2008), em que o Supremo Tribunal Federal interpretou o art. 5º, inc. LXVII e §§ 1º, 2º e 3º, da CF, à luz do art. 7º, § 7, da Convenção Americana de Direitos Humanos (Pacto de San José da Costa Rica), para reconhecer como ilícita a prisão civil de depositário infiel, qualquer que seja a modalidade do depósito.

O fato de, no julgamento desse paradigmático Recurso Extraordinário nº 466.343 (2008), o Supremo Tribunal Federal ter firmado o entendimento de que os tratados de direitos humanos não incorporados com os trâmites de uma emenda constitucional possuem *status* supralegal (mas infraconstitucional), não altera a conclusão acima, visto que a hierarquia dos diplomas normativos torna-se uma questão de somenos importância, diante do princípio da primazia da norma mais favorável. Independentemente do *status* formal de que gozam, os tratados internacionais de direitos humanos são considerados na interpretação da Constituição.

Ao reler a Constituição à luz do Direito Internacional dos Direitos Humanos, conferindo-lhe novo sentido, o STF está, na verdade, a alterar a Lei Fundamental, posto que, no poder de interpretá-la, reside a prerrogativa extraordinária de (re)formulá-la, eis que a interpretação judicial acha-se compreendida entre os processos informais de mutação constitucional, a significar, portanto, que a Constituição está em elaboração permanente nos Tribunais incumbidos de aplicá-la" (STF, MS 26603, Relator: Min. Celso de Mello, Tribunal Pleno, julgado em 04/10/2007).

A decisão proferida pelo Supremo Tribunal Federal no RE n. 466.343, em 2008, ao conferir aos tratados de direitos humanos uma hierarquia especial e privilegiada (supralegal) no sistema jurídico brasileiro, impulsionou o controle de convencionalidade das leis no Brasil e, consequentemente, a incorporação de parâmetros protetivos internacionais no âmbito doméstico. De fato, estando os tratados internacionais em um plano hierárquico superior ao das leis domésticas, o intérprete deve aferir se estas guardam compatibilidade com aqueles. Esse processo através do qual o órgão jurisdicional, interno ou internacional, afere a compatibilidade das leis internas com os tratados internacionais e com o significado que a eles atribuem seus intérpretes autênticos, conformando-as, se necessário, aos compromissos assumidos pelo Estado no plano internacional, chama-se controle de convencionalidade, em analogia ao processo de verificação da validade das leis perante a Constituição, denominado controle de constitucionalidade.

Constitui o principal mecanismo de tutela dos direitos humanos consagrados em tratados internacionais. Por isso, a Corte Interamericana de Direitos Humanos, na sentença proferida no Caso Almonacid Arellano y otros vs. Chile (2006), ressaltou o dever de os juízes exercerem-no, explicando, muito didaticamente, o porquê e a forma do controle de convencionalidade, ao assentar que:

> A Corte tem consciência de que os juízes e tribunais internos estão sujeitos ao império da lei e, por isso, são obrigados a aplicar as disposições vigentes no ordenamento jurídico. Mas quando um Estado ratifica um tratado internacional como a Convenção Americana, seus juízes, como parte do aparato estatal, também estão submetidos a ela, o que os obriga a velar para que os efeitos das disposições da Convenção não se vejam diminuídos pela aplicação de leis contrárias a seu objeto e a seu fim e que, desde o início, carecem de efeitos jurídicos. Em outras palavras, o Poder Judiciário deve exercer uma espécie de "controle de convencionalidade" entre as normas jurídicas internas aplicadas a casos concretos e a Convenção Americana sobre Direitos Humanos. Nesta tarefa, o Poder Judiciário deve levar em conta não apenas o tratado, mas também a interpretação que a Corte Interamericana, intérprete última da Convenção Americana, fez do mesmo. (parágrafo 124)

A partir do advento do controle de convencionalidade no Brasil, as leis internas devem passar, portanto, por um duplo controle vertical material (MAZZUOLI), eis que precisam obedecer tanto à Constituição como também às disposições dos tratados de direitos humanos; precisam guardar conformidade também com a jurisprudência do STF, guardião da Constituição, como com a dos órgãos internacionais de monitoramento, incumbidos de fazer a interpretação final dos tratados de direitos humanos.

No exercício desse duplo controle vertical, o princípio da primazia da norma mais favorável permite o fortalecimento tanto do controle de constitucionalidade como do controle de convencionalidade. É que a possibilidade de (re)leitura da Constituição a partir dos tratados de direitos humanos – ou vice-versa, a depender de qual seja a norma mais protetiva no caso concreto – estimula o "diálogo" que necessariamente deve haver entre essas fontes e também entre os órgãos incumbidos de sua interpretação. E, como explica Mazzuoli, nesse diálogo de fontes, Constituição e tratados não se excluem, mas "se unem para servir de obstáculo à produção normativa doméstica infraconstitucional que viole os preceitos da Constituição ou dos tratados de direitos humanos em que a República Federativa do Brasil é parte" (2010, p. 214).

O diálogo, como se disse, não é só entre os instrumentos normativos, mas também entre os órgãos incumbidos de sua interpretação. Os tribunais domésticos devem utilizar não só o catálogo de direitos humanos internacionais, mas especialmente a interpretação internacionalista, dando sentido à adesão brasileira a esses tratados internacionais de diretos humanos. Nesse sentido, ao proferir seu voto no julgamento da ADI 5.240/SP (2015), o ilustre Ministro Roberto Barroso salientou que:

> Não tenho dúvida de que compete, Presidente, ao Supremo Tribunal Federal definir o que vale internamente no Brasil. Porém, essa definição, no mundo contemporâneo, é feita em um diálogo institucional com as Cortes internacionais, não apenas a Corte Interamericana de Direitos Humanos, a cujo sistema nós pertencemos, como todas as Cortes internacionais de Direitos Humanos.

Portanto, penso - até li um trabalho recentemente do Professor Daniel Sarmento sobre esse ponto - que a questão não é propriamente de hierarquização, e sim de diálogos institucionais em busca do melhor argumento e da melhor forma de se defenderem os Direitos Humanos. E o entendimento que tem prevalecido no Direito europeu é o de que não há propriamente hierarquia, mas deve prevalecer a cláusula que proteja mais adequadamente os direitos...

Esse comportamento, denominado pela doutrina de "diálogo das Cortes", ainda que incipiente no Brasil, já foi percebido, quando do enfrentamento do tema relacionado à exigência de diploma de curso superior ou de registro profissional obrigatório para o exercício da profissão de jornalista.

A questão já fora objeto do Parecer Consultivo n. 5/1985 da Corte Interamericana, solicitado pelo Estado da Costa Rica. No caso, a CIDH, no exercício de sua competência consultiva, afirmou que a exigência do registro profissional obrigatório de jornalistas, na medida em que impede o acesso de qualquer pessoa ao uso pleno dos meios de comunicação social como veículo para se expressar ou para transmitir informação, é incompatível com o art. 13 da CADH, que dispõe sobre a liberdade de pensamento e expressão.

Em 2009, a matéria foi enfrentada pelo STF, no julgamento do Recurso Extraordinário n. 511.961, de relatoria do Ministro Gilmar Ferreira Mendes. Na ocasião, o STF fez referência expressa ao entendimento da Comissão e da Corte Interamericana de Direitos Humanos, para concluir pela declaração da não-recepção do artigo 4º, inciso V, do Decreto-Lei nº 972/1969, por considerar que a exigência de diploma universitário em jornalismo, como condição obrigatória para o exercício dessa profissão, viola o direito à liberdade de expressão.

Essa interação entre os órgãos incumbidos de interpretar os direitos humanos é importantíssima para o aprimoramento e a harmonia do sistema de proteção, na medida em que possibilita a construção de soluções dialógicas por meio das quais as Cortes consideram, nas suas decisões, os precedentes umas das outras, com vistas à construção da norma de decisão mais favorável no caso concreto. Nesse aspecto, é fundamental que, quando a Corte Constitucional venha a adotar decisões que envolvam direitos humanos, faça referência ao entendimento da Corte Internacional. Igualmente, a Corte Internacional, ao julgar seus casos, deve considerar as decisões das Cortes Constitucionais. Em ambos os casos, havendo uma ruptura ao entendimento anterior da outra Corte, é preciso que haja um esforço argumentativo para convencer a sociedade de que a nova solução constitui uma norma de decisão mais favorável à proteção dos direitos humanos, em especial sob a ótica dos indivíduos e grupos sociais mais vulneráveis a violações.

Esse comportamento, contudo, nem sempre acontece. Não foi verificado, por exemplo, no julgamento da ADPF 153 (2010), quando o STF declarou a constitucionalidade da Lei n. 6.683/1979 e afirmou que a anistia por ela concedida foi ampla, geral e irrestrita, desconsiderando a jurisprudência da Corte Interamericana de Direitos Humanos, sedimentada no sentido de que as leis de autoanistia ofendem a Convenção Americana de Direitos Humanos, por não garantir às vítimas o direito à completa investigação, persecução e punição criminal dos agentes responsáveis por graves violações de direitos humanos.

Na ADPF n. 153, julgada em 28 de abril de 2010, o STF desconsiderou os procedentes internacionais e, mais especificamente, interamericanos, omitindo-se em realizar o controle de convencionalidade da Lei de Anistia à luz da Convenção Americana de Direitos Humanos, o que acabou por ensejar, poucos meses depois, a condenação do Estado brasileiro perante a CIDH, no Caso Gomes Lund e outros vs. Brasil (2010), no sentido de exigir que fosse feita completa investigação, persecução e punição criminal dos agentes estatais responsáveis pelos homicídios ocorridos na chamada Guerrilha do Araguaia, durante a ditadura militar, desconsiderando, portanto, a anistia para tais indivíduos.

Não há incompatibilidade entre as decisões – em que pese a situação de desconforto gerada em razão da omissão do STF, com a perda de eficácia de parte de sua própria decisão proferida na ADPF 153 e a responsabilização internacional do Estado brasileiro – tendo em vista que a Lei de Anistia passou pelo controle de constitucionalidade realizado pelo STF, mas não pelo de convencionalidade realizado pela CIDH, motivo por que não pode produzir efeitos no que for incompatível com a Convenção Americana de Direitos Humanos[10].

Além de estimular o diálogo entre cortes de direitos humanos, a aplicação do princípio da primazia da norma mais favorável corrobora para a adoção de uma concepção ampla do bloco de constitucionalidade (parâmetro de validade para as demais normas do sistema jurídico).

Sobre o tema, afirma Ramos (2016, p. 329) que, no seu entender, a redação originária da Constituição de 1988 adotou o conceito de um bloco de constitucionalidade amplo, ao dotar os tratados de direitos humanos de estatuto equivalente à norma constitucional, de acordo com o artigo 5º, § 2º. Reconhece, todavia, que a sua posição é minoritária até o momento (e não foi adotada pelo STF). Assim, noticia que a concepção que prevalece atualmente é a de um bloco de constitucionalidade restrito, que não abarca qualquer tratado de direitos humanos, mas só aqueles aprovados pelo rito especial do artigo 5º, § 3º, introduzido pela EC n. 45/2004.

Pela adoção do princípio da primazia da norma mais favorável, a concepção do bloco de constitucionalidade é ampliada, abarcando não

---

10. Nesse sentido, a Procuradoria Geral da República, na manifestação que apresentou na ADPF 320, salientou que: "(...) o objeto desta ADPF não é igual àquele decidido na ADPF 153. Ali, declarou-se a constitucionalidade da lei que concedeu anistia (...). Aqui, trata-se do controle dos efeitos da Lei 6.683/1979 em decorrência de decisão judicial vinculante da Corte IDH, superveniente ao julgamento da ADPF 153, com declaração de ineficácia parcial da lei nacional. (...) Na presente ADPF não se cogita de reinterpretar a Lei da Anistia nem de lhe discutir a constitucionalidade (tema submetido a essa Suprema Corte na ADPF 153), mas de estabelecer os marcos do diálogo entre a jurisdição internacional da Corte Interamericana de Direitos Humanos (plenamente aplicável à República Federativa do Brasil, que a ela se submeteu de forma voluntária, soberana e válida) e a jurisdição do Poder Judiciário brasileiro. (...) como observou ANDRÉ DE CARVALHO RAMOS, não existe conflito entre a decisão do Supremo Tribunal Federal na ADPF 153 e a da Corte Interamericana no caso GOMES LUND. O que há é exercício do sistema de duplo controle, adotado em nosso país como decorrência da Constituição da República e da integração à Convenção Americana sobre Direitos Humanos: o controle de constitucionalidade nacional e o controle de convencionalidade internacional. Qualquer ato ou norma deve ser aprovado pelos dois controles, para que sejam respeitados os direitos no Brasil".

só os direitos formalmente constitucionais, como também todos os direitos materialmente constitucionais (ainda que formalmente supralegais), pois a Constituição deve ser (re)interpretada à luz de todo esse conjunto de direitos, com vistas a garantir a leitura mais vantajosa à proteção do ser humano.

Nesse sentido, não há como o Poder Judiciário proferir decisões que deixem de aplicar normas mais benéficas de proteção de direitos humanos, previstas em tratados internacionais, sob o argumento de que tais instrumentos normativos possuem status supralegal, mas não constitucional. Uma decisão nesses termos malferiria o princípio da prevalência dos direitos humanos (art. 4º, II, CF), do qual o princípio da primazia da norma mais favorável é corolário.

Dessa forma, a adoção do princípio da primazia da norma mais favorável esvazia a crítica segundo a qual a adoção da teoria da supralegalidade teria restringido o bloco de constitucionalidade no Brasil. Como consequência disso, tem-se também uma resposta ao problema, apontado por alguns autores, de que a não atribuição de um *status* constitucional a todos os tratados de direitos humanos ter-lhes-ia reduzido o *enforcement* (garantia de cumprimento desses tratados internacionais na jurisdição brasileira), excluindo a possibilidade de que o controle de convencionalidade seja realizado de modo abstrato ou concentrado.

Na visão de Valerio Mazzuoli, por exemplo, os tratados de direitos humanos não internalizados pela maioria qualificada só podem ser paradigma do controle difuso de convencionalidade, pois, para haver "o controle pela via de ação (controle 'concentrado') devem os tratados de direitos humanos ser aprovados pela sistemática do art. 5º, § 3º, da Constituição" (2013, p. 411).

Sobre essa questão, Yulgan Lira afirma que "não se pode utilizar de uma ação do controle concentrado de constitucionalidade para tutelar o direito supralegal, pois estas normas não são formalmente constitucionais, portanto não constituem parâmetro de controle abstrato" (2016, p. 85) e propõe que o controle de convencionalidade em abstrato seja feito através da tutela coletiva da ação civil pública, porque:

> a ação civil pública desponta como principal espécie processual capaz de tutelar o direito supralegal advindo dos TIDH, pois é cabível em face de qualquer dano transindividual, além de que o dano social provocado pela não aplicação do tratado representa a possibilidade de controle de convencionalidade-supralegalidade em molde similar ao controle de constitucionalidade de via direta, eis que a coisa julgada coletiva/con-

vencional possui eficácia *erga omnes*, o que seria o mesmo que dizer que a decisão que corrobora a superioridade do TIDH frente à lei torna sem efeitos o dispositivo legal em todo o território brasileiro. (2016, p. 191)

A criativa solução pode ser questionada, pois a jurisprudência do STF firmou-se no sentido de ser inviável a utilização de "ação civil pública em que a declaração de inconstitucionalidade com efeitos *erga omnes* não é posta como causa de pedir, mas, sim, como o próprio objeto do pedido", pois tal hipótese configura "hipótese reservada à ação direta de inconstitucionalidade de leis federais, da privativa competência originária do Supremo Tribunal" (Rcl 2224, Relator(a): Min. Sepúlveda Pertence, Tribunal Pleno, julgado em 26/10/2005). Pode-se argumentar que a proibição do manejo da ação civil pública para controle abstrato da validade de atos normativos não alcançaria a possibilidade de controle de convencionalidade, já que, em relação a este, a Constituição não confere, expressamente, competência originária privativa do STF, como o faz em relação ao controle de constitucionalidade (art. 102, I, "a", CF).

Contudo, tal solução só seria necessária se, realmente, não fosse possível a realização de controle de convencionalidade em sede de ADI, ADC ou ADPF, o que não é o caso. A *praxis* da Suprema Corte tem demonstrado ser, sim, possível a realização de controle de convencionalidade na via concentrada, ainda que essa via não seja desencadeada com fundamento em dispositivo convencional.

Tome-se, por exemplo, a ADI 5.240 (2015). Na hipótese, a Associação de Delegados de Polícia do Brasil impugnava o Provimento Conjunto 03/2015, da Presidência do Tribunal de Justiça e da Corregedoria-Geral de Justiça do Estado de São Paulo, que disciplinou as audiências de custódia no âmbito daquele tribunal. Alegava que tal ato normativo violaria os artigos 5º, inciso II, e 22, inciso I, da Constituição Federal, já que o regramento da audiência de custódia, por ter natureza jurídica de norma processual, dependeria da edição de lei federal.

Para a Excelsa Corte, o ato normativo impugnado não violou os artigos 5º, inciso II, e 22, inciso I, da Constituição Federal, pois o Provimento Conjunto 03/2015 teria apenas explicitado conteúdo normativo já existente em diversas normas do Código de Processo Penal – recepcionado pela Constituição Federal de 1988 como lei federal de conteúdo processual – e da Convenção Americana sobre Direitos do Homem, que, no artigo 7º, item 5, prevê a audiência de apresentação e é reconhecida pela jurisprudência do Supremo Tribunal Federal como norma de *status* jurídico supralegal. Afora isso, o Provimento Conjunto 03/2015, noutros artigos, teria tão somente organizado o funcionamento dos seus órgãos judiciários, estritamente dentro da esfera de atribuições inerente à sua autogestão, assegurada pelo artigo 96, inciso I, alínea "a", da Carta Política, sem qualquer ofensa à reserva legal, à competência legiferante privativa da União ou a qualquer disposição material do texto constitucional.

Ademais, assinalou o STF, acolhendo o voto da lavra do Min. Luiz Fux, que a própria Constituição e o Código de Processo Penal precisavam ser relidos à luz da Convenção Americana de Direitos Humanos, no que tange ao instituto do *habeas corpus*, com vistas a incorporar, necessariamente, a audiência de apresentação (audiência de custódia) como momento de deflagração do rito procedimental do remédio heróico perante o juízo de primeiro grau.

Em voto acompanhando o posicionamento do relator, o saudoso Ministro Teori Zavascki expressou, claramente, seu entendimento acerca da possibilidade de o STF exercer o controle de convencionalidade em sede de ADI. Na oportunidade, afirmou:

> (...) mesmo que seja considerada, como reza a jurisprudência do Supremo, uma norma de hierarquia supralegal (e não constitucional), penso que o controle - que se poderia encartar no sistema de controle da convencionalidade - deve ser exercido para aferir a compatibilidade da relação entre uma norma supralegal e uma norma legal. E o exercício desse controle só pode ser da competência do Supremo Tribunal Federal. De modo que não vejo nenhuma dificuldade em exercer esse controle de convencionalidade no caso concreto.

No mesmo julgamento, o Ministro Gilmar Mendes, reforçando a possibilidade de a norma constitucional densificada pela norma internacional de direitos humanos ser parâmetro de constitucionalidade em sede abstrata, apresentou a tese de que está encartada, dentro da cláusula do devido processo legal (art. 5º, LIV, CF), a apresentação imediata do preso perante a autoridade judiciária (art. 7º, item 5, da CADH). Sintetizou o seu voto afirmando que se deve ler a cláusula do devido processo legal com o conteúdo que lhe empresta o texto da Convenção Americana, que determina que o preso seja imediatamente apresentado ao juiz.

No caso, a ação direta de inconstitucionalidade foi "parcialmente conhecida e, nessa parte, julgada improcedente, indicando a adoção da referida prática da audiência de apresentação por todos os tribunais do país." (ADI 5240, Relator: Min. Luiz Fux, Tribunal Pleno, julgado em 20/08/2015)

Como se percebe, portanto, na ADI 5.240/SP, o STF exerceu não só controle de constitucionalidade, mas também controle concentrado de convencionalidade sobre um ato normativo (controle abstrato). A Convenção Americana de Direitos Humanos (com *status* supralegal) serviu de fundamento, ainda que indireto, para a declaração de compatibilidade do Provimento Conjunto 03/2015 com a Constituição.

Também na ADPF 320, ainda em curso no STF, a Convenção Americana de Direitos Humanos, a partir da interpretação que sobre ela fez a CIDH no Caso *Gomes Lund*, é objeto de análise e causa de pedido em sede de controle concentrado pela Suprema Corte.

Nada obsta, portanto, que o cumprimento dos tratados internacionais de direitos humanos seja garantido através do controle abstrato e concentrado de constitucionalidade, com aptidão para produzir efeitos *erga* omnes, pois, como dito anteriormente, em função do princípio da primazia da norma mais favorável, a própria Constituição pode ser reinterpretada à luz dos tratados de direitos humanos – ou vice-versa, a depender de qual seja a norma mais protetiva no caso concreto.

Corroborando o que se afirma, Antônio Moreira Maués (2013), comentando a decisão proferida pelo STF no RE 466.343 (2008), afirma que a adoção da tese da supralegalidade, aparentemente, impediu que os tratados de direitos humanos possam servir de parâmetro de controle de constitucionalidade, o que seria possível, caso se lhes fosse atribuída a estatura constitucional. Porém ressalta que um exame mais cuidadoso dos fundamentos da decisão do STF demonstra que existe muita proximidade entre as duas teses, pois, ao decidir os casos que envolviam a prisão do depositário infiel, o STF não apenas interpretou a legislação infraconstitucional de maneira a compatibilizá-la com a CADH, mas interpretou a própria Constituição com base nesse tratado. A disposição constitucional que prevê a prisão do depositário infiel teve sua força normativa esvaziada, o que permite afirmar que o STF reinterpretou a Constituição.

Para o referido autor, pois, a decisão do Supremo naquele caso do depositário infiel evidencia que, "apesar das diferenças entre a tese da constitucionalidade e a da supralegalidade, ambas as hipóteses abrem a possibilidade de que a Constituição – e não apenas as leis infraconstitucionais – seja interpretada de maneira compatível com os tratados internacionais de direitos humanos" (MAUÉS, 2013).

Desse modo, o princípio da primazia da norma mais favorável tanto é compatível com o *status* supralegal dos tratados de direitos humanos que não foram incorporados ao ordenamento jurídico pátrio seguindo a tramitação de uma emenda constitucional, como também serve para suprir a crítica de que tal *status* reduziria o grau de *enforcement* das normas previstas nesses instrumentos internacionais, em razão da ausência de mecanismos de controle abstrato ou concentrado destinados à declaração de nulidade dos atos normativos com eles incompatíves, visto que permite que tais atos sejam controlados a partir dos mecanismos próprios do controle de constitucionalidade, na medida em que a Constituição seja (re)lida à luz dos tratados internacionais.

CONSIDERAÇÕES FINAIS

O controle de convencionalidade pode ser realizado através do próprio controle de constitucionalidade, que tem o seu parâmetro ampliado pelo alargamento e densificação do bloco de constitucionalidade a partir de sua integração pelos direitos e garantias estabelecidos no âmbito internacional. Nesse sentido, os direitos humanos previstos em tratados internacionais podem funcionar como parâmetro de validade para efeito de fiscalização normativa abstrata em sede de controle concentrado (perante o STF) através de ADI, ADC ou ADPF, na medida em que, em razão do princípio da norma mais favorável, a própria Constituição pode ser (re)significada a partir dos tratados internacionais de direitos humanos. Noutras palavras, a aplicação do princípio primazia da norma mais favorável permite uma concepção ampliativa do bloco de constitucionalidade utilizado como parâmetro no controle de constitucionalidade.

A adoção de tratados internacionais de direitos humanos pelo Brasil, ainda que com o *status* supralegal, como é o caso da Convenção Americana de Direitos Humanos, à luz do princípio da primazia da norma mais favorável, provoca uma expansão dos direitos e garantias contemplados na Constituição. Mediante uma interpretação dos direitos fundamentais previstos na Constituição em conformidade com as disposições do Direito Internacional dos Direitos Humanos, tem-se hoje uma efetiva ampliação do significado dos direitos fundamentais constitucionalmente previstos ou quase uma ampliação dos direitos positivados na Constituição.

Não se quer, com isso, dizer que os tratados internacionais aos quais se reconhece apenas o *status* supralegal possam ser, diretamente, parâmetro de controle de constitucionalidade, mas que os parâmetros protetivos internacionalmente reconhecidos em tais tratados podem fundamentar a ressignificação da Constituição, à luz da primazia da norma mais favorável, passando a constituir referência no processo de aferição da compatibilidade das normas com a Lei Fundamental, seja tal aferição feita de forma abstrata ou concreta, difusa ou concentrada.

É verdade que ainda há forte resistência jurisprudencial de que os tratados internacionais com *status* supralegal sirvam, diretamente, como parâmetro de aferição de constitucionalidade, e sejam aptos, por si sós, a desencadear uma ação direta perante o Supremo Tribunal Federal. Contudo, não se pode negar que os mesmos podem ser utilizados no processo de (re)significação da Constituição e, assim, fundamentar, ainda que por via oblíqua, o controle concentrado e abstrato de normas.

REFERÊNCIAS

BARROSO, Luís Roberto. Constituição e tratados internacionais: alguns aspectos da relação entre Direito Internacional e Direito Interto. In: **Controle de convencionalidade**: um panorama latino-americano: Brasil, Argentina, Chile, México, Peru, Uruguai / Calogero Pizzolo [et al.]; coordenação Luiz Guilherme Marinoni, Valerio de Oliveira Mazzuoli. – Brasília: Gazeta Jurídica, 2013, p. 147-180.

BOBBIO, Norberto. **Teoria do ordenamento jurídico**. Trad. Maria Celeste C. J. Santos; rev. tec. Claudio de Cicco; apres. Tércio Sampaio Ferraz Júnior. – Brasília: Editora Universidade de Brasília. 10. ed, 1999 (Reimpressão 2006).

BRASIL. Supremo Tribunal Federal. **Ação Direta de Inconstitucionalidade nº 5240**. Relator: Min. Luiz Fux, Tribunal Pleno, julgado em 20/08/2015. Disponível em: <http://redir.stf.jus.br/paginadorpub/paginador.jsp?docTP=TP&docID=10167333>. Acesso em: 05 fev. 2017.

BRASIL. Supremo Tribunal Federal. **Arguição de Descumprimento de Preceito Fundamental nº 153**, Relator: Min. Eros Grau, Tribunal Pleno, julgado em 29 de abril de 2010. Disponível em: <http://redir.stf.jus.br/paginadorpub/paginador.jsp?docTP=AC&docID=612960>. Acesso em: 05 fev. 2017.

BRASIL. Supremo Tribunal Federal. **Habeas Corpus nº 96772**, Relator: Min. Celso de Mello, Segunda Turma, julgado em 09/06/2009. Disponível em: <http://redir.stf.jus.br/paginadorpub/paginador.jsp?docTP=AC&docID=601192>. Acesso em: 05 fev. 2017.

BRASIL. Supremo Tribunal Federal. **Mandado de Segurança nº 26603**. Relator: Min. Celso de Mello, Tribunal Pleno, julgado em 04/10/2007. Disponível: <http://redir.stf.jus.br/paginadorpub/paginador.jsp?docTP=AC&docID=570121>. Acesso em: 05 fev. 2017.

BRASIL. Supremo Tribunal Federal. **Reclamação 2224**. Relator: Min. Sepúlveda Pertence, Tribunal Pleno, julgado em 26/10/2005. Disponível em: <http://redir.stf.jus.br/paginadorpub/paginador.jsp?docTP=AC&docID=365570>. Acesso em: 05 fev. 2017.

BRASIL. Supremo Tribunal Federal. **Recurso Extraordinário nº 466343**. Relator: Min. Cezar Peluso, Tribunal Pleno, julgado em 03/12/2008. Disponível em: <http://redir.stf.jus.br/paginadorpub/paginador.jsp?docTP=AC&docID=595444>. Acesso em: 05 fev. 2017.

BRASIL. Supremo Tribunal Federal. **Recurso Extraordinário nº 511961**, Relator: Min. Gilmar Mendes, Tribunal Pleno, julgado em 17/06/2009. Disponível em: <http://redir.stf.jus.br/paginadorpub/paginador.jsp?docTP=AC&docID=605643>. Acesso em: 05 fev. 2017.

BURDEAU, Georges. **Manuel – Droit Constitutionnel**. 24ª édition. Revue e mise à jour par Francis Hamon e Michel Troper. – Paris: Librairie Générale de Droit et de Jurisprudence, E.J.A., 1995.

CANOTILHO, J.J.Gomes. **Direito Constitucional**. 6. ed. rev. Coimbra: Livraria Almedina, 1993.

COMPARATO, Fábio Konder. **A afirmação histórica dos direitos humanos**. 5. ed. rev. e atual. São Paulo, Saraiva, 2007.

FERREIRA FILHO, Manoel Gonçalves. **Direitos Humanos Fundamentais**. 13.ed. – São Paulo: Saraiva, 2011.

KELSEN, Hans. **Teoria Geral do Direito e do Estado**. Tradução Luís Carlos Borges; revisão técnica Pericles Prado. – São Paulo: Martins Fontes; Brasília: Editora Universidade de Brasília, 1990.

MAIA, Luciano Mariz. Direitos humanos e mutação constitucional. In: **Direitos humanos, impeachment e outras questões constitucionais:** uma coletânea de artigos / André Regis, Luciano Mariz Maia; organização, supervisão e edição Heldio Villar. – Recife: Editora Base; João Pessoa: Editora Universitária, 2004.

MAUÉS, Antonio Moreira. Supralegalidade dos Tratados Internacionais de Direitos Humanos e Interpretação Constitucional. In: **SUR – Revista Internacional de Direitos Humanos**. Edição V. 10, n. 18, jun/2013. Disponível em: <http://www.conectas.org/pt/acoes/sur/edicao/18/1000445-supralegalidade-dos-tratados--internacionais-de-direitos-humanos-e-interpretacao-constitucional>. Acesso em: 05 fev. 2017.

MAZZUOLI, Valerio de Oliveira. **Tratados internacionais de direitos humanos e direito interno**. São Paulo: Saraiva, 2010, p. 214.

MAZZUOLI, Valerio de Oliveira. **Curso de Direito Internacional Público**. 7. ed. São Paulo: Revista dos Tribunais, 2013.

MIRANDA, Jorge. **Manual de direito constitucional**. Vol IV. Coimbra: Coimbra Ed., 1988.

MÜLLER, Friedrich. **Teoria Estruturante do Direito**. Tradução de Peter Naumann e Eurides Avance de Souza. 2. ed. revista, atualizada e ampliada. São Paulo: Editora Revista dos Tribunais, 2009.

ORGANIZAÇÃO DOS ESTADOS AMERICANOS. Corte Interamericana de Direitos Humanos. **Caso Almonacid Arellano y otros vs. Chile**. Exceções Preliminares, Mérito, Reparações e Custas. Sentença de 26 de setembro de 2006. Disponível em: <http://www.cnj.jus.br/files/conteudo/arquivo/2016/04/7172fb59c130058bc5a96931e41d04e2.pdf>. Acesso em 05 fev. 2017.

ORGANIZAÇÃO DOS ESTADOS AMERICANOS. Corte Interamericana de Direitos Humanos. **Caso Gomes Lund e outros vs. Brasil**. Exceções Preliminares, Mérito, Reparações e Custas. Sentença de 24 de novembro de 2010. Disponível em: <http://www.corteidh.or.cr/docs/casos/articulos/seriec_219_por.pdf>. Acesso em: 05 fev. 2017.

ORGANIZAÇÃO DOS ESTADOS AMERICANOS. Corte Interamericana de Direitos Humanos. **Parecer Consultivo sobre a filiação obrigatória à Associação de Jornalistas** *(arts. 13 e 29 da Convenção Americana de Direitos Humanos)*. Parecer nº 5, de 13 de novembro de 1985, Série A, nº 5. Disponível em: <http://www.corteidh.or.cr/docs/opiniones/seriea_05_esp.pdf>. Acesso em: 05 fev. 2017.

PIOVESAN, Flávia. **Direitos humanos e o direito constitucional internacional.** 16ª edição revista, ampliada e atualizada. São Paulo: Saraiva, 2016.

RAMOS, André de Carvalho. **Teoria geral dos direitos humanos na ordem internacional.** 6. ed. São Paulo: Saraiva, 2016.

LIRA, Yulgan. **Controle de Convencionalidade** – *a tutela coletiva dos tratados internacionais de direitos humanos.* João Pessoa: Editora Ideia, 2016.

TRINDADE, Antônio Augusto Cançado. Direito Internacional e Direito Interno: sua interação na proteção dos direitos humanos. In: **SÃO PAULO (Estado). Procuradoria Geral do Estado. Grupo de Trabalho de Direitos Humanos. Instrumentos internacionais de proteção dos direitos humanos.** São Paulo: Centro de Estudos da Procuradoria Geral do Estado, 1996.

SHAW, Malcolm N. **International Law.** 6. ed. – New York: Cambridge University Press, 2008.

CONTROLE DE CONVENCIONALIDADE E A NOVA CONSTITUIÇÃO: O INTERCONSTITUCIONALISMO À LUZ DO DIREITO INTERAMERICANO

Antônio Ítalo Hardman[1]

INTRODUÇÃO

O desafio de estabelecer um paradigma forte, viável e concreto na proteção dos direitos humanos passa pela necessidade de uma análise e estudo interdisciplinar. Atualmente, o direito internacional, ou os direitos humanos, percebidos como matérias fundamentais na fundamentação e evolução do direito, não conseguem sustentar muitos dos seus postulados através de um mero olhar individual e restritivo. A consagrada abordagem holística, em matéria de proteção dos direitos humanos, é substância fundamental do próprio conceito de direitos humanos.

Neste diapasão, o próprio direito constitucional moderno também não se prende aos postulados que, por tanto tempo, embasaram a indispensabilidade de uma abordagem conforme as peculiaridades de cada ordenamento. Se antes uma Constituição era um instrumento que tinha por valor central o Estado e sua relação com os "súditos", atualmente a supranacionalidade, e em um olhar vanguardista a desestatização, ganham seara cada vez mais abrangente nos estudos constitucionais.

Pensar autopoiética ou sistematicamente a sociedade, e o próprio Direito, desconstruindo desnecessárias hierarquias e integrando objetos, não são novidades no ramo teórico-jurídico, o grande dilema vivido e enfrentado pelos doutrinadores, estudiosos e aplicadores do direito

---

1. Mestre em Ciências Jurídicas, área de concentração: Direitos Humanos, pela Universidade Federal da Paraíba (PPGCJ-UFPB). Membro do grupo de pesquisa de Estudos em História do Direito (UFPB/CNPq). Membro do Laboratório Internacional de Humanização e Desestatização do Direito (LIHDD). Advogado.

no atual contexto sócio-jurídico é como melhorar tais interações e, primordialmente, como materializar tal postulado diante das ainda renitentes posições antagônicas. O Direito nacional não cabe em si mesmo, e isso é muito bem sabido e defendido, porém, a provocação aqui incitada passa pela premência de como demonstrar esta constatação conforme a apreensão holística do direito e, acima de tudo, incorporando as novas trocas e interações que são inerentes à constante evolução da teoria do ordenamento jurídico.

Seguindo tal linha de pensamento, o presente estudo tenta estabelecer uma ponte disciplinar dentre teorias de importante relevância na transformação do direito, cada uma a seu modo particular. Entretanto, é da evolução e aperfeiçoamento de uma que notamos o fortalecimento da outra.

Começamos tratando da teoria da interconstitucionalidade. Tema este que pode ser facilmente perdido ou confundido no grande mar de conceitos que integram o direito constitucional supranacional ou internacional, começamos por estabelecer a caracterização de relevantes teses e princípios irmãos da teoria citada. É nesta linha que debateremos sobre transconstitucionalismo e fertilização cruzada constitucional. Não deixaremos de lado a experiência europeia e sua raiz fundamental no entendimento deste instituto. De modo geral, este tópico será de relevante utilização no melhor entendimento do atual retrato do direito constitucional internacional, tudo a partir da virada jurídica do pós-Segunda Guerra Mundial. Dentro do mesmo tópico entrará em discussão a interconstitucionalidade no contexto latino-americano, as possibilidades e razões para acreditar na aplicação deste modelo supraconstitucional segundo a máxima da proteção *pro homine*.

No tópico posterior será abordada a teoria do controle de convencionalidade. Esta temática será tratada conforme sua necessária inserção no modelo de proteção internacional de direitos humanos, tendo por especial enfoque o quadro latino-americano e, em específico, o brasileiro. É neste diapasão que procuraremos compreender como o controle de convencionalidade estimula a evolução dos direitos humanos como um todo e transparece como dispositivo apto a exercer uma salvaguarda mais eficaz dos tratados internacionais de direitos humanos.

O último capítulo transparece como uma complementação do seu antecedente, e poderia ser muito bem encontrado neste contexto, porém, optamos por separá-lo por motivos didáticos. Neste tratamos do efeito da adequada aplicação do controle de convencionalidade nos ordenamentos internos, sendo fundador de uma ampliação do conceito constitucional, de modo a abarcar uma proteção internacional dos direitos humanos congruente com a atual evolução do direito internacional dos direitos humanos. É também neste tópico que trataremos do ingresso do controle de convencionalidade segundo a aplicação da teoria da interconstitucionalidade, ou seja, aquele demonstrado como um meio para este, principalmente no âmbito latino-americano.

1. INTERCONSTITUCIONALIDADE: EM BUSCA DE UM CONCEITO

O pensamento constitucional moderno, e com ele o próprio entendimento sobre a Cortes Nacionais – funcionalmente germinadas para a defesa das Constituições nacionais bem como para determinação de seu grau de aplicabilidade –, passam por uma forte análise crítica de suas interações com os problemas enfrentados, seja internamente ou internacionalmente. Em especial, vem ganhando adeptos a contestação do modelo tradicional da jurisdição constitucional como grande fonte interpretativa e aplicadora dos direitos fundamentais. Conforme leciona Rodrigo Mudrovitsch (2014, p. 67[2]), ocorre que o fascínio dos juristas para com a jurisdição constitucional termina por barrar o surgimento de novas propostas e caminhos para o direito. Em suma, o que ocorre é a rejeição da mera cogitação de mudanças no arranjo institucional tradicional e, nesta linha, o contexto doutrinário constitucional do Brasil termina por fiar-se no Supremo Tribunal Federal como fiel depositário do processo democrático e, ainda mais, como espécie de terapeuta social evasivo para as adversidades democráticas.

Não pode passar despercebido o fato de que quando falamos de Cortes e Tribunais, na verdade, estamos falando de juízes e diversificados posicionamentos sobre a adequada interpretação constitucional. Lembrando a classificação feita por Cass Sustein, citada por Bolzan de Morais e Guilherme Valle Brum, os juízes podem ser fundamentalistas,

---

2. "O fascínio dos juristas com a jurisdição constitucional é responsável por limitar a formulação de novas sugestões de reorientação institucional pelo direito. Em geral, propostas fundamentadas em parâmetros que superem o arranjo institucional estabelecido sempre acabam rejeitadas com amparo na ideia de que providências que ultrapassem o espectro de medidas que podem ser adotadas eficaz e legitimamente pelos magistrados não devem ser cogitadas (...). De fato, grande parte da doutrina constitucional brasileira efetivamente busca hoje no Supremo Tribunal Federal verdadeira espécie de fiel depositário para o processo democrático ou, o que é ainda pior, terapeuta social evasivo para os males da democracia, incapaz de resolver o problema que em suas mãos é depositado".

minimalistas, perfeccionistas ou majoritarianistas. Fundamentalista é aquele defensor da interpretação constitucional como uma busca pela ideia originária do constituinte. Já os juízes minimalistas têm ambições coincidentes com os dos fundamentalistas, porém não aceitam teorias ambiciosas e resolvem as controvérsias de maneira estrita. Juízes majoritarianistas defendem uma atuação das Cortes de modo a preservar o processo democrático independente de obstruções. E, por fim, juízes perfeccionistas pretendem conceder a melhor interpretação constitucional aos termos vagos encontrados nas Cartas constitucionais (SUNSTEIN *apud* MORAIS; BRUM, 2016, p. 88). Neste diapasão, vale perguntar em que tipo de juízo poderíamos encaixar a atual percepção das Cortes Constitucionais latino-americanas, em especial o Supremo Tribunal Federal brasileiro, sobre a aplicação do direito internacional dos direitos humanos no âmbito interno.

De modo geral, o temor das Cortes nacionais é uma só: a pretensa desestabilização institucional através da corroboração com posicionamentos enfraquecedores do título (e responsabilidade) de protetor último da soberania constitucional. O rechaço a determinadas concepções, teorias e ambições classificadas como proponentes de um extremo realinhamento institucional, é advogado por muitos daqueles que integram os tribunais nacionais máximos latino-americanos.

No decorrer de tais críticas, bem como observações sobre o pouco estímulo exercido sobre o decorrer evolutivo constitucional, diante dos fatores e realidades determinantes das problemáticas fundamentais das sociedades modernas, problemáticas estas que não mais se resumem a um perfunctório juízo de subsunção à norma posta, surgem diversas noções que exemplificam o corrente caminho tomado pelo Direito Constitucional.

Nesta esteira, muitos são os termos que visam destacar a contemporânea interação entre constituições em muitos níveis e abordagens, estimulado pelo senso globalizante. Logo, o primeiro imbróglio a ser tomado está justamente na necessidade de conceder uma definição para um fenômeno tão abrangente quanto multifacetário.

Em um ângulo naturalmente latino-americano, o transconstitucionalismo, por exemplo, visa abordar a consolidação dos câmbios e transações influenciadores de uma interligação entre ordenamentos. Segundo o professor Marcelo Neves (2013a, p. 129), o transconstitucionalismo tem por fundamental característica a relatividade do constitucionalismo sobre a solução de problemas jurídico-constitucionais, problemas esses que aparecem em variadas ordens. Portanto, a "conversação" constitucional é imprescindível.

Entretanto, no meio desta necessária ponte entre jurisdições está a preocupação na manutenção de postulados que terminam por engessar ou neutralizar tal percepção constitucionalista. De fato, uma Corte Constitucional pode transformar-se em grande alavanca da progressiva corrente de internacionalização do direito ou escolher por postergar tal processo. De modo ou de outro, reservado o espaço medular das críticas à jurisdição constitucional tal como classicamente posta, é certo que não se pode olvidar da centralidade exercida pelas Cortes Constitucionais em todo este movimento de interação transconstitucional. Em matéria de Direitos Humanos, o chamado "diálogo das cortes" adquiriu teorética própria a partir do denominado Princípio do Cosmopolitismo Ético, ou seja, a reordenação constitucional de acordo com a influência de preceitos e objetos construídos desde o externo, ou melhor, a jurisdição internacional como fundamental peça na construção e legitimação das jurisdições nacionais: É neste diapasão que exemplar convergência entre jurisdições ocorreu quando o Supremo Tribunal Federal (STF) brasileiro utilizou da Opinião Consultiva nº. 5 da Corte Interamericana de Direitos Humanos (Corte IDH) em recurso extraordinário interposto diante de ação civil pública do Ministério Público Federal, resultando na declaração de inconstitucionalidade de norma interna exigente de diploma de jornalismo para o livre exercício de profissão jornalística. Parte da doutrina denomina tal fenômeno de princípio do cosmopolitismo ético (HEEMAN; PAIVA, 2015, p. 33[3])

O mesmo fenômeno é analisado por Anne-Marie Slaughter sob a denominação de "fertilização cruzada constitucional", podendo ser utilizado o olhar exterior como forma de persuasão e respaldo na criação de soluções para dilemas internos, tomados conforme uma série de novas informações e perspectivas que podem consolidar um tratamento mais cuidadoso (SLAUGHTER, 2004, ps. 70-72). Em outro viés, a observação dos efeitos da fertilização cruzada intersistemática, ou seja, aquela entre

---

3. "Nessa toada e fazendo menção a Opinião Consultiva nº. 5 da Corte Interamericana de Direitos Humanos, o Supremo Tribunal Federal, apreciando recurso extraordinário numa ação civil pública manejada pelo Ministério Público Federal, considerou inconstitucional o Decreto-Lei 972/69 que exigia o diploma de jornalismo para o exercício da profissão de jornalista, caracterizando uma evidente convergência entre a interpretação doméstica e a interpretação internacional. É oportuno lembrar que parte da doutrina chama esse fenômeno de invocação de precedentes internacionais como argumentação pelo Supremo Tribunal Federal de princípio do cosmopolitismo ético.

sistemas regionais de proteção dos direitos humanos, demonstra uma série de diferenças no trato específico quanto à proteção dos direitos humanos em diferentes partes do Mundo, porém, também constata a metodologias e conceituações comuns (GONTIJO, 2012, p. 10). Emblemática utilização do *cross-fertilization*, ocorreu durante o julgamento do Caso Almonacid vs. Chile, em que o juiz Cançado Trindade, por exemplo, afirmou a evocação da jurisprudência do Tribunal Penal Internacional ad hoc para a Ex-Iugoslávia, na afirmação de um único ato de violação de direitos humanos pode constituir crime contra a humanidade (CORTE IDH, 2006, p. 9[4]).

Seguindo esta linha temática, é importante a observação, no sentido de que não há hierarquia entre os tribunais internacionais contemporâneos. O que na verdade existe é cooperação e complementariedade dentre as decisões internacionais emanadas de tais Cortes, fazendo nascer uma rede policêntrica de tribunais que termina por enriquecer e capacitar o Direito Internacional para a resolução das mais diversas contendas (CANÇADO TRINDADE, 2010, p. 46[5]). Independente do título ou designação, é importante notar a posição das Cortes neste movimento contínuo de desenvolvimento de encadeamento dos ordenamentos jurídicos, tendo por finalidade a defesa dos direitos humanos.

Voltando o olhar para a abordagem transconstitucional, é preciso que não se reduza este relacionamento ordenamental à atuação conforme o diálogo entre juízes e tribunais. A interação entre ordens jurídicas vai além do mero diálogo entre as Cortes, isto muito devido ao fato de que os problemas enfrentados podem necessitar de um diálogo entre

---

4. "La Corte Interamericana ha incorporado esta temática en su razonamiento en la presente Sentencia en el caso Almonacid Arellano y otros versus Chile. En muestra de jurisprudential cross-fertilization, la Corte evoca la jurisprudence constante del Tribunal Penal Internacional ad hoc para la Ex-Iugoslávia (TPYI, Trial Chamber) em el sentido de que un único acto gravemente violatorio de los derechos humanos por parte de un perpetrador puede constituir un crimen contra la humanidad, si cometido dentro de un contexto de una práctica sistemática".

5. "(...) ao invés de hierarquia, o que há entre os tribunais internacionais contemporâneos é coordenação e complementariedade. Cada tribunal internacional tem sua jurisdição fundamentada em um tratado ou instrumento internacional distinto, e tem seu próprio direito aplicável. Todos conformam uma rede policêntrica de tribunais internacionais (possível embrião de um futuro Judiciário internacional), que, em meu entender, longe de ameaçar fragmentar o Direito Internacional contemporâneo (como apregoam alguns conservadores e retrógrados), ao contrário, o enriquecem, na medida em que afirmam e confirmam a aptidão do Direito Internacional para resolver os mais distintos tipos de controvérsias internacionais, nos planos tanto interestatal como intraestatal".

instâncias nacionais, internacionais, supranacionais e transnacionais, tanto quanto instâncias locais nativas (NEVES, 2013b, p. 276[6]).

Evidencia-se a numerosa quantidade de termos e conceitos que envolvem o Direito Constitucional em perspectiva internacional. A teoria da interconstitucionalidade soma-se a tais noções, tendo por base comum a ingerência do direito internacional no fortalecimento dos ideais constitucionais nacionais, porém, tem especial conotação, principalmente na América Latina.

A origem da teoria do interconstitucionalidade remonta ao contexto do sistema europeu e os projetos de integração jurídica, política e econômica do bloco. "É sabido que, na Europa, criou-se um sistema jurídico no qual os próprios órgãos dos Estados funcionam para aplicar o direito da União" (ROMANCINI, 2016, p. 266). Em suma, tal teoria toma como objeto diversificadas constituições integrantes de um determinado espaço, somada à influência exercida por sistemas ou organizações supranacionais sobre estas constituições, causando um realinhamento dos parâmetros constitucionais clássicos diante da necessária articulação e confluência dos pontos em comum e mesmo dos antagônicos. Conforme o paradigma interconstitucional europeu: "Isso significa que, são criados esquemas jurídicos-políticos graças à confiança que os Estados-membros revelam à lei de maior grandeza, qual seja, a legislação europeia" (ROMANCINI, 2016, p. 267).

O maior expoente da Teoria Interconstitucional é o doutrinador português J.J. Gomes Canotilho, que em sua obra "Brancosos e interconstitucionalidade: itinerários dos discursos sobre a historicidade constitucional" traça os parâmetros para a consolidação da teoria, suas finalidades e aplicabilidade. Canotilho (2008, ps. 265-266[7]) empenha-se, especialmente em exercer uma diferenciação conceitual do interconstitucionalismo diante diversas outras denominações que envolvem

---

6. "El transconstitucionalismo apunta hacia el hecho de que, cada vez con más frecuencia, surgen cuestiones que puedan involucrar a instancias estatales, internacionales, supranacionales y transnacionales (arbitrales), así como a instituciones jurídicas locales nativas, en la búsqueda de la solución de problemas típicamente constitucionales."

7. "A nossa proposta é esta: o processo de construção europeia pode e deve estudar-se a partir de uma *teoria da interconstitucionalidade*. Em vez de lidarmos com os conceitos de 'constitucionalismo multilateral' (*multilevel constitucionalismo*), de 'constitucionalismo cooperativo e multidimensional', de 'federalismo e confederalismo constitucional', preferimos servir-nos de uma teoria da interconstitucionalidade que, como o nome indica, estuda as relações interconstitucionais de concorrência, divergência, justaposição e conflitos de várias constituições e de vários poderes constituintes no mesmo espaço político".

constitucionalismo e o aparato supranacionais, tal como o constitucionalismo multilateral ou o constitucionalismo cooperativo e multidimensional. Tendo por objeto as relações existentes entre as constituições e variados poderes constituintes em um mesmo espaço político.

Em parte, toda a discussão interconstitucional envolve não só o tipo de relacionamento existente dentre a celeuma de constituições e disposições nacionais que devem respeito a uma sistemática comum de defesa e proteção dos direitos humanos, mas também a interação das Cortes Constitucionais. Os tribunais tomam nova substancialização conforme esta teoria, pois deixam de ser meras Cortes Nacionais e passam ser aplicadores de disposições comuns ao bloco de nações e mesmo dispositivos constitucionais pertencentes a nações integrantes do mesmo conjunto constitucional. "Esse fenômeno culmina na possibilidade de utilizar-se de outras jurisdições constitucionais dentro de uma mesma rede, para efetivar a tutela e proteção dos direitos fundamentais" (ROMANCINI, 2016, p. 268).

As críticas ao modelo interconstitucional passam exatamente pela visualização das várias problemáticas envolvidas no objeto de estudo da teoria. Primeiramente, o constitucionalismo é um dos polos de convergência a ser utilizado como base para a construção da estrutura interconstitucional, afinal, não poderia haver relacionamento entre constituições sem a afirmação da soberania necessária para o desenvolvimento de tais instrumentos no âmbito nacional. Por outro lado, no outro polo, está exatamente a proposta transnacional, ou seja, a proposta de superestrutura de superação do retrato constitucionalista tradicional através do liame protetivo da norma mais benéfica para o indivíduo. Entretanto, não há razões para o descrédito ao arquétipo interconstitucional pela possível inconsistência ou utópica conciliação conceitual a que se pretende chegar. O professor Anderson Vichinkeski Teixeira (2016, p. 21[8]) faz uma defesa desta modelagem constitucional, notando que a aparente incompatibilidade gerada pode ser solucionada através da organização de um sistema multi-nível ou multi-ator, formado de espaços de cooperação internalizados pelos Estados, e, acima disso, que seja uma seara

---

8. "No entanto, tal incompatibilidade aparente pode ser resolvida com um modelo de sistema político-jurídico internacional que seja multi-nível, multi-ator, dotado de espaços públicos de cooperação institucionalmente internalizados pelos Estados, e que seja, antes de tudo, um sistema onde os agentes estejam vinculados regionalmente, em especial, por elementos antropológicos, culturais e, até mesmo, étnicos, pois são elementos como estes, consolidados historicamente, que aproximam povos e Estados de modo a aprofundar a identidade cultural e o reconhecimento mútuo já previamente existentes entre eles".

tornada conjunta pela partilha de elementos antropológicos e culturais, e mesmo étnicos, pois terminam por gerar uma aproximação entre povos e Estados.

É a partir deste aspecto, e própria essencialidade do paradigma interconstitucional, que a América Latina demonstra a possibilidade de muito bem coadunar-se com a estrutura citada. A aplicabilidade da teoria interconstitucional em território latino-americano, e o seu próprio estudo, leva em conta a análise dos aspectos históricos, culturais e sociais que terminam por conformar uma série de projetos constitucionais em torno de uma mesma identidade.

Em um escorço histórico, a formação da identidade nacional aparece como o primeiro esforço das recém-nascidas nações latino-americanas na consolidação de uma sociedade formalmente organizada e, por conseguinte, na própria incorporação do conceito de cidadão. De logo, devemos compreender que essa iniciativa não passa despercebida de determinantes exclusões e limitações, tal como ocorre com o negro e uma série de concepções implícitas na natureza indígena conforme a visão dominante. Entretanto, não se pode retirar deste momento a sua fundamental posição na composição do constitucionalismo latino-americano. Afinal, tal encargo passa a ser partilhado pelo constitucionalismo como meio legitimador de uma sociedade marcada pelas diferenças.

O peso da era colonial vai ressoar não só na construção do ordenamento jurídico latino-americano como terá, por muito tempo, importância fundamental na construção das sociedades do Novo Mundo. Como DONGHI (1993, p. 1) ressalta, "*at the dawn of the nineteenth century, the traces of conquest were still visible on the Latin America landscape*[9]" No decorrer deste ciclo, sendo traçada a história conforme a pena e a tinta europeias, a modernidade começa a ser construída de acordo com a noção de unicidade e universalismo hereditário.

Esse específico efeito do período colonizatório estará presente, posteriormente, na construção das Constituições latino-americanas. A maioria de nossas Constituições fundacionais foram produto de um pacto das elites intentando a organização de uma estrutura de poder contramajoritária e oposta à intervenção da cidadania na política (GARGARELLA, 2011, p. 88). De certa forma, a busca por uma identidade comum

---

9. "No início do século XIX, os vestígios da conquista ainda eram visíveis na paisagem da América Latina" (tradução livre)

(e o próprio esforço em construí-la) estará direta ou indiretamente destacada dentre os variados textos constitucionais. Aí está uma primeira aproximação de caráter histórico que termina por resultar em uma consequência jurídica comum latino-americana, nosso passado colonial nos trouxe a necessidade de formatar um futuro baseado em uma mesma pedra angular: a identidade.

Conforme Renato Seixas, esta identidade cultural é um conjunto de valores, modos de pensar, costumes, estilos de vida, história comum, grupos étnicos, meio ambiente natural e cultural, e tais elementos formam a convicção de que o indivíduo e o grupo social compartilham uma mesma cultura (SEIXAS, p. 98). A América Latina, conforme exposto, partilha desta identidade cultural, o que termina por ser um grande determinante da aplicação da teoria da interconstitucionalidade nesta região. ROMANCINI (2016, p. 272[10]) corrobora com o entendimento de que os países latino-americanos têm uma integração quase que natural diante das grandes semelhanças culturais e históricas. Até mesmo maior do que a percebida dentre os países do bloco europeu. Portanto, aspectos identitários e integracionistas fortalecem a percepção interconstitucional latino-americana.

Não subsistem motivos para o rechaço à teoria da interconstitucionalidade na América Latina, porém, agora nos cabe inserir outra peça neste diálogo interdisciplinar que tem a proteção internacional dos direitos humanos como início e fim. O controle de convencionalidade pode ser utilizado para incentivar o soerguimento da teoria latino-americana da interconstitucionalidade, e conforme tal hipótese que passamos a uma análise deste importante instrumento de defesa e concretização dos direitos humanos.

2. CONTROLE DE CONVENCIONALIDADE: UM ESPAÇO DE CONVERGÊNCIA CONSTITUCIONAL

No presente tópico, enfrentaremos o controle de convencionalidade conforme dois momentos. Em primeira hora, trataremos do instituto em

---

10. "São notórias as semelhanças entre os Estados da América Latina, inclusive, porque refletem uma integração quase que natural. Em outras palavras, ao se comparar a integração latino-americana com a integração europeia, percebe-se que há muito mais pontos de convergência no primeiro do que no segundo. Isso porque, os cidadãos latino-americanos se reconhecem uns nos outros, em sua cultura, em seu modo de viver, na variedade de nações dentro de um mesmo Estado. Assim, pode-se afirmar que, no que se refere à identidade e integração entre os Estados, a América Latina mostra-se bastante integrada".

si e como é entendido pela doutrina internacionalista brasileira, concedendo especial enfoque na formação da doutrina latino-americana de controle de convencionalidade e o papel exercido por este instituto no fortalecimento da proteção internacional dos direitos humanos. Posteriormente, envidaremos esforços em analisar o controle de convencionalidade exercido conforme a Corte Interamericana de Direitos Humanos e o Supremo Tribunal Federal, além de proporcionar uma análise nacional e supranacional da aplicação deste instituto, leva-se em conta que tais Cortes exercem papel de extrema importância e relevância na conjuntura jurídica latino-americana.

2.1. Um olhar sobre a teoria geral do controle de constitucionalidade

Dentre os instrumentos utilizados no contexto da proteção internacional dos direitos humanos, principalmente na conjuntura do Pós-Segunda Guerra Mundial, diante da latente necessidade de um sentido para o direito a partir de uma dimensão humana moral fundamental enraizada na percepção kantiana do ser humano como um fim, não como um meio – "age de tal maneira que uses a humanidade, tanto na tua, como na pessoa de qualquer outro, sempre e simultaneamente como um fim e nunca simplesmente como meio" (KANT, 1995, p. 66) – o controle de convencionalidade é um dos mais debatidos e enfrentados, muito pela potencialidade, que lhe é inerente, de substancializar uma proteção mais palpável e concreta.

Se houve uma guinada em matéria de direitos humanos, o mesmo reflexo pode ser sentido dentro do direito internacional, diante da quebra de barreiras e fronteiras na busca da melhor norma protetiva do indivíduo nas relações interjurisdicionais. Não pode ser olvidada ou ignorada tal influência do Direito Internacional sobre o direito interno, visto que terminaria por gerar a subtração de direitos, impossibilidade do exercício de tais direitos ou, no caso dos operadores do direito, uma verdadeira lacuna hermenêutica sobre o real sentido normativo e teleológico dos dispositivos integrantes do ordenamento jurídico estatal (MENEZES, 2007, p. 143[11]).

---

11. "Essa influência crescente do Direito Internacional sobre a produção normativa do Direito Interno não mais pode ser ignorada pelos Estados e indivíduos, sob pena de pecar pela ignorância, seja através da subtração de direitos, ou pela possibilidade de não exercício deles, ou ainda, no caso específico dos operadores do direito, não saber interpretar o verdadeiro sentido normativo e teleológico de muitos dispositivos que povoam a constelação normativa de seu Estado".

Portanto, o controle de convencionalidade é fruto direto da percepção de um direito internacional transfronteiriço; um direito que observa no homem a sua maior finalidade, tomando o múnus de uma abrangente proteção dos direitos humanos independente de sua densidade ou formato. Logo, a ordem internacional toma por objeto a tutela do homem (FINKELSTEIN, 2013, p. 309).

Basicamente, o sistema de controle de convencionalidade visa compatibilizar as jurisdições internas aos axiomas e premissas de supranacionais. Aproxima-se muito do controle de constitucionalidade "o qual faz alusão à compatibilização vertical da produção doméstica com a Constituição Federal" (FEIJÓ, 2016, p. 159). Porém, Valerio Mazzuoli (2015, p. 420[12]) adverte que não é possível fazer confusão entre os institutos, principalmente quando se leva em conta dispositivos como os da Constituição brasileira, disciplinando da internalização de tratados de direitos humanos com equivalência de emenda constitucional[13]. Assim, norma interna que esteja compatível com a constituição, porém, não alinhada aos preceitos de tratado internacional em vigor naquele ordenamento, terminará por encontrar-se desmembrada de sua inteira validade. Ainda nas palavras de Mazzuoli (2009, p. 115), "caso a norma esteja de acordo com a Constituição, mas não com eventual tratado já ratificado e em vigor no plano interno, poderá ela até ser considerada vigente (...), mas não poderá ser tida como válida".

Na doutrina brasileira, fundamentalmente após a introdução feita pela Emenda Constitucional 45 de 2004[14], é realizada uma diferenciação dentre os paradigmas possíveis para o controle de convencionalidade. Adverte-se sobre uma confusão que não pode ser feita entre controle de convencionalidade e controle de supralegalidade. Conforme Valerio Mazzuoli (2011, ps. 74-75), os tratados comuns, tendo por objeto temas alheios aos direitos humanos, têm status superior ao das leis internas brasileiras, porém, não ostentando a equiparação reservada aos tratados de direitos humanos internalizados conforme metodologia legislati-

---

12. Conforme sustenta o autor (MAZZUOLI, 2015, p. 420), "Em suma, deve-se chamar de controle de constitucionalidade apenas o estrito caso de (in) compatibilidade vertical das leis com a Constituição, e de controle de convencionalidade os casos de (in) compatibilidade legislativa com os tratados de direitos humanos (formalmente constitucionais ou não) em vigor no país".
13. Conforme o art. 5º, §3º da Constituição Federal de 1988, os tratados de direitos humanos que passarem pelo rito de internalização de acordo com aquele reservado para as emendas constitucionais, terão equivalência a estas.
14. Trata-se da inclusão do §3º ao art. 5º da Constituição Federal, com texto já citado neste trabalho.

va específica, portanto, tais tratados não servirão ao controle de convencionalidade mas sim a um controle de supralegalidade das normas infraconstitucionais, isto devido ao fato que o controle de convencionalidade é reservado aos tratados com nível constitucional.

De modo geral, "o controle de convencionalidade pode ser muito bem visualizado sob o panorama de um *"judicial review* das normas internas sob o parâmetro dos Tratados Internacionais de Direitos Humanos" (LIRA, 2016, p. 32).

2.2. Jurisprudência latino-americana sobre o controle de convencionalidade

Na América Latina, os primeiros contatos com o controle de convencionalidade se deram através de emblemáticas decisões da Corte Interamericana de Direitos Humanos (CIDH), integrante do sistema interamericano de Direitos Humanos, exemplo é o caso Almonacid vs. Chile, percebida como decisão paradigmática na implantação do controle de convencionalidade, cuja solução, em 26 de setembro de 2006, foi a invalidade de ato normativo interno do Chile a qual concedia anistia e deixava impunes os crimes de lesa humanidade cometidos durante o período da ditadura militar de Augusto Pinochet, isto diante de incompatibilidade para com a Convenção Americana de Direitos Humanos (MOLLER, 2013[15]).

Através do Caso Almonacid vs Chile[16], o controle de convencionalidade compreendeu não apenas a utilização do tratado internacional vigente no âmbito interno como parâmetro de validade das demais normas, como também concilia a tal parametricidade o entendimento exercido pelos tribunais supranacionais responsáveis por sua proteção, interpretação e devida aplicação. É o que ocorreu, no caso, com a Corte Interamericana de Direitos Humanos e a Convenção Americana de Direitos Humanos (CADH). Logo, não apenas a aplicação do controle foi

---

15. "El momento histórico donde este salto se da es el Caso Almonacid Arellano vs Chile, resuelto el 26 de setiembre de 2006. Esta sentencia se inscribe en la línea de varios fallos de la Corte IDH en casos de leyes de auto amnistía, donde se resolvió sobre la invalidez del decreto ley que dejaba en la impunidad los crímenes de lesa humanidad en el periodo comprendido de 1973 a 1979 de la dictadura militar de Augusto Pinochet, debido a que dicho decreto resultaba incompatible con la Convención Americana".

16. CORTE INTERAMERICANA DE DERECHOS HUMANOS. Caso Almonacid Arellano y otros Vs. Chile. Sentencia de 26.09.2006. Voto do Juiz Cançado Trindade. Disponível em: www.corteidh.or.cr. Acesso em 05 de agosto de 2008. Ver, em especial, § 20.

substancialmente importante no interior deste caso em comento, mas também a percepção de aproximação entre Cortes. A Corte IDH afirmou a submissão dos juízes, enquanto órgãos estatais, à CADH e ao realizar tal juízo de compatibilidade teria de levar em consideração a interpretação concedida pela própria Corte IDH, dada sua função de intérprete final da convenção (MAGALHÃES, 2016, p. 106).

A jurisprudência interamericana do controle de convencionalidade foi também estimulada pela decisão disposta no Caso Cabrera Garcia e Montiel Flores vs México[17]. Neste caso, prisão ilegal realizada pelo exército mexicano, em 1999, diante da prática de ativismo ambiental por Teodoro Cabrera García e Rodolfo Montiel Flores, sendo posteriormente condenados a, respectivamente, 6 anos e 8 meses e 10 anos de prisão pela Justiça Militar Mexicana. A Corte IDH, analisando o caso, entendeu pela violação de direitos garantidos pela Convenção Americana, tal como o direito à liberdade e integridade pessoal (SCHÄFER; ALMEIDA, 2014, p. 27[18]).

Valerio Mazzuoli (2011, p. 88-89) defende que este caso, julgado em 26 de novembro de 2010 perante a Corte IDH, determinou em definitivo a doutrina jurisprudencial do controle de convencionalidade no âmbito do sistema interamericano, afirmando a interação desta Corte supranacional com decisões de variadas Cortes nacionais latino-americanas (dentre elas, a Corte Suprema de Justiça da Costa Rica, Tribunal Constitucional da Bolívia, Suprema Corte de Justiça da República Dominicana, Tribunal Constitucional do Peru, Corte Suprema de Justiça da Nação Argentina, Corte Constitucional da Colômbia), através da conjugação de interpretações feitas pela Corte supranacional sobre a CADH e a aplicação destas no âmbito dos ordenamentos jurídicos internos.

---

17. CORTE INTERAMERICANA DE DERECHOS HUMANOS. Caso Cabrera García y Montiel Flores Vs. México. Sentencia de 26.11.2010. Resumen oficial emitido por la Corte. Disponível em: www.corteidh.or.cr. Acesso em 05 de agosto de 2017.

18. "O caso refere-se à prisão ilegal de Teodoro Cabrera García e Rodolfo Montiel Flores pelo exército mexicano em que foram submetidos a maus tratos, torturas e humilhações, no ano de 1999, bem como a falta de investigação e responsabilização por parte do México. A prisão se deu devido pelo fato de as vítimas praticarem ativismo ambiental, parando os caminhões das empresas, em razão da comercialização ilegal de madeira na região. As vítimas foram acusadas e condenadas a 6 anos e 8 meses e 10 anos de prisão, respectivamente, pela Justiça Militar Mexicana por porte de arma de fogo de uso exclusivo do exército, mas no ano de 2001, ambos foram liberados para cumprir a pena em prisão domiciliar, pois encontravam-se com seu estado de saúde debilitado. A Corte IDH entendeu que foram violados os direitos à liberdade, integridade pessoal e às garantias judiciais, tendo o Estado mexicano violado os arts. 5, 7, 8 e 25 da Convenção Americana".

No âmbito jurisprudencial brasileiro, a aplicação do controle de convencionalidade passa por determinados ciclos de aproximação e afastamento dentro do Supremo Tribunal Federal. Revela o caráter pró--controle a decisão emanada, por exemplo, no Recurso Extraordinário 466.343, julgado em 2008, que tinha por objeto a compatibilidade da previsão de legalidade da prisão civil do depositário infiel no ordenamento jurídico brasileiro, com os preceitos da Convenção Americana de Direitos Humanos. Ao final, a decidiu-se pela inadmissibilidade da prisão civil diante do art. 7º, item 7, da CADH[19].

De diferente modo foi enfrentada a questão da Lei de Anistia brasileira (Lei 6.683/79). No âmbito da Arguição de Descumprimento de Preceito Fundamental (ADPF) nº. 153, a Ordem dos Advogados do Brasil questionou a anistia, através de pedido de interpretação restritiva ao art. 1º, §1º da citada lei[20], concedida aos crimes políticos, qualquer crime conexo com os crimes políticos e crimes eleitorais, cometidos inclusive por

---

19. A ementa do julgado é a seguinte: "PRISÃO CIVIL. Depósito. Depositário infiel. Alienação fiduciária. Decretação da medida coercitiva. Inadmissibilidade absoluta. Insubsistência da previsão constitucional e das normas subalternas. Interpretação do art. 5º, inc. LXVII e §§ 1º, 2º e 3º, da CF, à luz do art. 7º, § 7, da Convenção Americana de Direitos Humanos (Pacto de San José da Costa Rica). Recurso improvido. Julgamento conjunto do RE nº 349.703 e dos HCs nº 87.585 e nº 92.566. É ilícita a prisão civil de depositário infiel, qualquer que seja a modalidade do depósito. Decisão: Após o voto do Senhor Ministro Cezar Peluso (Relator), que negava provimento ao recurso, no que foi acompanhado pelo Senhor Ministro Gilmar Mendes, pela Senhora Ministra Cármen Lúcia e pelos Senhores Ministros Ricardo Lewandowski, Joaquim Barbosa, Carlos Britto e Marco Aurélio, pediu vista dos autos o Senhor Ministro Celso de Mello. Ausentes, justificadamente, os Senhores Ministros Sepúlveda Pertence e Eros Grau. Presidência da Senhora Ministra Ellen Gracie. Plenário, 22.11.2006. Decisão: Apresentado o feito em mesa pelo Senhor Ministro Celso de Mello, que pedira vista dos autos, o julgamento foi adiado em virtude do adiantado da hora. Ausentes, justificadamente, o Senhor Ministro Joaquim Barbosa e, nesta assentada, o Senhor Ministro Menezes Direito. Presidência da Senhora Ministra Ellen Gracie. Plenário, 12.12.2007. Decisão: Após o voto-vista do Senhor Ministro Celso de Mello, negando provimento ao recurso, pediu vista dos autos o Senhor Ministro Menezes Direito. Ausente, licenciado, o Senhor Ministro Joaquim Barbosa. Presidência da Senhora Ministra Ellen Gracie. Plenário, 12.03.2008. Decisão: O Tribunal, por votação unânime, negou provimento ao recurso, nos termos do voto do Relator. Votou o Presidente, Ministro Gilmar Mendes, em assentada anterior. Ausente, licenciado, o Senhor Ministro Joaquim Barbosa. Plenário, 03.12.2008" (STF, 2008).

20. Art. 1º. É concedida anistia a todos quantos, no período compreendido entre 2 de setembro de 1961 e 15 de agosto de 1979, cometeram crimes políticos ou conexo com estes, crimes eleitorais, aos que tiveram seus direitos políticos suspensos e aos servidores da Administração Direta e Indireta, de fundações vinculadas ao poder público, aos Servidores dos Poderes Legislativo e Judiciário, aos Militares e aos dirigentes e representantes sindicais, punidos com fundamento em Atos Institucionais e Complementares.

§1º - Consideram-se conexos, para efeito deste artigo, os crimes de qualquer natureza relacionados com crimes políticos ou praticados por motivação política (BRASIL, 1979).

servidores da Administração Pública direta e Indireta, fundações, servidores dos Poderes Legislativo e Judiciário, militares e representantes sindicais. Entrementes, o Supremo Tribunal Federal brasileiro, julgando a ADPF 153, concluiu pela negativa da interpretação proposta conforme já vinha decidindo a Corte IDH e mesmo contra a *ratio* dos tratados de direitos humanos assinados pelo Brasil. Ademais, este julgamento demonstrou a "insistência de grande parte dos nossos juristas (e entre eles podemos inserir juízes da Suprema Corte) em teses arcaicas que ignoram olimpicamente toda a reviravolta linguística que o século XX assistiu" (SILVA FILHO, 2010, p. 6). É possível perceber que, neste momento, o STF agiu conforme as características de juízes minimalistas, ou seja, "não aceitam teorias ambiciosas e entendem que a resolução das controvérsias deve ser feita de maneira estrita, nos limites do absolutamente necessário" (SUNSTEIN *apud* MORAIS; BRUM, 2016, p. 88).

A partir de uma visualização da teoria geral do controle de convencionalidade e sua aplicação na América Latina, tendo por referenciais o sistema interamericano de direitos humanos e a Corte Suprema brasileira, cabe adentrar no ponto de contato entre tal teoria e uma outra, qual seja a teoria da interconstitucionalidade. Tal intento passa necessariamente pela percepção do caráter constitucional dos tratados de direitos humanos.

3. ATUALIZAÇÃO DO CARÁTER CONSTITUCIONAL CONFORME A TEORIA DO CONTROLE DE CONVENCIONALIDADE

Se a teoria da interconstitucionalidade, melhor tratada no tópico anterior, propõe uma rede integrada de Cartas Magnas na propositura de uma evolução dos conceitos e instrumentos de defesa da dignidade humana e, nesse contexto, da própria proteção internacional dos direitos humanos, apenas a defesa do caráter constitucional do tratados de direitos humanos pode representar relevante alavanca na evolução dos próprios sistemas regionais de proteção dos direitos humanos. Teorias que, diversamente, proponham resquícios de uma ultrapassada noção do contato entre direito internacional e direito interno, terminando por submeter os tratados internacionais de direitos humanos a um subterrâneo constitucional, apenas postergam um processo evolutivo do direito constitucional, necessário e inevitável. É este debate que será enfrentado neste momento.

Decidir o que é ou não uma constituição sempre foi tarefa árdua para os constitucionalistas. Aquilo que aqui chamamos de "caráter constitucional", ou seja, o fragmento fundamental da substância de uma constituição, o caracteriza e o torna especialmente relevante diante dos demais preceitos legais em sentido estrito, sempre obteve diferentes visualizações com o passar dos tempos. Não por menos que muitas teorias tentaram explicar o que é uma constituição.

É essa a pergunta básica enfrentada, por exemplo, por Ferdinand Lassale em sua obra "O que é uma Constituição?[21]". Tentando distar das meras noções formais e orgânicas do conceito constitucional, e abarcando um caráter mais amplo para a resposta, disserta que uma constituição é nada menos que uma soma dos fatores reais do poder, e tais fatores são "força ativa e eficaz que informa todas as leis e instituições jurídicas da sociedade em questão, fazendo com que não possam ser, em essência, mais do que são" (LASSALLE, 2015, p. 38). Os fatores reais de poder nada mais são dos que os compostos sociais que influenciam na composição constitucional, assim, Lassalle distinguiu uma constituição real de uma constituição jurídica, aquela como a afirmação das estruturas sociais e políticas e esta as normas vigentes, a constituição escrita, ao final, uma deve corresponder à outra (CUNHA JÚNIOR, 2014, p. 71). Outro relevante conceito constitucional, que serviu de modelo para as discussões em torno do próprio desenvolvimento da teoria constitucional, é o de Peter Häberle (2003, p. 5), para quem a constituição deve ser concebida como um estado cultural, sendo última instância da dimensão cultural de um Estado dito constitucional, atuando como guia para juristas e não juristas, dada sua natureza não só de texto jurídico ou mecanismo normativo mas também expressão de um estado de desenvolvimento cultural de um povo.

Porém, conforme o direito internacional contemporâneo e o parâmetro internacional de defesa e proteção dos direitos humanos, o "caractere constitucional" precisa ser adaptado à realidade da proteção *pro homine*[22]. Utilizando da noção constitucional dos tratados de direitos humanos, a Convenção Americana de Direitos Humanos, por exemplo, poderia ser muito bem utilizada como um instrumento integrador do

---

21. A obra originalmente tem o título de *Über die Verfassung*, tendo sido resultado de uma conferência proferida em 1862. Ganhou versões em português com o título *O que é uma Constituição?* ou *A Essência da Constituição*.
22. No sentido da proteção *pro homine*: CORTE INTERAMERICANA DE DERECHOS HUMANOS. Caso González y otras Vs. México ("Campo Algodonero"). Sentencia de 16.11.2009). Excepción preliminar, fondo, reparaciones y costas. Disponível em: www.corteidh.or.cr. Acesso em 05 de agosto de 2008. Ver, em especial, § 33.

interconstitucionalismo latino-americano. Mais do que mero integrante de um bloco de constitucionalidade, determinaria a utilização do direito interno conforme o duplo controle já implantado em sede de controle de convencionalidade. O direito constitucional deve estar apto a naturalizar um conceito constitucional preponderantemente comunitário e cosmopolita. E neste sentido que CANOTILHO (1993, p. 18[23]) defende que as constituições, não obstante continuem a representar a legitimidade e o consenso estatal, tanto quanto representem uma identidade política e cultural, devem abrir espaço para uma progressiva cooperação metanormativa em rede, além da aptidão para a incorporação normativa germinada em outros centros transnacionais e infranacionais ou mesmo de associações e programas internacionais. A necessidade desta abertura é conforme a globalização internacional dos problemas, fator primordial para a articulação de direitos na procura de soluções.

É, portanto, um constitucionalismo necessariamente abrangente e atualizado às problemáticas decorrentes das cada vez mais imbricadas relações entre Estados e nacionais e não-nacionais, diante de um contexto internacional de proteção da dignidade humana, que fomenta a discussão em torno dos ideais do interconstitucionalismo e das práticas e instrumentos de proteção internacional dos direitos humanos. É nesta curvatura que direito constitucional, direitos humanos e direito internacional têm ponto encontro, chamados a uma atuação interdisciplinar e vanguardista. Como ressalta Flávia Piovesan (2012, p. 110): "o constitucionalismo global compreende não apenas o clássico paradigma das relações horizontais entre Estados, mas novo paradigma centrado: nas relações Estado/povo, na emergência de um Direito Internacional dos Direitos Humanos"

Nesta esteira, a polêmica em torno do nível hierárquico dos tratados de direitos humanos no ordenamento jurídico de um Estado é tema cen-

---

23. "As Constituições, embora continuem a ser pontos de legitimação, legitimidade e consenso autocentrados numa comunidade estadualmente organizada, devem abrir-se progressivamente a uma rede cooperativa de metanormas ('estratégias internacionais', 'pressões concertadas') e de normas oriundas de outros 'centros' transnacionais e infranacionais (regionais e locais) ou de ordens institucionais intermediárias ('associações internacionais', 'programas internacionais'). A globalização internacional dos problemas ('direitos humanos', 'proteção de recursos', 'ambiente') aí está a demonstrar que, se a 'Constituição jurídica do centro estadual', territorialmente delimitado, continua a ser uma carta de identidade política e cultural e uma mediação normativa necessária de estruturas básicas de justiça de um Estado-Nação, cada vez mais ela se deve articular com outros direitos, mais ou menos vinculantes e preceptivos (hard law), ou mais ou menos flexíveis (soft law)"

tral no desenvolvimento deste necessário movimento constitucionalista. No âmbito do ordenamento brasileiro é antiga a discussão, remonta ao julgamento do Recurso Extraordinário nº. 466.343 no STF (com ementa já supracitada neste trabalho).

Além da discussão principal envolvendo a permanência ou não da prisão civil do depositário infiel no direito brasileiro, diante da sua manifesta inconvencionalidade quanto à Convenção Americana de Direitos Humanos, os ministros debateram sobre o efeito interno da ratificação de tratados internacionais de direitos humanos. Como destaca MAUÉS (2013, ps. 217-218[24]), todos os Ministros, sem exceção, entenderam a imprescindibilidade do trato privilegiado às normas internacionais de proteção dos direitos humanos, dada a superação da tese da legalidade ordinária dos tratados de proteção dos direitos humanos, porém, permanecia discordância quanto ao nível hierárquico destes pactos internacionais. Uma orientação, minoritária, seguia na defesa do caráter materialmente constitucional dos tratados de direitos humanos; outra, majoritária, sustentava a supralegalidade.

A decisão pela supralegalidade dos tratados de direitos humanos anteriores e não incorporados sob o rito inserido pela EC 45/04, terminou por ser mais cômoda e, até certo ponto, acertada para o momento. Evitou-se a profusão de críticas muito pelo fato de que a tese da constitucionalidade "permitiria acionar os mecanismos de controle de constitucionalidade para fiscalizar a validade das leis não apenas perante a Constituição, mas também em relação aos tratados de direitos humanos" (MAUÉS, 2013, p. 219). Porém, a realidade de hoje não permite um acômodo decisório, ou uma posição compartimentada em relação à proteção dos direitos humanos. Fato é que a própria evolução da teoria do controle de convencionalidade, tal como hoje pode ser observado, termina por exigir uma transformação no conceito-padrão que rege os tratados internacionais de direitos humanos, e sua aplicabilidade, no direito interno.

---

24. "O ponto comum, compartilhado sem exceção por todos os Ministros, de que o STF deveria reconhecer uma posição privilegiada às normas internacionais de proteção dos direitos humanos, não elidia uma polêmica sobre seu nível hierárquico. Superada a tese da legalidade ordinária dos tratados de direitos humanos, e sem que nenhum membro do STF defendesse a tese da supranacionalidade, duas orientações disputaram o entendimento do STF. Para a minoria, representada pelo voto do ministro Celso de Mello, os tratados de direitos humanos teriam caráter 'materialmente constitucional' (...). A posição adotada pela maioria do STF, no entanto, foi a tese da supralegalidade".

Conforme afirmado, o controle de convencionalidade permitiu uma modificação não só da aplicação e exigibilidade dos direitos pactuados supranacionalmente, como também uma própria transformação do conceito de constituição. Se por muito tempo, palavras essenciais em qualquer descrição constitucional eram "Estado", "soberania", "controle do poder estatal" e "regulação estatal", a proteção internacional dos direitos humanos, fomentada por seus instrumentos de concretização, terminou por impulsionar a inclusão de novos termos e medidas. A dignidade da pessoa humana, a proteção do ser humano, independente de qualquer fronteira, está no cerne do constitucionalismo global.

CONSIDERAÇÕES FINAIS

A proposta do trabalho não pode, de forma alguma, ser confundida com qualquer generalização ou argumentação em abstrato, desligada de factibilidade. Qualquer esforço teórico tem por finalidade o desenvolvimento de transformações no mundo concreto, por maior que seja o espaço entre eles. Não diferente ocorre com a noção aqui defendida, duas teorias, com seus objetos, teleologias, funções e suporte doutrinário, podem muito bem partilhar de um comum interesse, não obstante a que ramo pertençam ou de que raiz procedam. Isto reforçado por um problema comum, exigente de soluções inovadoras e dinâmicas.

Se por um lado, a teoria da interconstitucionalidade reforça o poder estatal através do compartilhamento de experiências supranacionais, gerando uma evidente rede de constituições firmadas e vinculadas ao processo de proteção dos direitos humanos e supremacia da melhor norma protetiva de tais direitos. O controle de convencionalidade atua na concretização desta proteção, influindo nos ordenamentos nacionais e modificando a própria concepção constitucional. Um pode caminhar ao lado do outro na conquista de um modelo internacional de tutela dos direitos humanos muito mais viável, abrangente e dinâmico.

E tal ponto de encontro ganha espaço fértil na América Latina. Se a proposta interconstitucional tem grau avançada aceitação e implantação dentro da realidade europeia, o mesmo não pode ser dito da conjuntura latino-americana. O impacto do direito internacional dos direitos humanos nos ordenamentos nacionais ainda é cercado de temores e receios. Acima de tudo, o apego teórico-normativo a um conservadorismo constitucional, termina por mitigar a elevação dos direitos humanos ao seu devido lugar.

As discussões em torno de hierarquias, degraus e patamares devem ser deixadas de lado, enfatizando-se uma noção autopoiética da defesa dos direitos básicos à condição humana. É neste caminhar que a teoria da interconstitucionalidade pode ter determinante atuação na diminuição das barreiras e fronteiras latino-americanas, ao menos quando o objeto é a aplicação dos direitos humanos. Tudo isto baseado em uma liga histórica e cultural determinante de uma identidade latino-americana, portanto, muitos são os motivos para adesão a uma visão interconstitucional latino-americana. E por assim dizer, os tratados de direitos humanos, conforme a teoria da constitucionalidade, reforçam tal amálgama internacional e apenas completam o ciclo formativo de um indispensável realinhamento interdisciplinar. Se os problemas são partilhados e, por muitas vezes, prescindem do respeito a fronteiras e estremas, por que motivo as soluções teriam de ser encontradas no seio de um ordenamento, teoria ou disciplina?

REFERÊNCIAS

CANÇADO TRINDADE, Augusto. Os tribunais internacionais contemporâneos e a busca da realização do ideal de justiça internacional. **Revista da Faculdade de Direito UFMG.** n. 57, Belo Horizonte: UFMG, 2010.

CORTE INTERAMERICANA DE DERECHOS HUMANOS. **Caso González y otras Vs. México ("Campo Algodonero").** Sentencia de 16.11.2009). Excepción preliminar, fondo, reparaciones y costas. Disponível em: www.corteidh.or.cr. Acesso em 05 de agosto de 2008.

_____. **Caso Cabrera García y Montiel Flores Vs. México.** Sentencia de 26.11.2010. Resumen oficial emitido por la Corte. Disponível em: www.corteidh.or.cr. Acesso em 05 de agosto de 2017.

_____. **Caso Almonacid Arellano y otros Vs. Chile.** Sentencia de 26.09.2006. Voto do Juiz Cançado Trindade. Disponível em: www.corteidh.or.cr. Acesso em 05 de agosto de 2008.

CANOTILHO, José Joaquim Gomes. **Brancosos e interconstitucionalidade: itinerários dos discursos sobre a historicidade constitucional.** 2ª. Ed. Coimbra: Almedina, 2008.

_____. **Direito Constitucional.** 6ª. Ed. Coimbra: Livraria Almedina, 1998.

CUNHA JÚNIOR, Dirley. **Curso de Direito Constitucional.** 8ª. Ed, Salvador: Editora Juspodium, 2014.

DONGHI, Tulio Halperín. **The Contemporary History of Latin America.** London: The Macmillan Press, 1993.

FEIJÓ, Alexsandro Rahbani Aragão. A convenção das Nações Unidas sobre o direito de acessibilidade da pessoa com deficiência: o controle de convencionalidade e seus reflexos no direito brasileiro. In: MENEZES, Wagner (org.). **Direito Internacional em Expansão.** Vol. 6. Belo Horizonte: Arraes Editores, 2016.

FINKELSTEIN, Cláudio. **Hierarquia das normas de direito internacional:** jus cogens e metaconstitucionalismo. São Paulo: Saraiva, 2013.

GARGARELLA, Roberto. Pensando sobre la reforma constitucional en América Latina. In: GARAVITO, César Rodríguez (coord.). **El derecho en América Latina**: un mapa para el pensamiento jurídico del siglo XXI. Buenos Aires: Siglo Veintiuno Editores, 2011.

GONTIJO, André Pires. Os caminhos fragmentados da proteção humana: o peticionamento individual, o conceito de vítima e o *amicus curiae* como indicadores do acesso aos sistemas interamericano e europeu de proteção dos direitos humanos. **Revista de Direito Internacional**. v. 9, n. 4. Brasília: Uniceub, 2012.

HÄBERLE, Peter. **El estado constitucional**. Ciudad de México: Fondo Editorial, 2003.

HEEMANN, Thimotie Aragon; PAIVA, Caio. **Jurisprudência Internacional dos Direitos Humanos.** Manaus: Editora Dizer o Direito, 2015.

KANT, Immanuel. **Fundamentação da metafísica dos costumes.** Porto: Porto, 1995.

LASSALLE, Ferdinand. **O que é uma constituição?** São Paulo: Editora Pillares, 2015.

LIRA, Yulgan. **Controle de convencionalidade**: A tutela coletiva dos tratados internacionais de direitos humanos. João Pessoa: Ideia, 2016.

MAGALHÃES, Breno Baía. O controle difuso de convencionalidade no Brasil: soluções para seu aprimoramento. In: CHAI, Cassius Guimarães; BUSSINGUER, Elda Coelho de Azevedo; MESQUITA, Valena Jacob Chaves (orgs.). **Ensaios Críticos: do político ao jurídico**. Campo dos Goytacazes: Brasil Multicultural, 2016.

MAUÉS, Antônio Moreira. Supralegalidade dos tratados internacionais de direitos humanos e interpretação constitucional. **SUR – Revista Internacional de Direitos Humanos.** São Paulo: Conectas, 2013.

MAZZUOLI, Valerio de Oliveira. **Curso de Direito Internacional Público.** 9ª. Ed. São Paulo: Editora Revista dos Tribunais, 2015.

_____. Teoria geral do controle de convencionalidade no direito brasileiro. **Revista de Informação Legislativa**. v. 46, n. 181, Brasília: Senado Federal, 2009.

_____. **O controle jurisdicional da convencionalidade das leis.** 2ª. Ed. São Paulo: Editora Revista dos Tribunais, 2011.

MENEZES, Wagner. O direito internacional contemporâneo e a teoria da transnormatividade. **Pensar.** Fortaleza: Unifor, v. 12, 2007.

MOLLER, Carlos María Pelayo. El surgimiento y desarrollo de la doctrina de 'Control de Convencionalidad' y sus implicaciones en el Estado Constitucional, 2013. Disponível: http://www.miguelcarbonell.com/docencia/El_surgimiento_y_desarrollo_de_la_doctrina_de_Control_de_Convencionalidad_y_sus_implicaciones.html. Acesso em 28 de julho de 2017.

MUDROVITSCH, Rodrigo. **Desentrincheiramento da jurisdição constitucional**. São Paulo: Saraiva, 2014.

NEVES, Marcelo. **Transconstitucionalismo.** São Paulo: Martins Fontes, 2013a.

_____. Del diálogo entre las cortes supremas y la corte interamericana de derechos humanos al transconstitucionalismo en América Latina. **Protección Multinivel de Derechos Humanos.** Barcelona: Universitat Pompeu Fabra, 2013b.

PIOVESAN, Flávia. **Direitos humanos e o direito constitucional internacional.** 13ª. Edição. São Paulo: Saraiva, 2012.

ROMANCINI, Malu. A teoria da interconstitucionalidade e sua aplicação na América Latina. In: MENEZES, Wagner (org.). **Direito Internacional em Expansão.** Vol. 6. Belo Horizonte: Arraes Editores, 2016.

SCHÄFER, Gilberto; ALMEIDA, Greicy Fraga. A proteção da militância como projeto de vida na Corte Interamericana de direitos humanos: o caso Cabrera García vs. México. **Revista da Faculdade de Direito Uniritter.** nº. 15, Porto Alegre, 2014.

SEIXAS, Renato. **Identidade cultural da América Latina: conflitos culturais globais e mediação simbólica.** Disponível em: www.usp.br/prolam/downloads/2008_1_4.pdf. Acesso em 31 de julho de 2017.

SILVA FILHO, José Carlos Moreira da. O julgamento da ADPF 153 pelo Supremo Tribunal Federal e a inacabada transição democrática brasileira. In: PIOVESAN, Flávia; SOARES, Inês Virgínia Prado (coords.). **Direito ao Desenvolvimento.** São Paulo: Fórum, 2010.

SLAUGHTER, Anne-Marie. **A New World Order.** Princeton: Princeton University Press, 2004.

SUNSTEIN, Cass. **Radicals in Robes:** why extreme right-wing courts are wrong for America. New York: Basic Books, 2005. In: MORAIS, José Luis Bolzan de; BRUM, Guilherme Valle. **Políticas públicas e jurisdição constitucional:** entre direitos, deveres e desejos. Porto Alegre: Livraria do Advogado, 2016.

SUPREMO TRIBUNAL FEDERAL. **RE 466343/SP.** Rel. Min. Cezár Peluso. Julgado em 03/12/2008.

TEIXEIRA, Anderson Vichikenski. Constitucionalismo transnacional: por uma compreensão pluriversalista do Estado constitucional. **Revista de Investigações Constitucionais.** vol. 3, n. 3. Curitiba: UFPR, 2016.

CONTROLE DE CONVENCIONALIDADE E TRANSNACIONALIDADE: LIMITES E POTENCIALIDADES NA RELAÇÃO ENTRE SUPREMO TRIBUNAL FEDERAL E CORTE INTERAMERICANA DE DIREITOS HUMANOS

Luís Carlos Santos Lima[1]

INTRODUÇÃO

No plano interamericano, em que pese a existência de numerosos diplomas legais, a luta pela efetivação dos direitos e liberdades fundamentais consiste em uma tarefa árdua, por subsistir um modelo de desconformidade entre ordens de direito interno e internacional. Não só a Convenção Americana sobre Direitos Humanos (CADH), mas também seus protocolos facultativos e demais diplomas correlatos acabam sendo objeto de interpretações conflitantes por parte dos poderes estatais, que recorrentemente desrespeitam seus princípios e finalidades por ação ou omissão.

Significa dizer que diversas medidas são adotadas internamente em sentido contrário à normativa de proteção dos direitos humanos ou simplesmente não são criadas com o fito de assegurá-la. Some-se a

---

1. Doutor em Ciências Jurídicas pela Universidade Federal da Paraíba (2017), Mestre em Administração pela Universidade Federal da Paraíba (2007), Especialista em Direito Constitucional pela Universidade Anhanguera (2010), Master Business Administration em Gestão de Negócios pela Fundação Getúlio Vargas (2004), Bacharel em Direito pelo Centro Universitário de João Pessoa (2004) e Bacharel em Administração pela Universidade Federal da Paraíba (2003). Atualmente atua como Professor da Universidade Federal da Paraíba e Pesquisador do Laboratório Internacional de Investigação em Transjuridicidade (LABIRINT) e do Grupo de Pesquisa Grupo de Estudos em Tecnologias Empresariais e Conhecimento (GETEC), com experiência nas áreas de Direito Público e Administração Pública e Privada.

isso a insuficiência do controle de constitucionalidade nos casos em que tais normas não gozam de hierarquia constitucional, como comumente ocorre no Brasil. Outro ponto crucial reside na incongruência das manifestações de órgãos legislativos e jurisdicionais quanto às disposições da Comissão e da Corte Interamericana de Direitos Humanos, mitigando sensivelmente a efetividade do *corpus juris* interamericano.

Particularmente, a produção normativa dos órgãos do Sistema Interamericano de Proteção dos Direitos Humanos (SIPDH) é submetida a um modelo de internalização retrógrado por parte de Estados-Partes como o Brasil, que se valem de mecanismos de controle político e judicial fundados em uma inexata compreensão de aspectos como soberania e jurisdição. Nega-se, assim, o caráter de primazia das normas de direitos humanos e os princípios *pro homine* ou *favor persona* e *favor libertatis*, que exigem a aplicação da interpretação mais favorável ao indivíduo.

A fim de evidenciar a base argumentativa do controle de convencionalidade, abrange-se o teor da Convenção e dos demais diplomas que compõem o *corpus juris* interamericano, com destaque para sentenças da Corte IDH. Ocorre que, em Estados como o brasileiro, a incompatibilidade que tem minorado o alcance e o sentido da normativa convencional não se limita a situações emblemáticas. Tendo aderido formalmente à CADH em 6 de novembro de 1992 e aceitado a competência daquela Corte em 10 de dezembro de 1998, é possível dizer que a experiência de incorporação do *corpus juris* interamericano por parte do Estado brasileiro é bastante limitada.

Desde esse último marco temporal, o Supremo Tribunal Federal (STF) fundamentou suas decisões no direito e na jurisprudência convencional vigente em apenas 25 (vinte e cinco) casos, destacando-se 12 (doze) deles. Para além da concepção compartimentalizada dos sistemas jurídicos, cabe investigar suas diferentes camadas e compatibilizar as normas de proteção dos direitos humanos tomando por base as influências e confluências advindas de diversas fontes nacionais e internacionais, muitas vezes com *status* supranacional.

Tratando da construção intercultural do controle de convencionalidade, espera-se conferir maior efetividade às normas de direitos humanos com o aperfeiçoamento dos procedimentos de compatibilização normativa e de interação jurisdicional. Em atenção aos princípios *pro homine* e *favor libertatis*, deve-se efetuar a interpretação mais favorável ao efetivo gozo de direitos e liberdades fundamentais e estender o exercício desse controle a todos os órgãos ou autoridades que exerçam funções jurisdicionais, incluindo-os como intérpretes da normatividade convencional.

1. BREVE HISTÓRICO

Em termos gerais, o controle de convencionalidade consiste em um mecanismo complementar e coadjuvante ao controle de constitucionalidade, visando a adaptar ou conformar os atos e as leis produzidos internamente aos compromissos de direitos humanos assumidos pelos Estados na esfera internacional. Há que se esclarecer que se utiliza o termo "convencionalidade" porque, diferentemente do que ocorre com o controle de constitucionalidade, o paradigma de controle em questão não reside na Constituição nacional, mas nas convenções de direitos humanos.

Mazzuoli (2012) afirma que a nomenclatura controle de convencionalidade originou-se na França, em um caso em que o Conselho Constitucional francês, na decisão 74-54 DC, de 1975, entendeu não ser competente para analisar a convencionalidade preventiva das leis, ou seja, sua compatibilidade perante os tratados ratificados pelo país, no caso, a CEDH. Todavia, enquanto técnica legislativa ou hermenêutica destinada a determinar *in abstracto* o cumprimento das obrigações de um Estado frente a normas consuetudinárias de caráter universal, pode-se dizer que a questão remete à Convenção de Viena sobre Direito dos Tratados (CVDT).

Atualmente, esse mecanismo de controle deriva do complexo movimento de expansão quantitativa e qualitativa do Direito Internacional, que passou a abranger diversos campos da conduta social, a exemplo do que ocorre em matéria de direitos humanos, demandando o fortalecimento dos procedimentos de interpretação e cumprimento de suas normas perante os órgãos judiciais ou quase-judiciais de solução de controvérsias que se projetam para além dos Estados, não raras vezes com caráter reconhecidamente supranacional.

Hitters (2009, p. 111) explica que o *control de convencionalidad*[2] foi inaugurado no SIPDH com o processamento do *Caso Myrna Mack Chang vs. Guatemala* perante a Corte IDH em 2003. Entretanto, isso não significa que apenas a partir desse momento tenha surgido a preocupação com a compatibilidade entre as normas de direito interno e internacional e

---

2. "Controle de convencionalidade." (Tradução nossa).

com o consequente cumprimento das obrigações internacionais assumidas pelos Estados da região: *"lo que en verdad ha sucedido es que desde ese momento se utiliza tal fraseologia."*[3] Quer-se dizer que essa Corte não objetiva modificar de forma direta o direito doméstico, mas "controlar" se suas normas acatam ou não as convenções internacionais de direitos humanos.

Esclareça-se que desde a *Opinión Consultiva OC-14/94*, emitida a pedido da Comissão IDH, estabeleceu-se que os Estados-Partes do SIPDH devem controlar sua produção normativa, tendo em vista a responsabilização internacional por expedição ou aplicação de leis violatórias do regime de proteção convencional:

> *La Corte, por unanimidad, decide que es competente para rendir la presente opinión consultiva. Y es de opinión por unanimidad, 1. Que la expedición de una ley manifiestamente contraria a las obligaciones asumidas por un Estado al ratificar o adherir a la Convención, constituye una violación de ésta y, en el caso de que esa violación afecte derechos y libertades protegidos respecto de individuos determinados, genera la responsabilidad internacional de tal Estado. 2. Que el cumplimiento por parte de agentes o funcionarios del Estado de una ley manifiestamente violatoria de la Convención, genera responsabilidad internacional para tal Estado. En caso de que el acto de cumplimiento constituya per se un crimen internacional, genera también la responsabilidad internacional de los agentes o funcionarios que ejecutaron el acto.*[4] *(CORTE INTERAMERICANA DE DIREITOS HUMANOS, 1994, p. 16).*

Enquanto controle *in concreto*, Ramos (2004) destaca o desenvolvimento doutrinário e jurisprudencial do controle de convencionalidade no SIPDH ao longo dos últimos anos. Seu fundamento repousa nas obrigações *erga omnes* assumidas voluntariamente pelos Estados-Partes do SIPDH quando da ratificação da CADH, notadamente naquelas constantes de seus arts. 1º e 2º, prevalecendo de forma enfática como apelo regional para unificação da interpretação jurídica dessas normas.

---

3. "O que em verdade aconteceu foi que desde esse momento se utiliza tal terminologia." (Tradução nossa).
4. "A Corte, por unanimidade, decide ser competente para expedir a presente opinião consultiva. E é de opinião, por unanimidade, 1. Que a expedição de uma lei manifestamente contrária às obrigações assumidas por um Estado ao ratificar ou aderir à Convenção constitui uma violação desta e, no caso em que essa violação afete direitos e liberdades protegidos a respeito de indivíduos determinados, gera a responsabilidade internacional de tal Estado. 2. Que o cumprimento por parte de agentes ou funcionários do Estado de uma lei manifestamente violatória da Convenção gera responsabilidade internacional para o Estado. No caso em que o ato de cumprimento constitua *per se* um crime internacional, gera também a responsabilidade internacional dos agentes ou funcionários que executaram o ato." (Tradução nossa).

Ao se submeterem de forma livre à jurisdição contenciosa da Corte IDH, esses Estados acabam reconhecendo-a como intérprete autêntica e final dessa convenção e vinculando-se à jurisprudência convencional resultante de sua atividade interpretativa, manifestada precipuamente pela inspeção das disposições de alcance geral impugnadas à luz do direito convencional vigente na região.

Por essa razão, suas sentenças possuem um alto valor para a compreensão das obrigações relativas à proteção e à promoção dos direitos humanos, constituindo-se em guisa de orientação e em legítimas obrigações de resultado, conforme arts. 67 a 69 da CADH. Conforme compêndio da Corte IDH, a doutrina do controle de convencionalidade vem sendo desenvolvida na região nos seguintes termos:

> Esto nos lleva al tema del necesario análisis que deben realizar los órganos e agentes estatales (particularmente los jueces y demás operadores de justicia) sobre la compatibilidad de las normas y prácticas nacionales con la Convención Americana. En sus decisiones y actos concretos dichos órganos y agentes deben cumplir con la obligación general de garantizar los derechos y libertades protegidos en dicho tratado, asegurándose de no aplicar normas jurídicas internas violatorias de la Convención Americana, así como aplicando correctamente este tratado y los estándares desarrollados por la Corte Interamericana.[5] (CORTE INTERAMERICANA DE DIREITOS HUMANOS, 2013, p. 33).

Mac-Gregor (2011) afirma tratar-se da fixação, por esse órgão jurisdicional, de um "padrão mínimo de proteção" que emana do direito e da jurisprudência convencional em matéria de direitos humanos, padrão esse que deve ser ampliado por normas nacionais de alçada constitucional ou infraconstitucional. Tal tarefa seria tangível a partir da incorporação de preceitos normativos para além da convenção e de seus protocolos facultativos, tais como: demais Tratados Internacionais de Direitos Humanos (TIDH) e congêneres vigentes na região ou no sistema universal; informes, recomendações, opiniões consultivas e resoluções dos organismos de proteção e promoção dos direitos humanos; princípios informadores; e costume internacional, formando um "bloco de convencionalidade".

---

5. "Isso nos leva ao tema da necessária análise que os órgãos e agentes estatais (particularmente os juízes e demais operadores de justiça) devem realizar sobre a compatibilidade das normas e práticas nacionais com a Convenção Americana. Em suas decisões e atos concretos, esses órgãos e agentes devem cumprir com a obrigação geral de garantir os direitos e liberdades protegidos no citado tratado, assegurando a não aplicação de normas jurídicas internas violatórias da Convenção Americana, assim como aplicando corretamente este tratado e os padrões desenvolvidos pela Corte Interamericana." (Tradução nossa).

Quanto a normas de interpretação e de reconhecimento, os arts. 29, alíneas "b" e "c" e 31 da CADH preveem que nenhuma de suas disposições pode: "(...) *limitar el goce y ejercicio de cualquier derecho o libertad que pueda estar reconocido de acuerdo con las leyes de cualquiera de los Estados Partes o de acuerdo con otra convención en que sea parte uno de dichos Estados*"; "(...) *excluir otros derechos y garantías que son inherentes al ser humano o que se derivan de la forma democrática representativa de gobierno*"; e "(...) *podrán ser incluidos en el régimen de protección de esta Convención otros derechos y libertades que sean reconocidos de acuerdo con los procedimientos establecidos en los artículos 76 y 77.*" (ORGANIZAÇÃO DOS ESTADOS AMERICANOS, 1969, p. 11).[6]

A própria jurisprudência convencional atrela a atuação estatal ao primado da prevalência da norma mais favorável à pessoa humana, vide parágrafo 52 da *Opinión Consultiva OC-5/85*: "*(...) si a una misma situación son aplicables la Convención Americana y otro tratado internacional, debe prevalecer la norma más favorable a la persona humana.*"[7] (CORTE INTERAMERICANA DE DIREITOS HUMANOS, 1985, p. 18). Esse padrão de proteção deve ser ampliado sempre que se identifique maior efetividade à norma em questão, dada a natureza transnacional das garantias conferidas a seus titulares em termos de responsabilização legal e de não repetição de abusos contra seu gozo e fruição em situações vindouras.

Assim, os Estados-Partes do SIPDH devem se privar de adotar ou eliminar de seus ordenamentos jurídicos qualquer norma contrária aos direitos e liberdades assegurados convencionalmente. O dever de adotar medidas de qualquer natureza que preservem seus núcleos basilares ao menos em patamares mínimos alcança desde o texto constitucional até meras resoluções administrativas, sendo possível ampliar o rol que os compreende e criar patamares mais elevados de garantia em cada sistema de direito interno.

---

6. "(...) limitar o gozo e exercício de qualquer direito ou liberdade que possa ser reconhecido de acordo com as leis de qualquer dos Estados-Partes ou de acordo com outra convenção em que seja parte um de tais Estados"; "(...) excluir outros direitos e garantias que são inerentes ao ser humanos ou que derivam da forma democrática representativa de governo."; e "(...) poderão ser incluídos no regime de proteção desta Convenção outros direitos e liberdades que sejam reconhecidos de acordo com os procedimentos estabelecidos nos artigos 76 e 77." (Tradução nossa).

7. "(...) se a uma mesma situação são aplicáveis a Convenção Americana e outro tratado internacional, deve prevalecer a norma mais favorável à pessoa humana." (Tradução nossa).

Sob essa vertente, a lógica do modelo tutelar próprio do regime convencional reside na necessidade de apreciar a racionalidade, a proporcionalidade e a pertinência de fatos e atos de direito interno sob a perspectiva dos direitos humanos. Verificada a imposição de limites ou restrições ao exercício dos direitos e liberdades tutelados pelo Direito Internacional dos Direitos Humanos (DIDH), bem como inexistindo processos internos dedicados à garantia de seu livre gozo e fruição e à efetividade do direito e da jurisprudência convencional, restaria configurado o desrespeito às obrigações naturais dos Estados-Partes do SIPDH. Caberia apurar eventuais violações na forma de ilícito internacional, ensejando reparação e prevenção em casos futuros.

Em diversas oportunidades, proclamou-se que os Estados devem exercer uma espécie de "controle de convencionalidade" entre as normas nacionais aplicadas a casos concretos e as normas internacionais definidoras de direitos e liberdades fundamentais. Exige-se, assim, o exercício obrigatório de um mecanismo de controle da adequação ou conformidade das normas de direito interno para com as normas de conteúdo humanístico que obrigam os Estados perante a comunidade internacional.

Consequentemente, os compromissos comuns ao DIDH se convertem em normas *self-executing* e preferentes nas jurisdições estatais, dada a diretiva de cumprir de boa-fé as obrigações internacionais e de não gerar obstáculos ao seu fiel cumprimento. É de se esperar que a administração de justiça dos Estados-Partes do SIPDH exerça o controle de convencionalidade, o que implica realizar um exame *ex officio* da compatibilidade entre os atos normativos nacionais e internacionais de proteção dos direitos humanos. Assim, privilegiam-se a legitimação e o fortalecimento desse sistema regional a partir de seus próprios membros.

Em todos os casos, o princípio *pro homine* serve como critério hermenêutico que visa à mais ampla proteção normativa ou à interpretação mais favorável enquanto garantia material. No sentido oposto, deve prevalecer a interpretação mais restritiva quanto a normas neutralizadoras que pretendam estabelecer limites ao exercício de direitos humanos. Respeitadas as regras procedimentais de cada sistema, o controle de convencionalidade deve ser empreendido para identificar em sede de direito interno e internacional os pressupostos materiais e processuais mais adequados à efetividade desses direitos, incluída a jurisprudência vinculante da Corte IDH.

A incompatibilidade entre a normativa interna e a proveniente do DIDH, quando dotada de maior potencial protetivo, gera um conflito que a Corte IDH resolve ao declarar a primeira espécie como "inconvencional". Todavia, é a partir da interação entre os diversos órgãos internacionais e agentes estatais envolvidos na tarefa de proteção e promoção dos direitos humanos que o controle de convencionalidade pode se expandir e aperfeiçoar, vez que o âmbito de aplicação de seus princípios informadores e de seu núcleo essencial perpassam os diversos níveis de organização político-administrativa estatal e alcançam o destinatário final dos respectivos sistemas de proteção: o sujeito enquanto titular de direitos essenciais.

2. CONTROLE DE CONVENCIONALIDADE NO CONTEXTO TRANSNACIONAL

É sabido que a participação dos Estados em ordenamentos jurídicos convencionais visa a assegurar o livre gozo e exercício de direitos e liberdades fundamentais, estabelecendo restrições processuais específicas em relação à ordem interna. Entretanto, tais restrições dizem respeito à necessidade de os juízes assegurarem um "padrão mínimo comum" ou "proteção equivalente" em matéria de direitos humanos, dialogando a fim de coordenar e harmonizar sua jurisprudência com a que emana das Cortes internacionais, notadamente da Corte IDH.

Conforme Bogdandy (2014, p. 4), *"el respeto de los derechos humanos, del principio democrático y del Estado de derecho, son los ejes centrales de un derecho constitucional latino-americano y pilares del nuevo ius constitutionale commune."*[8] Consistindo em um projeto jurídico, político e cultural pautado em diálogos, inclusão e pluralismo normativo, esse direito comum latino-americano seria resultado de uma evolução progressiva e propositiva das estruturas do Direito Público, mais ajustada às dinâmicas transnacionais contemporâneas, corolário de uma nova compreensão quanto à influência recíproca de instituições nacionais, internacionais e supranacionais no campo do convívio social e da legitimação do poder.

Acrescente-se que dessa interação entre Estados, vítimas, organizações da sociedade civil ou não-governamentais resulta a crescente autonomia e a força catalizadora do SIPDH em termos de potencialização do diálogo interjurisdicional multinível na região em matéria de direitos

---

8. "O respeito aos direitos humanos, ao princípio democrático e ao Estado de Direito são os eixos centrais de um constitucionalismo latino-americano e pilares do novo *ius constitutionale commune*." (Tradução nossa).

humanos. Para Piovesan (2014), o controle de convencionalidade tem se consolidado em um novo paradigma da cultura jurídica latino-americana de caráter interdisciplinar, superando a noção de uma "pirâmide normativa hermética" centrada na *State approach*[9] com o advento de um "trapézio permeável" consubstanciado na *human rights based approuch*.[10]

Da apreciação de todos os casos emblemáticos pela Corte IDH e pelos juízes e tribunais dos Estados que participam do SIPDH e reconhecem sua jurisdição contenciosa e condição de intérprete autêntica e final da CADH, denota-se que o controle de convencionalidade alude que todos os órgãos e agentes estatais de diferentes níveis estão obrigados a velar para que o *corpus juris* interamericano não seja sobrepujado pela aplicação de normas contrárias ao seu objeto e finalidade.

A partir do *Caso Myrna Mack Chang vs. Guatemala*, desenvolveu-se no SIPDH não apenas a tese da responsabilidade integral do Estado, mas também sua submissão ao regime convencional interamericano e à respectiva jurisdição da Corte IDH. Nessa linha, o *Caso Tibi vs. Ecuador* deu ênfase à necessidade de conformação da atuação estatal aos TIDH segundo a CVDT, inovando ao atribuir caráter prevalente à jurisdição contenciosa daquela Corte regional, enquanto o *Caso Vargas Areco vs. Paraguay* e o *Caso Ibsen Cárdenas e Ibsen Peña vs. Bolivia* coincidiram ao reiterar a necessidade de exercício do devido controle de convencionalidade.

Já o *Caso Cepeda Vargas vs. Colômbia* centrou-se na necessidade de os Estados anuírem à interpretação convergente realizada entre a CADH e outras normas de Direito Internacional relacionadas a crimes contra a humanidade, dado seu caráter de *jus cogens*. Como consta do *Caso Comunidad Indígena Xákmok Kásek vs. Paraguay*, seria imperioso verificar a existência de "vazios normativos" capazes de impedir a efetivação de direitos e liberdades fundamentais e, à luz dos *Casos Fernández Ortega y Otros e Rosendo Cantú y Otra vs. México*, suprimir normas contrárias e desenvolver manifestações de ordem pública ajustadas a esse fim.

O *Caso Almonacid Arellano y Otros vs. Chile* é emblemático por exigir a total vinculação dos agentes públicos ao regime interamericano de proteção integral dos direitos humanos, sob pena de responsabilização internacional do Estado. Superou-se, assim, o entendimento de que o

---

9. "Abordagem estatal." (Tradução nossa).
10. "Abordagem baseada nos direitos humanos. (Tradução nossa).

exercício do controle de convencionalidade centrar-se-ia apenas no Poder Judiciário, vez que era comum empreender uma análise puramente constitucional, como o *Caso Boyce y Otros vs. Barbados* atesta.

Tal posição foi complementada no *Caso Trabajadores Cesados del Congreso (Aguado Alfaro y Otros) vs. Perú*, que ainda: pugnou pela imediata aplicabilidade dos TIDH na jurisdição interna; concebeu um sistema de controle vertical e geral em matéria de juridicidade dos atos das autoridades nacionais; estabeleceu o caráter difuso do controle de convencionalidade, a ser exercido por todos os tribunais nacionais; e exigiu a aplicação concomitante dos controles de constitucionalidade e de convencionalidade por parte de todos os Estados-Partes do SIPDH.

O *Caso Heliodoro Portugal vs. Panamá* marca a ampliação do dever de observância e defesa dos direitos humanos em sede de direito interno, o que engloba o exercício do controle de convencionalidade não só pelos membros do Poder Judiciário, mas por todos os operadores de justiça, independentemente de sua esfera de atuação. Dessa forma, a legislação interna poderia diferir da internacional tão somente para favorecer a tutela dos direitos e liberdades fundamentais consagrados internacionalmente, jamais sendo permitido reduzir sua eficácia por meio de tipificações domésticas que entrem em colisão ou contradigam seus preceitos.

Quanto a seu efeito útil, o *Caso La Cantuta vs. Perú* evidenciou a repercussão geral das sentenças da Corte IDH como forma de garantir a não-repetição da "anticonvencionalidade" em casos congêneres. Também com a finalidade de prevenir a repetição de violações de direitos humanos, o *Caso Vélez Loor vs. Panamá* abordou a adoção de medidas legais e administrativas e a adequação da legislação interna, assim como ocorreu no *Caso Radilla Pacheco vs. México*. No exercício desse mister, as disposições convencionais irradiariam todas as normas de caráter regulamentar, alcançando o próprio texto constitucional, tudo quanto à efetiva aplicabilidade do *corpus juris* interamericano de direitos humanos.

De modo semelhante, o *Caso Gomes Lund y Otros (Guerrilha do Araguaia) vs. Brasil* enfatiza que o exercício do controle de convencionalidade pode importar na reforma ou revisão dos textos constitucionais ou, ainda, na mutação constitucional enquanto atividade exegética compatível com o DIDH. Especificamente, a análise de compatibilidade dos processos internos alcançaria até mesmo a atuação dos tribunais superiores dos Estados, exigindo-se respeito ao efeito vinculante do direito e da jurisprudência convencional vigente no SIPDH. Nessas circunstâncias, o caráter coadjuvante e complementar da proteção internacional de natureza convencional não se limitaria pela jurisdição nacional quando insuficientes as medidas adotadas para reparar violações de direitos humanos, sendo lícito à Comissão e à Corte IDH conhecer desses casos sem que se possa alegar falta de interesse processual.

No *Caso Cabrera García y Montiel Flores vs. México*, o controle de convencionalidade passa a ser cobrado de todos os agentes e órgãos estatais que exerçam funções jurisdicionais, segundo o princípio do devido processo convencional. A atividade hermenêutica da Corte IDH resultaria no dever de reconhecimento da eficácia de suas sentenças com efeitos subjetivos em cada caso particular e, ao mesmo tempo, com eficácia geral perante todos os Estados-Partes do SIPDH, dado o caráter de norma interpretada de suas sentenças. Finalmente, a interação interjurisdicional passa a ser vista como um instrumento vivo, dotada de vasos comunicantes aptos a viabilizar o diálogo multidirecional e a estabelecer relações de influência recíproca capazes de maximizar a proteção dos direitos humanos.

Sobre a multidimensionalidade desses direitos, Varella (2012, p. 417) diz que:

> A existência de diferentes camadas de direitos humanos cria um cenário plural de fontes e até mesmo de formas de se pensar o direito. A pluralidade aumenta as opções dos operadores jurídicos, na escolha da norma aplicável. Criam-se diferentes camadas de proteção, a partir dos sistemas jurídicos nacionais, regionais, internacionais, mas com variadas formas de contatos e interação. De um lado, contribui para dinamizar os processos de troca entre o nacional, o regional e o internacional. De outro, para reforçar diferenças. Em qualquer caso, há uma ampliação importante das oportunidades para todos os operadores do sistema, Estados e juízes.

A relevância e complexidade dessa temática contribui para a emergência de um novo paradigma no campo da cultura jurídica contemporânea, o *human rights approach*, vez que aos parâmetros constitucionais somam-se novos parâmetros convencionais na forma de diálogos francos e abertos, empréstimos judiciais e técnicas interdisciplinares de aplicação do direito. Nessa linha, verifica-se o repúdio a um sistema endógeno e autorreferencial e a consequente permeabilidade do Direito e ressignificância da experiência jurídica, pautada na dignidade humana.

Para Carnota (2012, p. 30), *"decentralized 'conventionality control' invites all judges to engage in trasnational judicial discourse and action. There is an expanding research agenda in judicial politics that explores interaction between judges (...) and an increasingly complex political and* *legal environment."*¹¹ Considerando os procedimentos de internalização e compatibilização das normas de direitos humanos, os agentes estatais que exercem funções jurisdicionais devem respeitar e zelar pela conservação dos atributos e garantias a elas inerentes segundo patamares razoáveis e em consonância com o princípio *pro homine* ou *favor persona*.

Sob a dupla dimensão que as compreende, as normas convencionais vinculam os juízes ordinários, constitucionais e qualquer ator estatal que desempenhe funções jurisdicionais. No exercício desse mister, estes devem reconhecer não apenas as normas nacionais, mas também as internacionais ou supranacionais como direito vigente, a ser garantido por meio de sua atuação. Desse modo, a inobservância das normas convencionais implica no descumprimento de obrigações internacionais, acarretando a responsabilização do Estado perante a comunidade internacional.

Isso sugere reconhecer que a imprescindível análise da compatibilidade normativa comum ao controle de convencionalidade deve partir dos próprios juízes e tribunais nacionais, entendidos como os primeiros intérpretes da CADH e de diplomas correspondentes. Atuando na condição de juízes interamericanos dentro de suas regulações processuais, estes devem outorgar efeito útil ao direito e à jurisprudência convencional sob uma perspectiva transnacional. Enquanto "juízes naturais" do *corpus juris* interamericano, serão responsáveis pela aplicação do controle de convencionalidade e pela ampliação da base argumentativa da própria Corte IDH, devendo fazer uso de uma interpretação evolutiva, dinâmica e finalística.

No âmbito do diálogo horizontal, mais aberto e livre de vínculos jurisdicionais, os juízes interagem independentemente de sua competência ou de um sistema de conexão formal. Quanto ao diálogo vertical, mantido, por exemplo, entre a Corte IDH e os tribunais nacionais que participam do SIPDH e reconhecem sua jurisdição contenciosa, devem ser considerados os preconceitos, prejuízos e paradigmas mentais resultantes de uma formação jurídica que desconsiderou a abertura dos sistemas jurídicos ao direito e às judicaturas internacionais ou supranacionais.

---

11. "O controle de convencionalidade descentralizado convida todos os juízes a se engajarem no discurso judicial transnacional e na ação. Há uma expansiva agenda de pesquisa em políticas judiciais que explora a interação entre juízes (...) e um ambiente político e jurídico cada vez mais complexo." (Tradução nossa).

Ainda que com uma maior permeabilidade das normas e decisões judiciais internacionais que vinculam os Estados em matéria de direitos humanos, o controle de convencionalidade tem sido concebido como uma comunicação interjurisdicional de caráter predominantemente vertical, já que firmada entre a Corte IDH e os órgãos jurisdicionais dos Estados que participam do SIPDH e reconhecem sua condição de intérprete final e autêntica da CADH e de seus protocolos facultativos.

Por meio da conversação cooperativa entre as jurisdições doméstica e internacional, os órgãos judiciais estatais devem abster-se de emitir decisões contrárias às normas e à jurisprudência vigente em matéria de direitos humanos na região, sob pena de elas carecerem desde o princípio de qualquer valor ou eficácia jurídica. Os Estados devem, portanto, assumir a *ratio decidendi* ou *holding* das sentenças da Corte IDH, conferindo-lhes autoridade de "coisa interpretada" e acarretando a preclusão de juízos posteriores segundo o princípio *non bis in idem*.

A esse respeito, a Corte IDH utiliza suas sentenças reforçando o efeito direto de suas resoluções a casos similares perante todos os Estados-Partes. Tal perspectiva não seria diferente da empregada no sistema europeu, em que o Tribunal Europeu dos Direitos do Homem desenvolve métodos coercitivos junto aos juízes nacionais com relação a sua autoridade interpretativa. Isso se traduz em *arrêts pilotes* ou "sentenças de orientação", em que se solicita aos órgãos normativos nacionais a modificação de normas e procedimentos que contradigam o direito convencional.

Supera-se, assim, a incidência da coisa julgada perante as partes de um litígio e criam-se precedentes que estabelecem uma espécie de prejudicialidade quanto a casos futuros, vinculando formal e materialmente os membros do SIPDH. Respeitado o prévio esgotamento das instâncias judiciais domésticas e sobrevindo condenação após o trâmite de um caso perante a Comissão IDH e a Corte IDH, supõe-se que o Estado tenha falhado na interpretação e aplicação do direito convencional.

No exercício do controle de convencionalidade *ex officio*, os juízes e tribunais nacionais devem conhecer e aplicar o direito convencional *iura novit curia*, em que a verificação da compatibilidade normativa de proteção dos direitos humanos é exercida independentemente de requerimento individual e do grau de jurisdição concernente ao processamento da causa. Conforme Sagüés (2010, p. 125), *"lo que no parece honroso es ratificar el Pacto y después argumentar que no cumple alguna de sus cláusulas porque ella no coincide con su Constitución.*"[12] Logo, ao Estado que não estiver disposto a somar-se ao processo de integração em matéria de direitos humanos cabe denunciar o respectivo Pacto e seguir o trâmite de retiro do SIPDH.

Todavia, cabe refletir acerca de um processo mais democrático de fluxos e influxos. Para Dulitzky (2015, p. 55), *"the integration principle via the conventionality control is another attempt to respond to the limitations of the subsidiarity principle given the context in the Americas by pushing national institutions to 'appropriate the Convention and make it their own'."*[13] Ao exigir tal conduta, a Corte IDH faz com que o direito e a jurisprudência convencional interamericana transcendam os princípios da subsidiariedade e complementaridade, tornando-se parte dos sistemas jurídicos nacionais nos maiores patamares possíveis em termos de exigibilidade e garantias.

Trata-se de erigir o princípio da integração para concretizar os direitos humanos quando as instâncias nacionais demonstram incapacidade ou ausência de vontade de sua administração de justiça. Considerando que muitos problemas resultam de lacunas quanto aos direitos e liberdades do SIPDH, tem-se desenvolvido procedimentos sobre a aplicabilidade direta e prevalência da CADH e da interpretação que dela faz a Corte IDH, cujos termos devem ser assegurados por meio da compatibilização *ex officio* das normas internas pelos agentes jurisdicionais estatais.

Em um ordenamento jurídico regional como o SIPDH, há que se buscar um equilíbrio entre a competência de intervenção confiada aos órgãos internacionais ou supranacionais por um tratado e as prerrogativas soberanas dos Estados-Partes, assentadas em preceitos constitucionais. No campo da interação judicial, essa relação exige da Comissão IDH e da Corte IDH o conhecimento das atribuições residuais dos órgãos estatais dotados de competência jurisdicional, assim como estes devem ter em conta a autoridade e o poder transferidos voluntariamente àqueles órgãos.

Os órgãos jurisdicionais estatais poderiam contribuir positivamente para o desenvolvimento da jurisprudência convencional ao ampliar a

---

12. "O que não parece honroso é ratificar o Pacto e depois argumentar que não cumpre algumas de suas cláusulas porque ela não coincide com sua Constituição." (Tradução nossa).
13. "O princípio da integração via controle de convencionalidade é outra tentativa de responder às limitações do princípio da subsidiariedade dado o contexto das Américas, pressionando as instituições nacionais a 'apropriar-se da Convenção e torná-la sua'." (Tradução nossa).

esfera de proteção conferida pelo regime convencional, fomentando o diálogo e a interação judicial ao irem além das soluções propostas pela Corte IDH. A finalidade passaria a ser o intercâmbio de perspectivas entre diferentes emissores e receptores quanto ao sentido e alcance das disposições convencionais, sejam juízes e tribunais nacionais, inclusive de hierarquia constitucional, seja a própria Corte IDH. Assim, cada um desses atores é corresponsável pela troca de posições e estabelecimento de objetivos comuns, devendo precisar os termos de suas próprias contribuições segundo a forma de diálogo estabelecida entre os sistemas de direito interno e internacional.

Sob a ótica dos direitos humanos e do diálogo entre jurisdições, a interação entre a Corte IDH e as Cortes dos países integrantes do SIPDH oferece oportunidades de intercâmbio normativo capazes de viabilizar o exercício do controle de convencionalidade em uma perspectiva transjudicial. Essa realidade se perfaz por meio da incorporação da normatividade, principiologia e jurisprudência convencional em sede de proteção de direitos e liberdades fundamentais na região.

Quanto a esse aspecto, a proteção dos direitos e liberdades fundamentais pelos ordenamentos nacionais e internacionais permitiria a concepção de uma tutela de caráter multinível, estabelecendo uma combinação de caráter virtuoso que geraria a obrigação de resultado quanto aos princípios mínimos exigidos pelo direito convencional. Não se limitando ao diálogo vertical entre juízes e tribunais nacionais e a respectiva Corte regional, como ocorre no SIPDH, subsiste a possibilidade de firmar diálogos horizontais entre jurisdições regionais e constitucionais, caracterizando o *cross cultural dialogue*[14] em matéria de direitos humanos.

Para Sudre (2004), é possível estabelecer diálogos nas seguintes direções: horizontal, entre os órgãos jurisdicionais dos Estados-Partes do SIPDH; verticais descendentes, entre a Corte IDH e juízes e tribunais nacionais dada sua condição de intérprete da CADH. Entretanto, há que se acrescentar o fluxo vertical ascendente, em que jurisdições nacionais emitem pronunciamentos enriquecedores e inovadores em matéria de direitos humanos, permitindo que a Corte IDH forneça um *feedback* positivo ou negativo quanto à aplicação do direito convencional em cada contexto.

Em caráter complementar, torna-se imprescindível admitir a existência de fluxos multidirecionais na jurisdição interamericana, que

---

14. "Diálogo intercultural." (Tradução nossa).

podem consignar diferentes intercâmbios normativos entre Estados e organizações internacionais, sejam estes concomitantes ou não. Em diferentes níveis e esferas de poder, o exercício do controle de convencionalidade deve envolver todos os agentes dotados de competência jurisdicional, tarefa imprescindível ao reconhecimento e efetivação do direito e da jurisprudência convencional de teor humanístico no espaço transnacional.

3. CORTE INTERAMERICANA E SUPREMO TRIBUNAL FEDERAL

Além dos citados *leading cases*, há que se demonstrar a necessidade de os Estados coordenarem esforços com vistas à compatibilização do direito convencional em caráter transnacional. Postas lado a lado, as decisões da Corte IDH e do STF não representam mera disputa interpretativa, mas a monumental incongruência entre justiça social e direitos humanos. Em termos de perspectivas, Bernardes (2011, p. 135) afirma que o envolvimento do Estado brasileiro com o SIPDH *"(...) created an interesting dynamic involving the State, civil society and organs of the system. The relationship between these entities is not generally peaceful, but it can still spur advances in the promotion of human rights (...)."*[15]

Anteriormente ao julgamento do *Caso Gomes Lund y Otros (Guerrilha do Araguaia) vs. Brasil*, o país já havia sido condenado perante a Corte IDH nos casos *Nogueira de Carvalho y Otro vs. Brasil*, *Ximenes Lopes vs. Brasil*, *Escher y Otros vs. Brasil* e *Garibaldi vs. Brasil*. Em todas as situações, a Corte relatou o contínuo desrespeito de obrigações convencionais e a necessidade de efetuar ajustes nas instâncias jurisdicionais do Estado para sanar a patente desconformidade entre as normas de direito interno e o direito convencional vigente, evitando seu esvaziamento.

Mesmo com esse histórico de condenações e sob o peso da negativa repercussão perante a comunidade internacional, inclusive com reflexos políticos e econômicos significativos, o Estado se encontra na iminência de sofrer novas condenações. No *Caso Trabajadores de la Fazenda Brasil Verde vs. Brasil*, encaminhado em 6 de março de 2015 pela Comissão IDH à Corte IDH, infere-se que as recomendações contidas no respectivo Relatório do Mérito não foram cumpridas, situação de impunidade que

---

15. "(...) criou uma interessante dinâmica envolvendo o Estado, a sociedade civil e os órgãos do sistema. O relacionamento entre essas entidades não é geralmente pacífico, mas pode estimular avanços na promoção dos direitos humanos (...)." (Tradução nossa).

já existia no momento da aceitação da jurisdição da Corte e que persiste até hoje. (ORGANIZAÇÃO DOS ESTADOS AMERICANOS, 2015b).

Milhares de trabalhadores teriam sido submetidos a trabalho forçado e servidão por dívidas em condição análoga à de escravos, enraizados em uma situação de discriminação e de exclusão histórica na Fazenda Brasil Verde, além de ter-se verificado o desaparecimento forçado dos jovens Iron Canuto e Luis Ferreira. Discute-se a responsabilidade por violações da CADH resultantes de formas contemporâneas de escravidão no Pará relativas a 340 (trezentas e quarenta) pessoas entre 1998 e 2000, além da situação de impunidade e do descumprimento do dever de prevenção.

Já em 19 de maio de 2015, a Comissão IDH enviou à Corte IDH o *Caso Cosme Rosa Genoveva, Evandro de Oliveira y Otros (Favela Nova Brasília) vs. Brasil*, relativo à tortura, violência sexual e execução extrajudicial de 26 (vinte e seis) pessoas em 18 de outubro de 1994 e em 8 de maio de 1995 por ocasião de operações da Polícia Civil do Rio de Janeiro na Favela Nova Brasília. Sustenta-se que os fatos ocorreram com uso excessivo da força e permissividade por parte das instituições estatais, que teriam conduzido investigações com o objetivo de estigmatizar as vítimas, focalizando sua culpabilidade, não provendo mecanismos de prestação de contas à sociedade e perpetuando a situação de total impunidade dos responsáveis. (ORGANIZAÇÃO DOS ESTADOS AMERICANOS, 2015a).

Os assassinatos e atos de tortura e violência sexual prescreveram devido a prováveis omissões, atrasos, negligências e obstruções provocadas por agentes do Estado. Ainda foram descumpridas as seguintes recomendações: reabrir as investigações e punir os responsáveis por graves violações de direitos humanos; prover compensação financeira adequada aos familiares das vítimas; eliminar o registro automático de mortes cometidas pela Polícia como "resistência à prisão"; instituir sistemas de controle e prestação de contas internos e externos para tornar efetivo o dever de investigar, em uma perspectiva étnica-racial e de gênero; implementar planos de modernização e profissionalização das forças policiais; e adaptar leis internas, normas administrativas, procedimentos e planos operacionais.

Em 16 de março de 2016, o *Caso Pueblo Indígena Xucuru y sus Miembros vs. Brasil* também foi dirigido à Corte IDH para fins de julgamento, posteriormente à investigação e análise da Comissão IDH. Alega-se violação dos direitos à propriedade coletiva e à integridade pessoal do povo indígena e do direito à proteção judicial em razão do descumprimento da garantia de prazo razoável no processo de reconhecimento, titulação, demarcação e delimitação de suas terras e territórios ancestrais entre 1989 e 2005 e no julgamento de ações possessórias impetradas por pessoas não indígenas, situação que persiste até os dias atuais. (ORGANIZAÇÃO DOS ESTADOS AMERICANOS, 2016a).

Menciona-se à adesão do Estado brasileiro em 25 de setembro de 1992 ao regime da CADH e à aceitação da jurisdição contenciosa da Corte IDH em 10 de dezembro de 1998 para justificar a competência temporal e em razão da matéria. Foi desrespeitada a recomendação de adoção de medidas legislativas, administrativas ou de outra natureza necessárias à retirada de invasores do território ancestral do povo indígena Xucuru e à preservação de seu direito consuetudinário, valores, usos e costumes. Exigem-se, assim, garantias de que seus membros possam viver de modo pacífico e conforme seu modo de vida tradicional, identidade cultural, estrutura social, sistema econômico, costumes, crenças e tradições particulares.

Em 22 de abril de 2016, a Comissão IDH encaminhou o *Caso Vladimir Herzog y Otros vs. Brasil* à Corte IDH, com o agravante da repetição de fatos cometidos durante o período ditatorial militar, mais precisamente a prisão arbitrária, tortura e morte de um jornalista em uma dependência do Exército, consumada em 25 de outubro de 1975. A Comissão IDH indicou que esses atos ocorreram em um marco de graves violações de direitos humanos e obedecendo a um padrão sistemático de ações repressivas contra os opositores do regime e militantes do Partido Comunista do Brasil. (ORGANIZAÇÃO DOS ESTADOS AMERICANOS, 2016b).

As ações do Estado teriam visado a impedir a militância política de Vladimir Herzog e seu exercício jornalístico, manifestando-se em dissuasão e intimidação de críticos ao regime militar e em restrições dos direitos à liberdade de expressão e de associação. Os atos submetidos à Corte IDH incluem ações e omissões contrárias à CADH e à CIPPT, derivadas da violação dos direitos à liberdade, integridade e vida do jornalista e da integridade de seus familiares, tendo como consequência a situação de impunidade e negação de acesso à justiça por parte das autoridades estatais.

Esse caso oferece nova oportunidade para que a Corte Interamericana amplie e consolide sua jurisprudência sobre o alcance e o conteúdo das obrigações estatais em matéria de investigação e reparação de graves violações de direitos humanos praticados por agentes do Estado durante a ditadura militar. A Corte também poderá reafirmar a jurisprudência convencional sobre a incompatibilidade das Leis de Anistia e da aplicação de institutos como a prescrição ou coisa julgada, além de se pronunciar sobre os obstáculos que têm impedido a implementação no cenário nacional dos parâmetros interamericanos sobre a matéria.

Esclareça-se que, em todas as sentenças emanadas da Corte IDH, não incide a regra do art. 105, inciso I, alínea "i" da Constituição da República Federativa do Brasil de 1988 (CRFB) (2016, p. 46), relativa à homologação perante o STJ: "compete ao Superior Tribunal de Justiça: I - processar e julgar, originariamente: (...) a homologação de sentenças estrangeiras e a concessão de exequatur às cartas rogatórias." Não se está a tratar de sentenças de autoridades judiciárias estrangeiras, mas de Corte internacional que detém jurisdição sobre o país devido à aceitação expressa e soberana nesse sentido; caso se imponha tal medida, mantendo-se decisões do STJ e do STF contrapostas ao direito e à jurisprudência convencional, configurar-se-á novo ilícito internacional.

Conforme Magalhães (2000, p. 125) estipula, "sendo guardião da Constituição, deveria o STF interpretar as convenções firmadas pelo país em consonância com os princípios que a informam (...)", com realce dos seguintes expedientes: "art. 1º. A República Federativa do Brasil, formada pela união indissolúvel dos Estados e Municípios e do Distrito Federal, constitui-se em Estado Democrático de Direito e tem como fundamentos: (...) III - a dignidade da pessoa humana."; "art. 4º. A República Federativa do Brasil rege-se nas suas relações internacionais pelos seguintes princípios: (...) II - prevalência dos direitos humanos e (...) IX - cooperação entre os povos para o progresso da humanidade"; e, no Ato das Disposições Constitucionais Transitórias, diz-se que: "art. 7º. O Brasil propugnará pela formação de um tribunal internacional dos direitos humanos." (BRASIL. PRESIDÊNCIA DA REPÚBLICA, 2016, p. 1).

Seria pertinente considerar os termos da "teoria do controle jurisdicional da convencionalidade das leis no Brasil", em que Mazzuoli (2008) expõe pioneiramente o "duplo controle vertical material" entre as normas de direito interno com as convenções internacionais de direitos humanos ratificadas pelo país com *status* supralegal ou constitucional, ensejando seu exercício pela via concreta ou abstrata, de modo semelhante à teoria do controle de constitucionalidade. Paralelamente, caberia um "controle de legalidade" das demais espécies normativas, considerando a primazia dos TIDH em termos de escalonamento normativo.

Segundo o modelo proposto, como alternativa de operacionalização em sede de direito interno, seria possível empreender tanto o controle difuso quanto o controle concentrado de convencionalidade em relação aos TIDH que gozam de hierarquia constitucional (aprovados com *status* de Emenda Constitucional, segundo o rito do art. 5º, § 3º da CRFB); quanto aos TIDH que desfrutam de hierarquia supralegal, mas infraconstitucional (aprovados com *status* de norma constitucional, conforme o rito do art. 5º, § 2º da CRFB), poderia ser aplicado apenas o controle difuso de convencionalidade. Dessa forma, o estreitamento de laços entre diferentes órgãos jurisdicionais permitiria superar limites quanto à aplicabilidade desse controle.

Consentâneo à interpenetração de ordens jurídicas que se influenciam mutuamente, o processo interativo entre esferas nacionais e internacionais envolve o estabelecimento de parâmetros que interferem em valores e princípios consagrados no espaço global e que afetam diretamente seus membros. Por isso, a atuação de agentes e órgãos de diferentes níveis e estruturas de poder deve estar adstrita ao DIDH e evitar formalismos vazios a fim de conferir plena efetividade aos seus dizeres.

3.1. Experiência de incorporação do direito e da jurisprudência convencional

Em relação à adesão aos conceitos e princípios estabelecidos na CADH e na jurisprudência da Corte IDH, é possível atestar a insuficiência material das decisões proferidas pelo STF em matéria de direitos humanos, que comumente se limita a fazer menção a julgados estrangeiros esparsos, em sua maioria totalmente desconexos em relação ao *corpus juris* interamericano. Perde-se, assim, a oportunidade de identificar potencialidades e debilidades dos sistemas de direito, aprimorando-os com o uso dos mecanismos de interpretação e argumentação comuns à abordagem da transjuridicidade.

Para Piovesan (2013), ao contrário do número de julgados estrangeiros citados pelo STF, que mencionou em 80 (oitenta) deles a Suprema Corte dos EUA e em outros 58 (cinquenta e oito) o Tribunal Constitucional Federal da Alemanha, a construção jurisprudencial relativa ao direito convencional interamericano ainda seria escassa. Esta se limitaria a apenas dois casos até novembro de 2009: um concernente ao direito de o estrangeiro detido ser informado sobre a assistência consular como parte do devido processo legal criminal, com base na Opinião Consultiva da Corte Interamericana nº 16 de 1999; e outro dirigido ao fim da exigência de diploma para a profissão de jornalista, com fundamento no direito à informação e na liberdade de expressão, à luz da Opinião Consultiva nº 5, de 1985, da Corte IDH.

Procedendo à ampliação do espectro dessa pesquisa a contar da data de aceitação da jurisdição contenciosa da Corte IDH pelo Brasil até os dias atuais, fixada em 10 de dezembro de 1998, tem-se 12 (doze) casos concernentes à discussão e aplicação da jurisprudência convencional da Corte IDH por parte do STF. Essa perspectiva inclui a interpretação e aplicação da CADH e dos demais diplomas que compõem o *corpus juris* interamericano e que se relacionam diretamente com o respectivo sistema regional de proteção e promoção dos direitos humanos.

Tais resultados foram obtidos no buscador de jurisprudência do sítio eletrônico do STF, utilizando-se como critério de pesquisa a expressão "corte interamericana" e assuntos conexos. Dentre os 28 (vinte e oito) Acórdãos encontrados, 3 (três) não guardam relação com a temática, referindo-se a fatos totalmente estranhos ao objeto de pesquisa. Por essa razão, consubstanciaram-se 25 (vinte e cinco) julgados, afora a Arguição de Descumprimento de Preceito Fundamental (ADPF) nº 153/DF e a ADPF nº 320/DF; dentre esses, foram analisados os 12 (doze) precedentes segundo o critério cronológico, vez que os outros 13 (treze) versam sobre matéria idêntica; finalmente, foram desconsideradas 54 (cinquenta e quatro) Decisões Monocráticas e 2 (duas) Decisões da Presidência de menor impacto.

Com o julgamento da ADPF nº 144/DF em 6 de agosto de 2008, estabeleceu-se que inquéritos e processos criminais em curso seriam neutros na definição de antecedentes criminais, dado o princípio da não culpabilidade.[16] Ao lado das normas constitucionais, ter-se-ia documentos como DUDH, PIDCP, DADDH, CADH, CEDH, CDFUE, Carta Africana dos Direitos Humanos e dos Povos e Declaração Islâmica sobre Direitos Humanos. (BRASIL. SUPREMO TRIBUNAL FEDERAL, 2008).

Em 19 de março de 2009, a Ação Popular nº 3.388/RR atestou a inexistência de vícios no processo demarcatório da reserva indígena Raposa Serra do Sol, considerando tal fato um capítulo avançado do constitucionalismo fraternal brasileiro e um instrumento de inclusão comunitária pela via da identidade étnica e histórico-cultural. Pugnou-se pela prevalência de um estatuto jurídico da causa indígena e pelo reconhecimento do direito convencional à propriedade privada de caráter coletivo, mencionando-se a DADH, a CADH e julgados que ainda assegurariam a proteção das terras tradicionalmente ocupadas e dos recursos naturais disponíveis. (BRASIL. SUPREMO TRIBUNAL FEDERAL, 2009a).

---

16. No mesmo sentido, ver o RE nº 591.054/SC, de 17 de dezembro de 2014.

Da ADPF nº 130/DF, de 30 de abril de 2009, extrai-se posição favorável ao reconhecimento do regime constitucional de "liberdade de informação jornalística." Abrangendo o direito de retificação e de resposta previsto na CADH e em opiniões consultivas da Corte IDH, seu exercício não dependeria de qualquer regulamentação pelos Estados-Partes do SIPDH. Significa dizer que a plena liberdade de imprensa se materializa em categoria jurídica proibitiva de qualquer tipo de censura prévia ou como tutela das liberdades de manifestação do pensamento, de informação e de expressão artística, científica, intelectual e comunicacional, emanando da CRFB e do princípio da dignidade humana. (BRASIL. SUPREMO TRIBUNAL FEDERAL, 2009b).

O RE nº 511.961/SP, de 17 de junho de 2009, demonstra mudança de posição quanto à obrigatoriedade do diploma universitário e da inscrição profissional da profissão de jornalista. Aduzindo às liberdades constitucionais de profissão, de expressão e de informação, declarou-se a não recepção ou a revogação tácita de norma regulamentadora editada durante o período da ditadura militar e a prevalência do disposto na CADH, no Informe Anual da Comissão Interamericana de Direitos Humanos de 25 de fevereiro de 2009 e em opiniões consultivas da Corte IDH. (BRASIL. SUPREMO TRIBUNAL FEDERAL, 2009d).

No Pedido de Extradição nº 1.126 da República Federal da Alemanha, consignou-se a congruência entre o Estatuto do Estrangeiro e a Convenção de Viena sobre Relações Consulares. Interpretada em sede de opinião consultiva pela Corte IDH, a questão envolveu o direito convencional à informação sobre assistência consular no exato momento da detenção do estrangeiro e sua relação com as garantias mínimas do devido processo legal em sede de direito interno. (BRASIL. SUPREMO TRIBUNAL FEDERAL, 2009c).

A decisão prolatada em 5 de maio de 2011 na ADPF nº 132/RJ reconheceu a união homoafetiva enquanto instituto jurídico, proibindo a discriminação pessoal em razão de sua orientação sexual e de seu gênero ou dicotomia homem/mulher[17]. Em homenagem ao pluralismo enquanto valor social, político e cultural, a liberdade para dispor da própria sexualidade foi inserida na categoria dos direitos fundamentais com base em preceitos constitucionais e convencionais. Nesse último caso, levou-se em conta os julgados da Corte IDH que embasam o direito a um projeto de vida, em que o Estado deve permitir que cada indivíduo

---

17. Na mesma sessão, foi apreciada a ADI nº 4.277/DF, retratando situação idêntica.

possa formular as escolhas que levarão ao desenvolvimento pleno de sua personalidade, conteúdo existencial da dignidade da pessoa humana. (BRASIL. SUPREMO TRIBUNAL FEDERAL, 2011).

Em 19 de outubro de 2010, no HC nº 105.348/RS, empreendeu-se uma análise comparada quanto à legislação mexicana, paraguaia, uruguaia, portuguesa, colombiana e argentina, além da jurisprudência convencional interamericana, para decidir que a justiça militar seria incompetente com relação ao processamento e julgamento de crimes comuns cometidos por civis, em respeito ao postulado do juiz natural.[18] (BRASIL. SUPREMO TRIBUNAL FEDERAL, 2010b). A seu turno, a Corte IDH determinou que os integrantes do SIPDH ajustassem seus ordenamentos, em prazo razoável, aos padrões internacionais sobre jurisdição penal militar. Esta deveria ser extinta ou se limitar ao conhecimento de delitos funcionais, devendo-se estabelecer limites à competência material e pessoal de tribunais militares.

A Ação Penal nº 470/MG, de 17 de dezembro de 2012, foi marcada pela vedação do acesso ao duplo grau de jurisdição no sentido de fazer prevalecer a CRFB sobre os TIDH, inclusa a CADH. Contudo, não obstante o fato de que o instituto convencional tenha sido internalizado, isto não significaria ter ele se revestido de natureza absoluta. Dado seu caráter supralegal, mas infraconstitucional, as normas convencionais antinômicas teriam de ver sua força intrínseca afastada. Logo, devendo a questão ser resolvida sob a perspectiva do juiz nacional, não poderia este buscar, senão na CRFB, o critério da solução de antinomias entre normas internas e internacionais. (BRASIL. SUPREMO TRIBUNAL FEDERAL, 2012).

No Vigésimo Quinto Agravo Regimental na Ação Penal nº 470/MG, de 18 de setembro de 2013, entendeu-se que o duplo grau de jurisdição não teria proteção especial na esfera penal por força da CADH, não sendo erigido a princípio e garantia constitucional nos procedimentos cíveis que preveem uma única instância ordinária.[19] A infraconstitucionalidade dos TIDH foi realçada, negando-se às normas convencionais a

---

18. Tal entendimento foi reforçado: em 1 de março de 2011, no HC nº 106.171/AM; em 9 de agosto de 2011, na Medida Cautelar no HC nº 109.544/BA; em 13 de setembro de 2011, na Extensão no HC nº 107.731/PE; em 12 de junho de 2012, no HC nº 105.256/PR; em 5 de fevereiro de 2013, no HC nº 112.936/RJ; em 19 de fevereiro de 2013, no HC nº 110.237/PA; e em 14 de maio de 2013, no HC nº 110.185/SP.

19. Na ocasião, foram apreciados sob os mesmos fundamentos o Vigésimo Sexto Agravo Regimental na Ação Penal nº 470/MG e o Vigésimo Sétimo Agravo Regimental na Ação Penal nº 470/MG.

capacidade de ab-rogar a CRFB para ampliar as hipóteses de duplo grau de jurisdição, assim como a Corte IDH não deveria ser entendida como instância recursal. Apesar de a cláusula convencional da proteção judicial efetiva alcançar até prerrogativas de foro, não caberia o duplo grau de jurisdição em procedimentos de competência originária. (BRASIL. SUPREMO TRIBUNAL FEDERAL, 2013).

Em 10 de junho de 2015, discutiu-se na ADI nº 4.815/DF o direito à liberdade de expressão com relação à divulgação de escritos, transmissão da palavra e produção, publicação, exposição ou utilização da imagem de pessoa biografada. Além da CRFB e do Código Civil, o Acórdão teve como fundamento: a CADH, quanto ao exercício do direito de acesso à informação e à vedação da censura prévia, com exceção da regulação de acesso a espetáculos públicos para a proteção moral da infância e da adolescência; a Declaração de Princípios sobre a Liberdade de Expressão, elaborada pela Comissão IDH; e julgados da Corte IDH e da CEDH. (BRASIL. SUPREMO TRIBUNAL FEDERAL, 2015a).

No RE nº 592.581/RS, em Acórdão de 13 de agosto de 2015, impôs-se à Administração Pública a obrigação de fazer consistente na promoção de medidas e execução de obras emergenciais em estabelecimentos prisionais para efetivar o postulado da dignidade humana e assegurar a integridade física e moral dos detentos.[20] Como motivos ensejadores, enfatizou-se: o ajuizamento de casos perante os órgãos do SIPDH concernentes à reiterada violação de direitos humanos da população carcerária em todo o país; o caráter supralegal dos TIDH, além do dever de adequação das normas e procedimentos internos por força das repetidas condenações do Estado brasileiro perante a Corte IDH, que teria caráter supranacional. (BRASIL. SUPREMO TRIBUNAL FEDERAL, 2015c).

Em 17 de dezembro de 2015, no julgamento de Medida Cautelar na ADPF nº 378/DF, procedeu-se à releitura da Lei nº 1.079, de 10 de abril de 1950, que define os crimes de responsabilidade e regula seu processamento e julgamento, sustentando caber ao *impeachment* as garantias típicas do processo penal e do processo administrativo sancionador. O procedimento deveria observar direitos e garantias comuns aos princípios da legalidade, do devido processo legal e do contraditório e ampla defesa, previstos na CRFB e na CADH. À luz da jurisprudência da Corte IDH, tais preceitos seriam aplicáveis não apenas aos processos judiciais, mas a todo procedimento sancionatório. (BRASIL. SUPREMO TRIBUNAL FEDERAL, 2015b).

---

20. Caso semelhante consiste no HC nº 115.539/RO, de 3 de setembro de 2013.

Do exposto, infere-se que a violação de direitos e liberdades fundamentais pode advir da ação ou omissão de qualquer entidade ou órgão das diferentes esferas de poder estatal. Com fulcro em Boson (2000, p. 159), "as leis internas são fatos suscetíveis de serem valorados com respeito à sua conformidade ou discrepância com o Direito Internacional. A validade supraestatal deste nas matérias de sua competência é independente da vontade dos Estados."

Há que se atentar para o fato de que o signatário dos TIDH é o Estado como um todo, que não se apresenta isoladamente no cenário global, cabendo-lhe dar efetivo cumprimento às disposições convencionais. A desobediência ao seu teor acarreta, em consequência, a responsabilização do Estado perante a mesma comunidade internacional, ainda que o ilícito impugnado tenha sido praticado de acordo com a legislação interna e por meio de sentenças judiciais transitadas em julgado, mesmo quando ratificadas por tribunais superiores.

Analisando o fenômeno da pluralidade de sistemas normativos nacionais e internacionais que convergem e divergem de forma expansiva na forma de círculos concêntricos de maior ou menor amplitude, Ramos (2011, p. 499) explica que "os ordenamentos jurídicos podem se chocar, tal qual as placas tectônicas, com decisões contraditórias oriundas do plano doméstico e do plano internacional." Tal fato deve ser visto como uma oportunidade de mudança de paradigma, no sentido de superar o fechamento normativo e de utilizar eventuais incoerências e contradições como catalisadores para uma evolução hermenêutica convergente de caráter transnacional.

Com Delmas-Marty (2006), entende-se que ainda que existam colisões entre ordens plurais, seus respectivos subsistemas e os ordenamentos jurídicos nacionais, haverá sempre um contínuo processo de interação circular. O obstáculo residual a ser superado pelo controle de convencionalidade consiste em evidenciar elementos de conexão entre diferentes fontes, sujeitos, sistemas de integração e órgãos de solução de controvérsias segundo a complexidade do espaço transnacional, o que pode ser alcançado com o uso de mecanismos comuns à transjuridicidade.

CONSIDERAÇÕES FINAIS

Como efeitos secundários à efetivação dos direitos consagrados nos diversos instrumentos internacionais de proteção dos direitos humanos, subjaz a luta contra a impunidade dos agentes estatais de diferentes esferas de poder e competências de caráter público, a satisfação à sociedade e às famílias das vítimas de violações graves e sistemáticas de tais direitos, além do efeito didático decorrente do estudo do direito convencional perante os atuais e futuros operadores do Direito, com o fito de difundir uma cultura transnacional de direitos humanos.

Sobretudo em casos que conduzem à interpretação constitucional e ao entrelaçamento de normas internas (constitucionais, supralegais e infraconstitucionais) e de potencial repercussão internacional (institucional ou teoricamente), parece razoável a possibilidade de estabelecer conversações transnacionais, ainda que se passe a impressão de empunhadura de ativismo judicial em favor de uma ou outra posição interpretativa, eventualmente desprovida de fundamentos normativos ou de consolidada base jurisprudencial.

Sob o aspecto da transjuridicidade, o controle de convencionalidade pode conduzir à ampliação do diálogo e da interação transnacional. Faz-se necessário enfrentar essas e outras questões em respeito aos preceitos da dignidade da pessoa humana e da prevalência dos direitos humanos, buscando-se a plena realização de suas normas definidoras e garantidoras no âmbito das jurisdições de direito interno e internacional, em respeito ao comando constitucional que lhes confere aplicabilidade imediata e ao preceito cosmopolita de que nenhum Estado pode invocar disposições de direito interno para justificar o inadimplemento de um tratado.

Entretanto, o controle de convencionalidade não deve se restringir à compatibilização das normas de direito interno que tem como paradigma a interpretação da CADH e de seus diplomas conexos, tarefa executada pela Corte IDH. Segundo esse fluxo vertical, a interação sistêmica pode assumir não só a forma descendente, mas também ascendente, em que a Corte IDH não se limitaria à condição de emissora e passaria a interagir também como receptora, proporcionando maior conhecimento dos direcionamentos em matéria de direitos humanos com a incorporação de princípios e regras dos ordenamentos jurídicos dos membros do SIPDH desde as instâncias primárias de poder até as de caráter revisional e final.

O conhecimento das decisões proferidas em sede de direito interno com relação à normativa aplicável aos casos submetidos a sua jurisdição deve servir ao aprofundamento das relações firmadas no campo do diálogo transjudicial e ao aperfeiçoamento da proteção conferida aos direitos humanos. Sob o prisma da mudança social, o controle de convencionalidade pautado em processos de integração transnacional seria capaz de aumentar a legitimidade e a autoridade persuasiva dos pronunciamentos heterárquicos e multidirecionais da Corte IDH, conferindo maior fluidez à relação entre os ordenamentos constitucionais e o DIDH.

Também há que se considerar o potencial enriquecedor do método dialógico no que tange à interação multilateral ou multidirecional entre os órgãos jurisdicionais dos Estados, a Comissão IDH e a Corte IDH. Igualmente, essa quebra de paradigmas envolve a troca de experiências entre os sistemas interamericano, africano e europeu de proteção dos direitos humanos, ainda que o grau de evolução de seus processos e procedimentos revele dificuldades inerentes à realidade de cada qual. Tais aspectos devem ser compreendidos como potencialidades ou guias de orientação, vez que o amadurecimento recíproco é de interesse comum, considerando os propósitos instituídos pela comunidade internacional no seio da própria ONU.

Esclareça-se que não se está a tratar da importação acrítica de institutos provenientes de realidades jurídicas incompatíveis, que contradigam princípios basilares de organização político-administrativa dos Estados ou regulamentos de organismos internacionais ou supranacionais. Associado à transjuridicidade, o controle de convencionalidade se vale de expedientes como diálogo, negociação e cooperação interjurisdicional para aprimorar as relações de caráter transnacional e efetivar o direito e a jurisprudência convencional em matéria de direitos humanos, com a ciência de que as normas que regem direitos e liberdades fundamentais ao redor do globo embasam o próprio ideal de justiça, fim último do Direito.

REFERÊNCIAS

BERNARDES, Márcia Nina. Inter-American Human Rights System as a transnational public sphere: legal and political aspects of the implementation of international decisions. *In*: POPPOVIC, Pedro Paulo; VIEIRA, Oscar Vilhena (Eds.). **Sur International Journal of Human Rights**, São Paulo, v. 8, n. 15, dez. 2011, p. 131-151. Disponível em: <http://www.surjournal.org/eng/conteudos/getArtigo15.php?artigo=15,artigo_07.htm>. Acesso em 27 mai. 2014.

BOGDANDY, Armim Von. Ius constitutionale commune latinoamericanum: una aclaración conceptual. *In:* BOGDANDY, Armim Von; FIX-FIERRO, Héctor; ANTONIAZZI, Mariela Morales (Coords.). **Ius Constitutionale Commune en América Latina:** rasgos, potencialidades y desafíos. México: Universidad Nacional Autónoma de México, 2014, p. 3-24.

BOSON, Gerson de Britto Mello. **Direito Internacional Público**: o Estado em Direito das Gentes. Belo Horizonte: Del Rey, 2000.

BRASIL. Presidência da República. **Constituição da República Federativa do Brasil de 1988**. Ed. revisada e atualizada até a Emenda Constitucional nº 91, de 18/02/16. Brasília: Senado Federal, 2016.

CARNOTA, Walter. The Inter-American Court of Human Rights and conventionality control. *In*: **Social Science Research Network**, July 2012, p. 1-45. Disponível em: <http://ssrn.com/abstract=2116599>. Acesso em: 01 jun. 2014.

CORTE INTERAMERICANA DE DIREITOS HUMANOS. **Opinión Consultiva OC-5/85, del 13 de noviembre de 1985**. Disponível em: <www.corteidh.or.cr/docs/opiniones/seriea_05_esp.pdf>. Acesso em: 7 abr. 2017.

___. **Opinión Consultiva OC-14/94, del 9 de diciembre de 1994**. Disponível em: <http://www.corteidh.or.cr/docs/opiniones/seriea_14_esp.pdf>. Acesso em: 10 abr. 2017.

___. Ministerio Público Fiscal de la Ciudad Autonóma de Buenos Aires. **Diálogos**: el impacto del Sistema Interamericano en el ordenamiento interno de los Estados. Ciudad Autonóma de Buenos Aires: Eudeba, 2013.

DELMAS-MARTY, Mireille. **Les forces imaginantes du droit:** le pluralisme ordonné. Paris: Seuil, 2006.

DULITZKY, Ariel E. An Inter-American Constitutional Court? The Invention of the Conventionality Control by the Inter-American Court of Human Rights. *In*: ALI, Iman (Ed.).**Texas International Law Journal**, Austin, v. 50, n. 1, 2015, p. 45-93.

HITTERS, Juan Carlos. Control de constitucionalidad y control de convencionalidad: comparación (criterios fijados por la Corte Interamericana de Derechos Humanos). *In*: ALCALÁ, Humberto Nogueira (Ed.). **Estudios Constitucionales**, Santiago, año 7, n. 2, 2009, p. 109-128.

MAGALHÃES, José Carlos de. **O Supremo Tribunal Federal e o Direito Internacional**: uma análise crítica. Porto Alegre: Livraria do Advogado, 2000.

MAZZUOLI, Valerio de Oliveira. **Curso de Direito Internacional Público**. 6. ed. São Paulo: Editora RT, 2012.

___. **Rumo às novas relações entre o direito internacional dos direitos humanos e o direito interno**: da exclusão à coexistência, da intransigência ao diálogo das fontes. 2008. 251 f. Tese (Doutorado em Direito) – Programa de Pós-Graduação em Direito, Faculdade de Direito, Universidade Federal do Rio Grande do Sul, Porto Alegre, 2008.

MAC-GREGOR, Eduardo Ferrer. Interpretacíon conforme y control de convencionalidad: el nuevo paradigma para el juez mexicano. *In*: ALCALÁ, Humberto Nogueira (Ed.). **Estudios Constitucionales**, Santiago, año 9, n. 2, 2011, p. 531-622.

___. **Comunicado de Imprensa – CIDH apresenta caso sobre o Brasil à Corte IDH**. Caso Cosme Rosa Genoveva, Evandro de Oliveira y Otros (Favela Nova Brasília) vs. Brasil. Washington, 12 jun. 2015. Disponível em: <http://www.oas.org/pt/cidh/prensa/notas/2015/069.asp>. Acesso em: 13 out. 2016.

___. **Comunicado de Imprensa – CIDH apresenta caso sobre o Brasil à Corte IDH**. Caso Pueblo Indígena Xucuru y sus Miembros vs. Brasil. Washington, 26 abr. 2016. Disponível em: <http://www.oas.org/pt/cidh/prensa/notas/2016/053.asp>. Acesso em: 13 out. 2016.

___. **Comunicado de Imprensa – CIDH apresenta caso sobre o Brasil à Corte IDH**. Caso Trabajadores de la Fazenda Brasil Verde vs. Brasil. Washington, 7 maio 2015. Disponível em: <http://www.oas.org/pt/cidh/prensa/notas/2015/045.asp>. Acesso em: 12 out. 2016.

___. **Comunicado de Imprensa – CIDH apresenta caso sobre o Brasil à Corte IDH**. Caso Vladimir Herzog y Otros vs. Brasil. Washington, 5 maio 2016. Disponível em: <http://www.oas.org/pt/cidh/prensa/notas/2016/061.asp>. Acesso em: 13 out. 2016.

___. **Convenção Americana sobre Direitos Humanos, de 22 de novembro de 1969**. Disponível em: <https://www.cidh.oas.org/basicos/portugues/c.convencao_americana.htm>. Acesso em: 29 abr. 2015.

PIOVESAN, Flávia. Controle de convencionalidade, direitos humanos e diálogo entre jurisdições. *In:* MARINONI, Luiz Guilherme; MAZZUOLI, Valerio de Oliveira (Coords.). **Controle de convencionalidade**: um panorama latino-americano. Brasília: Gazeta Jurídica, 2013, p. 115-145.

___. Ius constitutionale commune latinoamericano en derechos humanos e impacto del sistema interamericano: rasgos, potencialidades y desafíos. *In:* BOGDANDY, Armim Von; FIX-FIERRO, Héctor; ANTONIAZZI, Mariela Morales (Coords.). **Ius Constitutionale Commune en América Latina**: rasgos, potencialidades y desafíos. México: Universidad Nacional Autónoma de México, 2014, p. 61-84.

RAMOS, André de Carvalho. Pluralidade das ordens jurídicas: uma nova perspectiva na relação entre o Direito Internacional e o Direito Constitucional. **In: Revista da Faculdade de Direito da Universidade de São Paulo**, São Paulo, v. 106, jan./dez. 2011, p. 497-524.

___. **Responsabilidade internacional por violação de direitos humanos:** seus elementos, a reparação devida e sanções possíveis. Rio de Janeiro: Renovar, 2004.

SAGÜES, Néstor Pedro. Obligaciones internacionales y control de convencionalidad. *In:* ALCALÁ, Humberto Nogueira (Ed.). **Estudios Constitucionales**, Santiago, año 8, n. 1, 2010, p. 117-136.

SUDRE, Frédéric. A propos du "dialogue des juges" et du control de conventionalité. *In:* **Les dynamiques du droit européen en début de siècle:** etudes em l'honneur de Jean-Claude Gautron. Paris: Éditions A. Pedone, 2004, p. 207-224.

BRASIL. Supremo Tribunal Federal. **Ação Direta de Inconstitucionalidade nº 4.815, de 10 de junho de 2015.** Disponível em: <http://redir.stf.jus.br/paginadorpub/paginador.jsp?docTP=TP&docID=10162709>. Acesso em: 19 out. 2016.

___. **Ação Penal nº 470, de 17 de dezembro de 2012.** Disponível em: <ftp://ftp.stf.jus.br/ap470/InteiroTeor_AP470.pdf>. Acesso em: 24 out. 2016.

___. **Ação Popular nº 3.388, de 19 de março de 2009**. Disponível em: <http://redir.stf.jus.br/paginadorpub/paginador.jsp?docTP=AC&docID=630133>. Acesso em: 24 out. 2016.

___. **Arguição de Descumprimento de Preceito Fundamental nº 130, de 30 de abril de 2009**. Disponível em: <http://redir.stf.jus.br/paginadorpub/paginador.jsp?docTP=AC&docID=605411>. Acesso em: 24 out. 2016.

___. **Arguição de Descumprimento de Preceito Fundamental nº 132, de 5 de maio de 2011**. Disponível em: <http://redir.stf.jus.br/paginadorpub/paginador.jsp?docTP=AC&docID=628633>. Acesso em: 24 out. 2016.

___. **Arguição de Descumprimento de Preceito Fundamental nº 144, de 6 de agosto de 2008.** Disponível em: <http://redir.stf.jus.br/paginadorpub/paginador.jsp?docTP=AC&docID=608506>. Acesso em: 23 out. 2016.

___. **Extradição nº 1.126, de 22 de outubro de 2009**. Disponível em: <http://redir.stf.jus.br/paginadorpub/paginador.jsp?docTP=AC&docID=606649>. Acesso em: 24 out. 2016.

___. **Habeas Corpus nº 105.348, de 19 de outubro de 2010.** Disponível em: <http://redir.stf.jus.br/paginadorpub/paginador.jsp?docTP=TP&docID=960532>. Acesso em: 24 out. 2016.

___. **Medida Cautelar na Arguição de Descumprimento de Preceito Fundamental nº 378, de 17 de dezembro de 2015.** Disponível em: <http://redir.stf.jus.br/paginadorpub/paginador.jsp?docTP=TP&docID=10444582>. Acesso em: 19 out. 2016.

___. **Vigésimo Quinto Agravo Regimental na Ação Penal nº 470, de 18 de setembro de 2013.** Disponível em: <http://redir.stf.jus.br/paginadorpub/paginador.jsp?docTP=TP&docID=5276366>. Acesso em: 23 out. 2016.

___. **Recurso Extraordinário nº 511.961, de 17 de junho de 2009.** Disponível em: <http://redir.stf.jus.br/paginadorpub/paginador.jsp?docTP=AC&docID=605643>. Acesso em: 24 out. 2016.

___. **Recurso Extraordinário nº 592.581, de 13 de agosto de 2015.** Disponível em: <http://redir.stf.jus.br/paginadorpub/paginador.jsp?docTP=TP&docID=10166964>. Acesso em: 19 out. 2016.

VARELLA, Marcelo Dias. **Internacionalização do Direito**: Direito Internacional, globalização e complexidade. 2012. 606 f. Tese (Doutorado em Direito) – Programa de Pós-Graduação em Direito, Faculdade de Direito, Universidade de São Paulo, São Paulo, 2012.

CONTROLES DE CONSTITUCIONALIDADE E DE CONVENCIONALIDADE: UMA ANÁLISE DO CHOQUE DE POSIÇÕES ENTRE O SUPREMO TRIBUNAL FEDERAL E A CORTE INTERAMERICANA DE DIREITOS HUMANOS SOBRE A LEI DE ANISTIA

Raphael Silva de Castro Lima[1]

INTRODUÇÃO

O presente trabalho foi fruto das pesquisas e atividades realizadas durante o projeto de monitoria, na Universidade Federal da Paraíba, e, de início, foi elaborado para a apresentação do resumo de conclusão do dito projeto. No entanto, foi-se além, de modo que foi possível a feitura de um consistente trabalho, eivado por discussões no âmbito do Direito Internacional dos Direitos Humanos, do sistema interamericano de direitos humanos e das violações ocorridas na América Latina, principalmente no período do regime militar.

A proposta do trabalho pautou-se em uma análise jurídica acerca das leis de anistia, não só no Brasil, como também na América Latina como um todo, em constante diálogo com a Corte Interamericana de Direitos Humanos e demais organismos regionais, internacionais, além de tribunais de outros países, levando-nos ao debate acerca dos controles de constitucionalidade e convencionalidade.

---

1. Graduando em Direito pela Universidade Federal da Paraíba. Email: raphaellima10@hotmail.com.

A metodologia foi baseada na pesquisa e leitura de literaturas clássicas correlatas ao tema, além da utilização de outros artigos científicos, jurisprudência, pareceres e obras elaboradas pela Corte Interamericana e pela Comissão Interamericana, de modo a difundir o conhecimento das ações realizadas pelos principais mecanismos que compõem o sistema regional de direitos humanos.

O artigo se organizará da seguinte forma: inicialmente, será abordada a interação entre os ordenamentos jurídicos interno e internacional; em seguida, será feita uma conceituação do que seriam os controles de constitucionalidade e convencionalidade, para serem analisados os bastidores do julgamento da Arguição de Descumprimento de Preceito Fundamental nº 153, pelo Supremo Tribunal Federal, concernente à Lei nº 6.683/79 – a Lei de Anistia. Logo após, será trazido à luz o caso Gomes Lund, julgado pela Corte Interamericana de Direitos Humanos, tratando sobre o mesmo tema. O presente artigo também fará referência ao choque dos posicionamentos dos tribunais citados, procurando propor possíveis soluções à controvérsia. Por fim, serão apresentadas as considerações finais.

1. A INTERAÇÃO ENTRE O DIREITO INTERNACIONAL E O DIREITO INTERNO

A progressiva preocupação com os direitos humanos, principalmente a partir dos fatos ocorridos na 2ª Guerra Mundial, em que se buscou limitar a atuação soberana dos Estados, em detrimento dos seus respectivos cidadãos, também representou a preocupação de como superar a noção corriqueira de que as normas internacionais prescindiam de força obrigatória, permitindo a abertura, por parte dos ordenamentos jurídicos nacionais, ao diálogo com os ordenamentos jurídicos internacionais.

Nessa era dos direitos, conforme afirma Norberto Bobbio (2004) marcada pelo ressurgimento e pela internacionalização dos direitos humanos, - também conceituado como *human rights approach* -, para alcançar um ordenamento jurídico de proteção completa, é necessário o constante diálogo entre as normas jurídicas oriundas do âmbito nacional e aquelas vindas do âmbito internacional. Afirmar isso significa que ambas precisam apresentar aperfeiçoamentos e garantir, efetivamente, a proteção da pessoa humana. Daí surge o debate acerca da incorporação dos tratados internacionais de direitos humanos no direito interno e o consequente posicionamento daqueles, num contexto em que vai de encontro ao que foi acima exposto, pois, até então, falava-se sobre a falta de força obrigatória, por parte dos tratados internacionais.

Assim, atualmente, entende-se que as normas que resguardam os direitos humanos têm caráter universal e apresentam natureza de *jus cogens*, cuja base de tais normas consiste na dignidade da pessoa humana, acarretando o reconhecimento de que todo ser humano possui um patamar mínimo de direitos considerados fundamentais (GUERRA, 2015, p.92).

Conforme estudo comparado, realizado por Antônio Augusto Cançado Trindade (1997, p. 404-408) e por Flávia Piovesan (2012, p. 69-70), vê-se que o avançar dos anos demonstram o impacto favorável que as normas internacionais realizam sobre as diversas constituições, a exemplo da Constituição Portuguesa de 1976, da Constituição Alemã de 1949, da Constituição Paraguaia de 1992, da Constituição Argentina de 1994, da Constituição Espanhola de 1978, da Constituição Dinamarquesa de 1953, da Constituição Chilena de 1980, da Constituição Equatoriana de 2008, da Constituição Hondurenha de 1982, da Constituição Colombiana de 1991 e da Constituição Brasileira de 1988, que, cada um a seu modo, dispõem sobre a aplicabilidade dos tratados internacionais ratificados pelos respectivos países.

No contexto brasileiro, registre-se a decisão do Supremo Tribunal Federal, que decidiu no Recurso Extraordinário (RE) nº 466.343 pela supralegalidade dos tratados internacionais de direitos humanos, quando não submetidos ao procedimento de rito qualificado que tornam tais normas equivalentes às emendas constitucionais, conforme o § 3º do art. 5º da Constituição Federal de 1988. Ressalte-se que um tratado internacional pode ser formalmente supralegal ou equivalente à emenda constitucional, mas será considerado materialmente constitucional, independentemente da sua posição hierárquica, compondo o que Flávia Piovesan (2013, p. 129) define como um bloco de constitucionalidade.

Conforme leciona o professor Antônio Moreira Maués (2013, p.218-219), tal decisão foi tomada pelos seguintes motivos: primeiro, para possibilitar a supremacia formal e material apenas da Constituição, sobre todo o ordenamento jurídico; segundo, para permitir que os próprios tratados internacionais possam ser objeto do controle de constitucionalidade; terceiro, para evitar que a expressão "direitos humanos" se torne demasiadamente ampla; e quarto, por entender-se que nem todo tratado internacional será equiparado à norma constitucional, em virtude da inclusão do § 3º do art. 5º da Constituição Federal.

Além de possibilitar o controle de constitucionalidade dos próprios tratados internacionais de direitos humanos e de obstaculizar a conversão destes ao patamar constitucional, em virtude do abrangente termo "direitos humanos", a marcante decisão do STF gera o efeito de que a tese da supralegalidade impede que os tratados internacionais de direitos humanos sirvam de parâmetro para controle de constitucionalidade, não se prestando para a análise das leis e de atos normativos. Por outro lado, a tese da constitucionalidade desses mesmos tratados iria permitir que estes fossem parâmetros para a verificação da compatibilidade das leis e dos atos normativos (MAUÉS, 2013, p. 219).

Quer isso dizer que, para o STF, a Constituição Federal de 1988 continuaria sendo o único e exclusivo parâmetro para o controle de constitucionalidade, utilizando-se os tratados internacionais apenas como guias interpretativos, fornecendo critérios hermenêuticos para aferir o conteúdo de leis e de dispositivos normativos, além de definir de que forma as normas constitucionais deverão ser interpretadas. Ora, pelo fato de os tratados serem utilizados como parâmetros interpretativos, conclui-se que a única diferença entre a supralegalidade e constitucionalidade seria puramente processual, pois, até passarem a ser formalmente constitucionais, os tratados internacionais de direitos humanos não poderão ser utilizados como causa de pedir (MAUÉS, 2013, p.228).

Obviamente que a incorporação das normas internacionais não significa a observância dos mesmos, na realidade concreta, porém, impossível negar que tal etapa apresenta-se imprescindível para o efetivo processo de implementação dos direitos humanos. É comum que o procedimento de internalização seja resumido apenas à mera incorporação dos tratados internacionais e ao debate sobre qual seria a posição hierárquica de tais tratados, no ordenamento nacional (CARDOSO, 2007, p. 270), havendo outras duas fases que a precederiam e que, juntas, formariam o chamado processo normativo transnacional. As demais etapas seriam, respectivamente, o debate e a interpretação das normas internacionais, por parte dos sujeitos internacionais.

Todas as três etapas influenciariam o aumento do grau de respeitabilidade, por parte dos Estados, à determinada norma internacional – o chamado *enforcement*. Do contrário, a simples incorporação do tratado e o debate de sua posição hierárquica não resultaria em maior cumprimento das disposições dos tratados, diante de casos concretos (LIRA, 2016, p. 527).

Outra questão que vem à tona diz respeito à necessidade de prévio esgotamento dos recursos internos, para que um caso de violação seja admitido perante os órgãos ou tribunais internacionais, como forma de fomentar o diálogo e o papel dos tribunais internos, além de evidenciar a relação de subsidiariedade entre tais jurisdições, de modo que o Estado possui o papel de principal garantidor dos direitos humanos, cabendo a ele, primeiramente, a oportunidade de cessar a violação e prover a sua respectiva reparação.

Como consequência disso, cabem aos tribunais internos o respeito e a atuação em conformidade com as decisões jurisprudenciais internacionais, além da promoção de quaisquer alterações constitucionais ou infraconstitucionais que sejam necessárias, para a harmonização das disposições dos ordenamentos internacionais ratificados, pois não se pode alegar a existência de determinado dispositivo nacional, como justificativa para desatender os mandamentos dos documentos internacionais, conforme será tratado mais especificamente no capítulo seguinte.

2. CONSIDERAÇÕES ACERCA DOS CONTROLES DE CONSTITUCIONALIDADE E DE CONVENCIONALIDADE

Ao falar sobre a interação entre os âmbitos nacional e internacional, torna-se necessário tratar dos controles de constitucionalidade e de convencionalidade, visto que estão intrinsecamente relacionados.

O controle de constitucionalidade, consagrado no direito constitucional brasileiro, trata-se de uma atividade que verifica se determinada lei ou ato do poder público está em conformidade ou compatibilidade com a nossa Constituição Federal, sendo inconcebível que esta seja violada e desrespeitada. Consagrado desde a Constituição Federal do Brasil de 1891, o controle de constitucionalidade brasileiro permite que qualquer juiz ou tribunal, diante de um caso concreto, exerça tal atividade verificadora – o chamado controle difuso.

Da mesma forma, por meio da arguição de descumprimento de preceito fundamental, da ação direta de inconstitucionalidade interventiva, por ação, ou por omissão e da ação declaratória de constitucionalidade, é de competência do Supremo Tribunal Federal e dos Tribunais de Justiça dos Estados e do Distrito Federal, em abstrato, o exercício de tal controle – chamado de concentrado.

De modo análogo à análise de constitucionalidade, o controle de convencionalidade consiste em aferir a consonância ou compatibilidade entre os atos, omissões ou leis domésticas e as normas internacionais, aqui estando abarcados os tratados de direitos humanos, costumes e princípios gerais do direito internacional, tratando-se de meio imprescindível para a efetiva incorporação de normas internacionais, pois permite que o sistema internacional interaja com o judiciário do respectivo país, debatendo, interpretando e confrontando determinado tratado internacional com a norma doméstica, podendo acarretar, inclusive, a declaração de incompatibilidade desta (LIRA, 2016, p. 536).

Esclarecido o conceito, contudo, vê-se que há abordagens diferentes para a maneira como o controle de convencionalidade se desenvolverá. Há aqueles que diferenciam este do mesmo modo que o controle de constitucionalidade, isto é, existindo o controle difuso, por partes dos juízes ou tribunais domésticos, e o controle concentrado de convencionalidade, exercido pelo Supremo Tribunal Federal. Existiriam, assim, as ações do controle concentrado, como a ADIn (ação direta de inconvencionalidade), a ADECON (ação declaratória de convencionalidade) e a ADPF (ação de descumprimento de preceito fundamental) (MAZZUOLI, 2014, p. 253).

No que diz respeito ao controle difuso de convencionalidade, importante destacar o papel dos juízes, responsáveis pelo exercício do dito controle:

> O Poder Judiciário, em tempos de expansão dos direitos fundamentais no plano internacional, tem o dever de promover, em todas as instâncias, a concretização dos direitos dos cidadãos, garantidos tanto na Constituição Federal quanto nas convenções Internacionais ratificadas pelo Brasil. Esta responsabilidade é extraordinária, visto que a medida da efetividade dos direitos fundamentais é o critério por excelência para se aferir o patamar de civilidade em que uma nação democrática se encontra. Seguramente pode ser dito que os juízes são os agentes mais ativos da internacionalização do Direito, verdadeiros engenheiros da transformação que este processo acarreta (ALLARD; GARAPON, 2008, p. 8). A atenção por parte dos juízes nacionais à jurisprudência das Cortes regionais, como por exemplo, da Corte Interamericana dos Direitos Humanos, é algo que aos poucos se percebe da própria jurisprudência das Cortes Supremas (SALDANHA; VIEIRA, 2010, p. 477).

Para outros, porém, as espécies de controle variam, a depender do órgão que o exerce. Assim, existiriam os controles nacional (exercido pelos juízes e tribunais nacionais) e internacional (exercido por órgãos internacionais) de convencionalidade. Assim, além do controle nacional, provisório ou preliminar de convencionalidade, haveria o controle internacional ou autêntico, que seria exercido de forma definitiva pelos tribunais internacionais (por exemplo, as Cortes Interamericana, Europeia e a Africana, além dos comitês da ONU) acerca da compatibilidade entre uma norma ou ato interno e uma norma internacional, evitando-se o chamado *judex in causa sua*, isto é, que os Estados, ao mesmo tempo, sejam fiscais e fiscalizados quanto ao cumprimento dos tratados (RAMOS, 2014, p.385).

Constata-se, pois, que se deixa o sistema do *domestic affair*, em que a tutela dos direitos caberia exclusivamente aos juízes nacionais, e parte-se para o sistema do *international concern*, em que os juízes internacionais, na omissão dos nacionais, providenciarão tal tutela (MAZZUOLI, 2011, p. 164).

Há que se abordar também os posicionamentos da Comissão e da Corte Interamericana de Direitos Humanos, de modo a colaborar com o diálogo, distribuição e conhecimento das diversas ações que aquelas se utilizam para a consolidação do sistema interamericano de direitos humanos.

De início, cite-se a iniciativa da Corte Interamericana de ter elaborado cadernos de jurisprudência, divididos ao longo de nove volumes, cada um versando sobre um respectivo tema. O sétimo deles trata exatamente do controle de convencionalidade, demonstrando conceitos, decisões e comentários adicionais, de modo a difundir tais temas, em âmbito regional. Além disso, também são elaborados relatórios anuais, de forma a haver publicidade das atividades desenvolvidas, pela mesma Corte, durante todo o ano, bem como das sessões realizadas, dos casos julgados, das audiências realizadas, da duração média dos casos em trâmite naquele ano e informações orçamentárias.

É com pesar, porém, que não foi registrada a participação de nenhum magistrado brasileiro nos eventos promovidos pela Corte, demonstrando que juízes e tribunais ainda se mostram, em relação aos demais, pouco participativos. Ressalte-se que, no ano de 2016, foi realizada a 2ª edição do *Premio Justicia y Convencionalidad*, evento que convoca a sociedade civil para o envio de sentenças proferidas por tribunais nacionais, exercendo o controle de convencionalidade. Nenhuma decisão premiada – seja administrativa ou jurisdicional -, nessas duas edições, foi oriunda do Brasil.

Assim, o controle de convencionalidade consiste numa ferramenta que permite aos Estados concretizar a obrigação de garantia dos direitos humanos no âmbito interno, por meio da verificação da conformidade das normas e práticas nacionais, com a Convenção Americana de Direitos Humanos e a sua jurisprudência correlata (CORTE IDH, 2015, p.2), tendo aparecido pela primeira vez no caso *Almonacid Arellano y otros vs. Chile*, cuja sentença foi proferida em setembro de 2006.

Já no caso *Boyce y otros vs. Barbados*², cuja sentença foi proferida em novembro de 2007, ficou claro que o Estado não deve se limitar ao exercício do controle de constitucionalidade. No caso em questão, a Corte Interamericana entendeu que o tribunal máximo para apelações de Barbados limitou-se àquele exercício, sem ter levado em consideração as obrigações decorrentes da ratificação da Convenção Americana de Direitos Humanos, bem como a jurisprudência da citada Corte.

A mesma Corte Interamericana (2015, p.6) vai além e define as principais características regedoras do controle de convencionalidade, consistindo em medida que verifica a compatibilidade das normas e atos internos, à luz da CADH, da jurisprudência da mesma Corte e dos demais tratados ratificados pelo Estado. Tal verificação é uma obrigação, abarcando todas as autoridades públicas, para que determinem, no limite de suas competências, a compatibilidade com a CADH, a jurisprudência e com os demais tratados ratificados pelo Estado-parte. Além disso, o controle exercido deverá ser realizado *ex officio*, podendo acarretar a supressão das normas contrárias à CADH ou a interpretação conforme esta.

Apesar de um de rol de características ter sido elencado, a mesma Corte deixou claro que não há um modelo específico para a realização da análise de convencionalidade ou de constitucionalidade, desde que estas sejam exercidas pelas autoridades do país, nos mais variados níveis ou hierarquias.

Junto a isso, os Estados, ao exercerem o controle de convencionalidade, não devem se limitar apenas às interpretações dos dispositivos dos tratados internacionais de direitos humanos ou às decisões proferidas, devendo também agir em conformidade com os pareceres elaborados, visto que a Corte IDH também exerce, ao lado da função contenciosa, uma função consultiva, sempre que surgem questões suscitadas pelos Estados ou pela Comissão Interamericana, por exemplo.

Assim, cite-se a Opinião Consultiva nº 14/94³, em que ficou assentado o entendimento de que os pareces consultivos são considerados juridicamente relevantes, não só para os Estados-partes da Convenção Americana, como também para aqueles que não a ratificaram, mas que fazem parte da Organização dos Estados Americanos e ratificaram a De-

---

2. Dois meses depois de proferida tal sentença, no mesmo sentido foi decidido o caso *La Cantuta vs. Peru*.
3. Disponível em: < http://www.corteidh.or.cr/docs/opiniones/seriea_21_por.pdf>. Acesso em: 16 jul. 2016.

claração Americana de 1948. Igualmente, no mesmo parecer, a Corte já firmou entendimento de que o Estado estará passível de responsabilidade internacional, caso tenha ratificado a Convenção Americana e, mesmo assim, possua lei manifestamente contrária às obrigações advindas daquele tratado (SALDANHA; VIEIRA, 2013, p. 2).

Urge salientar, ainda, que os efeitos de uma sentença proferida pela Corte IDH, de modo semelhante aos pareceres, afetam não somente as partes do caso, pois vinculam os demais Estados-partes, todas as suas autoridades e órgãos públicos, aqui estando incluídos os juízes, órgãos e autoridades dos mais diversos níveis administrativos (CORTE IDH, 2015, p. 16-17)

Por fim, de forma a demonstrar que o judiciário brasileiro ainda carece do exercício de controle de convencionalidade, é com pesar que a mesma Corte Interamericana sequer inclui o tribunal de última instância brasileiro, no rol de tribunais que aplicam, efetivamente, tal controle. Dentre os tribunais citados, estão a Corte Suprema de Justiça da Costa Rica, o Tribunal Constitucional da Bolívia, a Suprema Corte de Justiça da República Dominicana, o Tribunal Constitucional do Peru, a Corte Suprema de Justiça da Argentina, a Corte Constitucional da Colômbia, a Suprema Corte do México e a Corte Suprema do Canadá (CORTE IDH, 2012, p. 96-97).

É a partir disso que o próximo capítulo tratará sobre o posicionamento do Supremo Tribunal Federal, acerca das leis de anistia, respaldando a noção de que este assume posições que vão de encontro com as assumidas pela Corte Interamericana.

3. A POSIÇÃO DO SUPREMO TRIBUNAL FEDERAL E A ADPF 153

Em 29 de abril de 2010, ocorreu o julgamento da Arguição de Descumprimento de Preceito Fundamental - ADPF nº 153/DF proposta pelo Conselho Federal da Ordem dos Advogados do Brasil. Coube ao Supremo Tribunal Federal o julgamento, com relatoria do ministro Eros Grau.

O pedido feito buscou a não recepção do §1º do art. 1º da Lei nº 6.683/1979[4] - Lei de Anistia, pela Constituição Federal de 1988. Tal dispositivo considera que crime conexo seria todo aquele que possui

---

4. A redação de tal parágrafo dispõe: "Consideram-se conexos, para efeito deste artigo, os crimes de qualquer natureza relacionados com crimes políticos ou praticados por motivação política".

qualquer relação com os crimes políticos. Assim, ao englobar ambos os crimes, estariam os crimes de estupro, homicídio, tortura, desaparecimento forçado, lesões corporais e outros, abarcados pela concessão da anistia? Consequentemente, estaria tal entendimento em conformidade com a nossa Constituição? Um dos argumentos seria o de que, ao abarcar todos os crimes acima citados, imperaria a impunidade dos agentes militares, indo contra os princípios basilares da Constituição de 1988.

O ministro relator Eros Grau iniciou rebatendo o argumento de que a Lei nº 6.683/79 tenha ferido o princípio da isonomia, visto que, ao decidir por anistiar tanto aqueles que cometeram crimes políticos quanto os que cometeram crimes conexos, coube àquela decidir por tratar desigualmente, ou não, os desiguais.

O segundo argumento diz respeito ao fato de que as vítimas e todo o povo brasileiro foram destituídos da possibilidade de conhecer aqueles que praticaram os crimes relatados, tornando-os ocultos, sendo rebatido com o argumento de que a anistia é caracterizada pelo seu caráter objetivo, não sendo direcionada a pessoas específicas. Consequentemente, não haveria afronta ao direito de acesso às informações de relevante interesse. Outrossim, o acatamento ao pedido feito romperia com a boa-fé dos que lutaram pela concretização da Lei de Anistia, considerada ampla, geral e irrestrita. Como efeito disso, estar-se-ia desprezando o próprio passado, o que, conforme o relator, não é o que se busca atualmente. Para ele, o que se deve buscar é o conhecimento do que ocorreu naquela época, por meio da superação dos mecanismos que dificultam tal conhecimento (BRASIL, 2010, p.18).

A terceira defesa apresentada afirmava que houve afronta ao princípio republicano e ao democrático, pois o Poder Legislativo estava eivado de pessoas não eleitas pelo povo, de modo que lá estavam para o favorecimento dos interesses dos militares. Assim, estes buscaram a anistia e, por terem controle e influência sobre considerável número, no Congresso Nacional, lograram êxito. Apesar disso, coube ao ministro relator afirmar que a não recepção da Lei nº 6.683 traria resultados desastrosos, pois faria com que todos os anistiados tivessem que restituir as indenizações recebidas.

A Lei de Anistia teria, também, ferido o princípio da dignidade da pessoa humana, por ter acobertado diversos crimes comuns cometidos, mas tal afirmação foi rebatida com o argumento de que não se poderia olvidar todo o procedimento anterior que culminou com a citada lei, bem como se deveria levar em consideração todos os eventos históricos e lutas ocorridas durante tal período. Desse modo, os crimes comuns cometidos não justificariam a decisão de que a Lei de Anistia também estaria violando o princípio da dignidade da pessoa humana.

Os pontos ora expostos foram proferidos contra uma das linhas de argumentação do pedido, qual seja a de que a Constituição Federal de 1988 não teria recepcionado a Lei de Anistia.

A segunda linha de raciocínio utilizada estaria relacionada à necessidade de uma interpretação conforme a Constituição, sobre o dispositivo que torna os crimes comuns abarcados pela lei citada, fundamentando o pedido para que não se estendesse àqueles, pois a Lei nº 6.683/79 buscou apenas abranger os crimes comuns cometidos pelos agentes repressores, que também cometeram de crimes políticos. Ou seja, aqueles que se posicionavam contra o governo e que tenham praticado crimes comuns sequer estariam abarcados pela anistia, por esta possuir caráter unilateral.

No entanto, o entendimento do ministro Eros Grau foi justamente o contrário: estando respaldado por diversos julgados que trataram de anistias passadas, a anistia dada no contexto do regime militar teria sido bilateral, por ter abarcado tanto os militares quanto os civis que se envolveram nos conflitos. Além disso, aqueles que já tivessem sido condenados, isto é, com sentença penal transitada em julgado, pelos crimes de assalto, terrorismo, atentado pessoal e sequestro não seriam anistiados, motivo pelo qual a anistia não poderia ser considerada irrestritamente ampla. Outro motivo que respaldaria a Lei de Anistia seria o clamor por uma transição à democracia, sem violência.

Entre outros pontos expostos, prosseguiu o ministro afirmando que os fatos ocorridos à época não devem ser vistos sob a ótica atual e, utilizando-se de argumentos de cunho temporal, defendeu, ainda, que a Constituição de 1988 não alcançaria leis que a tenham precedido, o mesmo ocorrendo em relação à Convenção das Nações Unidas contra a Tortura e Outros Tratamentos ou Penas Cruéis, Desumanos ou Degradantes, em vigor desde 1987, e à Lei nº 9.455/1997 (Lei de Tortura), por terem sido posteriores à anistia concedida. Surpreendentemente, houve espaço até mesmo para o entendimento de que, pelo fato de o estado brasileiro ter reconhecido a competência da Corte Interamericana de Direitos Humanos para julgar somente fatos posteriores a outubro de 1988, não seria possível qualquer condenação.

Ao abordar de quem seria a competência de rever leis concernentes à anistia, o ministro afirmou que sequer caberia ao Supremo Tribunal

Federal tal feito, tendo este apenas o dever de interpretá-las e definir os alcances e extensões daquelas, explanando os fatos abarcados e os indivíduos que seriam afetadas. O Supremo também teria o papel de dar fim aos processos em andamento e determinar a soltura daqueles ainda não condenados. A competência, por outro lado, caberia ao Poder Legislativo de revê-las, discutindo os motivos e o contexto em que foi concedida, tarefa eminentemente política, que não é de competência do Supremo Tribunal.

Também foi feita uma análise comparada de outras leis de anistia, em países que passaram por experiências semelhantes à brasileira, tais como Chile, Uruguai e Argentina, de modo a comprovar que a revisão ocorrida nesses últimos foi iniciada pelo próprio Poder Legislativo, e não pelo Judiciário. No Chile, por exemplo, o Decreto-Lei nº 2.191 de 1978, a *Lei de Amnistía*, foi revisto, por iniciativa do próprio Legislativo, o mesmo ocorrendo no caso argentino, em que a *Ley de Pacificación*, a *Ley de Punto Final* e a *Ley de Obediência Debida* foram declaradas nulas, todas por iniciativa legislativa. Por fim, quanto à *Ley de La Caducidad de La Pretensión Punitiva de Estado* uruguaia, um referendo e um plebiscito foram feitos e ambos confirmaram a permanência da citada lei.

Por fim, um último argumento utilizado teve relação com a Emenda Constitucional nº 26, de 1985[5], emenda esta que, logo em seu §1º do artigo 4º[6], concede a mesma anistia da Lei nº 6.683/79. Para o ministro Eros Grau, o Congresso Nacional de 1985 já estava composto por representantes eleitos diretamente pelo povo, evidenciando que não se tratou de uma autoanistia. Junto a isso, na mesma emenda foi convocada a Assembleia Nacional Constituinte responsável pela promulgação da Constituição de 1988. Disso, concluir-se-ia que a atual Constituição, desde o seu nascedouro, legitimou a anistia concedida, pois a Emenda Constitucional nº 26 inauguraria uma nova ordem constitucional, sendo manifestação, portanto, do chamado Poder Constituinte originário[7].

---

5. O teor da emenda está disponível em: <http://www.senado.leg.br/publicacoes/anais/constituinte/emenda26-85.pdf>. Acesso em: 20 jul. 2016.
6. §1º: É concedida, igualmente, anistia aos autores de crimes políticos ou conexos, e aos dirigentes e representantes de organizações sindicais e estudantis, bem como aos servidores civis ou empregados que hajam sido demitidos ou dispensados por motivação exclusivamente política, com base em outros diplomas legais.
7. O poder constituinte originário seria aquele responsável pela organização do Estado. Por outro lado, cabe ao poder constituinte decorrente elaborar e reformar as constituições estaduais. Já o poder constituinte difuso seria responsável pelas chamadas mutações constitucionais.

Consequentemente, seria incabível pedir pela adequação da lei à Constituição, pois esta já teria sido integrada. Assim, deixando a ressalva de que o repúdio pelos crimes cometidos ainda vigora, o ministro Eros Grau julgou pela improcedência da ação.

Em seguida, foi proferido o voto da ministra Carmem Lúcia, deixando claro que todos possuem direito de acesso à verdade, principalmente em tempos sombrios como o do regime militar. Em consequência disso, anistia não seria um sinônimo de esquecimento. A ministra reiterou o procedimento que culminou com a Lei nº 6.683/79, bem como rechaçou o argumento de que o Congresso Nacional estaria composto por senadores não escolhidos pelo povo. Não somente isso, ela também afirmou que tal lei representou justamente o início da participação da sociedade civil, responsável por uma forte pressão social, pois seria a chave para a transição à democracia, bem como concordou com o ministro relator sobre o fato de a anistia concedida não ter sido considerada irrestrita.

Da mesma forma que o ministro relator, a ministra Carmem Lúcia desconsiderou a não recepção pela Constituição Federal de 1988, sob a afirmativa de que isso seria injusto para aqueles que tanto lutaram pelo fim de tal período. Igualmente, entendeu que descaberia ao Poder Judiciário exercer revisão das diversas anistias concedidas, ao longo da história do Brasil, e que não se poderia interpretar a Lei de Anistia, sem levar em consideração o contexto histórico respectivo, apesar de os crimes de tortura, homicídio e os demais descritos contrariarem especialmente o artigo 5º da atual Constituição. No entanto, foi contra a tese de que a Emenda Constitucional nº 26 já estaria integrada à nova ordem constitucional, inaugurada pela Constituição Federal de 1988. Disso, resolveu por acompanhar o voto do ministro Eros Grau.

Em seguida, foi a vez do voto do ministro Ricardo Lewandowski. Indo diretamente ao mérito, afirmou ele que os crimes políticos conexos devem ser verificados à luz dos critérios da atrocidade dos meios e da preponderância, de modo que se torna possível, ao analisar cada caso, descartar que determinado crime tenha sido realizado por motivação ou determinação política. Além disso, o ministro entendeu que a única diferença entre a Lei nº 6.683/79 e a Emenda Constitucional nº 26 é a hierarquia. Para o ministro, a Constituição Federal de 1988 não teria ratificado a anistia concedida, ao contrário do entendimento do ministro Eros Grau.

Tecendo comentários sobre a Corte Interamericana de Direitos Humanos, Lewandowski relembrou que, ao ratificar a Convenção Americana de Direitos Humanos e reconhecer a competência da Corte citada, coube ao estado brasileiro o dever de investigar, ajuizar e punir quaisquer violações aos direitos humanos, sendo passível de responsabilização, caso falhe ou se omita em tal dever. Diante disso, o ministro votou pela procedência parcial do pedido, de modo que se analisasse a peculiaridade de cada caso, para aferir se os agentes estatais, ao praticarem os crimes ditos conexos, estariam realizando-os com motivação preponderantemente política, conforme os critérios acima explicitados.

Coube, em seguida, ao ministro Ayres Britto proferir o seu voto, afirmando que, assim como o ministro Ricardo Lewandowski, não interpreta que a Lei de Anistia tenha abarcado os crimes comuns ou os hediondos, quando cometidos por motivação política. O ministro foi além, defendendo que aqueles últimos não foram, de fato, incluídos pela lei, pois tais crimes iriam além da própria situação peculiar pela qual o país estava passando, constituindo excessos no próprio regime de exceção, desrespeitando-se, até mesmo, a legalidade autoritária do regime militar (BRASIL, 2010, p.139).

O ministro prosseguiu, afirmando que, por exemplo, o crime de tortura não apresenta, como fundamentação, o combate ao Estado. Do contrário, fundamenta-se no prazer pelo sofrimento alheio. Diante disso, para evidenciar que a Lei nº 6.683/79 não foi considerada ampla e irrestrita, o ministro Ayres Britto buscou demonstrar o caráter relativo da anistia, de modo que tanto a Emenda Constitucional nº 26 quanto a Constituição Federal de 1988, no Atos das Disposições Constitucionais Transitórias, alteram a abrangência da anistia concedida, seja quanto ao lapso temporal, seja pelos indivíduos abarcados pela concessão.

Já quanto ao argumento de que a mesma Emenda Constitucional teria constitucionalizado a Lei de Anistia, afirmou o ministro que o ato de convocação da Assembleia Constituinte e esta própria não se assemelham. Ou seja, a Assembleia Constituinte é expressão do poder constituinte originário, sendo, portanto, incondicionada. Por outras palavras, o ato de sua convocação não teria o poder de vincular, por exemplo, os procedimentos que teriam de ser adotados.

Enfim, o ministro, da mesma forma que o voto anterior, julgou pelo provimento parcial do pedido, retirando-se os crimes hediondos, os de homicídio e os de estupro, além de outros semelhantes, do rol de crimes abarcados pela anistia concedida.

A ministra Ellen Gracie, em seu voto, seguiu o posicionamento do ministro relator Eros Grau, afirmando que, como já demonstrado por este, não houve qualquer afronta aos princípios fundamentais de nossa Constituição de 1988. Não somente isso, para ela, afirmar que a Constituição de 1988 não teria recepcionado a Lei de Anistia equivaleria a prejudicar, retroativamente, todos aqueles que se viram alcançados pela concessão, assim como concordou que o argumento de deslegitimar o processo de elaboração de tal lei, pelo fato de o Congresso Nacional ter sido composto por senadores não eleitos diretamente pelo povo, não prosperaria, em virtude de a Emenda Constitucional nº 26 ter repetido a concessão da anistia.

O caráter objetivo da anistia, isto é, não direcionado às pessoas determinadas, mas, sim, a certos crimes, não acarretaria violação do princípio de acesso à verdade, de tal modo que a anistia jamais imporia barreiras, para a descoberta daquela. Além disso, o caráter bilateral da anistia também se fez presente, sendo necessário um olhar munido das tensões do período e do clamor pela democratização imediata. Deve-se levar em consideração que a bilateralidade era necessária, de forma a concretizar a transição para o regime democrático, não sendo permitida a volta ao passado, buscando desvirtuá-la, para torná-la mais apetecível aos olhos atuais. Com tais considerações, a ministra votou pela improcedência da ação.

Para o ministro Marco Aurélio, em seu conciso voto, mesmo que se concluísse pela inconstitucionalidade da Lei de Anistia, não haveria nenhuma repercussão prática, pois decorreram mais de vinte anos da data do cometimento dos crimes. Do contrário, caso não houvesse a incidência da prescrição, consequências das mais sérias surgiriam. Ele lembrou, ainda, que a Constituição Federal de 1988 considera apenas duas hipóteses de imprescritibilidade: a ação de grupos armados civis ou militares, contra a ordem constitucional e o Estado Democrático e o racismo. Junte-se a isso o fato de nenhum Poder subjugar o Congresso Nacional, na sua competência em relação à concessão da anistia, sendo esta de caráter puramente político.

Finalizando o seu voto pela improcedência da ação, o ministro Marco Aurélio nos lembrou que devemos considerar o contexto respectivo, em que a concessão da anistia representou o apagar das responsabilidades e o afastamento de sentimentos que não contribuiriam para a superação do momento pelo qual passava o país (BRASIL, 2010, p.155).

O voto do ministro Celso de Mello é iniciado a partir de uma detalhada e rica história sobre os eventos iniciais que desembocaram no regime militar, marcado pela obscuridade, por torturas, desaparecimentos e homicídios. Antes de tudo, porém, o ministro expressou a sua repulsa à tortura, constituindo uma das violações aos direitos humanos, baseada no abuso do poder punitivo estatal. De forma a respaldar tal afirmação, citou-se que o estado brasileiro ratificou documentos internacionais, como a Convenção Americana de Direitos Humanos, a Convenção Contra a Tortura e Outros Tratamentos ou Penas Cruéis, Desumanas e Degradantes e a Convenção Interamericana para Prevenir e Punir a Tortura.

Exposto isso, passou a falar sobre a Lei de Anistia. Para o ministro, não haveria querela envolvendo a admissão de outros crimes, além dos ditos políticos, salvo se a própria Constituição de 1988 dispusesse o contrário. Significa dizer, também, que o Congresso Nacional da época teve a possibilidade de estender, ou não, a anistia aos crimes comuns, não prosperando o argumento de que aquele se encontrava eivado por parlamentares biônicos, conforme o termo adotado corriqueiramente, revestindo-se de plena legitimidade jurídico-constitucional a opção por tal extensão (BRASIL, 2010, p.173).

Da mesma forma, a Constituição Federal de 1967 não restringiu o alcance da anistia, ou seja, deu a faculdade de decisão ao Poder Legislativo. Disso, conclui-se que coube à Lei nº 6.683/79 decidir por abranger, no crime conexo, qualquer delito praticado, desde que com motivação política.

Outrossim, o ministro Celso de Mello defendeu o caráter bilateral da citada lei, bem como a sua reciprocidade, em virtude de ter sido precedida de ampla participação da sociedade civil, ansiosos pela transição entre o regime militar e o democrático, além de ter abrangido tanto os agentes militares, quanto os que se opuseram ao regime.

Reconheceu, também, que a jurisprudência da Corte Interamericana de Direitos Humanos prega pela incompatibilidade entre leis de autoanistia e a Convenção Americana de Direitos Humanos, não tolerando qualquer impunidade para aqueles que cometeram crimes que violaram os mais essenciais princípios adotados pelo tratado ratificado. Contudo, o ponto chave que tornaria a situação brasileira peculiar, diferentemente da situação experimentada pelo Chile e pelo Uruguai, seria o seu caráter bilateral, elemento essencial para a não caracterização de uma autoanistia.

Respaldado pelos argumentos do ministro Eros Grau, o marco temporal da Lei de Anistia precedeu os das convenções que versam sobre a tortura, não sendo possível aplicá-las, pois nos depararíamos com uma situação de retroatividade da lei mais gravosa, fenômeno vedado pela nossa Constituição. Junto a isso, prosseguiu o ministro, mesmo que o Supremo entendesse pela procedência da ação, a pretensão punitiva do Estado estaria exaurida, em virtude de o Brasil sequer ter ratificado qualquer tratado internacional que verse sobre a imprescritibilidade dos crimes contra a humanidade.

Ao lado de tudo já exposto, não seria de estranhar se a Constituição de 1988 optasse por revogar os efeitos da anistia concedida, mas isso não se verificou, permitindo que a Lei nº 6.683/79 exaurisse todos os seus efeitos.

Diante disso, o ministro Celso de Mello concluiu pela improcedência da ação, deixando claro que tal posicionamento não exclui a busca pela verdade dos fatos ocorridos à época e que ainda permanecem demasiadamente obscuros, bem como não diminui a busca pela preservação do momento histórico citado, respaldados pelo direito de acesso às informações.

Em seu voto proferido, o ministro Cezar Peluso afirmou que a própria Lei nº 6.683/79 esclarece o que seriam considerados crimes conexos. Para ele, a norma foi além dos crimes políticos em sentido estrito, pois o legislador quis alcançar, também, aqueles crimes comuns, praticados por motivos políticos, inexistindo qualquer obstáculo para isso.

Junto a isso, o ministro lembrou o fato de a anistia concedida ter sido ampla, não se restringindo a atingir os militares. Quer isso dizer que, ao anistiar tanto os opositores do regime militar, quanto os defensores, a concessão não feriu o princípio da igualdade.

Em relação aos demais princípios que o pedido alegava terem sido violados, Cezar Peluso não viu como o reconhecimento da não recepção da Lei de Anistia afetaria o direito à verdade, pois esta se valeria de outros meios para a descoberta dos fatos ocorridos à época. Ora, o argumento de que os princípios democrático e republicano teriam sido violados não procederia, pois, se fosse aplicado o mesmo raciocínio, nenhum crime praticado por um agente público poderia ser anistiado, pois todos teriam violado tais princípios.

Conforme o voto do ministro relator, Cezar Peluso concordou que o procedimento de elaboração da lei foi legítimo e que, ao contrário do caso chileno, por exemplo, no Brasil não se tratou de uma autoanistia, que é condenada pelos tribunais internacionais.

O ministro foi além e afirmou que, mesmo que o Supremo Tribunal Federal decidisse pela procedência da arguição de descumprimento, tal julgamento sequer teria utilidade, pois a pretensão punitiva do Estado já estaria prescrita, não provocando quaisquer efeitos sobre a realidade. Diante disso, entendeu pela improcedência da ação.

O voto proferido pelo ministro Gilmar Mendes, ao tratar sobre o mérito da ação, reconheceu a dificuldade dos conceitos envolvendo crimes políticos ou crimes conexos, sejam motivados, ou não, politicamente. Porém, o cerne da questão envolve o caráter político da anistia. Para o ministro, pelo fato de a anistia possuir caráter estritamente político, caberia ao Congresso Nacional, sem intervenção do Poder Público, definir pela conveniência, motivação e alcance daquela. Assim, a anistia considerada ampla e geral teria sido uma consequência de tal competência e, indo além, teria permitido a transição que originou a vigente Constituição.

Surgiria, portanto, uma nova ordem constitucional, oriunda de um pacto entre forças plurais e antagônicas, que, juntas, permitiram a superação do período de crise e fizeram surgir a chamada Constituição Compromisso (BRASIL, 2010, p. 237).

As forças plurais, citadas pelo ministro, corresponderiam justamente aos agentes militares do governo e aos grupos que resistiam ao governo. Ambos, em meio aos embates da época, cometeram crimes, tais como tortura, sequestro e homicídio, sendo impossível negar, contudo, que os militares foram responsáveis por uma quantidade maior, por terem o aparato estatal ao seu favor. Diante de tal raciocínio, Gilmar Mendes afirmou que não se poderia conceber que um mesmo ato seja considerado, ao mesmo tempo, ilícito ou lícito a depender da motivação de quem o praticou. Quer isso dizer, por exemplo, que não se pode aceitar que o crime de homicídio, por ter sido praticado por um opositor do regime militar, foi abarcado pela anistia, ao passo que o mesmo crime, cometido por um militar, não o foi.

Como dito anteriormente, a anistia ampla e geral seria aquela que não está direcionada a pessoas determinadas, envolvendo todos aqueles que cometeram determinados delitos, independentemente das posições políticas assumidas, havendo a extinção da punibilidade, respectivamente aos acontecimentos previstos na concessão. Para Gilmar Mendes, "a amplitude do processo de anistia é ínsita ao conteúdo pactual do próprio texto, não se afigurando incompatível com a ordem constitucional vigente." (BRASIL,2010, p.243).

Adotando a mesma posição do ministro Eros Grau, Gilmar Mendes também entendeu que a tese da imprescritibilidade não prosperaria, em virtude de os tratados internacionais ratificados, que versam sobre a imprescritibilidade de determinados crimes, terem sido ratificados posteriormente aos fatos ocorridos no período.

Já em relação à Emenda Constitucional nº 26 de 1985, o ministro considerou que esta foi responsável não somente por incorporar a anistia, como também por convocar uma Assembleia Constituinte, trazendo as bases para a nova ordem constitucional e rompendo com a Constituição anterior. Quer isso dizer que coube à dita emenda o papel de revisão da própria ordem constitucional, sem promover rupturas repentinas, pois existem as cláusulas pétreas e limites a esse papel, de modo a preservar o núcleo essencial da Constituição e, consequentemente, evitando-se o procedimento que o ministro conceituou de dupla revisão[8].

No entanto, reitere-se que a existência desses limites não significa dizer que inexista a possibilidade de transição legítima entre as Constituições. Esta transição, desde que haja o correlato procedimento, bem como a participação do povo, titular do poder constituinte, será considerada legítima.

E concluiu o ministro, para votar pela total improcedência da arguição, que a Emenda Constitucional nº 26 incorporou a anistia, repercutindo nas bases da própria Constituição Federal de 1988 e nos acontecimentos oriundos da sua promulgação (BRASIL, 2010, p.264).

Eis, portanto, os principais delineamentos que constituíram o julgamento de mérito da Arguição de Descumprimento de Preceito Fundamental nº 153, julgada improcedente por sete votos a dois, vencidos os votos do ministro Ricardo Lewandowski e Ayres Britto e que servirão de base para a condenação da Corte Interamericana de Direitos Humanos, conforme será visto a seguir.

4. O CASO GOMES LUND E A POSIÇÃO DA CORTE INTERAMERICANA DE DIREITOS HUMANOS

Em 24 de novembro de 2010, quase 7 meses após a decisão do Supremo Tribunal Federal, acerca da ADPF nº 153, a Corte Interamericana de Direitos Humanos condenou o estado brasileiro, no caso Gomes Lund e outros (Guerrilha do Araguaia) vs. Brasil[9].

---

8. Tal procedimento, vedado, consistiria em, primeiro, eliminar a cláusula pétrea e, logo após, os princípios protegidos por tal cláusula.
9. O caso em questão foi proposto à Comissão Interamericana em 7 de agosto de 1995 e submetido à Corte em 26 de março de 2009, envolvendo o desaparecimento, detenção e tortura de

Antes de adentrar no mérito da condenação, porém, analisa-se desde logo a posição da Comissão Interamericana de Direitos Humanos, que em seu Relatório de Mérito nº 91/08, constatou que o Brasil violou alguns dispositivos da Convenção Americana de Direitos Humanos, em virtude da aplicação da lei de anistia e, assim, emitiu, entre outras recomendações as de que o país considerasse que crimes contra a humanidade seriam imprescritíveis e insuscetíveis de anistia e que adotasse as medidas necessárias para que a Lei nº 6.683/79 não mais fosse um obstáculo para a persecução penal de graves violações de direitos humanos. Ora, à mesma conclusão chegou a Corte Interamericana, ao proferir sua sentença relativa ao caso, exercendo o controle de convencionalidade autêntico e afirmando que as disposições da Lei de Anistia brasileira constituiriam óbices para a investigação e punição das violações de direitos humanos perpetradas no Brasil, sendo incompatíveis com a CADH e carecendo de efeitos jurídicos (CORTE IDH, 2014, p.293).

Mais especificamente, a Corte evidenciou as posições de diversos organismos e tribunais internacionais, jurisprudências que corroboram seu posicionamento, modificações feitas pelos Estados que também adotaram alguma espécie de anistia e rebateu alguns argumentos utilizados pelos juízes do Supremo Tribunal Federal, ao apreciarem a ADPF nº 153, conforme será exposto a seguir.

A Comissão Interamericana de Direitos Humanos, além do relatório já citado, entendeu nos relatórios nº 28/92[10], relativo à Argentina; nº 34/96[11], relativo ao Chile; nº 1/99[12], relativo à El Salvador; nº 8/00[13], relativo ao Haiti; nº 20/99[14], relativo ao Peru; e nº 29/92[15], relativo ao

---

membros do Partido Comunista do Brasil e camponeses, na região amazônica de Araguaia, por parte do Exército Brasileiro, durante o período do regime militar, e discutindo-se a responsabilidade do Brasil.

10. Disponível em: <https://www.cidh.oas.org/annualrep/92span/Argentina10.147.htm>. Acesso em: 26 jul.2016.
11. Disponível em: <https://cidh.oas.org/annualrep/96port/Caso11228.htm>. Acesso em: 26 jul. 2016.
12. Disponível em: <http://www.cidh.org/annualrep/98span/fondo/el%20salvador10.480.htm>. Acesso em: 26 jul. 2016.
13. Disponível em: <https://www.cidh.oas.org/annualrep/99span/De%20Fondo/Haiti11378.htm>. Acesso em: 26 jul. 2016.
14. Disponível em: <http://cidh.oas.org/annualrep/98span/Fondo/Peru%2011.317.htm>. Acesso em: 26 jul. 2016.
15. Disponível em: <https://www.cidh.oas.org/annualrep/92span/Uruguay10.029.htm>. Acesso em: 26 jul. 2016.

Uruguai, que as leis de anistia são incompatíveis com o direito internacional e com as obrigações contraídas pelos Estados, ao ratificarem as convenções.

Já no âmbito universal, a Corte Interamericana ressaltou os posicionamentos do Alto Comissariado das Nações Unidas para os Direitos Humanos, do extinto Comitê de Direitos Humanos, do Comitê contra a Tortura, do Tribunal Penal Internacional para a ex-Iugoslávia e das conclusões da Conferência Mundial de Direitos Humanos, que, de forma uníssona, deixaram claro que nenhum Estado deve favorecer a impunidade, por meio da anistia.

Em complementação, a mesma Corte ressaltou as posições dos demais sistemas regionais de direitos humanos, a exemplo da Corte Europeia de Direitos Humanos e da Comissão Africana de Direitos Humanos e dos Povos, dispondo que crimes geradores de graves violações de direitos humanos, como a tortura, seriam imprescritíveis e não seriam passíveis de perdão ou anistia. Além disso, ao deixar de julgar os autores de graves violações de direitos humanos, os Estados estariam promovendo a impunidade e eliminando a possibilidade de investigação e de reparação desses abusos (CORTE IDH, 2014, p.256).

Já no que diz respeito à jurisprudência pacificada da Corte Interamericana, sejam citados os três principais casos que apenas reiteram o entendimento concernente à incompatibilidade da anistia: os casos *Barrios Altos*[16], *La Cantuta*[17], e *Almonacid Arellano*[18].

---

16. O caso envolveu o assassinato de quinze pessoas, realizado por agentes estatais, na região conhecida como Barrios Altos, na cidade de Lima, no Peru, em novembro de 1991. As investigações sobre tal incidente não prosperaram, pois foi editada a Lei nº 26.479, em junho de 1995, que concedeu anistia a todos aqueles que cometeram violações de direitos humanos, entre os anos de 1980 e 1995, excluindo a responsabilidade penal de civis, militares e policiais. Em junho de 1995, também, foi promulgada a Lei nº 26.492, que afirmava que a anistia teria aplicação imediata e não poderia ser revista por meios judiciais.

17. Trata-se de um caso também ocorrido na cidade de Lima, em julho de 1992, em decorrência da invasão perpetrada por agentes estatais na *Universidad Nacional de Educación Enrique Guzmán y Valle*, conhecida como *La Cantuta*, em que resultou no desaparecimento de nove estudantes e um professor. Da mesma forma que no caso Barrios Altos, as Leis nº 26.479 e nº 26.492 também abarcou os crimes cometidos na universidade.

18. Almonacid Arellano foi um professor chileno e membro ativo do partido comunista, executado em novembro de 1973, no Chile, em pleno regime militar de Augusto Pinochet, junto a outras vítimas. Em 1978 foi promulgado o Decreto-Lei nº 2.191, concedendo anistia a todos os fatos praticados entre 1973 e 1978. Consequentemente, as investigações sobre os fatos foram interrompidas e o caso Almonacid foi arquivado.

No primeiro caso, além de afirmar que as leis de anistia promulgadas no Chile carecem de efeitos jurídicos, concluiu a Corte que as disposições da anistia são inadmissíveis, visto que buscam impedir a investigação e punição dos responsáveis pelas graves violações de direitos humanos, além de ir de encontro com o espírito da Convenção Americana, motivos pelos quais justificam que o Estado seja passível de responsabilização.

Já no segundo caso, a mesma Corte reiterou o precedente e ainda deixou clara a amplitude da sentença, afirmando que a decisão do caso *Barrios Altos* possuiria efeitos gerais (CORTE IDH, 2014, p.175).

Voltando-se diretamente ao julgamento histórico do Supremo Tribunal Federal, a Corte Interamericana rechaçou o argumento de que a necessidade de compatibilização apenas diz respeito às leis de autoanistias, pois toda anistia, independentemente do seu tipo, conteria a mesma *ratio legis*: promover a impunidade. Junto a isso, a mesma Corte entendeu que o STF prescindiu do exercício do controle de convencionalidade e que, pelo fato de o crime de desaparecimento constituir-se de caráter contínuo e permanente, aquele não estaria prescrito, enquanto não fossem identificadas as vítimas[19]. Da mesma forma, não ocorreria o fenômeno de retroatividade da lei penal mais gravosa, pois o crime estaria ocorrendo até o presente momento, havendo a aplicação da lei penal, para punir o fato delituoso.

5. POSSÍVEIS SOLUÇÕES PARA O CHOQUE DE POSIÇÕES ENTRE A CORTE IDH E O STF

Vistos os principais fundamentos de cada tribunal, bem como os seus respectivos argumentos, é curioso notar que as últimas instâncias dos tribunais de outros países, diferentemente do Brasil, vêm apresentando práticas condizentes com o expressado pela Corte Interamericana, demonstrando que o comportamento do Supremo Tribunal Federal mais constitui uma exceção à regra de uma prática cada vez mais constante de exercício de convencionalidade.

Deixe-se claro, porém, que há decisões do STF que evidenciam uma certa aproximação com o direito internacional, mas de modo seletivo, a depender da matéria debatida. Ou seja, nota-se que o dito tribunal não

---

19. Importante ressaltar o voto fundamentado do então juiz *ad hoc* Roberto Figueiredo Caldas, afirmando que o Brasil só não ratificou a Convenção sobre Imprescritibilidade dos Crimes de Guerra e dos Crimes de Lesa-Humanidade por pressões políticas, sendo irrelevante tal fato, pois aquele tratado deve ser respeitado, com base no costume internacional.

se utiliza constantemente do direito internacional em sua jurisprudência, de forma a construir um diálogo consistente com as decisões dos tribunais internacionais (CARDOSO, 2012, p.138).

A Corte Suprema de Justiça da Nação Argentina, por exemplo, em junho de 2005, como já exposto, declarou a inconstitucionalidade das Leis de Anistia nº 23.492 e nº 23.521, no *caso Simón*. Da mesma forma, a Corte Suprema de Justiça, no Chile, ao julgar o *caso Lecaros Carrasco*, entendeu pela não aplicação da anistia concedida pelo Decreto-Lei nº 2.191 de 1978. Já o Tribunal Constitucional do Peru, no *caso Santiago Martín Rivas*, concluiu que as leis de anistia eram nulas e, devido ao entendimento da Corte Interamericana, careceriam de efeitos jurídicos. A Suprema Corte de Justiça do Uruguai concluiu pela inconstitucionalidade da Lei nº 15.848 (Lei de Caducidade da Pretensão Punitiva do Estado), assim como a Corte Suprema de Justiça da Colômbia considerou que as leis de anistia violam o dever internacional dos Estados de permitirem o acesso à justiça.

Ora, os exemplos acima só respaldam o entendimento de que, sim, é possível haver um diálogo entre o ordenamento jurídico interno e internacional. Contudo, a problemática brasileira se deu justamente pelo fato de o Supremo Tribunal Federal não ter se posicionado em um patamar compatível com o da Corte Interamericana de Direitos Humanos, o que fere evidentemente o exercício de controle de convencionalidade interno.

É a partir disso que, respaldado pela teoria do duplo crivo ou duplo controle, torna-se possível a resolução de tal problemática, de modo que, para qualquer ato ou norma ser considerado válido, ao ponto de não provocar qualquer violação de direito humanos, aquele deve ser analisado sob dois filtros: primeiro, o ato ou norma deve ser submetido ao controle de constitucionalidade, para, logo em seguida, ser submetido ao controle de convencionalidade internacional – não o nacional –, por tratar-se do controle autêntico, efetivado pelos órgãos e tribunais internacionais. Não se fala, aqui, do controle de convencionalidade nacional, pois, caso este tivesse sido realizado, não estaríamos diante da problemática ora enfrentada, em virtude de o próprio tribunal brasileiro ter se posicionado de modo compatível com a CADH e a Corte IDH.

É por isso que Valerio Mazzuoli (2009, p. 115) afirma que, caso a norma esteja em conformidade com a Constituição, mas não com determinado tratado internacional ratificado e já incorporado ao âmbito interno, aquela norma será considerada vigente, mas não válida, pois não passou por todos os limites verticais materiais, que seriam compostos pelos tratados internacionais e pela Constituição.

Aplicando-se a teoria acima, percebe-se que a Lei de Anistia brasileira, por exemplo, passou pela primeira filtragem, qual seja o controle de constitucionalidade realizado pelo Supremo Tribunal Federal, mas esbarrou no controle de convencionalidade realizado pela Corte Interamericana, que consistiria na segunda etapa da teoria do duplo controle. Vê-se, portanto, que o choque de posições entre ambos os tribunais, é, na verdade, um conflito aparente, se optarmos pela ótica da citada teoria.

Assim, a principal consequência da decisão da Corte Interamericana é a de que a Lei de Anistia brasileira é considerada inválida, não tendo qualquer efeito jurídico. Em virtude disso, o estado brasileiro não poderá se valer dela para impedir a investigação dos crimes cometidos durante o regime militar, pelo contrário, deverá eliminar todos os mecanismos jurídicos que sirvam de obstáculos para o acesso ao que, efetivamente, ocorreu naquele período (MAZZUOLI, 2011, p. 164).

Divergindo um pouco da teoria acima, porém, ouso afirmar que a Lei de Anistia esbarraria até mesmo na primeira etapa da filtragem. Ora, afirmo isso, pois a própria Corte Interamericana evidenciou que os motivos e argumentos expostos pelos ministros do Supremo Tribunal não prosperariam. Contudo, inexistindo instância acima daquele, e considerando que o STF se apresenta como o guardião da Constituição, respeitando-se, também, a sua independência, vê-se que a sua decisão constitui a última palavra quanto ao tema, em âmbito interno.

A problemática seguinte diz respeito à execução da sentença da Corte Interamericana, motivo pelo qual, em 2014, por meio da ADPF nº 320, buscou-se o cumprimento daquela, por parte do STF. Embora não tenha sido ainda julgada, já houve posicionamento favorável, por parte da Procuradoria-Geral da República, para que a Lei de Anistia seja revista.

CONSIDERAÇÕES FINAIS

O presente trabalhou buscou apresentar um constante e direto diálogo com as interpretações e entendimentos da Corte Interamericana de Direitos Humanos, respaldado por renomados autores da área, sempre que possível, assim como apresentou o choque de posições, devido à decisão do Supremo Tribunal Federal.

Foi feita uma análise dos votos de cada ministro, ao tempo do julgamento, seja contra ou a favor da procedência da Arguição de Descumprimento de Preceito Fundamental nº 153, que culminou com o entendimento de que a Lei de Anistia seria constitucional, logo após uma exposição teórica acerca do que seriam os controles de convencionalidade e de constitucionalidade, e da questão envolvendo a compatibilização e comunicação entre os ordenamentos jurídicos interno e externo, que são imprescindíveis para a compreensão acerca do diálogo entre as decisões e pareceres dos organismos internacionais e as decisões proferidas pelos tribunais brasileiros das mais diversas instâncias.

Em seguida, foram expostos o caso brasileiro que originou todo o imbróglio, os precedentes e os posicionamentos de organismos e tribunais internacionais e nacionais, de forma a permitir a busca de uma solução ao problema, que se utiliza da teoria do duplo controle, com vistas à superação do aparente confronto entre jurisdições.

Viu-se que os mais altos tribunais dos diversos países americanos exercem, nos seus julgados, o controle de convencionalidade, aplicando e corroborando os entendimentos proferidos pelos órgãos do sistema regional americano, ocasionando, inclusive, uma mudança relativa à interpretação ou, até mesmo, revogação de uma lei, levando-nos a concluir que o escasso exercício de controle de convencionalidade, pelo judiciário brasileiro, constitui mais uma exceção do que a regra.

Consequentemente, por tudo que foi exposto, nota-se a grande carga de deveres que os Estados possuem, sob pena de serem responsabilizados internacionalmente, assim como é patente que os cidadãos possuem seus direitos e prerrogativas, que devem ser devidamente respeitados, situação esta que culmina com a construção de um continente mais democrático, garantidor dos direitos essenciais da pessoa humana.

REFERÊNCIAS

BOBBIO, Norberto. **A Era dos Direitos**. 1ª ed. Rio de Janeiro: Elsevier, 2004.

BRASIL, Supremo Tribunal Federal. **Arguição de Descumprimento de Preceito Fundamental** nº 153/DF. Relator: Min. Eros Grau. Arguente: Conselho Federal da Ordem dos Advogados do Brasil – OAB. Brasília. 29 de abril de 2010. Disponível em: <http://redir.stf.jus.br/paginadorpub/paginador.jsp?docTP=AC&docID=612960>. Acesso em: 20 jul. 2016.

CARDOSO, Evorah Lusci Costa. **Litígio estratégico e sistema interamericano de direitos humanos**. Belo Horizonte: Fórum, 2012. p.1-220. (978-85-7700-535-2)

_____. Harold Koh e a Idéia de um Processo Normativo Transnacional. In: **Revista de Direito FGV**. v. 3 nº 1. p. 261-272. jan./jun. 2007. Disponível em: <http://direitosp.fgv.br/sites/direitosp.fgv.br/files/rdgv_05_pp261-272.pdf>. Acesso em 7 jun. 2017.

CORTE INTERAMERICANA DE DERECHOS HUMANOS. **Caso Furlan y Familiares vs. Argentina**. Excepciones Preliminares, Fondo, Reparaciones y Costas. Sentença de 31 de agosto de 2012. Série C Nº246. Disponível em: <http://www.corteidh.or.cr/docs/casos/articulos/seriec_246_esp.pdf>. Acesso em: 17 jul. 2016.

_____. **Cuadernillo de Jurisprudencia de la Corte Interamericana de Derechos Humanos Nº7**. 2015. Disponível em: <http://www.corteidh.or.cr/sitios/libros/todos/docs/controlconvencionalidad8.pdf>. Acesso em: 16 jul. 2016.

CORTE INTERAMERICANA DE DIREITOS HUMANOS. **Jurisprudência da Corte Interamericana de Direitos Humanos**. 1.ed. Brasília: Ministério da Justiça, 2014. V.1. Disponível em: <http://www.sdh.gov.br/assuntos/atuacao-internacional/sentencas-da-corte-interamericana/pdf/direito-a-vida-anistias-e-direito-a-verdade> Acesso em: 27 jul. 2016.

GUERRA, Sidney. **Direito Internacional dos Direitos Humanos**. 2ªed. São Paulo: Saraiva, 2015. pp. 1-224 (978-85-02-62568-6)

LIRA, Yulgan Tenno. O Direito Interno como Ponto Chave para a Garantia do Enforcement do Direito Internacional: controle de convencionalidade à luz do processo normativo transnacional de Harold Hongju Koh. In: MENEZES, Wagner. (org.) **Direito Internacional em expansão**: volume VII. Belo Horizonte: Arraes Editores, 2016.

MAUÉS, Antônio Moreira. Supralegalidade dos tratados internacionais de direitos humanos e interpretação constitucional. **Sur - Revista Internacional de Direitos Humanos,** vol. 10, nº 18, jun., p. 215-235, 2013.

MAZZUOLI, Valerio de Oliveira. **Curso de Direitos Humanos**. 1.ed. Rio de Janeiro: Forense; São Paulo: MÉTODO, 2014. pp.1-304. (978-85-309-5748-3)

_____. **O controle jurisdicional da convencionalidade das leis**. 2ª ed. São Paulo: Revista dos Tribunais, 2011.

_____. Teoria geral do controle de convencionalidade no direito brasileiro. **Revista de Informação Legislativa**. Ano 46. nº 181. p. 113-133, jan./mar., 2009. Disponível em: <www2.senado.leg.br/bdsf/handle/id/194897>. Acesso em 7 jun. 2017.

PIOVESAN, Flávia. Direitos Humanos e Diálogo entre Jurisdições. **Revista Brasileira de Direito Constitucional – RBDC**. nº 19. p.67-93, jan./jun., 2012.

_____. **Direitos Humanos e o Direito Constitucional Internacional**. 14.ed., rev. e atual. São Paulo: Saraiva, 2013. (978-85-02-20849-0)

RAMOS, André de Carvalho. **Curso de Direitos Humanos**. 1. ed. São Paulo: Saraiva, 2013. (978-85-02-20813-1).

SALDANHA, Jânia Maria Lopes; VIEIRA, Lucas Pacheco. Modelos de controle de convencionalidade sob uma perspectiva otimizadora. In: **Revista Libertas**, UFOP, v. 1, n. 1, jan./jun. 2013. Disponível em: <http://www.periodicos.ufop.br/pp/index.php/libertas/article/download/255/229> . Acesso em 09 jun. 2017.

_____. O controle difuso de convencionalidade das leis na justiça do trabalho com base nas convenções da organização internacional do trabalho: caminhos para a internacionalização do direito. In: **Revista Pensar**. Fortaleza, v. 15, n. 2, jul./dez. 2010. Disponível em: <http://periodicos.unifor.br/rpen/article/view/2136/1734>. Acesso em 09 jun. 2017.

TRINDADE, Antônio Augusto Cançado. **Tratado de Direito Internacional dos Direitos Humanos**. Vol. I. Porto Alegre: Fabris, 1997.

PARTE 3
JURISPRUDÊNCIA INTERNACIONAL DE DIREITOS HUMANOS E O EXERCÍCIO DO CONTROLE DE CONVENCIONALIDADE

GOMES LUND X REPÚBLICA FEDERATIVA DO BRASIL: O CASO JUNTO À CORTE INTERAMERICANA DE DIREITOS HUMANOS E O CONTROLE DE CONVENCIONALIDADE

Sidney Guerra[1]

INTRODUÇÃO

Após período conturbado da história brasileira, onde várias liberdades foram cerceadas, a Constituição de 1988 decreta o fim de uma longa era sob regime militar, tendo a Lei Maior sido pródiga na outorga de novos direitos e liberdades, bem como na ampliação do conceito de clássicas garantias constitucionais.

O Estado brasileiro vivenciou, por pouco mais de vinte anos (1964-1985), severo período de negação de direitos, cujo golpe mais contundente foi deflagrado com o Ato Institucional de n. 5 e o consequente cerceamento de liberdades. Com o AI – 5 o presidente poderia suspender o funcionamento do Congresso Nacional, das Assembleias Legislativas e das Câmaras de Vereadores; cassar mandatos eletivos e suspender direitos políticos; estabelecer a censura nos meios de comunicação; sustar a garantia do *habeas corpus*; demitir e aposentar servidores públicos etc.

Neste cenário de coisas é que surgem vários movimentos contrários a ditadura militar, dentre os quais o que ficou conhecido como Guerrilha do Araguaia (entre os anos de 1967 a 1974) em razão da mobilização próxima ao rio Araguaia. A intenção deste movimento era de iniciar

---

1. Pós-Doutor pelo Centro de Estudos Sociais da Universidade de Coimbra e Pós-Doutor pelo Programa Avançado em Cultura Contemporânea da UFRJ. Doutor e Mestre em Direito. Professor Associado da UFRJ. Presidente do Instituto Brasileiro Pacificador (IBP). sidneyguerra@terra.com.br

combate armado, inspirado na experiência cubana e chinesa, para implementar o sistema socialista no Brasil. A iniciativa, entretanto, serviu para aumentar o número de vítimas do regime militar, pois aproximadamente setenta pessoas que estavam envolvidas desapareceram sem deixar indícios ou explicações. A partir disso, familiares das vítimas da guerrilha e organizações da sociedade passaram a buscar na justiça do Brasil a tutela do direito de saber onde estão, ao menos, os restos mortais dos guerrilheiros.

O caso foi submetido aos Tribunais nacionais, sem que houvesse manifestações favoráveis aos familiares das vítimas e, posteriormente, a matéria foi encaminhada para o crivo do sistema interamericano de direitos humanos, do qual a República Federativa do Brasil é parte.

A proposta deste estudo é de apresentar alguns aspectos do caso que ficou conhecido como "Guerrilha do Araguaia" na justiça brasileira, bem como no âmbito da Corte Interamericana dos Direitos Humanos, sendo certo que o controle de convencionalidade ganha relevo nesta discussão.

1. BREVES ANTECEDENTES

Júlia Gomes Lund, a que se refere o nome do caso, é mãe de um dos membros do grupo de resistência armada contra a ditadura militar que viria a protagonizar a Guerrilha do Araguaia que contou com a partiipação de seu filho, Guilherme Gomes Lund, universitário que abandonou os estudos para se filiar ao Partido Comunista do Brasil, com o intuito de participar de movimento contrário à ditadura militar.

O Partido Comunista Brasileiro (PCB) era constituído por um coletivo de indivíduos, em sua maioria jovens universitários e camponeses, sendo certo que o movimento teve início na década de 1960, quando os militantes se mudaram para a região, mas com certas diferenças ideológicas. Defendiam uma progressão pacífica do capitalismo para o socialismo no Brasil, por meio da colaboração com a burguesia nacional e reformas sucessivas, que ensejaria no eventual fim do regime ditatorial e na abertura para o socialismo. O PCdoB, por outro lado, acreditava que era necessária uma abordagem mais severa, pois mesmo o governo de João Goulart não possuia o enfrentamento necessário para subjugar o imperialismo norte-americano e as oligarquias latifundiárias.

Para o PCdoB, o uso da força, inspirada nas técnicas de guerrilhas do Partido Comunista Chinês[2], era o melhor remédio para ditadura, por meio

---

2. Vide o Relatório da Comissão Nacional da Verdade – Guerrilha do Araguaia, p. 682: "A opção pelos pressupostos teóricos chineses foi amadurecendo ao longo de um intenso intercâmbio

da união e mobilização entre a massa camponesa e a burguesia nacional. A violência injusta combatida pela violência justa.[3] Por questão estratégica, de modo a mobilizar as massas campesinas e elaborar uma revolução a partir do meio rural, o grupo firmou-se no sul do Pará, na região hoje conhecida como Bico do Papagaio, porém com uma série de desvantagens, explicitadas em relatório pela Comissão Nacional da Verdade:

"Segundo o partido, a luta seria prolongada em função de três características adversas aos revolucionários brasileiros: o predomínio da influência norte-americana, a ausência de um "exército de massas" organizado nos campos e a força dos militares brasileiros, em número de homens e recursos disponíveis. Nesse cenário adverso, os primeiros passos da luta armada no Brasil seriam constituídos pela guerra de guerrilha. [...] Do ponto de vista teórico, o caminho da luta armada no Brasil previsto pelo PCdoB contemplava a formação de pequenos grupos guerrilheiros que atuariam fazendo o chamado "trabalho de massas" nos campos, mobilizando a população e evitando o enfrentamento direto com as forças oficiais. Progressivamente, preconiza o documento, as "massas" adeririam ao movimento revolucionário, permitindo, gradualmente, o combate direto às tropas do governo."[4]

A estrutura de guerrilha no campo visava atender as demandas dos camponeses – já com histórico de conflito com os latifundiários e sem assistência do governo, e favoreceu sua adesão à revolução -, além de ser geograficamente estratégico, pela vegetação dificultar a mobilização das Forças Armadas e o conflito direto. A região do Araguaia atendia esses requisitos e se mostrava propicia para a formação de um núcleo de guerrilha. A integração entre os camponeses e militantes se deu, a princípio, por meio de trocas de alimentos e serviços na colheita, criação de escolas e atendimento médico fornecidos à população local.

---

entre o PCdoB e o Partido Comunista Chinês. Desses contatos resultaram três missões de militantes brasileiros para treinamento político e militar na China, nas cidades de Pequim e Nanquim. Os cursos chineses receberam, a partir da primeira turma, de 1964, diversos membros do partido que se tornariam guerrilheiros no Araguaia, como Oswaldo Orlando da Costa, João Carlos Haas, José Huberto Bronca, Divino Ferreira de Souza, Miguel Pereira dos Santos, Micheas Gomes de Almeida e Ângelo Arroyo".

3. Vide "Carta de Guilherme Gomes Lund para seus pais, datada de fevereiro de 1970". In: MONTEIRO, Adalberto et al. Guerrilha do Araguaia. São Paulo: Anita Garibaldi, 2005, pp. 151-52: "No momento, só há mesmo uma saída: transformar este país, e o próprio governo é que nos obriga a ela. A violência injusta gera a violência justa. A violência reacionária é injusta, enquanto a violência popular é justa, porque está a favor do progresso e da justiça social."

4. Conforme o Relatório da Comissão Nacional da Verdade.

O movimento começou a ser reprimido ainda em fase embrionária, quando possuía apenas 3 destacamentos, com aproximadamente 22 pessoas cada. Sua descoberta pelas forças oficiais se deu em 1972, com o primeiro conflito ocorrido em abril. Sob o pretexto de se tratar de uma região de segurança nacional[5], as Forças Armadas realizaram diversas operações na região, argumentando publicamente de se tratar apenas de treinamento militar na selva[6].

Para dar fim ao movimento, as Forças Armadas mobilizaram contingente de aproximadamente 10 mil homens, ou seja, efetivo totalmente desproporcional em relação ao grupo de 86 guerrilheiros. Neste contexto, vale destacar alguns aspectos desenvolvidos pelos militares:

"Em um primeiro momento, os militares alternaram ações de destruição de pontos de apoio da guerrilha – entre eles, depósitos de alimentos pertencentes a regionais –, realizadas por pequenos grupos de soldados, e ações de cerco e busca, efetuadas por grande efetivo. Montavam vigília em estradas, fazendas, castanhais, vilarejos e "bocas de rio"; espalharam folhetins chamando os guerrilheiros de "terroristas", "assaltantes de banco" e "maconheiros". Proibiram, ainda, a propagação de notícias referentes às operações militares na região." [7]

Foram coagidos a cooperar com as Forças Armadas, indígenas e mateiros moradores da região, de modo a caçar os militantes abrigados na mata. Alguns deles vieram a colaborar com as buscas dos vestígios humanos da guerrilha, a partir de 2009, por determinação da Justiça Federal. Ainda em 1972, o Estado ditatorial suspende o combate direto à Guerrilha do Araguaia e faz uso de instrumentos da inteligência das Forças Armadas para se infiltrar nos meios de resistência aberta ao regi-

---

5. O secretário-geral do Conselho de Segurança Nacional à época, João Baptista de Oliveira Figueiredo, argumentou que se tratava de uma região de "condições sociais de fácil exploração pelos elementos subversivos, tendo em vista a perturbação da ordem".

6. Cronologia de ações militares na região do Araguaia, de acordo com o relatório da CNV: construção do Batalhão de Infantaria de Selva em Marabá (janeiro de 1970); classificação de Marabá como Área de Segurança Nacional (outubro de 1970); Operação Carajás (1970); Operação Mesopotâmia (1971); descoberta dos guerrilheiros no Araguaia (1972); operação de informações e primeira campanha (abril a junho de 1972); Operação Papagaio (setembro de 1972); Operação Sucuri (maio a outubro de 1973); e Operação Marajoara (outubro de 1973 a 1974).

7. FLORIANO, F. *Júlia Gomes Lund e Outros vs Brasil: uma análise do cumprimento da sentença da Corte Interamericana de Direitos Humanos em face dos princípios internacionais da transição democrática*. Dissertação (Mestrado). Programa de Pós-Graduação em Relações Internacionais. Universidade Federal do Rio Grande do Sul, Porto Alegre, 2012.

me, de modo a eliminar de maneira menos evidente seus opositores declarados.[8] Aproximadamente 70 dos militantes sofreu desaparecimento forçado, sendo apenas os corpos de Maria Lúcia Petit e Bérgson Gurjão Farias sido encontrados e identificados. De acordo com Teles[9], o presumido é que os corpos tenham sido enterrados em covas coletivas como indigentes, prática recorrente em São Paulo e Rio de Janeiro.

O fato é que grande maioria desses guerrilheiros permanece desaparecida. A Comissão Nacional da Verdade, em seu Relatório Final (capítulo 7), estabelece como crime de desaparecimento forçado a privação de liberdade operada por agentes do Estado ou sob sua autorização, com a recusa do Estado em admitir tal condição ou informar a localização do indivíduo ou grupo, privando-os dos devidos recursos legais e garantias processuais. O desaparecimento da vítima frequentemente consistia em sua prisão, tortura, execução e ocultação do corpo.

A partir dos fatos acima descritos, as famílias das vítimas da guerrilha do Araguaia ajuizaram Ação Ordinária para Prestação de Fato nº 82.00.24682-5, na 1ª Vara Federal do Distrito Federal, em fevereiro de 1982. O objeto da demanda era a obtenção de maiores informações a respeito do desaparecimento forçado das vítimas; caso existissem apenas restos mortais, lhes fossem dado o direito a um sepultamento digno, bem como a declaração de ausência das mesmas.[10]

O Estado brasileiro contestou a ação e usou de diversas exceções preliminares para sua defesa processual. Passaram-se sete anos e o processo foi julgado extinto sem resolução do mérito sob o fundamento de que o objeto era material e juridicamente impossível. Além disso, o pedido de declaração de ausência das vítimas, segundo o juiz de primeira instância, já havia sido superado pela Lei da Anistia.[11] Os autores da demanda inconformados apelaram da decisão; após quatro anos da sen-

---

8. TELES, J. A. Os familiares de mortos e desaparecidos políticos e a luta por ¨verdade e justiça¨ no Brasil. In: SAFATLE, Vladimir; TELES, Edson. *O que resta da ditadura? A exceção brasileira.* São Paulo: Boitempo, 2010, v. 1, p. 259

9. Idem, p. 260: "ainda que em 1973, ocorreu um expressivo aumento no número de desaparecidos políticos no Brasil, culminando em 73 militantes assassinados, sendo 38 considerados desaparecidos e 35 na porcentagem de "mortos oficiais".

10. OEA. Comissão Interamericana de Direitos Humanos. Caso 11.552. Julia Gomes Lund e outros (Guerrilha do Araguaia) Contra a República Federativa do Brasil. Disponível em: <http://www.cidh.oas.org/demandas/11.552%20Guerrilha%20do%20Araguaia%20Brasil%2026mar09%20PORT.pdf> Acesso em: 26 abr 2017.

11. Idem.

tença, em 1993, foi possibilitada a análise do mérito da causa, determinado pelo Tribunal Regional Federal da Primeira Região. A União opôs Embargos de Declaração, que foram rejeitados pelo TRF e em seguida, Recurso Especial, também rejeitado. Não satisfeito o Estado lançou mão do Recurso de Agravo de Instrumento, o que foi igualmente inadmitido pelo STJ, no ano de 1998. Assim, foram os autos remetidos ao juiz de primeira instância para que fosse dado prosseguimento a instrução da demanda, como determinado na sentença de 1993, quando da apelação.[12]

O Brasil permaneceu conduzindo sua defesa requerendo ao juiz que julgasse extinta a ação ou que julgasse improcedente o pedido, o que foi negado. No ano de 2000 foi determinado que o Estado juntasse aos autos do processo o relatório sobre as operações militares do Araguaia. Como resposta, foi apresentado um documento do Ministério da Defesa no qual informava que não havia relatório algum.[13]

Somente em 2003 o juiz da 1ª Vara Federal do Distrito Federal sentenciou o caso julgando procedente o pedido autoral, determinando: a) a desclassificação de documentos relativos a todas as operações militares realizadas contra a Guerrilha do Araguaia; b) o prazo de 120 dias para que a União informasse sobre o lugar de sepultura dos restos mortais dos desaparecidos, procedesse o translado e sepultamento das ossadas no lugar indicado pelos autores da ação judicial, e entregasse a informação necessária para obter as certidões de óbito; c) o prazo de 120 dias para que a União apresentasse ao Judiciário toda a informação relativa à totalidade das operações militares relacionadas com a Guerrilha do Araguaia; e d) a investigação pelas Forças Armadas, no prazo de 60 dias, a fim de elaborar um quadro preciso e detalhado das operações realizadas contra a Guerrilha do Araguaia, cujos resultados deveriam ser remetidos ao Juiz que expediu a decisão. O descumprimento dessa sentença, conforme seu texto, implicaria na aplicação de multa diária no valor de R$ 10.000,00 (dez mil reais).[14]

Após esses fatos, a União recorreu, mesmo tendo a família das vítimas solicitado ao Presidente da República que não houvesse mais recursos que paralisassem o feito. Ainda assim foi apresentada uma Apelação em 2004 e um Recurso Especial em 2005. O resultado foi uma decisão

---

12. Ib idem.
13. Ib idem.
14. Ib idem.

do STJ determinando que a sentença fosse cumprida pelo juiz federal de primeira instância e não pelo TRF.[15]

Em virtude da morosidade do judiciário brasileiro os familiares recorreram ao Ministério Público, que por meio dos inquéritos civis públicos nº 1/2001, nº 3/2001 e nº 5/2001 pretendiam obter maiores informações acerca da Guerrilha.[16] O Ministério Público Federal ajuizou Ação Civil Pública no. 2001.39.01.000810-5 com o objetivo de arrecadar informações sobre o caso que envolveu as Forças Armadas e a Guerrilha do Araguaia. A ação foi julgada procedente e determinado à União abstenção na utilização das Forças Armadas para visitar e/ou promover atividades de assistência social cujos beneficiários sejam ex-guias do Exército durante a Guerrilha do Araguaia; e que a União exiba, reservadamente, todos os documentos que contenham informações sobre as ações militares contra a Guerrilha do Araguaia.[17]

Apesar dos familiares das vítimas buscarem solução no plano interno de várias formas possíveis, não obtiveram os resultados esperados. Assim, não restou alternativa senão recorrer ao sistema regional de proteção aos direitos humanos.

2. O CASO GOMES LUND X BRASIL: A ADPF 153 E A DECISÃO DA CORTE INTERAMERICANA DE DIREITOS HUMANOS

No plano internacional o caso começa a ser analisado quando o Centro pela Justiça e Direito Internacional (CEJIL) e a Human Rights/Americas, com a ajuda de co-peticionários, o Grupo Tortura Nunca Mais do Rio de Janeiro, a Comissão de Familiares de Mortos e Desaparecidos Políticos do Instituto de Estudos da Violência do Estado e a senhora Ângela Harkavy, peticionam à Comissão Interamericana, em agosto de 1995.[18]

O Brasil apresentou sua resposta à demanda em 1996, sendo encaminhada aos familiares das vítimas para considerações. No mesmo ano buscou-se a informação sobre a possibilidade de uma solução amistosa, sem resposta devida.[19] Durante o trâmite do processo vários comunicados foram apresentados a respeito do paradeiro das vítimas e documen-

---

15. Ib idem.
16. Ib idem.
17. Ib idem.
18. Ib idem.
19. Ib idem.

tos foram elaborados afim de instruir o feito. O Estado brasileiro não perdeu a oportunidade de requerer o arquivamento do caso, fato que se estendeu até o ano de 1999.[20]

Em 2001 foi expedido o relatório de admissibilidade n°33/01, no qual ficou esclarecido que o caso deveria ser encaminhado à Corte, posto que violações estavam comprovadas, sem que o Estado as houvesse reparado. Foi pedido que os requerentes apresentassem suas alegações sobre o mérito. O mesmo foi requerido ao Estado em 2007, que necessitou de prazo de sessenta dias para apresentar duas alegações.[21]

No ano de 2008 estava aprovado o relatório de mérito n°91/08. Houve recomendação para que a Lei da Anistia não obstasse a devida reparação pelos danos causados às vítimas e aos seus familiares, bem como a de adequar o ordenamento interno à Convenção, tipificando o desaparecimento forçado. No mês de novembro do mesmo ano foi encaminhado o relatório ao país.[22]

O prazo de dois meses foi concedido ao Brasil para que atendesse às recomendações requeridas, mas nada foi feito, mesmo sendo concedido prorrogação de prazo. No mês de março de 2009 iniciaram-se os trabalhos perante a Corte Interamericana de Direitos Humanos com a petição da Comissão, com o intuito de estancar a morosidade do fato.[23]

Os pedidos da Comissão elaborados à Corte se basearam em violações dos direitos estabelecidos nos artigos 3 (direito ao reconhecimento da personalidade jurídica), 4 (direito à vida), 5 (direito à integridade pessoal), 7 (direito à liberdade pessoal), 8 (garantias judiciais), 13 (liberdade de pensamento e expressão) e 25 (proteção judicial), da Convenção Americana sobre Direitos Humanos, em conexão com as obrigações previstas nos artigos 1.1 (obrigação geral de respeito e garantia dos direitos humanos) e 2 (dever de adotar disposições de direito interno)

---

20. Ib idem.
21. Ib idem.
22. Ib idem.
23. Neste sentido, vale destacar as considerações da Comissão: (...) uma oportunidade importante para consolidar a jurisprudência interamericana sobre as leis de anistia com relação aos desaparecimentos forçados e à execução extrajudicial e a consequente obrigação dos Estados de dar a conhecer a verdade e investigar, processar e punir graves violações de direitos humanos. Corte Interamericana de Direitos Humanos. Caso Gomes Lund e Outros ("Guerrilha do Araguaia") vs. Brasil. Sentencia de 24 de Noviembre de 2010. Serie C No. 219. p. 03. Disponível em: <http://www.corteidh.or.cr/docs/casos/articulos/seriec_219_esp.pdf> Acesso em: 26 abr 2017

do mesmo diploma internacional. Também ressaltou a necessidade de implementação de algumas medidas de reparação.[24] Em maio de 2009 o Estado foi notificado, bem como os representantes do caso sobre a demanda na Corte.

Com efeito, apesar do Brasil ser signatário da Convenção de 1969 e reconhecer a jurisdição da Corte Interamericana, inicia sua contestação arguindo a falta de competência da Corte para conhecer os fatos ocorridos antes de 1998. A Comissão, em contrapartida, esclareceu que o pedido de condenação está adstrito aos acontecimentos que persistiram após o reconhecimento de competência, já que o desaparecimento forçado se perfez no tempo, não tendo sido explicado devidamente. Reforçou o combate à alegação de falta de competência *ratione temporis*, ocasião em que os familiares das vítimas alegam que o desaparecimento destas tem caráter permanente e continuado: "as alegadas violações relacionadas com os direitos à informação, à verdade e à justiça persistem posteriormente à ratificação da Convenção Americana e ao reconhecimento da jurisdição da Corte por parte do Estado."[25]

A Corte ao se pronunciar a respeito enfatiza que a característica de temporalidade das violações se mostra a partir do momento em que a vítima é privada de liberdade e não há qualquer notícia a seu respeito. Dessa maneira, a violação apresenta-se como continuada e permanente até que ocorram esclarecimentos e a competência da Corte foi comprovada.

O Estado brasileiro continua sua defesa preliminar argumentando a falta de interesse processual, já que o tempo entre o relatório 91/08 com o pedido de implementação de medidas e a submissão do caso a Corte levou apenas três dias. Destacou as providências que tomou em razão dessas violações, fundamentando a falta de interesse de agir no fato de que tem reunido esforços para reparar os danos causados às vítimas, de acordo com a recomendação da comissão e enfatizou: "a) promulgou a Lei no. 9.140/95, mediante a qual "promoveu o reconhecimento oficial de sua responsabilidade pelas mortes e pelos desaparecimentos ocorridos durante o período do regime militar" e pagou indenizações aos familiares de 59 supostas vítimas; b) publicou, em agosto de 2007, o livro "Direito à Memória e à Verdade – Comissão Especial sobre Mortos e Desaparecidos

---

24. Ib idem.
25. Ib idem.

Políticos", no qual estabeleceu a versão oficial sobre as violações de direitos humanos cometidas por agentes estatais, "reforçando o reconhecimento público da responsabilidade do Estado"; c) realizou "diversos atos de natureza simbólica e educativa, que promoveram o resgate da memória e da verdade dos fatos ocorridos durante o [...] regime militar"; d) enviou ao Congresso Nacional o Projeto de Lei n. 5.228/09 sobre o acesso à informação pública; e) impulsionou o projeto "Memórias Reveladas", relacionado com diversas iniciativas sobre o arquivamento e a divulgação de documentos relativos ao regime militar, e f) promoveu uma campanha para a entrega de documentos que possam ajudar na localização dos desaparecidos. Adicionalmente, foram realizadas diversas iniciativas sobre a busca dos restos mortais e identificação dos desaparecidos da Guerrilha, entre outras, expedições à região do Araguaia.[26]

Refutando os argumentos do Estado brasileiro, a Comissão afirmou que as realizações eram insuficientes e não demonstrava "o compromisso expresso em relação ao cumprimento das obrigações."[27]

Sem embargo, um dos principais argumentos levantados pela Comissão se refere a presença da Lei da Anistia no ordenamento jurídico brasileiro que pode representar um obstáculo para que os culpados pelos massacres sofridos pelas vítimas respondam criminalmente.

A Corte ressaltou que "a disposição em reparar um ato no plano interno não impede a Comissão ou a Corte de conhecer um caso"[28], afinal a "proteção internacional tem natureza complementar".[29]

De fato, um dos requisitos para a apreciação de um caso pela Corte Interamericana é que sejam esgotados todos os meios da jurisdição interna, no entanto tal requisito não é absoluto.[30] Nas preliminares, o Brasil reclamou que esta norma tenha sido ignorada na medida em que existiam ações em trâmite e recursos que não foram utilizados.[31] A Comissão afirmou que isto foi avaliado no relatório de admissibilidade n°33/01 e

---

26. Ib idem.
27. Ib idem.
28. Ib idem.
29. Ib idem.
30. Ib idem.
31. "A proteção exercida pelos órgãos internacionais tem caráter subsidiário e o propósito de uma instância internacional não é revisar ou reformar a sentença interna, mas constatar se a referida sentença está em conformidade com as normas internacionais." Corte Interamericana de Direitos Humanos. Caso Gomes Lund e Outros ("Guerrilha do Araguaia") vs. Brasil. Sentencia

pela morosidade do sistema judiciário brasileiro, permitiu que a questão fosse superada.

Havia nas exceções preliminares suscitadas pelo estado brasileiro a tentativa de ser julgada extinta a ação perante a Corte devido a um forte argumento – "a regra da quarta instância e falta de esgotamento a respeito da arguição de descumprimento de preceito fundamental", posto que dez dias antes da emissão do relatório, o Conselho Federal da Ordem dos Advogados do Brasil (OAB) protocolizou no Supremo Tribunal Federal, em 21 de Outubro de 2008, a ADPF 153 na qual contestava a validade do primeiro artigo da Lei da Anistia (6.683/79), que considera como conexos e igualmente perdoados os crimes "de qualquer natureza" relacionados aos crimes políticos ou praticados por motivação política no período de 2 de setembro de 1961 a 15 de agosto de 1979.

Na oportunidade, a OAB solicitou ao Supremo interpretação mais clara desse trecho da lei de forma que a anistia concedida aos autores de crimes políticos e conexos (de qualquer natureza) não se estenda aos crimes comuns praticados por agentes públicos acusados de homicídio, desaparecimento forçado, abuso de autoridade, lesões corporais, estupro e atentado violento ao pudor contra opositores. Na interpretação da OAB, crimes políticos seriam apenas aqueles contrários à segurança nacional e a ordem pública.

Os pontos levantados na petição que deu origem à ADPF 153 questionavam a recepção da Lei de Anistia pela Constituição de 1988 e a interpretação ampla que lhe fora dada e, consequentemente, sua constitucionalidade. Se aliaram à OAB como *amicus curiae* a Associação Brasileira dos Anistiados Políticos, a Associação dos Juízes pela Democracia e a Associação Democrática e Nacionalista de Militares.

No entanto, foi entendimento do STF, em abril de 2010, por 7 votos a 2, que a Lei de Anistia seria formalmente válida. Batista e Neuenschwander[32] apresentam os principais argumentos da sentença, dos quais destacam-se: a) que não poderia aplicar o conceito atual de conexão criminal, pois a Lei de Anistia está inserida em um momento históri-

---

de 24 de Noviembre de 2010. Serie C No. 219. Disponível em: <http://www.corteidh.or.cr/docs/casos/articulos/seriec_219_esp.pdf> Acesso em: 26 abr 2017.

32. BATISTA, V; NEUENSCHWANDER, J. *Constituição e Anistia: Uma análise do discurso do STF no julgamento da ADPF n. 153.* Disponível em:https://www.academia.edu/11339143/Constitui%C3%A7%C3%A3o_e_Anistia_Uma_an%C3%A1lise_do_discurso_do_STF_no_julgamento_da_ADPF_n._153. Acesso em: 12 maio de 2017.

co muito específico e diferenciado, se tratando então de uma conexão *sui generis*, próprio da justiça de transição; b) A Lei n. 6.683/79 é anterior a Convenção das Nações Unidas contra a Tortura e Outros Tratamentos ou Penas Cruéis, Desumanos ou Degradantes (1987) e à Lei n. 9.455/97, que define o crime de tortura, assim como o 5º, XLIII da Constituição – que declara insuscetíveis de graça e anistia a prática da tortura, entre outros crimes; c) todas as ações criminais e cíveis estariam prescritas 31 anos depois de sancionada a lei[33].Esse entendimento foi seguido pelos Ministros Eros Grau, Carmem Lúcia, Ellen Gracie, Gilmar Mendes, Marco Aurélio, Celso de Mello e Cezar Peluso.

Em contraproposta, os Ministros Ricardo Lewandowski e Ayres Britto afirmaram que a) certos crimes são, pela sua natureza, absolutamente incompatíveis com qualquer ideia de criminalidade política pura ou por conexão; b) a lei foi criada em meio a um clima de descrença e insatisfação popular contra o regime, em meio a uma crise de legitimidade; c) ainda que não houvessem sido ratificadas a Convenção das Nações Unidas contra a Tortura e Outros Tratamentos ou Penas Cruéis, Desumanos ou Degradantes e a Leo 9.455/97, os agentes estatais estariam obrigados a respeitar os compromissos internacionais concernentes ao direito humanitário, assumidos pelo Brasil anteriormente.[34]

Em 21 de novembro de 2010, apenas alguns meses após o resultado do ADPF 153, a Corte Interamericana de Direitos Humanos também proferiu sua decisão, em que condenou o Estado brasileiro como se depreende da leitura deste trecho:

"As disposições da Lei de Anistia brasileira que impedem a investigação e sanção de graves violações de direitos humanos são incompatíveis com a Convenção Americana, carecem de efeitos jurídicos e não podem seguir representando um obstáculo para a investigação dos fatos do presente caso, nem para a identificação e punição dos responsáveis, e tampouco podem ter igual ou semelhante impacto a respeito de outros casos de graves violações de direitos humanos consagrados na Convenção Americana ocorridos no Brasil."[35]

---

33. A Convenção Interamericana de Desaparecimento Forçado de Pessoas (1994), considera o desaparecimento forçado crime contra a humanidade, não cabendo anistia, graça ou indulto, nem prescrição. Porém o tratado não foi ratificado pelo Brasil até o momento.
34. Vide ADPF 153. Disponível em:<http://www.stf.jus.br/arquivo/cms/noticianoticiastf/anexo/adpf153.pdf>. Acesso em: 13 de maio de 2017.
35. Corte Interamericana de Direitos Humanos. Caso Gomes Lund e Outros ("Guerrilha do Araguaia") vs. Brasil. Sentencia de 24 de Noviembre de 2010. Serie C No. 219. p. 114. Disponível

Houve ainda a responsabilização estatal pelo desaparecimento forçado, pela violação dos direitos ao reconhecimento da personalidade jurídica, à vida, à integridade e à liberdade pessoais. Por não ter adequado as normas internas à Convenção, o Estado é responsável pela violação dos direitos às garantias judiciais e à proteção judicial na medida em que não foram julgados os responsáveis pelas violações aos direitos humanos das vítimas.

Desse modo, a Corte Interamericana determinou que o Estado faça a investigação penal de tudo que ocorreu; descubra o paradeiro das vítimas desaparecidas; identifique e entregue os restos mortais aos familiares das vítimas; ofereça tratamento médico e psicológico ou psiquiátrico que as vítimas requeiram; realize um ato público de reconhecimento de responsabilidade internacional; implemente um programa ou curso permanente e obrigatório sobre direitos humanos; continue desenvolvendo as iniciativas de busca, sistematização e publicação de toda a informação sobre a Guerrilha do Araguaia; pague as devidas quantias a título de indenização por dano material, imaterial e restituição de custas e gastos.[36]

---

em: <http://www.corteidh.or.cr/docs/casos/articulos/seriec_219_esp.pdf> Acesso em: 26 abr 2017.

36. Corte Interamericana de Direitos Humanos. Caso Gomes Lund e Outros ("Guerrilha do Araguaia") vs. Brasil. Sentencia de 24 de Noviembre de 2010. Serie C No. 219. Disponível em: <http://www.corteidh.or.cr/docs/casos/articulos/seriec_219_esp.pdf> Acesso em: 26 abr 2011. LA CORTE decide, por unanimidad: 1. Admitir parcialmente la excepción preliminar de falta de competencia temporal interpuesta por el Estado, de conformidad con los párrafos 15 a 19 de la presente Sentencia. 2. Desestimar las restantes excepciones preliminares interpuestas por el Estado, en los términos de los párrafos 26 a 31, 38 a 42 y 46 a 49 de la presente Sentencia. DECLARA, por unanimidad, que: 3. Las disposiciones de la Ley de Amnistía brasileña que impiden la investigación y sanción de graves violaciones de derechos humanos son incompatibles con la Convención Americana, carecen de efectos jurídicos y no pueden seguir representando un obstáculo para la investigación de los hechos del presente caso, ni para la identificación y el castigo de los responsables, ni pueden tener igual o similar impacto respecto de otros casos de graves violaciones de derechos humanos consagrados en la Convención Americana ocurridos en Brasil. 4. El Estado es responsable por la desaparición forzada y, por lo tanto, de la violación de los derechos al reconocimiento de la personalidad jurídica, a la vida, a la integridad personal y a la libertad personal, establecidos en los artículos 3, 4, 5 y 7 de la Convención Americana sobre Derechos Humanos, en relación con el artículo 1.1 de dicho instrumento, en perjuicio de las personas indicadas en el párrafo 125 de la presente Sentencia, de conformidad con lo expuesto en los párrafos 101 a 125 de la misma. 5. El Estado ha incumplido la obligación de adecuar su derecho interno a la Convención Americana sobre Derechos Humanos, contenida en su artículo 2, en relación con los artículos 8.1, 25 y 1.1 de la misma, como consecuencia de la interpretación y aplicación que le ha dado a la Ley de Amnistía respecto de graves violaciones de derechos humanos. Asimismo, el Estado es responsable por la violación de los derechos a las garantías judiciales y a la protección judicial previstos en los artículos 8.1 y 25.1 de la Convención Americana sobre Derechos Humanos, en relación con los artículos 1.1 y 2 de dicho instrumento, por la falta de investigación de los hechos del pre-

sente caso, así como del juzgamiento y sanción de los responsables, en perjuicio de los familiares de los desaparecidos y de la persona ejecutada indicados en los párrafos 180 y 181 de la presente Sentencia, en los términos de los párrafos 137 a 182 de la misma. 6. El Estado es responsable por la violación del derecho a la libertad de pensamiento y de expresión consagrado en el artículo 13 de la Convención Americana sobre Derechos Humanos, en relación con los artículos 1.1, 8.1 y 25 de dicho instrumento, por la afectación del derecho a buscar y a recibir información, así como del derecho a conocer la verdad de lo ocurrido. Asimismo, el Estado es responsable por la violación de los derechos a las garantías judiciales establecidos en el artículo 8.1 de la Convención Americana en relación con los artículos 1.1 y 13.1 de la misma por exceder el plazo razonable de la Acción Ordinaria, todo lo anterior en perjuicio de los familiares indicados en los párrafos 212, 213 y 225 de la presente Sentencia, de conformidad con lo expuesto en los párrafos 196 a 225 de la misma. 7. El Estado es responsable por la violación del derecho a la integridad personal, consagrado en el artículo 5.1 de la Convención Americana sobre Derechos Humanos, en relación con el artículo 1.1 de la misma, en perjuicio de los familiares indicados en los párrafos 243 y 244 de la presente Sentencia, de conformidad con lo expuesto en los párrafos 235 a 244 de la misma. Y DISPONE, por unanimidad, que: 8. Esta Sentencia constituye *per se* una forma de reparación. 9.El Estado debe conducir eficazmente, ante la jurisdicción ordinaria, la investigación penal de los hechos del presente caso a fin de esclarecerlos, determinar las correspondientes responsabilidades penales y aplicar efectivamente las sanciones y consecuencias que la ley prevea, de conformidad con lo establecido en los párrafos 256 y 257 de la presente Sentencia. 10. El Estado debe realizar todos los esfuerzos para determinar el paradero de las víctimas desaparecidas y, en su caso, identificar y entregar los restos mortales a sus familiares, de conformidad con lo establecido en los párrafos 261 a 263 de la presente Sentencia. 11. El Estado debe brindar el tratamiento médico y psicológico o psiquiátrico que requieran las víctimas y, en su caso, pagar la suma establecida, de conformidad con lo establecido en los párrafos 267 a 269 de la presente Sentencia. 12. El Estado debe realizar las publicaciones dispuestas de conformidad con lo establecido en el párrafo 273 de la presente Sentencia. 13. El Estado debe realizar un acto público de reconocimiento de responsabilidad internacional por los hechos del presente caso, de conformidad con lo establecido en el párrafo 277 de la presente Sentencia. 14. El Estado debe continuar con las acciones desarrolladas en materia de capacitación e implementar, en un plazo razonable, un programa o curso permanente y obligatorio sobre derechos humanos, dirigido a todos los niveles jerárquicos de las Fuerzas Armadas, de conformidad con lo establecido en el párrafo 283 de la presente Sentencia. 15. El Estado debe adoptar, en un plazo razonable, las medidas que sean necesarias para tipificar el delito de desaparición forzada de personas de conformidad con los estándares interamericanos, en los términos de lo establecido en el párrafo 287 de la presente Sentencia. Mientras cumple con esta medida, el Estado deberá adoptar todas aquellas acciones que garanticen el efectivo enjuiciamiento y, en su caso, sanción respecto de los hechos constitutivos de desaparición forzada a través de los mecanismos existentes en el derecho interno. 16. El Estado debe continuar desarrollando las iniciativas de búsqueda, sistematización y publicación de toda la información sobre la *Guerrilha do Araguaia*, así como de la información relativa a violaciones de derechos humanos ocurridas durante el régimen militar, garantizando el acceso a la misma en los términos del párrafo 292 de la presente Sentencia. 17. El Estado debe pagar las cantidades fijadas en los párrafos 304, 311 y 318 de la presente Sentencia, en concepto de indemnización por daño material, por daño inmaterial y por reintegro de costas y gastos, en los términos de los párrafos 302 a 305, 309 a 312 y 316 a 324 de la misma. 18. El Estado debe realizar una convocatoria en, al menos, un periódico de circulación nacional y uno en la región donde ocurrieron los hechos del presente caso, o mediante otra modalidad adecuada, para que, por un período de 24 meses contado a partir de la notificación de la Sentencia, los familiares de las personas indicadas en el párrafo 119 del presente Fallo aporten prueba fehaciente que permita al Estado identificarlos y, en su

Apesar da decisão da Corte Interamericana, evidenciam-se pontos em aberto que precisam ser solucionados pelo Estado brasileiro em face da manifestação da Suprema Corte e os desdobramentos produzidos na seara do Executivo nacional. Apresentados os principais aspectos relativos ao caso Gomes Lund, passa-se à análise do controle de convencionalidade.

3. O CONTROLE DE CONVENCIONALIDADE

O processo de elaboração da Constituição de 1988 fez com que o Brasil experimentasse novo momento no que tange a valorização da pessoa humana em que deixava para trás o cerceamento, o aviltamento e a limitação de liberdades, tendo consagrado em seu texto rol significativo de direitos fundamentais. Com a promulgação da Carta Magna de 1988, o Brasil assumiu compromisso com o respeito, a promoção e a proteção dos direitos humanos. Além de ser rica na consagração de direitos e garantias fundamentais, reconhece vários dispositivos que vinculam o Estado às obrigações assumidas no âmbito internacional[37] que deferem

---

caso, considerarlos víctimas en los términos de la Ley No. 9.140/95 y de esta Sentencia, en los términos de los párrafos 120 y 252 de la misma. 19. El Estado debe permitir que, por un plazo de seis meses contado a partir de la notificación de la presente Sentencia, los familiares de los señores Francisco Manoel Chaves, Pedro Matias de Oliveira ("Pedro Carretel"), Hélio Luiz Navarro de Magalhães y Pedro Alexandrino de Oliveira Filho, puedan presentarle, si así lo desean, sus solicitudes de indemnización utilizando los criterios y mecanismos establecidos en el derecho interno por la Ley No. 9.140/95, de conformidad con los términos del párrafo 303 de la presente Sentencia. 20. Los familiares o sus representantes legales presenten al Tribunal, en un plazo de seis meses contado a partir de la notificación de la presente Sentencia, documentación que evidencie que la fecha de fallecimiento de las personas indicadas en los párrafos 181, 213, 225 y 244 es posterior al 10 de diciembre de 1998. 21. La Corte supervisará el cumplimiento íntegro de esta Sentencia, en ejercicio de sus atribuciones y en cumplimiento de sus deberes, conforme a lo establecido en la Convención Americana sobre Derechos Humanos, y dará por concluido el presente caso una vez que el Estado haya dado cabal cumplimiento a lo dispuesto en la misma. Dentro del plazo de un año a partir de su notificación el Estado deberá rendir al Tribunal un informe sobre las medidas adoptadas para darle cumplimiento.

37. Neste sentido, o artigo 4º da Lei Maior consagra os princípios que norteiam o Estado no campo das relações internacionais: "Art. 4º A República Federativa do Brasil rege-se nas suas relações internacionais pelos seguintes princípios: I - independência nacional; II - prevalência dos direitos humanos; III - autodeterminação dos povos; IV - não-intervenção; V - igualdade entre os Estados; VI - defesa da paz; VII - solução pacífica dos conflitos; VIII - repúdio ao terrorismo e ao racismo; IX - cooperação entre os povos para o progresso da humanidade; X - concessão de asilo político." (grifei)

grau de destaque na valorização da pessoa humana e consolida um todo harmônico entre o sistema interno e internacional.[38]

Atualmente há uma grande interpenetração das normas internacionais de direitos humanos e as normas de direito interno, o que acabam por influenciar de maneira significativa a ordem jurídica brasileira.[39] Em estudo específico sobre esta matéria[40], inferi à época que (...) o Estado assume uma série de deveres posto que os direitos que estão concebidos nos documentos internacionais de proteção aos direitos humanos alcançam pessoas e/ou grupos de pessoas.

A pessoa humana passa a ser considerada valor supremo no texto constitucional brasileiro e essa mudança de *status* na Constituição republicana decorre de grande influência de outros Estados, bem como em razão das grandes transformações ocorridas no mundo em matéria de direitos humanos[41] ao consagrar os direitos fundamentais no Brasil.

Os problemas existentes entre a ordem jurídica interna e internacional não são novos; ao contrário, sempre demandaram esforços para

---

38. Nesse sentido, TRINDADE, Antônio Augusto Cançado. *Tratado de direito internacional dos direitos humanos*. Porto Alegre: Sérgio Fabris, 1997, p. 402: "A incorporação da normativa internacional de proteção no direito interno dos Estados constitui alta prioridade em nossos dias: pensamos que, da adoção e aperfeiçoamento de medidas nacionais de implementação depende em grande parte o futuro da própria proteção internacional dos direitos humanos. Na verdade, no presente domínio de proteção o direito internacional e o direito interno conformam um todo harmônico: apontam na mesma direção, desvendando o propósito comum de proteção da pessoa humana. As normas jurídicas, de origem tanto internacional como interna, vêm socorrer os seres humanos que têm seus direitos violados ou ameaçados, formando um *ordenamento jurídico de proteção*."
39. Nesse sentido o Supremo Tribunal Federal no HC 87585, que teve como Relator o Exmo. Ministro Marco Aurélio, por votação unânime conceder a ordem de habeas corpus, nos termos do voto do Relator, onde se colhe a Ementa: DEPOSITÁRIO INFIEL - PRISÃO. A subscrição pelo Brasil do Pacto de São José da Costa Rica, limitando a prisão civil por dívida ao descumprimento inescusável de prestação alimentícia, implicou a derrogação das normas estritamente legais referentes à prisão do depositário infiel.
40. GUERRA, Sidney. *Os direitos humanos na ordem jurídica internacional e reflexos na ordem constitucional brasileira*. 2.ed. São Paulo: Atlas, 2014, p. 226 e 227
41. GUERRA, Sidney. *Direito internacional dos direitos humanos*. 2. ed. São Paulo: Saraiva, 2015, p. 78 e 79: "O Direito Internacional dos Direitos Humanos constitui-se um ramo autônomo do Direito Internacional Público, com instrumentos, órgãos e procedimentos de aplicação próprios caracterizando-se essencialmente como um direito de proteção, que tem por objeto o estudo do conjunto de regras jurídicas internacionais (convencionais ou consuetudinárias) que reconhecem aos indivíduos, sem discriminação, direitos e liberdades fundamentais que assegurem a dignidade da pessoa humana e que consagram as respectivas garantias desses direitos. Visa, portanto, a proteção das pessoas através da atribuição direta e imediata de direitos aos indivíduos pelo Direito Internacional."

os *jusinternacionalistas* resolverem fatos desta natureza. De toda sorte, ganha relevo no atual estágio das relações que envolvem os Estados os aspectos relativos aos direitos humanos. As normas protetivas dos direitos humanos se apresentam com natureza de *jus cogens*[42] com a consequente e progressiva afirmação da perspectiva universalista do Direito Internacional dos Direitos Humanos[43], cuja base axiológica da dignidade da pessoa humana impõe ao Direito Internacional o reconhecimento a todo o ser humano, em qualquer parte e em qualquer época de um mínimo de direitos fundamentais.

Apesar da diversidade de interesses dos Estados, a ideia de constitucionalização das regras de conduta da sociedade, no que se refere à proteção dos direitos humanos, é cada vez mais premente. Nesse sentido, observa-se grande transformação em determinados conceitos e institutos que são consagrados no âmbito do direito internacional, por exemplo a soberania dos Estados[44] e a própria formação de tribunais internacionais[45] para julgar matérias relativas aos direitos humanos. Por isso mesmo é que há autores[46] que questionam a supremacia da Constituição frente aos tratados de direitos humanos.

Não por acaso é que hodiernamente, a partir das mudanças perpetradas na arena internacional em favor dos direitos da pessoa humana, existe a necessidade premente de se discutir o Controle de Convenciona-

---

42. De acordo com o artigo 53 da Convenção de Viena sobre direito dos tratados de 1969.
43. MARTINS, Ana Maria Guerra. *Direito Internacional dos Direitos Humanos.* Coimbra: Almedina, 2006, p. 82
44. Destaca-se neste propósito a obra de GUERRA, Sidney, SILVA, Roberto. *Soberania: antigos e novos paradigmas.* Rio de Janeiro: Freitas Bastos, 2004.
45. Este foi o caso da República Federativa do Brasil que aderiu ao Sistema Interamericano de Direitos Humanos por força do Decreto nº 678, de 06 de novembro de 1992 (promulgou a Convenção Americana de Direitos Humanos); Decreto Legislativo n. 89, de 03 de dezembro de 1998 (o Congresso reconhece a competência da Corte Interamericana) e Decreto n. 4463, de 08 de novembro de 2002 (o Executivo promulga o Decreto que declara a competência obrigatória da Corte Interamericana).
46. CANTOR, Ernesto Rey. *Control de convencionalidad de las leys y derechos humanos.* Méxixo, D.F.: Porruá, 2008, p. XLIX: "La supremacia de la Constitución entra en crisis con las sentencias internacionales? La jurisdicción constitucional es la única y la última instancia para la protección de los derechos humanos? Los tribunales Constitucionales dicen la última palabra, tratándose de la protección de los derechos humanos? Las respuestas serán negativas. Siguiendo este innovador esquema, podemos decir que La Convención Americana de Derechos Humanos es norma de las normas em La Organización de Estados Americanos y La Corte Interamericana establece como auténtico guardián e intérprete final de La Convención. (...) las Constituciones Políticas de lós Estados em este instrumento deberán ser compatibles con el tratado, bajo la fuerza normativa de la Supremacía de la Convención Americana."

lidade, haja vista que os Estados que ratificam e reconhecem a jurisdição internacional, a exemplo da República Federativa do Brasil no sistema interamericano[47] de proteção dos direitos humanos, não estão submetidos apenas às normas de direito interno e, por consequência, dos tribunais nacionais, mas também ao sistema internacional.

O controle de convencionalidade[48] tem recebido atenção especial nos estudos da atualidade, com repercussões nas decisões dos tribunais de vários países. Tal controle diz respeito a um novo dispositivo jurídico fiscalizador das leis infraconstitucionais que possibilita duplo controle de verticalidade, isto é, as normas internas de um país devem estar compatíveis tanto com a Constituição (controle de constitucionalidade) quanto com os tratados internacionais ratificados pelo país onde vigora tais normas (controle de convencionalidade). Este instituto garante controle sobre a eficácia das legislações internacionais e permite dirimir conflitos entre direito interno e normas de direito internacional e poderá ser efetuado pela própria Corte Interamericana de Direitos Humanos ou pelos tribunais internos dos países que fazem parte de tal Convenção.

O Controle de Convencionalidade aparece pela primeira vez na jurisprudência da Corte Interamericana de Direitos Humanos no caso que envolveu o Chile x Almonacid Arellano, no ano de 2006.[49]

---

47. No continente americano existe um sistema duplo de proteção dos direitos humanos: o sistema geral, que é baseado na Carta da Organização dos Estados Americanos e na Declaração Americana dos Direitos e Deveres do Homem e o sistema que alcança apenas os Estados que são signatários da Convenção Americana sobre Direitos Humanos, que além de contemplar a Comissão Interamericana de Direitos Humanos, como no sistema geral, também abarca a Corte Interamericana de Direitos Humanos. Este tribunal internacional apresenta-se como uma instituição judicial independente e autônoma regulada pelos artigos 33, b e 52 a 73 da mencionada Convenção, bem como pelas normas do seu Estatuto.

48. CANTOR, Ernesto Rey. *Control de convencionalidad de las leyes y derechos humanos*. México, D.F.: Porruá, 2008, p. 46: "El Control de Convencionalidad es un mecanismo de protección procesal que ejerce la Corte Interamericana de Derechos Humanos, en el evento de que el derecho interno (Constitución, ley, actos administrativos, jurisprudencia, prácticas administrativas o judiciales, etc.), es incompatible con la Convención Americana sobre Derechos Humanos u otros tratados – aplicables – con el objeto de aplicar la Convención u otro tratado, mediante un examen de confrontación normativo (derecho interno con el tratado), en un caso concreto, dictando uma sentencia judicial y ordenando la modificación, derogación, anulación o reforma de las normas o prácticas internas, según corresponda, protegiendo los derechos de la persona humana, con el objeto de garantizar la supremacía de la Convención Americana."

49. Neste sentido, o caso Almonacid Arellano: La Corte es consciente que los jueces y tribunales internos están sujetos al imperio de la ley y, por ello, están obligados a aplicar las disposiciones vigentes en el ordenamiento jurídico. Pero cuando un Estado ha ratificado un tratado internacional como la Convención Americana, sus jueces, como parte del aparato del Estado, también están sometidos a ella, lo que les obliga a velar porque los efectos de las disposicio-

A partir deste marco, tem-se defendido[50] a competência da Corte Interamericana de Direitos Humanos para aplicar o controle de convencionalidade sobre direito interno a fim de garantir a efetiva tutela de tais direitos, ou seja, a Corte Interamericana pode obrigar internacionalmente o Estado a derrogar uma lei que gera violação de direitos humanos em todos os casos que dizem respeito à aplicação da Convenção de Direitos Humanos.[51]

Tal fato é importante, pois o posicionamento dominante era de que os tribunais regionais sobre direitos humanos não teriam competência para analisar a convencionalidade de uma lei em abstrato, tampouco a possibilidade de invalidar uma lei interna. Para demonstrar este entendimento e a possibilidade da aplicação do controle de convencionalidade Cantor, valendo-se de estudos formulados por Cançado Trindade e outros autores estrangeiros, assinala que "el Control de Convencionalidad de las normas de derecho interno es fruto de la jurisprudência de la Corte y como tal el Tribunal tiene competencia inherente para la proteción internacional de la persona humana, según se desprende del segundo considerando del Preámbulo de la Convención Americana que 'enuncia el objeto y fin del tratado. Además, consideramos que de los artículos 33, 2 y 62.1 de la Convención se infiere el fundamento jurídico de la nueva competência. El primer texto expressa: "Son competentes para conocer de los asuntos relacionados con el cumplimento de los compromissos contrídos por los Estados Partes en esta Convención: a) La Comisión Interamericana de Derechos Humanos, y b) La Corte Interamericana de Derechos Humanos'. En otras palavras, si un Estado incumple los compromisos internacionales derivados del artículo 2 de la Convención ('Dever de adoptar Disposiciones de Derecho Interno'), expidiendo leyes

---

nes de la Convención no se vean mermadas por la aplicación de leyes contrarias a su objeto y fin, y que desde un inicio carecen de efectos jurídicos. En otras palabras, el Poder Judicial debe ejercer una especie de "control de convencionalidad" entre las normas jurídicas internas que aplican en los casos concretos y la Convención Americana sobre Derechos Humanos. En esta tarea, el Poder Judicial debe tener en cuenta no solamente el tratado, sino también la interpretación que del mismo ha hecho la Corte Interamericana, intérprete última de la Convención Americana.

50. Idem
51. Ib idem, p. 42: "La Corte Interamericana aplicando la Convención debe obligar internacionalmente al Estado a hacer cesar las consecuencias jurídicas de esas violaciones ordenando, a título de reparaciones, derogar o modificar la ley para lo cual tendrá que hacer previamente um examen de confrontación (control) de la ley con la Convención, a fin de establecer La incompatibilidad y, consecuencialmente, las violaciones, como fruto de interpretación de dicho tratado."

incompatibles con esta disposición y violando los derechos humanos reconocidos en este tratado, corresponde a la Corte verificar dicho incumplimineto, haciendo un exame de confrontación normativo del derecho interno (Constitución, ley, actos administartivos, jurisprudência, prácticas administrativas o judiciales, etc.), con las normas internacionales al que llamamos 'control', el que por 'assegurar y hacer efectiva la supremacía de la Convención denominamos Control de Convencionalidad: es um control jurídico y judicial."[52]

De fato, a Corte Interamericana de Direitos Humanos tem legitimidade para assegurar e fazer efetiva a supremacia da Convenção[53] por meio do controle de convencionalidade, configurando-se como um controle judicial sobre sua interpretação e aplicação nas legislações internas.[54] Com isso, a Corte tem competência *ratione materiae* para utilizar o controle de convencionalidade, cujo objetivo é de verificar o cumprimento dos compromissos estabelecidos pelos Estados que fazem parte desta Convenção, já que ela tem o dever de proteção internacional sobre

---

52. Ib idem, p. 43.
53. Em que pese o termo utilizado, "Supremacia da Convenção", poder causar certa perplexidade, ele é compatível com o entendimento doutrinário de que os tratados de direitos humanos possuem hierarquia constitucional, em que pese a decisão do Supremo em sentido contrário, conforme defendemos em obra própria Direitos humanos na ordem jurídica internacional e reflexos para a ordem constitucional brasileira.
54. A Resolução da Corte Interamericana de Direitos Humanos de 17 de outubro de 2014, que trata da supervisão de cumprimento da Sentença enfatizou: "176. Este Tribunal ha establecido en su jurisprudencia que es consciente que las autoridades internas están sujetas al imperio de la ley y, por ello, están obligadas a aplicar las disposiciones vigentes en el ordenamiento jurídico. Pero cuando un Estado es Parte de un tratado internacional como la Convención Americana, todos sus órganos, incluidos sus jueces, también están sometidos a aquel, lo cual les obliga a velar porque los efectos de las disposiciones de la Convención no se vean mermados por la aplicación de normas contrarias a su objeto y fin y que desde un inicio carecen de efectos jurídicos. El Poder Judicial, en tal sentido, está internacionalmente obligado a ejercer un "control de convencionalidad" ex officio entre las normas internas y la Convención Americana, evidentemente en el marco de sus respectivas competencias y de las regulaciones procesales correspondientes. En esta tarea, el Poder Judicial debe tener en cuenta no solamente el tratado, sino también la interpretación que del mismo ha hecho la Corte Interamericana, intérprete última de la Convención Americana. 177. En el presente caso, el Tribunal observa que no fue ejercido el control de convencionalidad por las autoridades jurisdiccionales del Estado y que, por el contrario, la decisión del Supremo Tribunal Federal confirmó la validez de la interpretación de la Ley de Amnistía sin considerar las obligaciones internacionales de Brasil derivadas del derecho internacional, particularmente aquellas establecidas en los artículos 8 y 25 de la Convención Americana, en relación con los artículos 1.1 y 2 de la misma. [...]."

os direitos humanos.⁵⁵ Frise-se, por oportuno, que esse controle de convencionalidade poderá ocorrer no plano interno ou no externo.⁵⁶

O controle de convencionalidade em sede internacional se apresenta como um mecanismo processual utilizado para averiguar se o direito interno (Constituição, leis, atos administrativos, jurisprudência, etc.) viola algum preceito estabelecido pela Convenção Interamericana sobre Direitos Humanos mediante um exame de confrontação normativo em um caso concreto. Assim, torna-se possível emitir uma sentença judicial e ordenar a modificação, revogação ou reforma das normas internas, fazendo prevalecer a eficácia da Convenção Americana.

O órgão que possui competência jurisdicional para realizá-lo no sistema americano é Corte Interamericana de Direitos Humanos⁵⁷ e se apresenta como uma espécie de "controle concentrado de convencionalidade", pois por meio de uma sentença judicial proveniente de um caso concreto, seus efeitos geram modificação, revogação ou reforma das normas ou práticas internas em benefício dos direitos da pessoa humana.

Conquanto tal entendimento possa ser observado na doutrina, a Corte IDH só pode realizar controle abstrato através da jurisdição consultiva. O controle de convencionalidae internacional, realizado por meio da competência contenciosa da Corte, apenas pode ser feito diante de um caso concreto. Assim, o exercício cotejo entre a norma internacional de direiros humanos e a norma nacional sempre será um controle

---

55. CANTOR, Ernesto, op. cit., p. 44: "Consideramos que la Corte Interamericana consolidará la efectividad en la protección jurisdiccional internacional de la persona humana, cuando lós Estados, por ejemplo, derogan leyes internas, o reforman Constituciones, como medidas de reparación por las violaciones a los derechos humanos."

56. Para maior compreensão e leitura do tema, GUERRA, Sidney. Controle de convencionalidade. *Revista Jurídica UNICURITIBA.* v. 1, n. 46 (2017). Disponível em http://revista.unicuritiba.edu.br/index.php/RevJur/article/view/1994. Acesso em 17/07/207.

57. Con respecto al control de convencionalidad, la Corte Interamericana ha establecido que "cuando un Estado ha ratificado un tratado internacional como la Convención Americana, sus jueces, como parte del aparato del Estado, también están sometidos a ella, lo que les obliga a velar porque los efectos de las disposiciones de la Convención no se vean mermadas por la aplicación de leyes contrarias a su objeto y fin, y que desde un inicio carecen de efectos jurídicos. En otras palabras, el Poder Judicial debe ejercer ex oficio el "control de convencionalidad" entre las normas jurídicas internas que aplican en los casos concretos y la Convención Americana sobre Derechos Humanos. Evidentemente en el marco de sus respectivas competencias y de las regulaciones procesales correspondientes. En esta tarea, el Poder Judicial debe tener en cuenta no solamente el tratado, sino también la interpretación que del mismo ha hecho la Corte Interamericana, intérprete última de la Convención Americana" Disponível em https://www.wcl.american.edu/humright/hracademy/mcourt/registration/documents/2012_bench_memorandum.es.pdf?rd=1

concreto. Boa parte da doutrina fala em controle abstrato, mas necessariamente um caso concreto tem que ter sido submetido à Corte e a norma impugnada tem que ser apta a produzir efeitos, gerando prejuízo no gozo de direitos humanos de vítimas. Um controle abstrato de convencionalidade, nos moldes do de constitucionalidade (de competência dos tribunais e salas constitucionais) não existe[58].

Sem embargo, o controle de convencionalidade permite que a Corte Interamericana interprete e aplique a Convenção por meio de um exame de confrontação com o direito interno, podendo este ser uma lei, um ato administrativo, jurisprudência, práticas administrativas e judiciais, e até mesmo a Constituição. É possível, portanto, que um Estado-parte seja condenado pela Corte Interamericana de Direitos Humanos a revogar leis incompatíveis com a Convenção ou adaptar suas legislações através de reformas constitucionais para que se garanta a tutela de direitos humanos no âmbito do direito interno.[59]

No caso Gomes Lund e outros x Brasil, a Corte Interamericana não aceita o argumento da existência de uma "Lei de Anistia" no Brasil que impeça a responsabilização individualizada dos ex-agentes do Estado e faz, neste caso, sua manifestação sobre o controle de convencionalidade[60]:

"(...) 49. Em numerosas ocasiões, a Corte Interamericana afirmou que o esclarecimento quanto à violação ou não, pelo Estado, de suas obrigações internacionais, em virtude da atuação de seus órgãos judiciais, pode levar este Tribunal a examinar os respectivos processos internos, inclusive, eventualmente, as decisões de tribunais superiores, para estabelecer sua compatibilidade com a Convenção Americana[61], o

---

58. Para reflexão maior sobre o tema, consultar a obra de Yulgan Lira (2016, pp. 79-83).
59. A propósito, veja a manifestação da Corte Interamericana de Direitos Humanos no paradigmático caso Almonacid Arellano y otros x Chile: El Estado, desde que ratificó la Convención Americana el 21 de agosto de 1990, ha mantenido vigente el Decreto Ley No. 2.191 por 16 años, en inobservancia de las obligaciones consagradas en aquella. Que tal Decreto Ley no esté siendo aplicado por el Poder Judicial chileno en varios casos a partir de 1998, si bien es un adelanto significativo y la Corte lo valora, no es suficiente para satisfacer las exigencias del artículo 2 de la Convención en el presente caso. En primer lugar porque, conforme a lo señalado en los párrafos anteriores, el artículo 2 impone una obligación legislativa de suprimir toda norma violatoria a la Convención y, en segundo lugar, porque el criterio de las cortes internas puede cambiar, decidiéndose aplicar nuevamente una disposición que para el ordenamiento interno permanece vigente.
60. Disponível em http://www.corteidh.or.cr/pais.cfm?id_Pais=7. Acesso em 01/05/2017.
61. Cf. Caso dos "Meninos de Rua" (Villagrán Morales e outros) versus Guatemala. Mérito. Sentença de 19 de novembro de 1999. Série C Nº. 63, par. 222; Caso Escher e outros, supra nota 27,

que inclui, eventualmente, as decisões de tribunais superiores. No presente caso, não se solicita à Corte Interamericana a realização de um exame da Lei de Anistia com relação à Constituição Nacional do Estado, questão de direito interno que não lhe compete e que foi matéria do pronunciamento judicial na Arguição de Descumprimento No. 153 (*infra* par. 136), mas que este Tribunal realize um <u>controle de convencionalidade</u>, ou seja, a análise da alegada incompatibilidade daquela lei com as obrigações internacionais do Brasil contidas na Convenção Americana. Consequentemente, as alegações referentes a essa exceção são questões relacionadas diretamente com o mérito da controvérsia, que podem ser examinadas por este Tribunal à luz da Convenção Americana, sem contrariar a regra da quarta instância. O Tribunal, portanto, desestima esta exceção preliminar." (grifei)

Evidencia-se, pois, que a Corte Interamericana de Direitos Humanos[62] tratou de aplicar o controle de convencionalidade em relação a

---

par. 44, e Caso Da Costa Cadogan, supra nota 35, par. 12.

62. A propósito, vide as manifestações dos parágrafos 173, 174 e 175: "173. A Corte considera necessário enfatizar que, à luz das obrigações gerais consagradas nos artigos 1.1 e 2 da Convenção Americana, os Estados Parte têm o dever de adotar as providências de toda índole, para que ninguém seja privado da proteção judicial e do exercício do direito a um recurso simples e eficaz, nos termos dos artigos 8 e 25 da Convenção. Em um caso como o presente, uma vez ratificada a Convenção Americana, corresponde ao Estado, em conformidade com o artigo 2 desse instrumento, adotar todas as medidas para deixar sem efeito as disposições legais que poderiam contrariá-lo, como são as que impedem a investigação de graves violações de direitos humanos, uma vez que conduzem à falta de proteção das vítimas e à perpetuação da impunidade, além de impedir que as vítimas e seus familiares conheçam a verdade dos fatos.

174. Dada sua manifesta incompatibilidade com a Convenção Americana, as disposições da Lei de Anistia brasileira que impedem a investigação e sanção de graves violações de direitos humanos carecem de efeitos jurídicos. Em consequência, não podem continuar a representar um obstáculo para a investigação dos fatos do presente caso, nem para a identificação e punição dos responsáveis, nem podem ter igual ou similar impacto sobre outros casos de graves violações de direitos humanos consagrados na Convenção Americana ocorridos no Brasil.

175. Quanto à alegação das partes a respeito de que se tratou de uma anistia, uma autoanistia ou um "acordo político", a Corte observa, como se depreende do critério reiterado no presente caso (supra par. 171), que a incompatibilidade em relação à Convenção inclui as anistias de graves violações de direitos humanos e não se restringe somente às denominadas "autoanistias". Além disso, como foi destacado anteriormente, o Tribunal, mais que ao processo de adoção e à autoridade que emitiu a Lei de Anistia, se atém à sua ratio legis: deixar impunes graves violações ao direito internacional cometidas pelo regime militar. A incompatibilidade das leis de anistia com a Convenção Americana nos casos de graves violações de direitos humanos não deriva de uma questão formal, como sua origem, mas sim do aspecto material na medida em que violam direitos consagrados nos artigos 8 e 25, em relação com os artigos 1.1. e 2 da Convenção." Disponível em <u>http://www.corteidh.or.cr/docs/casos/articulos/seriec_219_por.pdf</u>

legislação brasileira. Mazzuoli, ao estudar o tema, enfatiza que "a consequência prática dessa decisão é que a Lei de Anistia brasileira deixou de ter valor jurídico (é inválida), ou seja, doravante não poderá o Estado impedir a apuração dos referidos crimes cometidos pelos seus agentes (ditadores ou por quem agiu em nome da ditadura), devendo eliminar todos os obstáculos jurídicos que durante anos impediram as vítimas de acesso à informação, à verdade e à justiça."[63]

Ernesto Cantor afirma que este controle de convencionalidade só será viável pela via difusa, uma vez que sua sentença gerará efeitos apenas para o caso concreto analisado[64]. Todavia, Mazzuoli[65], cujo estudo versa fundamentalmente sobre controle de convencionalidade das leis por meio dos tribunais e juízes nacionais[66], apresenta a possibilidade de aplicação do controle convencionalidade tanto concentrado quanto difuso na esfera nacional, dependendo do status jurídico dos tratados que se quer aplicar.

---

63. MAZZUOLI, Valério de Oliveira. *O controle jurisdicional da convencionalidade das leis*. 2. ed. São Paulo: Ed. RT, 2011, p. 164: "Quando o STF validou a lei de anistia brasileira, dois foram os votos vencidos: o do Ministro Ricardo Lewandowski e o do Ministro Carlos Ayres Britto. Foram eles os dois únicos a compreender (na ocasião) a atual dimensão da proteção dos direitos humanos, que não é mais só doméstica (mas eminentemente internacional). Compreenderam que em matéria de direitos humanos a última palavra não é mais do Supremo Tribunal, mas da Corte Interamericana de Direitos Humanos."

64. CANTOR, Ernesto Rey, op. cit., p. 160: "El juez competente para resolver en el caso concreto tiene la obligación (internacional) de inaplicar la ley y aplicar la Convención, por ser aquélla incompatible con ésta, lo que se denomina Control de Convencionalidad de La ley em sede interna, garantizando así el libre y pleno ejercicio de los derechos humanos reconocidos em la Convención, es decir, que el juez ordinario da aplicabilidad al tratado del que emergen obligaciones internacionales exigibles inmediatamente (self executing), favoreciendo al titular de los derechos humanos, dictando una providencia judicial debidamente motivada (de conformidad con la Convención), así este no lo solicite, porque como se dijo es una obligación internacional, que hay que cumplir por el Estado juez."

65. MAZZUOLI, Valério de Oliveira. *Tratados internacionais de direitos humanos e direito interno*. São Paulo: Saraiva, 2010.

66. MAZZUOLI, Valério de Oliveira. *O controle jurisdicional da convencionalidade das leis*. 2. ed. São Paulo: Ed. RT, 2011, p. 164 enfatiza que "do sistema do *domestic affair* (a tutela dos nossos direitos compete exclusivamente aos juízes nacionais) passamos para o sistema do internacional concerne (se os juízes nacionais não tutelam um determinado direito, isso pode e deve ser feito pelos juízes internacionais). Os juízes internos fiscalizam o produto legislativo do Congresso Nacional; se eles não amparam os direitos das pessoas, compete às cortes internacionais cumprir esse mister. Para os fins que interessam a este estudo, o que importa destacar é o seguinte: quando não exercido o controle de convencionalidade pelo Judiciário interno, a Corte Interamericana (em sua função complementar das jurisdições nacionais) é que irá realizá-lo. De modo que esse tipo de controle sempre será exercido, se não pelo judiciário local, pelo órgão competente para realizar a interpretação última da Convenção Americana sobre Direitos Humanos."

Como assentado em outra oportunidade[67], o controle de convencionalidade doméstico consiste numa sindicância de compatibilidade entre o direito estatal e o internacional dos direitos humanos. Partindo desse conceito básico, torna-se necessário esclarecer algumas questões. Primeiro, dito controle possui a natureza de "garantia", ou seja, trata-se de um instrumento à serviço da proteção dos direitos humanos internacionalmente consagrados. Segundo, seu resultado não necessariamente irá definir que uma norma internacional seja prevalente em determinado caso, pois, os direitos fundamentais previstos na ordem jurídica interna, caso eles sejam mais favoráveis a tutela da pessoa humana (princípio *pro persona*), devem ter primazia. Portanto, o exercício do controle de convencionalidade independe da hierarquia que o Estado atribui as normas internacionais em matéria de direitos humanos. Terceiro, quaisquer normas estatais, incluindo as constitucionais e decisões judiciais, estão sujeitas ao controle de convencionalidade doméstico. Desse modo, leis em abstrato e até mesmo omissões legislativas podem ser objeto do citado controle. Quarto, segundo o atual entendimento da Corte IDH compete a todos os órgãos e poderes do Estado exercerem o controle de convencionalidade. Por fim, os efeitos da declaração de inconvencionalidade dependem do órgão que a proclamou.

CONSIDERAÇÕES FINAIS

Após a sentença da Corte Interamericana de Direitos Humanos o Estado brasileiro criou a Comissão Nacional da Verdade, como uma das possíveis medidas satisfativas da sentença. Instituída em maio de 2012, atuou por 2 anos e meio de forma a investigar os acontecimentos, ainda que não tivesse a intenção de punir criminalmente seus responsáveis. A referida Comissão da Verdade representou avanços no sentido de se constatar a responsabilização estatal pelas graves violações de Direitos, além de manter a memória sobre os fatos. Também foi capaz, nos âmbitos estaduais, municipais, setoriais ou de universidades, de colher depoimentos de envolvidos direta ou indiretamente com o tema e esclarecer algumas circunstâncias desse período histórico.

Outro ponto relevante foi a criação da Lei de Acesso à Informação, que entre outros feitos logrou a liberação dos arquivos de um dos principais órgãos de repressão da ditadura militar, o Departamento Estadual

---

67. GUERRA, Sidney; MOREIRA, Thiago, op. cit.

de Ordem Política e Social (Deops). Estes arquivos estão disponíveis no site do Arquivo Público do Estado de São Paulo e podem ser utilizados tanto para pesquisa, como facilitador no trabalho de reparação da Comissão de Anistia, bem como permitem que perseguidos políticos comprovem as violações que sofreram.

Apesar de alguns avanços, como os anteriormente indicados, não é possível afirmar que o controle de convencionalidade tem sido aplicado de maneira satisfatória[68], em que pese algumas ações desta natureza produzidas por tribunais superiores[69] e juízes de primeira instância.

O Supremo Tribunal Federal, mesmo após a sentença da Corte Interamericana, não alterou o seu entendimento sobre o caso que inspirou a realização deste estudo. A Ordem dos Advogados do Brasil protocolizou embargo de declaração na Ação de Descumprimento de Preceito Fundamental n. 153, cuja relatoria ficou a cargo do Ministro Luiz Fux, de forma que se cumpra a sentença proferida pela Corte, inclusive no que trata da Lei de Anistia, independentemente da decisão prévia da Suprema Corte. Todavia, não houve manifestação até o momento. Neste sentido, interessante a manifestação do órgão, conforme Resolução datada de 17 de outubro de 2014, que trata da supervisão de cumprimento da Sentença proferida em face do Estado brasileiro[70]:

"Esas decisiones judiciales, fundadas en dicha decisión del Supremo Tribunal Federal y emitidas durante la etapa de supervisión de cum-

---

68. Conforme Resolução da Corte Interamericana de Direitos Humanos de 17 de outubro de 2014, que trata da supervisão de cumprimento da Sentença: "La Corte considera que en el marco de las referidas acciones penales iniciadas por hechos del presente caso se han emitido decisiones judiciales que interpretan y aplican la Ley de Amnistía del Brasil de una forma que continúa comprometiendo la responsabilidad internacional del Estado y perpetúa la impunidad de graves violaciones de derechos humanos en franco desconocimiento de lo decidido por esta Corte y el Derecho Internacional de los Derechos Humanos. En las referidas decisiones judiciales no fue efectuado el control de convencionalidad entre las normas internas y la Convención Americana. La Corte insiste en la obligación de los jueces y tribunales internos de efectuar un control de convencionalidad, máxime cuando existe cosa juzgada internacional, ya que los jueces y tribunales tienen un importante rol en el cumplimiento o implementación de la Sentencia de la Corte Interamericana." Disponível em http://www.corteidh.or.cr/cf/Jurisprudencia2/index.cfm?lang=es. Acesso em 17/07/2017

69. Destaca-se, a propósito a decisão proferida em 15 de dezembro de 2016, pela 5ª Turma do STJ, que ao julgar por decisão unânime o Recurso Especial (REsp.) nº 1.640.084-SP, adotou o entendimento do Min. Ribeiro Dantas (Relator), no sentido de que o crime de desacato é inconvencional.

70. Disponível em http://www.corteidh.or.cr/cf/Jurisprudencia2/index.cfm?lang=es. Acesso em 17/07/2017

plimiento de la Sentencia del *Caso Gomes Lund y otros,* desconocen los alcances de lo resuelto por la Corte en la Sentencia de este caso la cual estableció que "las disposiciones de la Ley de Amnistía brasileña que impiden la investigación y sanción de graves violaciones de derechos humanos son incompatibles con la Convención Americana, carecen de efectos jurídicos y no pueden seguir representando un obstáculo para la investigación de los hechos del presente caso, ni para la identificación y castigo de los responsables" (*supra* pár. 16). La Corte recuerda que en la Sentencia, al pronunciarse sobre la incompatibilidad de las disposiciones de la Ley de Amnistía brasileña con la Convención Americana, también observó que "no fue ejercido un control de convencionalidad por las autoridades judiciales del Estado, y que por el contrario la referida decisión del Supremo Tribunal Federal confirmó la validez de la interpretación de la Ley de Amnistía sin considerar las obligaciones internacionales de Brasil derivadas del derecho internacional" (*supra* párr. 16). Por lo tanto, posteriores decisiones judiciales internas no podrían estar fundadas en esa decisión del Supremo Tribunal Federal[71]."

Com efeito, a pressão internacional para que o Brasil aplique o controle de convencionalidade, no caso em questão, apresenta eficácia limitada, pois ainda que se perceba algum esforço do Estado em prestar esclarecimentos sobre o período militar e sanar determinadas demandas da sociedade sobre o assunto, não foi alcançado o ideal de justiça defendido pelos parentes das vítimas junto à Comissão, tampouco da Corte Interamericana de Direitos Humanos.

Ainda assim, partindo-se da ideia de um país que busca constante legitimação em sua atuação nas questões internacionais e propaga sua influência também por assumir obrigações convencionais internacionais de Direitos Humanos, fica evidente a necessidade política de mostrar comprometimento com os tratados assumidos e reverter a situação esdrúxula que foi esposada ao longo deste estudo.

REFERÊNCIAS BIBLIOGRÁFICAS

BATISTA, Vanessa; NEUENSCHWANDER, Juliana. **Constituição e Anistia:** Uma análise do discurso do STF no julgamento da ADPF n. *153.* Disponível em:https://

---

71. Además, la Corte destaca que, según lo afirmado por los representantes, el Supremo Tribunal Federal ha tenido oportunidad de pronunciarse respecto de lo decidido en la referida ADPF n° 153, en el marco de la solicitud de interpretación (*"embargos de declaração"*) interpuesta desde agosto de 2010, sin que la misma hayan sido resuelta hasta la fecha (*supra* párr. 7).

www.academia.edu/11339143/Constitui%C3%A7%C3%A3o_e_Anistia_Uma_an%C3%A1lise_do_discurso_do_STF_no_julgamento_da_ADPF_n._153>. Acesso em: 12 maio de 2017.

BRASIL. Ministério da Justiça. Comissão de Anistia. **Processos de Deferimento**. Brasília: Ministério da Justiça, 2009.

BRASIL. Secretaria Especial de Direitos Humanos da Presidência da República. **Direito à Memória e à Verdade**. Comissão Especial sobre Mortos e Desaparecidos Políticos. Brasília: Secretaria Especial de Direitos Humanos, 2007.

BRASIL. Supremo Tribunal Federal. **Arguição de Descumprimento de Preceito Fundamental 153**. Argte.(s) Conselho Federal da Ordem dos Advogados do Brasil OAB. Argdo.(a/s) Congresso Nacional. Relator: Min. Eros Grau. Brasília, 20 de abril de 2010.

COMISSÃO Interamericana de Direitos Humanos. Relatório n° 33/01. Caso n° 11.552. **Guerrilha do Araguaia. Julia Gomes Lund e outros versus Brasil**. 06 de março de 2001. Disponível em: <http://www.cidh.org/annualrep/2000port/11552.htm>.

COMISSÃO Interamericana de Direitos Humanos. Relatório de Mérito n° 91/08. **Demanda perante a Corte Interamericana de Direitos Humanos**. Caso 11.552. Julia Gomes Lund e outros (Guerrilha do Araguaia) contra a República Federativa do Brasil. 26 de março de 2009. Disponível em: <http://www.cidh.org/demandas/11.552%20Guerrilha%20do%20Araguaia%20Brasil%2026mar09%20PORT.pdf>.

COMISSÃO Nacional da Verdade. **Relatório Final**. Disponível em: <http://www.cnv.gov.br/>. Acesso em 10 maio de 2017.

Corte Interamericana de Direitos Humanos. **Caso Gomes Lund e Outros vs. Brasil ("Guerrilha do Araguaia") vs Brasil**. Sentença de 24 de Novembro de 2010. Serie C No. 219. p. 03. Disponível em: <http://www.corteidh.or.cr/docs/casos/articulos/seriec_219_por.pdf>.

FLORIANO, F. **Júlia Gomes Lund e Outros vs Brasil:** uma análise do cumprimento da sentença da Corte Interamericana de Direitos Humanos em face dos princípios internacionais da transição democrática. Dissertação (Mestrado). Programa de Pós-Graduação em Relações Internacionais, Universidade Federal do Rio Grande do Sul, Porto Alegre, 2012.

GUERRA, Sidney. **Curso de direito internacional público**. 11. ed. São Paulo: Saraiva, 2017.

GUERRA, Sidney. **Direito internacional dos direitos humanos**. 2. ed. São Paulo: Saraiva, 2015.

GUERRA, Sidney. **Os direitos humanos na ordem jurídica internacional e reflexos na ordem constitucional brasileira**. 2.ed. São Paulo: Atlas, 2014.

GUERRA, Sidney. **O sistema interamericano de proteção aos Direitos Humanos e o Controle de Convencionalidade**. São Paulo: Atlas, 2013.

GUERRA, Sidney. Controle de convencionalidade. **Revista Jurídica UNICURITIBA**. v. 1, n. 46 (2017). Disponível em http://revista.unicuritiba.edu.br/index.php/RevJur/article/view/1994. Acesso em 17/07/207.

GUERRA, Sidney, SILVA, Roberto. **Soberania**: antigos e novos paradigmas. Rio de Janeiro: Freitas Bastos, 2004.

MARTINS, Ana Maria Guerra. **Direito Internacional dos Direitos Humanos**. Coimbra: Almedina, 2006.

MAZZUOLI, Valerio de Oliveira. **Tratados internacionais de direitos humanos e direito interno**. São Paulo: saraiva, 2010.

MAZZUOLI, Valerio de Oliveira. **O controle jurisdicional da convencionalidade das leis**. 2. ed. São Paulo: Ed. RT, 2011.

PEIXOTO, R. C. D. **Memória social da Guerrilha do Araguaia e da guerra que veio depois**. Ciências Humanas, Belém, v. 6, n. 3, p. 479-499, set.-dez. 2011.

RESOLUÇÃO da Corte Interamericana de Direitos Humanos de 17 de outubro de 2014, que trata da supervisão de cumprimento da Sentença. Disponível em http://www.corteidh.or.cr/cf/Jurisprudencia2/index.cfm?lang=es. Acesso em 17/07/2017

SALGADO, S. **Sentença**: Guerrilha do Araguaia. Indicação de sepultura, atestados de óbito e exibição de documentos. Poder Judiciário. Justiça Federal de 1ª. Instância. Seção Judiciária do Distrito Federal. 30 jun. 2003. Disponível em: <http://www.derechos.org/nizkor/brazil/doc/araguaia.html>. Acesso em 10 de maio de 2017.

TELES, J. A. Os familiares de mortos e desaparecidos políticos e a luta por "verdade e justiça" no Brasil. In: SAFATLE, Vladimir; TELES, Edson. (Org.). **O que resta da ditadura? A exceção brasileira**. São Paulo: Boitempo, 2010, v. 1, p. 253-298.

LIRA, Yulgan. **Controle de convencionalidade**: a tutela coletiva dos tratados internacionais de direitos humanos. João Pessoa: Ideia, 2016.

TRINDADE, Antônio Augusto Cançado. **Tratado de direito internacional dos direitos humanos**. Porto Alegre: Sérgio Fabris, 1997.

FROM THE ANDES TO THE ALPS AND BACK AGAIN: A THIRD WORLD PERSPECTIVE OF THE MARGIN OF APPRECIATION TECHNIQUE THROUGH THE COMPARISON OF THE OLMEDO BUSTOS v. CHILE CASE AGAINST THE OTTO-PREMINGER INSTITUTE v. AUSTRIA CASE[1]

Henrique Jerônimo Bezerra Marcos[2]

INTRODUCTION

Western civilization is based on two pillars: the obedience of traditional dogma and, simultaneously, the defiant pursuit of truth. From these fundaments, nothing else can be expected other than an intrinsically contradictory psyche. One side praises respect to the established norms. The other, the defiance of all in the pursuit of truth. Our shared ideology is derived from the attempt to conciliate these antipodal perceptions. The dialogue between these two opposites produced the contemporary Western ethos.

Illustrating this idea, religion is often cited as an obvious manifestation of the first pillar, and in the contemporary Western world religion is comprehended as Christianity. In this sense, despite some passages where Christ himself makes it known that he is a defendant of argumen-

---

1. The author would like to express his gratitude and acknowledge the indispensable contributions made by Isabela Jerônimo, Yulgan Lira and Yure Lira in the elaboration of this paper.
2. Lawyer and Master of Laws from Federal University of Paraíba (Universidade Federal da Paraíba). E-mail: henriquemarcos5@gmail.com.

tation and philosophical rhetoric since a young age (Luke 2:39-52), his Churches – at least traditionally – are notorious for the opposite role. Throughout history, the Catholic, Lutheran, and all other possible Christian affiliations, have been recognized by their vocation for censorship. And not only books were victims to the craft – since most communication of ideas were passed verbally, the Churches felt the need to scorch those who professed opinions that contradicted the holy dogma (what use is to burn books when the majority of your population does not read them? Not only that, it is far more cost-productive to burn the author than the books, since, at least in general, the latter is much more numerous than the former). Be it as it may, what they did was only natural for any ideology that is based on this so mentioned first pillar (and not exclusive to religion, as one might add). Their acts where righteous in their view. They were safeguarding their interpretation of the holy dogma – keeping the tradition safe.

Either way, on the other side of this ideological construct there is the philosophical, and eminently disobedient, heritage inevitably associated with Ancient Greece and its peripheral regions. This pillar argues for the construction and deconstruction of ideas through a rational method. Nothing is safe from questioning and there is no absolute authority other than the truth itself. The apotheosis of this line of thought appears in Socrates. Not only through his life of dismantling Sophists, his legacy shines the brightest on his deathbed. It is the ultimate tribute to the pursuit of truth – the philosopher chose his ideas and the freedom of his mind over his own life and the freedom of his body – truth instead of living – disobedience and death rather than a dishonest life. This whole perception also imbues and permeates the Western psyche in an inescapable manner.

As mentioned, Western civilization is made up of these two irreconcilable halves. It is born and shaped through the inevitable tension between the dogmatic and revolutionary divides of its spirit. More so, it is impossible to separate these two pillars – they cannot be comprehended as properly divided – they are in constant dialogue and conflict. In this sense, even though religion gets mentioned as a manifestation of the first pillar, it would be rudimentary, contradictory, and just outright wrong, to consider the Churches as agents of intellectual destruction – the truth is quite the opposite. Christian Churches (all of them) are in themselves derivatives of this conflict between dogmatism and the pursuit of reason. Take Aquinas, for instance, a man of the cloth who was a better Aristotelian than Aristotle himself. In the same manner, it is possible to argue that the maintenance of the idea that religion is averse to rationality and contrary to scientific development is in itself a manifestation of the upkeep of an old tradition that dates bake to the European Renaissance. In sum, the inseparable mixture amongst these two opposite forces imbues the Western mentality. More than that, this civilization, in all its expressions, is characterized by the everlasting struggle between the obedience of the dogma and the intellectual defilement of the sacred.

This paper intends on discussing precisely one of these confrontations. Better yet, it will attempt to discuss two of these confrontations: two judicial cases of conventionality control with pretty similar facts surrounding them that, in their essence, carry the genome of the whole Western ethos: the Olmedo Bustos v. Chile Case,[3] decided by the Inter-American Court of Human Rights, and the Otto-Preminger Institute v. Austria Case, which was decided by the European Court of Human Rights. It is possible to interpret both of these cases as a manifestation of this conflicting nature of the Western psyche. As it will be analyzed in more depth on the following pages, on these two cases there is a clash between the social significance of respecting traditional values, such as the sanctity of religious figures, and the importance given to the defiance of the same values through the right of free of speech in one of its forms: art. Both of these cases have an almost identical factual background surrounding them. Despite that, they had opposite judicial outcomes: one favored freedom of speech, the other, deference to the religious feeling.

Other than the obvious difference in mountainous geography, the disparity between the judicial outcomes of these cases of conventionality control was caused by the existence of one legal institute that was available for one of the Courts and not to the other: The Margin of Appreciation technique. As it will be presented throughout this work, the Margin of Appreciation is a judicial technique utilized by the European Court of Human Rights that allows this tribunal to renounce its jurisdiction, handing the case back to the State so it would decide the case by itself, based on the its own cultural particularities. Despite being celebrated by some as an expression of the subsidiary of international jurisdiction, this paper intends to show how the Margin of Appreciation is detrimental to the fulfillment of Human Rights and, not only that, it is, in its essence, contrary to the whole purpose of an international conventionality control.

---

3.   Also known as "The Last Temptation of Christ" Case.

Furthermore, a critique of this institute is fundamental for the sake of gathering arguments against the adoption of this technique by the Inter-American Court of Human Rights, which is, perhaps, starting to show the first signs of a change of perspective in its utilization. More so, it is impossible not to realize that, by comparing two cases decided by two different International Human Rights Courts, the European and the Inter-American, this paper contributes as a defense of necessary dialogue between international courts. Not only that, but by utilizing the decision taken by the Inter-American Court as a model of justice, it contributes to the consolidation of a Third World perspective to the theme (CHIMNI, 2006).

Therefore, the objective of this work can be summarized as an attempt to present counterarguments to the Margin of Appreciation of technique through an International Human Rights Law viewpoint favorable to conventionality control, and, notably, through a Third World approach to International Law. In order to do the paper will first analyze the Otto-Preminger Institute v. Austria Case, presenting its facts, characteristics and the decision of the European Court. Then the same will be done with the Olmedo Bustos v. Chile Case. After both cases and their respective decisions have been analyzed, the paper will then analyze the Margin of Appreciation and attempt to demonstrate how it contradicts the structural purpose of having an international conventionality control because, by itself, the technique compromises the system's universality. Lastly, the paper will present what could be considered as the the early signs of an adoption of the Margin of Appreciation by the Inter-American Court and, based on all that was mentioned before, show the Court should not adopt this technique.

1. THE OTTO-PREMINGER INSTITUTE V. AUSTRIA CASE

In a broad sense, the Otto-Preminger Institute v. Austria Case[4] (EUROPEAN COURT OF HUMAN RIGHTS, 1994) is about a private association located in Innsbruck whose objective is to promote audiovisual media and (by doing so) endorse freedom of speech. In one of its activities it decided to sponsor a series of films that would be open to the public, one of these was a satirical piece named "Council in Heaven". However, not so enthusiastic about religious humor, the Diocese of the Roman

---

4. Henceforth: "the Austrian Case".

Catholic Church provoked the public prosecutor to institute criminal proceedings against the Institute's manager on the basis of "disparaging religious doctrines" that were supposedly showed in the film.

The case was duly judicialized according to Austrian Law and it was ruled against the Institute. In its decision, the State ordered the seizure and forfeiture of the film. In this sense, at least indirectly, Austria's courts admitted that respect for religious traditions had precedence over freedom of speech in that State's jurisdiction.

The institute then brought the case to the European Court of Human Rights.[5] The applicant held that there was a clear and unlawful interference with its right to freedom of speech. On their part, the representatives of the State claimed that they were acting in accordance to Article 10 of the European Convention on Human Rights[6] and that the applicant had failed to observe the six-moth rule of Article 26 and 27 of the same document. More so, the State claimed that the measures taken against the applicant were lawful and in accordance with the Convention – the content restrictions were made to protect the rights of citizens to not have their religious views insulted, thus – according to the State – the restriction had a legitimate aim: the protection of the religious rights. In this sense, the State conceded that freedom of speech constitutes an essential foundation of a democratic society but it cannot be considered absolute (PALMER, 1997, p. 470). It has to be exercised in a compatible way along with all the other fundamental rights, that is the *leitmotiv* of the second paragraph of the above-mentioned Article 10 of the Convention.

In its decision, the European Court, unanimously, rejected the State's claims regarding Articles 26 and 27. However, for what is most important, the European Court decided in favor of the State regarding the restriction of the right of freedom of speech – by six votes to three

---

5. Henceforth: "the European Court".
6. "Article 10. Freedom of expression. 1. Everyone has the right to freedom of expression. This right shall include freedom to hold opinions and to receive and impart information and ideas without interference by public authority and regardless of frontiers. This Article shall not prevent States from requiring the licensing of broadcasting, television or cinema enterprises. 2. The exercise of these freedoms, since it carries with it duties and responsibilities, may be subject to such formalities, conditions, restrictions or penalties as are prescribed by law and are necessary in a democratic society, in the interests of national security, territorial integrity or public safety, for the prevention of disorder or crime, for the protection of health or morals, for the protection of the reputation or rights of others, for preventing the disclosure of information received in con dence, or for maintaining the authority and impartiality of the judiciary." (EUROPEAN CONVENTION ON HUMAN RIGHTS, 2017).

it recognized that the actions carried by the Republic of Austria were in accordance with the Convention. The European Court expressed that, since there is no uniform conception of the significance of religion in European Society, a certain Margin of Appreciation is to be left to the national authorities regarding themes related to the relation between religion and freedom of speech.

In this sense, the European Court of Human Rights has decided that each State has the prerogative given by the European Convention of Human Rights to decide the extension of the right of the freedom of speech when in conflict with other rights, specifically religious rights. In its sentence, the European Court expressly recognized the "right not to be offended in one's religious beliefs" and that the freedom of speech should avoid expressions "which are 'gratuitously offensive" (EDGE, 1998, p. 682). All in all, it is possible to conclude that in the European System of Human Rights, it is the State that has the final say in matters relating to the conflicts between freedom of speech and religious rights (DE SCHUTTER, 2010, p 447-448).

In a brief summary, this is the essence of the Austrian Case. On the next topic the paper will address the Olmedo Bustos v. Chile Case, which was tried before the Inter-American Court of Human Rights and, despite having almost exactly the same facts surrounding it, had an opposite decision given by this court.

2. THE OLMEDO BUSTOS V. CHILE CASE

As already brought up, regarding their facts, the aforementioned Austrian Case and the Olmedo Bustos v. Chile Case[7] are practically the same. In the same way as the former, the latter is an International Human Rights Case involving State censorship – i.e. a reduction on the freedom of speech – on the basis of the protection of religious rights (not to mention that both cases have to do with movies that portray religious figures in a controversial manner).

The Chilean Case (CORTE INTERAMERICANA DE DERECHOS HUMANOS, 2001) is about the censoring of the movie "The Last Temptation of Christ" by Martin Scorsese on the basis that this film would offend religious rights through its portrayal of Jesus. Similar to what happened

---

7. Henceforth: "the Chilean Case".

in Austria, the Chilean Supreme Court confirmed the censoring of the movie to be lawful according to the State's Constitution.

The case was then brought before the Inter-American Commission of Human Rights, which was unable to come up with a consensual solution in face of which the case was then brought before the Inter-American Court of Human Rights.[8] However, differently from the European Court, in its decision, the Inter-American Court decided that the restriction conducted by the State violated Article 13 of the American Convention of Human Rights,[9] since the exercise of the right of freedom of speech cannot be subject to previous censorship (the only exception being the possibility to restrict access of minors to spectacles). Other than that, the Court stated that it is a State's duty not to interfere with the enjoyment of the right of access of information of all kinds, which extends to the circulation of information and the exhibition of artistic works that may not be approved by the majority at a given moment. In this sense, the Court recognized the two dimensions of the right of freedom of speech: (i) its Individual Dimension, the strict sense freedom of expression, and (ii) its Social Dimension, the right to disseminate and access information.

Still concerning the Chilean Case, one of the case's most important repercussions was that the Court ruled against the State's censorship despite this being lawful according to the Chilean Constitution. In other words, the Court condemned the State's actions despite those being permitted by its most fundamental national norm, the State's Constitution

---

8. Henceforth: "the Inter-American Court".
9. "Article 13. Freedom of Thought and Expression. 1. Everyone has the right to freedom of thought and expression. This right includes freedom to seek, receive, and impart information and ideas of all kinds, regardless of frontiers, either orally, in writing, in print, in the form of art, or through any other medium of one's choice. 2. The exercise of the right provided for in the foregoing paragraph shall not be subject to prior censorship but shall be subject to subsequent imposition of liability, which shall be expressly established by law to the extent necessary to ensure: a. respect for the rights or reputations of others; or b. the protection of national security, public order, or public health or morals. 3. The right of expression may not be restricted by indirect methods or means, such as the abuse of government or private controls over newsprint, radio broadcasting frequencies, or equipment used in the dissemination of information, or by any other means tending to impede the communication and circulation of ideas and opinions. 4. Notwithstanding the provisions of paragraph 2 above, public entertainments may be subject by law to prior censorship for the sole purpose of regulating access to them for the moral protection of childhood and adolescence. 5. Any propaganda for war and any advocacy of national, racial, or religious hatred that constitute incitements to lawless violence or to any other similar action against any person or group of persons on any grounds including those of race, color, religion, language, or national origin shall be considered as offenses punishable by law." (AMERICAN CONVENTION ON HUMAN RIGHTS, 1969).

(PIOVESAN, 2013, p. 371). By doing so, the Court strengthened the perception of "international unilateralism", which forces the conclusion that no single State norm is beyond the reach of the Inter-American Court's Jurisdiction (RAMOS, 2016b, p. 304).

Again, having fulfilled the purpose of this topic – to give a brief exposition onto the Chilean Case – and already having done the same to the Austrian Case, this paper will tackle the problematic related to the Margin of Appreciation technique.

3. THE MARGIN OF APPRECIATION TECHNIQUE AND ITS INHERENT STRUCTURAL FLAW

As seen above, the Margin of Appreciation technique was already mentioned when analyzing the Austrian Case. It was then utilized by the European Court to avoid deciding that particular case and leave it to the State to choose what was best – which right should prevail: freedom of speech or the right to not have one's religion offended.

In this sense, the Margin of Appreciation is, rigorously, a judicial technique. It is a self-restraint tactic utilized by the European Court to ensure the subsidiary nature of international jurisdiction. In other words, the Court thinks it is best for the State to decide the case by itself. This conclusion is clearly derived from the eminently subsidiary characteristic of international courts: the idea that these international entities should only act when the State's inability is explicitly recognized.

However, it is important to observe that, despite subsidiarity being a general rule common to both Inter-American and European Human Rights Systems, the Margin of Appreciation is eminently European (TRINDADE, 1999, p. 125). It is a technique invented by the now extinct European Commission of Human Rights and adopted the European Court (GREER, 2000, p. 05). Born as a judicial technique it had no provision on the original text of the European Convention of Human Rights (quite the opposite, its first article expressly states the general obligation to respect Human Rights).[10] Its legal implementation came only with the Protocol n. 15, which states:

---

10. "Article 1. Obligation to respect Human Rights. The High Contracting Parties shall secure to everyone within their jurisdiction the rights and freedoms de defined in Section I of this Convention." (AMERICAN CONVENTION ON HUMAN RIGHTS, 1969).

> Article 1. At the end of the preamble to the Convention, a new recital shall be added, which shall read as follows: "Affirming that the High Contracting Parties, in accordance with the principle of subsidiarity, have the primary responsibility to secure the rights and freedoms defined in this Convention and the Protocols thereto, and that in doing so they enjoy a margin of appreciation, subject to the supervisory jurisdiction of the European Court of Human Rights established by this Convention" (COUNCIL OF EUROPE, 2013)

In this sense, some defend that the creation of the Margin of Appreciation was motivated by the continent's own ideological spirit and its sense of trust in the democratic nature of its States. A notion that the European States are able to solve their own troubles given that, through their shared experiences, they had come to learn the value of Democracy and Human Rights (TRINDADE, 1999, p. 125).[11] In sum, a general feeling that there's no need of international intervention in every case, leave it to the states to resolve their issues.

In this manner, some have kept the technique at a high regard, as they believe that the States should be allowed to decide their own issues through their internal democratic means. The International Human Rights System is only to be used as a secondary safety net, not as a surrogate for the State's internal authority (HOFFMANN, 2009). More so, the defenders of the Margin of Appreciation feel that State ruled decisions are naturally more legitimate than a decision imposed by an "outsider" such as an international court. In this sense, it is argued that national authorities have a better position to assess the data and facts involved in the case if compared to an international tribunal (GREER, 2000, p. 33). Similarly, it is thought that there has to be some proportionality between legality and democracy and this is achieved precisely through the subsidiarity of the international system.

Lastly, those in defense of the technique argue that in some cases the solution cannot be achieved eminently through a straightforward legal analysis of the facts, there has got be some degree of reasonability and weighting between rights, and this judgment has to take in account the cultural characteristics of a community and protect public morals

---

11. It is necessary to mention that Cançado Trindade (1999, p. 125) agrees that the system is properly European but, differently from its supporters, the author believes that this system reflects the hubris of European way of thought in its misplaced trust on its own democratic spirit. Similarly, Ramos (2016b, 157) affirms that even democratic States are prone to violate Human Rights and that is exactly why there is a necessity for international courts capable of conventionality control.

(LETSAS, 2006, p. 724). It is unarguable that there is no clear *a priori* definition of the extent of most Human Rights (there is no consensus, at least). Given this lack of precision, the defenders of the Margin of Appreciation feel that in situations where there is not a substantial degree of consensus the prerogative to define the real extent of the conflicting rights should be given to the States (HUTCHINSON, 1999, p. 640). In sum, those who defend the maintenance of the Margin of Appreciation believe that it should be the States, through their elected officials, the ones that should hold greater authority in deciding these hard cases.

In a broad sense, those are the main arguments in favor of the technique. However, despite its strong defense, the usage of the Margin of Appreciation somewhat contradicts the universal nature of Human Rights. More so, in itself, the technique is detrimental to the purposes of an international conventionality control, which main reason for existence is to ensure an impartial and universal counter-majority enforcement of International Human Rights Law (RAMOS, 2016a, p. 184-185).

That is not to say that the subsidiary nature of the international courts should be impromptu abolished. In most situations, it is perfectly possible that the judicial case should start and end within the State. The problem is that the Margin of Appreciation is not just a manifestation of the subsidiarity of the international system – it could represent the termination of the system in itself because it takes the "International" out of International Human Rights Law.

According to the analysis of the aforementioned Austrian Case, on its decision, the European Court of Human Rights recognized that it is each States prerogative to decide the extension of the right of freedom of speech. By doing so, the European Court indirectly has recognized that, in the European System, Human Rights are relative to the State they are practiced on. According to this court's decision, Human Rights are not to be defined by the people who are entitled to them but are defined by the territorial jurisdiction of the State where they are exercised. This contradicts the whole *raison d'être* of the International Human Rights Law.

The international normative system evolved to the point that it is today because it was recognized that Human Rights are too important of a matter to be left only at the whims of the States. After the Second World War, the victorious powers decided to unite and establish a new international community that would be based on the inherent dignity of all human beings, independently from their particular nationalities, Human Rights are recognized as universal (COMPARATO, 2015, p. 225-

226). All people are equal, independently from their nationality. If so, why would the right of freedom of speech in Austria be any different from the rest of Europe or the rest of the world?

It is perfectly acceptable that each State should decide, with reasonability, how far their subject's rights go. My issue is that when faced with the concrete case the European Court decided to "opt out" and this causes a structural problem. If the European Court examined the case and decided that the State was acting in accordance with the European Convention of Human Rights, there would, perhaps, be a problem of injustice but structurally the decision would be fine. Similarly, if the Court decided that that case would not be within its jurisdiction because of the subsidiary nature of the international system there would be no structural problem. In both of these cases the European Court would have exercised its jurisdiction, even if unjustly so. The issue is that, on the Austrian Case (and all the other cases where the Margin of Appreciation was applied), the European Court "decided not to decide". It chose to hand the problem back to the State because it thought that the State would be better suited to figure it out. There is no structural issue with subsidiarity, the problem is that the Margin of Appreciation turns a system which main purpose should be its universal nature into a relativistic mess (RAMOS, 2016b, p. 215). Conventionality control exists with the purpose of ensuring the unity of International Law, that is, to ensure that there is only one International Human Rights Law and not various perspectives that change according to where they were interpreted (RAMOS, 2016a, p. 184). The existence of a central (even if regional) international court that exercises control over national cases has the objective of ensuring a uniform and impartial interpretation of Law (LIRA, 2016, p. 32).

This idea comes *pari passu* with the prohibition of *non liquet*. In the exercise of jurisdiction there is an underlying obligation to decide – courts exist in order to decide the cases that have been presented upon them – even if there is no previous consensus upon a specific matter, it is the judicial court's obligation to come up with a solution. This duty is derivative of the completeness of Law, that is, the axiom that even if there are some gaps on normative regulation, these are only apparent, because, through a systematic approach it is possible to find a solution (SHAW, 2008, p. 98). In other words, even if there is not some specific legal norm regulating that particular conflict, it is the judicial duty to interpret the system as a whole and find the solution. It is significant to mention that Cançado Trindade affirms that this *non liquet* prohibition is also specifically present in International Human Rights Law and it can be derived through the Martens Clause – it is not possible to claim that the inexistence of regulation or norm prohibiting certain conduct ensures the possibility of a conduct that is detrimental to Human Rights. In the author's words: "thus, that absence of a conventional norm is not conclusive, and is by no means the end of the matter [...]" (TRINDADE, 2010, p. 422).

In this sense, the application of the Margin of Appreciation goes against this whole fundamental idea. This is not to say that in every case presented upon it, the international court is forced to rule against the State or even that in some cases the court is forbidden of recognizing that the matter is first to be decided by the State (given the subsidiary nature of international jurisdiction). The problem is when an international court decides to renounce its jurisdiction because it is faced with a hard case. There is no exception to the prohibition of *non liquet* that relates to the complexity or the lack of consensus of a case, the obligation stands on those matters.

Other than that, one of the main benefits of an International Human Rights System is its universality on regard to its titularity, i.e., the fact that all people have the right to Human Rights independently from their nationality, culture, religion, etc. In sum: people have Human Rights because they are human, regardless of any further consideration (COMPARATO, 2015, p. 240). In this sense, it is true that the World Conference on Human Rights has recognized the significance of national and regional particularities, but it also has recognized the duty of all States – regardless of their cultural backgrounds – to promote and protect Human Rights in a universal manner (VIENNA DECLARATION AND PROGRAMME OF ACTION, 1993). Cultural perspectives on Human Rights can still exist, as long as they do not contradict the universal interpretation.

Similarly, one of the reasons for the existence of an international judicial entity capable of exercising a conventionality control (such as the European Court or the Inter-American Court) is to ensure impartiality. This comes from the fact that, more often than not, it is the State the one responsible for the violations of Human Rights. Being it so, sometimes even the state's Judiciary body is not to be trusted with protecting these rights. Indisputably these are the cases that demonstrate the importance of conventionality control in the protection of Human Rights (RAMOS, 2016b, p. 157).

This comes in contact with the judicial rule that forbids one to be the judge of its own case: *nemo iudex in sua causa*. The idea is that no one should be a judge of a case that directly interests that particular individual. To do so, would be to "put the fox in charge of the henhouse" (VERMEULE, 2012, p. 389). That is exactly what the Margin of Appreciation proposes, it asks the State (the supposed violator of Human Rights) what it thinks it is best to do – most naturally the decision will be that in favor of its own deeds and against the claimants, and that is exactly what happened in the cases examined – the State decided in favor of itself (or, at least, its national majority).

Let's take back into account the Austrian and the Chilean Case. In both of these cases there is an ideological minority going against a majoritarian religion. In both Austria and in Chile the greater part of the population is Christian. Being it so, it is reasonable to induce that most of the Government and State officials take part on this religion and, likewise, they would probably rule in favor of their own religion (being it on the process of lawmaking, judging, etc.). That is exactly what happened in the cases examined above. In both of these cases the State ruled in favor of censoring the minority in favor of the majoritarian religion. With this line of thought, there is no option but to conclude that when the European Court decided that it was the State's prerogative to determine the extension of the freedom of speech it was condemning the minority ideology to silence.

More so, it is important to emphasize that the right of freedom of speech exists to ensure the free expression of controversial opinions and ideas – someone who speaks in favor of the establishment does not need to worry about censorship (SARMENTO, 2007, p. 36). In the same sense, a movie that promotes the dominant ideology of a community will not face any trouble. The hard times come when someone wants to express a contentious opinion such as a movie that criticizes the majoritarian ideology or religion.

This consternation is shared by the dissident vote of Judge S.K. Martens of the European Court of Human Rights on the Caroline Cossey v. United Kingdom Case. On his vote, he expressed that to leave a Margin of Appreciation to the States is another way of saying that the Court will not fully exercise its jurisdiction (which is the same as saying that the Court is disrespecting the *non liquet* prohibition) (EUROPEAN COURT OF HUMAN RIGHTS, 1990, p. 21). Furthermore, he affirmed that in every instance where an international court decides in favor of leaving something up to the State it is necessary to take into consideration various factors that have to be balanced, specifically those related to societal changes, in this sense, "[...] the Court should take great care not to yield too readily to arguments based on a country's cultural and historical particularities." (EUROPEAN COURT OF HUMAN RIGHTS, 1990, p. 28).

The reason why Human Rights developed is precisely to defend against oppression. The system became international (perhaps even "supranational") in order to protect against the oppression perpetrated against individuals by the State. That is exactly why there are international courts: to ensure the rights of minorities, even ideological ones, against oppression, specifically the unrighteous persecution by the State and its officials (RAMOS, 2016b, p. 157).

When the European Court decided not to decide, it contradicted the reason of its existence. That is exactly what the Margin of Appreciation is, a hateful attempt to deconstruct the importance of the International Human Rights Law by handing this subject back to the States. And the result will repeat itself in most cases: The State will decide in favor of the majority, ignoring the claims of the minorities, subverting the whole reasoning behind an International Jurisdiction.

Differently, and righteously so, on the Chilean Case, the Inter-American Court understood the importance of its role. It realized that it was the last resort of the applicants and decided the case. Even if it would have decided against the claimants and in favor of the State, the decision would be better than what the European Court did, because (even if it ruled in favor of the restriction of the freedom of speech) it would be putting into effect the universality of Human Rights, which is one of its most fundamental reasons for existing an international conventionality control.

More so, going back to the *nemo iudex in sua causa* rule, that the reason for having international courts is precisely to ensure impartiality, which only comes with the required detachment from the facts. When the Margin of Appreciation technique is applied, any chance of impartiality goes out the window. More than that, the application of this technique goes against the point of having an international court. These tribunals exist to ensure the impartial interpretation of International Law and avoid political favoritism (KELSEN, 1941, p. 577). When one of these courts hands the case back to the State (which is one of the litigating parties), they are contradicting this fundamental principal of natural justice – they are asking the fox what to do with the henhouse.

In this way, it is possible to conclude that there is a logico-structural obligation of the international courts to conduct the conventionality control. Even if there is to be some freedom in the interpretation of International Human Rights Law by the States (LIRA, 2016, 59-60) the final interpreter is the international court and, by having this essential responsibility, there is an underlying obligation of these entities to conduct the conventionality control. With this in mind, and taking in regards the necessary universality of Human Rights, it seems that there's no space left for the Margin of Appreciation.

4. THE ADOPTION OF THE MARGIN OF APPRECIATION TECHNIQUE BY THE INTER-AMERICAN COURT

As mentioned before, the Margin of Appreciation is eminently a European creation (TRINDADE, 1999, p. 125). Moreover, according to some academics, there are no expressive manifestations of this technique by the Inter-American Court case lists – they believe that this Tribunal does not accept the argument of a State's ideological margin of appreciation when dealing with the extension of Human Rights (RAMOS, 2016a, p. 186). However, it is possible to argue that this conclusion is too precipitated.

There are, perhaps, some early signs that could be interpreted as the first steps of the adoption of the technique by the Inter-American Court (LIRA, 2016, p. 59). Notably, on the Advisory Opinion 4/84, requested by Costa Rica, regarding that State's proposed amendments to its Constitution, the Inter-American Court recognized that there are some subjects reserved to the exclusive domain of national legislation. It was stated that there is a "margin of appreciation" reserved to the State's jurisdiction that is recognized by the Court. It is meaningful to read the decision on the Court's terms:

> In reaching this conclusion, the Court is fully mindful of the margin of appreciation which is reserved to states when it comes to the establishment of requirements for the acquisition of nationality and the determination whether they have been complied with. But the Court's conclusion should not be viewed as approval of the practice which prevails in some areas to limit to an exaggerated and unjustified degree the political rights of naturalized individuals. Most of these situations involve cases not now before the Court that do, however, constitute clear instances of discrimination on the basis of origin or place of birth, unjustly creating two distinct hierarchies of nationals in one single country (CORTE AMERICANA DE DERECHOS HUMANOS, 1984, 28)

Conversely, how it was expressively stated by the Inter-American Court itself as seen above, there is not yet any application of the technique on similar terms such as those that are used by the European Court. But it is possible to affirm that there's already some sort of "limited approach" to the Margin of Appreciation by the Inter-American Court (LIRA, 2016, p. 59). In this sense, perhaps, in this particular case the Court merely reinforced the subsidiary nature of its jurisdiction and that there will not be further development of the technique in future Inter-American cases.

The Inter-American Court has a highly important function as one of the protagonists of Human Rights protection in the American continent. Even if one would not particularly agree with the argument that Europe has an internalized democratic and Human Rights directed spirit, and, for that reason, it is able to incorporate the Margin of Appreciation technique, it is clear that the European continent had a longer and more stable democratic experience if compared to Latin-America (PRZEWORSKI, 2011, p. 76-77) (MAINWARING; PÉREZ-LIÑÁN, 2013, p. 36). Central and Southern American States have suffered many times and not so long ago many periods of retrogression in the protection of Human Rights, not to mention explicit and direct violations of those rights that were perpetrated directly by the State (MARMELSTEIN, 2016, p. 64).

In this conjuncture, if the Inter-American Court were to adopt a weaker demeanor when exercising its conventionality control the continent would be facing a dangerous risk of losing one of its most important mechanisms of universal implementation of Human Rights. As demonstrated though the analysis of the Chilean Case, there is still a long path on the development of the recognition of Human Rights on the Americas by the national courts. If the strong attitude of the Inter-American Court was to be forefeited, the minorities would be left without any concrete protection against the violations perpetrated against them by the State (RAMOS, 2016a, 186).

However, these observations should not be exclusively directed towards the American States. According to what was seen in the Austrian Case, the same can be said about Europe. It is far too presumptuous to believe that Europe is beyond reproach. The last time dictators ruled on Europe was not that long and, unfortunately, it is not impossible to see it happening again. If the Second World left any lessons, one of them was that horrors are prone to repetition. Similarly, it is interesting to mention Carvalho Ramos's (2016a, p. 215) assumption that, if the results of the cases were inverted – that is, if the Inter-American Court decided in favor of censorship and the European Court decided in favor of the freedom of speech – or if the latter occurred in another Third World State, there would probably be accusations of obscurantism derived from the fact that those nations were underdeveloped.

Even on the so called "developed countries" there are still many oppressed minorities, but if the decision regarding whether this oppression was righteous was left to the oppressors (which, sometimes, is the State) to decide, the conclusion would probably be in favor of what the majoritarian ideology thought was best. This is a particular characteristic of the development of Human Rights. When left to be interpreted by interested parties, Human Rights end up serving the economic and political interest of the dominant group (BOAVENTURA, 1997, p. 20). To avoid this trick, Human Rights protection became international – to avoid the trap of a nationalistic interpretation, there is an International Human Rights Law, which, evidently, can only be properly international if interpreted by an International Source (RAMOS, 2016a, p. 37).

One of the reasons for an international conventionality control to exist is to enforce a uniform (and thus properly universal) interpretation of International Human Rights Law. Not only that, this international approach to Human Rights is necessary because in many cases State authorities are the ones responsible for Human Rights violations. Thus conventionality control appears as an indispensable tool towards State accountability. When a case involving State responsibility is given to an international court it is expected that this Tribunal will analyze the facts revolving the case and duly exercise its jurisdiction, interpreting the correct extension of the Human Rights involved in that conflict. The *raison d'être* of the International Human Rights Law is its universality, the establishment of a minimum standard that surpasses the needs for consensus and majoritarian decisions. The same can be said about conventionality control. Equivalently, to accept a relativist approach such as the Margin of Appreciation is to go against the whole fundaments of having an International Human Rights Court such as the European Court or the Inter-American one.

In this manner, for all the reasons above stated, it is paramount to understand that the Inter-American Court should preserve its current demeanor applying its jurisdiction in the cases presented to it, ensuring a universal approach to Human Rights. For the same reasons, the European Court should follow its American counterpart and forfeit the Margin of Appreciation. However, it is necessary to mention that it isn't sufficient that the Inter-American Court abstains itself from applying the technique. It is necessary for the Court to explicitly state that in the

Inter-American System the Margin of Appreciation has no scope of application.

Through its aforementioned characteristics, the Margin of Appreciation is an appealing instrument for the States (specifically those that are prone to Human Rights violations). The technique hands the States a *carte blanche* which allows them to interpret and apply Human Rights Law as they will, according to their own particular views, and, in this way, bypass the international system. This immunizing characteristic is irresistibly attractive and, therefore, if the States are allowed to, they will use it to set themselves free from concrete international jurisdiction.

In some sense, this is what occurred in a recent decision ruled by Brazil's highest non-constitutional appellate court, the Superior Tribunal de Justiça (Superior Court of Justice). While analyzing a habeas corpus, the court ruled against the writ's plaintiff arguing that – despite a contrary decision of the Inter-American Court in a similar matter – it was applying the Margin of Appreciation technique. Interpreting the technique, the Brazilian court explicitly stated that, even if there was a specific decision of the Inter-American Court regarding this particular case, Brazil would still retain the prerogative of deciding by itself whether that decision would be applicable on national territory given its sovereignty (SUPERIOR TRIBUNAL DE JUSTIÇA, 2017, p. 03).

Ignoring the obvious flaws of the tribunal's argument, this decision shows how pervasive the Margin of Appreciation technique is. As stated, the possibility that the technique gives is enticing for the States – it is an escape route, a means to get free of the supervision from international courts. In this particular case, it is possible to argue that, given the lack of a firm statement made by the Inter-American Court, the Brazilian tribunal considered possible to apply the technique in its decision – silence gives consent. In this manner, if this case is internationally judicialized, this shows itself as the perfect opportunity for the Inter-American Court to finally state that there's no Margin of Appreciation this side of the globe.

CONCLUSION

On his trial, Socrates stated that his execution would not be able to censure his ideas – his condemnation would in fact produce the opposite effect. The philosopher argued that censorship is not only dishonorable it is impossible; better than disabling others, would be to attempt to improve oneself, to better your arguments and convince your point of view is the correct one (PLATO, 1993, p. 64-65). This spirit, this openness to debate – the defense of the freedom of speech even if the ideas are opposite to what it is believed to be true – is one of the most important elements that compose the Western psyche.

However, it is clear that this freedom cannot be absolute. It cannot be admitted as a righteous exercise of the freedom of speech an act that, at its basis, has sole the intention of vilifying some other Human Right (such as the respect for religious feelings). In this conflict, there has to be some middle ground, which can only be achieved through judicial prudence. The respect of established norms is, in its own turn, also part of the Western ethos.

In this manner, sometimes it is just to have protection of religious liberty over freedom of speech. Imagine a manifestation against some minority's religion, accusing it of being inherently evil or responsible for everything wrong that ever happened. That could not be comprehended as righteous freedom of speech. There's a difference between the freedom of expressing one's ideas and plain hate speech. In these situations, it is judicially correct to limit the freedom of speech. Nevertheless, on other cases, such as the Austrian and Chilean Cases, freedom of speech should prevail. Perhaps the main difference would be the fact that in the latter there is an ideological minority going against the majoritarian religion, the opposite of what would happen in the former.

In this sense, equivalently to what was stated on Judge S.K. Martens vote, international courts should be weary of deciding against the rights of the minorities. In many cases, international jurisdiction is their last possibility of seeing justice done. In the same sense, when deciding, an international court must take into account various factors, notably those related to societal changes. A decision that goes against freedom of speech may, perhaps, hinder the ideological developments of society.

Western society as a whole evolved through the tensions between the respect and the overcoming of dogmas. This could be translated into a conflict between controversial ideas and censorship. As a religion, Christianity, since the death of its homonym founder, has been subject to persecution. Notably through the Roman Empire under the reign of Decius in the third century up until 313 A.D. through the Edict of Milan, Christianity was considered as subversive and outright contrary to public morals. When the Empire became Christian, Christianity was the one responsible for persecution (which, apparently, is still occurring, albeit more subtly).

In both the Chilean and the Austrian Case there is a Christian majority forcing its mentality onto the ideological minority that wants to criticize this religion and its followers. The cases had opposite solutions and that was due, mainly, because of the possibility that the European Court had of not deciding the litigation through the appliance of the Margin of Appreciation technique. Differently, the Inter-American Court, not having at its disposal similar technique, was forced to decide and, by doing so, it performed an international interpretation of the issue through conventionality control, thus ensuring the universality of the Inter-American System.

Therefore, the Margin of Appreciation is detrimental to the existence of a properly International Human Rights Law – it subverts a universal and uniform approach, turning it relativistic, which, in itself is contradictory with the International advance of the protection of Human Rights. Moreover, as stated, there is an implicit obligation of the international courts to exercise its jurisdiction – the prohibition of *non liquet* applies also on an international judicial level. Consequently, that there is a logico-structural obligation of these international tribunals to conduct the conventionality control on the cases that are presented upon them. This not to say that the courts are compelled to decide against the State or even to decide every case that involves Human Rights (international jurisdiction is subsidiary after all). However, the international courts are obliged to decide those cases that fall on their sphere of competence.

Furthermore, as already mentioned, the possibility to hand the case back to the litigants – notably when one of the parties involved is the one who would exercise jurisdiction – contradicts the principle of natural justice known as *nemo iudex in sua causa*. Being it so, the Margin of Appreciation undermines the impartiality (which is what characterizes a judicial decision) and, thus, goes against everything that International Human Rights Law and conventionality control stands for.

In this sense, based on everything that has been said – and given that there is nothing more essential to the whole concept of Human Rights than the idea of equality between every human being which is only attainable through an effective universal International Human Rights System (the opposite of what the Margin of Appreciation proposes) – this paper concludes that the technique known as Margin of Appreciation should be abandoned by the European Court and, similarly, should not be adopted by any other judicial court (national or international) which considers itself a supporter of Human Rights. More than that, based on the premise that silence gives consent, when the opportunity presents itself, the Inter-American Court should explicitly state that there is no Margin of Appreciation on the Inter-American System of Human Rights.

REFERENCES

AMERICAN CONVENTION ON HUMAN RIGHTS. 1969. Available at: <http://www.cidh.oas.org/basicos/english/basic3.american%20convention.htm>. Accessed on the 5th of February 2017.

BÉRTOLA, Luis; OCAMPO, José Antonio. **The Economic Development of Latin America since Independence**. Oxford: Oxford University Press, 2012.

BOAVENTURA. **Por uma Concepção Multicultural de Direitos Humanos**. Revista Crítica de Ciências Sociais, n. 48, 1997. Available at: <http://www.boaventuradesousasantos.pt/media/pdfs/Concepcao _multicultural_direitos_humanos_RCCS48.PDF>. Accessed on the 5th of February 2017.

CHIMNI, B. S.. **Third World Approaches to International Law: A Manifesto**. International Community Law Review 8: 3-27, 2006. Available at: <http://www.jnu.ac.in/SIS/MakingSISVisible /Publications/Third%20World%20Manifesto%20BSChimni.pdf>. Accessed on the 5th of February 2017.

COMPARATO, Fábio Konder. **A Afirmação Histórica dos Direitos Humanos**. 10 ed. São Paulo: Saraiva, 2015.

CORTE INTERAMERICANA DE DERECHOS HUMANOS. **Caso "La Última Tentación de Cristo" (Olmedo Bustos y otros) vs. Chile**. 2001. Available at: <http://www.corteidh.or.cr/docs/casos/articulos/Seriec_73_esp.pdf>. Accessed on the 5th of February 2017.

_____. **Opini**ón Consultiva OC-4/84 Propuesta de Modificación a la Constitución Política de Costa Rica Relacionada con la Naturalización. 1984. Available at: <http://www.corteidh.or.cr/docs/opiniones /seriea_04_esp.pdf>. Accessed on 10th of July of 2017.

DE SCHUTTER, Olivier. **International Human Rights Law: Cases, Materials, Commentary.** Cambridge: Cambridge University Press, 2010.

EDGE, Peter W. **The European Court of Human Rights and Religious Rights**. The International and Comparative Law Quarterly, Cambridge University Press, vol. 47, n. 3, 1998. Available at: <http://www.jstor.org/stable/761429>. Accessed on the 5th of February 2017.

EUROPEAN CONVENTION ON HUMAN RIGHTS. 1950. Available at: < http://www.echr.coe.int/Documents/Convention_ENG.pdf>. Accessed on the 5th of February 2017.

EUROPEAN COURT OF HUMAN RIGHTS. **Case of Otto-Preminger-Institut v. Austria. 1994.** Available at: <http://hudoc.echr.coe.int/eng?i=001-57897>. Accessed on the 5th of February 2017.

_____. **The Cossey Case Judgment (16/1989/176/232)**. 1990. Available at: <http://www.pfc.org.uk/caselaw/The%20Cossey%20Case.pdf>. Accessed on the 5th of February 2017.

FOUCHER, Marilsa de Melo. **O Dilema da Frágil Democracia Brasileira.** Instituto de Estudos Socioeconômicos, 2015. Available at: <http://www.inesc.org.br/noticias/noticias-gerais/2015/abril/o-dilema-da-fragil-democracia-brasileira>. Accessed on the 5th of February of 2017.

GREER, Steven. **The Margin of Appreciation: Interpretation and Discretion Under the European Convention on Human Rights.** Human Rights Files n. 17, Council of Europe Publishing. Available at: < http://www.echr.coe.int/LibraryDocs/DG2/HR-FILES/DG2-EN-HRFILES-17(2000).pdf>. Accessed on the 5th of February of 2017.

HOFFMANN, Lord. **The Universality of Human Rights.** Judicial Board Annual Lecture, 19 March 2009, Courts and Tribunals Judiciary. Available at: <https://www.judiciary.gov.uk/announcements/speech-by-lord-hoffmann-the-universality-of-human-rights/>. Accessed on the 5th of February of 2017.

HUTCHINSON, Michael R. **The Margin of Appreciation Doctrine in the European Court of Human Rights.** The International and Comparative Law Quarterly, British Institute of International and Comparative Law, vol. 48, n. 3, 1999. Available at: <http://www.jstor.org/stable/761320>. Accessed on the 5th of February of 2017.

KELSEN, Hans. **International Peace — By Court or Government?** American Journal of Sociology, vol. 46, n. 4, 1941, University of Chicago Press. Disponível em: <www.jstor.org/stable /2769924>. Acesso em: 21 abr. 2017.

LETSAS, George. **Two Concepts of the Margin of Appreciation.** Oxford Journal of Legal Studies, vol. 26, n. 4. Available at: <http://www.jstor.org/stable/4494564>. Accessed on the 5th of February of 2017.

MAINWARING, Scott; PÉREZ-LIÑÁN, Aníbal. **Democracies and Dictatorships in Latin America: Emergence, Survival and Fall.** New York: Cambridge University Press, 2013.

MARMELSTEIN, George. **Curso de Direitos Fundamentais.** 6 ed. São Paulo: Atlas, 2016.

PALMER, Stephanie. **Blasphemy and The Margin of Appreciation.** The Cambridge University Press, Cambridge Law Journal, vol. 56, n. 3, 1997. Available at: < http://www.jstor.org/stable/4508359>. Accessed on the 5th of February of 2017.

PLATO. **The Last Days of Socrates: Euthyphro, Apology, Crito, Phaedo.** Translated by Hugh Tredennick and Harold Tarrant. London: Penguin Books: 1993.

PIOVESAN, Flávia. **Direitos Humanos e o Direito Constitucional Internacional.** 14 ed. Digital Edition. São Paulo: Saraiva, 2013.

PRZEWORSKI, Adam. **La Mecánica de La Inestabilidad Política en Latinoamérica.** Revista Jurídica de la Universidad de Palermo, 12-1, 2011. Available at: < http://www.palermo.edu/derecho/revista_juridica/pub-12/12Juridica02.pdf >. Accessed on the 5th of February of 2017.

COUNCIL OF EUROPE. **Protocol No. 15 amending the Convention on the Protection of Human Rights and Fundamental Freedoms.** 2013. Available at: <http://www.echr.coe.int/Documents/Protocol_15_ENG.pdf>. Accessed on the 5th of February of 2017.

RAMOS, André de Carvalho Ramos. **Processo Internacional dos Direitos Humanos.** 5 ed. São Paulo: Saraiva, 2016.

_____. **Teoria Geral dos Direitos Humanos na Ordem Internacional.** 6 ed. São Paulo: Saraiva, 2016.

SARMENTO, Daniel. **Liberdade de Expressão, Pluralismo e o Papel Promocional do Estado**. Revista Diálogo Jurídico, n. 16, 2007. Available at: <http://www.direito-publico.com.br/pdf_seguro/LIBERDADE _DE_EXPRESS_O__PLURALISMO_E_O_PAPEL_PROMOCIONAL_DO_ESTADO.pdf>. Accessed on the 5th of February of 2017.

LIRA, Yulgan. **Controle de Convencionalidade:** A Tutela Coletiva dos Tratados Interanacionais de Direitos Humanos. João Pessoa: Ideia, 2016.

TRINDADE, Antônio Augusto Cançado. **International Law for Humankind: Towards a New Jus Gentium**. Leiden: Martinus Nijhoff Publishers, 2010.

_____. **Tratado de Direito Internacional dos Direitos Humanos.** Vol. II. Porto Alegre: Sergio Antonio Fabris Editor, 1999.

SHAW, Malcolm. **International Law**. 6 ed. Cambridge: Cambridge University Press, 2008.

SUPERIOR TRIBUNAL DE JUSTIÇA. **Habeas Corpus n. 379.269-MS (2016/0303542-3), Relator: Ministro Reynaldo Soares da Fonseca, Relator para Acórdão: Ministro Atonio Saldanha Palheiro. 2017.** Available at:<https://ww2.stj.jus.br/processo/revista/documento/mediado/?componente=ATC&sequencial=73399234&num_registro=201603035423&data=20170630&tipo=5&formato= PDF>. Acessed on the 2nd of July 2017.

VERMEULE, Adrian. **Contra Nemo Iudex in Sua Causa: The Limits of Impartiality.** Yale Law Journal, n. 2, vol. 122, 2012. Available at: <http://www.yalelawjournal.org/essay/contra-nemo-iudex-in-sua-causa-the-limits-of-impartiality>. Accessed on the 1st of May 2017.

VIENNA DECLARATION AND PROGRAMME OF ACTION. 1993. Available at: <http://www.ohchr.org/EN/ProfessionalInterest/Pages/Vienna.aspx>. Accessed on the 1st of July of 2017.

LA REPARACIÓN DEL DAÑO AL PROYECTO DE VIDA EN EL SISTEMA INTERAMERICANO DE PROTECCIÓN A DERECHOS HUMANOS[1]

Mariana Torres López[2]

INTRODUCCIÓN

Uno de los imperativos categóricos que rige al Derecho Internacional, es que la trasgresión de alguna de las normas u obligaciones que conforma el *corpus iuris* de la materia, es decir, un acto ilícito internacional, genera responsabilidad para el sujeto de derecho que, mediante una acción o una omisión, haya incumplido las obligaciones pactadas, lo que conlleva la inexcusable obligación de reparar el daño.

Al hablar de los Sistemas Internacionales de Protección a Derechos Humanos, este imperativo implica un tratamiento particular, pues la obligación de reparar no se exige entre los sujetos obligados, entiéndase Estados Parte, sino que la trasgresión de la obligación internacional contraída, afecta la esfera jurídica de un individuo o grupo de individuos en particular, respecto de quien o quienes, el Estado trasgresor, tiene la obligación de indemnizar por los daños ocasionados.

Para que dicha obligación pueda ser efectiva, es necesario acreditar la responsabilidad internacional del Estado, la cual se compone de 3 elementos:

a) Una acción u omisión que viole una norma internacional de derechos humanos.

---

1. Este artículo fue publicado originalmente en la revista Lexmax de la OBA de Paraíba.
2. Licenciada en Derecho por la Universidad Veracruzana, Asistente Legal en el Programa de Derechos Humanos de la Universidad Veracruzana, Diplomada en Derechos Humanos y Neoconstitucionalismo Mexicano por el Instituto de Investigaciones Jurídicas de la Universidad Veracruzana, Proyectista de la Comisión Estatal para la Atención y Protección de los Periodistas en Veracruz.

b) Que dicha acción y omisión sea atribuible al Estado, de manera directa o indirecta, es decir, que se tenga por acreditado que fue cometida, ordenada o tolerada por agentes estatales.

c) Que ésta, cause un daño físico, material o moral a un sujeto o grupo de sujetos particularizado.

En el Sistema Interamericano de Protección a Derechos Humanos, la obligación de reparación se encuentra recogida en el artículo 63.1 de la Convención Americana sobre Derechos Humanos (CADH), cuya literalidad dispone:

> "Cuando decida que hubo violación de un derecho o libertad protegidos en esta Convención, la Corte dispondrá que se garantice al lesionado en el goce de su derecho o libertad conculcados. Dispondrá asimismo, si ello fuera procedente, que se reparen las consecuencias de la medida o situación que ha configurado la vulneración de esos derechos y el pago de una justa indemnización a la parte lesionada".

La Comisión Interamericana de Derechos Humanos ha interpretado esta disposición en el sentido de que instituye como regla la obligación de restablecer el *statu quo ante* (Corte IDH, 10 septiembre 1993 £47), sin embargo, la Corte Interamericana ha reconocido que esto no es factible en la mayoría de los casos de violaciones a derechos humanos, por ello, el Tribunal ha desarrollado una serie de rubros dentro de las reparaciones, entre los que destacan las compensaciones pecuniarias, las medidas de restitución, rehabilitación, satisfacción y garantías de no repetición, todas ellas tendientes a resarcir los daños de la manera más integral posible (Corte IDH, 17 abril 2015 £452).

Dentro de estos rubros de reparación, se ha insertado el denominado ***"Daño al Proyecto de Vida".*** El desarrollo de este término y su alcance dentro de la jurisprudencia de la Corte Interamericana, ha sido fluctuante y constantemente controvertido, incluso por los propios juzgadores del Tribunal, quienes a través de votos concurrentes o parcialmente disidentes, han dejado constancia de sus reflexiones acerca del tema, pues mientras que unos aplauden la introducción de este nuevo precepto, otros consideran que es ambiguo y bien podría quedar subsumido dentro del rubro de reparaciones inmateriales ya existentes. El presente artículo, pretende exponer brevemente los casos contenciosos en los cuales se han dictaminado medidas de reparación por un "daño al proyecto de vida" y la forma en que ha sido abordado por la Corte, para verificar los contrastes y retos que representa.

1. EL DAÑO AL PROYECTO DE VIDA

Desde su primera sentencia de reparaciones, el Tribunal Interamericano ha reconocido que la reparación del daño ocasionado por la infracción de una obligación internacional consiste en la plena restitución (*restitutio in integrum*), lo que incluye el restablecimiento de la situación anterior y la reparación de las consecuencias que la infracción produjo y el pago de una indemnización como compensación por los daños patrimoniales y extrapatrimoniales incluyendo el daño moral (Corte IDH 21 julio 1989 £26).

En lo que se refiere al daño moral, la Corte Interamericana ha reconocido que éste comprende un sinnúmero de afectaciones que no son susceptibles de medición pecuniaria, tales como: los sufrimientos y las angustias causadas a las víctimas; el menoscabo de valores muy significativos para el individuo y las alteraciones a las condiciones de vida de la víctima y/o su familia (Corte IDH 03 diciembre 2001 £53). Bajo esta lógica, al no poder asignar un valor monetario para resarcir el citado daño, su reparación se ha hecho, generalmente, a través de medidas de compensación. En primer lugar, mediante el pago de una cantidad de dinero o la entrega de bienes o servicios apreciables en valor monetario; y, mediante la realización de actos u obras de alcance o repercusión públicos que tengan efectos como la recuperación de la memoria de las víctimas, el restablecimiento de su dignidad, la consolación de sus deudos o la transmisión de un mensaje de reprobación oficial a las violaciones de los derechos humanos de que se trata y de compromiso con los esfuerzos tendientes a que no vuelvan a ocurrir(Corte IDH 03 diciembre 2001 £53).

Dentro de este rubro de reparaciones por daños inmateriales, se inserta el concepto de "daño al proyecto de vida", el cual, según la jurisprudencia del Tribunal Interamericano, atiende a una noción distinta del "daño emergente" y el "lucro cesante", en virtud de que no se corresponde con una afectación material consecuencia de los hechos, como lo es el "daño emergente"; y tampoco hace referencia a la pérdida de ingresos potenciales, tales como salarios o ganancias, englobados en las reparaciones por "lucro cesante"; sino que el concepto "proyecto de vida", hace referencia a la realización integral de la persona afectada, considerando su vocación, aptitudes, circunstancias, potencialidades y aspiraciones, que le permiten fijarse razonablemente determinadas expectativas y acceder a ellas (Corte IDH 27 noviembre 1998 £147).

2. ANÁLISIS DE LA JURISPRUDENCIA DE LA CORTE INTERAMERICANA EN MATERIA DEL DAÑO AL PROYECTO DE VIDA

La primera vez que la Corte Interamericana introdujo el término *"daño al proyecto de vida"*, fue en la sentencia de Reparaciones y Costas en el caso **Loayza Tamayo vs. Perú**, en el año de 1998. En dicho expediente, fue sometido a consideración de la Corte, la responsabilidad internacional del Estado peruano por la detención arbitraria, juicio y encarcelamiento de la maestra María Elena Loayza Tamayo por presuntos nexos con el grupo terrorista denominado "Sendero Luminoso".

En dicha resolución, el Tribunal Interamericano estableció que el proyecto de vida

> se asocia al concepto de realización personal, que a su vez se sustenta en las opciones que el sujeto puede tener para conducir su vida y alcanzar el destino que se propone. En rigor, las opciones son la expresión y garantía de la libertad. Difícilmente se podría decir que una persona es verdaderamente libre si carece de opciones para encaminar su existencia y llevarla a su natural culminación. Esas opciones poseen, en sí mismas, un alto valor existencial. Por lo tanto, su cancelación o menoscabo implican la reducción objetiva de la libertad y la pérdida de un valor que no puede ser ajeno a la observación de esta Corte (Corte IDH 27 noviembre 1998 £148),

destacando que un daño a dicho proyecto implica la pérdida o el grave menoscabo de oportunidades de desarrollo personal, en forma irreparable o muy difícilmente reparable (Corte IDH 27 noviembre 1998 £147).

Dentro de esta primera sentencia, la Corte determinó que los actos violatorios cometidos por el Estado de Perú

> impidieron la realización de sus expectativas de desarrollo personal y profesional, factibles en condiciones normales, y causaron daños irreparables a su vida, obligándola a interrumpir sus estudios y trasladarse al extranjero, lejos del medio en el que se había desenvuelto, en condiciones de soledad, penuria económica y severo quebranto físico y psicológico (Corte IDH 27 noviembre 1998 £152),

ocasionando un daño al proyecto de vida de la señora Loayza Tamayo, sin embargo, aunque éste se encontraba debidamente acreditado, el Tribunal puntualizó que esta afectación no podía ser cuantificada en términos monetarios, por lo que acordó, al igual que en todas sus sentencias emitidas a la fecha, que el acceso de la víctima a la justicia interamericana y la sentencia emitida por la Corte, constituyen *per se* una medida de satisfacción.

Asimismo, destacó que las reparaciones relativas a daños morales y materiales contribuyen a compensar a la víctima, en cierta medida, por las afectaciones sufridas a causa de los hechos violatorios, aunque difícilmente podría devolverle o proporcionarle las opciones de realización personal de las que se vio injustamente privada, es decir, subsumió la reparación del daño al proyecto de vida, dentro de los rubros de reparación por daño moral e indemnizaciones económicas.

El hecho de que en esta primera sentencia, la Corte no haya establecido medidas específicas de reparación por concepto del daño al proyecto de vida, se encuentra justificado dado que se trataba de un concepto de reparación de nueva inclusión, sin precedente dentro de la jurisprudencia interamericana y de reciente estudio a través de la doctrina.

Tres años después, la Corte Interamericana tuvo una segunda oportunidad de abonar en el tema a través de la sentencia de reparaciones del caso Cantoral Benavides vs. Perú. En ésta, el Tribunal analizó el daño ocasionado al proyecto de vida del Sr. Luis Alberto Cantoral, quien era un estudiante universitario con todas las potencialidades de ser un reconocido profesionista, y fue víctima de una detención arbitraria, enjuiciamiento y encarcelamiento por presuntas actividades terroristas y traición a la patria.

Es preciso destacar que ambos casos, tanto el de María Elena como el de Luis Alberto, ocurrieron en las mismas circunstancias, siendo detenidos el mismo día y coprocesados por los mismos delitos, esto en el marco de un práctica sistemática de detenciones arbitrarias y tratos crueles inhumanos y degradantes con motivo de las investigaciones criminales por delitos de traición a la patria y terrorismo en el Estado de Perú. No obstante, la determinación emitida en relación con la reparación del daño al proyecto de vida en el caso Cantoral Benavides, dista de lo que el Tribunal Interamericano ya había establecido en el caso Loayza Tamayo.

La diferencia sustancial existente entre estas dos sentencias, es que en el caso Cantoral Benavides, la Corte Interamericana determinó una reparación específica por concepto del daño ocasionado al proyecto de vida de la víctima, es decir, ya no se incorporó dentro de las establecidas para el daño no material, sino que el Tribunal condenó al Estado de Perú a implementar una serie de medidas positivas tendientes a lograr el restablecimiento de la situación anterior a la afección, lo que en el caso específico implicaba que

> el Estado le proporcione una beca de estudios superiores o universitarios, con el fin de cubrir los costos de la carrera profesional que la vícti-

ma elija, así como los gastos de manutención de esta última durante el período de tales estudios en un centro de reconocida calidad académica escogido de común acuerdo entre la víctima y el Estado (Corte IDH 03 diciembre 2001 £80).

El tercer caso en el que le fue solicitado al Tribunal Interamericano reparar el daño al proyecto de vida de las víctimas, fue en de Villagrán Morales (Niños de la calle) vs. Guatemala, el cual versa sobre la detención arbitraria de 5 jóvenes en situación de calle, su posterior tortura y ejecución extrajudicial. Dentro de los alegatos presentados por la Comisión y los representantes de las víctimas para la determinación de las reparaciones, se exigía a la Corte Interamericana que al momento de establecer el resarcimiento de los daños, tuviera en consideración que el Estado había truncado de forma arbitraria y definitiva el proyecto de vida de los jóvenes ultimados.

Ante este planteamiento, la defensa del Estado de Guatemala hizo referencia a que los cinco jóvenes torturados y ejecutados vivían en condición de calle y puntualizó que "la precaria situación de las víctimas hace altamente previsible que no tuvieran un proyecto de vida por consumar" (Corte IDH 26 mayo 2001 £87), razón por la cual solicitaba al Tribunal que desestimara los argumentos y peticiones relacionadas con la reparación al daño al proyecto de vida de las víctimas.

Por su parte, la Corte Interamericana, dentro de sus consideraciones, manifestó que tendría en cuenta las distintas clases de daño moral a que hicieron referencia tanto los representantes de las víctimas como la Comisión, específicamente:

> los sufrimientos físicos y psíquicos padecidos por las víctimas directas y sus familiares; la pérdida de la vida, considerada ésta como un valor en sí mismo, o como un valor autónomo; la destrucción del proyecto de vida de los jóvenes asesinados y de sus allegados, y los daños padecidos por tres de las víctimas directas en razón de su condición de menores de edad (Corte IDH 26 mayo 2001 £89).

Este caso es un hito dentro de jurisprudencia interamericana en materia de reparaciones al proyecto de vida, en virtud de que es la primera sentencia en la que se somete a consideración del Tribunal, la reparación del proyecto de una persona ejecutada. La lógica nos llevaría a pensar que no es posible determinar dicha reparación toda vez que hablamos de una trasgresión de carácter irreparable como lo es la pérdida de la vida, prerrequisito para el goce de otros derechos; y que el concepto de "proyecto de vida" es intrínseco a la individualidad de la víctima, por lo que no puede ser transferido a otro individuo; no obstante, para el análisis del caso específico, la Corte Interamericana sí determinó una reparación para este concepto de violación. Si bien, no abordó de forma individualizada las distintas categorías de daño inmaterial planteadas por las víctimas, podemos suponer, razonablemente, que tomó en consideración todas ellas, en virtud de que para el estudio y establecimiento de las reparaciones, constituyó un bloque de reparación por concepto de daño moral, dentro del cual incluyó el argüido daño al proyecto de vida, y precisó que al determinar estas reparaciones, tomó en consideración las "condiciones generales adversas de abandono padecidas por los cinco jóvenes en las calles, quienes quedaron en situación de alto riesgo y sin amparo alguno en cuanto a su futuro" (Corte IDH 26 mayo 2001 £90), fijando así uno de los montos indemnizatorios más altos por concepto de daño inmaterial (Roux, V. 2001), hasta la fecha de su emisión.

Otra de las sentencias que constituye referencia obligada en la materia, es la emitida en el caso Wilson Gutiérrez Soler vs Colombia, dentro del cual, la Corte Interamericana estableció la responsabilidad internacional del Estado colombiano por la detención ilegal y la práctica de tortura en contra de la víctima. En este caso, la Comisión Interamericana solicitó al Tribunal la reparación del daño al proyecto de vida del Sr. Wilson Gutiérrez, toda vez que la forma específica de tortura que le fue practicada, consistente en quemaduras en sus órganos genitales y violación sexual, más allá de las secuelas físicas, afectó su integridad psíquica, disminuyó su autoestima y lo imposibilita de practicar y disfrutar de relaciones afectivas íntimas. Como consecuencia de los daños físicos y psicológicos, el señor Gutiérrez Soler, vio truncado radicalmente su proyecto de vida, puesto que lo llevó a perder el vínculo familiar existente entre su esposa, su hijo y sus padres.

En la determinación de este caso, la Corte abandonó los avances jurisprudenciales en los que dictó medidas específicas para la reparación del daño al proyecto de vida, y retomó el primer criterio establecido en el caso Loayza Tamayo, por lo que pese a que reconoció que existía un vínculo entre los actos vulneradores del Estado y la trasgresión al proyecto de vida de la víctima, decidió no cuantificar el daño ni establecer medidas específicas para repararlo, ya que consideraba que las indemnizaciones establecidas por los daños morales y materiales contribuían a compensar al señor Wilson Gutiérrez Soler (Corte IDH 12 septiembre 2005 £89).

Para los efectos del análisis que este artículo pretende realizar, es necesario destacar y contrastar, específicamente, dos sentencias del Tribunal Interamericano, las cuales, si bien obedecieron a circunstancias diferentes, las pretensiones de la Comisión y los representantes de las víctimas en materia de indemnización del daño al proyecto de vida eran muy similares y fueron abordadas de manera distinta por la Corte Interamericana.

El primero de ellos es el caso Maritza Urrutia vs. Guatemala, cuya base fáctica versa sobre la detención arbitraria de la Sra. Maritza Ninette Urrutia García, miembro de la organización revolucionaria Ejército Guerrillero de los Pobres (EGP), quien estuvo retenida por un lapso de 8 días en un centro de detención clandestina y fue víctima de intimidaciones y torturas para obligarla a grabar un mensaje a la opinión pública, en el cual manifestaba su deseo de abandonar la organización EGP e incitaba a sus compañeros a hacer lo mismo. Tras su liberación, la víctima fue obligada a ratificar el contenido del vídeo mediante conferencia de prensa, y por temor a represalias, decidió exiliarse en México, durante 6 años, en compañía de su menor hijo.

En este caso, los representantes de las víctimas argumentaron que con motivo del autoexilio, la Sra. Maritza Urrutia "se vio obligada a cambiar radicalmente de vida, se separó de su familia y desempeñó trabajos menos calificados, por lo que se deterioraron su calidad de vida y la de su hijo. En consecuencia, solicitaron como reparación del daño al proyecto de vida de la víctima una beca de estudios a favor de su hijo" (Corte IDH 27 noviembre 2003 £163). Por su parte, la Corte Interamericana consideró que si bien, se encontraba acreditado que actos violatorios cometidos por el estado causaron un cambio en las condiciones de la existencia de la víctima, estas serían reparadas a través del pago de una compensación por concepto de daños inmateriales, por lo que no accedió a la pretensión de los representantes de la víctima de otorgar una beca de estudios al hijo de la Sra. Urrutia García (Corte IDH 27 noviembre 2003 £166).

En contraste con esta resolución, en el año 2007, cuando la Corte analizó el caso Escué Zapata vs Colombia, relativo a la ejecución extrajudicial del señor Germán Escué Zapata a manos de efectivos del Ejército Colombiano, el Tribunal abordó el daño al proyecto de vida de la hija de la víctima, de forma distinta al caso Urritia. En el caso contra Colombia, los representantes de las víctimas, puntualizaron que con motivo de la muerte del Sr. Escue Zapata, su menor hija Myriam Zapata, vio truncadas radicalmente muchas oportunidades que pudo plantearse en su futuro, por lo que solicitaron como concepto de reparación del daño ocasionado a su proyecto de vida, el otorgamiento de una beca de estudios superiores.

A diferencia del caso Urrutía, en esta oportunidad, el Tribunal Interamericano accedió a las pretensiones de los representantes de la víctima y reconoció que el sufrimiento de la hija del Sr. Escué Zapata y las dificultades a las que se enfrentó con motivo de la ejecución extrajudicial de su padre, habían representado un obstáculo para completar sus estudios, por ello, como medida de reparación del daño ocasionado al proyecto de vida de la hija de la víctima, la Corte condenó al Estado de Colombia a adoptar medidas positivas similares a las que determinó en el caso Cantoral Benavides, es decir, otorgar a "Myriam Zapata Escué una beca para realizar estudios universitarios en una universidad pública colombiana escogida entre ella y el Estado. La beca deberá cubrir todos los gastos para la completa finalización de sus estudios universitarios, tanto material académico como manutención y alojamiento" (Corte IDH 04 julio 2007 £170).

Otro de los cambios en la línea jurisprudencial de la Corte Interamericana en materia de daño al proyecto de vida, se vio reflejado en el caso Campo Algodonero vs México, relativo a la desaparición y ulterior muerte de tres jóvenes mexicanas, en un contexto sistemático de violencia de género, que era del conocimiento del Estado mexicano. En dicha sentencia, el Tribunal Interamericano declaró la responsabilidad internacional de México por no haber implementado una política pública de prevención pese a tener conocimiento de un patrón de violencia contra la mujer en Ciudad Juárez; por no haber tomado las debidas diligencias para la localización de las tres víctimas dentro de las primeras horas posteriores a su desaparición, máxime cuando conocía la situación de riesgo real e inminente a la que se enfrentaban; y, finalmente, declaró que el Estado mexicano había vulnerado el derecho de acceso a la justicia de los familiares de las víctimas, toda vez que existían diversas irregularidades y dilaciones en la investigación y sanción de los feminicidios.

Dentro de la determinación de las reparaciones de esta sentencia, los representantes de las víctimas arguyeron ante la Corte que

> la desaparición, la tortura, el asesinato, la destrucción de sus restos y la falta de respuestas apropiadas, oportunas y eficaces por parte de las autoridades para esclarecer las circunstancias de la muerte de las víctimas, han provocado en los familiares daños considerables a su salud física y mental, a su calidad y proyecto de vida, a su sensación de bienestar y han vulnerado de manera importante sus sentimientos de dignidad, de seguridad y de pertenencia a una comunidad donde los derechos de las víctimas son reconocidos y respetados, marcando un límite a sus expectativas de vida (Corte IDH 16 noviembre 2009 £414).

Ante esta solicitud, muy similar a la planteada por la Comisión Interamericana en el caso Villagrán Morales, la Corte consideró que independientemente de que los representantes de las víctimas no hubieran esgrimido argumentos suficientes para establecer un nexo causal entre los actos del Estado y la afectación al proyecto de vida de las víctimas, este tipo de reparación "no procede cuando la víctima falleció, al ser imposible reponer las expectativas de realización que razonablemente toda persona tiene" (Corte IDH 16 noviembre 2009 £589).

Esta fluctuante línea jurisprudencial, ha prevalecido en los casos más recientes de la Corte Interamericana, entre los que podemos citar: Argüelles vs Argentina, Rochac Vera vs Colombia, Norín Catriman vs Chile y Veliz Franco vs Guatemala, por mencionar algunos, en los cuales los representantes de las víctimas han argumentado un daño al proyecto de vida de las víctimas, exigiendo una justa reparación, y en cuales, de manera reiterada, la Corte ha omitido emitir un pronunciamiento específico respecto al referido daño, subsumiendo su reparación dentro de las medidas de compensación establecidas para los daños inmateriales.

CONCLUSIONES

Los contrastes entre las múltiples sentencias analizadas, permiten evidenciar claramente los matices tan diversos que se le han dado a la reparación del daño al proyecto de vida a lo largo de la jurisprudencia de la Corte Interamericana. En este sentido, aunque es cierto que su introducción dentro de las resoluciones es un esfuerzo plausible y apuntalaba para ser un gran progreso en materia de reparaciones por violaciones a derechos humanos, la realidad es que con el paso del tiempo ha devenido en un tema abstracto y difícil de delimitar, el cual en algunos casos ha merecido la determinación de una reparación específica; en otros ha sido tomada en consideración, aun tratándose de personas que perdieron la vida, pero subsumida dentro de los rubros de daños inmateriales; o bien, ni siquiera ha sido objeto de pronunciamiento por la Corte Interamericana, aun cuando los representantes de las víctimas o la Comisión Interamericana, hubiera solicitado la reparación correspondiente.

Esto, nos lleva a compartir la postura del ex juez del Tribunal Interamericano, Oliver Jackman (1998), en el sentido de que el concepto de **daño al proyecto de vida** adolece de falta de claridad y fundamento jurídico, y se instaura en una forma artificial para castigar aun más a los Estados demandados, siendo una creación que no responde a una necesidad jurídica identificable (Jackman O. 2005).

Si bien, reconocemos que el concepto de "proyecto de vida" deviene del derecho del ser humano a autodeterminarse, y que la materialización de dicho proyecto depende, en su mayoría de que el Estado, en cumplimiento con sus obligaciones internacionales en materia de derechos humanos, respete la esfera jurídica de los individuos sujetos a su jurisdicción y les brinde todas las garantías para su libre y plena realización, lo cierto es que como rubro de reparación, éste puede ser subsumido dentro de las indemnizaciones por daño inmaterial, y así homologar los criterios de la Corte Interamericana, pues de otra manera pareciera que se trata de una cuestión a capricho, sin certeza jurídica alguna, máxime cuando por simple concepto, determinar un daño al proyecto de vida, implica el análisis de cuestiones meramente probabilísticas de difícil, por no decir imposible, comprobación.

En este mismo sentido, se debe tener en consideración que aunque es innegable que toda víctima de una violación a derechos humanos sufre una modificación abrupta y arbitraria a su proyecto de vida, no toda modificación de esas proyecciones y condiciones impacta en el mismo grado en la realización del individuo, por lo que podría justificarse que, en algunos casos, el Tribunal considerara que no amerita una reparación específica, sino únicamente en aquellos en los que implique verdaderamente una repercusión en los ejes medulares de la existencia del ser, como por ejemplo un detrimento grave a su estabilidad emocional, la disminución de su capacidad física o intelectual, la destrucción de su entorno familiar o el truncamiento del desarrollo personal y profesional que el individuo, bajo circunstancias normales, pudo razonablemente alcanzar.

Sin embargo, tal como se analizó previamente, la jurisprudencia de la Corte, no se apega a esta premisa, pues es indubitable que una víctima de tortura, como lo es el Sr. Wilson Gutiérrez Soler; el menor hijo de una perseguida política, quien tuvo que desarrollar su vida en el exilio o, los familiares de una joven asesinada en el marco de un contexto sistemático de feminicidio y la consecuente negación de acceso a la justicia; sufren una afección grave en las proyecciones y condiciones de su existencia, sin que para alguno de ellos, el Tribunal Interamericano haya emitido un pronunciamiento específico respecto del daño conculcado a su proyecto de vida.

Con esto, no pretendemos adoptar una postura "antiproteccion a derechos humanos", sino por el contrario, al proponer que la Corte Interamericana establezca límites claros y específicos, así como estándares homogeneizados en materia de reparación al daño al proyecto de vida, pretendemos abonar a la legitimidad del Tribunal y a la aceptación de este nuevo concepto de reparación, para que tenga un verdadero impacto, ya no sólo en la jurisprudencia interamericana, sino que permee las determinaciones de los tribunales domésticos de los Estados Partes, pues debemos recordar que el nuevo Estado de Derecho Convencional, propende a que, a través del control de convencionalidad se logre la universalización, inalienabilidad, intangibilidad e inviolabilidad de los derechos humanos y sus estándares de protección y reparación, para lo cual es necesario que exista una base mínima de la cual se pueda partir para el desarrollo de este concepto.

REFERENCIAS

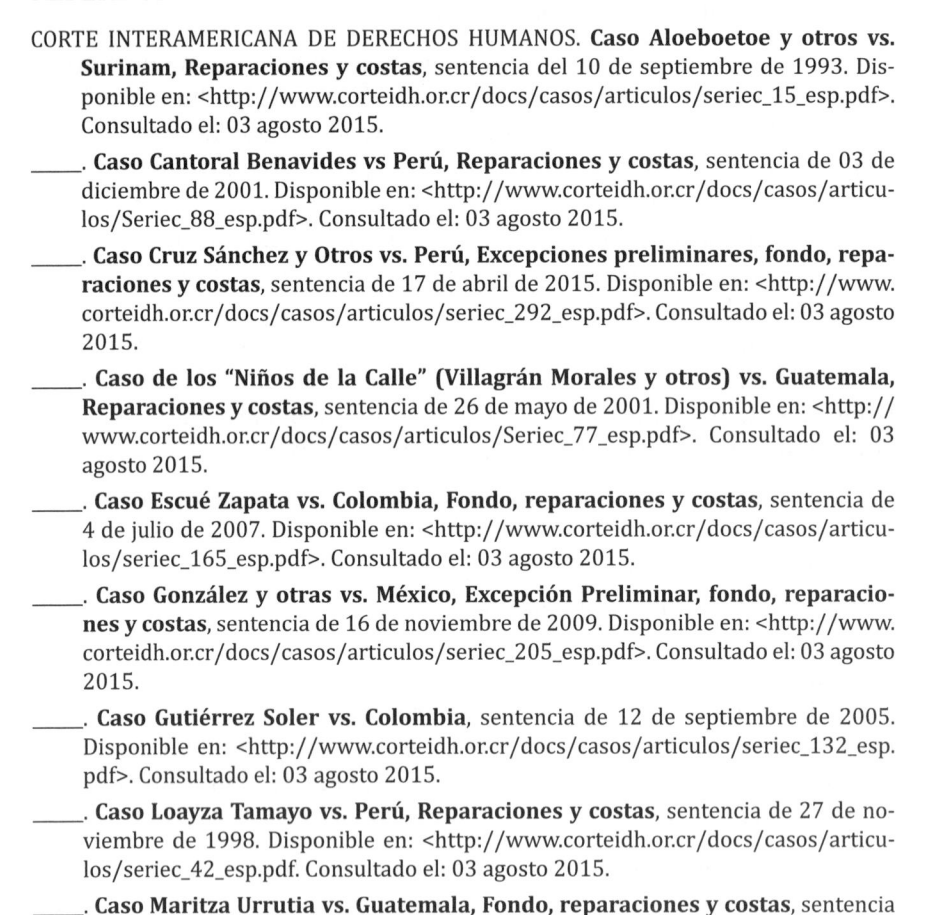

CORTE INTERAMERICANA DE DERECHOS HUMANOS. **Caso Aloeboetoe y otros vs. Surinam, Reparaciones y costas**, sentencia del 10 de septiembre de 1993. Disponible en: <http://www.corteidh.or.cr/docs/casos/articulos/seriec_15_esp.pdf>. Consultado el: 03 agosto 2015.

____. **Caso Cantoral Benavides vs Perú, Reparaciones y costas**, sentencia de 03 de diciembre de 2001. Disponible en: <http://www.corteidh.or.cr/docs/casos/articulos/Seriec_88_esp.pdf>. Consultado el: 03 agosto 2015.

____. **Caso Cruz Sánchez y Otros vs. Perú, Excepciones preliminares, fondo, reparaciones y costas**, sentencia de 17 de abril de 2015. Disponible en: <http://www.corteidh.or.cr/docs/casos/articulos/seriec_292_esp.pdf>. Consultado el: 03 agosto 2015.

____. **Caso de los "Niños de la Calle" (Villagrán Morales y otros) vs. Guatemala, Reparaciones y costas**, sentencia de 26 de mayo de 2001. Disponible en: <http://www.corteidh.or.cr/docs/casos/articulos/Seriec_77_esp.pdf>. Consultado el: 03 agosto 2015.

____. **Caso Escué Zapata vs. Colombia, Fondo, reparaciones y costas**, sentencia de 4 de julio de 2007. Disponible en: <http://www.corteidh.or.cr/docs/casos/articulos/seriec_165_esp.pdf>. Consultado el: 03 agosto 2015.

____. **Caso González y otras vs. México, Excepción Preliminar, fondo, reparaciones y costas**, sentencia de 16 de noviembre de 2009. Disponible en: <http://www.corteidh.or.cr/docs/casos/articulos/seriec_205_esp.pdf>. Consultado el: 03 agosto 2015.

____. **Caso Gutiérrez Soler vs. Colombia**, sentencia de 12 de septiembre de 2005. Disponible en: <http://www.corteidh.or.cr/docs/casos/articulos/seriec_132_esp.pdf>. Consultado el: 03 agosto 2015.

____. **Caso Loayza Tamayo vs. Perú, Reparaciones y costas**, sentencia de 27 de noviembre de 1998. Disponible en: <http://www.corteidh.or.cr/docs/casos/articulos/seriec_42_esp.pdf. Consultado el: 03 agosto 2015.

____. **Caso Maritza Urrutia vs. Guatemala, Fondo, reparaciones y costas**, sentencia de 27 de noviembre de 2003. Disponible en: <http://www.corteidh.or.cr/docs/casos/articulos/seriec_103_esp.pdf>. Consultado el: 03 agosto 2015.

_____. **Caso Velázquez Rodríguez vs. Honduras, Reparaciones y costas**, sentencia de 21 de julio de 1989. Disponible en: <http://www.corteidh.or.cr/docs/casos/articulos/seriec_07_esp.pdf>. Consultado el: 03 agosto 2015.

JACKMAN, Oliver. **Voto razonado concurrente en el Caso Gutiérrez Soler vs. Colombia**, sentencia de 12 de septiembre de 2005. Disponible en: <http://www.corteidh.or.cr/docs/casos/articulos/seriec_132_esp.pdf>. Consultado el: 03 agosto 2015.

_____. **Voto razonado concurrente en el Caso Loayza Tamayo vs. Perú, Reparaciones y costas**, sentencia de 27 de noviembre de 1998. Disponible en: <http://www.corteidh.or.cr/docs/casos/articulos/seriec_42_esp.pdf>. Consultado el: 03 agosto 2015.

ROUX, Vicente. **Voto razonado en la sentencia de Reparaciones y costas del caso Villagrán Morales y otros vs. Guatemala**, sentencia de 26 de mayo de 2001. Disponible en: <http://www.corteidh.or.cr/docs/casos/articulos/Seriec_77_esp.pdf>. Consultado el: 03 agosto 2015.

SOBERANIA, JURISDIÇÃO INTERNACIONAL E CONTROLE DE CONVENCIONALIDADE: UMA ANÁLISE DOS 10 ANOS DA CRIAÇÃO DA LEI MARIA DA PENHA (LEI 11.340/06) E UMA CRÍTICA A RESPEITO DA EFICÁCIA DAS DECISÕES INTERNACIONAIS NO ORDENAMENTO JURÍDICO INTERNO

Stefano Benetton Pizzol Grigolon[1] & Madson Anderson Corrêa Matos do Amaral[2]

INTRODUÇÃO

O ano de 2016 marca a comemoração dos dez anos da criação da Lei 11.340/06 conhecida como Lei Maria da Penha que veio a tutelar especificamente as relações no âmbito doméstico.

Ocorre que tal legislação não surgiu de forma espontânea no ordenamento jurídico brasileiro, sendo fruto de diversos fatores histórico sociais que sempre afetaram o cotidiano brasileiro. Porém, o principal fator da criação da Lei 11.340 foi o caso ocorrido com Maria da Penha, em que houve a condenação do Brasil na esfera internacional por meio da Organização dos Estados Americanos (OEA), impondo deveres que

---

1. Advogado, mestre em Direito pela Universidade Metodista de Piracicaba (UNIMEP). E-mail: sbpizzol@gmail.com.
2. Advogado, mestrando em Direito pela Universidade Metodista de Piracicaba (UNIMEP). E--mail: madsonanderson@hotmail.com.

deveriam ser concretizados ou melhor dizendo, regulamentados pelo país, somados a uma forte pressão popular que finalmente culminou com a criação de tal Lei.

Essa Lei veio dois anos após a promulgação da Emenda Constitucional 45/04, que inseriu o controle de convencionalidade no ordenamento jurídico brasileiro, apesar de que a condenação brasileira no Caso Maria da Penha ter ocorrido no ano de 2001.

Entretanto, essa positivação legislativa advinda de uma recomendação proferida por um tribunal internacional e que veio para alterar o trágico caso da violência doméstica já se consolidou no ordenamento jurídico brasileiro como uma lei extremamente garantista, porém, sua efetivação é duvidosa, mesmo ultrapassando 10 anos da criação da Lei 11.340 e 15 anos da condenação na Organização dos Estados Americanos.

O presente artigo efetuará uma análise pormenorizada de como o caso Maria da Penha devido as suas particularidades, mesmo após ultrapassar as noções da soberania e das decisões internacionais, e ser positivado no ordenamento jurídico, ainda não é efetivado plenamente e tem sua eficácia duvidosa.

Ademais, a questão demonstra sua atualidade na medida em que as questões nacionais advindas de graves violações de Direitos Humanos e das minorias em geral estão sendo levadas diuturnamente aos tribunais internacionais.

1. SOBERANIA

A sociedade em sua ânsia de sobreviver, se desenvolver e avançar em direção a um poder cada vez maior e capaz de guiá-la a um novo futuro criou o Estado, sua divisão social [3]máxima, dotado de características o tornam único.

O termo soberania é uma construção histórica[4], que apresenta seus contornos no direito antigo, mais precisamente no direito medieval e

---

3. O Estado, como se nota, constitui-se de quatro elementos essenciais: um poder soberano de um povo situado num território com certas finalidades. E a constituição, como dissemos antes, é o conjunto de normas que organizam estes elementos constitutivos do Estado: povo, território, poder e fins (SILVA, 2016, p. 99-100).
4. O conceito de soberania, claramente afirmado e teoricamente definido desde o século XVI, é um dos que mais têm atraído a atenção dos teóricos do Estado, filósofos do direito, cientistas políticos, internacionalistas, historiadores das doutrinas políticas e de todos quantos se

que em apertada síntese traz a soberania como um atributo característico dos Estados, que se tornam independentes internamente e interdependentes externamente, ou seja, internamente o Estado teoricamente teria a capacidade de decidir suas questões de forma independente e externamente de expor sua vontade de forma igualitária com todos os demais Estados (ACQUAVIVA, 2010, p.51).

Logo, de todo o exposto, podemos ter em mente que a soberania foi um dos responsáveis pela criação e pela estabilização dos grandes Estados nacionais modernos, Estados esses nos quais os operadores de Direito da atualidade exercem suas funções.

De fato, só podemos falar em soberania com o fim do período feudal e o início da formação dos grandes Estados modernos, tais como a Inglaterra, a França e Portugal, período no qual a soberania passou a ter novos contornos, já definitivos[5].

No Brasil a soberania também é plenamente aceita, motivo pelo qual no primeiro artigo da Constituição Federal de 1988, que trata dos Princípios Fundamentais, temos esta é um dos fundamentos do Estado Democrático de Direito[6].

Logo, se "os fundamentos da República são princípios que são a base de todo o sistema jurídico, dos quais não se pode abrir mão sob pena de descaracterizar o Estado" (HACK, 2012, p. 62), temos que o Brasil admitiu expressamente a teoria da soberania como valor fundamental, imutável, sem o qual o país não se sustentaria em sua plenitude.

---

dedicam ao estudo das teorias e dos fenômenos jurídicos e políticos. Por isso mesmo, deu margem ao aparecimento de uma tão farta bibliografia e à formulação de uma tal multiplicidade de teorias que acabou dando margem a todas as distorções ditadas pela conveniência. Essas distorções têm sido uma consequência, sobretudo, da significação política do conceito, que se encontra na base de seu nascimento e que é inseparável dele, apesar de todo o esforço, relativamente bem-sucedido, para disciplina-lo juridicamente (DALLARI, 2010, p.74).

5. Enfim, o poder soberano é um elemento essencial do Estado. Não há Estado sem poder soberano, pois a soberania é a qualidade suprema do poder estatal; é ela que distingue este poder daquele observado nos grupos sociais condicionados pelo Estado (ACQUAVIVA, 2010, p.52).

6. Art. 1º A República Federativa do Brasil, formada pela união indissolúvel dos Estados e Municípios e do Distrito Federal, constitui-se em Estado Democrático de Direito e tem como fundamentos:
   I - a soberania;

2. A CONSTITUIÇÃO SE INTERNACIONALIZA: OS TRATADOS DE DIREITOS HUMANOS A CONSTITUIÇÃO FEDERAL DE 1988 E O CONTROLE DE CONVENCIONALIDADE

Diante do fato do Brasil explicitar a soberania como um princípio fundamental poderíamos supor que sua soberania se funda em um caráter absoluto, entretanto, a própria Constituição traz em seu artigo 5º (que trata dos Direitos e Garantias Fundamentais) uma mitigação do referido princípio[7].

Entretanto, apesar do artigo 5º da Constituição ter sido um artigo promulgado com a própria Constituição Federal em 1988, o §3º do referido artigo 5º somente foi inserido com a Emenda Constitucional 45/04, ou seja, passados 16 anos da Constituição originária.

De fato, foi exatamente essa inserção constitucional que viabilizou o que hoje se denominou de controle de convencionalidade, ou seja, a possibilidade de se controlar a produção legislativa pátria por meio de tratados internacionais de Direitos Humanos e que não se confunde com o controle de constitucionalidade, que é o controle legislativo por meio das normas constitucionais (MAZZUOLI, 2009, p. 114)[8].

O fato de se admitir a inserção de uma legislação "estranha" no ordenamento jurídico brasileiro faz com que a análise desse controle de convencionalidade tenha que passar também por novas discussões, sendo uma delas aquela relativa a hierarquia dos tratados de Direitos Humanos no ordenamento jurídico brasileiro.

Atualmente, a legislação internacional que ingressa no Brasil por meio do artigo 5º em seu § 4º da CF suscitam diversas divergências.

---

7. Art. 5º Todos são iguais perante a lei, sem distinção de qualquer natureza, garantindo-se aos brasileiros e aos estrangeiros residentes no País a inviolabilidade do direito à vida, à liberdade, à igualdade, à segurança e à propriedade, nos termos seguintes: § 2º Os direitos e garantias expressos nesta Constituição não excluem outros decorrentes do regime e dos princípios por ela adotados, ou dos tratados internacionais em que a República Federativa do Brasil seja parte. § 3º Os tratados e convenções internacionais sobre direitos humanos que forem aprovados, em cada Casa do Congresso Nacional, em dois turnos, por três quintos dos votos dos respectivos membros, serão equivalentes às emendas constitucionais (BRASIL, 1988).

8. É legítimo, portanto, cogitar de direitos fundamentais previstos expressamente no catálogo da Carta e de direitos materialmente fundamentais que estão fora da lista. Direitos não rotulados expressamente como fundamentais no título próprio da Constituição podem ser assim tidos, a depender da análise do seu objeto e dos princípios adotados pela Constituição. A sua fundamentalidade decorre da sua referência a posições jurídicas ligadas ao valor da dignidade humana; em vista da sua importância, não podem ser deixados à disponibilidade do legislador ordinário (MENDES; BRANCO, 2017, p. 169).

Estas divergências vêm sendo superadas pelas decisões do Supremo Tribunal Federal e também pela melhor doutrina que ensinam que os tratados de Direitos Humanos apenas ratificados pelo Brasil porém não votados pelo Congresso Nacional na forma prevista no artigo citado tem caráter de legislação supralegal, ou seja, acima das normas tradicionais e abaixo da Constituição, já aqueles ratificados e aprovados pelas duas casas do Congresso Nacional por dois terços dos seus membros tem o caráter prescrito pela Carta Magna, qual seja, o de emendas à Constituição.

Esse tipo de discussão é extremamente necessária, visto que se os tratados de Direitos Humanos se dividirem em duas categorias no Brasil (supralegal e constitucional), terão eles também duas formas de proteção, sendo a primeira aquela da possibilidade de se abolir aqueles que são supralegais por meio de emendas à Constituição.

Já se admitirmos o caráter universal dos Direitos Humanos, estamos tratando de uma outra forma de proteção também Constitucional[9].

Apesar do tema ser relativamente novo no Brasil, a jurisprudência dos tribunais superiores, em especial do Superior Tribunal de Justiça e do Supremo Tribunal Federal já caminham para a plena aceitação do denominado controle de convencionalidade, conforme verificamos em recentes julgados nos tribunais brasileiros[10].

---

9. Como bem assevera Flávia Piovesan (2013, p.145): Ao se admitir a natureza constitucional de todos os tratados de direitos humanos, há que se ressaltar que os direitos constantes nos tratados internacionais, como os demais direitos e garantias individuais consagrados pela Constituição, constituem cláusula pétrea e não podem ser abolidos por meio de emenda á Constituição, nos termos do art. 60, §4º.

10. DIREITO PENAL E PROCESSUAL PENAL. RECURSO ESPECIAL. ROUBO, DESACATO E RESISTÊNCIA. APELAÇÃO CRIMINAL. EFEITO DEVOLUTIVO AMPLO. SUPRESSÃO DE INSTÂNCIA. NÃO OCORRÊNCIA.ROUBO. PRINCÍPIO DA INSIGNIFICÂNCIA.INAPLICABILIDADE. DESCLASSIFICAÇÃO DO CRIME DE ROUBO PARA O DE CONSTRANGIMENTO ILEGAL. AUSÊNCIA DE FUNDAMENTAÇÃO. SÚMULA 284/STF. TEMA NÃO PREQUESTIONADO. SÚMULAS 282 E 356 DO STF. DESACATO. INCOMPATIBILIDADE DO TIPO PENAL COM A CONVENÇÃO AMERICANA DE DIREITOS HUMANOS. CONTROLE DE CONVENCIONALIDADE (REsp 1640084/SP, Rel. Ministro RIBEIRO DANTAS, QUINTA TURMA, julgado em 15/12/2016, DJe 01/02/2017).
AÇÃO DIRETA DE INCONSTITUCIONALIDADE. PROVIMENTO CONJUNTO 03/2015 DO TRIBUNAL DE JUSTIÇA DE SÃO PAULO. AUDIÊNCIA DE CUSTÓDIA. 1. A Convenção Americana sobre Direitos do Homem, que dispõe, em seu artigo 7º, item 5, que "toda pessoa presa, detida ou retida deve ser conduzida, sem demora, à presença de um juiz", posto ostentar o status jurídico supralegal que os tratados internacionais sobre direitos humanos têm no ordenamento jurídico brasileiro, legitima a denominada "audiência de custódia", cuja denominação sugere-se "audiência de apresentação". 2. O direito convencional de apresentação do preso ao Juiz, consectariamente, deflagra o procedimento legal de habeas corpus, no qual o Juiz apreciará a legalidade da prisão, à vista do preso que lhe é apresentado, procedimento esse

Como afirma André de Carvalho Ramos (2009, p. 43), a postura do STF está condizente com os compromissos internacionais brasileiros, criando uma nova fase no relacionamento entre nossa corte máxima e os órgãos internacionais de Direitos Humanos, tudo isso com foco no indivíduo em si.

Com isso, podemos verificar que a soberania pode ser mitigada em algumas situações, sendo a mais relevante delas quando o Estado Brasileiro decidir que um tratado internacional de Direitos Humanos pode fazer parte de seu ordenamento jurídico.

Entretanto, devemos ressaltar que esse tratado, por força constitucional, somente pode ser incorporado como emenda constitucional se for um tratado internacional de Direitos Humanos, esse sim com força suficiente para mitigar o conceito de soberania.

---

instituído pelo Código de Processo Penal, nos seus artigos 647 e seguintes. 3. O habeas corpus ad subjiciendum, em sua origem remota, consistia na determinação do juiz de apresentação do preso para aferição da legalidade da sua prisão, o que ainda se faz presente na legislação processual penal (artigo 656 do CPP). 4. O ato normativo sob o crivo da fiscalização abstrata de constitucionalidade contempla, em seus artigos 1º, 3º, 5º, 6º e 7º normas estritamente regulamentadoras do procedimento legal de habeas corpus instaurado perante o Juiz de primeira instância, em nada exorbitando ou contrariando a lei processual vigente, restando, assim, inexistência de conflito com a lei, o que torna inadmissível o ajuizamento de ação direta de inconstitucionalidade para a sua impugnação, porquanto o status do CPP não gera violação constitucional, posto legislação infraconstitucional. 5. As disposições administrativas do ato impugnado (artigos 2º, 4º 8º, 9º, 10 e 11), sobre a organização do funcionamento das unidades jurisdicionais do Tribunal de Justiça, situam-se dentro dos limites da sua autogestão (artigo 96, inciso I, alínea a, da CRFB). Fundada diretamente na Constituição Federal, admitindo ad argumentandum impugnação pela via da ação direta de inconstitucionalidade, mercê de materialmente inviável a demanda. 6. In casu, a parte do ato impugnado que versa sobre as rotinas cartorárias e providências administrativas ligadas à audiência de custódia em nada ofende a reserva de lei ou norma constitucional. 7. Os artigos 5º, inciso II, e 22, inciso I, da Constituição Federal não foram violados, na medida em que há legislação federal em sentido estrito legitimando a audiência de apresentação. 8. A Convenção Americana sobre Direitos do Homem e o Código de Processo Penal, posto ostentarem eficácia geral e erga omnes, atingem a esfera de atuação dos Delegados de Polícia, conjurando a alegação de violação da cláusula pétrea de separação de poderes. 9. A Associação Nacional dos Delegados de Polícia – ADEPOL, entidade de classe de âmbito nacional, que congrega a totalidade da categoria dos Delegados de Polícia (civis e federais), tem legitimidade para propor ação direta de inconstitucionalidade (artigo 103, inciso IX, da CRFB). Precedentes. 10. A pertinência temática entre os objetivos da associação autora e o objeto da ação direta de inconstitucionalidade é inequívoca, uma vez que a realização das audiências de custódia repercute na atividade dos Delegados de Polícia, encarregados da apresentação do preso em Juízo. 11. Ação direta de inconstitucionalidade PARCIALMENTE CONHECIDA e, nessa parte, JULGADA IMPROCEDENTE, indicando a adoção da referida prática da audiência de apresentação por todos os tribunais do país. (ADI 5240, Relator(a): Min. LUIZ FUX, Tribunal Pleno, julgado em 20/08/2015, PROCESSO ELETRÔNICO DJe-018 DIVULG 29-01-2016 PUBLIC 01-02-2016).

Podemos arrematar com a posição de Antonio Moreira Maués (2013, p. 15), para quem a utilização dos tratados de Direitos Humanos deve se dar no campo da interpretação constitucional, ou seja, na possibilidade do Supremo Tribunal Federal se valer dos tratados internacionais para oferecer uma melhor proteção aos Direitos Humanos na esfera interna.

3. AS CONDENAÇÕES DO BRASIL NA ORGANIZAÇÃO DOS ESTADOS AMERICANOS (OEA), A LEI MARIA DA PENHA E O CONTROLE DE CONVENCIONALIDADE: UM DIALOGO NECESSÁRIO

Verificamos que o Brasil se sujeita a inclusão de normas internacionais em seu ordenamento jurídico desde que preencha todos os requisitos descritos pela Constituição Federal e que venha a efetivar em última maneira o princípio da dignidade da pessoa humana[11].

Entretanto, mesmo com tal fato, o caso da incorporação de direitos humanos, que se confundem no presente caso com os direitos fundamentais em termos materiais, sua eficácia não é plena sem uma implementação específica acerca da matéria.

O Brasil a época do caso Maria da Penha já era signatário de um tratado voltado especificamente a proteção da mulher, a Convenção Sobre a Eliminação de Todas as Formas de Discriminação Contra a Mulher de 1979.

Entretanto, entre a agressão ocorrida contra a farmacêutica em 1983 e o julgamento final do Brasil pela Organização dos Estados Americanos em 2001, foi promulgada e aderida pelo Brasil uma nova convenção, a Convenção Interamericana para prevenir, punir e erradicar a violência contra a mulher, conhecida como a "Convenção de Belém do Pará" de 1994.

Através da Convenção de Belém do Pará, ficou estabelecido que todos os Estados Partes devem empenhar-se de forma à condenar todas as formas de violência contra a mulher, devendo adotar políticas de forma imediata e apropriadas, destinadas a prevenir, punir e erradicar tal violência (OEA, 1994)[12].

---

11. A dignidade humana é versão axiológica da natureza humana. Mas ambas igualmente dóceis à malversação por interesses e, até, à contravenção entre si, se não forem fixadas à substância histórica que as comunica: a preservação da humanidade em tudo que a ela é comum e essencial, vale dizer, a *preservação da comunidade humana fundamental* (BARROS, 2003, p. 460).

12. Já a Convenção Sobre a Eliminação de Todas as Formas de Discriminação Contra a Mulher de 1979 afirma que: Artigo 2º - Os Estados-partes condenam a discriminação contra a mulher

De fato, diante de uma análise básica nos dois documentos temos que se tratam de normas das quais o Brasil é signatário, entretanto, o efetivo cumprimento de suas disposições somente se deu com a condenação do Estado Brasileiro no ano de 2001.

A Lei 11.340 é informalmente denominada de Lei Maria da Penha em homenagem a farmacêutica Maria da Penha Fernandes[13].

De fato, o descaso para com a vida da cidadã se materializou de forma tão expressiva que o Brasil foi levado à Organização dos Estados Americanos (OEA), que por meio do relatório 54/01 escancarou toda a situação da proteção aos direitos humanos no país[14].

---

em todas as suas formas, concordam em seguir, por todos os meios apropriados e sem dilações, uma política destinada a eliminar a discriminação contra a mulher, e com tal objetivo se comprometem a: a) consagrar, se ainda não o tiverem feito, em suas Constituições nacionais ou em outra legislação apropriada, o princípio da igualdade do homem e da mulher e assegurar por lei outros meios apropriados à realização prática desse princípio; b) adotar medidas adequadas, legislativas e de outro caráter, com as sanções cabíveis e que proíbam toda discriminação contra a mulher; (...) (PGE, 1979).

13. No fim dos anos 70, ela vivia em Fortaleza, casada com um professor universitário. Após quatro anos de casamento, o carinho do marido deu lugar ao ódio. Do dia para a noite, ela se viu no inferno, vítima de berros e insultos, humilhada e intimidada diariamente. Pelo temor de ser espancada, Maria da Penha não conseguia reagir. Numa madrugada de 1983, o marido simulou um assalto à própria casa e, com uma espingarda, atirou à queima-roupa na espinha da mulher adormecida. O plano falhou. Maria da Penha sobreviveu, mas ficaria para sempre presa a uma cadeira de rodas. Ela passou quatro meses hospitalizada e voltou para casa porque não imaginava que o disparo havia partido do marido. Logo viria o segundo atentado. Dessa vez sem fazer teatro, ele a derrubou da cadeira de rodas sob um chuveiro ardilosamente danificado. Maria da Penha só não morreu eletrocutada porque se agarrou, aos gritos, à parede do boxe e a faxineira correu para acudi-la. O marido de Maria da Penha protagonizou o exemplo mais acabado da permissividade das leis, da debilidade do sistema judiciário e da força do machismo. As tentativas de homicídio ocorreram em 1983. A sentença de prisão só saiu em 1991. Em razão de recursos judiciais, nem sequer chegou a ser preso. A condenação decidida pelo júri foi anulada por supostas falhas no processo. Em 1996, ele voltou a ser julgado e condenado. Uma vez mais, as apelações o mantiveram livre, como se jamais houvesse perpetrado crime nenhum (WESTIN, 2013).

14. Tal relatório de 04 de abril de 2001 afirma em seu corpo que:

55. A impunidade que gozou e ainda goza o agressor e ex-esposo da Senhora Fernandes é contrária à obrigação internacional voluntariamente assumida por parte do Estado de ratificar a Convenção de Belém do Pará. A falta de julgamento e condenação do responsável nessas circunstâncias constitui um ato de tolerância, por parte do Estado, da violência que Maria da Penha sofreu, e essa omissão dos tribunais de justiça brasileiros agrava as conseqüências diretas das agressões sofridas pela Senhora Maria da Penha Maia Fernandes. Além disso, como foi demonstrado anteriormente, essa tolerância por parte dos órgãos do Estado não é exclusiva deste caso, mas uma pauta sistemática. Trata-se de uma tolerância de todo o sistema, que não faz senão perpetuar as raízes e fatores psicológicos, sociais e históricos que mantêm e alimentam a violência contra a mulher. (...)58. Ante o exposto, a Comissão considera que se verificam neste caso as condições de violência doméstica e de tolerância por

De fato, essas recomendações nas quais o Brasil foi condenado somente tem o caráter de reafirmar os tratados anteriormente mencionados, dando uma efetividade real a proteção aos direitos femininos.

No meio dessa situação de atentado contra a vida de Maria da Penha, a submissão do Brasil a tratados de proteções específicos para as mulheres e a criação da Lei 11.340/06, foi adicionado ao ordenamento jurídico brasileiro, conforme explicado no capítulo anterior, o controle de convencionalidade.

O momento oportuno da inclusão desse controle de convencionalidade no ordenamento jurídico brasileiro vem a criar um verdadeiro *link* entre a Lei 11.340/06 e a emenda constitucional 45/04.

---

parte do Estado definidas na Convenção de Belém do Pará e que o Estado é responsável pelo não-cumprimento de seus deveres estabelecidos nas alíneas b, d, e, f e g do artigo 7 dessa Convenção, em relação aos direitos por ela protegidos, entre os quais o direito a uma vida livre de violência (artigo 3), a que seja respeitada sua vida, sua integridade física, psíquica e moral e sua segurança pessoal, sua dignidade pessoal, igual proteção perante a lei e da lei; e a recurso simples e rápido perante os tribunais competentes, que a ampare contra atos que violem seus direitos (artigo 4,a,b,c,d,e,f,g) (OEA, 2001).

Encerra o presente documento com cinco recomendações ao Estado Brasileiro: 1.Completar rápida e efetivamente o processamento penal do responsável da agressão e tentativa de homicídio em prejuízo da Senhora Maria da Penha Fernandes Maia.2.Proceder a uma investigação séria, imparcial e exaustiva a fim de determinar a responsabilidade pelas irregularidades e atrasos injustificados que impediram o processamento rápido e efetivo do responsável, bem como tomar as medidas administrativas, legislativas e judiciárias correspondentes.3.Adotar, sem prejuízo das ações que possam ser instauradas contra o responsável civil da agressão, as medidas necessárias para que o Estado assegure à vítima adequada reparação simbólica e material pelas violações aqui estabelecidas, particularmente por sua falha em oferecer um recurso rápido e efetivo; por manter o caso na impunidade por mais de quinze anos; e por impedir com esse atraso a possibilidade oportuna de ação de reparação e indenização civil.4.Prosseguir e intensificar o processo de reforma que evite a tolerância estatal e o tratamento discriminatório com respeito à violência doméstica contra mulheres no Brasil. A Comissão recomenda particularmente o seguinte: a)Medidas de capacitação e sensibilização dos funcionários judiciais e policiais especializados para que compreendam a importância de não tolerar a violência doméstica; b)Simplificar os procedimentos judiciais penais a fim de que possa ser reduzido o tempo processual, sem afetar os direitos e garantias de devido processo; c)O estabelecimento de formas alternativas às judiciais, rápidas e efetivas de solução de conflitos intrafamiliares, bem como de sensibilização com respeito à sua gravidade e às consequências penais que gera; d)Multiplicar o número de delegacias policiais especiais para a defesa dos direitos da mulher e dotá-las dos recursos especiais necessários à efetiva tramitação e investigação de todas as denúncias de violência doméstica, bem como prestar apoio ao Ministério Público na preparação de seus informes judiciais; e)Incluir em seus planos pedagógicos unidades curriculares destinadas à compreensão da importância do respeito à mulher e a seus direitos reconhecidos na Convenção de Belém do Pará, bem como ao manejo dos conflitos intrafamiliares (OEA, 2001).

Podemos considerar que o fato das convenções internacionais de proteção das mulheres não terem sido votadas nas duas casas do Congresso Nacional não as qualificam como emendas à Constituição, entretanto, a época da promulgação da Lei Maria da Penha o Brasil já adotava as convenções referidas como normas supralegais.

Disso podemos aferir que a Lei 11.340 não é uma legislação revolucionária do ponto de vista da temática, pois o Brasil já era signatário dos tratados outrora mencionados, porém, essa Lei veio após uma condenação internacional Brasileira do ano de 2001, logo, com uma espécie de controle de convencionalidade tardio e muito bem-vindo.

É necessário afirmar que somente após a condenação internacional do Brasil em 2001 é que o ideário legislativo foi adequado as necessidades práticas da sociedade brasileira, considerada ainda uma sociedade patriarcal e machista, com desigualdades de gênero.

Isso coloca em destaque a força das condenações dos tribunais internacionais sobre o moroso sistema legislativo brasileiro, onde somente com a condenação internacional teve o poder de forçar uma legislação brasileira de proteção as mulheres, em uma clara demonstração da eficácia do controle de convencionalidade sobre o Poder Legislativo.

4. UMA PERSPECTIVA DA ATUAL SITUAÇÃO DA VIOLÊNCIA CONTRA A MULHER NA SOCIEDADE BRASILEIRA PÓS CRIAÇÃO DA LEI MARIA DA PENHA

Como sabemos, a cearense e biofarmacêutica, Maria da Penha protagonizou em 1983 um caso simbólico de violência doméstica e familiar contra a mulher, na qual, por duas vezes, seu marido tentou assasiná-la, na primeira tentativa utilizou arma de fogo e na segunda utilizou de método de eletrocussão e afogamento. Todas as tentativas de homicídio trouxeram graves lesões a sua saúde, como a paraplegia e outas sequelas físicas e psicológicas (TJPA, 2008, p.5).

Atualmente, Maria da Penha, é exemplo de luta, já que durante 20 anos lutou para que seu agressor fosse condenado, virando assim símbolo contra a violência doméstica. Seu agressor foi condenado (a oito anos de prisão) após oito anos do fato ocorrido, mas conseguiu recorrer.

Contudo, o caso chegou à Comissão Interamericana dos Direitos Humanos da Organização dos Estados Americanos (OEA), "que acatou, pela primeira vez, a denúncia de um crime de violência doméstica", por meio do qual o agressor foi condenado a dois de prisão em 2001. Tendo por base a legislação anterior, "somente quase vinte anos depois, houve a condenação do agressor, considerada branda e resultado de uma cultura de omissão, negligência, tolerância e preconceito nos casos de violência contra as mulheres". Diante dos fatos em 7 de julho de 2008 o Governo do Estado do Ceará pagou à vítima Maria da Penha uma indenização no valor de sessenta mil reais referente aos danos sofridos (TJPA, 2008, p.11-13).

O Brasil ao ratificar a Convenção Interamericana para Prevenir, Punir e Erradicar a violência contra a mulher – "Convenção de Belém do Pará", celebrada no âmbito da OEA, em 1994, "se comprometeu a garantir e implementar os direitos humanos das mulheres vítimas de violência" (TJPA, 2008, p.13).

Com a vigência da Lei nº 11.340 de 22 de setembro de 2006, que passou a ser chamada de Lei Maria da Penha, em respeito a uma das maiores vítimas desse tipo de crime, "serviu como um importante avanço para o enfrentamento da violência doméstica e familiar contra a mulher, pois trouxe inúmeras inovações, visando cumprimento da referida lei" (TJPA, 2008, p.9).

A Lei Maria da Penha além de definir as formas de violência doméstica e familiar contra a mulher, independentemente de sua orientação sexual, estabeleceu medidas inéditas de proteção, que devem ser concedidas, em caráter de urgência, para a vítima e seus familiares, sempre que houver risco, inclusive com possibilidade de decretação da prisão preventiva do agressor em caso de descumprimento. Determinou ainda a "criação de Varas Especializadas, com competência cível e criminal para processar e julgar todas as questões decorrentes de violência doméstica e familiar contra a mulher". Verifica-se, portanto, que o principal objetivo da lei é "assegurar meios adequados ao enfrentamento da grave problemática da violência de gênero, que vitimiza um grande número de mulheres em nosso país, sem distinção de classe social, raça, religião, grau de instrução, entre outros fatores" (TJPA, 2008, p.14).

Sobre violência de gênero destacamos o entendimento de que:

> É aquele resultante das desigualdades socio-culturais, desenvolvidas historicamente, em relação aos papéis sociais distintos fixados para homens e mulheres, em uma cultura excludente e opressiva, na qual o poder masculino discrimina, nega e desrespeita os direitos das pessoas do sexo feminino (TJPA, 2008, p.15).

Com o advento da Lei Maria da Penha ocorreu uma alteração no Código Penal Brasileiro, na qual os agressores de mulheres no âmbito doméstico e familiar, podem ser presos em flagrante ou terem sua prisão preventiva decretada. Fazendo com que, tais agressores não possam ser punidos apenas com penas alternativas, como o pagamento de cestas básicas ou multas (a título exemplificativo), como era de costume. Além disso a lei aumenta o tempo máximo de detenção de um para três anos, estabelecendo ainda medidas como a saída do agressor do domicílio e a proibição de sua proximidade com a mulher agredida e os filhos (SENADO FEDERAL).

No Brasil, estatísticas apontam que "uma em cada cinco mulheres já sofreu algum tipo de violência física, sexual ou outro abuso praticado por um homem" (TJPA, 2008, p.9). A Organização Mundial da Saúde (OMS) entende a violência de gênero contra a mulher como um problema de saúde pública, na qual "estudos apontam índices entre 20% a 75% desse tipo de agressão em diferentes sociedades". Na América Latina, o Brasil foi o 18º país a adotar uma lei específica para punir agressores de mulheres, sendo tal lei, uma determinação da Organização dos Estados Americanos (OEA), para punir, prevenir e erradicar a violência contra a mulher no Brasil. Ainda de acordo com a OMS, com base em uma pesquisa realizada no ano de 2005, revelou que somente na cidade de São Paulo "quase um terço das mulheres (27%) já foram agredidas fisicamente por seus parceiros ou ex-parceiros", enquanto "na Zona da Mata, em Pernambuco, esse percentual sobe para 34%" (SENADO FEDERAL).

Ainda de acordo com as Delegacias Especializadas de Atendimento à Mulher (DEAMs), com base em um levantamento feito 2005, foi constatado "55 mil registros de ocorrências somente nas capitais brasileiras". Já em relação as demais cidades brasileiras, o "número salta para 160.824" ocorrências. Deve-se colocar em consideração ainda "um número expressivo de mulheres que não recorrem à autoridade policial devido a sentimentos como medo, vergonha e falta de crença na eficácia de sua denúncia" (SENADO FEDERAL, 2007, p.8)[15].

---

15. Dados mais recentes da ONU Brasil (2015) apontam que: Entre 2003 e 2013, o número de vítimas do sexo feminino passou de 3.937 para 4.762, incremento de 21,0% na década. Essas 4.762 mortes em 2013 representam 13 homicídios femininos diários. Levando em consideração o crescimento da população feminina, que nesse período passou de 89,8 para 99,8 milhões (crescimento de 11,1%), vemos que a taxa nacional de homicídio, que em 2003 era de 4,4 por 100 mil mulheres, passa para 4,8 em 2013, crescimento de 8,8% na década. Limitando a análise ao período de vigência da Lei Maria da Penha, que entra em vigor em 2006, observamos que a maior parte desse aumento decenal aconteceu sob égide da nova lei: 18,4% nos

Quanto as estatísticas internacionais, a ONU revela que o Brasil possui índices alarmantes, apontando uma taxa de 4,8 homicídios por 100 mil mulheres, evidenciando ainda que os índices locais excedem, em muito, os encontrados na maior parte dos países do mundo (ONU BRASIL, 2015)[16].

Existem diversas formas de brutalidade cometida contra as mulheres como a omissão de socorro que cause morte; lesão; sofrimento físico, sexual ou psicológico e dano moral, no âmbito familiar, ou em qualquer relação íntima de afeto. Tais crimes somente poderão ser evitados com medidas educativas no ambiente familiar[17].

De acordo com a Organização das Nações Unidas 40% das mulheres no Brasil já sofreram violência doméstica em algum momento de sua vida. Outro levantamento feito pela ONU revela que no ano de 2016, 66% dos brasileiros presenciaram uma mulher sendo agredida física ou verbalmente. E que em 2014 ocorreram mais de 45 mil estupros no Brasil. Para a ONU "a cada duas horas, uma mulher é assassinada no país, a maioria por homens com os quais têm relações afetivas — o que coloca o Brasil na 5º posição em um ranking de feminicídio que avaliou a in-

---

números e 12,5% nas taxas, entre 2006 e 2013. Se num primeiro momento, em 2007, registrou-se uma queda expressiva nas taxas, de 4,2 para 3,9 por 100 mil mulheres, rapidamente a violência homicida recuperou sua escalada, ultrapassando a taxa de 2006. Mas, apesar das taxas continuarem aumentando, observamos que a partir de 2010 arrefece o ímpeto desse crescimento.(...) Entre 2003 e 2013, se as taxas de homicídios femininos das UFs cresceram 8,8%, as das capitais caíram 5,8%, evidenciado um fenômeno já observado em mapas anteriores: a interiorização da violência, num processo em que os polos dinâmicos da violência letal se deslocam dos municípios de grande porte para municípios de porte médio.Em termos regionais, vemos que o Nordeste se destaca pelo elevado crescimento de suas taxas de homicídio de mulheres, no decênio: crescimento de 79,3%. A Região Norte aparece com uma taxa um pouco menor: 53,7%. Sul e Centro-Oeste evidenciam baixo crescimento e na Região Sudeste, significativamente, as taxas caem pela metade no período, em função da alta retração dos índices em São Paulo e Rio de Janeiro e, em menor escala, Belo Horizonte.

16. Efetivamente, só El Salvador, Colômbia, Guatemala (três países latino-americanos) e a Federação Russa evidenciam taxas superiores às do Brasil. Mas as taxas do Brasil são muito superiores às de vários países tidos como civilizados: - 48 vezes mais homicídios femininos que o Reino Unido; - 24 vezes mais homicídios femininos que Irlanda ou Dinamarca; -16 vezes mais homicídios femininos que Japão ou Escócia. Esse é um claro indicador que os índices do País são excessivamente elevados (ONU BRASIL, 2015).

17. As diferenças perceptíveis nos padrões de violência locais, assim como a dificuldade de se conseguir diminuições mais substanciais e duradouras na letalidade de mulheres, mostram que há ainda uma longa e cansativa estrada a se trilhar. E reforçam o ânimo, pois mostram importantes vitórias na luta pelo acesso a direitos em uma sociedade ainda dominada pela ideologia patriarcal, que até outro dia admitia que a mulher fosse morta em legítima defesa da honra (IPEA, 2015).

cidência do crime em 83 países". A nível mundial a ONU destaca ainda que a violência contra as Mulheres "custa aos países cerca de 1,5 trilhão de dólares — 2% do Produto Interno Bruto (PIB) global" (ONU BRASIL, 2016)[18].

A Lei Maria da Penha, representa a importância do controle de convencionalidade para a jurisdição de um país, ou melhor dizendo para à efetivação da justiça[19].

Desta forma, podemos afirmar que a Lei Maria da Penha se seu com o intuito de ratificar os compromissos assumidos pelo Brasil na Convenção da OEA de Belém do Pará, incluindo em sua legislação interna normas penais, civis e administrativas, assim como as de outra natureza que sejam necessárias para prevenir, punir e erradicar a violência contra a mulher (art. 7.º, c). Para Bianchini e Mazzuoli (2011) "a Lei Maria da Penha é exatamente o corolário de tal compromisso". De acordo com os autores, "ela representa o resultado da obrigação do Estado brasileiro em adaptar seu direito doméstico aos compromissos internacionais de direitos humanos que assumiu no plano internacional, no pleno e livre exercício de sua soberania". Esse dever ou melhor dizendo essa obrigação de adaptar a legislação interna aos "ditames internacionais de direitos humanos", vem sendo consagrados em diversos tratados internacionais contemporâneos, como no caso da Corte Interamericana de Direitos Humanos. Desta forma, "por não contrariar os documentos internacionais ratificados pelo Brasil e, mais, por concretizá-los em sua inteireza, a Lei Maria da Penha é totalmente convencional" (BIANCHINI; MAZZUOLI, 2011).

A Lei Maria da Penha é resultado de uma recomendação da Comissão Interamericana de Direitos Humanos (previsto no artigo 51 - 2 do CADH: a Comissão fará as recomendações pertinentes e fixará um prazo

---

18. Para Nadine Gasman, representante da ONU Mulheres no Brasil:

    A violência contra as mulheres é uma manifestação perversa, fruto da discriminação e da desigualdade de gênero. Para além das consequências humanas imensuráveis que ela traz, tal violência impacta em elevados custos para os serviços de atendimento — incluindo a saúde, a segurança e a justiça. Investir na prevenção e na erradicação da violência contra as mulheres e meninas é muito menos custoso do que tem nos custado a falta de ação (ONU BRASIL, 2016).

19. Conforme destaca Bianchini e Mazzuoli (2011), uma vez que: verificar a adequação das leis com a Constituição (controle de constitucionalidade) é apenas o primeiro passo a fim de se garantir validade à produção do Direito doméstico (...) além de compatíveis com a Constituição, as normas internas devem estar em conformidade com os tratados internacionais ratificados pelo governo e em vigor no país, condição a que se dá o nome de controle de convencionalidade.

dentro do qual o Estado deve tomar as medidas que lhe competir para remediar a situação examinada), em face de condenação sofrida pelo Brasil no processo movido por Maria da Penha que recomendou "prosseguir e intensificar o processo de reforma que evite a tolerância estatal e o tratamento discriminatório com respeito à violência doméstica contra mulheres" (BIANCHINI; MAZZUOLI, 2011)[20].

Logo, com base em todo o exposto, é necessário primeiramente o reconhecimento e a sensibilização de que o problema da violência doméstica e familiar contra a mulher existe e continua em evidência, mesmo passados dez anos da promulgação da Lei. É preciso uma nova conscientização nos mais diversos ambientes sociais. Para que seja possível superar toda uma cultura de estigmatização (de inferioridade) feminina.

Concomitante a essas atitudes seria de bom grado a inserção de políticas afirmativas de acesso das mulheres, principalmente aquelas de baixa renda e de baixa escolaridade, no ambiente de trabalho e de estudo, possibilitando assim uma efetiva elevação da condição social e de independência da mulher.

Todas essas atitudes devem ser relacionadas também diretamente a repressão séria e eficaz dos crimes cometidos contra as mulheres, criando assim um círculo de proteção social ao sexo feminino.

CONSIDERAÇÕES FINAIS

O tema do trabalho é atual, ultrapassando a vertente do direito interno e reverberando em Direitos Humanos, fundamentais e nos tratados internacionais.

Podemos verificar que o Brasil, apesar de signatário de diversos tratados internacionais de Direitos Humanos voltados para a proteção do sexo feminino manteve uma postura de inação diante da relação de violência criminosa que estava instaurada no país por mais de trinta anos.

Somente após uma grave condenação internacional que recomendou que o país alterasse sua legislação e passasse a dar mais eficácia

---

20. Desta forma, destacamos que: (...) a falta de aplicação ou a invalidação (pelo Poder Judiciário) da Lei Maria da Penha seria causa bastante para a responsabilização do Estado brasileiro no plano internacional. O tão-só descumprimento da lei, que é fruto repita-se de recomendação de instâncias internacionais das quais o Brasil é parte (Comissão e Corte Interamericana), constituiria motivo suficiente para configurar a violação, pelo Estado brasileiro, dos seus compromissos internacionais voltados à confirmação e efetivação dos direitos fundamentais (BIANCHINI; MAZZUOLI, 2011).

aos direitos fundamentais das mulheres além de uma pressão popular maior e de um caso de destaque é que pudemos ver o Poder Legislativo se movimentar no sentido de concretizar os tratados internacionais.

Nesse tempo entre a condenação do Brasil na Organização dos Estados Americanos e a promulgação da Lei 11.340/06 foi inserido o controle de convencionalidade no Brasil, que transformou todos os Tratados Internacionais ratificados pelo Brasil em normas supralegais.

Ocorre que, após a criação da Lei 11.340/06 que veio a concretizar as medidas requeridas pelas organizações internacionais, o cenário do poder patriarcal social não se alterou e, em alguns casos, piorou.

Logo, podemos verificar que o país ainda atravessa uma fase de positivação tardia das legislações, onde é necessário um juízo de convencionalidade para forçar a adequação legislativa brasileira aos tratados de Direitos Humanos.

É ímpar a necessidade de se reconhecer o atual estado da Lei 11.340/06, dez anos após sua criação e analisar a sua história, como forma de fomentar novamente uma ação dos Poderes institucionalizados para que implementem os ditames contidos em seu cerne legal.

No caso da violência contra a mulher, o controle de convencionalidade já demonstrou que uma releitura dos tratados que o Brasil é signatário, é urgente, para que seja efetiva a aplicação dos ditames de proteção e de promoção das mulheres, por meio de ações afirmativas e de punição aos infratores.

É ainda necessário tratar do controle de convencionalidade como uma forma legitima de inserção de normas externas ao ordenamento jurídico brasileiro, sob pena de se esvaziar o poder dos tratados de Direitos Humanos.

Ademais, cabe ainda uma reflexão no sentido da criação de um mecanismo de coerção relativamente ao descumprimento reiterado de disposições relativas a formulação de políticas públicas de Direitos Humanos, exatamente no sentido do caso da Lei 11.340, onde a parte legislativa já existe, porém, sua concretização é pífia.

REFERÊNCIAS

ACQUAVIVA, Marcus Cláudio. **Teoria Geral do Estado**. 3ª Ed. Barueri: Manole, 2010.

BARROS, Sérgio Resende de. **Direitos Humanos paradoxo da civilização**. Belo Horizonte: Del Rey, 2003.

BIANCHINI, Alice; MAZZUOLI, Valerio de Oliveira. **Controle de Convencionalidade da Lei Maria da Penha**. Disponível em: <https://lfg.jusbrasil.com.br/noticias/2597882/controle-de-convencionalidade-da-lei-maria-da-penha-alice-bianchini-e-valerio-mazzuoli>. Acesso em 11 jun. 2017.

BRASIL. **Constituição da República Federativa do Brasil de 1988**. Disponível em: <http://www.planalto.gov.br/ccivil_03/constituicao/constituicao.htm>. Acesso em 12 jun. 2017

BRASIL. **Superior Tribunal de Justiça. REsp 1640084/SP, Rel. Ministro RIBEIRO DANTAS, QUINTA TURMA, julgado em 15/12/2016, DJe 01/02/2017**. Disponível em <http://www.stj.jus.br/SCON/jurisprudencia/doc.jsp?livre=1640084&b=ACOR&p=true&l=10&i=3>. Acesso em 12 jun. 2017.

BRASIL. **Supremo Tribunal Federal. ADI 5240, Relator(a): Min. LUIZ FUX, Tribunal Pleno, julgado em 20/08/2015, PROCESSO ELETRÔNICO DJe-018 DIVULG 29-01-2016 PUBLIC 01-02-2016**. Disponível em <http://www.stf.jus.br/portal/jurisprudencia/listarJurisprudencia.asp?s1=%28ADI+5240%29&base=baseAcordaos&url=http://tinyurl.com/j5leqa4>. Acesso em 12 jun. 2017.

DALLARI, Dalmo de Abreu. **Elementos de Teoria Geral do Estado**.29ª Ed. São Paulo: Saraiva, 2010.

HACK, Érico. **Direito constitucional: conceitos, fundamentos e princípios básicos** [livro eletrônico]- Curitiba: InterSaberes, 2012.

IPEA. **Avaliando a efetividade da Lei Maria da Penha**. Disponível em: <https://www12.senado.leg.br/institucional/omv/entenda-a-violencia/pdfs/a-efetividade-da-lei-maria-da-penha>. Acesso em 28 out 2016.

MAUÉS, Antonio Moreira. Supralegalidade dos tratados internacionais de direitos humanos e a interpretação constitucional. In. **Revista Internacional de Direitos Humanos**. V.18. p. 215-235. 2013. Disponível em <http://www.convencionalidade.com.br/assets/apoio/artigo_antonio-maues.pdf>. Acesso em 12 jun. 2017.

MAZZUOLI, Valerio de Oliveira. **Teoria Geral do controle de convencionalidade no direito brasileiro**. In. Revista de informação legislativa. Brasília N. 181. p.113/139. jan/mar. 2009. Disponível em <http://www.convencionalidade.com.br/assets/apoio/artigo_valerio-mazzuoli.pdf>. Acesso em 12 jun. 2017.

MENDES, Gilmar F.; BRANCO, Paulo Gustavo G. **Curso de Direito Constitucional**. 12ª Ed. São Paulo: Saraiva, 2017.

ONU. **Conven**ção sobre a eliminação de todas as formas de discriminação contra a mulher (1979). Disponível em: <http://www.pge.sp.gov.br/centrodeestudos/bibliotecavirtual/instrumentos/discrimulher.htm>. Acesso em 31 out 2016.

ONU BRASIL. **Mapa da violência 2015**. Homicídio de mulheres no Brasil. Disponível em: <http://www.onumulheres.org.br/wp-content/uploads/2016/04/MapaViolencia_2015_mulheres.pdf>. Acesso em 28 out 2016.

ONU BRASIL. **Violência contra a mulher custa US$ 1,5 trilhão ao mundo, alerta ONU no Dia Laranja**. Disponível em: <https://nacoesunidas.org/violencia-contra-a-mulher-custa-us-15-trilhao-ao-mundo-alerta-onu-no-dia-laranja/>. Acesso em 11 jun. 2017.

ORGANIZAÇÃO DOS ESTADOS AMERICANOS (OEA). **Comissão Interamericana de Direitos Humanos**. Relatório anual 2000. Relatório nº 54/01. Disponível em <https://cidh.oas.org/annualrep/2000port/12051.htm> acessado em 30/10/2016.

ORGANIZAÇÃO DOS ESTADOS AMERICANOS (OEA). **Conven**ção Americana de Direitos Humanos - CADH (1969). Disponível em: <http://www.pge.sp.gov.br/centrodeestudos/bibliotecavirtual/instrumentos/sanjose.htm. Acesso em 11 jun. 2017.

ORGANIZAÇÃO DOS ESTADOS AMERICANOS (OEA). **Comissão Interamericana de Direitos Humanos**. Convenção Interamericana para prevenir, punir e erradicar a violência contra a mulher, "Convenção de Belém do Pará". Disponível em: <https://www.cidh.oas.org/basicos/portugues/m.Belem.do.Para.htm>. Acesso em 30 out 2016.

PIOVESAN, Flávia. **Direitos Humanos e o Direito Constitucional Internacional**. 14ª Ed. São Paulo: Saraiva, 2013.

RAMOS, André de Carvalho. **Supremo Tribunal Federal Brasileiro e o controle de convencionalidade**: levando a sério os tratados de direitos humanos. In.Revista da Faculdade de Direito da Universidade de São Paulo. São Paulo. v. 104. p.241-286. 2009. Disponível em <http://www.convencionalidade.com.br/assets/apoio/artigo_andre-ramos.pdf>. Acesso em 12 jun. 2017.

SENADO FEDERAL. **Lei Maria da Penha pune agressões contra mulheres**. Jornal do Senado, Brasília, Ano XIII, nº 2717, 27 nov. 2007, p.8. Disponível em: <http://www12.senado.leg.br/jornal/edicoes/2007/11/27/lei-maria-da-penha-pune-agressoes-contra-mulheres/imprimir_materia_jornal>. Acesso em 11 jun. 2017.

SILVA, José Afonso da. **Curso de Direito Constitucional Positivo**. 39ª Ed. São Paulo: Malheiros, 2016.

TRIBUNAL DE JUSTIÇA DO PARÁ (TJPA). **Lei "Maria da Penha"**: a proteção da mulher contra a violência: quando, como e onde procurar seus direitos. TJPA; (Coordenação do) Grupo Interinstitucional de Trabalho e Prevenção à Violência Doméstica e Familiar. - Belém, 2008.

WESTIN, Ricardo. **Brasil só criou Lei Maria da Penha após sofrer constrangimento internacional.** Jornal do Senado, Brasília, 04 de julho de 2013. Sociedade. Disponível em: <http://www12.senado.leg.br/jornal/edicoes/especiais/2013/07/04/brasil-so-criou-lei-maria-da-penha-apos-sofrer-constrangimento-internacional>. Acesso em 30 out 2016.

PARTE 4
CONTROLE DE CONVENCIONALIDADE BRASILEIRO

O CONTROLE DE CONVENCIONALIDADE E REFORMA TRABALHISTA: ADEQUAÇÃO DA LEI N.º 13.467, DE 13.07.2017 AOS PADRÕES REGULATÓRIOS DA ORGANIZAÇÃO INTERNACIONAL DO TRABALHO[1]

Wolney de Macedo Cordeiro[2]

INTRODUÇÃO

Os padrões regulatórios trabalhistas passam por um traumático processo de modificação em face da aprovação da chamada reforma trabalhista. O ritmo frenético imposto ao trâmite da proposta de modificação legislativa[3] resultou um texto normativo (Lei n.º 13.467, de 13.07.2017) repleto de antinomias, lacunas e inconstitucionalidades. A ausência de

---

1. Texto doutrinário fundamentador da conferência apresentada no evento Controle de convencionalidade – Práticas no judiciário brasileiro, promovido pela Escola Superior da Magistratura – ESMA, nos dias 24 e 25 de novembro de 2016, em João Pessoa/PB.
2. Desembargador do Trabalho do TRT da 13ª Região; Professor Titular do UNIPÊ-Centro Universitário de João Pessoa e da ESMAT13- Escola Superior da Magistratura Trabalhista da Paraíba; Mestre e Doutor em Direito pela Universidade Federal da Paraíba. Professor visitante das Escolas Judiciais dos TRT´s da 4ª,5ª, 6ª, 16ª, 20ª e 21ª Regiões. Vice-Presidente e Corregedor do Tribunal Regional do Trabalho da 13ª Região para o biênio 2017-2019.
3. O Projeto de lei nº 6787/2016, fruto de proposta encaminhada pelo Poder Executivo, iniciou sua tramitação na Câmara dos Deputados em 23.12.2016. O texto inicial era bem tímido e modificava apenas poucos artigos da Consolidação. A proposta legislativa se agigantou sem maiores debates e acabou sendo aprovada pela Câmara dos Deputados em 26.04.2017. Finalmente, em 11.07.2017, o Senado Federal aprovou, sem qualquer modificação, o texto da Câmara dos Deputados. Foram cerca de sete meses para gerar uma norma contemplando inúmeras e estruturais alterações na regulação do trabalho. Um tempo de tramitação tão reduzido jamais produziria um texto coerente, sistematizado e adequado.

um debate mais aprofundado acerca dos padrões regulatórios é sentida em inúmeros capítulos da nova norma, sendo inevitável o crescimento dos conflitos trabalhistas.

Dentro desse ambiente de verdadeira histeria política não houve espaço, durante a produção da mencionada norma trabalhista, de aferição dos seus impactos perante os limites estatuídos pelas normas de direito internacional. A ausência de uma sintonia com os padrões normativos estabelecidos pela Organização Internacional do Trabalho gera sérios problemas na aplicação e na adequação da norma trabalhista. Esse problema se torna ainda mais emblemático, na medida em que não existe em nosso direito uma tradição em concretizar o chamado controle de convencionalidade em matéria laboral.

O presente artigo analisará a concretização do controle de convencionalidade em matéria laboral, no entanto com o foco específico para a análise dos efeitos da reforma trabalhista.

No processo de aplicação das normas jurídicas trabalhista sempre houve certa relutância no manejo das normas emanadas do ambiente internacional. Muito embora o sistema normativo capitaneado pela Organização Internacional do Trabalho seja longevo e abrangente, o direito brasileiro tradicionalmente não se sente à vontade na aplicação das normas de direito internacional.

A consolidação da ideia do controle de convencionalidade surge como um profícuo horizonte para inserção das normas de direito internacional do trabalho na regulação das relações laborais no direito brasileiro. O enfrentamento desse novo conceito abre espaço para o manejo mais adequado das convenções da OIT.

No presente texto buscaremos fixar as diretrizes fundamentais adotadas por nossa jurisprudência para reconhecer a prevalência dos tratados internacionais sobre direitos humanos, bem como os mecanismos de atuação do controle de convencionalidade em matéria trabalhista.

1. **CONSOLIDAÇÃO DA JURISPRUDÊNCIA DO SUPREMO TRIBUNAL FEDERAL ACERCA DA A PREVALÊNCIA NORMATIVA DOS TRATADOS SOBRE DIREITOS HUMANOS: A CONSTRUÇÃO DO CONCEITO DE *SUPRALEGALIDADE***

A evolução da jurisprudência do STF em matéria de absorção das normas internacionais, em especial daquelas asseguradoras de direitos humanos, foi notável no final da década passada. Houve uma verdadeira ruptura na forma de visualizar os movimentos entre estruturas jurídicas de categorias diversas, a partir do enfático reconhecimento do tratamento diferenciado promovido pelos §§ 2º e 3º do art. 5º da CF.

Na realidade, o fundamento da proteção global dos direitos humanos fez com que essas mudanças paradigmáticas acabassem por influenciar, de forma decisiva, a jurisprudência do STF[4].

A questão resolvida pelo Tribunal, objeto de inúmeros procedimentos em tramitação naquela corte, consistia na verificação da legalidade da prisão civil do chamado depositário infiel, conforme permissivo do próprio texto constitucional, contido no art. 5º, LXVII: "[...] não haverá prisão civil por dívida, salvo a do responsável pelo inadimplemento voluntário e inescusável de obrigação alimentícia e a do depositário infiel". A alegação predominante consistia na prevalência das garantias elencadas pela Convenção Americana sobre Direitos Humanos (Pacto de São José da Costa Rica), que admite a prisão civil, exclusivamente, no caso de descumprimento voluntário de pensão alimentícia, nos termos do seu art. 7, item 7: "Ninguém deve ser detido por dívidas. Este princípio não limita os mandados de autoridade judiciária competente expedidos em virtude de inadimplemento de obrigação alimentar."

A referida norma internacional enquadrava-se na perspectiva do art. 5º, § 2º da Constituição, pois assegurava um conjunto de direitos humanos além daquelas garantias explicitamente consideradas no texto constitucional. No entanto, a Convenção Americana sobre Direitos Humanos[5] não se inseria no âmbito de incidência do § 3º do art. 5º, pois não foi submetida ao quórum de deliberação específico para a inserção enquanto norma materialmente constitucional[6].

---

4. Esse movimento pode ser verificado quando do julgamento do recurso extraordinário RE 466.343-SP, que foi ementado da seguinte forma (STF, 2008): "PRISÃO CIVIL. Depósito. Depositário infiel. Alienação fiduciária. Decretação da medida coercitiva. Inadmissibilidade absoluta. Insubsistência da previsão constitucional e das normas subalternas. Interpretação do art. 5º, inc. LXVII e §§ 1º, 2º e 3º, da CF, à luz do art. 7º, § 7, da Convenção Americana de Direitos Humanos (Pacto de San José da Costa Rica). Recurso improvido. Julgamento conjunto do RE nº 349.703 e dos HCs nº 87.585 e nº 92.566. É ilícita a prisão civil de depositário infiel, qualquer que seja a modalidade do depósito. (RE 466343, Relator: Min. CEZAR PELUSO, Tribunal Pleno, julgado em 03/12/2008)."
5. A Convenção Americana sobre Direitos Humanos, de 22 de novembro de 1969, foi ratificada pelo Estado brasileiro e entrou em vigor em 22 de setembro de 1992, conforme Decreto n.º 678, de 06 de novembro de 1992, portanto bem antes da Emenda Constitucional n.º 45/2004.
6. É relevante ressaltar que, até hoje, apenas um tratado internacional sobre direitos humanos adquiriu o status de norma formalmente constitucional. No caso, a Convenção sobre os Direi-

Nesse momento, a jurisprudência do STF encontrava-se em uma verdadeira encruzilhada. Ao não reconhecer uma posição diferenciada na estrutura jurídica brasileira dos tratados referenciados pelo § 2º do art. 5º da Constituição e equipará-los às leis ordinárias, o tribunal não dispunha de elementos para tornar efetivos os comandos constantes da norma internacional garantidora de direitos humanos.

Assim, foram fixadas premissas norteadoras do relacionamento entre as ordens jurídicas interna e externa, que podem ser resumidas da seguinte forma: a) os tratados internacionais, cujo objeto não seja a proteção dos direitos humanos, inserem-se na ordem jurídica brasileira na posição de norma infraconstitucional; b) os tratados internacionais, em matéria de direitos humanos, ostentam o caráter de *supralegalidade*, pois se acomodam no ordenamento jurídico acima das normas infraconstitucionais, porém submetidos à Constituição; c) os tratados internacionais, ratificados por intermédio do procedimento preconizado pela CF, art. 5º, § 3º, integram o nosso ordenamento jurídico, enquanto normas material e formalmente constitucionais.

O grande mérito dessas premissas, fixadas no julgamento do RE 466.343-SP, foi o reconhecimento, no plano jurisprudencial, da existência de uma estrutura normativa denominada de **supralegal**. Nessa perspectiva, a posição hierárquica do direito internacional adquire um status diferenciado, submetendo toda a estrutura infraconstitucional às suas diretrizes. Durante o debate encetado pelo STF para construção da decisão final, alguns fundamentos relevantes acerca das bases do relacionamento entre as ordens jurídicas interna e internacional foram fixados.

Em primeiro lugar, evidencia-se o abandono explícito das diretrizes conceituais ortodoxas do monismo e do dualismo, tendo o STF ingressado no debate a partir de paradigmas e de problemas contemporâneos[7].

---

tos das Pessoas com Deficiência e de seu Protocolo Facultativo, assinados em Nova Iorque em 30 de março de 2007, receberam a ratificação com o quórum especial preconizado pela CF, art. 5º, § 3º.

7. Nesse caso, é relevante destacar trecho do voto proferido no mencionado RE 466343, no sentido de que: "Dispensa qualquer análise pormenorizada da irreconciliável polêmica entre as teorias monista (Kelsen) e dualista (Tripel) sobre a relação entre o Direito Internacional e o Direito Interno dos Estados – a qual, pelo menos no tocante ao sistema internacional de proteção dos direitos humanos, tem-se tornado ociosa e supérflua-, é certo que qualquer discussão nesse âmbito pressupõe o exame da relação hierárquico-normativa entre os tratados internacionais e a Constituição".

A velha dualidade conceitual entre os métodos de absorção das normas internacionais tornou-se obsoleta e incapaz de apresentar respostas adequadas às demandas contemporâneas. Afastada a incidência do debate teórico, ainda arraigado às estruturas estatais tradicionais, possibilitou-se a formatação de ferramentas jurídicas capazes de viabilizar um relacionamento mais efetivo entre as estruturas regulatórias externas e internas.

A recusa em aplicar os postulados tradicionais de atuação do direito internacional significou, antes de tudo, a possibilidade de serem construídas novas dimensões ao debate, especialmente no que concerne ao relacionamento com o próprio texto constitucional. Os argumentos manejados para declarar a proeminência dos dispositivos normativos da Convenção Americana sobre Direitos Humanos, portanto, libertaram-se dos ultrapassados conceitos forjados à luz dos princípios do modelo estatal *vestefaliano*.

Ora, havendo uma verdadeira liberação dos vetustos postulados do direito internacional, o julgamento pôde se encaminhar para o reconhecimento de uma forma de hierarquização atípica dos tratados internacionais sobre direitos humanos[8].

Abandonou-se, por conseguinte, o antigo dogma de equiparação funcional do direito internacional com a legislação ordinária, conferindo-se uma posição privilegiada aos tratados internacionais sobre direitos humanos. Os fundamentos constantes do voto apresentam-se em sintonia com o contexto contemporâneo de diálogo das fontes normativas, mediante a identificação de demandas específicas relacionados à proteção global dos direitos humanos.

Vê-se, a partir dos fundamentos apresentados, que houve uma mudança significativa da jurisprudência do STF que abandonou, de forma

---

8. Nesse particular, segundo entendimento do Supremo Tribunal Federal: "[...] a mudança da forma pela qual tais direitos são tratados pelo Estado brasileiro ainda ocorre de maneira lenta e gradual. E um dos fatores primordiais desse fato está no modo como se tem concebido o processo de incorporação dos tratados internacionais dos direitos humanos na ordem jurídica interna. [...] Por conseguinte, parece mais consciente a interpretação que atribui a característica de *supralegalidade* aos tratados e convenções de direitos humanos. Essa tese pugna pelo argumento de que os tratados sobre direitos humanos seriam infraconstitucionais, porém, diante do seu caráter especial em relação aos demais atos normativos internacionais, também seriam dotados de um atributo de *supralegalidade*. Em outros termos, os tratados sobre direitos humanos não poderiam aflorar a supremacia da Constituição, mas teriam lugar especial reservado no ordenamento jurídico. Equipará-los à legislação ordinária seria subestimar o seu valor especial no contexto do sistema de proteção dos direitos da pessoa humana."

explícita, o tradicional menoscabo em relação às normas de direito internacional. Não só se modificaram as diretrizes jurisprudenciais formatadas há várias décadas, como também se edificou um mecanismo específico de recepção dos tratados internacionais.

Pela exposição realizada no julgado, ainda é possível inferir que as normas de direito internacional não relacionadas a direitos humanos ou fundamentais não gozariam do atributo da supralegalidade, situando-se, apenas, no topo da hierarquia infraconstitucional[9].

A construção jurisprudencial procedida pelo STF, levando em consideração os parâmetros trazidos pela própria Constituição, segmentou as estruturas de recepção das normas internacionais a partir do seu conteúdo. Ao criar posições diferenciadas para os tratados internacionais, o norte jurisprudencial dominante edificou uma estrutura híbrida de assimilação da norma internacional, reconhecendo, assim, a necessidade de modificação dos parâmetros de relacionamento entre as ordens jurídicas interna e internacional.

Destaque-se que, especificamente quanto à aplicação da Convenção Americana sobre Direitos Humanos, o STF desconsiderou as ressalvas feitas de maneira explicita pelo texto constitucional quanto à possibilidade de prisão do depositário infiel. Obviamente, na edificação da fundamentação especifica, declarou-se que a exceção estabelecida no art. 5º, LXVII, não seria norma materialmente constitucional, devendo assim sucumbir diante do conteúdo abrangente do art. 7, item 7 da Convenção analisada.

Essa diretriz decisória só se tornou viável mediante a assimilação de uma postura inovadora diante da realidade contemporânea de relacionamento das estruturas jurídicas. Afastou-se a incidência da literalidade da norma constitucional e conferiu-se uma significação adequada e asseguradora da proteção dos direitos humanos, tudo a partir da aplicação de uma norma internacional.

Ressalte-se, por outro lado, que a veemência pela qual o conceito de supralegalidade foi introduzido em nossa ordem jurídica possibilitou,

---

9. "Para a jurisprudência brasileira atual, uma (apertada) síntese de tudo quanto foi exposto seria a seguinte: (a) tratados de direitos humanos não aprovados com *quorum* qualificado: valor supralegal; (b) tratados de direitos humanos aprovados com *quorum* qualificado pelo Congresso Nacional: valor de emenda constitucional (valor constitucional); (c) tratados que não versam sobre direitos humanos: valor legal (tese de equiparação ou paridade)." (GOMES, Luiz Flávio e MAZZUOLI, Valerio de Oliveira. **Direito supraconstitucional: do absolutismo ao Estado Constitucional e Humanista de Direito**. São Paulo: Revista dos Tribunais, 2010, p. 101-102)

a partir dos parâmetros fixados no julgamento do RE 466.343, a edição da Súmula Vinculante n. 25: "É ilícita a prisão civil de depositário infiel, qualquer que seja a modalidade do depósito.". Trata-se de um exemplo eloquente de integração incisiva do direito internacional na sistemática normativa interna, com notáveis consequências nas relações privadas.

A precisão dos fundamentos guerreados para a formatação do entendimento do STF, por outro lado, não esconde a flagrante intenção do órgão julgador de reconhecer a influência determinante da norma internacional asseguradora de direitos humanos, mesmo no plano constitucional. Ao se abandonar a literalidade da estrutura normativa constitucional, consolidou-se a perspectiva de uma convivência entre as estruturas jurídicas produzidas em foros distintos.

Reconhecendo a proteção dos direitos humanos como valor transcendental e assegurado globalmente, a jurisprudência constitucional brasileira rompeu alguns paradigmas seculares concernentes ao relacionamento com o direito internacional. Além do mais, ao construir dogmaticamente o conceito de supralegalidade, o arcabouço jurisprudencial brasileiro abriu uma perspectiva relevante no aprimoramento dos mecanismos de recepção dos tratados internacionais, embora tenha limitado exclusivamente ao contexto dos direitos humanos.

É certo que o julgamento do Supremo Tribunal Federal, no que concerne à abrangência do art. 5º, §§ 2º e 3º, fixou importantes balizamentos para a regulação da relação entre as ordens jurídicas interna e externa. A construção procedida, no entanto, não formulou maiores digressões acerca da possibilidade de os direitos humanos serem aplicados a partir da perspectiva nacional ou internacional, por intermédio dos critérios de efetividade. Optou-se por uma visão estática e compartimentalizada da estrutura jurídica.

Na realidade, houve o estabelecimento de etapas ou níveis de normatividade, nas quais o aplicador tem apenas opções excludentes e não concorrentes. Edifica-se o conceito de supralegalidade para os tratados em matéria de direitos humanos, e fixam-se requisitos formais para a escolha da estrutura jurídica determinante para regular o caso concreto, todavia não se reconhecem ferramentas capazes de amalgamar as estruturas de proteção espraiadas por diversas fontes.

Muito embora se tenha reconhecido a necessidade de uma maior presença da norma internacional, ainda estamos, de certa forma, presos em armadilhas metodológicas criadas pelo excessivo legalismo que orientou nosso direito ao longo de décadas[10]. A visão de uma interação entre o direito internacional e o interno, a partir de soluções dialogadas, quebra o relevante paradigma jurídico da estratificação normativa. Em outras palavras, admitindo-se a perspectiva de inserção da norma de direito internacional com certos "privilégios" de aplicação, especialmente no que concerne à proteção dos direitos humanos e fundamentais, torna-se possível criar um sistema próprio de aferição para os tratados e convenções internacionais.

2. A CONSOLIDAÇÃO DO CONCEITO DE CONTROLE DE CONVENCIONALIDADE NO ÂMBITO DO DIREITO BRASILEIRO: A CONTRIBUIÇÃO DE VALERIO MAZZUOLI

A ideia de controle de convencionalidade consolidou-se no âmbito do direito brasileiro a partir da acepção formulada por Valerio Mazzuoli em sua produção acadêmica. O mencionado autor foi vanguardista na formatação de um modelo jurisdicional destinado a regular o relacionamento concorrente entre as normas de direito internacional e direito interno, especialmente no que diz respeito aos direitos humanos[11].

---

10. Não são poucas, entretanto, as críticas endereçadas à ausência de estruturas teóricas determinantes na construção da jurisprudência brasileira, principalmente de cunho constitucional. As oscilações conceituais na formação da hermenêutica dominante geram certa perplexidade por parte dos estudiosos do direito. É bastante elucidativa, nesse sentido, a síntese formulada por Lênio Luiz Streck: "Já no ambiente jurídico brasileiro, a impressão que se tem é de que todas essas tradições estão presentes no imaginário de forma difusa e, por vezes, acrítica. Falamos o tempo todo de precedentes, formalismo conceitual, "juiz boca da lei" e outras tantas expressões que remetem às mais diversas tradições dessa cultura jurídica europeia. Para ficar apenas no âmbito dos códigos, vale lembrar, com José Reinaldo de Lima Lopes, que a comunidade jurídica que produziu o Código de 1916 esteve sempre sob a influência direta da pandectística alemã, que acabou por gerar um direito privado cujo modelo era/é fortemente germanizado; mas ao mesmo tempo, passamos a comentar e fazer doutrina com autores franceses e italianos, que pouco ou nada têm que ver com o direito civil alemão.". A ausência de um norte teórico fragiliza a nossa evolução jurídica e dificulta a formação de uma jurisprudência coesa e consistente, capaz de harmonizar adequadamente nossas relações jurídicas. Muitas vezes oscilando entre uma literalidade mecanicista e um ativismo contundente, os nossos tribunais não são capazes de exteriorizar um movimento unívoco de construção do direito." (*In*: **Verdade e consenso – Constituição, hermenêutica e teorias discursiva, 4. ed.** São Paulo: Saraiva, 2011, p. 28-29).

11. Conforme esclarecido pelo próprio autor: "A teoria do controle de convencionalidade que apresentaremos nas linhas que seguem é inédita no Brasil, não tendo sido desenvolvida por nenhum jurista (constitucionalista ou internacionalista) anteriormente entre nós. Não se trata de técnica legislativa de compatibilização dos trabalhos no Parlamento com os instrumentos de direitos humanos ratificados pelo governo, nem de mecanismo internacional de apuração dos atos do Estado em relação ao cumprimento de suas obrigações internacionais, mas sim de meio judicial de declaração de invalidade de leis incompatíveis com tais tratados,

Assim sendo, é imperiosa a delimitação conceitual e o esclarecimento de que a adoção do termo controle de convencionalidade observa fielmente as diretrizes fixadas pelo mencionado autor. As soluções propostas pela jurisprudência constitucional apenas delimitaram categorias de reconhecimento das normas internacionais e de sua convivência no foro nacional. Não há uma preocupação com o efetivo relacionamento entre essas categorias, tampouco com a criação de ferramentas de interação simultânea capazes de viabilizar soluções mais adequadas para os casos concretos.

A perspectiva de proteção dos direitos humanos em um plano global implica a adoção de mecanismos capazes de construir uma comunicação entre as diversas categorias normativas. A linearidade típica dos modelos ortodoxos de regulação, em se tratando de proteção dos direitos humanos, não encontra amparo em uma realidade pós-moderna[12].

Ao se reconhecer a possibilidade de convivência entre estruturas normativas de tessituras diversas, surgem desafios específicos no sentido de gerir a atuação separada ou concomitante desses modelos normativos diferenciados. A efetivação dos regulamentos, no âmbito das relações privadas, se opera no plano nacional, mesmo que tenham sido produzidos em uma estrutura inter ou transnacional[13].

---

tanto por via de exceção (controle difuso ou concreto) como por meio de ação direta (controle concentrado ou abstrato)." (*In*: **O controle jurisdicional da convencionalidade das leis, 2. ed.** São Paulo: Revista dos Tribunais, 2011, p. 82).

12. É essa a ideia central desenvolvida por Valerio Mazzuoli, principalmente, a partir da teoria do diálogo das fontes: "O "diálogo" entre as fontes heterogêneas (internacional e interna) propicia descobrir o fim (o *telos*) a que perseguem as normas em jogo, possibilitando desvendar coerentemente os pontos comuns que as aproximam. Assim, em vez de escolher uma ou outra norma em consonância com os métodos tradicionais de solução de antinomias, aplica o intérprete, simultaneamente, ambas ou mais normas, restaurando a coerência que as ordens internacional e interna reclamam dentro do quadro do pensamento sistemático e da unidade do direito." (*In*:**Tratados internacionais de direitos humanos e direito interno.** São Paulo: Saraiva, 2010, p. 144).

13. A abordagem do controle de convencionalidade, pelo menos na perspectiva do ordenamento jurídico brasileiro, não implica o enfrentamento dos impasses no nível transnacional. A colisão entre as estruturas nacionais e transnacionais seria possível a partir do ordenamento da União Europeia, no qual é viável o confronto entre as garantias promovidas nos diferentes níveis regulatórios. Sobre o tema Virgílio Afonso da Silva (2010, p. 102) assevera: "O segundo tipo de colisão é **quadrilateral** e a ênfase recai na **jurisdição**; pode-se dizer que ele envolve a **colisão entre soluções jurisdicionais de colisões**. De um lado, tem-se a decisão de um tribunal nacional acerca da colisão entre dois direitos fundamentais de outro, a solução de um tribunal supranacional para a colisão entre os mesmos direitos fundamentais (ainda que previstos em documentos distintos). A questão aqui diz respeito, portanto, a esse choque entre jurisdições." (*In*: Colisão de direitos fundamentais entre ordem nacional e ordem transna-

Admitindo-se a possibilidade de diálogo entre os diversos regulamentos sobre a mesma matéria, viabiliza-se o surgimento de antinomias que, obviamente, devem ser solucionadas no plano nacional. A partir dessa demanda específica é construída a noção do controle de convencionalidade, enquanto mecanismo de verificação e escolha das normas, nacionais ou internacionais, a serem aplicadas ao caso concreto[14].

A importância do reconhecimento de um sistema autônomo de controle de convencionalidade das normas não reside, apenas, na formatação de uma ferramenta processual capaz de fornecer respostas específicas para os eventuais conflitos acerca da aplicação das normas internacionais. Paralelamente ao resultado prático, eventualmente advindo dessa formulação, a relevância simbólica de sua institucionalização consiste na admissão de um verdadeiro diálogo entre os inúmeros sistemas normativos e a existência de uma relativa preponderância das normas produzidas no plano internacional.

A construção de um sistema hierarquizado, a partir das premissas integrantes da noção de supralegalidade, estabelece patamares específicos para a recepção das normas internacionais[15].

---

cional. In: Marcelo Neves (Org.). **Transnacionalidade do direito- novas perspectivas dos conflitos entre ordens jurídicas.** São Paulo: Quartier Latin, 2010, p. 101-112). O modelo apresentado pelo autor, no entanto, afasta-se da realidade brasileira, na qual foi centrada a análise do controle de convencionalidade. Não havendo uma estrutura supranacional que nos abranja, a análise desses conflitos não se apresenta viável, mesmo no plano estritamente teórico. O Brasil está longe de ostentar uma estrutura jurídica supranacional, especialmente quando a nossa única iniciativa de integração, o Mercosul, encontra-se estagnada por conta de incontáveis impasses políticos e diplomáticos.

14. "A convivência dos paradigmas nos traz subsídios capazes de reconstituir a coerência entre o direito internacional e o direito interno na seara dos direitos humanos contemporâneos. Traz também elementos novos às relações entre ambas as ordens jurídicas que permitem construir um sistema de normas (internacionais *com* as internas) que não se confunde com um mero conglomerado de regras e princípios desconexos, aleatoriamente dispostos, sem qualquer critério organizacional que os reúna num mesmo todo harmônico e coerente." (MAZZUOLI, Valerio de Oliveira. **Tratados internacionais de direitos humanos e direito interno.** São Paulo: Saraiva, 2010, p. 140).

15. Essa pretensa hierarquia, formulada a partir do conteúdo das normas, produziria modalidades diversas para as normas internacionais, ainda objeto de ressalvas por parte da doutrina: "[...] os tratados internacionais *comuns* ratificados pelo Estado brasileiro é que se situam num nível hierárquico *intermediário* estando abaixo da Constituição, mas acima da legislação infraconstitucional, não podendo ser revogados por lei posterior (por não se encontrarem em situação de paridade normativa com as demais leis nacionais). Quanto aos tratados de direitos humanos, entendemos que estes ostentam o *status* de norma constitucional, independentemente do seu *quorum* qualificado de aprovação." (MAZZUOLI, Valerio. **Direito dos tratados.** São Paulo: Revista dos Tribunais, 2011, p. 114).

Mesmo diante de algumas restrições por parte da jurisprudência constitucional dominante, reconhece-se a existência de uma estrutura normativa internacional capaz de se relacionar e se entrelaçar com os sistemas regulatórios nacionais. Assegurando-se um sistema de validação do direito interno a partir de paradigmas normativos alienígenas, temos a constatação expressa de que a regulação das relações privadas não se opera a partir dos paradigmas nacionais.

Atribuindo-se ao poder judiciário a prerrogativa de verificar, em concreto ou em abstrato, a possibilidade de convivência das normas internacionais, temos o reconhecimento de que não há uma estrutura regulatória univocamente construída. Logo, a escolha dessas estruturas regulatórias envolveria o exercício dos mecanismos do controle de convencionalidade[16].

3. O CONTROLE DE CONVENCIONALIDADE EM MATÉRIA LABORAL

A formulação de um mecanismo interno de conformação do direito internacional, a partir da combinação ou agregação com o direito nacional, realça a marcante permeabilidade do Estado contemporâneo em relação aos diversos padrões regulatórios[17]. Por intermédio da atuação do poder judiciário, em um procedimento análogo ao de controle de cons-

---

16. "[...] entende-se que o controle de convencionalidade (ou de supralegalidade) deve ser exercido pelos órgãos da justiça nacional relativamente aos tratados (de direitos humanos ou não) aos quais o país se encontra vinculado. Trata-se de *adaptar* ou *conformar* os atos ou leis internas aos compromissos assumidos pelo Estado, que criam para estes deveres no plano internacional com reflexos práticos do seu direito interno. (MAZZUOLI, Valerio de Oliveira. **Tratados internacionais de direitos humanos e direito interno.** São Paulo: Saraiva, 2010, p. 208).

17. Talvez aí resida um dos grandes paradoxos da sociedade pós-moderna, que busca uma integração jurídica intensa e ininterrupta, todavia com a preservação da identidade cultural dos indivíduos. A inconciliável convivência dessas duas realidades é reforçada pelo intenso relacionamento entre os sistemas jurídicos, sempre na perspectiva de manter íntegros os caracteres específicos dos indivíduos na sociedade. Nesse aspecto, reportou-se explicitamente Erik Jayme: "Les forces idéologiques actuelles sont ainsi constituées par des idées radicalment divergentes: une volonté de l'identité culturelle de la personne, d'autre part. La question se pose alors de savoir quel est le rôle du droit international privé dans ces mouvements récents." (*In*: Identité culturelle et intégration: le droit international privé postmoderne – Cours général de droit international privé. In: **Recueil des cours: collected courses of the Hauge academy of international law, 1995, t. 251.** The Hauge/Boston/London: Martinus Nijhoff, 2006, p. 33). Muito embora a assertiva do autor tenha sido endereçada especificamente para a construção do direito internacional privado, não é possível descartar os fundamentos apresentados para uma análise mais abrangente. A presença dessa contradição insanável entre a identidade cultural do indivíduo e o inexorável relacionamento das estruturas jurídicas é um atributo indelével da pós-modernidade.

titucionalidade, é possível garantir, como forma de composição dos conflitos individuais, a aplicação de regramentos dos mais diversos matizes. O sistema de controle de convencionalidade proposto, portanto, ilustra, de maneira fiel, o perfil dos conflitos intersubjetivos pós-modernos, bem como a forma assimétrica de sua solução.

Propondo-se a quebra da rigidez no procedimento de composição de soluções, a partir da mescla de estruturas jurídicas diversas, constrói-se um paradigma inovador, todavia baseado nas estruturas estatais tradicionais do poder judiciário. Além do mais, o controle de convencionalidade pressupõe, igualmente, a adequação das estruturas normativas internas aos "compromissos" assumidos na seara internacional, em uma inequívoca situação de promiscuidade dos espaços normativos.

Obviamente, a concretização dessa estrutura, teoricamente concebida, depende de iniciativa dos próprios órgãos do poder judiciário, no sentido de assimilar os postulados apresentados pelo bem construído sistema de controle de convencionalidade. As bases dogmáticas para a sua concretização são delineadas de forma adequada, sendo apresentadas como ferramentas jurídicas efetivamente disponíveis para a construção de soluções para os conflitos suscitados.

O grande problema em face das questões, até agora desenvolvidas, reside no fato de que as iniciativas de adoção de um paradigma diferenciado do relacionamento entre os regramentos local e internacional dificilmente envolvem as questões sociais. Conforme afirmamos anteriormente, o objeto da intervenção, tanto da jurisprudência como da doutrina, foca-se em um conjunto de valores essencialmente liberais. A inserção do tema social no debate não é muito cômoda e, na maioria das vezes, não integra as grandes agendas internacionais.

Essa relutância não apresenta fundamentos razoáveis, pelo menos do ponto de vista metodológico. Com efeito, a questão trabalhista apresenta os mesmos desafios e mudanças paradigmáticas encontrados no ambiente global. Além do mais, há uma estrutura regulatória internacional em matéria trabalhista que vem sendo construída ao longo de quase um século, especialmente no que concerne à atuação normativa da Organização Internacional do Trabalho[18].

---

18. Não é remansosa a lembrança de que a Organização Internacional do Trabalho é o mais antigo organismo internacional em funcionamento na atualidade. A criação da OIT concretizou-se em 24 de março de 1919, com a aprovação da Parte XIII do Tratado de Versailles (SÜSSEKIND, Arnaldo. **Direito internacional do trabalho**, 3.ed. São Paulo: LTr, 2000, p. 101). Integrante

Esse laconismo em relação à criação de instrumentos específicos de recepção da norma trabalhista já foi objeto de alerta por parte da doutrina. Identificam os autores uma tendência, presente em muitos Estados, de restringir a inserção das normas internacionais, especialmente aquelas reguladoras de direitos sociais. De fato, a inserção de normas internacionais de caráter laboral implica um aumento de custos de produção, muitas vezes indesejados pela estrutura política que recepciona o normativo. Esse fenômeno talvez não ocorra com frequência em relação às normas garantidoras de direitos humanos relacionados ao exercício de liberdades, pois, nesse caso, na maioria das vezes, o impacto é tão somente político e não econômico[19].

Fica claro que a inserção das normas internacionais de cunho social apresenta muito mais restrições dos Estados do que os demais instrumentos de garantia dos direitos humanos de primeira geração.

Ingressando no caso específico do direito brasileiro, é possível identificar uma completa ausência de construções específicas acerca da assimilação do direito internacional, pelo menos do ponto de vista da jurisprudência. Esse laconismo em matéria social não apresenta, portanto, qualquer justificativa, pois a garantia dos direitos sociais dos trabalhadores inclui-se, inexoravelmente, no conjunto de direitos humanos. Sendo assim, qual seria o sentido em alijarmos as normas internacionais do trabalho do âmbito de incidência dos parágrafos segundo e terceiro do art. 5º da Constituição Federal?

Não vislumbramos como estabelecer, dentro de uma perspectiva metodológica, um tratamento diferenciado para as normas laborais. Preliminarmente, devemos ressaltar que não é possível proceder a uma distinção

---

da estrutura capitaneada pela Sociedade das Nações, a OIT fez parte da construção de um modelo de instituições internacionais destinadas a manter a paz e harmonia em um mundo despedaçado pela Primeira Guerra Mundial. A única reminiscência contemporânea desse projeto utópico é a OIT, que manteve uma das suas mais destacadas características, ou seja, a presença de trabalhadores em suas instâncias decisórias (CRIVELLI, Ericson. **Direito internacional do trabalho contemporâneo.** São Paulo: LTr, 2010, p. 52).

19. Aliás, dessa perspectiva não escapam os próprios internacionalistas que, como Christian Tomuschat, revelam um profundo ceticismo em relação à incorporação de tratados em matéria social: "Legally, this tendency is reflected in the doctrine of equal importance of civil and political rights, on the hand, and economic, social, and cultural, on the other. No agreement, however, exist as to the ways and means suited to ensure economic and social rights. Nobody can contest that they are far more context-dependent than the traditional rights of the first generation. For that reason, some states refrain from guaranteeing them at a constitutional level." (*In:*. **Human rights – between idealism and realism.** Oxford: Oxford University Press, 2008, p. 28-29).

ou divisão no núcleo normativo internacional dos direitos humanos. Hoje, a ideia prevalecente é a da indivisibilidade da proteção dos direitos humanos. Isso, entretanto, não afasta as objeções de índole ideológica, formatadas em relação aos direitos de proteção dos trabalhadores[20].

Sendo os direitos sociais integrantes das estruturas de proteção geral dos direitos humanos, não há qualquer obstáculo para a inserção das normas internacionais de índole laboral, em especial as tradicionais convenções da Organização Internacional do Trabalho, na estrutura de controle de convencionalidade das normas em geral. Inexistem diferenças ontológicas entre os tratados em matéria de direitos humanos, como por exemplo, a Convenção Americana sobre Direitos Humanos, e os demais instrumentos internacionais voltados para a proteção do trabalho humano.

Há, entretanto, uma tradicional resistência da doutrina e da jurisprudência em conferir concretude às normas internacionais em matéria laboral. A própria repercussão material e financeira na aplicação das normas trabalhistas sempre é vindicada como um entrave da incorporação ao ordenamento nacional desse arcabouço normativo. No entanto, não é apenas esse aspecto econômico o determinante para a rejeição da proteção internacional do trabalho. A falta de uma estrutura jurídica mais sólida, no que concerne à aplicação direta do direito externo, faz com que não se construa uma jurisprudência unívoca sobre o tema.

Sem que os tribunais exercitem de forma mais intensa a recepção das normas laborais de índole internacional, não é possível a criação de um ambiente verdadeiramente amigável para a assimilação do direito externo. Assim, conforme afirmado anteriormente, não são apenas os aspectos econômicos responsáveis pela letargia do processo, mas sim a ausência de uma estrutura teórica capaz de assimilar com precisão a necessidade de ampliação dos horizontes do nosso direito[21].

---

20. Conforme se vê das lições de Fábio Konder Comparato (2010, p. 67): "Os direitos humanos de proteção do trabalhador são, portanto, fundamentalmente anticapitalistas, e, por isso mesmo, só puderam prosperar a partir do momento histórico em que os donos do capital foram obrigados a se compor com os trabalhadores." (*In*: **A afirmação histórica dos direitos humanos, 7. ed.** Saraiva: São Paulo, 2010, p. 67)

21. Destacam-se, nesse sentido, os fundamentos de Geraldo von Potobsky: "Pero también existen otros problemas que dificultan la aplicación judicial de las normas internacionales. Según se ha comprobado, los jueces tienden a descartar eventuales conflictos entre la normativa internacional y la propia legislación, y a estimar que ésta se amolda a aquella dentro del contexto del país. Con alguna frecuencia también se resisten a aplicar la norma internacional recurriendo a diversos tecnicismos, cuando los motivos verdaderos pueden ser de política

A inserção do controle de convencionalidade, da forma pela qual foi construído para a mensuração da eficácia dos tratados sobre direitos humanos em geral, apresenta-se como uma resposta concreta e objetiva para a solução do problema. Não é mais admissível que os direitos de índole social, enquanto integrantes do núcleo regulador dos direitos humanos, sejam classificados como uma espécie secundária ou irrelevante no quadro de defesa das prerrogativas decorrentes da dignidade da pessoa humana. Admitir a prevalência apenas dos tratados reguladores de direitos de primeira geração é uma postura excludente, capaz de revelar uma atitude até preconceituosa em relação aos direitos sociais.

Ora, se é possível a construção de uma jurisprudência de salvaguarda dos direitos reconhecidos no plano internacional, não se afigura metodologicamente defensável a tese de afastamento de garantias sociais assegurados no mesmo ambiente. Em termos práticos, diante das construções elaboradas a partir da vitoriosa hermenêutica da CF, art. 5º, §§ 2º e 3º, como seria possível diferenciarmos a aplicação de Convenção Americana sobre Direitos Humanos de qualquer uma das convenções internacionais da Organização Internacional do Trabalho ratificadas pelo Brasil? Acreditamos que não existe qualquer sustentáculo para proceder a esta distinção, salvo se nos louvarmos em pressupostos exclusivamente ideológicos[22].

A partir dessa constatação, não se revela difícil a tarefa de transpor as regras do controle de convencionalidade para a esfera trabalhista. Todos os tratados que versem sobre direitos dos trabalhadores, inclusive aqueles aprovados no ambiente da Organização Internacional do Traba-

---

económica o social, de soberanía, de problemas de asimilación de conceptos y técnicas extraños, etc." (*In*: Eficacia jurídica de los convênios de la OIT em plano nacional. In: Georges P. Politakis (Org.) **Les norms internationals du travail: un patrimoine pour l'avenir – Mélanges en l'honneur de Nicolas Valticos.** Genebra: Organisation internationale du Travail, 2004, p. 305.

22. Na visão de Luciane Cardoso Barzotto: "Direitos humanos são direitos compartilhados por todos, bens devidos a cada um, cujo dever é formulado na base de que cada indivíduo deva auxiliar na implementação dos direitos humanos. Representam o que na teoria da justiça se compreende por justiça social. Por outro lado, são direitos que não podem ser suportados singularmente, apenas por um indivíduo ou instituição, ou somente pelos Estados. Pretende-se a atuação dos Estados nacionais para alcançar estes objetivos, promovendo-os mediante uma cooperação subsidiária. Portanto, fixar direitos humanos no trabalho significa, para OIT, harmonizar e explicitar os limites do trabalho decente no mundo." (**Direitos humanos e trabalhadores – Atividade normativa da Organização Internacional do Trabalho e os limites do direito internacional do trabalho.** Porto Alegre: Livraria do Advogado, 2007, p. 209).

lho, tendo como objeto direitos humanos, ostentam o caráter de norma supralegal. Sendo reconhecida a qualidade de supralegalidade, não se discutirão mais eventuais conflitos entre tais normas de direito interno e a estrutura normativa infraconstitucional.

Por outro lado, os tratados regradores de direitos humanos, desde que ratificados por intermédio do processo legislativo especial preconizado pela CF, art. 5º, § 3º, integram, formalmente, o bloco de normas constitucionais, equiparando-se, assim, com as disposições expressas no art. 7º.

As conclusões acima descritas, embora em um primeiro momento afigurem-se excessivamente abstratas, podem reformular integralmente as construções jurisprudenciais sobre diversos temas relacionados ao quotidiano dos trabalhadores. As inúmeras convenções da Organização Internacional do Trabalho, ratificadas pelo Brasil, tratam de temas igualmente regulados pela legislação infraconstitucional, em especial a Consolidação das Leis do Trabalho. Ao admitirmos a posição de supralegalidade das mencionadas normas de direito internacional, as técnicas tradicionais de enfrentamento das antinomias com o direito interno devem ser revistas.

Há uma mudança paradigmática na análise desse processo, pois não se vindica mais uma coexistência nivelada entre as normas internas e internacionais em matéria trabalhista, mas sim uma natural ascendência destas em relação àquelas. Todo o arcabouço infraconstitucional, nesses termos, deve observar as diretrizes fixadas no plano internacional, da mesma forma pela qual seguem as estruturas normativas fixadas no plano constitucional.

Obviamente, a adoção do controle de convencionalidade no âmbito trabalhista não afasta a regra básica e fundamental dos regramentos de proteção, ou seja, a primazia da norma mais favorável. Não é demais destacar que a perspectiva de proteção de direitos a partir de normas mais favoráveis, mesmo de nível hierárquico inferior, não é uma exclusividade do direito do trabalho[23].

---

23. No campo da proteção geral dos direitos humanos, a regra tem aplicação inconteste no âmbito da jurisprudência internacional, conforme lição de Luiz Flávio Gomes e Valerio de Oliveira Mazzuoli: "[...] os métodos tradicionais de solução das antinomias encontram-se superados (se enfocados isoladamente) quando em jogo matéria afeta aos direitos humanos. Se tais critérios (hierárquico, de especialidade e cronológico, também conhecido como da posteridade) ainda valem para resolver as antinomias surgidas nos conflitos de leis comuns ou conflitos

Essa constatação, por outro lado, não obscurece os méritos do sistema normativo da Organização Internacional do Trabalho que, desde os seus primórdios, assimilou o critério de aplicação da norma mais favorável, mesmo em relação à incidência de suas convenções[24].

Assim, havendo regulação infraconstitucional mais benéfica ao escopo protetivo do trabalhador, esta prevalecerá, mesmo ostentando padrão hierárquico inferior. A mudança na perspectiva, entretanto, reside no fato de que, pela aplicação da CF, art. 5º, §§ 2º e 3º, a norma tutelar internacional é colocada em estrutura normativa fundamentalmente diversa da estrutura infraconstitucional. Logo, a regra geral a ser experimentada pelo aplicador é a da natural prevalência do normativo externo.

A assimilação do controle de convencionalidade ao ambiente trabalhista representa, portanto, uma mudança de abordagem fundamental na interação entre as ordens jurídicas interna e internacional. Significa uma ruptura com os sistemas tradicionais de tratamento das antinomias que, conforme dito anteriormente, acabaram por distanciar do âmbito de incidência nacional as grandes conquistas de proteção hauridas no plano internacional.

Embora no plano doutrinário[25] exista uma verdadeira convergência na assimilação dos mecanismos de controle de convencionalidade, a jurisprudência trabalhista ainda engatinha nesse tema. No plano jurisprudencial, os tribunais do trabalho não conseguiram construir um sistema claro e objetivo acerca do controle de convencionalidade. Alguns pro-

---

internos, a mesma coisa não se pode dizer quando a antinomia envolve normas de direitos humanos, uma vez que a lógica do sistema (interno ou internacional) de proteção desses mesmos direitos não é a mesma que a existente em relação às questões comerciais, financeiras, técnicas etc." (*In.* **Direito supraconstitucional: do absolutismo ao Estado Constitucional e Humanista de Direito.** São Paulo: Revista dos Tribunais, 2010, p. 151-152).

24. É clássica a lição de Arnaldo Süssekind nessa perspectiva : "[...] a solução dos conflitos entre normas internacionais é facilitada pela aplicação do princípio da norma mais favorável aos trabalhadores. Essa regra decorre do próprio caráter desse Direito que visa a assegurar um mínimo de garantia aos trabalhadores, sendo adequado e conveniente que, entre diversos atos normativos igualmente aplicáveis à relação jurídica em causa, prevaleça o mais benéfico ao trabalhador." (*In:* **Direito internacional do trabalho**, 3.ed. São Paulo: LTr, 2000, p. 58)

25. Nesse sentido, ver AZEVEDO NETO, Platon Teixeira de. **A justiciabilidade dos direitos sociais nas cortes internacionais de justiça.** São Paulo : LTr, 2017, p. 157 e segs.; Franco Filho, Georgenor de Sousa e Mazzuoli, Valerio de Oliveira (Orgs). Direito internacional do trabalho: o estado da arte sobre a aplicação das convenções internacionais da OIT no Brasil. São Paulo : LTr, 2016; Husek, Carlos Roberto. **Curso de direito internacional público,** 13. ed. São Paulo: LTr, 2015, p. 105 e segs.; entre outros.

nunciamentos reconheceram a possibilidade concreta de prevalência das normas internacionais em face da estrutura jurídica interna[26]. Em outras situações, no entanto, recusou-se o reconhecimento da prevalência da norma de direito internacional, em face da interpretação restritiva daqueles regramentos[27].

---

26. Destaca-se nesse sentido, o julgado vanguardista do Tribunal Superior do Trabalho:
"RECURSO DE REVISTA EM FACE DE DECISÃO PUBLICADA ANTES DA VIGÊNCIA DA LEI Nº 13.015/2014. ADICIONAL DE PERICULOSIDADE. RADIAÇÃO IONIZANTE. O TRIBUNAL REGIONAL RECONHECEU QUE A PARTE AUTORA, NA CONDIÇÃO DE ENFERMEIRA, TRABALHOU DURANTE TODO O PACTO LABORAL HABITUALMENTE EM ÁREA DE RISCO, DEVIDO A EXPOSIÇÃO À RADIAÇÃO IONIZANTE. CONSIGNOU, AINDA, QUE NÃO FORAM FORNECIDOS EQUIPAMENTOS DE PROTEÇÃO NECESSÁRIOS À NEUTRALIZAÇÃO OU ELIMINAÇÃO DO AGENTE PERIGOSO. ANTE O QUADRO FÁTICO DELINEADO, O ACÓRDÃO REGIONAL FOI PROFERIDO EM PERFEITA CONSONÂNCIA COM A ORIENTAÇÃO JURISPRUDENCIAL Nº 345 DA SBDI-1 DO TRIBUNAL SUPERIOR DO TRABALHO. INCIDEM, NO CASO, O DISPOSTO NO ARTIGO 896, § 4º, DA CLT E O TEOR DA SÚMULA Nº 333 DO TST. Recurso de revista de que não se conhece. CUMULAÇÃO DOS ADICIONAIS DE INSALUBRIDADE E PERICULOSIDADE. POSSIBILIDADE. PREVALÊNCIA DAS NORMAS CONSTITUCIONAIS E SUPRALEGAIS SOBRE A CLT. JURISPRUDÊNCIA CONSOLIDADA DO STF QUANTO AO EFEITO PARALISANTE DAS NORMAS INTERNAS EM DESCOMPASSO COM OS TRATADOS INTERNACIONAIS DE DIREITOS HUMANOS. INCOMPATIBILIDADE MATERIAL. CONVENÇÕES NOS 148 E 155 DA OIT. NORMAS DE DIREITO SOCIAL. CONTROLE DE CONVENCIONALIDADE. NOVA FORMA DE VERIFICAÇÃO DE COMPATIBILIDADE DAS NORMAS INTEGRANTES DO ORDENAMENTO JURÍDICO. A previsão contida no artigo 193, § 2º, da CLT não foi recepcionada pela Constituição Federal de 1988, que, em seu artigo 7º, XXIII, garantiu de forma plena o direito ao recebimento dos adicionais de penosidade, insalubridade e periculosidade, sem qualquer ressalva no que tange à cumulação, ainda que tenha remetido sua regulação à lei ordinária. A possibilidade da aludida cumulação se justifica em virtude de os fatos geradores dos direitos serem diversos. Não se há de falar em bis in idem. No caso da insalubridade, o bem tutelado é a saúde do obreiro, haja vista as condições nocivas presentes no meio ambiente de trabalho; já a periculosidade traduz situação de perigo iminente que, uma vez ocorrida, pode ceifar a vida do trabalhador, sendo este o bem a que se visa proteger. A regulamentação complementar prevista no citado preceito da Lei Maior deve se pautar pelos princípios e valores insculpidos no texto constitucional, como forma de alcançar, efetivamente, a finalidade da norma. Outro fator que sustenta a inaplicabilidade do preceito celetista é a introdução no sistema jurídico interno das Convenções Internacionais nos 148 e 155, com status de norma materialmente constitucional ou, pelo menos, supralegal, como decidido pelo STF. A primeira consagra a necessidade de atualização constante da legislação sobre as condições nocivas de trabalho e a segunda determina que sejam levados em conta os riscos para a saúde decorrentes da exposição simultânea a diversas substâncias ou agentes. Nesse contexto, não há mais espaço para a aplicação do artigo 193, § 2º, da CLT. [...]. (TST; RR 0000609-15.2012.5.04.0005; Sétima Turma; Rel. Min. Cláudio Mascarenhas Brandão; DEJT 04/05/2015; Pág. 2215)".

27. Foi o que aconteceu no âmbito do Tribunal Superior do Trabalho quando da apreciação da possibilidade de acumulação de adicionais de periculosidade e de insalubridade por conta da aplicação das Convenções 148 e 155 da OIT, *verbis*:
"RECURSO DE REVISTA. ADICIONAIS. PERICULOSIDADE E INSALUBRIDADE. PERCEPÇÃO CUMULATIVA. ART. 193, § 2º, DA CLT. ALCANCE 1. NO DIREITO BRASILEIRO, AS NORMAS DE PROTEÇÃO AO EMPREGADO PELO LABOR PRESTADO EM CONDIÇÕES MAIS GRAVOSAS À SAÚDE E À SEGURANÇA DEVERÃO PAUTAR-SE SEMPRE NOS PRECEITOS INSCULPIDOS NO

A edição da reforma trabalhista, entretanto, abre um importante espaço para se aplicar a ideia de controle de convencionalidade em matéria laboral.

ART. 7º, XXII E XXIII, DA CONSTITUIÇÃO FEDERAL. DE UM LADO, A PARTIR DO ESTABELECIMENTO DE UM MEIO AMBIENTE DO TRABALHO EQUILIBRADO. DE OUTRO, MEDIANTE RETRIBUIÇÃO PECUNIÁRIA COM VISTAS A COMPENSAR OS EFEITOS NOCIVOS DECORRENTES DA INCONTORNÁVEL NECESSIDADE DE EXPOSIÇÃO DO EMPREGADO, EM DETERMINADAS ATIVIDADES, A AGENTES NOCIVOS À SUA SAÚDE E SEGURANÇA. 2. NO PLANO INFRACONSTITUCIONAL, O ART. 193 DA CLT, AO DISPOR SOBRE O DIREITO À PERCEPÇÃO DE ADICIONAL DE PERICULOSIDADE, ASSEGURA AO EMPREGADO A OPÇÃO PELO ADICIONAL DE INSALUBRIDADE PORVENTURA DEVIDO (§ 2º DO ART. 193 DA CLT). 3. A OPÇÃO A QUE ALUDE O ART. 193, § 2º, DA CLT NÃO CONFLITA COM A NORMA DO ART. 7º, XXII, DA CONSTITUIÇÃO FEDERAL. OS PRECEITOS DA CLT E DA CONSTITUIÇÃO, NESTE PONTO, DISCIPLINAM ASPECTOS DISTINTOS DO LABOR PRESTADO EM CONDIÇÕES MAIS GRAVOSAS. ENQUANTO O ART. 193, § 2º, DA CLT REGULA O ADICIONAL DE SALÁRIO DEVIDO AO EMPREGADO EM DECORRÊNCIA DE EXPOSIÇÃO A AGENTE NOCIVO, O INCISO XXII DO ART. 7º IMPÕE AO EMPREGADOR A REDUÇÃO DOS AGENTES NOCIVOS NO MEIO AMBIENTE DE TRABALHO. O INCISO XXIII, A SEU TURNO, CINGE-SE A ENUNCIAR O DIREITO A ADICIONAL DE REMUNERAÇÃO PARA AS ATIVIDADES PENOSAS, INSALUBRES E PERIGOSAS, E ATRIBUI AO LEGISLADOR ORDINÁRIO A COMPETÊNCIA PARA FIXAR OS REQUISITOS QUE GERAM DIREITO AO RESPECTIVO ADICIONAL. 4. IGUALMENTE, NÃO SE DIVISA DESCOMPASSO ENTRE A LEGISLAÇÃO BRASILEIRA E AS NORMAS INTERNACIONAIS DE PROTEÇÃO AO TRABALHO. AS CONVENÇÕES NOS 148 E 155 DA OIT, EM ESPECIAL, NÃO CONTÊM QUALQUER NORMA EXPLÍCITA EM QUE SE ASSEGURE A PERCEPÇÃO CUMULATIVA DOS ADICIONAIS DE PERICULOSIDADE E DE INSALUBRIDADE EM DECORRÊNCIA DA EXPOSIÇÃO DO EMPREGADO A UMA PLURALIDADE DE AGENTES DE RISCO DISTINTOS. NÃO HÁ, POIS, EM TAIS NORMAS INTERNACIONAIS, PRECEITO EM CONTRAPOSIÇÃO AO § 2º DO ART. 193 DA CLT. 5. Entretanto, interpretação teleológica, afinada ao texto constitucional, da norma inscrita no art. 193, § 2º, da CLT, conduz à conclusão de que a opção franqueada ao empregado, em relação à percepção de um ou de outro adicional, somente faz sentido se se partir do pressuposto de que o direito, em tese, ao pagamento dos adicionais de insalubridade e de periculosidade deriva de uma única causa de pedir. 6. Solução diversa impõe-se se se postula o pagamento dos adicionais de insalubridade e de periculosidade, concomitantemente, com fundamento em causas de pedir distintas. Uma vez caracterizadas e classificadas as atividades, individualmente consideradas, como insalubres e perigosas, nos termos do art. 195 da CLT, é inarredável a observância das normas que asseguram ao empregado o pagamento cumulativo dos respectivos adicionais. arts. 192 e 193, § 1º, da CLT. Trata-se de entendimento consentâneo com o art. 7º, XXIII, da Constituição Federal de 1988. Do contrário, emprestar-se-ia tratamento igual a empregados submetidos a condições gravosas distintas: o empregado submetido a um único agente nocivo, ainda que caracterizador de insalubridade e também de periculosidade, mereceria o mesmo tratamento dispensado ao empregado submetido a dois ou mais agentes nocivos, díspares e autônomos, cada qual em si suficiente para gerar um adicional. Assim, se presentes os agentes insalubre e de risco, simultaneamente, cada qual amparado em um fato gerador diferenciado e autônomo, em tese, há direito à percepção cumulativa de ambos os adicionais. Entendimento em consonância com o recente pronunciamento da SbDI-1 do TST, no julgamento do Processo nº TST-E-ARR-1081- 60.2012.5.03.0064, em 28/4/2016 (Redator Designado Ministro João Oreste Dalazen). 7. Merece reforma, no caso, decisão regional que reconhece o direito à percepção cumulativa dos adicionais de insalubridade e de periculosidade, porquanto decorrem da mesma causa de pedir. 8. Recurso de revista da Reclamada de que se conhece, por divergência jurisprudencial, e a que se dá provimento. (TST; RR 0001223-08.2012.5.19.0262; Quarta Turma; Rel. Min. João Oreste Dalazen; DEJT 19/12/2016; Pág. 5045)"

4. DISPOSITIVOS DA LEI N.º 13.467, DE 13.07.2017 PASSÍVEIS DE CONTROLE DE CONVENCIONALIDADE

A aplicação concreta do controle de convencionalidade não é tarefa simples. As normas internacionais optam por um tratamento genérico dos temas e raramente apresentam comandos normativos diretos e peremptórios. Trata-se de uma característica proveniente do ambiente no qual as normas internacionais são produzidas, no qual a conquista do consenso pressupõe a adoção de uma linguagem menos direta. No caso das normas internacionais de índole social esse problema é ainda mais grave, tendo em vista a necessidade de serem atendidas as peculiaridades da regulação laboral de cada país.

Nessa perspectiva, a mensuração da validade da norma interna em face da internacional não é um procedimento unívoco. A concretização do controle de convencionalidade pressupõe a adoção de uma interpretação aberta dos textos das convenções internacionais, especialmente pelo reconhecimento de seu regramento abstrato. Ao contrário do que ocorre quando do exercício do controle de constitucionalidade, na aferição da convencionalidade não se observa apenas a eventual **afronta** ao texto da norma de direito internacional, mas sim o tratamento mais benéfico procedido por esta ao caso concreto.

Logo, são *inconvencionais* as normas de direito interno que prevejam um tratamento social menos adequado do que as normas internacionais. Não se trata de uma análise meramente topológica de preservação do texto convencional, mas sim uma aferição **qualitativa** de maior eficácia de tutela do direito social. Conforme veremos adiante, a chamada reforma trabalhista acabou por editar normas afrontosas ao arcabouço normativo de patamar internacional, na medida em que apresentaram um regramento garantidor de abrangência inferior.

Vamos proceder à análise de alguns temas passíveis do controle de convencionalidade. Tal análise obviamente é meramente exemplificativa, servindo apenas como um verdadeiro experimento de aplicação concreta do controle de convencionalidade. Certamente a doutrina se encarregará de ampliar essas hipóteses e de aprofundar a análise.

4.1. Ausência de consulta prévia tripartite na construção da proposta da reforma trabalhista.

Os instrumentos normativos de índole trabalhista pressupõem a realização de consulta prévia tripartite, com a finalidade legitimar seus regramentos. Essa exigência de consulta constitui a base de todo o sistema regulatório da Organização Internacional do Trabalho. Em relação às consultas prévias obrigatórias prevalece o contido na Convenção n.º 144, promulgada pelo Decreto nº 2.518, de 12.03.1998. A mencionada convenção internacional estabelece a obrigatoriedade de consulta prévia concernentes ao estabelecimento de normas sobre a aplicação do direito internacional do trabalho (art. 5º, 1, *b*[28]).

O procedimento de discussão da chamada reforma trabalhista não foi precedido de nenhuma consulta tripartite prévia, nos moldes descritos pela Convenção nº 144 da OIT. Há, nesse caso, um vício de iniciativa relacionado à aprovação da Lei n.º 13.467, de 13.07.2017. Tal vício, embora não possa aniquilar *a priori* a aplicação de toda norma trabalhista, revela a ausência de um elemento democrático fundamental na sua aprovação, o que influencia, de forma decisiva, no marco hermenêutico de seus dispositivos respectivos.

4.2. Supressão do cômputo das horas de percurso (CLT, art. 58, parágrafo único[29]

A nova redação do parágrafo segundo do art. 58 da Consolidação aniquila o instituto das **horas de percurso**. Sempre foi tradição no direito do trabalho brasileiro a ampliação do conceito de tempo à disposição do empregador, mediante o reconhecimento, como horas trabalhadas, do período em o trabalhador permanecia no transporte fornecido pela empresa. A consideração dessas chamadas horas de percurso, no entanto, pressuporia o respeito a duas condicionantes: a) a oferta de transporte do próprio empregador; b) local de trabalho em localidade de difícil acesso ou desprovida de transporte público.

Essa construção jurisprudencial foi consolidada já no longínquo ano de 1978, quando o Tribunal Superior do Trabalho editou a vetusta Sú-

---

28. "Art. 5º. 1. O objetivo dos procedimentos previstos na presente Convenção será o de celebrar consultas sobre: [...]; b) a propostas que devam ser apresentadas à autoridades competentes relativas à obediência às convenções e recomendações, em conformidade com o artigo 19 da Constituição da Organização Internacional do Trabalho."

29. "Art. 58 [...] § 2º O tempo despendido pelo empregado desde a sua residência até a efetiva ocupação do posto de trabalho e para o seu retorno, caminhando ou por qualquer meio de transporte, inclusive o fornecido pelo empregador, não será computado na jornada de trabalho, por não ser tempo à disposição do empregador."

mula 90[30]. Estabeleceu-se a premissa de que o uso de transporte pelo trabalhador, especialmente em direção a locais de difícil acesso, faz com que a disposição do tempo em face do empregador seja inevitável. Logo, diante de natural desgaste do trajeto, a medida de proteção natural seria a reconhecimento das horas de deslocamento como jornada laboral efetivamente trabalhada.

A jurisprudência dominante no Tribunal Superior do Trabalho acabou por influenciar o legislador que, por intermédio da Lei n.º 10.243, de 19.6.2001, incluiu o regramento das horas de percurso no parágrafo segundo do art. 58.

Sem debates aprofundados, bem como ignorando solenemente toda a tradição da jurisprudência trabalhista, o atual parlamento brasileiro modificou completamente o teor e o sentido da norma protetivo. Ao contrário do texto anterior, a norma vigente é imperativa e peremptória no sentido de que **o tempo de percurso para o local de trabalho não será computado, em hipótese alguma, na jornada laboral.**

Na atual acepção da norma trabalhista, é irrelevante o fato de o transporte ser fornecido pelo empregador, ou mesmo o local de trabalho encontra-se em localidade de difícil acesso. Em nenhuma circunstância o tempo de deslocamento será considerado para efeitos de jornada de trabalho, mesmo que o empregado gaste uma, duas ou três horas no trajeto. Ou seja, o legislador não buscou regrar ou aprimorar os controles relacionados às horas de percurso. Ao contrário, optou por dizimar, pura e simplesmente, o instituto de natureza protetiva.

Essa postura da norma confronta a Convenção n.º 155 da OIT, promulgada pelo Decreto n.º 1.254, de 29.09.1994, que regula o tema "Segurança e Saúde dos Trabalhadores e o Meio Ambiente de Trabalho". A referida convenção internacional, no seu art. 3, c[31] estabelece um conceito amplo de local de trabalho, incompatível com a restrição imposta pelo atual parágrafo segundo do art. 58 da CLT.

---

30. O texto primitivo da Súmula n.º 90 do Tribunal Superior do Trabalho, aprovado pela Resolução Administrativa n.º 69, de 26.09.1978, era o seguinte: "O tempo despendido pelo empregado, em condução fornecida pelo empregador, até o local do trabalho e no seu retorno, é computável na jornada de trabalho."

31. "Artigo 3. Para os fins da presente Convenção: [...] c) a expressão "local de trabalho" abrange todos os lugares onde os trabalhadores devem permanecer ou onde têm que comparecer, e que esteja sob o controle, direto ou indireto, do empregador;"

A norma internacional é clara ao reconhecer que local de trabalho é todo o ambiente onde o trabalhador deve permanecer sob controle direto ou indireto do empregador. Ora, a situação dos trabalhadores no transporte fornecido pelo empregador ao local de trabalho é de submissão e de controle. Há uma limitação do direito de ir e vir dos empregados, motivado exclusivamente pela necessidade do tomador do serviço. Quando a norma interna restringe esse conceito, isentado qualquer proteção laboral no trajeto, há uma nítida restrição ao direito assegurado pela convenção internacional. Nesse aspecto, a redação atual da CLT, art. 58, § 2º não passa pelo crivo da convencionalidade.

4.3. Possibilidade de atribuição ao teletrabalhador do ônus quanto aos equipamentos de trabalho e isenção quanto à responsabilidade do empregador relacionada às medidas de segurança e saúde (CLT, arts. 73-D e 73-E[32])

O teletrabalho pela primeira vez foi inserido no âmbito do regramento laboral de forma sistematizada. Antes, apenas o art. 6º da Consolidação, de forma indireta e reflexa, a ocorrência do teletrabalho, na medida em que se reconheceu a possibilidade de subordinação jurídica mediante uso de instrumentos telemáticos.

A regulação sistematizada do teletrabalho não representa uma grande revolução no mundo do trabalho. A doutrina brasileira construiu um sólido conjunto de conceitos e de institutos capaz de descrever e classificar, de maneira satisfatória o teletrabalho[33].

Assimilou a norma trabalhista o conceito consagrado pela doutrina acerca do teletrabalho, como sendo "[...] a prestação de serviços prepon-

---

32. "Art. 75-D. As disposições relativas à responsabilidade pela aquisição, manutenção ou fornecimento dos equipamentos tecnológicos e da infraestrutura necessária e adequada à prestação do trabalho remoto, bem como ao reembolso de despesas arcadas pelo empregado, serão previstas em contrato escrito. Parágrafo único. As utilidades mencionadas no caput deste artigo não integram a remuneração do empregado. Art. 75-E. O empregador deverá instruir os empregados, de maneira expressa e ostensiva, quanto às precauções a tomar a fim de evitar doenças e acidentes de trabalho. Parágrafo único. O empregado deverá assinar termo de responsabilidade comprometendo-se a seguir as instruções fornecidas pelo empregador."

33. Nesse particular ver: BARROS, Alice Monteiro et al. **Curso de direito do trabalho, 11.ed.** São Paulo: LTr, 2016, p. 214 e segs.; FRANCO FILHO, Georgenor de Sousa. Curso de direito do trabalho, 2. ed. São Paulo, LTr, 2016, p. 167 e segs.; ALMEIDA, Eduardo de et al. **Direito à desconexão nas relações de trabalho, 2.ed.** São Paulo: LTr, 2016, p. 46 e segs.; ANDRADE, Tatiana Guimarães Ferraz. **As novas faces da subordinação e os impactos para o direito do trabalho.** São Paulo: LTr, 2014, p. 75 e segs.

derantemente fora das dependências do empregador, com a utilização de tecnologias de informação e de comunicação que, por sua natureza, não se constituam como trabalho externo." (art. 75-A, caput). Nessa perspectiva, o conceito legal leva em consideração os seguintes elementos: a) prestação de serviços preponderantemente, e não exclusivamente, fora do ambiente empresarial; b) uso de tecnologia de informação e comunicação para conectar o trabalhador com o ambiente empresarial; c) distinção em face do trabalho externo.

Destaque-se que a diretriz conceitual adotada pelo legislador estabelece uma distinção fundamental entre o teletrabalho e o trabalhador externo. O trabalhador externo caracteriza-se por prestação de serviços fora do ambiente empresarial, no entanto se o uso preponderante da tecnologia de informação. Ora, o teletrabalho não é externo, mas sim executado fora do ambiente empresarial, normalmente no domicílio do próprio empregado. A característica fundamental do teletrabalho é alteração do referencial do **local de trabalho**, que se destaca da unidade produtiva, passando a ser exercido em outro ambiente.

Essa distinção é relevante para se excluir do conceito legal de teletrabalho os **vendedores externos**, mesmo que se utilizem de instrumento de controle telemáticos. Tais trabalhadores, por exercerem seu mister de maneira externa não podem ser enquadrados no regime jurídico preconizado pelos arts. 75-A e segs.

Como afirmamos anteriormente, o regime reconhecido pela Consolidação não exige a adoção de teletrabalho de forma exclusiva, sendo possível a realização de **atividades presenciais** na empresa, conforme previsão da CLT, art. 75-B, parágrafo único. A partir de ajuste expresso e escrito entre empregado e empregador (CLT, art. 75-C) o teletrabalho deverá ser regulado, inclusive em relação à adoção da prestação híbrida envolvendo, simultaneamente, trabalho à distância e presencial.

A mescla entre atividades presenciais e à distância não poderá ser procedida de maneira arbitrária e variável, sob pena de se comprometer o ajuste do regime de teletrabalho. A interpretação do parágrafo único não pode ser compreendida como uma permissão indeterminada para o empregador, quando lhe for conveniente exigir o trabalho presencial do teletrabalhador. Ressalte-se, inclusive, que a alteração unilateral e intermitente da forma de prestação de serviços poderá conduzir à nulidade do regime de teletrabalho.

Essa última conclusão deve ser reforçada a partir da leitura do art. 75-C, pois é permitida, ao longo da relação contratual a modificação do regime de teletrabalho para presencial e vice-versa. Essas modificações devem ser ajustadas mediante instrumento contratual escrito (art. 75-C, §§ 1º e 2º). Nessa perspectiva devemos concluir que, pelo regime estabelecido, a modificação do regime de trabalho não se insere nos limites do *jus variandi* do empregador. A modificação dependerá da **concordância expressa** do empregado, o que muda substancialmente a diretriz jurisprudencial sobre o tema[34]. Obviamente, no âmbito do quotidiano laboral, muitas dúvidas surgirão em relação à validade da manifestação volitiva do empregado

De toda forma, a nova regra inserida permite a modificação do regime de trabalho presencial para o teletrabalho (art. 75-C, § 1º), bem como do teletrabalho para o presencial (art. 75-C, § 2º). Na última situação, entretanto, a lei exige um interstício mínimo de quinze dias para a transição. Observe-se que esse período poderá ser aumentado mediante ajuste entre as partes, especialmente se houver uma distância considerável entre o local do teletrabalho e a sede da empresa. Em algumas situações, como por exemplo de teletrabalho prestado no exterior, a exigência de um período de transição de apenas quinze dias pode ser considerada abusiva.

Talvez o dispositivo mais polêmico acerca da regulação do teletrabalho esteja inserido no art. 75-D que, de forma expressa, atribui ao livre ajuste entre as partes a pactuação sobre a responsabilidade acerca da "[...] aquisição, manutenção ou fornecimento dos equipamentos tecnológicos e da infraestrutura [...]", bem como das despesas realizados pelo empregado na realização do teletrabalho. Ou seja, a partir da leitura do dispositivo legal analisando, seria possível a pactuação de cláusula de contrato de trabalho prevendo a responsabilidade exclusiva do teletrabalhador pelas despesas com os equipamentos de tecnologia da informação, em uma clara afronta da alteridade como característica do contrato de trabalho.

---

34. Nossa jurisprudência, embora com algumas divergências, sempre reconheceu que a alteração da jornada de trabalho insere-se no âmbito do *jus variandi* do empregador, conforme se vê do seguinte julgado:

    "CONTRATO DE EMPREGO. ALTERAÇÃO DO HORÁRIO DE TRABALHO. ATO LÍCITO. AUSÊNCIA DO DEVER DE INDENIZAR. JUS VARIANDI. Não há ilicitude no ato da empresa que altera o horário de trabalho do empregado, modificando-o do turno noturno para o diurno, eis que tal mudança acarreta benefício para o empregado, do ponto de vista social e biológico. Ademais, trata-se de alteração do contrato de trabalho respaldada no poder diretivo do empregador (jus variandi). Portanto, afastada a conduta ilícita do reclamado, deve ser excluída a indenização por dano moral. (TRT 13ª R.; RO 0099100-20.2013.5.13.0022; Primeira Turma; Rel. Des. Leonardo José Videres Trajano; Julg. 21/07/2015; DEJTPB 28/07/2015; Pág. 6)"

A atribuição do ônus financeiro dos equipamentos de tecnologia de informação ao trabalhador, mesmo que mediante um ajuste contratual específico, fere os mais comezinhos princípios do direito do trabalho e estabelece a possibilidade de pactuação de uma relação contratual naturalmente desequilibrada. A correção desses eventuais desequilíbrios deve ser procedida nos casos concretos, a partir da verificação de eventuais excessos na relação negociada.

Do ponto de vista legislativo e com a finalidade de prevenir eventuais litígios, melhor seria a opção pela atribuição da responsabilidade pelo custo dos equipamentos, em regra para o empregador, tal como adotado nos marcos normativos internacionais sobre a matéria[35].

Finalmente, o art. 75-E incumbe ao empregador a obrigação de orientar os teletrabalhadores para a adoção de medidas necessárias à prevenção de doenças profissionais e acidente de trabalho. Acrescenta, ainda, a necessidade de empregador assinar um termo de responsabilidade quanto ao cumprimento das orientações fornecidas pelo empregador. O mencionado termo de responsabilidade, em uma análise preliminar, não isenta o empregador por eventual reparação de danos decorrentes de doenças profissionais ou acidente de trabalho.

Os dois últimos dispositivos legais relacionados ao teletrabalho, entretanto, devem ser submetidos ao controle de convencionalidade. Ora, os artigos 75-D e 75-E atribuem possibilitam a atribuição ao trabalhador do ônus de adquirir os equipamentos de trabalho, bem como a responsabilidade pela implementação das medidas de segurança e saúde do trabalho.

Nos termos da Convenção n.º 155 da OIT, art. 16[36], é do empregador a integral responsabilidade pelo fornecimento de equipamentos e a ado-

---

35. Assim dispõe o Código do Trabalho de Portugal, no seu art. 168º, 1: "1 - Na falta de estipulação no contrato, presume-se que os instrumentos de trabalho respeitantes a tecnologias de informação e de comunicação utilizados pelo trabalhador pertencem ao empregador, que deve assegurar as respetivas instalação e manutenção e o pagamento das inerentes despesas.". Da mesma forma, o Code du Travail francês, no seu art. L 1222-10, 1º : "Outre ses obligations de droit commun vis-à-vis de ses salariés, l'employeur est tenu à l'égard du salarié en télétravail :1° De prendre en charge tous les coûts découlant directement de l'exercice du télétravail, notamment le coût des matériels, logiciels, abonnements, communications et outils ainsi que de la maintenance de ceux-ci;[...]".,

36. "Artigo 16. 1.Deverá ser exigido dos empregadores que, na medida que for razoável e possível, garantam que os locais de trabalho, o maquinário, os equipamentos e as operações e processos que estiverem sob seu controle são seguros e não envolvem risco algum para a segurança e a saúde dos trabalhadores. 2. Deverá ser exigido dos empregadores que, na medida que for

ção de medidas que visem à preservação da saúde e segurança dos trabalhadores. Não se adequa aos termos da referida norma internacional a transferência, mesmo que parcial ou condicionada, da responsabilidade pela preservação do meio ambiente do trabalho.

Nesse contexto, as disposições constantes dos arts. 75-D e 75-E da Consolidação das Leis do Trabalho não podem ser referendadas pelo controle de convencionalidade.

CONSIDERAÇÕES FINAIS

A noção de controle de convencionalidade apresenta-se amplamente consolidada na doutrina e na jurisprudência brasileira no que concerne aos direitos de liberdade. Essa mesma desenvoltura não é sentida em relação aos chamados direitos sociais, na medida que pode ser identificada uma verdadeira relutância dogmática na sua assimilação.

Essa posição dual, entretanto, não é sustentável, pois impossível se dissociarem os atributos do controle de convencionalidade em face das normas emanadas do sistema da Organização Internacional do Trabalho. Nessa perspectiva, as normas trabalhistas brasileiras devem se adequar aos limites estabelecidos pelas Convenções da OIT, sob pena de não serem referendadas pelo controle de convencionalidade.

A aprovação da Lei n.º 13.467, de 13.07.2017 inaugura uma singular oportunidade para que sejam exercitados os instrumentos de controle de convencionalidade.

REFERÊNCIAS

ALMEIDA, Eduardo de et al. **Direito à desconexão nas relações de trabalho,** 2.ed. São Paulo: LTr, 2016.

ANDRADE, Tatiana Guimarães Ferraz. **As novas faces da subordinação e os impactos para o direito do trabalho**. São Paulo: LTr, 2014.

AZEVEDO NETO, Platon Teixeira de. **A justiciabilidade dos direitos sociais nas cortes internacionais de justiça**. São Paulo : LTr, 2017.

BARROS, Alice Monteiro et al. **Curso de direito do trabalho,** 11. ed. São Paulo: LTr, 2016.

---

razoável e possível, garantam que os agentes e as substâncias químicas, físicas e biológicas que estiverem sob seu controle não envolvem riscos para a saúde quando são tomadas medidas de proteção adequadas. 3. Quando for necessário, os empregadores deverão fornecer roupas e equipamentos de proteção adequados a fim de prevenir, na medida que for razoável e possível, os riscos de acidentes ou de efeitos prejudiciais para a saúde."

BARZOTO, Luciane Cardoso. **Direitos humanos e trabalhadores – Atividade normativa da Organização Internacional do Trabalho e os limites do direito internacional do trabalho.** Porto Alegre: Livraria do Advogado, 2007.

COMPARATO, Fábio Konder. **A afirmação histórica dos direitos humanos,** 7. ed. Saraiva: São Paulo, 2010.

CRIVELLI, Ericson. **Direito internacional do trabalho contemporâneo.** São Paulo: LTr, 2010.

Franco Filho, Georgenor de Sousa e Mazzuoli, Valerio de Oliveira (Orgs.). **Direito internacional do trabalho: o estado da arte sobre a aplicação das convenções internacionais da OIT no Brasil.** São Paulo: LTr, 2016.

FRANCO FILHO, Georgenor de Sousa. **Curso de direito do trabalho,** 2. ed. São Paulo, LTr, 2016.

GOMES, Luiz Flávio e MAZZUOLI, Valerio de Oliveira. **Direito supraconstitucional: do absolutismo ao Estado Constitucional e Humanista de Direito.** São Paulo: Revista dos Tribunais, 2010.

Husek, Carlos Roberto. **Curso de direito internacional público,** 13. ed. São Paulo: LTr, 2015.

JAYME, Erik. Identité culturelle et intégration: le droit international privé postmoderne – Cours général de droit international privé. In : **Recueil des cours: collected courses of the Hauge academy of international law, 1995, t. 251.** The Hauge/Boston/London: Martinus Nijhoff, 2006, p. 11-267.

MAZZUOLI, Valerio de Oliveira. **Tratados internacionais de direitos humanos e direito interno.** São Paulo: Saraiva, 2010.

_____. **Direito dos tratados.** São Paulo: Revista dos Tribunais, 2011.

_____. **O controle jurisdicional da convencionalidade das leis,** 2. ed. São Paulo: Revista dos Tribunais, 2011.

POTOBSKY, Geraldo von . Eficacia jurídica de los convênios de la OIT em plano nacional. In: Georges P. Politakis (Org.) **Les norms internationals du travail: un patrimoine pour l'avenir – Mélanges en l'honneur de Nicolas Valticos.** Genebra: Organisation internationale du Travail, 2004, p. 287-306.

SILVA, Virgílio Afonso da. Colisão de direitos fundamentais entre ordem nacional e ordem transnacional. In: Marcelo Neves (Org.). **Transnacionalidade do direito- novas perspectivas dos conflitos entre ordens jurídicas.** São Paulo: Quartier Latin, 2010, p. 101-112.

STRECK, Lenio Luiz. **Verdade e consenso – Constituição, hermenêutica e teorias discursiva,** 4. ed. São Paulo: Saraiva, 2011.

SÜSSEKIND, Arnaldo. **Direito internacional do trabalho,** 3.ed. São Paulo: LTr, 2000.

TOMUSCHAT, Christian. **Human rights – between idealism and realism.** Oxford: Oxford University Press, 2008.

O ESTADO BRASILEIRO E O DEVER DE PROTEÇÃO AO TRABALHADOR: O CONTROLE DE CONVENCIONALIDADE APLICADO PELO TRIBUNAL SUPERIOR DO TRABALHO BRASILEIRO COMO INSTRUMENTO DE CONCRETIZAÇÃO DOS DIREITOS FUNDAMENTAIS NO *CASE* IVANILDO BANDEIRA *V.* AMSTED MAXION[1]

Mônia Clarissa Hennig Leal[2] & Felipe Dalenogare Alves[3]

---

1. Esta investigação é resultante das atividades do projeto de pesquisa "Dever de proteção (Schutzpflicht) e proibição de proteção insuficiente (Untermassverbot) como critérios para o controle jurisdicional (qualitativo) de Políticas Públicas: possibilidades teóricas e análise crítica de sua utilização pelo Supremo Tribunal Federal e pela Corte Interamericana de Direitos Humanos", financiado pelo CNPq (Edital Universal – Edital 14/2014 – Processo 454740/2014-0) e pela FAPERGS (Programa Pesquisador Gaúcho – Edital 02/2014 – Processo 2351-2551/14-5), nos quais os autores atuam na condição de coordenadora e de participante, respectivamente. A pesquisa é vinculada ao Grupo de Pesquisa "Jurisdição Constitucional aberta" (CNPq) e desenvolvida junto ao Centro Integrado de Estudos e Pesquisas em Políticas Públicas – CIEPPP (financiado pelo FINEP) e ao Observatório da Jurisdição Constitucional Latino-Americana (financiado pelo FINEP), ligados ao Programa de Pós-Graduação em Direito – Mestrado e Doutorado da Universidade de Santa Cruz do Sul – UNISC. O estudo se inseriu, também, no âmbito das atividades realizadas em parceria com a Universidade de Talca, no Chile, que contou com recursos da FAPERGS.

2. Pós-Doutora em Direito pela Ruprecht-Karls Universität Heidelberg, Alemanha. Doutora em Direito pela Universidade do Vale do Rio dos Sinos – Unisinos. Professora e Coordenadora Adjunta do Programa de Pós-Graduação em Direito (Mestrado e Doutorado) da Universidade de Santa Cruz do Sul – UNISC (Capes 5). Coordenadora do Grupo de Pesquisa "Jurisdição Constitucional Aberta", vinculado e financiado pelo CNPq e à ABDConst, desenvolvido junto ao Centro Integrado de Estudos e Pesquisas em Políticas Públicas – CIEPPP (financiado pelo FINEP), ligado ao PPGD da UNISC. Bolsista de produtividade em pesquisa do CNPq. Email: moniah@unisc.br

3. Doutorando e Mestre em Direito pelo Programa de Pós-Graduação em Direito (Mestrado e Doutorado) da Universidade de Santa Cruz do Sul – UNISC (Capes 5). Professor no curso de

INTRODUÇÃO

O presente estudo expõe o resultado de uma pesquisa bibliográfica, utilizando-se dos métodos dedutivo, para fins de abordagem, e monográfico, a título procedimental, sobre a temática do dever de proteção estatal ao trabalhador, tendo por objetivo principal analisar, sob os contornos do constitucionalismo contemporâneo, a aplicação do controle de convencionalidade pelo Tribunal Superior do Trabalho brasileiro, a fim de concretizar o direito à percepção simultânea dos adicionais de insalubridade e periculosidade no Recurso de Revista n° TST--RR-1072-72.2011.5.02.0384, neste trabalho denominado *case* Ivanildo Bandeira *versus* Amsted Maxion.

Os direitos fundamentais sociais, tidos como de segunda dimensão, relativos à igualdade, são, regra geral, cognominados de direitos positivos ou prestacionais, uma vez que exigem uma prestação positiva por parte do Estado para que se atinja sua consecução. Eles nascem vinculados ao Estado Social, voltados a garantir o bem-estar geral, para efetivar as necessidades básicas e minimizar as desigualdades.

Os direitos fundamentais passaram, no decorrer do tempo, a ser vislumbrados como vetores principiológicos à atuação tanto da esfera pública quanto privada. Significa dizer que, além de vincularem o Estado nas suas relações com os particulares (eficácia vertical), passam a balizar e delimitar também as relações destes entre si (eficácia horizontal), como nas relações de trabalho, objetivando dar concretude a um dos principais fundamentos da República, qual seja, a dignidade da pessoa humana.

Com isso, esses direitos deixam de ser vistos apenas por sua dimensão subjetiva, contemplando também um prisma objetivo. Desta dimensão objetiva decorre a noção de existência de um "dever de proteção", conceito lapidado inicialmente na Alemanha, segundo o qual se impõe que ao Estado não cabe apenas um papel de expectador nas relações entre os particulares, mas igualmente uma função de guardião dos direitos fundamentais, no sentido de que deve criar condições efetivas para o exercício e a não violação dos direitos fundamentais.

Direito da Faculdade Antonio Meneghetti – AMF. Membro do Grupo de Pesquisa "Jurisdição Constitucional Aberta", coordenado pela Profª Pós-Dra Mônia Clarissa Hennig Leal, vinculado e financiado pelo CNPq e à Academia Brasileira de Direito Constitucional ABDConst, desenvolvido junto ao Centro Integrado de Estudos e Pesquisas em Políticas Públicas – CIEPPP (financiado pelo FINEP), ligado ao PPGD da UNISC. Membro docente do Instituto Brasileiro de Direito – IbiJus e da Rede para o Constitucionalismo Democrático Latino-Americano. Bolsista CAPES/PROSUP (Tipo II). Email: felipe@estudosdedireito.com.br

Este dever de proteção ocorre, nas relações de trabalho, não apenas na obrigação de respeitar os direitos, mas de legislar, fiscalizar e aplicar o previsto no ordenamento jurídico, na busca de uma igualdade não apenas formal, mas material, entre empregador e empregado. Nesse sentido, há a previsão constitucional, no Brasil, dos adicionais pela exposição ao trabalho insalubre, perigoso ou penoso, os quais devem ser regulados por lei, objetivando-se a compensação dos danos e do perigo à vida, à saúde e à própria dignidade do trabalhador.

Na contramão da proteção dispensada tanto na Constituição quanto pela adesão às convenções da Organização Internacional do Trabalho (nº 148 e nº 155), encontra-se o Art. 193, § 2º, da Consolidação das Leis do Trabalho, que impõe ao trabalhador a opção por um ou por outro adicional.

Formado o contexto, a pesquisa justifica-se pela necessidade de desenvolvimento de um estudo que esclareça pontos importantes acerca desta temática, como a seguinte questão: em que consiste o dever de proteção no âmbito das relações de trabalho e como se deu a aplicação do controle de convencionalidade para garantir a efetivação dos direitos fundamentais sociais pelo Tribunal Superior do Trabalho brasileiro?

Para isso, são abordados os principais aspectos referentes ao tema, objetivando-se, ao final, demonstrar que a aplicabilidade dos direitos fundamentais nas relações de trabalho, decorrentes da irradiação desses direitos, principalmente ao considerar-se sua dimensão objetiva, impõe ao Estado um papel de guardião, sem o qual sua eficácia não prosperará, o que ficou transparente na aplicação do controle de convencionalidade no *case* Ivanildo Bandeira *versus* Amsted Maxion, reconhecendo-se, com primazia às Convenções Internacionais da Organização Internacional do Trabalho, a possibilidade de percepção simultânea dos adicionais de insalubridade e periculosidade.

1. OS DIREITOS FUNDAMENTAIS SOCIAIS E A INTERVENÇÃO DO ESTADO COMO GARANTIA DA IGUALDADE (MATERIAL) NAS RELAÇÕES DE TRABALHO

Os direitos fundamentais sociais, tidos como de segunda dimensão, relativos à igualdade, são cognominados de direitos positivos ou prestacionais, uma vez que exigem uma prestação positiva por parte do Estado para que se atinja sua consecução[4]. Eles nascem vinculados ao Estado

---

4. Embora existam aqueles que não necessariamente sejam prestacionais, apenas pressuponham prestações normativas do Estado, como as normas trabalhistas, objeto principal do trabalho.

Social, voltados a garantir o bem-estar geral, para garantir as necessidades básicas e minimizar as desigualdades (GAVARA DE CARA, 2010, p. 11).

Em outras palavras, é necessário que se tenha em mente que estes direitos pressupõem um direito de prestação em sentido *lato*, que se reveste em uma "pretensión de prestación estatal, implicando acciones de los poderes públicos para dar respuesta a dicha pretensión" (GAVARA DE CARA, 2010, p. 18). Significa dizer que eles "não são direitos contra o Estado, mas sim direitos através do Estado, exigindo do poder público certas prestações materiais" (KRELL, 2002, p. 19).

Assim, eles não podem ser vistos como "meios de reparar situações injustas, nem são subsidiários de outros direitos. Não se encontram, portanto, em situação hierarquicamente inferior aos direitos civis e políticos". Isso porque "os direitos sociais – entendidos como igualdade material e exercício da liberdade real – exercem no novo paradigma, aqui proposto, posição e função, que incorpora aos direitos humanos uma dimensão necessariamente social" (BARRETO, 2012, p. 3).

Os direitos de segunda dimensão estão intrinsecamente relacionados ao Estado Social, qual seja, um Estado voltado ao bem-estar da sociedade, para a qual deve garantir direitos como saúde, educação, saneamento, trabalho, habitação, lazer, previdência, segurança, dentre outros. É por meio deles que se conseguirá diminuir a pobreza, esta não apenas vista como a falta de dinheiro, mas como "uma condição de privação de capacidades indispensáveis para que uma pessoa possa ser livre e usufruir dos benefícios que a sociedade proporciona" (SCHMIDT, 2006, p. 1779).

Isso faz com que haja a necessidade de um aprimoramento do Estado, que não mais seja pautado exclusivamente na igualdade liberal (baseada na igualdade formal e na autonomia privada), passando-se a garantir não apenas os direitos fundamentais de primeira dimensão (liberdade), mas também algumas noções mínimas de justiça social e igualdade material (BARROSO, 2009, p. 242).

Nasce, por conseguinte, o Estado Social, no qual se construirá uma Constituição não mais meramente jurídica (como no constitucionalismo liberal), mas política, pois além de manter a organização e as competências administrativas do Estado, organiza também a sociedade, principalmente frente às manifestações de determinados grupos sociais que passaram a rogar por uma atuação mais proativa do Estado, a fim de corrigir as distorções (políticas, econômicas e principalmente sociais) advindas do liberalismo (e dos reflexos da Revolução Industrial), focada na concepção de igualdade material (LEAL, 2007, p. 31).

É importante ressaltar que a nomenclatura do Estado que estava a surgir pode mudar (em alguns Estados, irá variar pelo próprio reconhecimento da Constituição, fazendo-se referência a diferentes expressões, como Estado de Bem-Estar Social, Estado Social e Estado-Providência)[5]. Neste trabalho, optou-se por designá-lo de Estado Social. Embora, na prática, ele tenha se expandido de forma mais ampla apenas após a 2ª Guerra Mundial, eis que correlacionado com o Estado Democrático de Direito, é possível identificar três fases de implementação, que se iniciam a partir da segunda metade do século XIX (SÀNCHEZ, 2005, p. 240).

A primeira é tida como *a fase de experimentação*, demarcada entre os anos de 1870 a 1925, calcada sobretudo nas relações entre responsabilidade social e democracia, que começavam a emergir com o declínio do modelo liberal-burguês, principalmente na necessidade de um Estado que não apenas assistisse às relações sociais, acreditando que todos seus membros fossem livres e iguais para se relacionarem (SÀNCHEZ, 2005, p. 240).

A segunda é *a fase de consolidação*, iniciada com a eclosão das crises econômicas da década de 1930 e o sucesso da política keynesiana, oposta às concepções liberais, embasando-se na afirmação do Estado como figura primordial de controle da economia. Começou-se, assim, a se depositar uma confiança social mais ampla na intervenção do Estado e na legitimidade das garantias sociais, passando-se a reconhecer direitos inerentes à condição de cidadão, de segunda dimensão, de igualdade (SÀNCHEZ, 2005, p. 240).

A terceira é a *fase de expansão*, iniciada a partir do final da Segunda Guerra Mundial, atingindo o apogeu nas décadas de 1950 a 1970, com a chamada "crise do petróleo" em 1973. Esta é marcada pela relação entre gasto social e expansão econômica, além da presença e maior atenção à concretização dos direitos sociais, como os direitos trabalhistas e a seguridade social, atribuindo-se uma maior preocupação a um Estado que implemente melhores condições sociais a seus cidadãos (SÀNCHEZ, 2005, p. 246).

---

5. Streck (2002, p. 63) refere que não há "o" Estado do Bem-Estar, possuindo um conteúdo que se altera, reconstrói e adapta às diversas situações. Possuem, entretanto, um traço em comum: a intervenção do Estado e a promoção de serviços.

Destacam-se, no cenário do constitucionalismo social, por apresentarem, pela primeira vez, os traços comuns ao Estado Social, as Constituições do México, de 5 de fevereiro de 1917, e a de Weimar, de 11 de agosto de 1919, sem deixar de destacar a importância da Constituição Russa[6], de 10 de julho de 1918.

A Constituição mexicana estabelece, pela primeira vez, direitos voltados à coletividade, especialmente os relativos aos trabalhadores e de organização econômica. Merecem destaque os artigos 5º, 27 e 123, os quais, respectivamente, tratam de temas como a proteção do Estado nas relações trabalhistas; a função social da propriedade; e direitos trabalhistas mínimos, dentre os quais, o salário mínimo, jornada de trabalho de oito horas, direitos de associação e de greve, participação dos trabalhadores nos lucros das empresas, responsabilidade dos patrões nos acidentes de trabalho, indenização em caso de dispensa, além de juntas de resolução de controvérsias compostas por membros das empresas, dos trabalhadores e do Estado (HERRERA, 2007, p. 380-382).

A implementação do Estado Social também passou por demonstrações de radicalização, a exemplo do que ocorreu com a Revolução Bolchevique, de 1917, que resultou na "Declaração dos Direitos do Povo Trabalhador e Explorado", a qual, como já dito, formaria a Constituição Soviética em julho de 1918, composta não por um catálogo de direitos sociais, mas por princípios de organização política e econômica que se fundem, de forma extrema, a estes direitos[7] (HERRERA, 2007, p. 382-383).

Seguindo o caminho dos mexicanos, precisando-se superar o modelo soviético, coube à Assembleia de Weimar, especialmente à Friedrich Naumann, a tarefa de desenhar aquilo que se tornaria o símbolo do Constitucionalismo Social, a Constituição de Weimar de 1919, a qual se

---

6. Böckenförde (1993, p. 73) chega a dizer que os Direitos Fundamentais Sociais surgiram em forma de catálogo, pela primeira vez, na Declaração dos Direitos do Povo Trabalhador e Explorado da Rússia, de janeiro de 1918, que integrou, posteriormente, a Constituição Russa de Julho de 1918.

7. Apenas para que se tenha uma noção, nas palavras exatas de Herrera (2007, p. 383): "A declaração atribui aos sovietes 'como tarefa essencial, a abolição de toda exploração do homem pelo homem, a eliminação total da divisão da sociedade em classes, o esmagamento implacável da resistência dos exploradores, a organização socialista da sociedade e a vitória do socialismo em todos os países', ligando esta proclamação a uma série de medidas concretas, como a abolição da propriedade privada da terra, a nacionalização das riquezas naturais, das fábricas e dos bancos, o controle operário sobre todos os meios de produção, o trabalho obrigatório, o armamento dos trabalhadores, a exclusão da burguesia dos órgãos de poder. Um programa que gerou, como sabemos, uma grande atração para as massas europeias".

constituiria em um ponto de equilíbrio entre as Constituições Liberais, estritamente individualistas, e a Constituição Russa, eminentemente socialista (HERRERA, 2007, p. 383).

Em outras palavras, significa dizer que essa Constituição buscava uma reconciliação entre sociedade e Estado (os quais seguiram caminhos apartados, afastados pelo Estado de Direito liberal, haja vista o Estado Absolutista que o antecedera), sem descuidar do perigo de se atingir o extremismo socialista em que "homem-massa" e Estado tornam-se algo único[8].

Assim, a Constituição de Weimar, além de contemplar direitos sociais referentes às relações de trabalho, continha normas de seguridade frente aos acidentes de trabalho e velhice, e aquelas voltadas à preocupação com a vida saudável, destacando-se por estabelecer normas de caráter material à concretização dos direitos de segunda dimensão, uma vez que, em grande parte, são direitos prestacionais por parte do Estado (BÖCKENFÖRDE, 1993, p. 64).

Os postulados políticos que impulsionaram a Assembleia de Weimar basearam-se na corrente liberal social, na católica social e na socialista[9]. Daí decorre a constitucionalização de determinados direitos como os referentes à família, aos menores, aos jovens, aos trabalhadores, à maternidade, à saúde, à educação, à moradia, os quais são denominados de "direitos econômicos" (HERRERA, 2007, p. 383).

É por esta catalogação de direitos que se pode dizer que a Constituição do Estado Social deixa de ser um mero documento jurídico, transformando-se em programa político de realização social, debatido e deli-

---

8. Neste ponto, importante demonstrar a crítica liberal que surgia à época, com a preocupação do extremismo, a exemplo do que aponta Ortega y Gasset (2007, p. 127): "Numa boa organização das coisas públicas a massa não atua por si mesma. Essa é sua missão. Veio ao mundo para ser dirigida, influída, representada, organizada – até para deixar de ser massa, ou, pelo menos, aspirar a isso. Mas não veio ao mundo para fazer tudo isso por si mesma". A obra original é de 1926.

9. Há de se dizer que este pluralismo político de sua elaboração não concretizou um consenso absoluto frente à diversidade de opiniões e interesses, o que não conseguiu civilizar a discussão política, tampouco fomentar a integração da sociedade (GRIMM, 2006, p. 25).

berado na esfera política[10]. Coube a Herman Heller[11], constitucionalista alemão com papel destacado, a transformação de uma democracia social em norma jurídica fundamental, com a inclusão de conteúdos de ordem social e econômica (SÀNCHEZ, 2005, p. 243).

Significa dizer que a Constituição passa a reger-se sob os vetores da solidariedade social, somando-se, às liberdades negativas, as positivas, próprias de um Estado intervencionista, com o escopo de garantir uma convivência digna, livre e igual aos membros da sociedade, com igualdade de oportunidade a todos (CITTADINO, 2004, p. 17-18).

Neste contexto, o Estado abandona a neutralidade e a apoliticidade, chamando para si a responsabilidade de concretizar e garantir não apenas uma igualdade formal, mas também material entre os indivíduos, com destaque à prestação dos serviços sociais de saúde e educação, que passam a conferir à sociedade não apenas poderes de agir, mas também de exigir (LEAL, 2007, p. 33).

Ressalta-se, ainda, que, como legado, o Estado Social não beneficiou exclusivamente a classe trabalhadora, mas significou, também, o crescimento em estruturas básicas, que propiciaram o desenvolvimento industrial, como as usinas de energia, as estradas e os financiamentos. Iniciou-se, também, a democratização das relações sociais, o que ocasionou o crescimento das demandas oriundas da sociedade civil (e o melhor aparelhamento estatal, aumentando-se, porém, a burocracia), pois o Estado, agora, não era meramente assistencialista, mas o concretizador de direitos próprios da cidadania (STRECK, 2002, p. 63).

O grande avanço que se apresenta, neste período entre guerras, é a transformação da concepção de que a Constituição se trata de um

---

10. Canotilho (2000, p. 88) faz o questionamento: Como se explica que, a partir do século XIX, a Constituição passe a ser um referente do Estado e não da Sociedade? Responde afirmando que, dentre outros motivos, está a própria evolução semântica do termo. Isso porque, quando surgiu de forma escrita, como já visto anteriormente, ela conformava os "Estados Unidos" americanos e, posteriormente, o "Estado-Nação" francês. Além disso, destaca a estruturação do Estado Liberal, que primava pela separação Estado-Sociedade. A Constituição do Estado Social objetivará a superação desta dicotomia, buscando a aproximação entre Estado e Sociedade.

11. Destaca-se, ainda, a importante contribuição de Carl Schmitt e Rudolf Smend, os quais insculpiram o caráter sociológico e político do direito (LEAL, 2007, p. 35). O primeiro autor almejou a superação da separação, típica do Positivismo, entre Teoria do Estado, Direito Constitucional e Política (SCHMITT, 2003). O segundo buscou, com sua "teoria da integração", uma teoria constitucional, tendo a Constituição como ponto de referência em substituição à Teoria Geral do Estado positivista (SMEND, 1985).

simples instrumento formal de governo, definindo competências e regulando procedimentos, para uma ideia de constituição programática, a qual passará a definir as tarefas e fins do Estado, iniciando-se a inscupir uma compreensão material de Constituição (BERCOVICI, 1999, p. 38).

Posteriormente, o Estado Social acabou incorporando aspectos de democracia e cidadania, advindos em um ambiente posterior aos Estados autoritários e ditatoriais e às atrocidades cometidas na 2ª Guerra Mundial, passando a dar importância primordial à dignidade humana, à democracia e aos direitos fundamentais, buscando-se um conceito racional de igualdade[12], típico do regime Social-Democrático, notadamente na Alemanha, com destaque à sua "Lei Fundamental" de 1949.

Nas palavras de Grimm (2006, p. 25), a Lei Fundamental é uma Constituição feliz, dentre inúmeros motivos, por lançar profundas raízes na sociedade, não sendo abalada em sua legitimidade por possuir, essencialmente, conteúdo que não só funcionou juridicamente, mas serviu como fator de integração à sociedade, fundamentada em elementos como dignidade humana, democracia, Estado de Direito, Estado Social e Estado federativo, com observância dos direitos humanos[13].

É neste contexto que os direitos fundamentais passam a ser vistos como sendo dotados também de uma dimensão objetiva, e não simplesmente subjetiva, eis que estes direitos constituem "elementos objetivos fundamentais da ordem de Estado de direito democrático" (NOVAIS, 2003, p. 58). Significa dizer que, além de poderem ser exigíveis individualmente, constituem-se em vetores que pautam a atuação não só do Estado, mas também da Sociedade, impondo limites à sua atuação (principalmente à autonomia privada) e deveres à sua concretização (respeito aos direitos – não só no sentido de não-violação, mas também de promoção).

---

12. Maluf (2008, p. 298) destaca que o regime social-democrático concilia os postulados essenciais do individualismo e do socialismo, que fulminará em um conceito de suma importância à compreensão do Estado Democrático de Direito, que é o novo conceito de igualdade, a qual deve ser vista como: igualdade jurídica; igualdade de sufrágio; igualdade de oportunidade; e igualdade econômica.

13. Complementam-se à ordem constitucional interna, os tratados internacionais que iniciaram-se a ser valorizados e perquiridos pela Alemanha, como se observa nas palavras de Brugger e Leal (2007, p. 130): "após a II Guerra Mundial, uma guerra na qual a Alemanha trouxe dor, sofrimento e injustiça a várias partes do mundo, a Europa e a comunidade mundial se engajaram no desenvolvimento de um amplo regime de tratados internacionais sobre direitos humanos, como forma de se complementarem e fortificarem os direitos constitucionais de ordem interna".

Com isso, o Estado deixa de ser um mero expectador, para se tornar um "protetor" dos direitos fundamentais, inclusive nas relações de trabalho, que, historicamente, se pautaram na autonomia de vontade e na igualdade (formal) entre as partes contratantes. Tem-se configurada, aí, a noção de "dever de proteção" estatal, que decorre da dimensão objetiva dos direitos fundamentais e se constitui no objeto de estudo da próxima seção.

2. O DEVER DE PROTEÇÃO AO TRABALHADOR: OS ADICIONAIS DE INSALUBRIDADE, PERICULOSIDADE E PENOSIDADE COMO FORMA DE COMPENSAÇÃO/PREVENÇÃO AO TRABALHO ATENTATÓRIO AOS DIREITOS FUNDAMENTAIS E À DIGNIDADE HUMANA

A teoria do "dever de proteção" (*Schutzpficht*) foi desenvolvida pelo Tribunal Constitucional Alemão partindo-se da concepção da dimensão objetiva dos direitos fundamentais, notadamente nas decisões envolvendo o aborto. Seu cerne sustenta-se na decorrência de um dever oriundo das normas de direitos fundamentais que impõe ao Estado a proteção aos particulares contra agressões aos seus bens jurídicos constitucionalmente previstos, mesmo que estas decorram das relações geradas entre si[14].

Significa dizer que ao mesmo tempo em que os direitos fundamentais determinam ao Estado uma conduta negativa (no sentido de não violá-los), implicam um comportamento positivo, obrigando-o a intervir, seja de forma preventiva ou repressiva, também nas relações privadas[15]. Em suma, como afirma Mendes (2002, p. 10), o Estado deve respeitar

---

14. Streck (2008, s.p) enfatiza que "o dever de proteção (*Schutzpflicht*) passou a ser entendido como o outro lado da proteção dos direitos fundamentais, isto é, enquanto os direitos fundamentais, como direitos negativos, protegem a liberdade individual contra o Estado, o dever de proteção derivado desses direitos destina-se a proteger os indivíduos contra ameaças e riscos provenientes não do Estado, mas, sim, de atores privados, forças sociais ou mesmo desenvolvimentos sociais controláveis pela ação estatal.

15. Referente a este aspecto, interessante a advertência de Alcalá (2009, p. 145-146): "Cabe señalar que la dignidad humana y el derecho a una vida digna fundamenta tanto los derechos civiles y políticos como los derechos económicos, sociales y culturales. Todos los derechos tienen en tal perspectiva una dimensión positiva y negativa, ya que todos ellos requieren de prestaciones estatales que tienen costos económicos para su efectiva garantía, como son el funcionamiento de un aparato jurisdiccional eficaz del Estado, una policía competente, registros de propiedad, entre otros aspectos, como asimismo, una dimensión negativa o de abstención de vulneración tanto por el Estado (como una legislación que vulnere los derechos o que afecte su contenido esencial o la prohibición de retroceso sin justificación), como por los particulares, cuando estos realizan actos u omisiones que afectan los derechos o adoptan actos jurídicos vulneradores de tales derechos.

e fazer respeitar os direitos fundamentais, evoluindo de "adversário" (*Gegner*) para "guardião" destes direitos (*Grundrechtsfreund oder Grundrechtsgarant*).

Nas relações de trabalho, esta proteção estatal é ponto fundamental para o equilíbrio da igualdade e da liberdade contratual. Muito embora a autonomia de vontade, nessas relações, venha a se caracterizar pela liberdade para contratar (via de regra, com uma limitação à participação do trabalhador nos pactos laborais), ela encontra limite derradeiro na proteção legislativa (a exemplo do Artigo 444 da Consolidação das Leis do Trabalho[16]), estando sujeita às disposições de proteção ao trabalho, aos acordos coletivos e às decisões das autoridades competentes (MACHADO, 2012, p. 207).

Sem embargo, não há como se reconhecer o dever de proteção sem a correspondente noção de irradiação constitucional, ou seja, da relativização (ou até inexistência) da dicotomia entre ordem constitucional e infraconstitucional, reconhecendo-se a irradiação dos direitos fundamentais sobre toda a ordem jurídica (*Austrahlungswirkung*), inclusive às normas referentes ao direito do trabalho (MENDES, 2002, p. 10).

Canaris (2009, p. 106) adverte a presença de um critério elementar para se reconhecer o dever de proteção. Para o autor, é necessária a existência de uma primordial proteção do direito fundamental em análise, a qual decorrerá dos fundamentos fáticos do bem jurídico e não de sua dimensão jurídica.

Isso posto, pode-se desdobrar o dever de proteção em três frentes de atuação interligadas: *primeira frente* – um *dever de proibição* (*Verbotspflicht*), o qual se constitui em um dever de se proibir determinada conduta; *segunda frente* – um *dever de segurança* (*Sicherheitspflicht*), que estabelece ao Estado o dever de proteger o particular contra agressões de terceiros, adotando-se diferentes medidas; 3) *terceira frente* - um *dever de evitar riscos* (*Risikopflicht*), que impõe ao Estado a obrigação de evitar riscos ao particular, adotando medidas preventivas, em especial no que condiz com o desenvolvimento técnico ou tecnológico (MENDES, 2002, p. 11).

A proteção estatal deve ocorrer, conforme extraído da matriz germânica, principalmente quando as condutas realizadas no âmbito das

---

16. Art. 444 - As relações contratuais de trabalho podem ser objeto de livre estipulação das partes interessadas em tudo quanto não contravenha às disposições de proteção ao trabalho, aos contratos coletivos que lhes sejam aplicáveis e às decisões das autoridades competentes.

relações privadas forem *ilícitas*, representarem *perigo* ou *dependência* entre os cidadãos a bens jurídicos constitucionalmente protegidos[17] (CANARIS, 2009, p. 106).

Uma atuação estatal protetiva deve ocorrer quando houver *ilicitude* na relação privada, especialmente quando esta resultar da própria Constituição ou, ainda, houver infringência às normas infraconstitucionais. Nesse sentido, deve ser também a defesa contra *perigo* a bens protegidos por direitos fundamentais ou a *dependência*[18] do titular do direito fundamental em relação ao comportamento de outro sujeito também particular (CANARIS, 2009, p. 107-111).

É importante ressaltar que ao Estado cabe não apenas legislar (prevenir) como fiscalizar (coibir) qualquer afronta aos direitos fundamentais. É isso que leva Novais (2003, p. 89) a afirmar que "o dever de proteção se traduz numa obrigação abrangente de o Estado conformar a sua ordem jurídica de tal forma que nela, e através dela, os direitos fundamentais sejam garantidos e as liberdades neles sustentadas possam encontrar efectivação".

Há de se reconhecer, no entanto, que, embora haja esta obrigação protetiva estatal, indispensável não apenas à concretização dos direitos fundamentais, mas à própria dignidade humana, não há uma exigência única de como fazê-lo. Dito de outro modo, significa que é necessário que o Estado tome uma medida, mas esta geralmente não será pré-determinada, podendo ser uma de muitas formas de proteção.

Com isso, a proporcionalidade torna-se o principal instrumento, a fim de situar a medida adotada (de proteção) entre a proibição de ex-

---

17. Assim, para o autor, "quanto maior o nível do direito fundamental afectado, quanto mais severa a intervenção que se ameaça, quanto mais intenso o perigo, quanto menores as possibilidades do seu titular para uma eficiente auto-protecção, e quanto menor o peso dos direitos fundamentais e interesses contrapostos, tanto mais será de reconhecer um dever jurídico-constitucional de protecção" (CANARIS, 2009, p. 114).

18. Quanto à dependência, são ilustrativos os exemplos apontados por Canaris (2009, p. 111): "É paradigmática a obrigação do proprietário de um prédio arrendado de tolerar a colocação, por parte do inquilino, de uma antena parabólica, bem como a obrigação de uma mãe de fornecer ao seu filho informações sobre a pessoa do pai biológico. Em ambos os casos, o critério da *dependência* do titular do direito fundamental, em relação ao comportamento do outro sujeito de direito privado, desempenha um papel central: se o proprietário não aceita a instalação da antena parabólica, o inquilino não pode facticamente exercer, de forma eficiente, o seu direito à liberdade de informação [...]; e se a mãe não indicar ao filho o nome do seu pai biológico, aquele não poderá exercer, nem o direito ao conhecimento da pessoa de seu progenitor, garantido pelo direito geral de personalidade [...], nem eventuais pretensões econômicas contra ele [...]".

cesso (Übermassverbot) e a proibição de proteção insuficiente (Untermassverbot). Isso porque, não raras vezes, além de ser exigida uma proteção eficiente, o ordenamento jurídico deixa diversas possibilidades em aberto quanto ao modo de concretização desse direito, de forma que a solução adequada deva estar localizada entre o excesso e a insuficiência.

No exercício da proporcionalidade, há de se verificar se a proteção é eficaz e apropriada. Significa dizer que é necessário "verificar se a protecção satisfaz as exigências mínimas na sua eficiência e se bens jurídicos e interesses contrapostos não estão sobre-avaliados". Com efeito, "a eficácia da protecção integra, em princípio, o próprio conteúdo do dever de protecção, já que um dever de tomar medidas ineficazes não teria sentido" (CANARIS, 2009, p. 123-124).

Em suma, pode-se traduzir a proibição de excesso como a vedação do Estado, através de seus órgãos, de acometer de forma desproporcional outros direitos fundamentais ou até, ele próprio, violar direitos fundamentais de terceiros com uma proteção (intervenção ou restrição) excessiva. A proibição de proteção insuficiente, por sua vez, se impõe no momento em que o Estado atua insuficientemente, ficando aquém dos níveis mínimos exigidos pelos preceitos constitucionais à concretização de determinado direito (SARLET, 2012, p. 404-406).

Nesse sentido, é possível perceber a preocupação do Constituinte brasileiro com a vida, a saúde e a dignidade do trabalhador[19]. Esta cautela e a correspondente proteção podem ser vistas pela própria redação da norma Constitucional, que proíbe o "trabalho noturno, perigoso ou insalubre a menores de dezoito e de qualquer trabalho a menores de dezesseis anos, salvo na condição de aprendiz, a partir de quatorze anos" (Art. 7º, inciso XXXIII, da Constituição de 1988) e estabelece um "adicional de remuneração para as atividades penosas, insalubres ou perigosas, na forma da lei" (Art. 7º, inciso XXIII, da Constituição de 1988).

Diante disso, percebe-se que a proteção ao trabalhador se dá tanto na proibição (aos menores de 18 anos), quanto na compensação pecuniária aos trabalhadores que são submetidos ao trabalho nestas condições, que desencadeará, por conseguinte, um efeito direto e outro indireto. O primeiro se relaciona à percepção, por parte do trabalhador, de um adicional remuneratório pelo desgaste (físico e emocional) sofrido. O segundo condiz à diminuição de trabalhadores expostos a estas con-

---

19. O Art. 7º, inciso XXII, da Constituição de 1988, estabelece a redução dos riscos inerentes ao trabalho, por meio de normas de saúde, higiene e segurança.

dições, diante da obrigatoriedade do pagamento do adicional (segundo a lógica de que se há custos, diminui-se o trabalho penoso, perigoso e insalubre)[20].

O adicional pelo exercício do trabalho penoso constitui-se em um vácuo normativo, uma vez que ainda não possui regulamentação infraconstitucional[21]. Já o adicional pelo trabalho insalubre e perigoso encontra-se regulamentado, respectivamente, nos Arts. 192 e 193 da Consolidação das Leis do Trabalho (**Decreto-Lei nº 5.452, de 1º de maio de 1943**)[22].

Observa-se que o bem jurídico diretamente tutelado pelo adicional de insalubridade é a saúde e a própria dignidade humana, enquanto o bem jurídico protegido pelo adicional de periculosidade é a própria vida do trabalhador. Tamanha a proteção dispensada, que o Brasil assinou, ratificou e promulgou a convenção nº 148, da Organização Internacional do Trabalho (OIT), sobre a Proteção dos Trabalhadores Contra os Riscos Profissionais Devidos à Contaminação do Ar, ao Ruído e às Vibrações no Local de Trabalho (promulgada pelo Decreto nº 93.413 de 15/10/86, com vigência nacional a partir de 14 de janeiro de 1983) e a nº 155, também da OIT, sobre Segurança e Saúde dos Trabalhadores e o Meio Ambiente de Trabalho, (promulgada pelo Decreto nº 1.254 de 29/09/94, com vigência nacional a partir de 18 de maio de 1993).

---

20. Quanto a este segundo aspecto, há de se questionar se esta proteção, por meio da previsão de pagamento, é suficiente para a proteção adequada do direito. Entende-se que pode ser uma iniciativa nesse sentido, mas, ainda assim, insuficiente, uma vez que por maior que seja a indenização, não compensa o prejuízo à saúde e os riscos. No tocante a este prisma, se corrobora com a crítica de Silva (2009, p.55), o qual aponta que: "Sem sombra de dúvida, os adicionais de remuneração, particularmente o adicional de insalubridade e o adicional de periculosidade, respondem pela maior parte dos estudos, artigos científicos, processos trabalhistas e preocupação de departamentos pessoais, entidades sindicais e trabalhadores individualmente considerados, em se tratando do tema em questão, quando, na verdade, o combate aos focos de insalubridade e de periculosidade deveria ter a prioridade das reflexões, bem assim as medidas de eliminação de perigos e de neutralização dos agentes, por exemplo".

21. A respeito, ver: LOBO, Bárbara Natália Lages. *O adicional de penosidade sob a óptica da teoria constitucional contemporânea*: a efetivação dos Direitos Fundamentais. In: VIEGAS, Carlos Athayde Valadares. Ensaios Críticos de Direito Público. Belo Horizonte: Arraes Editores, 2015.

22. Oliveira (2007, p. 110) resume a evolução da proteção ao trabalhador, referente aos aspectos aqui estudados: "Sintetizando as etapas evolutivas da relação trabalho-saúde, pode-se observar que as primeiras preocupações foram com a segurança do trabalhador, para afastar a agressão mais visível dos acidentes do trabalho; posteriormente, preocupou-se, também, com a medicina do trabalho para curar as doenças ocupacionais; em seguida, ampliou-se a pesquisa para a higiene industrial, visando a prevenir as doenças e garantir a saúde; mais tarde, o questionamento passou para a saúde do trabalhador, na busca do bem-estar físico, mental e social".

A dignidade humana está intimamente ligada aos direitos sociais, com destaque aos direitos relacionados ao trabalho, compreendido como elemento dignificante do ser humano. A proteção a esta dignidade ganha relevo, contudo, nas relações de trabalho, caracterizadas por subordinação contínua e pessoal a um empregador, o que evidencia sua hipossuficiência na relação contratual, ensejando a sua devida proteção pelo Estado (MINORI; PONTES, 2010, p. 274-275).

É nesse sentido que o Estado, diante do dever de proteção, necessita garantir, "com suas regras, seus institutos, princípios e suas presunções próprias, uma teia de proteção à parte hipossuficiente, na relação empregatícia, visando retificar, no plano jurídico, o desequilíbrio inerente ao plano fático do contrato de trabalho" (MACHADO; CARVALHO, 2014, p. 235).

Na contramão da proteção dispensada pelo Estado, tanto pelo expresso na Constituição da República, quanto pela adesão às referidas convenções internacionais, encontra-se o Art. 193, § 2º, da Consolidação das Leis do Trabalho, que impõe ao empregado (público ou privado) a opção por um ou por outro adicional. Assim ocorre com os servidores públicos federais (Art. 68, § 1º, da Lei nº 8.112/1990) e parte dos servidores estaduais, a exemplo do Estado do Rio Grande do Sul (Art. 107, § 1º, da Lei Complementar Estadual nº 10.098/1994), os quais não percebem simultaneamente ambos os adicionais, mesmo desenvolvendo trabalho em condições insalubres e perigosas.

Com o objetivo de compatibilizar a norma trabalhista à Constituição Federal de 1988 e às convenções internacionais da OIT, possibilitando a cumulação dos adicionais de insalubridade e periculosidade, o Superior Tribunal do Trabalho, no acórdão resultante do Recurso de Revista nº TST-RR-1072-72.2011.5.02.0384 (neste trabalho denominado caso Ivanildo Bandeira *versus* Amsted Maxion) utilizou-se expressamente do Controle de Convencionalidade como instrumento de concretização dos direitos fundamentais, como será visto na seção a seguir.

3. O CONTROLE DE CONVENCIONALIDADE COMO INSTRUMENTO DE PROTEÇÃO AO TRABALHADOR: O CASO IVANILDO BANDEIRA *V.* AMSTED MAXION E SUA APLICABILIDADE PELO TST

O controle de convencionalidade nasce da necessidade de observância das normas internacionais (pactos, tratados, convenções, acordos, dentre outros) de que o Estado seja parte, constituindo-se como um meio de dar-lhes efetividade diante da manifestação de vontade (adesão) por parte do signatário. Ponto fundamental a esta espécie de controle normativo é a relação adotada entre o direito interno e o direito internacional.

No âmbito latino-americano, grande parte dos Estados admitem o respeito aos direitos humanos previstos nos instrumentos internacionais, a exemplo da Constituição Brasileira de 1988 que, no Art. 5º, parágrafo 2º, garante que "os direitos e garantias expressos nesta Constituição não excluem outros decorrentes do regime e dos princípios por ela adotados, ou dos tratados internacionais em que a República Federativa do Brasil seja parte".

O parágrafo 3º, inserido pela Emenda Constitucional nº 45/2004, operacionalizou a incorporação dos instrumentos que versem sobre direitos humanos, estabelecendo que "os tratados e convenções internacionais sobre direitos humanos que forem aprovados, em cada Casa do Congresso Nacional, em dois turnos, por três quintos dos votos dos respectivos membros, serão equivalentes às emendas constitucionais"[23].

Há dispositivos semelhantes na Constituição Chilena[24], reformada em 1989; na Constituição Colombiana[25] de 1991; na Constituição Guatemalteca[26], reformada em 1993; na Constituição Argentina[27], com a reforma constitucional de 1994; na Constituição Venezuelana[28] de 1999; na

---

23. Atualmente apenas a Convenção Internacional sobre os Direitos das Pessoas com Deficiência e seu Protocolo Facultativo foram aprovados com o coro especial.
24. "El ejercicio de la soberanía reconoce como limitación el respeto a los derechos esenciales que emanan de la naturaleza humana. Es deber de los órganos del Estado respetar y proveer tales derechos, garantizados por la Constitución, así como por los tratados internacionales ratificados por Chile y que se encuentren vigentes" (Artículo 5°, Inciso 2°).
25. "Los tratados y convenios internacionales ratificados por el Congreso, que reconocen los derechos humanos y que prohiben su limitación en los estados de excepción, prevalecen en el orden interno. Los derechos y deberes consagrados en esta Carta, se interpretarán de conformidad con los tratados internacionales sobre derechos humanos ratificados por Colombia" (Artículo 93, incisos I e II).
26. "Preeminencia del Derecho Internacional. Se establece el principio general de que en materia de derechos humanos, los tratados y convenciones aceptados y ratificados por Guatemala, tienen preeminência sobre el derecho interno" (Artículo 46).
27. A Constituição argentina apresenta um rol de tratados internacionais com status constitucional, estabelecendo que, além de tal relação, "Los demás tratados y convenciones sobre derechos humanos, luego de ser aprobados por el Congreso, requerirán del voto de las dos terceras partes de la totalidad de los miembros de cada Cámara para gozar de la jerarquía constitucional" (Artículo 75, Numeral 22).
28. "Los tratados, pactos y convenciones relativos a derechos humanos, suscritos y ratificados por Venezuela, tienen jerarquía constitucional y prevalecen en el orden interno, en la medida

Constituição Nicaraguense[29], reformada em 2005; na Constituição Equatoriana[30] de 2008; na Constituição Boliviana[31] de 2009; na Constituição Dominicana[32] de 2010 e na Constituição Mexicana[33], reformada em 2011 (ALCALÁ, 2012a, p. 150-152).

A presença de normas de reconhecimento e aceitação do direito internacional nestas Constituições reforçam a força normativa dos direitos previstos e assegurados nos instrumentos de que os respectivos Estados são partes, os quais são assegurados não apenas pela jurisdição interna, mas também por tribunais internacionais – incluindo-se os de atuação regional (ALCALÁ, 2012a, p. 152).

O controle de convencionalidade (concentrado) é um mecanismo utilizado por Cortes Internacionais, como a Corte Interamericana de Direitos Humanos[34], tanto em sede contenciosa, quanto consultiva, para

---

en que contengan normas sobre su goce y ejercicio más favorables a las establecidas por esta Constitución y la ley de la República, y son de aplicación inmediata y directa por los tribunales y demás órganos del Poder Público" (Artículo 23).

29. "En el territorio nacional toda persona goza de la protección estatal y del reconocimiento de los derechos inherentes a la persona humana, del irrestricto respeto, promoción y protección de los derechos humanos, y de la plena vigencia de los derechos consignados en la Declaración Universal de los Derechos Humanos; en la Declaración Americana de Derechos y Deberes del Hombre, en el Pacto Internacional de Derechos Económicos, Sociales y Culturales, en el Pacto Internacional de Derechos Civiles y Políticos de la Organización de las Naciones Unidas y en la Convención Americana de Derechos Humanos de la Organización de Estados Americanos" (Artículo 46).

30. "En el caso de los tratados y otros instrumentos internacionales de derechos humanos se aplicarán los principios pro ser humano, no restricción de derechos, de aplicabilidad directa y de cláusula abierta establecidos en la Constitución" (Artículo 417).

31. "La Constitución es la norma suprema del ordenamiento jurídico boliviano y goza de primacía frente a cualquier otra disposición normativa. El bloque de constitucionalidad está integrado por los Tratados y Convenios Internacionales en materia de Derechos Humanos y las normas del Derecho Comunitario, ratificados por el país" (Artículo 410, Inciso II).

32. "Los tratados, pactos y convenciones relativos a derechos humanos, suscritos y ratificados por el Estado dominicano, tienen jerarquía constitucional y son de aplicación directa e inmediata por los Tribunales y demás órganos del Estado" (Artículo 74, numeral 2 y 3).

33. "En los Estados Unidos Mexicanos todas las personas gozarán de los derechos humanos reconocidos en esta Constitución y en los tratados internacionales de los que el Estado mexicano sea parte, así como de las garantías para su protección, cuyo ejercicio no podrá restringirse ni suspenderse, salvo en los casos y bajo las condiciones que esta Constitución establece" (Artículo 1º).

34. Importante a advertência de Alcalá (2012b, p. 1169-1170), quanto à utilização do controle de convencionalidade: "Cabe señalar que el control de convencionalidad *per se* no es exclusivo del sistema interamericano, este es un control jurídico y jurisdiccional que se concreta en el plano internacional o supranacional en cada caso, el que posibilita determinar el grado de cumplimiento de las obligaciones convencionales de un Estado parte a partir de la coherencia

determinar a compatibilidade ou não do direito interno (ou atos gerais dos agentes pertencentes aos Estados-partes) às disposições convencionais, determinando, por sentença, que o Estado-parte, como obrigação de resultado, modifique, suprima ou derrogue suas normas ou atos julgados inconvencionais (ALCALÁ, 2012b, p. 1168).

Afirma-se, por conseguinte, que o controle de convencionalidade implica, a exemplo da CIDH, uma subordinação do ordenamento jurídico interno (inclusive da norma constitucional), aos direitos e compromissos assumidos pelo Estado-parte, no momento da sua ratificação (ALCALÁ, 2012b, p. 1168). O Art. 2º do Pacto, prevê que o dever de adotar disposições de direito interno, para que os Estados-partes tomem as medidas necessárias para efetivar os direitos e liberdades pactuados.

O controle de convencionalidade (difuso) também deve ser aplicado internamente pelos juízes e tribunais nacionais, dentro de sua respectiva competência e em conformidade com os procedimentos previstos na ordem jurídica, confrontando-se a norma pátria às convenções internacionais de que seu Estado seja parte. Isso porque a inobservância às normas convencionais ou à interpretação dada a estas pelos respectivos Tribunais Internacionais responsáveis pela sua guarda, acarretará a responsabilização estatal[35] (ALCALÁ, 2012b, p. 1170).

No Brasil, a posição hierárquica dos tratados internacionais que versem sobre direitos humanos, que antes dividia monistas e dualistas, foi assentada pela Constituição Federal (Emenda Constitucional nº 45/2004). Mesmo assim, o debate continuou, referente aos tratados ratificados pelo Estado brasileiro em momento anterior à vigência da emenda, sem o coro especial, a exemplo da Convenção Americana sobre Direitos Humanos (Pacto de San José da Costa Rica).

O Supremo Tribunal Federal brasileiro atribuiu a estes instrumentos o status de supralegalidade. Tratou-se do julgamento, pelo plenário, do Recurso Extraordinário nº 466.343/SP, ocorrido em 3 de dezembro

---

entre la conducta del Estado y las obligaciones determinadas por la norma jurídica o tratado internacional. Este control de convencionalidad lo ejerce la Corte Europea de Derechos Humanos respecto de los Estados parte de la Convención Europea de Derechos Humanos, la Corte de Luxemburgo respecto de los Estados miembros de la Unión Europea, entre otros sistemas. El examen de convencionalidad verifica la adecuación de la conducta de um Estado parte a la norma o convención internacional respectiva".

35. A Corte Interamericana tem enfatizado, cada vez mais, a exemplo do Caso Almonacid Arellano y otros *Vs.* Chile (parágrafo 124), a necessidade da realização do controle de convencionalidade por parte dos juízes e dos tribunais internos.

de 2008, de relatoria do Ministro Cezar Peluso. A controvérsia centrava no status assumido pelo Pacto de San Jose da Costa Rica no ordenamento jurídico pátrio, pois havia sido incorporado antes da promulgação da Emenda Constitucional nº 45/2004.

Para o Ministro Gilmar Mendes, o primeiro a enfrentar e introduzir o debate acerca da controvérsia, a introdução do §3º ao Art. 5º da Constituição não deixa outra interpretação senão "uma declaração eloquente de que os tratados já ratificados pelo Brasil, anteriormente à mudança constitucional, e não submetidos ao processo legislativo especial de aprovação no Congresso Nacional, não podem ser comparados às normas constitucionais" (STF, RE nº 466.343/SP, 2008).

Assim, Gilmar Mendes introduziu sua tese no sentido de que "parece mais consistente a interpretação que atribui a característica de *supralegalidade* aos tratados e convenções de direitos humanos" aprovados sem o coro especial, sendo este o status atribuído ao Pacto de San José da Costa Rica[36]. O ministro alerta, entretanto, que o legislador constitucional não fica impedido de submetê-lo, "além de outros tratados de direitos humanos, ao procedimento especial de aprovação previsto no art. 5º, § 3º, da Constituição, tal como definido pela EC n° 45/2004, conferindo-lhes *status* de emenda constitucional" (STF, RE nº 466.343/SP, 2008).

Assentou-se, com esse julgamento, que, silenciando a Constituição acerca da posição normativa dos tratados internacionais de direitos humanos aprovados antes da Emenda Constitucional nº 45, devido a sua importância (e só!), seu caráter é de supralegalidade, criando-se judicialmente uma nova posição hierárquica no ordenamento jurídico.

O caso em análise no presente trabalho retrata o acórdão proferido pela 7ª Turma do Tribunal Superior do Trabalho, no Recurso de Revista nº TST-RR-1072-72.2011.5.02.0384[37], julgado em 29 de setembro de

---

36. De acordo com o ministro, "essa tese pugna pelo argumento de que os tratados sobre direitos humanos seriam infraconstitucionais, porém, diante de seu caráter especial em relação aos demais atos normativos internacionais, também seriam dotados de um atributo de supralegalidade. Em outros termos, os tratados sobre direitos humanos não poderiam afrontar a supremacia da Constituição, mas teriam lugar especial reservado no ordenamento jurídico. Equipará-los à legislação ordinária seria subestimar o seu valor especial no contexto do sistema de proteção dos direitos da pessoa humana" (STF, RE n° 466.343/SP, 2008).
37. EMENTA: RECURSO DE REVISTA. CUMULAÇÃO DOS ADICIONAIS DE INSALUBRIDADE E PERICULOSIDADE. POSSIBILIDADE. PREVALÊNCIA DAS NORMAS CONSTITUCIONAIS E SUPRALEGAIS SOBRE A CLT. JURISPRUDÊNCIA CONSOLIDADA DO STF QUANTO AO EFEITO PARALISANTE DAS NORMAS INTERNAS EM DESCOMPASSO COM OS TRATADOS INTERNACIONAIS

2014, de relatoria do Ministro Cláudio Brandão, apresentado pela empresa Amsted Maxion, questionando a decisão *a quo* que reconhecia a possibilidade de percepção simultânea dos adicionais de insalubridade e periculosidade por parte do trabalhador Ivanildo Bandeira.

A empresa fundamentou seu recurso no Art. 193, § 2º, da CLT, incluído pela Lei nº 6.514, de 22/12/1977, ainda em vigor, e no item 16.2.1 da NR-16 da Portaria nº 3.214/78 do Ministério do Trabalho e Emprego, que preveem a opção por um ou outro adicional, com a mesma redação: "O empregado poderá optar pelo adicional de insalubridade que porventura lhe seja devido" (BRASIL, 2014).

O entendimento do TST foi no sentido de que "a possibilidade da cumulação dos adicionais se justifica em virtude da origem dos direitos serem diversos", não havendo *bis in idem*. O Ministro relator destacou que, "no caso da insalubridade, o bem tutelado é a saúde do obreiro, haja vista as condições nocivas presentes no meio ambiente de trabalho". Por sua vez, "a periculosidade, traduz situação de perigo iminente que, uma vez ocorrida, pode ceifar a vida do trabalhador, sendo este o bem a que se visa proteger" (BRASIL, 2014).

A Turma entendeu que a regulamentação infraconstitucional não poderia ultrapassar o limite da norma constitucional, instituindo situação menos benéfica ao trabalhador, uma vez que a norma constitucional não restringe a cumulação dos adicionais, "em desrespeito ao princípio de proteção da dignidade da pessoa humana do obreiro" (BRASIL, 2014).

Além disso, diante do compromisso internacional assumido pelo Estado brasileiro por ocasião da ratificação das Convenções nº 148 e nº 155 da Organização Internacional do Trabalho (OIT), os ministros aplicaram, pela primeira vez naquele Tribunal, o controle de convencionalidade, afirmando ser o dispositivo celetista incompatível com as normas convencionais – Artigo 8º, item 3, da Convenção nº 148 da OIT e Artigo 11, alínea "b", da Convenção nº 155 da OIT – (BRASIL, 2014).

O *case* Ivanildo Bandeira *versus* Amsted Maxion torna-se, assim, destacado pela aplicação expressa do controle de convencionalidade por parte do Superior Tribunal do Trabalho, o qual concluiu que "a orientação

---

DE DIREITOS HUMANOS. INCOMPATIBILIDADE MATERIAL. CONVENÇÕES Nos 148 E 155 DA OIT. NORMAS DE DIREITO SOCIAL. CONTROLE DE CONVENCIONALIDADE. NOVA FORMA DE VERIFICAÇÃO DE COMPATIBILIDADE DAS NORMAS INTEGRANTES DO ORDENAMENTO JURÍDICO [...].

jurisprudencial que predomina, no sentido de que são inacumuláveis os adicionais de insalubridade e de periculosidade, frustra, a nosso ver, o desígnio constitucional e também o compromisso assumido pelo Brasil quando ratificou as convenções 148 e 155 da OIT" (BRASIL, 2014).

Assim, apresentou-se o entendimento de que se "as normas internacionais incorporadas passaram a admitir a hipótese de cumulação dos adicionais e estabelecem critérios e limites dos riscos profissionais em face da exposição simultânea a vários fatores nocivos", deve o Tribunal paralisar o efeito na norma pátria com elas incompatível[38] (BRASIL, 2014).

Embora os Ministros entendam "que a hierarquia constitucional já se extrai de interpretação conferida ao próprio art. 5º, § 2º, da Constituição de 1988", reverenciaram a decisão do Supremo Tribunal Federal que atribuiu o status de supralegalidade aos tratados internacionais que versem sobre direitos humanos aprovados sem o quorum especial, deixando claro que tais convenções são (formalmente) supralegais e (materialmente) constitucionais[39], razão pela qual deve ser aplicado efeito paralisante ao artigo 193, § 2º, da Consolidação das Leis do Trabalho e ao item 16.2.1 da NR-16 da Portaria nº 3.214/78 do Ministério do Trabalho e Emprego (BRASIL, 2014).

Isso porque cabe ao Judiciário, Poder integrante do Estado, "tornar efetivas as aludidas normas, mais do que apenas reconhecer a sua existência e efetividade, diante da obrigatoriedade, também a ele imposta, em face da vinculação de todo Estado brasileiro, e não apenas do Poder Executivo que a subscreveu" (BRASIL, 2014).

Dessa forma, a colenda Turma decidiu que, além de o direito aos adicionais de insalubridade e periculosidade estar assegurado no artigo 7º, inciso XXIII, da Constituição Federal, de forma plena, sem qualquer ressalva no que tange à cumulação, em virtude de constituírem instrumentos consagradores de direitos sociais, as convenções da OIT correspondem a tratados de direitos humanos e, por conseguinte, possuem tal hierarquia normativa, além de conteúdo mais favorável ao trabalhador (princípio "*pro homine*") (BRASIL, 2014).

---

38. Há de se dizer, que como fundamento, poderia, ainda, ser invocada a proteção insuficiente ao trabalhador.
39. Neste trabalho, não se adentrará na discussão da terminologia "Direitos Humanos" e "Direitos Fundamentais", reconhecendo-se que nem todo o direito humano é direito fundamental e tampouco todo o direito fundamental é, necessariamente, um direito humano.

Como principal argumento para não seguir os precedentes, o relator destaca que "não há precedentes na SDI que analisaram o tema a partir da natureza atribuída às convenções internacionais da OIT, em função do quanto decidido pelo STF", ou seja, aplicando-se o controle de convencionalidade, mesmo que a elas seja atribuído status supralegal, o que "serve como mola propulsora da possibilidade de revisão da jurisprudência da Casa" (BRASIL, 2014).

CONSIDERAÇÕES FINAIS

Como visto, a evolução do Estado liberal burguês para o Estado Social fez com que este deixasse de ser um mero expectador das relações sociais, dentre elas, e com grande ênfase, as trabalhistas, para tornar-se um interventor/concretizador, objetivando-se o bem-estar social.

A eficácia horizontal dos direitos fundamentais faz com que estes não sejam aplicáveis apenas nas relações entre Estado e particulares, como também nas relações destes entre si. Isso posto, da dimensão objetiva destes direitos, nasce o dever de proteção estatal, que impõe deveres concretos no sentido de promover a tutela dos bens jurídicos protegidos pelos direitos fundamentais.

Esse dever de proteção (*Schutzpficht*), aplicado ao contexto brasileiro, pode ser desdobrado em um dever de proibição (*Verbotspflicht*), um dever de segurança (*Sicherheitspflicht*) e um dever de evitar riscos (*Risikopflicht*), os quais impõem ao Estado uma atuação positiva de todos os Poderes da República, não só no sentido de estabelecer a legislação aplicável, mas também de efetivar o seu cumprimento.

Nesse sentido, havendo proteção insuficiente por parte do legislador ordinário, o Poder Judiciário detém meios que devem ser aplicados e considerados com o escopo de efetivação máxima dos direitos fundamentais, como a realização do controle de convencionalidade, utilizando-se dos instrumentos internacionais que versem sobre direitos humanos de que o Brasil seja parte, uma vez que ou possuirão caráter constitucional ou supralegal.

Dentre os resultados da pesquisa, conforme exposto ao decorrer do artigo, constatou-se que o dever de proteção nas relações de trabalho consiste em uma atuação por parte de todos os Poderes, seja de ordem normativa, fática ou judicial em prol dos bens tutelados pelos direitos fundamentais, a exemplo, no caso dos trabalhadores, da proteção (mesmo que, embora se considere insuficiente, por intermédio de compensação pecuniária) contra o trabalho insalubre, perigoso e penoso.

Por derradeiro, verificou-se que no caso Ivanildo Bandeira *versus* Amsted Maxion, pela primeira vez, o Tribunal Superior do Trabalho brasileiro, com o objetivo de proteção ao trabalhador, aplicou o controle de convencionalidade em reverência ao compromisso internacional assumido pelo Estado brasileiro por ocasião da ratificação das Convenções nº 148 e nº 155 da Organização Internacional do Trabalho, aplicando efeito paralisante ao dispositivo celetista (de ordem interna) que vedava a percepção cumulativa dos adicionais de insalubridade e periculosidade.

REFERÊNCIAS

ALCALÁ, Humberto Nogueira. Los derechos económicos, sociales y culturales como derechos fundamentales efectivos en el constitucionalismo democrático latinoamericano. **Estudios Constitucionales.** v. 7. n. 2. Santiago: CECOCH, 2009.

____. El uso del derecho convencional internacional de los derechos humanos en la jurisprudencia del tribunal constitucional chileno en el periodo 2006-2010. **Revista Chilena de Derecho.** v. 39. n. 1., 2012a.

____. Los desafíos del control de convencionalidad del *corpus iuris* interamericano para las jurisdicciones nacionales. **Boletín Mexicano de Derecho Comparado.** v. 45. n. 135. Ciudad de Mexico: Instituto de Investigaciones Jurídicas de la UNAM, 2012b.

ARGENTINA. **Constitución Nacional De La República Argentina de 1994 (reformada)**. Disponível em: <http://www.senado.gov.ar/deInteres>. Acesso em 30 dez. 2015.

BARRETO, Vicente de Paulo. Reflexões sobre os direitos sociais. **Revista Quaestio Iuris.** v. 1. n. 6-9. Rio de Janeiro: UERJ, 2012.

BARROSO, Luís Roberto. **Curso de Direito Constitucional Contemporâneo**: os conceitos fundamentais e a construção do novo modelo. São Paulo: Saraiva, 2009.

BERCOVICI, Gilberto. A problemática da constituição dirigente: algumas considerações sobre o caso brasileiro. **Revista de Informação Legislativa**. a. 36. n. 142. Brasília, 1999.

BÖCKENFÖRDE, Ernest Wolfgang. **Escritos sobre Derechos Fundamentales**. Trad. Juan Luis Requejo Pagés e Ignacio Vllaverde Menéndez. Aufi-Baden-Baden: Nomos Verlagsgesellschaft, 1993.

BOLIVIA. **Constitución Política del Estado Plurinacional de Bolivia de 2009**. Disponível em: <www.presidencia.gob.bo/documentos/publicaciones/constitucion.pdf>. Acesso em: 30 dez. 2015.

BRASIL. **Constituição da República Federativa do Brasil de 1988.** Disponível em: <http://www.planalto.gov.br/ccivil_03/constituicao/ConstituicaoCompilado.htm>. Acesso em: 14 out. 2015.

____. **Decreto-Lei nº 5.452, de 1º de maio de 1943. Aprova a Consolidação das Leis do Trabalho.** Disponível em: <http://www.planalto.gov.br/ccivil_03/decreto-lei/del5452.htm>. Acesso em: 23 dez. 2015.

____. Decreto nº 1.254, de 29 de setembro de 1994. Promulga a Convenção número 155, da OIT, sobre Segurança e Saúde dos Trabalhadores e o Meio Ambiente de Trabalho, concluída em Genebra, em 22 de junho de 1981. Disponível em: <http://www.planalto.gov.br/ccivil_03/decreto/1990-1994/D1254.htm>. Acesso em: 23 dez. 2015.

____. Decreto nº 93.413, de 15 de outubro de 1986. Promulga a Convenção nº 148 sobre a Proteção dos Trabalhadores Contra os Riscos Profissionais Devidos à Contaminação do Ar, ao Ruído e às Vibrações no Local de Trabalho. Disponível em: <http://www.planalto.gov.br/ccivil_03/decreto/1980-1989/D93413.htm>. Acesso em: 23. dez. 2015.

____. ESTADO DO RIO GRANDE DO SUL. Lei Complementar nº 10.098, de 03 de fevereiro de 1994. Dispõe sobre o estatuto e regime jurídico único dos servidores públicos civis do Estado do Rio Grande do Sul. Disponível em: <http://www.al.rs.gov.br/filerepository/repLegis/arquivos/10.098.pdf>. Acesso em: 23 dez. 2014.

____. Lei nº 8.112, de 11 de dezembro de 1990. Dispõe sobre o regime jurídico dos servidores públicos civis da União, das autarquias e das fundações públicas federais. Disponível em: <http://www.planalto.gov.br/ccivil_03/leis/l8112cons.htm>. Acesso em: 23 dez. 2014.

____. Supremo Tribunal Federal. **RE nº 466.343/SP.** Rel. Min. Cezar Peluso. Publicado em 5 jun. 2009. Disponível em: <http://www.stf.jus.br/portal/inteiroTeor/obterInteiroTeor.asp?id=595444>. Acesso em: 9 dez. 2014.

____. Tribunal Superior do Trabalho. **RR nº 1072-72.2011.5.02.0384.** Rel. Min. Cláudio Brandão. 7ª Turma. Julgamento em: 24 set. 2014. Disponível em: <http://aplicacao5.tst.jus.br/consultaunificada2/inteiroTeor.do?action=printInteiroTeor&format=rtf&numeroFormatado=RR - 1072-72.2011.5.02.0384&base=acordao&numProcInt=129317&anoProcInt=2013&dataPublicacao=03/10/2014 07:00:00&query=>. Acesso em: 20 dez. 2015.

BRUGGER, Winfried; LEAL, Mônia Clarissa Hennig. Os Direitos Fundamentais nas Modernas Constituições: análise comparativa entre as Constituições Alemã, Norteamericana e Brasileira. **Revista do Direito.** n. 28. Santa Cruz do Sul: UNISC, 2007.

CANARIS, Claus-Wilhelm. **Direitos Fundamentais e Direito Privado.** Trad. Ingo Wolfgang Sarlet e Paulo Mota Pinto. 2. reimp. Lisboa: Almedina, 2009.

CANOTILHO, José Joaquim Gomes. **Direito Constitucional e Teoria da Constituição.** 4. ed. Lisboa: Almedina, 2000.

CHILE. **Constitución Politica de la Republica de Chile de 1980.** Disponível em: <http://www.camara.cl/camara/media/docs/constitucion_politica.pdf>. Acesso em: 31 dez. 2015.

CITTADINO, Gisele Guimarães. **Pluralismo, Direito e Justiça Distributiva:** Elementos da Filosofia Constitucional Contemporânea. 3. ed. Rio de Janeiro: Lumen Juris, 2004.

COLÔMBIA. **Constitución Politica de la Republica de Colômbia de 1991.** Disponível em: <http://www.senado.gov.co/images/stories/Informacion_General/constitucion_politica.pdf>. Acesso em: 30 dez. 2015.

ECUADOR. **Constitución de la República del Ecuador de 2008.** Disponível em: <http://www.asambleanacional.gov.ec/documentos/constitucion_de_bolsillo.pdf>. Acesso em: 30 dez. 2015.

GAVARA DE CARA, Juan Carlos. **La dimensión objetiva de los derechos sociales**. Barcelona: Bosch Editor, 2010.

GRIMM, Dieter. **Constituição e Política**. Trad. Geraldo de Carvalho. Belo Horizonte: Del Rey, 2006.

GUATEMALA. **Constitución Politica de la Republica de Guatemala de 1985**. Disponível em: <http://www.ine.gob.gt/archivos/informacionpublica/ConstitucionPoliticadelaRepublicadeGuatemala.pdf>. Acesso em: 30 dez. 2015.

HERRERA, Carlos Miguel. **Estado, Constituição e Direitos Sociais**. Trad. Luciana Caplan. *Revista da Faculdade de Direito da Universidade de São Paulo*. v. 102. São Paulo: USP, 2007.

KRELL, Andreas Joachim. **Direitos Sociais e Controle Judicial no Brasil e na Alemanha**: *os (des)caminhos de um direito constitucional "comparado"*. Porto Alegre: Fabris Editor, 2002.

LEAL, Mônia Clarissa Hennig. **Jurisdição Constitucional Aberta**: *Reflexões sobre a Legitimidade e os Limites da Jurisdição na Ordem Democrática. Uma Abordagem a Partir das Teorias Constitucionais Alemã e Norte-Americana*. Rio de Janeiro: Lúmen Juris, 2007.

LOBO, Bárbara Natália Lages. **O adicional de penosidade sob a óptica da teoria constitucional contemporânea:** a efetivação dos Direitos Fundamentais. In: VIEGAS, C. A. V. et al. Ensaios Críticos de Direito Público. Belo Horizonte: Arraes Editores, 2015.

MACHADO, Raimar Rodrigues. **O Trabalho Humano frente à ideia de liberdade**. In: COSTA, Marli Marlene Moraes da; LEAL, Mônia Clarissa Hennig. Direitos Sociais & Políticas Públicas: desafios contemporâneos. t. 12. Santa Cruz do Sul: EdUNISC, 2012.

____; CARVALHO, Sônia Aparecida de. **O Direito Fundamental do Trabalhador ao meio ambiente do trabalho salubre como princípio de proteção**. In: GORCZEVSKI, Clovis; LEAL, Mônia Clarissa Hennig (Orgs). Constitucionalismo Contemporâneo: garantindo a cidadania, concretizando a democracia. v. 1. Curitiba: Multideia, 2014.

MALUF, Said. **Teoria Geral do Estado**. 28. ed. São Paulo: Saraiva, 2008.

MENDES, Gilmar Ferreira. Os direitos fundamentais e seus múltiplos significados na ordem constitucional. **Revista Diálogo Jurídico**. n. 10. Salvador: IDP, 2002.

MÉXICO. **Constitución Política de los Estados Unidos Mexicanos de 1917 (reformada)**. Disponível em: <http://www.diputados.gob.mx/LeyesBiblio/htm/1.htm>. Acesso em: 30 dez. 2015.

MINORI, Alan Fernandes; PONTES, Rosa Oliveira de. **A dignidade humana e o emprego: uma breve avaliação da Convenção n. 158 da Organização Internacional do Trabalho**. In: CECATO, Maria Aurea Baroni et al. Estado, Jurisdição e Novos Atores Sociais. São Paulo: Conceito Editorial, 2010.

NICARAGUA. **Constitución Política de Nicaragua de 1948**. Disponível em: <http://legislacion.asamblea.gob.ni/Normaweb.nsf/3133c0d121ea3897062568a1005e0f89/06c0db3b7bcfc75706257307006f6c6d?OpenDocument>. Acesso em 30 dez. 2015.

NOVAIS, Jorge Reis. **As restrições aos direitos fundamentais não expressamente autorizadas pela Constituição**. Coimbra: Coimbra Editora, 2003.

OLIVEIRA, Sebastião Geraldo de. Estrutura normativa da segurança e saúde do trabalhador no Brasil. **Revista do Tribunal Regional do Trabalho da 3ª Região**. v. 45. N. 75, Belo Horizonte: TRT/3, 2007. Disponível em: <http://www.trt3.jus.br/escola/download/revista/rev_75/Sebastiao_Oliveira.pdf>. Acesso em: 29 dez. 2015.

ORGANIZAÇÃO DOS ESTADOS AMERICANOS. **Convención Americana sobre Derechos Humanos** (Pacto de San Jose da Costa Rica) (1969). Disponível em <http://www.oas.org/dil/esp/tratados_B-32_Convencion_Americana_sobre_Derechos_Humanos.htm>. Acesso em: 13 out. 2015.

ORTEGA Y GASSET, José. **A Rebelião das Massas**. Trad. Marylene Pinto Michael. São Paulo: Martins Fontes, 2007.

REPÚBLICA DOMINICANA. **Constitución de la República Dominicana de 2010**. Disponível em: <http://www.comisionadodejusticia.gob.do/phocadownload/Actualizaciones/Libros/libro%20constitucion%20abril2011.pdf>. Acesso em: 30 dez. 2015.

SÀNCHEZ, Jordi. **El Estado de Bienestar**. In: BADIA, Miquel Caminal (Ed). Manual de Ciencia Política. 2. ed. 5. reimp. Madrid: Editorial Tecnos, 2005.

SARLET, Ingo Wolfgang. **A eficácia dos direitos fundamentais**: uma teoria geral dos direitos fundamentais na perspectiva constitucional. 11. ed. rev. atual. Porto Alegre: Livraria do Advogado, 2012.

SCHMIDT, João Pedro. **Exclusão, inclusão e Capital Social**: *O capital social nas ações de inclusão*. In: LEAL, Rogério Gesta; REIS, Jorge Renato dos. Direitos Sociais e Políticas Públicas. t. 6. Santa Cruz do Sul: EdUNISC, 2006.

SCHMITT, Carl. **Teoría de la Constitución**. 1. ed. 4. reimp. Trad. Francisco Ayala. Madrid: Alianza Editorial, 2003.

SILVA, Homero Batista Mateus da. **Direito do trabalho aplicado**: segurança e medicina do trabalho, trabalho da mulher e do menor. v. 3. Rio de Janeiro: Elsevier, 2009.

SMEND, Rudolf. **Constitución y Derecho Constitucional**. Trad. José María Beneyto Pérez. Madrid: Centro de Estudios Constitucionales, 1985.

STRECK, Lenio Luiz. **Jurisdição Constitucional e Hermenêutica**: uma nova crítica do Direito. Porto Alegre: Livraria do Advogado, 2002.

VENEZUELA. **Constitución de la República Bolivariana de Venezuela de 1999**. Disponível em: <http://www.cne.gob.ve/web/normativa_electoral/constitucion/indice.php>. Acesso em: 30 dez. 2015.

O CONTROLE JURISDICIONAL DE CONVENCIONALIDADE NO BRASIL: UMA ANÁLISE DE COMPORTAMENTOS ANTAGÔNICOS ENTRE AS JUSTIÇAS PENAL E TRABALHISTA BRASILEIRAS

Luciano Meneguetti Pereira[1]

INTRODUÇÃO

Nos últimos anos o controle de convencionalidade vem ganhando espaço na cultura jurídica brasileira, não apenas nos diversos fóruns de discussão que têm sido realizados pelo país e no ambiente da academia, espaços onde o tema tem sido objeto de profícuos debates e discussões, oportunizando como consequência uma abrangente produção científica sobre várias questões concernentes à temática, mas também na prática judicial brasileira, sendo atualmente possível verificar-se que aos poucos, vários órgãos componentes da estrutura do Judiciário e do Ministério Público vêm lançando mão deste mecanismo em suas atividades típicas e cotidianas.

E assim deve ser, pois no contexto de um mundo globalizado, que envolve uma intensificação sistêmica e sem precedentes de relacionamentos entre os diversos países do globo, implicando na *abertura* das ordens jurídicas domésticas ao *Direito Estrangeiro* e ao *Direito Internacional*, bem como na relativização do tradicional conceito de soberania há tempos formulado por Jean Bodin, torna-se de absoluta importân-

---

1. Mestre em Direito Constitucional pelo Instituto Toledo de Ensino (ITE). Especialista em Direito Público com ênfase em Direito Constitucional pela Universidade Potiguar (UNP). Especialista em Educação no Ensino Técnico e Superior pelo Centro Universitário Toledo (UNITOLEDO). Graduado em Direito pelo Centro Universitário Toledo (UNITOLEDO). Professor de Direito Internacional e Direitos Humanos no Curso de Direito do Centro Universitário Toledo (UNITOLEDO). Advogado. E-mail: lmeneguetti@hotmail.com.

cia conferir um espaço privilegiado para o necessário estudo e a devida compreensão do instituto do controle de convencionalidade, a fim de que se possa alcançar uma indispensável harmonização entre as normas jurídicas domésticas e aquelas de índole internacional.

Falar-se em controle de convencionalidade nos dias atuais implica no reconhecimento de duas premissas fundamentais: (i) a primeira, no sentido de que os países, agindo no pleno exercício de sua soberania, criam livremente não apenas as suas *ordens jurídicas internas*, que são destinadas à regulação do convívio social no plano doméstico, mas também são responsáveis pela criação da *ordem jurídica internacional*, isto é, de um conjunto de *normas* (princípios e regras) *costumeiras* ou *convencionais* que tem por finalidade a regulação do convívio pacífico entre as soberanias, bem como o atingimento de objetivos comuns, sejam eles de caráter bilateral, regional ou universal; (ii) a segunda, consistente no fato de que estes mesmos países, ao participarem livremente da criação de uma ordem jurídica internacional, assumem o compromisso de fielmente observá-la, cumprindo, de *boa-fé*, as obrigações dela advindas (*pacta sunt servanda* e *voluntas civitatis maximae est servanda*).

Nesse sentido, quando um país assume determinados compromissos internacionais, v.g., por meio de um *tratado internacional*, que é hoje a via mais utilizada para a formalização das relações internacionais, pressupõe-se a sua intenção de fielmente cumpri-los, isto é, de realmente efetivar todas as disposições constantes no acordo entabulado, sob pena de uma eventual responsabilização internacional. E dentre uma infinidade de obrigações que podem surgir do acordo internacional, destaca-se o dever de cada país adequar os seus comportamentos domésticos aos padrões internacionais, isto é, àquilo que foi livremente pactuado anteriormente por meio do tratado.

É nesse contexto que surge para o país o dever de compatibilizar o comportamento dos seus órgãos e poderes constituídos (especialmente por meio da atuação do Judiciário) com as obrigações assumidas internacionalmente, isto é, com aquelas advindas dos tratados internacionais (mas não só) dos quais o Estado é ou venha a ser Parte. E é neste cenário que desponta e torna-se importante a figura do *controle de convencionalidade*, mediante o qual as *autoridades competentes* para realizá-lo, sejam elas *nacionais* ou *internacionais*, poderão verificar a *adequação dos comportamentos domésticos* de um país, sejam eles de natureza *legislativa*, *executiva* ou *judici*ária, àquilo que foi estabelecido pelas *convenções* internacionais pactuadas.

Esta espécie de controle que já vem sendo utilizada há algum tempo no plano internacional, gradativamente começa a ganhar espaço no ambiente jurídico brasileiro, onde já é possível verificar-se várias decisões judiciais que têm empregado o controle de convencionalidade, buscando verificar a compatibilidade das normas jurídicas domésticas brasileiras às previsões constantes nos tratados internacionais dos quais o Brasil é Parte.

Nesse contexto, o presente trabalho tem como objetivo abordar o tema do controle jurisdicional da convencionalidade das leis realizado no Brasil, notadamente por meio da análise crítica de dois padrões de decisão utilizados por instâncias distintas, componentes da estrutura do Poder Judiciário, que denotam *comportamentos antagônicos* em relação aos *tratados internacionais de direitos humanos* dos quais Estado brasileiro é Parte, muito embora referidos tratados, conforme se verá, tenham a *mesma hierarquia normativa* na ordem jurídica doméstica brasileira.

Para tanto, inicialmente será abordada a figura do controle de convencionalidade e seus principais aspectos teóricos, o que servirá de fundamento para a compreensão e sustentação dos posicionamentos adotados diante das análises que serão feitas *a posteriori*. Num segundo momento será feita uma análise do controle de convencionalidade feito pela *Justiça Penal* brasileira, a partir do confronto entre a *Convenção Americana sobre Direitos Humanos* (CADH) e o *Código Penal* (CP) brasileiro, relativamente às figuras da *liberdade de expressão* e do *crime de desacato*, previstas respectivamente nestes dois instrumentos normativos. Na sequência será realizada uma abordagem do controle de convencionalidade realizado pela *Justi*ça Trabalhista brasileira, a partir do confronto entre as *Conven*ções de n. 148 e 155 *da Organização Internacional do Trabalho* (OIT) e a *Consolida*ção das Leis do Trabalho (CLT), envolvendo as figuras dos *adicionais de insalubridade* e *periculosidade* e a controvérsia sobre a (im) possibilidade de sua cumulação, ao abrigo desses dois textos normativos.

1. BREVES REFLEXÕES SOBRE O CONTROLE DE CONVENCIONALIDADE

Foi-se o tempo em que pouco importavam as normas do Direito Internacional no contexto das análises e práticas jurídicas domésticas dos países, quadra histórica em que o clássico *controle de constitucionalidade* era considerado suficiente (ou simplesmente exclusivo) para aferir a *validade* de um determinado *ato normativo* situado no plano infraconstitucional.

No Brasil até bem pouco tempo atrás a Constituição de 1988 era tida como "um começo jurídico absoluto" (SABADELL; DIMOULIS, 2011, p. 84), enquanto manifestação do poder constituinte originário.[2] No entanto, atualmente se constata que esse quadro tem sofrido significativas alterações, pois da necessidade de que os atos internos do país guardem correspondência com os padrões normativos estabelecidos internacionalmente, notadamente em razão da crescente vinculação do Estado brasileiro a esses padrões por meio das convenções internacionais, assume um lugar de destaque no ambiente jurídico brasileiro a figura do controle de convencionalidade, mecanismo pelo qual a *validade* das normas jurídicas domésticas é aferida não apenas levando-se em consideração a sua compatibilidade com a Constituição do país, mas também com os tratados internacionais dos quais o Brasil é Parte.

Nos dias atuais, os encontros e desencontros entre o Direito Internacional e o Direito Constitucional (observe-se que a própria sequência em que foram colocados estes dois ramos jurídicos denuncia uma certa tendência subconsciente ou velada deste internacionalista)[3] projetam-se num dever de coexistência entre o controle de constitucionalidade e o controle de convencionalidade. No primeiro caso é feita uma verificação da compatibilidade de um ato normativo infraconstitucional à Constituição, enquanto no segundo, verifica-se a adequação deste ato ao tratado internacional. Conforme explica Walter Claudius Rothenburg (2013, p. 684), "ambos os fundamentos (...) são requeridos para a validade de um ato, ou seja, o ato deve ser conforme a Constituição de determinado Estado e conforme o(s) tratado(s) internacional(is) para ser considerado válido". Nas palavras do referido autor,

> a incompatibilidade com algum desses parâmetros é suficiente para que o ato seja destituído de validade. Essa é a tendência do mundo contemporâneo, em que o Direito Internacional afirma-se por ser cada vez mais conhecido e cada vez mais praticado, e torna-se uma exigência tão grave quanto o Direito Constitucional. Não se tolera que um ato subsista à avaliação de sua incompatibilidade com as normas internacionais (convencionalidade). Entretanto, também não se abdica da necessidade

---

2. Nesse sentido vide Ação Direta de Inconstitucionalidade n. 997, de relatoria do ministro Moreira Alves, julgada em 28 de março de 1996.
3. Parafraseando aqui, ainda que em sentido oposto quanto ao ramo jurídico de preferência, as palavras do professor e amigo Walter Claudius Rothenburg (2013, p. 682).

de conformidade do ato com a Constituição, no âmbito mais específico de cada Estado. O ato deve sustentar-se tanto em termos de constitucionalidade quanto de convencionalidade (ROTHENBURG, 2013, p. 684).[4]

Nota-se, portanto, que ao lado do tradicional *controle de constitucionalidade*, revela-se hoje igualmente necessária no ambiente jurídico brasileiro a realização de uma nova espécie de controle dos atos normativos de índole infraconstitucional produzidos por um país, que vem sendo denominada como *controle de convencionalidade*, sendo que ambas modalidades constituem versões de um mesmo fenômeno e são fruto de uma mesma lógica (ROTHENBURG, 2010, p. 30), já que têm como objetivo comum o exame da compatibilidade ou da adequação de atos normativos (dentre outros comportamentos) em face de certas normas jurídicas tidas como superiores ou supremas (tratados internacionais de direitos humanos e constituições nacionais), que atuam como verdadeiros parâmetros de validade para aqueles atos.

A necessidade deste exame de compatibilidade dos atos infraconstitucionais domésticos de um país, pelo qual se aferirá a sua correspondência à Constituição e também aos tratados internacionais, notadamente aqueles que veiculam normas consagradoras de direitos humanos, tem sido designada por parte da doutrina como *teoria da dupla compatibilidade vertical* (MAZZUOLI, 2013, p. 4-21).[5]

Neste ponto, numa aproximação do objeto ora em estudo, pode-se afirmar que o controle de convencionalidade, em sentido amplo, consiste na análise da compatibilidade dos atos internos do Estado, sejam eles comissivos ou omissivos. Para alguns autores esse controle pode dar-se em face das normas internacionais, que podem estar consubstanciadas

---

4. Nesse mesmo sentido, vide *teoria do duplo controle ou crivo de direitos humanos*, "que reconhece a atuação em separado do controle de constitucionalidade (STF e juízos nacionais) e do controle de convencionalidade (Corte de San José e outros órgãos de direitos humanos do plano internacional). Os direitos humanos, então, no Brasil possuem uma dupla garantia: o controle de constitucionalidade nacional e o controle de convencionalidade internacional. Qualquer ato ou norma deve ser aprovado pelos dois controles, para que sejam respeitados os direitos no Brasil" (RAMOS, 2016, p. 404).

5. Para este autor, "a compatibilidade da lei com o texto constitucional não mais lhe garante *validade* no plano do direito interno. Para tal, deve a lei ser compatível com a Constituição e *com* os tratados internacionais (de direitos humanos e comuns) ratificados pelo governo. Caso a norma esteja de acordo com a Constituição, mas não com eventual tratado já ratificado e em vigor no plano interno, poderá ela ser até considerada *vigente* (pois, repita-se, está de *acordo* com o texto constitucional e não poderia ser de outra forma) – e ainda continuará perambulando nos compêndios legislativos publicados –, mas não poderá ser tida como *válida*" (MAZZUOLI, 2013, p. 7).

nos *tratados*, nos *costumes* internacionais, nos *princípios* gerais de direito, nos *atos unilaterais* e nas *resoluções* vinculantes das organizações internacionais (RAMOS, 2016, p. 427), considerados *fontes* do Direito Internacional contemporâneo. Por uma ótica mais precisa, o controle de *convencionalidade* somente pode ter lugar para "convenções", não para outros atos como costumes e princípios, devendo tal controle pode ser entendido como "o processo de compatibilização vertical (sobretudo material) das normas domésticas com os comandos encontrados nas convenções internacionais de direitos humanos em vigor no Estado" (MAZZUOLI, 2016, p. 243). Sob um viés estritamente jurisdicional pode-se dizer que é o *judicial review* das normas internas sob o parâmetro das normas internacionais (LIRA, 2016, p. 32).

A doutrina do controle de convencionalidade tem sua gênese e desenvolvimento na atividade jurisprudencial da Corte Interamericana de Direitos Humanos (Corte IDH)[6], e constitui um dos mais recentes e efetivos esforços desse órgão do Sistema Interamericano, voltados à potencialização do nível de cumprimento da CADH no plano nacional, isto é, no âmbito dos ordenamentos jurídicos domésticos dos Estados Partes na referida Convenção. É entendida pela Corte como "uma instituição que deve ser utilizada para aplicação do Direito Internacional", principalmente "do Direito Internacional dos Direitos Humanos e especificamente a Convenção Americana e suas fontes, incluindo a jurisprudência do Tribunal" (MAC-GREGOR, 2016, p. 13).[7]

Conforme explica Eduardo Ferrer Mac-Gregor, esta doutrina estabelece uma *obrigação internacional* mediante a qual todos as autori-

---

6. Sobre a origem e aperfeiçoamento do controle de convencionalidade ao longo dos últimos anos pela Corte Interamericana de Direitos Humanos vide, v.g., o *Caso Barrios Altos vs. Perú* (2001), que constitui o *leading case* sobre a inconvencionalidade das leis de anistia ou auto anistia; o *Caso Olmedo Bustos e outros vs. Chile* (2001), que ficou conhecido como "A última tentação de Cristo"; *Caso Myrna Mack Chang vs. Guatemala* (2003); *Caso Tibi vs. Equador* (2004); *Caso Vargas Areco vs. Paraguai* (2006); *Caso Aguado Alfaro e outros vs. Perú* (2006); *Caso Almonacid Arellano e outros vs. Chile* (2006); *Caso Boyce e outros vs. Barbados* (2007); *Caso Heliodoro Portugal vs. Panamá* (2008); *Caso Radilla Pacheco vs. México* (2009); *Caso Gomes Lund e outros ("Guerrilha do Araguaia") vs. Brasil* (2010); *Caso Ibsen Cárdenas e Ibsen Peña vs. Bolivia* (2011); *Caso Gelman vs. Uruguay* (2011); *Caso Fontevecchia y D'Amico vs. Argentina* (2011); *Caso Masacres de Río Negro vs. Guatemala* (2012); *Caso de las Personas Dominicanas y Haitianas Expulsadas vs. República Dominicana* (2014); *Caso García Ibarra y otros vs. Ecuador* (2015).

7. Para uma sistematização doutrinária acerca das origens e desenvolvimento da doutrina pela Corte IDH vide Sagüés (2011, p. 382-383) e Mac-Gregor (2016, p. 14-29).

dades de cada Estado Parte[8] no Pacto de San José da Costa Rica estão incumbidas de interpretar qualquer norma doméstica (Constituição, leis, decretos, regulamentos, jurisprudência etc.)[9] de conformidade com a CADH e, em geral, com o *corpus juris interamericano* (ou "bloco de convencionalidade").[10]

O objeto dessa obrigação internacional (que é assumida livremente pelo Estado ao assinar, ratificar ou aderir e internalizar um tratado) de exercer o controle de convencionalidade pode ser sintetizado em quatro condutas requeridas do Estado: (i) a realização de uma *interpretação conforme* entre as leis domésticas e as normas internacionais; (ii) a *inaplicabilidade da norma nacional* que não puder ser interpretada de conformidade com as normas internacionais; (iii) uma *atuação estatal positiva* no sentido de *suprir as deficiências legislativas nacionais* que atentem contra as normas internacionais, v.g., editando leis para evitar a impunidade (tal como o dever de tipificar como crime o desaparecimento forçado de pessoas) ou para coibir a criação ou manutenção de obstáculos (de direito e de fato) às investigações de crimes que importem em graves violações de direitos humanos; (iv) e, a utilização do controle de convencionalidade como uma *técnica* que permita o devido *cumprimento das decisões* das cortes internacionais nos casos em que o Estado eventualmente tenha sido condenado.

O fundamento político-jurídico de viés internacional deste controle encontra-se tanto no *costume internacional* reconhecido pelos Estados, que ao longo dos tempos têm adotado no plano das relações interna-

---

8. No *Caso Gelman vs. Uruguay*, a Corte IDH entendeu que a obrigação de exercer o controle não é dirigida somente ao Poder Judiciário (embora este Poder desempenhe um papel de protagonista desta espécie de controle), mas "todas as autoridades estatais, têm a obrigação de exercer *ex officio* o 'controle de convencionalidade' entre as normas internas e a Convenção Americana", não importando se eles pertencem ao poder executivo, legislativo ou judiciário, pois a obrigação de respeitar e garantir os direitos humanos previstos na CADH é do Estado como um todo (Supervisão de Cumprimento de Sentença. Resolução da Corte Interamericana de Direitos Humanos de 20 de março de 2013, par. 66). Nesse mesmo sentido vide Marinoni (2013, p. 112).

9. No julgamento do *Caso Boyce e outros vs. Barbados*, a Corte IDH estabeleceu o entendimento de que o controle de convencionalidade deve ser realizado "sobre todas as normas do sistema jurídico, incluídas as normas constitucionais" de um Estado Parte na CADH (Exceção Preliminar, Mérito, Reparações e Custas. Sentença de 20 de novembro de 2007. Série C n. 169, par. 78-79).

10. Sobre o *bloco de convencionalidade*, ver o parecer do juiz *ad hoc* Eduardo Ferrer Mac-Gregor no caso Cabrera García e Montiel Flores vs. México. Exceções Preliminares, Mérito, Reparações e Custas. Sentença de 26 de novembro de 2010. Série n. 220, especialmente os parágrafos 26, 44-55, 61 e 66.

cionais uma *prática geral tida como direito* no que diz respeito ao dever de cumprir de boa-fé os compromissos firmados com seus pares, como nas *convenções internacionais*, especificamente no art. 26 da *Convenção de Viena Sobre o Direito dos Tratados* (1969), onde se estabeleceu que "todo tratado em vigor obriga as partes e deve ser cumprido por elas de boa fé". Acrescente-se ainda que o art. 27 da mesma Convenção dispõe que uma "parte não pode invocar as disposições de seu direito interno [seja ele qual for] para justificar o inadimplemento de um tratado" (*teoria monista internacionalista*), o que reforça o dever de cumprimento das obrigações internacionais assumidas.[11] Nesse sentido, Hildebrando Accioly (2012, p. 393) é taxativo ao afirmar que "mesmo a lei constitucional não pode isentar o estado de responsabilidade por violação de seus deveres internacionais".

Portanto, seja no direito costumeiro ou convencional, o controle de convencionalidade tem seus fundamentos na obrigação internacional dos Estados quanto ao efetivo cumprimento dos pactos internacionais que livremente subscrevem e no dever de "boa-fé nas relações internacionais e no compromisso de preservar e fortalecer uma comunidade internacional regida pelo direito das gentes" (SALDANHA; VIEIRA, 2013). Ressalte-se que o princípio *pacta sunt servanda*, que constitui a "pedra angular" das relações e do Direito Internacional (VILLIGER, 2009, p. 363), consagra o dever de cumprimento de todas as obrigações assumidas por um Estado em decorrência da ratificação de um tratado internacional, devendo ser aplicado a "todos os estágios da vida de um tratado, por exemplo, em relação à sua entrada em vigor, interpretação, aplicação e término" (VILLIGER, 2009, p. 365).

No Brasil o controle de convencionalidade encontra fundamento constitucional no art. 1º, inc. III (dignidade humana); art. 4º, inc. II (prevalência dos direitos humanos), inc. IX (cooperação entre os povos para o progresso da humanidade) e *parágrafo único* (integração entre os povos da América Latina); art. 5º, §§ 1º e 2º (eficácia plena e imediata das normas definidoras dos direitos e garantias fundamentais e aplicabilidade dos tratados internacionais de direitos humanos), bem como no art. 7º do Ato das Disposições Constitucionais Transitórias – ADCT (vinculação do Estado brasileiro às cortes internacionais de direitos humanos).

---

11. Além dos arts. 26 e 27 da Convenção de Viena Sobre o Direito dos Tratados, no Sistema Interamericano o fundamento jurídico do controle de convencionalidade encontra-se especificamente nos arts. 1º(1), 2º, 29 e 68(1) da CADH.

No tocante à sua abrangência, o controle de convencionalidade pode ser efetivado em dois planos: no internacional e no interno ou doméstico. O controle de convencionalidade *internacional* é aquele levado à efeito por órgãos internacionais criados por tratados internacionais e compostos por julgadores independentes (v.g., Corte IDH, Tribunal Europeu dos Direitos do Homem, Corte Africana de Direitos Humanos). Por sua vez, o controle de convencionalidade de *nacional* é realizado pelos Estados, isto é, por todas as autoridades estatais (notadamente pelos juízes e tribunais nacionais), que no âmbito de suas respectivas competências têm o dever de realizar o exame de compatibilidade do direito interno em face das normas internacionais vinculantes para o Estado (MAZZUOLI, 2016).

Neste ponto torna-se importante ressaltar que o controle nacional da convencionalidade das normas domésticas, realizado especialmente pelos juízes e tribunais locais, é o que *primeiro* deve ser realizado, precedendo qualquer manifestação de uma corte internacional nesse sentido.[12] Como consequência, as cortes ou tribunais internacionais somente realizarão o controle da convencionalidade de uma norma doméstica do país, caso o Poder Judiciário (ou outra autoridade incumbida pelo próprio direito interno para tanto) de origem não o tenha realizado ou o realizou de maneira insuficiente e insatisfatória. Portanto, nota-se que o controle de convencionalidade realizado pelas cortes internacionais tem caráter *complementar* ao controle (primário ou preliminar) exercido no âmbito interno do país. Nesse sentido, conforme acertadamente afirma Valeiro Mazzuoli (2016, p. 245),

> não é correto dizer que apenas o controle *internacional* da convencionalidade das leis (realizado pelas instâncias internacionais de direitos humanos) é que seria o *verdadeiro* controle de convencionalidade, uma vez que tal raciocínio guarda a insuperável incongruência de não reconhecer que é dos próprios tribunais internacionais (*v.g.*, da Corte Interamericana) que decorre a *exigência* de os juízes e tribunais internos

---

12. Nesse sentido estabelece o preâmbulo da CADH ("os direitos essenciais do homem não derivam do fato de ser ele nacional de determinado Estado, mas sim do fato de ter como fundamento os atributos da pessoa humana, razão por que justificam uma proteção internacional, de natureza convencional, coadjuvante ou complementar da que oferece o direito interno dos Estados") e a jurisprudência da Corte IDH: *Caso Almonacid Arellano e outros vs. Chile*. Exceções Preliminares, Mérito, Reparações e Custas. Sentença de 26 de setembro de 2006. Série C, n. 154, par. 124; *Caso Trabalhadores Demitidos do Congresso (Aguado Alfaro e outros) vs. Peru*. Exceções Preliminares, Mérito, Reparações e Custas. Sentença de 24 de novembro de 2006. Série C, n. 158, par. 128; e *Caso Cabrera García e Montiel Flores vs. México*. Exceção Preliminar, Mérito, Reparações e Custas. Sentença de 26 de novembro de 2010. Série C, n. 220, par. 225-233.

controlarem (em primeira mão, antes de qualquer manifestação internacional sobre o tema) a convencionalidade de suas normas domésticas (...) O controle de convencionalidade de índole internacional é apenas *coadjuvante* do controle oferecido pelo direito interno, jamais principal, como, aliás, destaca claramente o segundo considerando da Convenção Americana, que dispõe ser a proteção internacional convencional 'coadjuvante ou complementar da que oferece o direito interno dos Estados americanos'".[13]

Dada a possibilidade da coexistência deste *duplo controle*, torna-se evidente que nem sempre os resultados do controle de convencionalidade internacional e nacional serão coincidentes. Por outras palavras, é absolutamente possível, v.g., que num primeiro momento um juiz ou tribunal doméstico brasileiro afirme a compatibilidade de uma norma pátria com determinado tratado internacional e que, na sequência, um órgão internacional incumbido da proteção dos direitos humanos (v.g., Corte IDH), analisando a mesma situação, chegue a uma conclusão diferente, isto é, de que a lei brasileira é incompatível com a CADH e que, portanto, implica em sua violação.[14] Nesse caso, em sendo o país Parte no tratado internacional cuja norma restou violada pela aplicação do direito doméstico em detrimento do Direito Internacional, a divergência deverá ser resolvida em favor da norma convencional, sob pena de responsabilidade internacional do Estado infrator.[15]

Ainda quanto ao controle de convencionalidade interno, parte da doutrina aponta para a existência de duas subespécies: o controle *concentrado* de convencionalidade e o controle *difuso* de convencionalidade (MAZZUOLI, 2016, p. 251-258).[16]

Propositalmente, deixando-se aqui de lado toda a celeuma doutrinária e jurisprudencial que envolve o tema da *incorpora*ção dos tratados

---

13. Ao que parece, referido autor faz aqui uma crítica velada à afirmação de André de Carvalho Ramos, para quem "o verdadeiro controle de convencionalidade, *em última análise*, é internacional, por isso também denominado controle de convencionalidade autêntico ou definitivo", já que "é fruto da ação do intérprete autêntico - os órgãos internacionais" (RAMOS, 2016, p. 429).
14. Nesse sentido afirma Rothenburg (2013, p. 684) que "Um ato pode ser considerado válido do ponto de vista constitucional, ou seja, ser aprovado pelo controle de constitucionalidade, mas inválido do ponto de vista convencional, ou seja, ser reprovado pelo controle de convencionalidade. Ou vice-versa: apesar de considerado compatível com o parâmetro convencional, o ato pode ser tido como incompatível com o parâmetro constitucional".
15. Nesse sentido, Rogério Gesta Leal (2014, p. 13) afirma que "há clara violação de direitos humanos quando um ato ou omissão do Estado não se encontra conforme suas obrigações [internacionais] de respeito, proteção e efetivação daqueles direitos sob sua jurisdição".
16. Vide nesse sentido Mazzuoli (2011, p. 131-138).

internacionais à ordem jurídica brasileira e o *status hierárquico* destes instrumentos normativos no país[17], especificamente em relação ao Brasil é importante ressaltar dois importantes aspectos jurídicos que fundamentam internamente o dever de realização do controle *concentrado* e *difuso* de convencionalidade:

(i) a inserção do § 3º ao art. 5º da CRFB, por meio da EC n. 45/04, possibilitando aos tratados internacionais de direitos humanos aprovados pelo *quórum especial* ou *qualificado* previsto no referido dispositivo, isto é, em cada Casa do Congresso Nacional, em dois turnos, por três quintos dos votos de seus respectivos membros, ingressarem na ordem jurídica brasileira com a *equivalência de emenda constitucional* (tidos como *material* e *formalmente* constitucionais);

(ii) a adoção da *teoria da supralegalidade* dos tratados internacionais de direitos humanos pelo Supremo Tribunal Federal (STF), desde o julgamento do RE 466.343-1/SP[18], ocorrido em 03 de dezembro de 2008. De acordo com o entendimento do Supremo, têm *car*áter supralegal (norma convencional situada hierarquicamente abaixo da Constituição e acima da legislação infraconstitucional) todos os tratados de direitos humanos internalizados pelo Brasil antes da EC n. 45/04, pelo quórum de

---

17. A opção e o corte metodológico aqui feito justifica-se por duas razões: (i) primeiramente por conta da necessidade de concentração das análises em torno do objeto de estudo proposto; e, também (ii) pelo fato de que, no entendimento deste autor, a discussão parece inócua quando atrelada ao tema do controle de convencionalidade, uma vez que o *diálogo de fontes* e de *cortes* (internacionais e constitucionais) parece ser o caminho mais adequado para a compatibilização do Direito Internacional e do Direito doméstico de cada Estado. Aliás, nos domínios da proteção internacional dos direitos humanos, os próprios textos internacionais afirmam que as normas de índole internacional devem ceder àquelas previstas nos ordenamentos jurídicos domésticos quando estas forem mais favoráveis à proteção da pessoa humana (v.g., art. 29 da CADH). No entanto, sobre a celeuma doutrinária e jurisprudencial que envolve o tema vide Mazzuoli (2011, p. 25-69), Piovesan (113-189), Sagüés (2010, p. 449-468), Sarlet (2013, p. 88-113), Bidart Campos (1991, p. 361-363), Cançado Trindade (1993).

18. Disponível em: <https://goo.gl/YxavNw>. Acesso em 04 abr. 2017. A tese da supralegalidade dos tratados internacionais de direitos humanos já havia sido ventilada no STF anteriormente, por ocasião do julgamento do RHC 79.785/RJ, ocorrido em 29 de março de 2000, no voto do Min. Sepúlveda Pertence, ficando ainda mais clara no voto-vista do Min. Gilmar Mendes, na sessão plenária do STF do dia 22 de novembro de 2006, no julgamento do RE 466.343-1/SP. Neste mesmo julgamento, o Min. Celso de Mello entendendo em sentido contrário, votou no sentido de que os tratados de direitos humanos, celebrados pelo Brasil antes do advento da EC n. 45/04 (como é o caso da Convenção Americana Sobre Direitos Humanos), revestem-se de *caráter materialmente constitucional*, compondo, sob tal perspectiva, a noção conceitual de *bloco de constitucionalidade*, tese que encontra fundamento no § 2º, do art. 5º, da CRFB.

maioria simples (CRFB, art. 47), bem como aqueles tratados da mesma natureza que não foram (ou não forem) aprovados pelo quórum qualificado previsto pelo § 3º, do art. 5º, da CRFB, introduzido pela referida emenda (tidos apenas como *materialmente* constitucionais).

Notadamente a partir destes dois marcos jurídicos abriu-se definitivamente a possibilidade de realização do controle *concentrado* e *difuso* de convencionalidade no Direito brasileiro (até então não realizado nestes moldes), com a finalidade de compatibilizar as normas domésticas do país com os tratados de direitos humanos ratificados e devidamente internalizados pelo Brasil. Conforme afirma Ingo Wolfgang Sarlet, "todo e qualquer tratado de direitos humanos, pelo simples fato de prevalecer sempre, por força de sua superior hierarquia [equivalência de emenda constitucional ou de caráter supralegal], sobre a norma legal e infralegal interna, servirá de parâmetro" (2013, p. 110-111) para aferir a validade das normas infraconstitucionais brasileiras.[19]

O controle concentrado de convencionalidade, tido como principal, é de competência do STF, que poderá proceder ao exame da validade da norma interna brasileira de índole infraconstitucional, tendo como parâmetro os tratados internacionais de direitos humanos aprovados na forma do § 3º, do art. 5º, da CRFB, sempre que provocado por meio de uma das ações constitucionalmente previstas para a realização do controle de constitucionalidade (ADI, ADECON e ADPF). Nesse sentido Valerio Mazzuoli (2016, p. 252) afirma

> ser plenamente possível utilizar-se das ações do controle concentrado, como a ADIn (que invalidaria a norma infraconstitucional por inconvencionalidade), a ADECON (que garantiria à norma infraconstitucional a compatibilidade vertical com um tratado de direitos humanos formalmente constitucional), ou até mesmo a ADPF (que possibilitaria exigir o cumprimento de um "preceito fundamental" encontrado em tratado de direitos humanos formalmente constitucional) [...] Daí então poder dizer que os tratados de direitos humanos internalizados por essa maioria qualificada servem de meio de controle concentrado (de convencionalidade) das normas de Direito interno, para além de servirem como paradigma para o controle difuso.

---

19. Conforme esclarece o autor "a diferença entre tratados com *status* equivalente aos de uma emenda constitucional e os demais tratados, dotados de hierarquia supralegal nos termos da orientação imprimida pelo STF, reside no fato de que os primeiros passam a integrar o bloco de constitucionalidade e, portanto, operam como parâmetro tanto de controle de constitucionalidade como de um controle de convencionalidade" (2013, p. 111).

Sob a ótica do autor, qualquer norma doméstica brasileira de caráter infraconstitucional poderia ter a sua validade questionada por qualquer dos legitimados do art. 103 da CRFB, por meio de uma espécie de "Ação Direta de *Inconvencionalidade*", por incompatibilidade com um tratado internacional de direitos humanos que tenha sido aprovado, ratificado e internalizado pelo Brasil mediante o quórum qualificado estabelecido pelo § 3º, do art. 5º, da CRFB. Além disso, haveria também a possibilidade de utilização de uma espécie de "Ação Declaratória de *Convencionalidade*", para garantir a compatibilidade da norma interna com determinado dispositivo convencional previsto em tratado de direitos humanos formalmente incorporado e com equivalência de emenda constitucional. E, do mesmo modo, nada obstaria a utilização da Arguição de Descumprimento de Preceito Fundamental com vistas à proteção de determinado *preceito fundamental* deste tratado, eventualmente violado por normas infraconstitucionais, inclusive de caráter *municipal* ou *anteriores* à ratificação e internalização do texto convencional (MAZZUOLI, 2016, p. 252-253).[20]

Por sua vez, o controle difuso de convencionalidade, sempre de natureza incidental, pode ser realizado tanto pelo STF (v.g., quando decide um Recurso Extraordinário[21] ou um *Habeas Corpus*) como por *qualquer juiz* ou *tribunal*, a requerimento das partes ou *ex officio*, à exemplo do que ocorre com o controle difuso de constitucionalidade. Nesse sentido, qualquer juiz ou tribunal brasileiro, diante de um conflito jurídico concreto, pode analisar incidentalmente a validade de determinada norma doméstica brasileira de caráter infraconstitucional, tendo como parâmetro não apenas os *tratados de direitos humanos* com *equivalência de emenda* constitucional, mas também aqueles *tratados de direitos humanos* de *car*áter supralegal, cumprindo aqui assinalar que estes últimos, por não serem internalizados pela maioria qualificada acima referida (CRFB, art. 5º, § 3º), serão paradigma apenas para o controle *difuso* de convencionalidade.

Conforme mencionado, adotada a teoria da supralegalidade dos tratados internacionais de direitos humanos pelo STF, nos termos já abordados anteriormente, toda a ordem jurídica infraconstitucional

---

20. No mesmo sentido vide Marinoni (2013, p. 66). Apesar da coerência desta construção doutrinária, cumpre destacar que tais hipóteses não se encontram positivadas expressamente no texto constitucional brasileiro.
21. Exatamente como ocorreu no julgamento do RE 466.343-1/SP.

brasileira também deve guardar uma relação de compatibilidade com tais tratados (de *caráter supralegal*), *sob pena de invalidade da norma interna que lhes for contrária*, pois nesse caso, "operar-se-á de imediato a terminação da *validade* da norma (que, no entanto, continuará *vigente*, por não ter sido expressamente revogada por outro diploma congênere de direito interno" (MAZZUOLI, 2011, p. 131-132).

No Sistema Interamericano de Direitos Humanos, dada a sua importância para a efetivação dos direitos humanos no âmbito doméstico de cada Estado, a *realização* do *controle difuso* de convencionalidade é uma *imposição* da CADH[22] aos seus Estados Partes, uma exigência que também se encontra consolidada na jurisprudência da Corte IDH. Desde o *Caso Almonacid Arellano e outros vs. Chile*[23], julgado no ano de 2006, a Corte passou a exigir que o Poder Judiciário de cada Estado Parte da CADH exerça o controle de convencionalidade das normas jurídicas domésticas que aplica aos casos concretos:

> 124. A Corte tem consciência de que os juízes e tribunais internos estão sujeitos ao império da lei e, por isso, são obrigados a aplicar as disposições vigentes no ordenamento jurídico. Mas quando um Estado ratifica um tratado internacional como a Convenção Americana, seus juízes, como parte do aparato estatal, também estão submetidos a ela, o que os obriga a velar para que os efeitos das disposições da Convenção não se vejam diminuídos pela aplicação de leis contrárias a seu objeto e a seu fim e que, desde o início, careçam de efeitos jurídicos. Em outras palavras, o Poder Judiciário deve exercer uma espécie de "controle de convencionalidade" entre as normas jurídicas internas aplicadas a casos concretos e a Convenção Americana sobre Direitos Humanos. Nesta tarefa, o Poder Judiciário deve levar em conta não apenas o tratado, mas também a interpretação que a Corte Interamericana, intérprete última da Convenção Americana, fez do mesmo.[24]

---

22. Art. 1º (1) "Os Estados Partes nesta Convenção comprometem-se a *respeitar os direitos e liberdades nela reconhecidos e a garantir seu livre e pleno exercício a toda pessoa que esteja sujeita à sua jurisdição*, sem discriminação alguma por motivo de raça, cor, sexo, idioma, religião, opiniões políticas ou de qualquer outra natureza, origem nacional ou social, posição econômica, nascimento ou qualquer outra condição social" (*grifo nosso*). Art. 2º "Se o exercício dos direitos e liberdades mencionados no artigo 1 ainda não estiver garantido por disposições legislativas *ou de outra natureza*, os Estados Partes comprometem-se a adotar, de acordo com as suas normas constitucionais e com as disposições desta Convenção, as medidas legislativas *ou de outra natureza* que forem necessárias para tornar efetivos tais direitos e liberdades" (*grifo nosso*).

23. *Caso Almonacid Arellano e outros vs. Chile*. Exceções Preliminares, Mérito, Reparações e Custas. Sentença de 26 de setembro de 2006. Série C n. 154 (par. 124).

24. Vide no mesmo sentido *Caso Cabrera García e Montiel Flores vs. México*. Exceções Preliminares, Mérito, Reparações e Custas. Sentença de 26 de novembro de 2010. Série C n. 220, par.

Sob essa ótica todos os juízes e tribunais, bem como outros órgãos encarregados da administração da justiça doméstica dos Estados Partes na Convenção, devem realizar o controle difuso, principalmente aqueles Estados que aceitaram a jurisdição contenciosa da Corte IDH (MAC-GREGOR, 2011, p. 370), como é o caso do Brasil.

Ao final destas breves reflexões sobre a teoria do controle de convencionalidade, cumpre destacar que, no tocante aos seus possíveis efeitos (ou resultados), este controle pode ter: a) um *efeito negativo* (*repressivo* ou *destrutivo*), caso em que a norma doméstica incompatível com o tratado internacional terá uma aplicação mínima que resultará (i) na sua não aplicação no caso concreto, (ii) no seu completo descarte ou (iii) na sua invalidação[25]; e também, b) um *efeito positivo* (ou *construtivo*), situação em que a norma nacional aplicável ao caso concreto deve ser *interpretada de conformidade* com aquilo que estabelece a norma internacional, cabendo aos juízes nacionais atuar nesse sentido.[26] Este segundo efeito "justifica *releituras adaptativas* do direito nacional, do tipo *harmonizante*, em consonância, isto é, 'conforme'" o Direito Internacional, constante, v.g., nos tratados e na jurisprudência internacional (SAGÜÉS, 2011, p. 385).

Neste contexto, importa também assinalar que no julgamento do RE 466.343-1/SP, em seu voto, o Min. Gilmar Mendes propugnou pelo *efeito paralisante* da norma interna contrária ao tratado internacional de direitos humanos, cujo resultado prático é (i) impedir a edição de legislação superveniente em sentido contrário às disposições convencionais, bem como (ii) afastar a aplicação de lei anterior incompatível com o tratado. Nas palavras do Ministro,

---

225; *Caso Gelman vs. Uruguay*. Mérito e Reparações. Sentença de 24 de fevereiro de 2011. Série C n. 221. Sobre a temática vide também Sagüés (2010, p. 449-468).

25. Nesse contexto a Corte IDH assinalou no *Caso Almonacid Arellano et al. vs. Chile*. Exceções Preliminares, Mérito, Reparações e Custas. Sentença de 26 de setembro de 2006. Série C n. 154, que "A obrigação legislativa descrita no artigo 2 da Convenção tem também a finalidade de facilitar a função do Poder Judiciário de modo que o aplicador da lei tenha uma opção clara sobre como resolver um caso particular. Entretanto, quando o Legislativo falha em sua tarefa de suprimir e/ou não adotar leis contrárias à Convenção Americana, o Poder Judiciário permanece vinculado ao dever de garantia estabelecido no artigo 1.1 da mesma e, consequentemente, deve abster-se de aplicar qualquer norma contrária a ela".

26. Nesse sentido é o entendimento da Corte IDH constatado, v.g., no *Caso Radilla Pacheco vs. México*. Exceções Preliminares, Mérito, Reparações e Custas. Sentença de 23 de novembro de 2009. Série C n. 209 (par. 338 a 340); no *Caso da Comunidade Indígena Xákmok Kásek vs. Paraguai*. Mérito, Reparações e Custas. Sentença de 24 de agosto de 2010. Série C n. 214 (par. 311); e no *Caso Cabrera-García e Montiel-Flores vs. México*. Exceções Preliminares, Mérito, Reparações e Custas. Sentença de 26 de novembro de 2010. Série C n. 220 (par. 233).

> *diante do inequívoco caráter especial dos tratados internacionais que cuidam da proteção dos direitos humanos*, não é difícil entender que *a sua internalização no ordenamento jurídico*, por meio do procedimento de ratificação previsto na Constituição, *tem o condão de paralisar a eficácia jurídica de toda e qualquer disciplina normativa infraconstitucional com ela conflitante [...] a legisla*ção infraconstitucional posterior que com eles seja conflitante também *tem sua eficácia paralisada*.[27] *(Destaques originais)*

Diante do que foi exposto até aqui, torna-se importante evidenciar que no conflito entre a norma infraconstitucional interna brasileira e as normas internacionais veiculadas pelos tratados de direitos humanos, a realização do controle de convencionalidade deverá produzir ao menos um dos seguintes resultados: (i) não aplicação da norma inconvencional ao caso concreto, (ii) descarte da norma inconvencional, (iii) declaração de invalidade da norma inconvencional, (iv) interpretação e aplicação da norma inconvencional *conforme* à norma internacional, (v) aplicação do princípio internacional *pro persona* (ou *pro homine*), (vi) paralização dos efeitos das normas inconvencionais em vigor à época do controle e, (vii) impedimento da criação de legislação superveniente conflitante com a norma internacional.

2. O CONTROLE DE CONVENCIONALIDADE PELO PODER JUDICIÁRIO BRASILEIRO: UMA ANÁLISE DE COMPORTAMENTOS ANTAGÔNICOS

Estabelecido um panorama geral acerca da teoria do controle de convencionalidade, cumpre a partir deste ponto analisar o tema central proposto neste trabalho, focado na análise crítica de duas decisões do Poder Judiciário brasileiro em sede de controle de convencionalidade, sendo a primeira delas proferida no âmbito da *Justiça Penal* brasileira, a partir do confronto entre a CADH e o CP brasileiro, relativamente às figuras da *liberdade de expressão* e do *crime de desacato*, previstas respectivamente nestes dois instrumentos normativos; e a segunda, prolatada na esfera da *Justi*ça do Trabalho brasileira, a partir do confronto entre as Convenções de n. 148 e 155 da OIT e a CLT, envolvendo as figuras dos *adicionais de insalubridade* e *periculosidade* e a controvérsia sobre a (im)possibilidade de sua cumulação, ao abrigo desses textos normativos.

De início é importante destacar que, de acordo com a já comentada jurisprudência atual do STF (RE 466.343-1/SP), esses tratados de direi-

---

27. Disponível em: <https://goo.gl/YxavNw>. Acesso em 05 abr. 2017.

tos humanos possuem a *mesma hierarquia normativa* na ordem jurídica brasileira, isto é, o status de norma *supralegal*, estando situados, portanto, abaixo da Constituição brasileira e acima de toda normatividade infraconstitucional do país, inclusive sobre o CP e a CLT.

O Brasil aderiu à *Convenção Americana Sobre Direitos Humanos*, adotada na Conferência Especializada Interamericana sobre Direitos Humanos, em San José, na Costa Rica, em 22 de novembro de 1969, mediante o depósito da *carta de adesão* junto à Secretaria-Geral da Organização dos Estados Americanos em 25 de setembro de 1992, data em que entrou em vigor internacional para o país, nos termos do seu art. 74 (2), sendo posteriormente incorporada ao ordenamento jurídico brasileiro por meio do Decreto n. 678, de 6 de novembro de 1992.[28] Em razão de ter sido aprovada pelo Congresso Nacional (Decreto Legislativo n. 27, de 26 de maio de 1992)[29] pelo quórum de *maioria simples* (CRFB, art. 47) e não pelo rito especial estabelecido pelo § 3º, do art. 5º, da Constituição, a Convenção tem na ordem jurídica brasileira o status de norma supralegal.

A *Convenção nº 148 sobre a Proteção dos Trabalhadores Contra os Riscos Profissionais Devidos* à *Contaminação do Ar, ao Ruído e às Vibrações no Local de Trabalho*, aprovada na 63ª Reunião da Conferência Internacional do Trabalho, em Genebra, a 1º de junho de 1977, foi ratificada pelo Brasil por meio do depósito do *instrumento de ratificação* junto ao Diretor-Geral da Repartição Internacional do Trabalho, em 14 de janeiro de 1982, entrando em vigor internacional para o país em 14 de janeiro de 1983, nos termos do seu art. 18 (3), sendo posteriormente incorporada ao ordenamento jurídico brasileiro por meio do Decreto n. 93.413, de 15 de outubro de 1986.[30] Em razão de ter sido aprovada pelo Congresso Nacional (Decreto Legislativo n. 56, de 9 de outubro de 1981)[31] também pelo quórum de *maioria simples* (CRFB, art. 47), a Convenção tem igualmente o status de norma supralegal na ordem jurídica doméstica do Brasil.

Por sua vez, a *Convenção nº 155 Sobre Segurança e Saúde dos Trabalhadores e o Meio Ambiente de Trabalho*, aprovada na 67ª Reunião da Conferência Internacional do Trabalho, em Genebra, em 22 de junho de 1981, foi ratificada pelo Brasil por meio do depósito do *instrumento de*

---

28. Disponível em: <https://goo.gl/BOh8rI>. Acesso em 05 abr. 2017.
29. Disponível em: <https://goo.gl/21Q1wf>. Acesso em 05 abr. 2017.
30. Disponível em: <https://goo.gl/zG0vbK>. Acesso em 05 abr. 2017.
31. Disponível em: <https://goo.gl/iQDepb>. Acesso em 05 abr. 2017.

ratificação junto ao Diretor-Geral da Repartição Internacional do Trabalho, em 18 de maio de 1992, passando a viger internacionalmente para o país em 18 de maio de 1993, nos termos do seu art. 24, sendo posteriormente incorporada ao ordenamento jurídico brasileiro por meio do Decreto n. 1.254, de 29 de setembro de 1994.[32] Como ocorreu com a sua antecessora, em razão de ter sido aprovada pelo Congresso Nacional (Decreto Legislativo n. 2, de 17 de março de 1992)[33] também pelo quórum de *maioria simples* (CRFB, art. 47), a Convenção goza igualmente do status de norma supralegal na ordem jurídica brasileira.

2.1. O controle de convencionalidade *difuso* na Justiça Penal: uma análise do confronto entre a Convenção Americana Sobre Direitos Humanos e o Código Penal brasileiro

No final do ano de 2016, a quinta Turma do Superior Tribunal de Justiça (STJ), realizando o controle *difuso* de convencionalidade no julgamento do Recurso Especial n. 1.640.084-SP[34], de relatoria do Min. Ribeiro Dantas, reconheceu unanimemente a superioridade normativa da CADH (supralegal) em relação ao CP (lei ordinária), bem como a consequente incompatibilidade do art. 331 do CP brasileiro com o art. 13 da CADH, "descriminalizando" assim a conduta tipificada como crime de *desacato a autoridade*.

Anteriormente à esta decisão da Colenda Corte, o mesmo entendimento em relação ao tema já vinha sendo adotado em sede de controle difuso de convencionalidade por juízes brasileiros que atuam na primeira instância do Poder Judiciário do país, à exemplo da sentença prolatada pelo juiz Alexandre Morais da Rosa, da 4ª Vara Criminal da Comarca de Florianópolis, capital do Estado de Santa Catarina, no julgamento dos autos n. 0067370-64.2012.8.24.0023[35], em 2015; bem como da sentença exarada pelo magistrado Alfredo José Marinho Neto, do 1º Juizado Especial Criminal da Comarca de Belford Roxo, Rio de Janeiro, no julgamento dos autos n. 0013156-07.2015.8.19.0008[36], no ano de 2016, fato revelador de que o controle de convencionalidade aos poucos vai tendo a sua

---

32. Disponível em: <https://goo.gl/mb1BQL>. Acesso em 05 abr. 2017.
33. Disponível em: <https://goo.gl/uCI6Wh>. Acesso em 05 abr. 2017.
34. Disponível em: <https://goo.gl/yaDhyl>. Acesso em 05 abr. 2017.
35. Disponível em: <https://goo.gl/824FDw>. Acesso em 05 abr. 2017.
36. Disponível em: <https://goo.gl/AgLVbe>. Acesso em 05 abr. 2017.

importância reconhecida no cenário jurídico brasileiro, notadamente no âmbito do Judiciário.

Antes de se estabelecerem comentários específicos acerca da decisão do STJ relativa à temática em análise, importa salientar que tanto no *Sistema Interamericano* (regional) como no *Sistema Onusiano* (global) de proteção dos direitos humanos, as *leis de desacato* são consideradas *ofensivas* à *liberdade de expressão* enquanto um direito humano protegido por vários instrumentos internacionais de direitos humanos.

Em relação ao *marco normativo*, no âmbito regional americano a CADH, que é o principal tratado internacional regente da proteção dos direitos humanos no Continente, assegura em seu art. 13 que toda pessoa tem direito à liberdade de pensamento e de expressão, que pode ser exercido por *todos os meios* e não pode ser objeto de censura, mas de *responsabilização posterior*".[37] Além da CADH, a *Declaração Americana dos Direitos e Deveres do Homem*, aprovada na Nona Conferência Internacional Americana, em Bogotá, no ano de 1948, em seu art. 4º dispõe que "toda pessoa tem direito à liberdade de investigação, de opinião e de expressão e difusão do pensamento por qualquer meio".

Por sua vez, a *Declaração de Princípios sobre Liberdade de Expressão*, aprovada pela Comissão IDH, em seu 108º Período Ordinário de Sessões, ocorrido de 16 a 27 de outubro de 2000, estatui em seu primeiro princípio que "a liberdade de expressão, em todas as suas formas e manifestações, é um direito fundamental e inalienável, inerente a todas as pessoas. É, ademais, um requisito indispensável para a própria existência de uma sociedade democrática". Em seu 11º princípio, a Declaração afirma que

---

37. "*Artigo 13. Liberdade de pensamento e de expressão*. 1. Toda pessoa tem direito à liberdade de pensamento e de expressão. Esse direito compreende a liberdade de buscar, receber e difundir informações e ideias de toda natureza, sem consideração de fronteiras, verbalmente ou por escrito, ou em forma impressa ou artística, ou por qualquer outro processo de sua escolha. 2. O exercício do direito previsto no inciso precedente não pode estar sujeito a censura prévia, mas a responsabilidades ulteriores, que devem ser expressamente fixadas pela lei e ser necessárias para assegurar: a. o respeito aos direitos ou à reputação das demais pessoas; ou b. a proteção da segurança nacional, da ordem pública, ou da saúde ou da moral públicas. 3. Não se pode restringir o direito de expressão por vias ou meios indiretos, tais como o abuso de controles oficiais ou particulares de papel de imprensa, de frequências radioelétricas ou de equipamentos e aparelhos usados na difusão de informação, nem por quaisquer outros meios destinados a obstar a comunicação e a circulação de ideias e opiniões. 4. A lei pode submeter os espetáculos públicos a censura prévia, com o objetivo exclusivo de regular o acesso a eles, para proteção moral da infância e da adolescência, sem prejuízo do disposto no inciso 2. 5. A lei deve proibir toda propaganda a favor da guerra, bem como toda apologia ao ódio nacional, racial ou religioso que constitua incitação à discriminação, à hostilidade, ao crime ou à violência".

449

"os funcionários públicos estão sujeitos a maior escrutínio da sociedade. As leis que punem a expressão ofensiva contra funcionários públicos, geralmente conhecidas como *"leis de desacato"*, atentam contra a liberdade de expressão e o direito à informação". Esta Declaração constitui um documento fundamental para a interpretação do art. 13 da CADH e sua adoção, além de demonstrar o reconhecimento da importância da proteção da liberdade de expressão no Continente Americano, também incorpora ao Sistema Interamericano os padrões internacionais para a tutela mais efetiva do exercício deste direito humano.

Todo esse arcabouço normativo tem fundamentado o entendimento da Comissão e da Corte IDH no sentido de que as leis de desacato são ofensivas à liberdade de pensamento e de expressão e, portanto, incompatíveis com o *corpus juris interamericano*.

Os *Relatórios*[38] *da Relatoria para a Liberdade de Expressão*[39], criada pela Comissão IDH em outubro de 1997, durante o seu 97º Período de Sessões e por decisão unânime de seus membros, inclusos nos *Relatórios Anuais* da Comissão IDH[40], têm demonstrado ostensivamente que as leis de desacato são incompatíveis com o art. 13 da CADH, pois elas concedem uma proteção privilegiada aos funcionários públicos, que não está disponível para os demais integrantes de uma sociedade, invertendo assim o princípio democrático, que busca a sujeição do governo (e como consequência dos funcionários públicos) ao escrutínio público, com vistas à prevenção e ao controle do abuso do poder. Tais leis podem produzir um efeito dissuasivo nas pessoas que desejam participar do debate público, sobretudo, em razão do temor de sofrerem ações judiciais e as consequentes sanções.[41]

---

38. Disponíveis em: <http://www.oas.org/pt/cidh/expressao/relatorios/anuais.asp>. Acesso em 06 abr. 2017.
39. Maiores informações sobre a Relatoria podem ser obtidas diretamente em seu sítio na internet. Disponível em: <http://www.oas.org/pt/cidh/expressao/>. Acesso em 06 abr. 2017.
40. Disponíveis em: <http://www.oas.org/es/cidh/informes/anuales.asp>. Acesso em 06 abr. 2017.
41. Nesse sentido vide como exemplo: (i) Relatório sobre a compatibilidade entre as leis de desacato e a Convenção Americana sobre Direitos Humanos, OEA/Ser.L/V/II.88, Doc. 9 rev., 17 de fevereiro de 1995. Disponível em: <https://goo.gl/IwJTAj>. Acesso em 06 abr. 2017; (ii) Relatório Anual da Comissão IDH, 1998, Volume III, Capítulo IV A. – OEA/Ser.L/V/II.102 Doc. 6 rev., 16 abril 1999. Disponível em: <https://goo.gl/kgkz6K>. Acesso em 06 abr. 2017; (iii) Relatório Anual da Comissão IDH, 2000, Volume III, Capítulo III A.2. – OEA/Ser.L/V/II.111 Doc. 20 rev., 16 abril 2001. Disponível em: <https://goo.gl/8vi1Ty>. Acesso em 06 abr. 2017; (iv) Relatório Anual da Comissão IDH, 2004, Capítulo VI, OEA/Ser.L/V/II.122, Doc. 5 rev. 1, 23 fevereiro 2005. Disponível em: <https://goo.gl/JRU5Kj>. Acesso em 06 abr. 2017. Especifi-

A Comissão IDH em diversas vezes se manifestou a respeito do tema em casos envolvendo países americanos que são (ou foram) Partes na CADH, tais como Argentina, Chile, Panamá, Peru e Venezuela[42], sempre entendendo em suas decisões pela prevalência do art. 13 da Convenção sobre as normas domésticas tipificadoras do crime de desacato. No mesmo sentido é a jurisprudência da Corte IDH sobre a matéria, em que é possível aferir-se em diversos julgados a incompatibilidade das leis de desacato com a CADH.[43]

Em relação ao marco normativo no âmbito global de proteção dos direitos humanos, a liberdade de expressão está consagrada no art. 19 da *Declaração Universal dos Direitos Humanos* (1948), que dispõe que "todo indivíduo tem direito à liberdade de opinião e de expressão, o que implica o direito de não ser inquietado pelas suas opiniões e o de procurar, receber e difundir, sem consideração de fronteiras, informações e ideias por qualquer meio de expressão", bem como no art. 19 (2) do *Pacto Internacional dos Direitos Civis e Políticos* (1966), que afirma que "toda pessoa terá o direito à liberdade de expressão; esse direito incluirá a liberdade de procurar, receber e difundir informações e ideias de qualquer natureza, independentemente de considerações de fronteiras, verbalmente ou por escrito, de forma impressa ou artística, ou por qualquer meio de sua escolha".

Em julho de 2011 o Comitê de Direitos Humanos da ONU emitiu um *Comentário Geral*[44] (n. 34) oficial sobre o art. 19 do Pacto Internacional dos Direitos Civis e Políticos, abordando uma das questões mais sensíveis e desafiadoras da legislação internacional relativa à proteção dos direitos humanos: até que ponto a liberdade de expressão pode ser restringida por um Estado, inclusive pelas leis de desacato.

---

camente sobre o Brasil vide "Liberdade de expressão no Brasil: Compilação de Relatórios de 2005 a 2015". Disponível em: <https://goo.gl/NIRjZS>. Acesso em 06 abr. 2017.

42. Vide, v.g., Caso 11.012, Relatório n. 22/94, Argentina, Horacio Verbitsky, 20 de setembro de 1994 e Caso 11.571, Relatório n. 77/01, Chile, Humberto Antonio Palamara Iribarne, 10 de outubro de 2001.

43. *Caso Herrera Ulloa vs. Costa Rica*. Exceções Preliminares, Mérito, Reparações e Custas. Sentença de 2 de julho de 2004, Série C n. 107 (par. 82, 102 e 129); *Caso Ricardo Canese vs. Paraguai*. Mérito, Reparações e Custas. Sentença de 31 de agosto de 2004, Série C n. 111 (par. 60); *Caso Palamara Iribarne vs. Chile*. Sentença de 22 de novembro de 2005, Série C n. 135 (par. 83 e 88); *Caso Tristán Donoso vs. Panamá*. Exceções Preliminares, Mérito, Reparações e Custas. Sentença de 27 de janeiro de 2009, Série C n. 193 (par. 133).

44. Disponível em: <https://goo.gl/8cYq6A>. Acesso em 06 abr. 2017.

No Comentário, o Comitê afirmou que a liberdade de opinião e de expressão são "condições indispensáveis para o pleno desenvolvimento da pessoa" e "essenciais para qualquer sociedade", constituindo a "pedra fundamental de qualquer sociedade livre e democrática". Especificamente em relação à liberdade de expressão, o Comitê afirmou ser "condição necessária para a realização dos princípios da transparência e da responsabilização, que são, por sua vez, essenciais para a promoção e proteção dos direitos humanos" (CDH, 2011, § 2º). Nesse contexto, o Comitê acentuou que, embora a liberdade de expressão possa ser restringida por lei em determinadas circunstâncias e para atender a determinados propósitos (previstos no art. 19, 3, do Pacto), as restrições não podem contrariar os objetivos do Pacto (CDH, 2011, §§ 24 a 28). Como consequência, extrai-se do entendimento do Comitê, que as leis de desacato (dentre outras), por restringirem demasiadamente o direito humano à liberdade de expressão, podem ser completamente incompatíveis com o Pacto. Nesse sentido,

> o simples fato de as formas de expressão serem consideradas insultantes para uma figura pública não é suficiente para justificar a imposição de sanções, embora as figuras públicas também possam se beneficiar das disposições do Pacto. Além disso, todas as figuras públicas, incluindo aquelas que exercem a mais alta autoridade política, como chefes de Estado e de governo, são legitimamente sujeitas a críticas e oposição política. Assim, o Comitê expressa preocupação com leis sobre questões como lesa majestade, desacato, desrespeito à autoridade, desrespeito a bandeiras e símbolos, difamação do chefe de Estado e proteção da honra de funcionários públicos, e as leis não devem prever sanções mais severas exclusivamente com base na identidade da pessoa que pode ter sido ofendida. Os Estados Partes não devem proibir a crítica de instituições, como o exército ou a administração (CDH, 2011, § 38).

Compreendida a dimensão e a importância da liberdade de expressão como um direito humano no âmbito global e regional, bem como verificada a incompatibilidade das leis de desacato com os instrumentos internacionais de proteção dos direitos humanos, cumpre assinalar que foi justamente esse o entendimento adotado pelo STJ no julgamento em análise, em que o Tribunal, levando em consideração a superioridade normativa da CADH em relação ao CP brasileiro, reconheceu a incompatibilidade do crime de desacato e a consequente *invalidade* do art. 331 frente a Convenção.

Com relação à *hierarquia normativa* da CADH, anteriormente ao julgamento do Recurso Especial n. 1.640.084-SP (2016), a Corte Especial do STJ já havia adotado o posicionamento do STF (RE 466.343-1/SP) quanto à supralegalidade dos tratados internacionais de direitos humanos não aprovados e internalizados no Brasil pelo rito estabelecido no § 3º, do art. 5º, da CRFB, por ocasião do julgamento do Recurso Especial n. 914.253/SP[45], de relatoria do então Min. Luiz Fux, ocorrido no ano de 2009, "o que significa dizer que toda lei antagônica às normas emanadas de tratados internacionais sobre direitos humanos é destituída de validade" (STJ, 2016).

É importante frisar aqui que sob a ótica do direito brasileiro, a incompatibilidade do art. 331 do CP com o art. 13 da CADH importa na *invalidade* da norma doméstica conflitante com o tratado, não se tratando, portanto, de *revogação* da lei incompatível. E assim é por conta do *efeito paralisante* que a Convenção (ou qualquer outro tratado internacional de direitos humanos) produz sobre a normativa doméstica infraconstitucional brasileira que lhe é contrária. No julgamento do RE 466.343-1/SP, o STF acentuou que "toda lei antagônica às normas emanadas de tratados internacionais sobre direitos humanos é destituída de validade", notadamente em "face do efeito paralisante dos referidos tratados" em relação às normas infraconstitucionais (STF, 2008). No entendimento do Supremo, adotado pelo STJ desde o julgamento do REsp. n. 914.253/SP,

> Isso significa dizer que, no plano material, as regras provindas da Convenção Americana de Direitos Humanos, em relação às normas internas, são ampliativas do exercício do direito fundamental à liberdade, razão pela qual paralisam a eficácia normativa da regra interna em sentido contrário, haja vista que não se trata aqui de revogação, mas de invalidade (STJ, 2016).

No tocante ao *exercício do controle de convencionalidade* propriamente dito, atuou muito bem o STJ, em conformidade com as exigências e parâmetros estabelecidos internacionalmente, notadamente no *corpus juris interamericano*.

No julgamento do REsp. n. 1.640.084-SP ora analisado, em seu voto, que foi seguido pelos demais Ministros da Turma, o Relator Ministro Ribeiro Dantas destacou o dever de o Estado brasileiro adotar medidas legislativas *ou de outra natureza* (fundamentando aqui o dever do Brasil realizar o controle de convencionalidade) para a efetivação dos direitos previstos na CADH, conforme estabelecido pelo seu art. 2º c/c o art. 29. Com fundamento nestas disposições convencionais, o Ministro entendeu que cumpre ao Brasil, notadamente pela atuação do Judiciário, to-

---

45. Disponível em: <https://goo.gl/yN9z0k>. Acesso em 06 abr. 2017.

mar as medidas cabíveis para solucionar as "antinomias normativas que possam suprimir ou limitar o efetivo exercício de direitos e liberdades" previstos na Convenção (STJ, 2016), deixando clara a obrigação de o Estado brasileiro realizar o controle jurisdicional da convencionalidade das leis domésticas do país.

Em sentido contrário daquilo que já havia sido decidido pelas instâncias ordinárias do Judiciário no caso em questão, o Ministro do STJ entendeu que "a ausência de lei veiculadora de *abolitio criminis* não inibe a atuação do Poder Judiciário na verificação de possível inconformidade do art. 331 do CP [...] com o art. 13 do Pacto de São José da Costa Rica" (STJ, 2016).

Ao realizar o exame dos dispositivos em confronto, o Ministro ressaltou o entendimento consagrado no âmbito do Sistema Interamericano quanto à incompatibilidade das leis de desacato com o *corpus juris interamericano*, citando dentre outros expedientes (i) Casos apreciados pela Comissão IDH e seus Relatórios, (ii) Relatórios da Relatoria para a Liberdade de Expressão, (iii) disposições normativas da CADH e da Declaração de Princípios sobre Liberdade de Expressão adotada no âmbito da OEA, (iv) Casos decididos pela Corte IDH, e (v) denúncias feitas pelas Defensorias Públicas da União e do Estado de São Paulo à Comissão, relativamente à incompatibilidade do crime de desacato previsto pelo art. 331 do CP com a liberdade de expressão consagrada no art. 13 da CADH (STJ, 2016).

Fazendo-se acompanhar de citações doutrinárias sobre a temática, o Ministro Ribeiro Dantas também ressaltou a importância de os juízes internos aplicarem com total independência as normas provindas do Direito Internacional e as interpretarem segundo os métodos estabelecidos e seguidos pelos tribunais internacionais. Por outras palavras, no entender do Ministro os juízes brasileiros devem interpretar e aplicar o Direito Internacional da mesma maneira que uma Corte Internacional o faria, isto é, como se uma jurisdição internacional fossem (STJ, 2016), assim como entende a Corte IDH.

Citando a *Opinião Consultiva* n. 5/1985, da Corte IDH[46], que consagra o princípio *pro persona* (ou *pro homine*) na hermenêutica das normas domésticas e internacionais relativas à proteção dos direitos humanos, que encontra idêntica previsão nos arts. 1º, inc. III e 4º, inc. II, da Constituição brasileira, o Ministrou salientou que na realização do controle

---

46. Disponível em: <https://goo.gl/ADsCel>. Acesso em 06 abr. 2017. Vide § 12 do Parecer Separado do Juiz Rodolfo E. Piza Escalante.

de convencionalidade "o intérprete deve estar imbuído da premissa de que 'os Estados existem para os humanos e não vice-versa'" (STJ, 2016).

Por fim, após discorrer sobre o crime de desacato, sobre a jurisprudência brasileira relacionada à questão e acerca dos Projetos de Lei que visam abolir o delito no país, o Ministro concluiu que "não há dúvida de que a criminalização do desacato está na contramão do humanismo, porque ressalta a preponderância do Estado - personificado em seus agentes - sobre o indivíduo", arrematando que a existência desse delito no ordenamento jurídico brasileiro "é anacrônica, pois traduz desigualdade entre funcionários e particulares, o que é inaceitável no Estado Democrático de Direito preconizado pela CF/88 e pela Convenção Americana de Direitos Humanos" (STJ, 2016).

Diante do exposto, o que se pode concluir em relação à postura do STJ no julgamento do REsp. n. 1.640.084-SP é que a Corte entendeu a necessidade do diálogo que deve haver nos tempos atuais entre o Direito Internacional e o Direito doméstico do país, bem como o dever de o Judiciário realizar o controle de convencionalidade, buscando adequar a legislação doméstica aos padrões estabelecidos internacionalmente, conferindo assim efetividade aos direitos humanos protegidos pelos tratados internacionais dos quais o Brasil é Parte.

Vale ressaltar por fim que a decisão da quinta Turma do STJ, embora constitua um importante precedente sobre a matéria, não descriminalizou a conduta tipificada como crime de *desacato* no art. 331 do CP, conforme foi amplamente noticiado em diversos veículos de comunicação, notadamente na internet.[47] Mesmo sendo hierarquicamente superior ao CP, a CADH não revogou o dispositivo penal em questão, embora o tenha tornado *inválido*, conforme visto anteriormente. É importante entender que a decisão da Corte se deu em sede de controle *difuso* de convencionalidade, no âmbito do julgamento de um Recurso Especial, cujos efeitos operam apenas *inter partes* no caso concreto.

2.2. O controle de convencionalidade na Justiça do Trabalho: uma análise do confronto entre as Convenções n. 148 e 155 da Organização Internacional do Trabalho e a Consolidação das Leis do Trabalho

No ano de 2016, a Subseção 1 Especializada em Dissídios Individuais (SDI-1) do Tribunal Superior do Trabalho, no julgamento dos Em-

---

47. Disponível em: <https://goo.gl/rVXN8u>. Acesso em 06 abr. 2017.

bargos por divergência jurisprudencial, no âmbito do Agravo no Recurso de Revista n. 1081-60.2012.5.03.0064, de relatoria do Ministro João Oreste Dalazen, perdeu uma grande oportunidade de realizar o controle difuso de convencionalidade e aplicar da maneira devida os tratados internacionais de direitos humanos ao caso concreto apreciado naquela oportunidade, que versava sobre a questão da percepção cumulativa dos adicionais de periculosidade e insalubridade pelos trabalhadores, protagonizando assim "um dos capítulos mais tristes de sua história ao não reconhecer valor (qualquer valor) às convenções internacionais do trabalho ratificadas e em vigor no Brasil" (MAZZUOLI, 2016) que, de acordo com o entendimento do STF, têm o status de norma supralegal e prevalência sobre todas as demais normas infraconstitucionais brasileiras, conforme já salientado.

Algumas considerações sobre os principais aspectos que envolvem a questão são importantes para esclarecer o tema em análise e compreender a falha cometida pela SDI-1 do TST ao desprezar as Convenções n. 148 e 155 da OIT, bem como ao não realizar a devida interpretação de seus dispositivos de acordo com os parâmetros internacionais.

O art. 192 da CLT, que trata do *adicional de insalubridade*, dispõe que o exercício de trabalho em condições insalubres, acima de determinados limites de tolerância estabelecidos por órgão competente, assegura a percepção deste adicional.[48] Por sua vez, o art. 193, § 1º, do mesmo legal, que cuida do *adicional de periculosidade*, prevê que o trabalho em condições de periculosidade, assegura ao empregado a percepção do referido adicional.[49] Tratam-se de direitos distintos e cuja origem é igualmente

---

48. O adicional de insalubridade foi previsto no art. 7º da CRFB e encontra-se regulado pelo art. 189 e ss. da CLT (*"Serão consideradas atividades ou operações insalubres aquelas que, por sua natureza, condições ou métodos de trabalho, exponham os empregados a agentes nocivos à saúde, acima dos limites de tolerância fixados em razão da natureza e da intensidade do agente e do tempo de exposição aos seus efeitos"*). As atividades e operações insalubres encontram-se indicadas na NR-15, da Portaria n. 3.214/1978, do Ministério do Trabalho, que descreve os agentes químicos, físicos e biológicos, que são prejudiciais à saúde do empregado, bem como os respectivos limites de tolerância.
49. O adicional de periculosidade, também previsto no art. 7º da CRFB, está disciplinado pelo art. 193 e ss. da CLT (*"São consideradas atividades ou operações perigosas, na forma da regulamentação aprovada pelo Ministério do Trabalho e Emprego, aquelas que, por sua natureza ou métodos de trabalho, impliquem risco acentuado em virtude de exposição permanente do trabalhador a inflamáveis, explosivos ou energia elétrica; roubos ou outras espécies de violência física nas atividades profissionais de segurança pessoal ou patrimonial; as atividades de trabalhador em motocicleta"*). As atividades e operações perigosas encontram-se indicadas na NR-16, da Portaria 3.214/1978.

distinta. Em relação à insalubridade, o bem juridicamente tutelado é a *saúde* do trabalhador, em razão de condições nocivas que podem estar presentes no meio ambiente de trabalho; já no caso da periculosidade, há uma situação de perigo iminente que, uma vez ocorrida, pode ceifar a *vida* do trabalhador, sendo este o bem jurídico que se visa proteger. Tratam-se, portanto, de bens jurídicos diversos e com tratamento normativo distinto.

Ocorre que o § 2º do art. 193, do diploma celetista estabelece que o "empregado *poderá optar* pelo adicional de insalubridade que porventura lhe seja devido".[50] *(Grifo nosso)* Em razão desta última disposição normativa, construiu-se um entendimento na doutrina e na jurisprudência majoritária brasileira quanto à impossibilidade da percepção cumulativa dos referidos adicionais, uma vez que o preceito celetista estabeleceu que o "empregado poderá optar" por um ou por outro adicional. Nesse sentido, entende a corrente majoritária (paradoxalmente) tratar-se de um "*dever* de optar", ou seja, o trabalhador estaria obrigado a fazer uma opção por um dos adicionais, embora a lei utilize a expressão "poderá" (que denota uma faculdade) e não "deverá" (que traduz uma obrigação).

No entanto, a questão sempre foi alvo de controvérsias, notadamente quanto ao questionamento acerca da recepção do art. 193, § 2º, da CLT, pela CRFB de 1988, havendo parcela da doutrina e jurisprudência do próprio TST[51] no sentido de que o referido dispositivo celetista não teria sido recepcionado pela Constituição que, ao garantir os referidos adicionais, o fez de forma plena, estabelecendo em seu art. 7º, inc. XXIII serem "direitos dos trabalhadores urbanos e rurais, além de outros que visem à melhoria de sua condição social (...) adicional de remuneração para as atividades penosas, insalubres ou perigosas, na forma da lei", *redação n*ão autorizativa de qualquer restrição por meio de lei infraconstitucional.

Nesse sentido, da interpretação deste preceito constitucional extrai-se que o legislador constituinte assegurou de forma plena o direito ao recebimento dos adicionais de insalubridade e periculosidade, *sem qualquer ressalva no que tange* à *cumulação*, ainda que tenha remetido a

---

50. No mesmo sentido dispõe o item 16.2.1 da NR-16 da Portaria n. 3.214/78, do Ministério do Trabalho. Esses dispositivos (celetista e regulamentador) claramente denotam uma espécie de "favorecimento" do legislador ao poderio econômico em detrimento da plena proteção do trabalhador.

51. Nesse sentido vide Recurso de Revista n. 1072-72.2011.5.02.0384, de relatoria do Ministro Cláudio Brandão, 7ª Turma, julgado em 24 de setembro de 2014. Acórdão disponível em: <https://goo.gl/CXDYCd>. Acesso em 09 mai. 2017.

regulação da questão à lei ordinária, o que ocorre por meio de dispositivos específicos da CLT, bem como por Normas Regulamentadoras (NRs) anexas às Portarias editadas pelo Ministério do Trabalho. Logo, por essa ótica, o art. 193, § 2º, da CLT seria *materialmente incompatível* com a CRFB, sendo possível, portanto, a cumulação dos referidos adicionais ao prevalecer o preceito constitucional.

A questão tomou fôlego e ganhou novos contornos no ano de 2014, quando a 7ª Turma do TST, ao julgar o Recurso de Revista n. 1072-72.2011.5.02.0384, de relatoria do Ministro Cláudio Brandão, realizando o *controle difuso de convencionalidade*, entendeu *unanimemente* pela possibilidade de percepção cumulativa dos referidos adicionais por parte do trabalhador, em razão da incompatibilidade do preceito celetista ora analisado não apenas com a Constituição brasileira, mas também com as Convenções n. 148 e 155, da OIT (TST, 2014).

O art. 8º, item 3, da Convenção n. 148, ao cuidar do adicional de insalubridade, estabeleceu que "os critérios e limites de exposição [a condições insalubres] deverão ser fixados, completados e revisados a intervalos regulares, de conformidade com os novos conhecimentos e dados nacionais e internacionais, e tendo em conta, na medida do possível, *qualquer aumento dos riscos profissionais resultante da exposição simultânea a vários fatores nocivos no local de trabalho*". (Grifo nosso)

Por sua vez, o art. 11, alínea "b", da Convenção n. 155, ao tratar da questão dispôs que, com a finalidade de tornar efetivas as políticas nacionais de segurança e saúde dos trabalhadores e do meio ambiente de trabalho (art. 4º da Convenção), "a autoridade ou as autoridades competentes deverão garantir a realização progressiva das seguintes tarefas: (...) b) a determinação das operações e processos que serão proibidos, limitados ou sujeitos à autorização ou ao controle da autoridade ou autoridades competentes, assim como a determinação das substâncias e agentes aos quais estará proibida a exposição no trabalho, ou bem limitada ou sujeita à autorização ou ao controle da autoridade ou autoridades competentes; *deverão ser levados em consideração os riscos para a saúde decorrentes da exposição simultâneas a diversas substâncias ou agentes*".

À luz desses dispositivos convencionais, no julgado em questão o Ministro Relator afirmou literal e destacadamente que tais normas internacionais incorporadas ao ordenamento jurídico brasileiro passaram a admitir a hipótese de cumulação dos adicionais, já que elas estabelecem critérios e limites dos riscos profissionais em face da exposição simultânea a vários fatores nocivos (TST, 2014, p. 10). Para ele, a interpretação conjunta destas normas é autorizativa da cumulação dos adicionais em análise, uma vez que,

> sendo diferentes os fatores de risco à saúde, cada um dos adicionais de periculosidade e insalubridade busca compensar o trabalhador pela exposição particularizada a cada um deles e, caso ocorra simultaneamente, a regra internacional autoriza sejam considerados, de igual modo, também de modo cumulativo (TST, 2014, p. 11).

Portanto, sob essa ótica, o art. 193, § 2º, da CLT, bem como o item 16.2.1 da NR-16, da Portaria n. 3.214/78, do Ministério do Trabalho, seriam *materialmente inconvencionais*, por importar em franca ofensa aos dispositivos convencionais acima mencionados, que lhes são hierarquicamente superiores, uma vez que, conforme já mencionado, gozam do status da *supralegalidade* no ordenamento jurídico brasileiro. Nesse sentido, Augusto César Leite de Carvalho (2011, p. 201) afirma que

> a orientação jurisprudencial que predomina, no sentido de que são inacumuláveis os adicionais de insalubridade e de periculosidade, frustra, a nosso ver, o desígnio constitucional e também o compromisso assumido pelo Brasil quando ratificou as convenções 148 e 155 da OIT; em rigor, essa orientação relativiza o direito fundamental à compensação monetária pela exposição a agentes nocivos à saúde ou à integridade física do trabalhador.

A questão relativa à hierarquia normativa dos tratados internacionais (notadamente aqueles que veiculam normas consagradoras de direitos humanos) também foi ventilada no julgamento em análise, em que o Relator, citando diversos excertos de doutrina autorizada[52], bem como fazendo menção à jurisprudência do STF sobre a questão, destacou a supralegalidade das Convenções da OIT, assim como a consequente necessidade de realização do controle difuso de convencionalidade no caso *sub judice* (TST, 2014, p. 11-19).

Ainda no âmbito do julgado em comento, demonstrando absoluta sintonia com o Direito Internacional, a 7ª Turma do TST também abordou diversos outros pontos importantes para a plena efetivação dos direitos humanos, pautando-se nas regras, princípios e mecanismos hoje consagrados internacionalmente tais como (i) a impossibilidade de que um Estado alegue o seu direito doméstico para descumprir as obrigações assumidas por meio de um tratado internacional, nos termos do art. 27 da CVDT; (ii) os princípios regentes das relações internacionais

---

52. Dentre eles, Flávia Piovesan, Antonio Augusto Cançado Trindade e Valerio de Oliveira Mazzuoli.

como o *pacta sunt servanda* e o *voluntas civitatis maximae est servanda*; (iii) e, o *efeito paralisante* que as normas convencionais provocam sobre toda a normativa doméstica infraconstitucional que lhe seja contrária (TST, 2014, p. 11-15).

Além de todos esses pontos importantes, no julgado em questão também se ressaltou a questão relativa à natureza das Convenções da OIT, isto é, se seriam ou não tratados internacionais de direitos humanos, concluindo os julgadores pela inequívoca resposta afirmativa, especialmente diante do conteúdo de *direitos sociais* que elas veiculam, há muito reconhecidos como direitos de segunda dimensão (STF, 2014, p. 19).

O que se pode concluir pelas considerações feitas ao julgado até aqui analisado (Recurso de Revista n. 1072-72.2011.5.02.0384) é que a 7ª Turma, antenada aos parâmetros e imperativos internacionais que devem ser observados pelo Brasil, notadamente em razão da vinculação do país aos compromissos internacionais assumidos, andou muito bem ao realizar o controle difuso de convencionalidade e a devida interpretação das Convenções n. 148 e 155, da OIT, possibilitando assim a cumulação dos adicionais de insalubridade e periculosidade.

No entanto, conforme se afirmou no início desta seção do trabalho, em abril de 2016 todo esse quadro evolutivo e de sintonia com o Direito Internacional, demonstrado pela 7ª Turma em 2014, foi transformado pela SDI-1 do Tribunal Superior do Trabalho em um cenário de completo e incompreensível descompasso para com as normas internacionais, representando um verdadeiro retrocesso na proteção dos direitos humanos dos trabalhadores no Brasil no ponto analisado. Isto porque, ao julgar os Embargos por divergência jurisprudencial, no âmbito do Agravo no Recurso de Revista n. 1081-60.2012.5.03.0064, a SDI-1 acabou por não atribuir qualquer valor às Convenções da OIT anteriormente analisadas, desprezando a sua superioridade normativa em relação à CLT, bem como os padrões interpretativos exigidos internacionalmente e, como consequência, afastando a possibilidade de percepção cumulativa dos adicionais de periculosidade e insalubridade pelo trabalhador.

Realizando uma interpretação completamente restritiva (e indevida) das garantias constitucionais previstas nos incisos XXII e XXIII, do art. 7º, da CRFB, a SDI-1 entendeu que o art. 193, § 2º, da CLT, bem como o item 16.2.1 da NR-16, da Portaria n. 3.214/78, do Ministério do Trabalho, não guardam qualquer incompatibilidade com a Constituição brasileira (TST, 2016, p. 13-16). E além disso, trilhando um caminho de infortúnio, a SDI-1 também entendeu não haver qualquer descompasso entre a legislação brasileira e as normas internacionais veiculadas pelas Convenções n. 148 e 155, da OIT. Em seu voto, o Relator Ministro João Oreste Dalazen afirma, *data maxima venia*, equivocadamente, que as referidas Convenções "não contêm qualquer *norma explícita* em que se assegure a percepção cumulativa dos adicionais de periculosidade e de insalubridade em decorrência da exposição do empregado a uma pluralidade de agentes de risco distintos" (TST, 2016, p. 16) *(Grifo nosso)*.

Nesse ponto, torna-se importante destacar-se, de um lado, o esforço e a "ginástica interpretativa" realizada pelo Ministro para demonstrar a inexistência de incompatibilidade entre o art. 193, § 2º, da CLT e o art. 7º, inc. XXII e XXIII, da Constituição; e, de outro, a *completa ausência de uma interpretação* da normativa doméstica brasileira, *condizente com os parâmetros internacionais de proteção dos direitos humanos da atualidade*, que estabelecem o dever de realização de uma atividade interpretativa pautada no reconhecimento e na efetiva aplicação de princípios como a "interpretação conforme os direitos humanos", a "máxima efetividade", a "interpretação *pro homine* ou *pro persona*" e a "primazia da norma mais favorável" (RAMOS, 2016, p. 102-109), o que pode se constatar pela leitura do voto ora comentado (TST, 2016, p. 16-19).

No entanto, o "ponto alto" (e medonho) da decisão, encontra-se no completo desprezo da hierarquia normativa das Convenções da OIT (supralegalidade), segundo entendimento do STF, que se encontra na afirmação de que

> as Convenções nºs 148 e 155, assim como é característico das normas internacionais emanadas da OIT, ostentam conteúdo aberto, de cunho genérico. *Funcionam basicamente como um código de conduta para os Estados-membros*. Não criam, assim, no caso, direta e propriamente obrigações para os empregadores representados pelo Estado signatário (TST, 2016, p. 19). *(Grifo nosso)*

A afirmativa de que os tratados internacionais ostentam normas de conteúdo aberto e de cunho genérico não traz maiores problemas, pois é certo que muitos tratados, notadamente aqueles de natureza multilateral, consagram inúmeras normas principiológicas que, como se sabe, possuem tais características. No entanto, parece ser bastante complicado afirmar-se que tais normas "funcionam basicamente como um código de conduta para os Estados-membros" e que, portanto, "não criam (...) obrigações para os empregadores representados pelo Estado signatário".

Isso porque as Convenções da OIT não são normas *soft law*[53, isto é], textos normativos que, pelo menos por enquanto (na realidade internacional atual), são desprovidos de caráter jurídico, sendo entendidos como normas "não obrigatórias e [...] diretivas que deixam aos seus destinatários uma *margem de apreciação* no que toca ao cumprimento de seu conteúdo" (MAZZUOLI, 2016, p. 188), atuando realmente como compromissos morais ou códigos de conduta para os Estados. Mas ao contrário, referidas Convenções são verdadeiros *tratados internacionais*, nos termos do art. 2º, (1), "a", da *Convenção de Viena sobre o Direito dos Tratados entre Estados e Organizações Internacionais ou entre Organizações Internacionais* (1986), segundo o qual um tratado internacional é um "acordo internacional regido pelo Direito Internacional e celebrado por escrito, entre um ou mais Estados e uma ou mais organizações internacionais, ou entre organizações internacionais, quer este acordo conste de um único instrumento ou de dois ou mais instrumentos conexos e qualquer que seja sua denominação específica".

Nas palavras de Carlos Roberto Husek (2011, p. 123), as Convenções Internacionais do Trabalho, adotadas no âmbito da OIT, são verdadeiros *tratados* multilaterais celebrados entre os Estados no âmbito desta organização internacional, sendo abertos à adesão e dotados de *caráter normativo*. Se é assim, resta óbvio que tais tratados geram obrigações jurídicas para os Estados que deles são partes e, como consequência, para os empregadores representados pelo ente estatal, no caso, o Brasil. Esta assertiva é confirmada pelo disposto no art. 19, § 5º, "d", do Es-

---

53. Sobre as normas *soft law* enquanto potencial fonte do Direito Internacional contemporâneo e como normas que vêm assumindo um lugar cada vez importante no contexto dos direitos humanos vide: Soares (2004, p. 129), Mazzuoli (2016, p. 187-191), e Cerone, Gammeltoft-Hansen e Lagoutte (2016). "Tornou-se banal argumentar que vivemos numa era de proliferação sem precedentes no desenvolvimento do Direito Internacional. No entanto, é importante salientar que uma parte crescente dos padrões normativos gerados pelas políticas mundiais e outras práticas internacionais assumiu a forma de acordos não vinculativos e de outros instrumentos, ao lado do Direito Internacional positivo. Este novo domínio chamado 'soft law' pode ser visto moldando e impactando o conteúdo do Direito Internacional de várias maneiras: desde o primeiro passo de um processo normativo até o estabelecimento de regras detalhadas e padrões mais técnicos necessários para a interpretação e a aplicação das regras de direito positivo existentes. É o caso, sobretudo, dos direitos humanos. Embora relativamente poucos tratados de direitos humanos tenham sido adotados no âmbito da ONU nas últimas duas décadas, o número de declarações, resoluções, conclusões e princípios tem crescido quase exponencialmente. Em algumas áreas, o 'soft law' veio preencher um vazio na ausência de um tratado, exercendo certo grau de força normativa, não obstante seu caráter não vinculativo. Em outras áreas, o "soft law" parece ter se tornado o campo de batalha para lutas interpretativas para expandir e delimitar a proteção dos direitos humanos no contexto dos regimes existentes" (CERONE; GAMMELTOFT-HANSEN; LAGOUTTE, 2016, p. 1).

tatuto da OIT que assim dispõe: "o Estado-Membro que tiver obtido o consentimento da autoridade, ou autoridades competentes, comunicará ao Diretor-Geral a ratificação formal da convenção e *tomará as medidas necessárias para efetivar as disposições da dita convenção*". (Grifo nosso)

Portanto, ao contrário do afirmado pelo Relator do caso, o Estado brasileiro, ao assinar, ratificar e internalizar as Convenções n. 148 e 155 da OIT, assumiu o compromisso internacional (diga-se, a obrigação) de cumpri-las de boa-fé, o que implica em adotar todas as medidas que se fizerem necessárias para a efetiva implementação dos direitos humanos nelas consagrados. E, em assim sendo, a SDI-1 do Tribunal Superior do Trabalho, deveria em primeiro lugar ter levando em consideração a hierarquia normativa das referidas Convenções, considerando o seu status de normas supralegais no ordenamento jurídico brasileiro; em segundo, deveria ter lançado mão dos princípios orientadores da aplicação das normas internacionais veiculadoras de direitos humanos, (i) fazendo uma interpretação das normas celetistas conforme às normas veiculadas pelas Convenções, (ii) e/ou simplesmente aplicando a norma mais benéfica para possibilitar ao trabalhador a cumulação dos adicionais em questão.

Tristemente não foi esse o entendimento adotado pela SDI-1 no julgado em análise, o que acabou por impedir a realização de um adequado (e necessário) controle difuso de convencionalidade para adequação da normativa doméstica brasileira ao disposto nas referidas Convenções, potencializando assim a efetiva proteção dos direitos humanos dos trabalhadores no país.

O que se percebe, ao final, é que a SDI-1 do Tribunal Superior do Trabalho, caminhando na contramão do que se espera do Brasil nos dias atuais em relação ao seu comportamento perante os compromissos internacionais assumidos quanto à efetiva proteção dos direitos humanos, acabou por não reconhecer a hierarquia normativa das Convenções da OIT, não empregar a interpretação que seria apropriada ao caso concreto e não realizar o devido controle de convencionalidade, deixando assim de seguir o bom exemplo dado anteriormente pela 7ª Turma do Tribunal, bem como pelo Superior Tribunal de Justiça, quando da realização do controle entre o CP e a CADH, conforme se analisou ao longo deste trabalho.

CONSIDERAÇÕES FINAIS

O presente trabalho buscou analisar a figura do controle de convencionalidade no Brasil a partir de uma abordagem crítica de dois padrões decisórios empregados por distintas instâncias do Poder Judiciário brasileiro, isto é, pela Justiça Penal e Trabalhista do país.

Em sede de sínteses conclusivas, primeiramente constata-se que na atualidade jurídica internacional (global, regional e local) tornou-se insuficiente a presença do clássico controle de constitucionalidade para a aferição da compatibilidade dos atos normativos infraconstitucionais de um país à sua Constituição, sendo hoje necessária a realização do *controle de convencionalidade*, visando a adequação desses mesmos atos àquilo que dispõe os tratados internacionais (notadamente aqueles que veiculam normas consagradoras de direitos humanos) dos quais um país é ou venha a ser Parte.

Por outras palavras, a realização dessa nova espécie de controle é hoje uma realidade que se impõe aos Estados e especialmente ao Brasil, notadamente em razão do grande número de compromissos internacionais que o país vem assumindo nos últimos tempos, em especial quanto à proteção dos direitos humanos. Assim, conclui-se que uma norma doméstica brasileira de índole infraconstitucional, somente será *válida* se estiver em consonância com a Constituição brasileira e também com os tratados internacionais de direitos humanos dos quais o Brasil é Parte.

Dada a importância do instituto na atualidade, o texto buscou trabalhar os seus principais aspectos, verificando-se que o controle de convencionalidade, amplamente desenvolvido por meio da atividade jurisprudencial da Corte Interamericana de Direitos Humanos, consiste sinteticamente num processo de compatibilização vertical das normas domésticas do país aos comandos encontrados no *corpus juris* internacional.

Verificou-se que o fundamento político-jurídico desse controle se encontra no costume internacional formulado ao longo dos tempos pelos entes estatais, bem como nas normas positivadas nos tratados internacionais por eles entabulados. No âmbito doméstico brasileiro se pôde aferir que a Constituição brasileira também fundamenta a obrigação internacional de realização do controle de convencionalidade pelo Brasil.

No tocante à sua abrangência, restou demonstrado que o controle deve ser operado em dois planos distintos, primeiramente no âmbito interno de cada Estado (controle de matriz interna) e, de modo complementar, pelos tribunais e cortes internacionais (controle de matriz internacional), havendo, portanto, a possibilidade da coexistência de um duplo controle que certamente proporciona uma maior garantia aos direitos humanos hoje protegidos.

Quanto às suas espécies, constatou-se que o controle de convencionalidade pode ser concentrado ou difuso, à exemplo do que ocorre com o clássico controle de constitucionalidade, devendo-se aqui concluir que o controle difuso ou incidental, isto é, aquele realizado por todos os juízes e tribunais do país no bojo de um determinado caso concreto, assume um papel de absoluta importância para o alcance de uma maior efetivação dos direitos humanos no âmbito da contingência territorial dos Estados.

Em relação aos seus efeitos, restou demonstrado que o controle pode ter um efeito negativo ou destrutivo, caso em que uma norma interna incompatível com um tratado internacional tem uma aplicação mínima, resultando daí (i) a sua não aplicabilidade ao caso concreto, (ii) o seu completo descarte (iii), ou a sua invalidação; e também um efeito positivo ou construtivo, situação em que a norma doméstica será interpretada conforme a norma internacional.

A cabo da análise do instituto, conclui-se que a sua realização, obrigatória para os Estados que tenham assumido tal compromisso, deverá produzir ao menos um dos seguintes resultados: (i) não aplicação da norma inconvencional ao caso concreto, (ii) descarte da norma inconvencional, (iii) declaração de invalidade da norma inconvencional, (iv) interpretação e aplicação da norma inconvencional conforme à norma internacional, (v) aplicação do princípio internacional *pro persona* (ou *pro homine*), (vi) paralização dos efeitos das normas inconvencionais em vigor à época do controle e, (vii) impedimento da criação de legislação superveniente conflitante com a norma internacional.

É diante desse panorama que o trabalho analisou (i) o controle de convencionalidade feito pela Justiça Penal brasileira, a partir do confronto entre a Convenção Americana sobre Direitos Humanos e o Código Penal do país, relativamente às figuras da liberdade de expressão e do crime de desacato, bem como (ii) o controle de convencionalidade realizado pela Justiça do Trabalho pátria, a partir do confronto entre as Convenções de n. 148 e 155 da OIT e as normas da Consolidação das Leis do Trabalho, envolvendo as figuras dos adicionais de insalubridade e periculosidade e a controvérsia sobre a possibilidade (ou não) de sua percepção cumulativa pelo trabalhador brasileiro.

No primeiro caso, verificou-se que o controle de convencionalidade realizado pela Justiça Penal do Brasil está em perfeita consonância com os parâmetros estabelecidos internacionalmente pelo Sistema Interamericano de Direitos Humanos, podendo-se concluir que tanto juízes que atuam nas primeiras instâncias, bem como aqueles que atuam nas instâncias superiores do Poder Judiciário brasileiro, como o Superior Tribunal de Justiça, gradativamente estão tomando consciência acerca da necessidade do diálogo que hoje deve haver entre o Direito Internacional e o Direito interno do Brasil, bem como do dever de realização do controle de convencionalidade para a adequação da legislação brasileira aos padrões estabelecidos internacionalmente, conferindo assim maior efetividade aos direitos humanos protegidos pelos tratados internacionais dos quais o Estado brasileiro é Parte.

Já no segundo caso, constatou-se que, embora o controle de convencionalidade tenha sido realizado corretamente em determinado momento pelo Tribunal Superior do Trabalho, ainda precisa ser melhor compreendido e desenvolvido no âmbito daquele Tribunal. As duas decisões completamente díspares em relação ao controle de convencionalidade que foram analisadas ao longo do trabalho (proferidas pela da 7ª Turma e pela SDI-1, respectivamente), demonstram que alguns juízes integrantes daquela Corte ainda precisam evoluir no tocante à compreensão do instituto e à necessidade de sua correta aplicação, notadamente em razão dos compromissos assumidos pelo país quanto à adequação de seu ordenamento jurídico à normas internacionais que, de acordo com a própria jurisprudência máxima do país (STF), possuem hierarquia superior às leis infraconstitucionais.

Conforme se verificou, tomando como parâmetro tratados que gozam da mesma hierarquia normativa no ordenamento jurídico pátrio, nomeadamente a *Convenção Americana sobre Direitos Humanos* e as *Convenções* de n. 148 e 155 da Organização Internacional do Trabalho, ambas com status de norma supralegal, a Justiça Penal e Trabalhista do país chegaram a soluções distintas em razão do tratamento (e do valor) diferenciado dispensado a tais instrumentos, o que resulta numa situação jurídica inadmissível. Como pode uma Corte superior do país afirmar que as normas brasileiras devem necessariamente ser compatíveis com os tratados internacionais dos quais o Brasil é Parte; e outra Corte, também superior, afirmar que tais tratados não criam direta e propriamente obrigações jurídicas para o país? Resta evidente que existe aqui um grande descompasso que precisa ser ajustado e superado!

Espera-se que esse ajuste e superação possam ocorrer num futuro breve. Que o diálogo de fontes e de Cortes se torne uma realidade no Brasil. Que o desconhecimento e o descaso para com as normas internacionais, ainda verificados em certas cearas do Judiciário brasileiro, deem lugar a uma reflexão mais detida e compromissada quanto à necessidade da devida aplicação destas normas. Que o controle de convencionalidade seja melhor assimilado em todas as esferas do Poder Judiciário e, mais do que isso, que se torne um instrumento capaz de promover o respeito, a proteção e efetivação dos direitos humanos num país de milhões de pessoas que ainda sonham com uma vida digna.

REFERÊNCIAS

ACCIOLY, Hildebrando; NASCIMENTO E SILVA, G. E. do; CASELLA, Paulo Borba. **Manual de Direito Internacional Público**. 20. ed. São Paulo: 2012.

BIDART CAMPOS, Gérman José. **Teoría General de los Derechos Humanos**. México: Universidad Nacional Autónoma de México: Instituto de Investigaciones Jurídicas, 1989.

BRASIL. Superior Tribunal de Justiça. **Recurso Especial n. 1.640.084**. São Paulo. Relator Ministro Ribeiro Dantas. Julgamento em 15 de dezembro de 2016. Acórdão disponível em: <https://goo.gl/yaDhyl>. Acesso em 05 abr. 2017.

BRASIL. Superior Tribunal de Justiça. **Recurso Especial n. 914.253**. São Paulo. Relator Ministro Luiz Fux. Julgamento em 2 de dezembro de 2009. Acórdão disponível em: <https://goo.gl/yN9z0k>. Acesso em 05 abr. 2017.

BRASIL. Supremo Tribunal Federal. **Ação Direta de Inconstitucionalidade n. 997-4**. Rio Grande do Sul. Relator Ministro Moreira Alves. Julgamento em 28 de março de 1996. Acórdão disponível em: <https://goo.gl/ttv8jo>. Acesso em 05 abr. 2017.

BRASIL. Supremo Tribunal Federal. **Recurso Extraordinário n. 466.343-1**. São Paulo. Relator Ministro Cezar Peluso. Julgamento em 3 de dezembro de 2008. Acórdão disponível em: <https://goo.gl/YxavNw>. Acesso em 04 abr. 2017.

BRASIL. Tribunal Superior do Trabalho. **Embargos ao Agravo de Instrumento em Recurso de Revista n. 1081-60.2012.5.03.0064**. Relator João Oreste Dalazen. Subseção I Especializada em Dissídios Individuais. Julgamento em 28 de abril de 2016. Data de Publicação: DEJT 17 jun. 2016. Acórdão disponível em: <https://goo.gl/1cfMnd>. Acesso em 09 mai. 2017.

BRASIL. Tribunal Superior do Trabalho. **Recurso de Revista n. 1072-72.2011.5.02.0384**. Relator Cláudio Brandão. 7ª Turma. Julgamento em 24 de setembro de 2014. Data de Publicação: DEJT 03 out. 2014. Acórdão disponível em: <https://goo.gl/CXDYCd>. Acesso em 09 mai. 2017.

CANÇADO TRINDADE, Antonio Augusto. A interação entre o Direito Internacional e o Direito Interno na proteção dos direitos humanos. In: **Arquivos do Ministério da Justiça**, Ano 46, n. 12, jul/dez. 1993.

CARVALHO, Augusto César Leite de. **Direito do Trabalho**: Curso e Discurso. Aracaju: Evocati, 2011.

CERONE, John; GAMMELTOFT-HANSEN, Thomas; LAGOUTTE, Stephanie (Edit.). **Tracing the Roles of Soft Law in Human Rights**. Oxford: Oxford University Press, 2016.

LEAL, Rogério Gesta. Os Efeitos Deletérios da Corrupção em Face dos Direitos Humanos e Fundamentais. In: LEAL, Rogério Gesta; SILVA, Ianaiê Simonelli da (Orgs.). **As**

Múltiplas Faces da Corrupção e seus Efeitos na Democracia Contemporânea. Santa Cruz do Sul: EDUNISC, 2014.

MAC-GREGOR, Eduardo Ferrer. El control de convencionalidad en la jurisprudencia de la Corte Interamericana de Derechos Humanos. In: DUARTE, Fabiane Pereira de Oliveira; CRUZ, Fabrício Bittencourt da; JARDIM, Tarciso Dal Maso (Coords.). **Controle de Convencionalidade**. Conselho Nacional de Justiça, 2016.

_____. Interpretación conforme y control difuso de convencionalidad: el nuevo paradigma para el juez mexicano. In: CARBONELL, Miguel; SALAZAR, Pedro (Coord.). **La Reforma Constitucional de Derechos Humanos**: Un nuevo paradigma. México: Universidad Nacional Autônoma de México: Instituto de Investigaciones Jurídicas, 2010. Disponível em: <https://goo.gl/PwblmG>. Acesso em 04 abr. 2017.

MARINONI, Luiz Guilherme. Controle de Convencionalidade (Na Perspectiva do Direito Brasileiro). In: MARINONI, Luiz Guilherme; MAZZUOLI, Valerio de Oliveira (Coord.). **Controle de Convencionalidade**: Um panorama latino-americano. Brasília: Gazeta Jurídica, 2013.

MAZZUOLI, Valerio de Oliveira. **Curso de Direitos Humanos**. 3. ed. São Paulo: Gen/Método, 2016.

_____. **O Controle Jurisdicional da Convencionalidade das Leis**. 2. ed. São Paulo: Revista dos Tribunais, 2011.

_____. Teoria Geral do Controle de Convencionalidade no Direito Brasileiro. In: MARINONI, Luiz Guilherme; MAZZUOLI, Valerio de Oliveira. **Controle de Convencionalidade**: Um panorama latino-americano. Brasília: Gazeta Jurídica, 2013.

PIOVESAN, Flávia. **Direitos Humanos e o Direito Constitucional Internacional**. 16. ed. São Paulo: Saraiva, 2016.

RAMOS, André de Carvalho. **Curso de Direitos Humanos**. 3. ed. São Paulo: Saraiva, 2016.

_____. **Processo Internacional de Direitos Humanos**. 5. ed. São Paulo: Saraiva, 2016.

ROTHENBURG, Walter Claudius. Constitucionalidade e Convencionalidade da Lei da Anistia Brasileira. In: **Revista Direito GV**, São Paulo, 9 (2), pp. 681-706, jul./dez. 2013.

_____. **Direito Constitucional**. São Paulo: Verbatim, 2010.

SABADELL, Ana Lucia; DIMOULIS, Dimitri. Anistia. A política além da justiça e da verdade. In: **Acervo**, Rio de Janeiro, v. 24, n. 1, jan./jun. 2011, p. 79-102.

SAGÜÉS, Néstor Pedro. El "control de convencionalidad" como instrumento para la elaboración de un *ius commune* interamericano. In: BOGDANDY, Armin von; FIX-FIERRO, Héctor; ANTONIAZZI, Mariela Morales; MAC-GREGOR, Eduardo Ferrer (Coord.). **La Justicia Constitucional y su internacionalización ¿Hacia un Ius cosntitucionale commune en América Latina?** Tomo II. México. Universidad Nacional Autônoma de México: Instituto de Investigaciones Jurídicas, 2010. Disponível em: <https://goo.gl/e5U5at>. Acesso em 28 mar. 2017.

_____. El "control de convencionalidad" en el sistema interamericano, y sus anticipos en el ámbito de los derechos económico-sociales. Concordancias y diferencias con el sistema europeo. In: BOGDANDY, Armin von; FIX-FIERRO, Héctor; ANTONIAZZI, Mariela Morales; MAC-GREGOR, Eduardo Ferrer (Orgs.). **Construcción y Papel de los Derechos** Sociales Fundamentales. Hacia un ius constitucionale commune en América Latina. México: Universidad Nacional Autônoma de México: Instituto de

Investigaciones Jurídicas, 2011. Disponível em: <https://goo.gl/fapjwH>. Acesso em 28 mar. 2017.

SARLET, Ingo Wolfgang. Notas sobre as relações entre a Constituição Federal de 1988 e os tratados internacionais de direitos humanos na perspectiva do assim chamado controle de convencionalidade. In: MARINONI, Luiz Guilherme; MAZZUOLI, Valerio de Oliveira (Coord.). **Controle de Convencionalidade**: Um panorama latino-americano. Brasília: Gazeta Jurídica, 2013.

SOARES, Guido Fernando Silva. **Curso de Direito Internacional Público**. 2. ed. São Paulo: Atlas, 2004.

LIRA, Yulgan. **Controle de Convencionalidade:** A tutela coletiva dos tratados internacionais de direitos humanos. João Pessoa: Ideia, 2016.

VILLIGER, Mark Eugen. **Commentary on the 1969 Vienna Convention on the Law of Treaties**. Leiden: Martinus Nijhoff Publishers, 2009.

CONTROLE DE CONVENCIONALIDADE: AFINAL, DESACATO À AUTORIDADE OU LIBERDADE DE EXPRESSÃO?

Edna Firmino Rodrigues Fernandes[1]

INTRODUÇÃO

O presente artigo visa analisar o art. 331 do Código Penal Brasileiro, que trata do crime de desacato a funcionário público no exercício ou em razão de sua função, à luz do ordenamento jurídico internacional, com especial ênfase aos direitos humanos e a Convenção Americana de Direitos Humanos de 1969, sendo enfatizado o controle de convencionalidade.

O controle de compatibilidade das leis tem como pressuposto uma análise não apenas restringida a verticalidade do ordenamento jurídico, mas também os diplomas extrínsecos à legislação pátria dos quais o Brasil é signatário, ou seja, aos acordos internacionais que o Brasil possui com os demais países. Nesse sentido, cabe ao juízo realizar tanto o controle de Constitucionalidade, quanto o controle de convencionalidade das leis como seus instrumentais para tomadas de decisões.

A República Federativa do Brasil constitui-se em um Estado Democrático de Direito, tendo como norma ápice a Constituição de 1988, que é a lei fundamental suprema, em seu art. 4º é estabelecido os princípios norteadores que ligam o Estado brasileiro aos deveres, que possam vir a ser assumidas no plano internacional. Prevendo no seu inciso II, a prevalência dos direitos humanos, nas suas relações internacionais. Piosevan (2013) entende que se para o Estado brasileiro a prevalência dos direitos humanos é princípio a guiar o Brasil no cenário internacional, em consequência está se admitindo a concepção de que os direitos

---

1. Bacharelanda de direito (Unipê); Bacharel em ciências econômicas (UFPB) e Tecnóloga em negócios imobiliários (IFPB). E-mail: ednaeconomista1@hotmail.com

humanos estabelecem tema de autêntica preocupação e mérito da comunidade internacional.

Devido à apreensão e interesse na comunidade internacional, o Estado, admite compromissos em tratados internacionais. Tratados, que diferem dos ordenamentos internos nacionais, cabendo assim uma harmonização das normas de direito interno com tratados de Direitos Humanos pelo governo em vigor no país (MAZZUOLI, 2013).

1. LIBERDADE DE EXPRESSÃO

Liberdade de expressão é elemento fundamental de qualquer sociedade democrática, sendo essencial determinar a importância da mesma nas sociedades modernas, pois quando esta é extinta abre lugar para a opressão. Nesse diapasão, é direito de todo e qualquer indivíduo em sociedade democrática manifestar seu pensamento, opinião, atividade intelectual, artística, científica e de comunicação, sem censura, como assegurado pelo art. 5º da CF/88, sendo este inalienável, irrenunciável, intransmissível e irrevogável, essencial para que se concretize o princípio da dignidade humana.

> Rawls observa que, ao longo da história do pensamento democrático, o foco esteve em conseguir não a liberdade no geral, mas certas liberdades específicas encontradas em manifestos e na Declaração de Direitos. Identifica certas "liberdades básicas": liberdade política (direito ao voto e a um cargo público), liberdades de pensamento, consciência, expressão, associação, reunião, profissão, direito de ir e vir; proteção contra agressão física, opressão psicológica, apreensão e detenção arbitrárias; direito à propriedade.
>
> Estas são as mais importantes, nas quais todos os seres humanos têm um interesse fundamental. O primeiro princípio de justiça social de Rawls exige que cada cidadão tenha suas liberdades básicas justas garantidas"(RAWLS, 2009 apud SMITH, 1971/1999).

2. O CONTROLE DE CONSTITUCIONALIDADE RECONHECENDO A INEXISTÊNCIA DO CRIME DE DESACATO

Com particular destaque aos Direitos Humanos, destacam-se os tratados internacionais que o Brasil figura como signatário, a exemplo da Convenção Americana de Direitos Humanos de 1969 (Pacto de São José da Costa Rica), o Pacto Internacional sobre Direitos Civis e Políticos de 1966 e o Pacto Internacional dos Direitos Econômicos, Sociais e Culturais de 1966 (PIDESC), e que, por força do que dispõe o art. 5º, §§ 2º e 3º, da Constituição da República, fazem parte do chamado "bloco de constitucionalidade".

Vale salientar, que mesmo não sendo ratificados pelo Congresso Nacional tais tratados possuem validade interna para sua aplicabilidade. Depreende-se tal entendimento, haja vista que no Recurso Extraordinário nº 466.343, da Relatoria do Ministro Gilmar Mendes, sedimentou-se o entendimento no que diz respeito à hierarquia normativa no direito brasileiro das leis e tratados internacionais:

> PRISÃO CIVIL DO DEPOSITÁRIO INFIEL EM FACE DOS TRATADOS INTERNACIONAIS DE DIREITOS HUMANOS. INTERPRETAÇÃO DA PARTE FINAL DO INCISO LXVII DO ART. 5O DA CONSTITUIÇÃO BRASILEIRA DE 1988. POSIÇÃO HIERÁRQUICO-NORMATIVA DOS TRATADOS INTERNACIONAIS DE DIREITOS HUMANOS NO ORDENAMENTO JURÍDICO BRASILEIRO. Desde a adesão do Brasil, sem qualquer reserva, ao Pacto Internacional dos Direitos Civis e Políticos (art. 11) e à Convenção Americana sobre Direitos Humanos - Pacto de San José da Costa Rica (art. 7º, 7), ambos no ano de 1992, não há mais base legal para prisão civil do depositário infiel, pois o caráter especial desses diplomas internacionais sobre direitos humanos lhes reserva lugar específico no ordenamento jurídico, estando abaixo da Constituição, porém acima da legislação interna. O status normativo supralegal dos tratados internacionais de direitos humanos subscritos pelo Brasil torna inaplicável a legislação infraconstitucional com ele conflitante, seja ela anterior ou posterior ao ato de adesão. Assim ocorreu com o art. 1.287 do Código Civil de 1916 e com o Decreto-Lei nº 911/69, assim como em relação ao art. 652 do Novo Código Civil (Lei nº 10.406/2002). ALIENAÇÃO FIDUCIÁRIA EM GARANTIA. DECRETO-LEI Nº 911/69. EQUIPAÇÃO DO DEVEDOR-FIDUCIANTE AO DEPOSITÁRIO. PRISÃO CIVIL DO DEVEDOR-FIDUCIANTE EM FACE DO PRINCÍPIO DA PROPORCIONALIDADE. A prisão civil do devedor-fiduciante no âmbito do contrato de alienação fiduciária em garantia viola o princípio da proporcionalidade, visto que: a) o ordenamento jurídico prevê outros meios processuais-executórios postos à disposição do credor-fiduciário para a garantia do crédito, de forma que a prisão civil, como medida extrema de coerção do devedor inadimplente, não passa no exame da proporcionalidade como proibição de excesso, em sua tríplice configuração: adequação, necessidade e proporcionalidade em sentido estrito; e b) o Decreto-Lei nº 911/69, ao instituir uma ficção jurídica, equiparando o devedor-fiduciante ao depositário, para todos os efeitos previstos nas leis civis e penais, criou uma figura atípica de depósito, transbordando os limites do conteúdo semântico da expressão "depositário infiel" insculpida no art. 5º, inciso LXVII, da Constituição e, dessa forma, desfigurando o instituto do depósito em sua conformação constitucional, o que perfaz a violação ao princípio da reserva legal proporcional. RECURSO EXTRAORDINÁRIO CONHECIDO E NÃO PROVIDO. (RE 349703, Relator (a): Min. CARLOS BRITTO, Relator (a) p/ Acórdão: Min. GILMAR MENDES, Tribunal Pleno,

julgado em 03/12/2008, DJe-104 DIVULG 04-06-2009 PUBLIC 05-06-2009 EMENT VOL-02363-04 PP-00675).

Tendo por embasamento o recurso extraordinário exposto anteriormente, o STF fixou o entendimento de que os tratados internacionais que versem sobre matéria relacionada a Direitos Humanos têm natureza infraconstitucional, todavia supralegal. Na visão de Maués (2013) a supralegalidade permite construir argumentos que favoreçam a utilização dos tratados de direitos humanos como parâmetro de interpretação constitucional no direito brasileiro. Contudo, todo tratado confirmado pelo presidente já possuiria este caráter superior às leis internas, devendo ser, a fim de ter eficácia de emenda constitucional, ser julgado e aprovado pelas casas do Congresso Nacional com 3/5 dos votos.

Destarte, cabe ao juízo em seu papel de julgador realizar o controle de Constitucionalidade e Convencionalidade das leis, devendo interpretar as normas legais não só em relação à Constituição Federal, mas também em relação aos Tratados Internacionais de Direitos Humanos dos quais o Brasil é signatário.

Neste diapasão, temos que a Convenção Americana de Direitos Humanos (1969), em seu art. 13, estabelece que:

> Toda pessoa tem direito à liberdade de pensamento e de expressão. Esse direito compreende a liberdade de buscar, receber e difundir informações e ideias de toda natureza, sem consideração de fronteiras, verbalmente ou por escrito, ou em forma impressa ou artística, ou por qualquer outro processo de sua escolha.

A Comissão interamericana de Direitos Humanos, a fim de contribuir para a definição e abrangência da garantia de liberdade de expressão assegurada no art. 13 da Convenção Americana de Direitos Humanos, aprovou, no ano de 2.000, a Declaração de Princípios sobre a Liberdade de Expressão. Dentre os princípios elencados nesta Declaração, imperioso se faz destacar o disposto no item 11:

> Os funcionários públicos estão sujeitos a maior escrutínio da sociedade. As leis que punem a expressão ofensiva contra funcionários públicos, geralmente conhecidos como "leis de desacato", atentam contra a liberdade de expressão e o direito à informação.

Destarte, sob a luz do disposto no art. 13 do Pacto de São José da Costa Rica, ao realizar o Controle de Convencionalidade, temos que a condenação pelo crime de desacato é uma grave violação ao dispositivo internacional supralegal, e por assim dizer um afronta a matéria tratada no dispositivo de caráter pactuado entre os países que o compõe. Fator explicado por o Tratado Internacional possuir força supralegal e o crime previsto no art. 331 do Código Penal Brasileiro (portanto em legislação infraconstitucional), não estar em conformidade com aquele diploma, deveria ser inaplicável.

Tendo por decorrência que os cidadãos teriam o direito de criticar e examinar as ações e atitudes dos funcionários públicos no que se refere à função pública. Ademais, as leis de desacato dissuadem as críticas, pelo temor das pessoas às ações judiciais ou sanções fiduciárias.

Corroborando tal entendimento faremos uso da ação penal nº 0067370-64.2012.8.24.0023 que tramitou no Tribunal de Justiça de Santa Catarina (comarca da capital). Nela o Juiz Alexandre Morais da Rosa, ao julgar um caso de desacato, acentua que o crime previsto no art. 331 do Código Penal já não encontra abrigo, tendo em vista a verificação do Controle de Convencionalidade. Mesmo que não seja reconhecido o caráter vinculante na interpretação do tratado operada pela referida Comissão Internacional, assinala, a fim de robustecer e pactuar a sua opinião sobre o descabimento da condenação por desacato, os princípios da fragmentariedade e da intervenção mínima.

Nestes termos, o Juiz Alexandre Morais da Rosa (2015), não revogou a lei do desacato do ordenamento jurídico, mas, por intermédio do controle de convencionalidade difuso, reconheceu a inexistência do crime de desacato, devido a sua incompatibilidade com a Convenção Americana de Direitos Humanos, invocando a declaração de Princípios sobre a liberdade de Expressão, dispondo que:

> É certo que, paulatinamente, o entendimento emanado pela Comissão Interamericana de Direitos Humanos deverá repercutir na jurisprudência interna dos Estados americanos signatários do Pacto de São José da Costa Rica – sobretudo em Estados que, como o Brasil, são também signatários da Convenção de Viena sobre Direito dos Tratados de 1969, cujo art. 27 prescreve que "uma Parte não pode invocar as disposições do seu direito interno para justificar o descumprimento de um tratado.

Ainda que seja considera grave a ofensa conduzida ao agente público, esta já apresenta elementos de coação e coerção já previstos no próprio Código Penal, por meio dos crimes contra a honra, não havendo, o porquê subsistir o tipo penal estudado.

Diante do todo exposto, verifica-se que as condenações pelo crime de desacato à autoridade são altamente questionáveis, não só pelo fato de não estarem em alinhamento com os tratados internacionais abraçados pelo Brasil, mas também por não venerarem princípios fundamentares do Direito Penal.

O juízo não deve se prender exclusivamente a constituição e outros ordenamentos internos, mas também pelos tratados internacionais que versam sobre os Direitos Humanos. Com o intuito, de pacificar o entendimento entre direito internacional humano e a constituição brasileira no recurso extraordinário nº 466.343 ficou estabelecido, que os tratados os quais versem sobre Direitos Humanos, têm natureza infraconstitucional e supralegal, sendo exceção os tratados aprovados em dois turnos de votação por três quintos dos membros de cada uma das casas do Congresso Nacional, os quais são equivalentes às emendas constitucionais, conforme estabelece o art. 5º, §3º da Constituição.

De acordo com o Recurso Ordinário mencionado anteriormente, não há mais base legal para prisão civil do depositário infiel, devido ao status normativo supralegal que possuem os tratados internacionais de direitos humanos, cujo Brasil é signatário, tornando-se inaplicável a legislação infraconstitucional. Portanto, incumbe ao julgador não utilizar-se de normas jurídicas tipificadas no ordenamento nacional, que estejam desalinhados com os tratados internacionais que versem sobre Direitos Humanos, principalmente, a Convenção Americana de Direitos Humanos de 1969 (o Pacto de São José da Costa Rica), utilizando-se do Controle de Convencionalidade.

> [...] o controle de compatibilidade das leis não se trata de mera faculdade conferida ao julgador singular, mas sim de uma incumbência, considerado o princípio da supremacia da Constituição. Cabe ainda frisar que, no exercício de tal controle, deve o julgador tomar como parâmetro superior do juízo de compatibilidade vertical não só a Constituição da República (no que diz respeito, propriamente, ao controle de constitucionalidade difuso), mas também os diversos diplomas internacionais, notadamente no campo dos Direitos Humanos, subscritos pelo Brasil os quais, por força do que dispõe o art. 5º, §§ 2º e 3º[1], da Constituição da República, moldam o conceito de "bloco de constitucionalidade" (parâmetro superior para o denominado controle de convencionalidade das disposições infraconstitucionais).

Rosa (2015) enfatiza que por intermédio do Controle de Convencionalidade, que trata sumariamente em analisar se a legislação de um país está em conformidade com os tratados e convenções internacionais que o estado se comprometeu a cumprir, deixou de existir, por exemplo, o crime de desacato art. 331 do Código penal brasileiro, que trás em sua redação: desacatar funcionário público no exercício da função ou em razão dela, pena de detenção, de seis meses a dois anos, ou multa.

Em decorrência da Comissão Interamericana de Direitos Humanos ter aprovado no ano 2000 a Declaração de Princípios sobre a Liberdade de Expressão, tendo tal documento como uma de suas finalidades a de contribuir para a definição da abrangência da garantia da liberdade de expressão assegurada no art. 13 da Convenção Americana de Direitos Humanos. E, dentre os princípios consagrados na declaração, estabeleceu-se, em seu item "11", que "as leis que punem a expressão ofensiva contra funcionários públicos, geralmente conhecidos como "leis de desacato", atentam contra a liberdade de expressão e o direito à informação".

Conclui Bruno Haddad Galvão[2], defensor público do Estado de São Paulo que "a condenação de alguém pelo Poder Judiciário brasileiro pelo crime de desacato viola o art. 13 da Convenção Americana sobre os Direitos Humanos, consoante à interpretação que lhe deu a Comissão Interamericana de Direitos Humanos". Vale ressaltar, que o uso dos tratados internacionais não deve ficar reservado ao Supremo Tribunal Federal, deve servir de pauta interpretativa para todos os demais órgãos judiciais. Bem como, os poderes públicos devem expandir seu conhecimento do direito internacional dos direitos humanos, especialmente do sistema interamericano (BERNARDES, 2011), de maneira que sejam respeitados os compromissos assumidos pelo Brasil.

Para um melhor entendimento de como o Brasil segue a passos lentos, antes mesmo de reconhecer a inexistência de crime de desacato por intermédio do controle de constitucionalidade, esse mesmo instrumental foi utilizado na República da Guatemala, no dia 1 de fevereiro de 2006. No caso da República da Guatemala, na análise dos seus art. 411 e 412 do Código Penal, que tratam respectivamente de desacato às autoridades públicas, o tribunal considerou que os estes artigos poderiam ser usados como um método de repressão. Portanto, ficou estabelecido que as leis de desacato não estão em conformidade com o que prega o art. 13[3] da Convenção Americana de Direitos Humanos, pois são leis repressivas, que impedem o exercício da democracia:

> Tampoco es ajeno a esta Corte el que desde mil novecientos noventa y cinco, la Comisión Interamericana de Derechos Humanos haya considerado que las leyes que establecen el delito de Desacato son incompatibles con el artículo 13 de la Convención Americana de Derechos Huma-

---

2. Disponível em: http://www.conjur.com.br/2012-set-15/bruno-galvao-desacato-comissao--interamericana-direitos-humanos>. Acesso em: 14 dez. 2016.
3. Art. 13, Liberdade de pensamento e de expressão extraído de HUMANOS, Comissão Interamericana de Direitos. CONVENÇÃO AMERICANA SOBRE DIREITOS HUMANOS. Disponível em: <http://www.cidh.oas.org/basicos/portugues/c.convencao_americana.htm> . Acesso em: 10 nov. 2016.

> nos, al haberse determinado que no son acordes con el criterio de necesidad y que los fines que persiguen no son legítimos, por considerarse que este tipo de normas se prestan para abuso como un medio para silenciar ideas y opiniones impopulares y reprimen el debate necesario para el efectivo funcionamiento de las instituciones democráticas. (Vid. Informe sobre la Incompatibilidad entre las leyes de desacato y la Convención Americana sobre Derechos Humanos, OEA/Ser.L/V/II.88, Doc. 9 Rev. [1995] 17 de febrero de 1995). Al atender las citas doctrinarias y jurisprudenciales antes citadas, y aplicar lo extraído de ellas en función de lo regulado en los artículos 411 y 412 del Código Penal, este tribunal concluye indefectiblemente que tal regulación no guarda conformidad con el contenido del artículo 35 constitucional; y de ahí que por tratarse aquéllos de normas preconstitucionales, se determina que estos contienen vicio de inconstitucionalidad sobrevenida, por lo cual deben ser excluidos del ordenamiento jurídico guatemalteco y así debe declararse al emitirse el pronunciamiento respectivo (GUATEMALA, 2005).

Em virtude disso, o tribunal concluiu que as leis do desacato não estão de acordo com o artigo 35[4], devendo ser abolidas do ordenamento jurídico da Guatemala.

3. TIPIFICAÇÃO DO DESACATO PARA EXPLICAR A MANUTENÇÃO DE PODERIO NA MÃO DA MINORIA MAIORIZADA

Ao longo da história tem-se que a garantia do bem jurídico a que se faz referência está sempre recaindo no contexto subjetivo. Esse não seria um obstáculo, caso não tivesse um problema antecedente, a saber: a honra ou importância da função pública está baseada no autoritarismo e obstante de preceitos democráticos, ou seja, o viés autoritário é usado como um instrumental para manter a ordem intacta entre hierarquia de órgãos públicos e cidadãos.

Observando pelo prisma da concretude é apresentado três situações a priori, que são aparentemente distintas, podendo estar completamente desvinculadas ou mesmo difusas entre si. Seus objetivos usualmente podem seguir tais direcionamentos: (i) a repressão àquele que está deliberadamente em luta na ampliação e construção de direitos, por intermédio de alguma manifestação verbal ou externa; (ii) a tentativa de driblar uma situação em que alguém está em grande grau de alteração emocional; ou (iii) a manutenção de uma determinada ordem para garantir uma certa autoridade. Contudo, há restrição do princípio mais básico de liberdade de expressão em todas as três situações. Saliente-se

---

4. Art. 35, da Constituição da República Da Guatemala, fala a respeito da liberdade de expressão.

que a conduta incriminada de desacato também pode ser usada como maneira para a manutenção de certo poderio entre a atividade policial e o cidadão com menos recursos de acesso à justiça.

É disposto um breve histórico da origem do desacato na propositura da ADPF[5], o qual expõe situações do direito romano, sua consequente recepção na Idade Média e finaliza com a admissão legal no ordenamento jurídico brasileiro:

> De acordo com Luiz Regis Prado, a primeira vez que o comportamento descrito no art. 331 do CP passou a ser criminalizado remonta ao direito romano, onde se puniam injúrias proferidas contra magistrados no exercício de suas funções (*iniuria atrox*), inclusive com pena de morte quando o suposto ofensor pertencesse à classe dos *humiliores*[6]. Posteriormente, na Idade Média, foram incluídos como sujeito passivo desse delito os sacerdotes. O Código francês de 1820 também contemplou a previsão com o título de *outrage*, acompanhado pelo Código italiano com a criação do tipo penal denominado *oltraggio*. No Brasil, as Ordenações Filipinas estabeleciam como crime de "lesa-majestade" as injúrias praticadas contra magistrados ou seus oficiais. Em 1830, o Código Criminal do Império previa os tipos penais de calúnia e injúria qualificada quando elas fossem praticadas contra depositário ou funcionário público no exercício de suas funções. O Código de 1890 preservou o delito no art. 134, porém fazendo emprego, pela primeira vez, da nomenclatura "desacato". O atual Código Penal ampliou o seu alcance para também incluir como elementar do delito as ofensas proferidas contra funcionário público que não esteja no exercício de suas funções, mas em razão dela (PRADO, 2009, p. 515).

O dever do cidadão versa exatamente em processos de votação rotineiro das atividades realizadas pelo Estado, ao contrário de ser afastado por este quando de sua aversão. Assim, salienta-se que a propositura da referida ADPF finaliza com a seguinte explanação:

> Desse modo, a persistência do art. 331 no ordenamento jurídico brasileiro é ofensivo à Constituição sob múltiplas perspectivas: atenta contra o regime democrático, na medida em que impede o controle da atuação de servidores públicos a propósito de suas funções; inibe a liberdade de expressão nos seus aspectos e fundamentos essenciais; atinge mais severamente aqueles que estão em luta pela implementação de seu catálogo de direitos, em clara ofensa ao princípio da igualdade; e compromete

---

5. Para um melhor entendimento leia-se na integra a ADPF. Disponível em: http://pfdc.pgr.mpf.mp.br/temas-de-atuacao/comunicacao-social/atuacao-do-mpf/representacao-proposicao--adpf-crime-desacato. Acesso em: 14 dez. 2016.
6. Diz respeito às pessoas mais desfavorecidas economicamente, ou seja, os pobres da sociedade naquela época.

o Brasil no cenário internacional, pelo não cumprimento de obrigações às quais aderiu livremente.

Compreende-se que no atendimento do dispositivo jurídico do ordenamento brasileiro que o crime se origina de uma possibilidade em que o afetado é a majestade ou alguma chefia. O crime de lesa-majestade foi usado para incriminação de inúmeras revoltas ao decorrera do período histórico imperial, a exemplo da Inconfidência Mineira (FERREIRA, 2009).

3.1. Entendimentos sobre a descriminalização do desacato à autoridade

É válido ressaltar, que já foram proferidas decisões nacionais sobre a inexistência do crime de desacato (processo nº 0000951-45.2013.403.6005 - Justiça Federal do Estado do Mato Grosso do Sul; processo nº 0067370-64.2012.8.24.0023 - Justiça Estadual de Santa Catarina), e que alguns países sul-americanos já aboliram do seu ordenamento o referido crime, como é o caso da Argentina.

No Brasil, o anteprojeto *Código Penal*, elaborado pela comissão de juristas, através do Requerimento nº 756 de 2011, de autoria do senador Pedro Taques e aditado pelo de Requerimento nº 1.034 de 2011, com aprovação pelos senadores da República em 10 de agosto de 2011, deixou de prever o desacato como crime, mostrando uma clara tendência de que o delito em questão seja extinto do ordenamento jurídico brasileiro.

Destaca-se a existência do projeto de lei nº 2.769/2015 que pretende a revogação dos crimes de desacato à autoridade tanto no Código Penal quanto no Código Penal Militar, tendo por justificativa a liberdade de expressão, faz referência às recomendações do Relatório Final da Comissão da Verdade e cita as discussões do anteprojeto acerca do Novo Código Penal. A presente proposta para retirar do ordenamento jurídico resquícios legislativos que cogitam uma ideologia política incompatível com a Constituição da República de 1988, servindo tão somente para criminalizar artistas de rua, integrantes de movimentos sociais e possibilitar o exercício do poder punitivo sem qualquer controle.

Destarte, o recurso especial apresentado a 5ª Turma do Superior Tribunal de Justiça pelo defensor público Luis Cesar Francisco Rossi, da Defensoria Pública de São Paulo, obteve em 15 de dezembro de 2016 decisão unanime do STJ, na qual foi descriminalizada a conduta tipificada pelo código penal alegando que o mesmo é uma norma supralegal que vai a desencontro da constituição, que garante a liberdade de expressão. Salienta-se que a decisão tomada vale apenas para o caso julgado, apesar de não possuir vinculatividade, é um precedente para vindouros recursos em casos da mesma ordem. O caso que foi levado a julgamento e serviu para obtenção desse entendimento pelo STJ[7] diz respeito a um homem que havia sido condenado a cinco anos e cinco meses de reclusão por roubar uma garrafa de bebida avaliada em R$ 9,00, por desacatar os policiais que o prenderam e por resistir à prisão. Salienta-se afasta a condenação no âmbito penal, podendo ser responsabilizado em outras esferas, como administrativa e cível. Ao apresentar seu voto o ministro relator do recurso Ribeiro Dantas, corroborou com a argumentação exposta os pelo Ministério Público Federal (MPF) de que os funcionários públicos estão mais sujeitos ao escrutínio da sociedade, e que as "leis de desacato" existentes em países como o Brasil atentam contra a liberdade de expressão e o direito à informação.

CONSIDERAÇÕES FINAIS

Realizamos uma breve explanação do que seja a liberdade de expressão, verificando que ela é fundamental para que exista de fato uma sociedade democrática, sendo imperiosa a busca constante pela sua preservação. Verificando-se que o art. 331 do Código Penal Brasileiro que tipifica o crime de desacato à autoridade possui em seu seio o objetivo de estabelecer e reforçar a concepção equivocada da superioridade estatal em relação ao indivíduo, provocando verdadeiro temor que impede a manifestação crítica do sujeito diante de atos praticados por funcionário público, o que vem a ferir o direito fundamental de liberdade de expressão garantido constitucionalmente e tão conclamado.

Nessas linhas, a permanência da criminalização de desacato no mundo jurídico provoca desestímulo ao aparecimento de conceitos plurais, os quais são totalmente indesejáveis e repulsivos à Administração Pública, violando, o sistema democrático e a liberdade de expressão, uma vez que ele mira a possibilidade de procurar, acolher e disseminar informações livremente e sem quaisquer obstáculos para tal manifestação.

---

7. Para um melhor entendimento leia-se o RECURSO ESPECIAL Nº 1.640.084 - SP (2016/0032106-0), interposto por ALEX CARLOS GOMES, nos termos do disposto no art. 105, III, "a", da Constituição Federal, contra acórdão do Tribunal de Justiça do Estado de São Paulo. Disponível em: http://www.stj.jus.br/static_files/STJ/Midias/arquivos/Noticias/RECURSO%20ESPECIAL%20N%C2%BA%201640084.pdf. Acesso em: 16 dez. 2016.

Por esta razão, tem-se entendido que a incriminação por desacato apresenta-se incompatível com art. 13, da Convenção Americana de Direitos Humanos (Pacto de São José da Costa Rica), ao conferir proteção diferenciada ao Estado em relação ao indivíduo, opondo-se o controle dos atos abusivos e deliberados do funcionalismo público pela sociedade de maneira indistinta.

Os serviços estatais possuem a incumbência de servir a população, a incriminação por desacato provoca barreiramento e retrocesso ao direito de todo cidadão de avaliar o desempenho das funções públicas, atingindo não apenas a liberdade de expressão, mas desaguando na ineficiência da prestação dos serviços demandados e necessários para o funcionamento da sociedade democrática de direito. Por esse entendimento, o crime de desacato nada mais seria do que um privilégio inadmissível com o Estado Democrático de direito. Salienta-se que casos de desrespeito para com as autoridades públicas no exercício de suas funções podem sanados na esfera administrativa e civil, ou seja, a invocação do direito penal ofende o princípio da intervenção mínima que, na maioria dos casos, revela uma disposição autoritária e errada da função designada por autoridade.

Destarte, o fato do controle de convencionalidade não ser amplamente difundido no Brasil, encontra como uma de suas possíveis explicações não querer expor sistema derrocado, fragilizado com as ilegalidades e abusos de poder cometidos por representantes do poder público, que se utilizam do desacato como instrumental na intimidação dos cidadãos, dessa maneira, o mesmo fica retraído e não possui forças para criticar as ações e atitudes dos funcionários públicos, que no fim das contas tem como chefe o povo, para os quais os funcionários públicos não dão a mínima importância. Em virtude do acima exposto, se julgador aplicar de maneira correta a análise da legislação internacional da qual Brasil é signatário, existirá um grande desestímulo à prática do abuso de autoridade, e uma melhor utilização do direito penal, que deve ser utilizado como última *ratio*, uma vez que as condutas analisadas pelo direito penal devem ser aquelas que violam bens jurídicos fundamentais.

REFERÊNCIAS

BERNARDES, Marcia Nina. Sistema Interamericano de Direitos Humanos como esfera pública transnacional: aspectos jurídicos e políticos da implementação de decisões internacionais. **Revista Internacional de Direitos Humanos (SUR)**, São Paulo, v. 8, n. 15, 2011. Disponível em: < http://www.egov.ufsc.br/portal/conteudo/sistema-interamericano-de-direitos-humanos-como-esfera-p%C3%BAblica--transnacional-aspectos>. Acesso em: 20 abr. 2017.

BRASIL. Decreto nº 678, de 06 de novembro de 1992. Promulga a Convenção Americana sobre Direitos Humanos (Pacto de São José da Costa Rica). **In:** Website oficial Palácio do Planalto. Disponível em: http://www.planalto.gov.br/ccivil_03/decreto/D0678.htm. Acesso em: 20 nov. 2016.

____. **Decreto-Lei nº 2.848, de 7 de dezembro de 1940.** Código Penal Brasileiro. **In:** Website oficial Palácio do Planalto. Disponível em: http://www.planalto.gov.br/ccivil_03/decreto-lei/Del2848compilado.htm. Acesso em: 20 jul. 2016.

____. Constituição da República Federal Brasileira de 1988. **In:** Website oficial Palácio do Planalto. Disponível em: http://www.planalto.gov.br/ccivil_03/constituicao/constituicao.htm. Acesso em: 15 ago. 2016.

____. Projeto de lei nº 2769/2015. Revoga o artigo 331 do Decreto-Lei nº 2.848, de 7 de dezembro de 1940 (Código Penal), art. 299 do Decreto-Lei nº 1.001, de 21 de outubro de 1969 (Código Penal Militar) e a Lei 7.170, de 14 de setembro de 1983. **In:** Website oficial Câmara dos Deputados. Disponível em: http://www.camara.gov.br/proposicoesWeb/prop_mostrarintegra?codteor=1376927&filename=Tramitacao--PL+2769/2015. Acesso em: 10 ago. 2016.

____. Proposição de APDF, de 31 de maio de 2016. Representar pela propositura de arguição de descumprimento de preceito fundamental em face do art. 331 do CP. Procuradora: Deborah Duprat. **In:** Ministério Público Federal. Disponível em: http://pfdc.pgr.mpf.mp.br/temas-de-atuacao/comunicacao-social/atuacao-do-mpf/representacao-proposicao-adpf-crime-desacato. Acesso em: 02 jul. 2016.

CIDH – Comissão Interamericana de Direitos Humanos. **Declaração de Princípios sobre Liberdade de Expressão.** 2000. Disponível em: http://www.cidh.oas.org/basicos/portugues/s.convencao.libertade.de.expressao.htm. Acesso em: 08 nov. 2016.

EMAGIS. Controle de Convencionalidade? Disponível em: http://www.emagis.com.br/areagratuita/artigos/controle-de-convencionalidade/. Acesso em: 14 jul. 2016.

FERREIRA, Regina Cirino Alves. Caso Tiradentes e repressão Penal: passado e presente. **Revista Liberdades.** São Paulo, v. 1, maio/ago. 2009. Disponível em: http://www.revistaliberdades.org.br/_upload/pdf/1/historia.pdf. Acesso em: 13 de ago. 2015.

GUATEMALA. **Corte de Constitucionalidad da República da Guatemala.** Informe sobre la Compatibilidad entre las Leyes de Desacato y la Convencion Americana sobre Derechos Humanos. Disponível em: http://www.sistemas.cc.gob.gt/Sjc/frmSjc.Aspx., expediente nº 1122-2005. Acesso em: 20 set. 2015.

MAUÉS, Antonio Moreira. Supralegalidade dos tratados internacionais de direitos humanos e interpretação constitucional. **Revista Internacional de Direitos Humanos (SUR),** São Paulo, v. 10, n. 18, 2013. Disponível em: http://www.corteidh.or.cr/tablas/r32493.pdf. Acesso em: 02 jun. 2017.

MAZZUOLI,Valerio de Oliveira. **O Controle Jurisdicional de Convencionalidade das leis.** 3. ed. São Paulo: Saraiva. 2013.

PIOVESAN, Flávia. **Direitos Humanos e o Direito Constitucional Internacional.** 14. ed. São Paulo: Saraiva, 2013. Disponível em: https://uni9direito1c.files.wordpress.com/2014/02/direitos-humanos-e-o-direito-constitucionalinternacional-flc3a1via-piovesan-pdf.pdf. Acesso em: 15 jul. 2015.

ROSA, Alexandre Morais da. Tribunal de Justiça de Santa Catarina. **Controle de Convencionalidade.** Processo nº 0067370-64.2012.8.24.0023. Santa Catarina: Empório do direito, 2015. Disponível em: http://emporiododireito.com.br/desacato-nao-e-crime-dizjuiz-em-controle-de-convencionalidade/. Acesso em: 15 jul. 2016.

____.; apud GALVÃO, Bruno Haddad. **O crime de desacato e os direitos humanos.** Disponível em: www.conjur.com.br. Acesso em: 15 jul. 2015.

SMITH, Paul. **Filosofia, moral e política:** principais questões, conceitos e teorias. Tradutora Soraia Freitas, São Paulo: Madras, 2009.

CONTROLE DE CONVENCIONALIDADE: UMA ANÁLISE SOBRE A REDUÇÃO DA MAIORIDADE PENAL NO BRASIL

Yoseph Emanuel dos Santos Vaz[1]

INTRODUÇÃO

Em tempos do constitucionalismo democrático e da vasta ascensão da valorização do indivíduo como pessoa; no âmbito do Direito Internacional, a integração entre os Estados Nacionais, pelo mundo, parece convergir, principalmente em virtude dos tratados de Direitos Humanos, que, frise-se, instituem uma nova Ordem Constitucional celebrada à luz da valorização do indivíduo-pessoa – para muitos, inclusive, seriam tempos estes de um *Estado Constitucional e Humanitário*, tendo em sua base material o humanismo como categoria vinculativa. Momento que ganhou ênfase, como se sabe, após as tristes experiências nazi-facistas – quando da vigência das constituições sociais e do positivismo jurídico da mais alta abstração conceitual -, dando ensejo, posteriormente, a incorporação da força aplicativa de princípios (valores) no Direito por meio de documentos internacionais, assinalados por Estados soberanos, influindo preceitos plasmados nas suas cartas políticas.

Após, principalmente, a ratificação da CADH (Convenção Americana de Direitos Humanos – Pacto de São José da Costa Rica) pelo Brasil, em 1992[2], fora levantado, no Direito pátrio, o problema da influência dos tratados internacionais em aspecto de *controle de constitucionalidade*. Na época, a jurisprudência da Suprema Corte brasileira não reconhecia a modificação jurisdicional sobre o tópico. Em votações posteriores – dezembro de 2008 – o STF mudou seu entendimento ao tema, admitindo a tese do caráter supralegal da normatividade de acordos internacionais,

---

1. Graduando em Direito, pela Universidade Estadual da Paraíba. E-mail: yosephvaz@gmail.com
2. O artigo 2º deste dispositivo dispõe "Dever de adotar disposições de Direito interno". Foi ratificado pelo decreto nº 678, de 6 de novembro de 1992.

especialmente em virtude da Emenda Constitucional de nº 45/2004 – popularmente "Emenda da *Reforma do Judiciário*" – que traz ao artigo 5º do Texto Maior o parágrafo 3º sobre o reconhecimento, por via de decreto legislativo, de *Emenda Constitucional* destes acordos (em espécie de Direitos Humanos). O tema, novíssimo, ganha a terminologia, pela doutrina, de *Controle de Convencionalidade*, aludindo às convenções internacionais.

O corrente tema nacional da Redução da Maioridade Penal, objeto da Proposta de Emenda à Constituição nº 171/1993[3] (já aprovada na primeira etapa do processo legislativo qual referente), tem atraído interesses de grupos diversos, afinal tal mudança, que trata o tema da imputabilidade da criança-adolescente, envolve problemática não só de Direito Penal, mas quanto aos sistemas prisionais, ao Estatuto da Criança e do Adolescente, mesmo ao sistema educacional, às vias de reabilitação social, ao Direito restitutivo, e especialmente à (in)constitucionalidade de tal alteração normativa, a qual aqui, sendo o cerne da dissertação, será levantada a adequação - em via da convencionalidade - da PEC às convenções internacionais, podendo ser invalidada e rejeitada no plano de validade do ordenamento jurídico doméstico (poderia um acordo internacional invalidar a proposta de redução da maioridade penal, incidindo no Direito pátrio?).

O objetivo deste trabalho é, então, demonstrar como os tratados de Direito Internacional podem incidir no ordenamento pátrio, agora também, como via de controle jurisdicional de normas, podendo rejeitar, então, quanto à PEC 171, sua validade, retirando sua aplicabilidade no ordenamento jurídico brasileiro. A dissertação, deste modo, se dividirá, especificamente, em uma primeira parte que abrangerá a *teoria do controle de convencionalidade* juntamente ao entendimento prático – especialmente do STF – quanto ao assunto, legitimando a inovação e sua necessidade à adequação das normas nacionais aos tratados de Direito Internacional; em um segundo momento, será tratado aqui da temática referente à redução da maioridade penal; e por último serão analisados os tratados internacionais que podem inviabilizar a validade da PEC nº 171.

---

3. Foram e são muitas as propostas de emenda à constituição apresentadas com o objetivo de reduzir a maioridade penal, o que seria desnecessário tecer sobre cada uma delas. O artigo, portanto, foca sua atenção na já citada PEC nº 171/1993 – aprovada em segundo turno na câmara federal, que reduz em suas disposições o que se propõe, inclusive, em outras.

1. CONTROLE DE CONVENCIONALIDADE: TEORIA E PRÁTICA JUDICIÁRIA

Após a Emenda Constitucional nº45/2004, o Direito pátrio passou a admitir a força constitucional de acordos em Direito Internacional sobre Direitos Humanos, que, portanto, passariam pelo processo legislativo de aprovação como Emendas, estando desde então, positivados no Texto Maior, em seu artigo 5º, parágrafo 3º[4]. A celeuma levanta a hipótese de estes dispositivos servirem, de maneira semelhante, como parâmetro de controle de constitucionalidade.

Como se sabe, o controle de constitucionalidade das leis é a declaração, feita por Tribunal (controle concentrado) ou Juiz (controle difuso), da coerência, ou incoerência de determinada norma com a constituição, podendo ser a (in)constitucionalidade dirimida num caso concreto *inter partes* (MENDES, 2004, p. 240; MORAES, 2011, p.740), ou sob arguição de legitimados previstos constitucionalmente no artigo 103 da CF 88, a respeito de uma norma vigente no país (Estado ou município), a que toma efeito *erga omnes*, vinculando todas as pessoas, entidades, e órgãos (MENDES, 2004, p. 320; MORAES, 2011, p.754) . O "controle de convencionalidade" é nada mais que o controle de constitucionalidade tomando como parâmetro as convenções internacionais de Direitos Humanos, conferindo a essas uma força materialmente constitucional.

O estudioso *Valerio Mazzuoli* inaugura densificação doutrinária da questão. Ao trabalhar a *teoria geral do controle de convencionalidade* (MAZZUOLI, 2009), para ele, os tratados de Direitos Humanos devem possuir força normativa constitucional, ao passo que os tratados internacionais comuns (de diversos outros temas) possuem, automaticamente, força supralegal no ordenamento. Tal posição se refere ao paradigma *kelseniano* (KELSEN, 1979) da pirâmide normativa, ao qual, no topo está a Constituição, e abaixo, todas as demais normas infraconstitucionais. A supralegalidade seria um passo imediatamente abaixo da norma constitucional. Superior à norma ordinária, portanto.

1.1. A tese do controle de Convencionalidade

Ao tomar estas disposições, *Mazzuoli* trata logo da força normativa em termos de *judicial review* que estas afirmações trariam. Nesses

---

4. *In verbis*: "Os tratados e convenções internacionais sobre direitos humanos que forem aprovados, em cada Casa do Congresso Nacional, em dois turnos, por três quintos dos votos dos respectivos membros, serão equivalentes às emendas constitucionais."

pontos, quaisquer leis ordinárias ou subjacentes seriam, portanto, objeto de controle jurisdicional de constitucionalidade/convencionalidade, estando sujeitas a conformidade não só com a Constituição, mas com os Tratados Internacionais de Direitos Humanos. A partir disso, a produção normativa nacional passaria por um filtro de legitimidade que atacaria o plano de validade da norma. Ao que se exemplifica, uma norma poderia ser aprovada em processo legislativo por ambas as casas do parlamento brasileiro, e ratificada pelo presidente da república, ganhando, assim, vigência no plano do ordenamento. Entretanto, tal norma poderia sofrer revisão judicial por via de controle de constitucionalidade/convencionalidade, caso fosse desconforme com norma de tratados internacionais de Direitos Humanos; e ainda, caso conforme com a constituição, mas não conforme um tratado internacional de DH, de modo que o próprio artigo 5º, parágrafo 2º da CF 88 já destaca a importância dos tratados mencionados no Direito pátrio.

O trabalho de *Mazzuoli* equipara as normas de tratados internacionais em Direitos Humanos à constituição em força de validade e controle jurisdicional. O que apenas corrobora, em essência, com a Emenda nº45/2004. O que difere, unicamente, a doutrina desse referenciada com a desta disposição constitucional é que o autor defende a eficácia automática dos tratados internacionais em DH a que o Brasil for signatário, sem a necessidade de uma passagem legislativa de sua ratificação como Emenda Constitucional, como aduz a citada *nº45*[5].

Nesse sentido, tratando do plano de validade das normas ordinárias e sua conformação com essas normas superiores, *Mazzuoli* destaca a necessidade de que essas passem por *uma dupla compatibilidade vertical material* – a compatibilidade da norma com a Constituição (primeira compatibilidade), e a compatibilidade com os tratados de Direitos Humanos (segunda compatibilidade) (MAZZUOLI, 2011, p. 114).

Ao tratar de outras convenções de Direito Internacional, *Mazzuoli*, evidente, comunga com a maioria doutrinária neste âmbito: colocando-as tão somente em via de *supralegalidade*. Como mencionado, ao que estariam abaixo da constituição, mas acima dos demais dispositivos normativos.

---

5. A discussão doutrinária no tema envolve autores que adotam a admissão das normas de tratados e convenções internacionais sob o prisma constitucional (MELLO, 1999) ou até supraconstitucional (CANÇADO TRINDADE, 1996; PIOVESAN, 1997), a despeito do disposto pela Emenda 45, e do entendimento do STF, doravante mencionado.

Em se tratando de controle de constitucionalidade/convencionalidade, tais normas poderiam ser parâmetro deste, mas somente no controle *in concreto*, ao que, portanto, uma norma inferior, estando em desconformidade com um tratado internacional – de força supralegal – poderia ser *invalidada*.

O Supremo Tribunal Federal, com o julgado RE 466.343, de 2008, trouxe à tona sua visão no assunto, distinguindo de entendimentos anteriores que tinha aos quais atestava as normas de Direito Internacional a respeito de Direitos Humanos, com valor equiparável às demais normas. Já os tratados comuns, que possuiriam força supralegal, apenas seriam objeto do próprio controle de legalidade - por meio do controle difuso.

1.2. O entendimento da Corte Suprema brasileira

O recente julgado RE 466.343 traz à tona a posição do STF quanto ao tema, de modo a revogar jurisprudências anteriores da mesma corte[6]. No processo, duas teses permearam os debates. A primeira, liderada pelo Min. Gilmar Mendes, qual defendia o *status* supralegal dessas normas – posição que saiu vencedora, por 5 votos a 4. E a segunda, capitaneada por Celso de Mello, admitia (revendo, inclusive seu próprio entendimento anterior[7]) as normas de acordos internacionais sobre Direitos Humanos como equivalência constitucional, sendo *materialmente constitucionais*. Ou seja, possuiriam caráter de "essencialmente constitucional", apesar de não integrarem o texto formalmente[8].

A posição tomada pelo STF não está hoje distante da tese de *Mazzuoli*, afinal essa estaria apenas "um degrau" abaixo do entendimento deste doutrinador, visto que esta corte reconhece a supralegalidade dos tratados de Direitos Humanos, que não passam pelo crivo do reconhecimento e processo legislativo de Emenda à Constituição, ao qual inova a EC 45. O reconhecimento da força supralegal dessas normas, que, portanto, podem incidir como parâmetro de controle num caso concreto, já

---

6. A exemplo, a ADIn 1.480-3, de 1997. Relator Min. Celso de Mello. Para uma maior análise da visão do STF em convencionalidade historicamente, Cf. RAMOS, 2009.

7. Como o exemplo acima, o Min Celso de Mello, nesta posição anterior, não considerava a equivalência da força material constitucional das disposições de Direito Internacional em Direitos Humanos.

8. Um exemplo também interessante de "norma materialmente constitucional que não figura na constituição", menciona Luís Roberto Barroso, é a Lei de Introdução as Normas de Direito Brasileiro (LINDB). (BARROSO, 2015, p. 108).

reforçam uma maior validação desta internacionalização dos princípios fundamentais.

Quanto às normas de Direito Internacional comuns – que não se referem a Direitos Humanos -, o entendimento é que elas apenas equivalem como qualquer Lei ordinária, podendo ser derrogada pelo processo de legalidade tradicional – seja por especialidade, temporalidade, ou hierarquia (norma federal/ norma estadual).

Algumas razões para esta posição majoritária do STF ter reconhecido, por ora, apenas a supralegalidade dessas normas, podem ser mencionadas. É o que demonstra *Antônio Moreira Maués*:

> a) a supremacia formal e material da Constituição sobre todo o ordenamento jurídico, consubstanciada na possibilidade de controle de constitucionalidade inclusive dos diplomas internacionais;
>
> b) o risco de uma ampliação inadequada da expressão "direitos humanos", que permitiria uma produção normativa alheia ao controle de sua compatibilidade com a ordem constitucional interna;
>
> c) o entendimento que a inclusão do parágrafo 3º do artigo 5º implicou reconhecer que os tratados ratificados pelo Brasil antes da EC nº 45 não podem ser comparados às normas constitucionais. (MAUÉS, 2013, p. 218-219)

Por fim, apesar do entendimento da Corte Máxima, cada vez mais os preceitos e princípios de Direito Internacional parecem incidir no ordenamento doméstico, enaltecendo a garantia da ordem jurídica baseada no princípio *pro homine*[9]. Ao reconhecer, portanto, a supralegalidade de normas internacionais de Direitos Humanos, o ordenamento jurídico brasileiro abre, evidentemente, espaço para a invalidade das leis que forem contrárias a estas, enaltecendo a valorização do indivíduo-pessoa, e do reconhecimento de uma tendência mundial para a homogeinização de um Direito que busque favorecer a paz e a igualdade.

Cabe acrescentar que para além da Corte Constitucional, especialmente em foco no presente trabalho - pela sua força decisória amplamente vinculativa -, a compreensão da incidência de normas internacionais no ordenamento pátrio deve ser necessidade observada pelos demais tribunais, ao que também gera a necessidade da melhoria de conhecimento técnico democrático do aplicador, notadamente em direitos

---

9. No Direito Internacional, é predominante o entendimento de que, no caso de colisão de uma norma pátria com uma internacional, prevalece aquela que melhor favorecer o bem-estar do indivíduo-pessoa. Refere-se isto, substancialmente, a ideia geral do princípio *pro homine*.

humanos, como aduz *Maués* (2013, p. 229) ao citar *Marcia Nina Bernardes* (2009, p. 141-146).[10]

2. A REDUÇÃO DA MAIORIDADE PENAL NO BRASIL

Objeto de propostas de emenda à constituição e bastante difundido na cena legislativa dos últimos anos, o intuito de reduzir-se a maioridade penal - a que, portanto, no Brasil é de 18 anos - para 16 anos, seria uma espécie de alternativa para a resolução da impunidade juvenil, ao que poderia corrigir dificuldades do sistema penal, além do combate social à criminalidade, reprimindo-a.

A ideia, contudo, possui seus pontos adversos, o que levanta incógnitas sobre sua estrutura e impacto prático, além de ferir o já existente ECA (Estatuto da criança e do adolescente), e todo o arcabouço de proteção que este traz. A isso, poderia ser entendida como contrária a ideal e crescente ideia da busca por um Direito que restitui e uma justiça que restaura, como menciona *Émile Durkheim* (1999), e que é a característica de sociedades complexas e *organizadas*, pois buscam a restauração do indivíduo-pessoa, e não a retribuição criminal de delinquências à sociedade, sugerindo caráter "vingativo", qual seria a característica de uma sociedade menos desenvolvida – *sociedade mecânica*[11].

O tema ainda traz diversas problemáticas específicas, como a incapacidade do sistema prisional brasileiro, a necessidade de políticas educativas mais eficazes, em vez da repressão criminal e do contingenciamento, bem como o conjunto minoritário ao qual representa o público de 16 a 18 anos no sistema de prisões, entre outras especificidades (OLIVEIRA, 2010). A dissertação sobre elas, e uma análise detalhada, tangenciaria o foco deste trabalho.

Ao que interessa especificamente aqui, a proposta de alteração da maioridade penal, aprovada, seria inconstitucional, segundo, principalmente, os grupos políticos contrários à medida, ao que seria esta, assim, uma proposta violadora de Direitos Fundamentais - quais sendo cláusu-

---

10. Yulgan Lira reflete como se pode aumentar a garantia de efetividade da aplicação normativa – inclusive dialógica, entre Estados nacionais – de dispositivos internacionais, ao trabalhar a teoria do processo transnacional, de Harold Koh, lidando com o conceito e as maneiras de aumento do grau de *"enforcement"* dessas normas. Cf. LIRA, 2016.
11. Cf. já citado DURKHEIM (1999).

las pétreas[12] são imutáveis[13]. A cláusula petrificada (implícita) especialmente referida seria/estaria no artigo 228 do Texto Maior (1988), "são penalmente inimputáveis os menores de dezoito anos, sujeitos às normas da legislação especial", tendo em vista que este dispositivo estaria se referindo a uma garantia individual fundamental, afinal, mesmo fora do capítulo único "Direitos e garantias Fundamentais" da Constituição, existem outras normas desta espécie ao longo todo o texto, pois, o rol que esta parte elenca é apenas exemplificativo (BULOS, 2007, p. 411).

Entretanto, a discussão sobre a inconstitucionalidade neste ponto acima levantado mostra-se, de certa forma, substancialmente superficial. Ao que se tem em vista, principalmente, que a caracterização e adequação de Direitos Fundamentais (consequente aplicação), sobretudo os que estão fora do rol elencado no Título X da CF 88, dependem, em muito, do sentido da norma que o interprete compreende – como também, nas particularidades jurisprudenciais de julgo em casos concretos.

Deste modo, a discussão aqui apresentada transfere a reflexão do assunto para um campo de derrogação de uma possível aprovação da PEC 171 por caráter de *inconvencionalidade*, e não mais de um debate sobre o critério sua inconstitucionalidade ou não, adstrito a particularidades jurisprudenciais e entendimentos hermenêuticos bastante moduláveis.

Posto isso, e o que foi exposto na primeira parte deste trabalho, restam-se analisar como e quais dispositivos normativos internacionais, reconhecidamente em Direitos Humanos, haveriam de invalidade à aprovação sobre redução da maioridade penal no campo normativo.

3. TRATADOS INTERNACIONAIS E A INCONVENCIONALIDADE DA REDUÇÃO DA MAIORIDADE PENAL

No Direito brasileiro, após o que veio dispor a Emenda de número 45/2004, aqui já mencionada, apenas um texto de Direito Internacional sobre Direitos Humanos passou pelo crivo do procedimento legislativo de reconhecimento como espécie constitucional. É o Decreto Legislativo

---

12. *In verbis*, o artigo 60, parágrafo 4º da CF 88 "Não será objeto de deliberação a proposta de emenda tendente a abolir: IV - os direitos e garantias individuais".

13. A característica de mutação do texto constitucional (em sentido estrito, ou seja, não se refere à mutação de texto por fator hermenêutico), admitida por Emenda a Constituição, não se estende a todo o texto constitucional, sendo vedados, portanto, imutáveis, as chamadas "cláusulas pétreas" acima citadas.

de número 186/2008, que reconhece a Convenção sobre os Direitos das Pessoas com Deficiência de Nova Iorque (2007).

A respeito da redução da maioridade penal, *as declarações de Direitos Humanos* que se relacionam com a proteção social e jurídica da criança e do adolescente devem ser essencialmente mencionadas, pois, em todas elas, há um direcionamento quanto ao regime de penas para menores. Algumas convenções internacionais assinadas pelo Brasil serão, agora, objeto de foco deste trabalho. Por certa preferência didática, serão estas apresentadas em ordem cronológica.

A primeira, as "Regras mínimas das Nações Unidas para a administração da Justiça de menores" (Regras de Pequim), adotada pela ONU em sua resolução 40/33, de 29 de novembro de 1985, possui conteúdo inteiramente voltado para a proteção da criança e do adolescente, notadamente sugerindo a devida cautela legislativa ao instituir uma maioridade penal no ordenamento dos Estados signatários. O que pode ser visualizado logo na "Primeira Parte – Princípios Gerais":

> 1. Orientações fundamentais
>
> 1.1. Os Estados membros procurarão, em conformidade com os seus interesses gerais, promover o bem-estar do menor e da sua família.
>
> 1.2. Os Estados membros esforçar-se-ão por criar condições que assegurem ao menor uma vida útil na comunidade fomentando, durante o período de vida em que o menor se encontre mais exposto a um comportamento desviante, um processo de desenvolvimento pessoal e de educação afastado tanto quanto possível de qualquer contato com a criminalidade e a delinquência.
>
> 1.3. É necessário tomar medidas positivas que assegurem a mobilização completa de todos os recursos existentes incluindo a família, os voluntários e os outros grupos comunitários, assim como as escolas e outras instituições comunitárias, com o fim de promover o bem-estar do menor e reduzir a necessidade de intervenção da lei e tratar de forma eficaz, equitativa e humanitária o jovem em conflito com a lei.

Evidencia-se, portanto, a preocupação em evitar-se a inclusão dos menores num sistema penal de adultos, e tratá-los, desse modo, numa legislação adequada – o que já acontece no país por meio do ECA -, assim *reduzindo a necessidade de intervenção da lei*, afastando-os do contato com a "criminalidade e a delinquência".

Outro dispositivo, e fundamental para - à época - influir na legislação do Estatuto da Criança e do Adolescente é a "Convenção sobre os Direitos da Criança" (ONU, 1989), reconhecidamente em sua totalidade e compromisso de cumprimento pelo Brasil pelo Decreto de número 99.710, de 1990. Este, por sua vez, estabelece uma idade fixa para a maioridade civil – e que se estende para a esfera penal –, sendo ela de 18 anos de idade, que, portanto, diferenciará a criança-adolescente do adulto. Pode-se ver logo no início do documento[14].

No que se refere à última sentença deste artigo citado, a exceção mencionada se referirá, no Direito Brasileiro, apenas aos casos de emancipação da maioridade; o que não concerne desenvolver quanto ao objetivo deste trabalho. No decorrer da declaração da ONU de 1989 são elencadas muitas outras disposições que se referem ao estabelecimento de um sistema penal educativo, e como a convenção de Pequim também expressa, um sistema de penas que se diferencie do sistema penal para adultos. (art. 37, art. 39, art. 40).

De modo subjacente, e como consequência, torna-se importante mencionar-se o que dispõe outro documento normativo que se refere ao cumprimento das normas dos dispositivos mencionados. Neste sentido, Os "Princípios Orientadores de Riad", adotado pela Assembleia Geral da ONU em sua resolução 45/112, são um conjunto de medidas colocadas aos países signatários como forma de promover a implementação de legislações referidas à justiça de menores, que se comprometam com a preservação do bem-estar destes, e, à todo momento, do oferecimento de medidas educativas, ao contrário de penalidades que possam prejudicar seu desenvolvimento social completo. É o que se vê em:

> 5. Deverá reconhecer-se a necessidade e a importância de adotar políticas progressivas de prevenção da delinquência, de efetuar um estudo sistemático, de elaborar medidas que evitem criminalizar e penalizar um menor por um comportamento que não cause danos sérios ao seu desenvolvimento ou prejudique os outros. Tais políticas e medidas devem envolver:
>
> a) A promoção de oportunidades, em especial oportunidades educacionais, para satisfazer as várias necessidades dos jovens e servir como enquadramento de apoio para salvaguardar o desenvolvimento pessoal de todos os jovens, em especial daqueles que se encontram manifestamente em perigo ou em situação de risco social e têm necessidade de cuidados e proteção especiais.
>
> b) A adoção de concepções e de métodos especialmente adaptados à prevenção da delinquência e concretizados nas leis, processos, instituições, instalações e numa rede de serviços destinada a reduzir a motiva-

---

14. Artigo 1 Para efeitos da presente Convenção considera-se como criança todo ser humano com menos de dezoito anos de idade, a não ser que, em conformidade com a lei aplicável à criança, a maioridade seja alcançada antes.

ção, a necessidade e as oportunidades da prática de infrações e a eliminar as condições que dão lugar a tal comportamento;

c) Uma intervenção oficial cuja finalidade primordial seja velar pelo interesse geral do jovem e seja guiada pela justiça e equidade;

d) A proteção do bem-estar, desenvolvimento, direitos e interesses de todos os jovens;

e) A consideração de que o comportamento ou conduta dos jovens, que não é conforme às normas e valores sociais gerais, faz muitas vezes parte do processo de maturação e crescimento e tende a desaparecer espontaneamente na maior parte dos indivíduos na transição para a idade adulta;

f) A consciência de que, na opinião predominante dos peritos, rotular um jovem como «desviante», «delinquente» ou «pré-delinquente» contribui, muitas vezes, para o desenvolvimento pelos jovens de um padrão consistente de comportamento indesejável.

Frise-se, este dispositivo orientador admite, logo em seu início, que está de acordo com a Convenção sobre os Direitos da Criança, de 1989, a qual *disp*õe a maioridade em 18 anos.

> Considerando a Declaração Universal dos Direitos do Homem 1, o Pacto Internacional sobre os Direitos Econômicos, Sociais e Culturais 2 e o Pacto Internacional sobre os Direitos Civis e Políticos,2 bem como outros instrumentos internacionais relativos aos direitos e bem-estar dos jovens, incluindo as normas relevantes estabelecidas pela Organização Internacional do Trabalho.
>
> Considerando igualmente a *Declara*ção dos Direitos da Crianç*a* 3, a Convenção sobre os Direitos da Criança 4, e as Regras Mínimas das Nações Unidas para a Administração da Justiça de Menores 5 (Regras de Beijing)... (grifos nossos).

Parece notório que todos os dispositivos citados apresentam a inconformidade da redução da maioridade penal, notadamente a redação da PEC nº171, com estes. Além disso, alguns outros dispositivos internacionais também poderiam ser mencionados, como o "Pacto Internacional sobre os Direitos Econômicos, Sociais e Culturais" que aludem o cumprimento do princípio do não retrocesso social, bem como a evolução do direito de educação social para as crianças-adolescentes, além da consagrada "Convenção Americana sobre os Direitos Humanos", que além de instituir esta ideia-princípio do "não retrocesso social", abre um horizonte de Direitos imanentes a pessoa humana, visando assegurar sua integridade física e psíquica, o que se reflete na não inclusão de crianças num sistema prisional de adultos. Entretanto, visando evitar a ambiguidade interpretativa, e promovendo um entendo com o máximo de clareza, o presente artigo citou apenas os dispositivos a que se referem especificamente à administração da justiça para crianças e adolescentes acima.

CONSIDERAÇÕES FINAIS

Percorridos os tópicos do desenvolvimento, observou-se que o chamado "Controle de Convencionalidade" é, agora, de fato, parâmetro para controle jurisdicional no Brasil, podendo invalidar dispositivo normativo pátrio em inconformidade com uma norma de Convenção Internacional. Isto será dado, evidentemente, àquelas que se referem a tratados sobre Direitos Humanos, e não qualquer tratado internacional. Estes últimos têm apenas efeito legal – de norma ordinária, no ordenamento nacional, podendo ser revogados pelos critérios já conhecidos de derrogação normativa – seja especialidade, posterioridade, ou, evidente, hierarquia.

Quanto as primeiras, as normas de Direitos Humanos, levantam um grande debate, interpretativo-doutrinário à sua validade e força normativa, seja convergindo para a internacionalização total do Direito, expressamente o que se vê no estudo de *Valerio Mazzuoli*, ou para a efetividade da supremacia constitucional pátria, como defende o Supremo Tribunal Federal.

Em quaisquer dos casos, seja incidindo num caso concreto e não dirimindo vinculação *erga omnes*, ou em abstrato, em controle de convencionalidade difuso ou concentrado, vê-se que a temática, muito repercutida sobre uma redução da maioridade penal é contrária aos dispositivos internacionais de *Direitos Humanos* citados, tais como a "Convenção sobre os Direitos da Criança" (1989); as "Regras mínimas das Nações Unidas para a administração da Justiça de menores" (1985); além dos "Princípios Orientadores de Riad" (1990), que ratificam e sugerem medidas para o cumprimento dos dispositivos anteriores.

De modo que, portanto, a tentativa de alteração – interpretativa ou legiferante – da idade penal, no Brasil, da maneira aludida, apresenta forte transgressão aos Direitos Humanos, colidindo com normas *materialmente superiores* validamente acolhidas pelo Estado brasileiro. É inconvencional – além de inconstitucional – possível Emenda à Constituição que possa vir a ser aprovada em processo legislativo federal, modificando a redação do artigo 228 da Constituição Federal ao "reduzir a maioridade penal". Em tempo que se ressalta a integridade do texto constitucional, valorizando a supremacia assegurada dos Direitos Fundamentais.

REFERÊNCIAS

BARROSO, Luís Roberto. **Curso de Direito Constitucional Contemporâneo: os conceitos fundamentais e a construção do novo modelo** / Luís Roberto Barroso – 5 ed. – São Paulo: Saraiva, 2015.

BERNARDES, Marcia Nina. 2011. Sistema Interamericano de Direitos Humanos como esfera pública transnacional: aspectos jurídicos e políticos da implementação de decisões internacionais. SUR, São Paulo, v. 8, n. 15, p. 134-156, dez. Disponível em: http://www.egov.ufsc.br/portal/conteudo/sistema-interamericano-de-direitos-humanos-como-esfera-p%C3%BAblica-transnacional-aspectos. Acesso em: 10 de junho de 2017.

BRASIL, Câmara dos Deputados. **Projetos de Lei e outras proposições – PEC 171/1993.** Disponível em: <http://www.camara.gov.br/proposicoesWeb/fichadetramitacao?idProposicao=14493>. Acesso em: 08 de dezembro de 2016.

_____. Decreto, 591, 6 de julho de 1992. **Atos Internacionais. Pacto Internacional sobre Direitos Econômicos, Sociais e Culturais. Promulgação.** Diário Oficial da União, 07 de julho de 1992, p.8713.

_____. Decreto, 678, 6 de novembro de 1992. **Promulga a Convenção Americana sobre Direitos Humanos (Pacto de São José da Costa Rica)**, de 22 de novembro de 1969. Diário Oficial da União, 09 de novembro de 1992, p.15562.

_____. Decreto, 99.710, 21 de novembro de 1990. **Promulga a Convenção sobre os Direitos da Criança.** Diário Oficial da União, 22 de novembro de 1990, p. 2.

_____. Emenda Constitucional nº45, 30 de dezembro de 2004. **Altera dispositivos dos arts. 5º, 36, 52, 92, 93, 95, 98, 99, 102, 103, 104, 105, 107, 109, 111, 112, 114, 115, 125, 126, 127, 128, 129, 134 e 168 da Constituição Federal, e acrescenta os arts. 103-A, 103B, 111-A e 130-A, e dá outras providências.** Diário Oficial da União, 31 de dezembro de 2004. p. 9.

_____. Lei, 8.069, 13 de julho de 1990. **Dispõe sobre o Estatuto da Criança e do Adolescente e dá outras providências.** Diário Oficial da União, 16 de julho de 1990, p. 13563.

_____, Secretaria de Direitos Humanos. **Princípios Orientadores de Riad.** Disponível em: <http://www.sdh.gov.br/assuntos/criancas-e-adolescentes/pdf/SinasePrincpiosdeRiade.pdf>. Acesso em: 07 de dezembro de 2016.

_____, Secretaria de Direitos Humanos. **Regras mínimas das Nações Unidas para a administração da Justiça de menores.** Disponível em: <http://www.sdh.gov.br/assuntos/criancas-e-adolescentes/pdf/SinaseRegrasdeBeijing.pdf>. Acesso em: 05 de dezembro de 2016.

_____. Supremo Tribunal Federal. 1997. **Ação Direta de Inconstitucionalidade nº 1.480.** Disponível em: <http://redir.stf.jus.br/paginadorpub/paginador.jsp?docTP=AC&docID=347083>. Acesso em: 09 de dezembro de 2016.

_____. Supremo Tribunal Federal. 2008. **Recurso Extraordinário nº 466.343.** Disponível em: <http://redir.stf.jus.br/paginadorpub/paginador.jsp?docTP=AC&docID=595444>. Acesso em: 09 de dezembro de 2016.

_____. **Constituição da República Federativa do Brasil.** Diário Oficial da União, Brasília, 191-A de 5 de outubro de 1988, p. 1.

BULOS, U. L. **Constituição Federal Anotada.** 7ª ed. rev. e atual. São Paulo: Saraiva, 2007.

CANÇADO TRINDADE, Antônio Augusto. 1996. A interação entre o direito internacional e o direito interno na proteção dos direitos humanos. In: CANÇADO TRINDADE, Antônio Augusto (Ed.). **A incorporação das normas internacionais de proteção dos direitos humanos no direito brasileiro.** San José, Costa Rica; Brasília: Instituto Interamericano de Direitos Humanos.

RAMOS, André de Carvalho. Supremo Tribunal Federal brasileiro e o controle de convencionalidade: levando a sério os tratados de direitos humanos. **Revista da Faculdade de Direito**, Universidade de São Paulo, 2009, 104: p. 241-286.

DURKHEIM, Émile. **Da divisão do trabalho social** / Émile Durkheim: tradução - Eduardo Brandão. 2ª ed. São Paulo: Martins Fontes, 1999.

KELSEN, Hans. **Teoria pura do Direito**. Tradução de João Baptista Machado. 4. ed. Coimbra: Arménio Amado. Ed., 1979.

MAUÉS, Antonio Moreira. Supralegalidade dos Tratados Internacionais de Direitos Humanos e interpretação constitucional. **Revista Internacional de Direitos Humanos**, Brasília, 2013, 10.18: p.215-235.

MAZZUOLI, Valerio de Oliveira. **O controle jurisdicional da convencionalidade das leis**. 2. ed. São Paulo: Revista dos Tribunais, 2011.

_____. Teoria geral do controle de convencionalidade no direito brasileiro. **Revista de Informação Legislativa**, Brasília a. 46, n. 181 jan./mar, 113-139, 2009.

MELLO, Celso Duvivier de Albuquerque. 1999. O § 2º do art. 5º da Constituição Federal. In: TORRES, Ricardo Lobo (Org.). **Teoria dos direitos fundamentais**. Rio de Janeiro: Renovar. p. 1-33.

MENDES, Gilmar Ferreira. **Direitos fundamentais e controle de constitucionalidade: estudos de direito constitucional** / Gilmar Ferreira Mendes – 3 ed. rev. e ampl. – São Paulo: Saraiva, 2004.

MORAES, Alexandre de. **Direito Constitucional**. 27 ed. São Paulo: Atlas, 2011.

OLIVEIRA, Alice Álvares de. **A INCONSTITUCIONALIDADE DA DIMINUIÇÃO DA MAIORIDADE PENAL E A SUA INEFICÁCIA NO COMBATE À CRIMINALIDADE**. Brasília: UNICEUB, 2010. 49 p.

PIOVESAN, Flavia. 1997. **Direitos humanos e o direito constitucional internacional**. São Paulo: Max Limonad.

LIRA, Yulgan. O Direito interno como ponto chave para a garantia do enforcement do Direito Internacional: controle de convencionalidade à luz do processo normativo transnacional de Harold Hongju Koh. In: **Congresso Brasileiro de Direito Internacional**, 14. Gramado. Anais. Belo Horizonte: Arraes Editores, 2016. p. 675.

O CONTROLE JURISDICIONAL DE CONVENCIONALIDADE COMO INSTRUMENTO DE EFETIVAÇÃO DOS DIREITOS HUMANOS DOS ENCARCERADOS

Adelle Rojo[1]

INTRODUÇÃO

A análise do exercício do controle de convencionalidade como alternativa para a concretização dos direitos humanos permite acompanhar, no contexto proposto, se o Supremo Tribunal Federal (STF) está disposto a seguir as interpretações reveladas pela Corte Interamericana de Direitos Humanos (Corte IDH), bem como as medidas provisórias por ela emitidas relacionadas ao cenário penitenciário brasileiro, ainda que aludido Tribunal não seja expresso nesse sentido.

Verificar o exercício do controle de convencionalidade pelo STF em processos atinentes à realidade carcerária brasileira é importante porque tal mecanismo se caracteriza como um meio de aferir a cumplicidade do país para com as obrigações contraídas em âmbito internacional quando da ratificação dos tratados, sobretudo de direitos humanos, o que é de extrema seriedade diante dos Sistemas Internacionais de Proteção dos Direitos Humanos – em especial do Sistema Interamericano (SIPDH).

---

1. Mestranda em Teoria do Direito e do Estado no Programa de Estudos Pós-Graduados em Direito do Centro Universitário Eurípides de Marília (UNIVEM) - Bolsista CAPES/PROSUP. Pós-graduada em Direito e Processo Penal pela Universidade Estadual de Londrina (UEL). Bacharel em Direito pelo Centro Universitário Eurípides de Marília (UNIVEM). Membra do Grupo de pesquisa DiFuSo (Direitos Fundamentais Sociais) cadastrado no CNPq. Advogada. adellerojo@gmail.com.

Essa abordagem se desenvolve a partir da necessidade de efetivação dos direitos humanos daqueles que são submetidos ao sistema prisional brasileiro. Este grupo de vulneráveis, marcado pela opressão e estigma em diversos aspectos da vida humana, tem sua situação agravada pelas falhas de um sistema penitenciário que desdenha contínua e progressivamente a roupagem que lhe caracteriza como sujeito de direitos. Nesse sentido, quando condenados, têm sua pena aplicada para além do título de execução - a sentença condenatória.

Aludido descaso ganha relevo ainda maior a partir da análise da qualidade dos processos que chegam ao STF em busca de decisões que forneçam, de alguma forma, o socorro para o mínimo de dignidade. A reflexão a respeito da postura que vem sendo adotada por nossa Suprema Corte diante desses casos permitirá aferir, quando comparada aos parâmetros fixados dentro do SIPDH, o exercício do controle de convencionalidade e de que modo este instrumento contribui para a efetivação dos direitos humanos dos encarcerados.

Quanto à abordagem, trata-se de uma pesquisa qualitativa, por meio da qual se busca avaliar, com base no método hipotético-dedutivo, o exercício do controle de convencionalidade pelo STF e seus reflexos na dignidade humana do recluso. Quanto aos fins, é descritiva, pois analisa o posicionamento do STF nos casos relacionados à efetivação dos direitos humanos do privado de liberdade. Também se caracteriza como exploratória, uma vez que, apesar de haver toda uma doutrina sistematizada do controle de convencionalidade e demais produções a respeito, a abordagem se concentra em um recorte específico. Quanto aos meios, a pesquisa é bibliográfica porque tem base na produção doutrinária e científica nacional e estrangeira, além de contar com o levantamento de materiais obtidos em anais de eventos, periódicos e sítios da Internet.

O presente trabalho consiste num breve ensaio acerca de tais proposições e é fruto de uma inicial pesquisa desenvolvida pela autora.[2] Portanto, não tem qualquer pretensão de esgotar sua análise, mas sim traçar reflexões e expandir a visão crítica a respeito.

---

2. Sob o grato financiamento da Coordenação de Aperfeiçoamento de Pessoal de Nível Superior (CAPES/Prosup).

1. CONTORNOS DO CONTROLE JURISDICIONAL DE CONVENCIONALIDADE

A herança histórica de regimes ditatoriais carregada por alguns países latino-americanos suscitou a necessidade de mudança postural em relação à proteção, garantia e efetividade de direitos outrora inconcebíveis. Deu-se início, diante disso, a um movimento em busca da democracia.

Nessa transição, diferentemente de países mais desenvolvidos, nos quais o resguardo de direitos foi fruto de um vasto percurso ao longo dos séculos, nas sociedades em desenvolvimento a consagração se deu em um mesmo ato constitucional, num verdadeiro curto-circuito histórico (SANTOS, 2011). As Constituições da América Latina que surgiram nesse contexto se caracterizaram por conter da figura das *cláusulas constitucionais abertas*, cujo efeito principal foi permitir a integração entre a ordem constitucional e a ordem internacional, ampliando o bloco de constitucionalidade, em especial quanto aos direitos humanos (PIOVESAN, 2012).

No Brasil, tal tendência foi marcada pela promulgação da Constituição da República de 1988 (CF/1988) que, sob um extenso rol de direitos e garantias fundamentais, estabeleceu o Estado Democrático de Direito. Ao mesmo tempo, visando admitir outros direitos além dos expressamente previstos, ou seja, direitos além dos positivados no Título II, a Constituição cidadã inovou ao projetar, no art. 5º, § 2º, a sua abertura material.[3] Isso possibilitou o reconhecimento interno de posições *jurídico-fundamentais* - ainda que não manifestas -, inclusive quando extraídas de documentos internacionais (SARLET, 2012). Destarte, passou-se a admitir a acolhida de direitos abarcados pelos tratados internacionais celebrados pela República Federativa do Brasil.

Consequentemente, houve a ratificação de importantes documentos internacionais de proteção dos direitos humanos, como a Convenção Americana sobre Direitos Humanos (Pacto de São José da Costa Rica) de 1969, promulgada pelo Decreto n. 678 de 1992; o Protocolo adicional à Convenção Americana sobre Direitos Humanos em matéria de Direitos Econômicos, Sociais e Culturais *Protocolo de San Salvador* de 1988, promulgado pelo Decreto n. 3.321 de 1999; a Convenção Interamericana

---

3. Os direitos e garantias expressos nesta Constituição não excluem outros decorrentes do regime e dos princípios por ela adotados, ou dos tratados internacionais em que a República Federativa do Brasil seja parte (CF/1988, art. 5°, § 2°, *ipsis litteris*).

para Prevenir e Punir a Tortura, promulgada pelo Decreto n. 98.386 de 1989; o Pacto Internacional sobre Direitos Civis e Políticos de 1966, promulgado pelo Decreto n. 592 de 1992 etc.

A possibilidade de incorporação dos tratados ao ordenamento jurídico brasileiro implicou uma série de divergências acerca de sua hierarquia, sobretudo quando relativos aos direitos humanos.[4] Com o objetivo de solucionar a questão, no conjunto das reformas promovidas pela Emenda Constitucional n. 45 de 2004, acrescentou-se o § 3º ao art. 5º da CF/1988, que conferiu um status normativo próprio aos tratados de direitos humanos aprovados pelo quórum nele especificado: o de emenda constitucional.[5] Assim, ao lado de tratados de direitos humanos apenas materialmente constitucionais (por força do Art. 5º, § 2), admitiu-se figurar tratados de direitos humanos material e *formalmente constitucionais*, isto é, equivalentes às emendas constitucionais (MAZZUOLI, 2013).

Nesse cenário, há pouco menos de uma década, percebeu-se, no Brasil, a relevância de um tema que tímida e gradualmente encontra acolhida no exercício das funções do Poder Judiciário. Trata-se do controle jurisdicional de convencionalidade da produção normativa de um país desempenhado em seu âmbito interno.

A essa altura, vale esclarecer que o presente artigo tem por base a teoria do controle jurisdicional de convencionalidade sistematizada por Valerio Mazzuoli, adotando os conceitos e características ensinados por este autor. Em razão disso, considera-se que o controle vai além de uma técnica legislativa utilizada para compatibilizar aquilo que é produzido pelo Congresso Nacional com os tratados internacionais de direitos humanos (TIDH) ratificados pelo Brasil e, da mesma forma, não se limita a um instrumento colocado à disposição de uma Corte para examinar o cumprimento das obrigações internacionais contraídas pelo Estado (MAZZUOLI, 2013). Portanto, para efeitos de definição do controle de convencionalidade, não há maior proximidade com a doutrina que o limita ao âmbito internacional, como faz, por exemplo, André de Carvalho Ramos (RAMOS, 2014).

O exercício desse mecanismo de controle determina que os Estados que ratificaram um tratado internacional apliquem tão somente leis e

---

4. A respeito, conferir Sarlet (2012, p. 123 e ss.) e Mazzuoli (2013, p. 40 e ss.).
5. Os tratados e convenções internacionais sobre direitos humanos que forem aprovados, em cada Casa do Congresso Nacional, em dois turnos, por três quintos dos votos dos respectivos membros, serão equivalentes às emendas constitucionais (CF/1988, art. 5º, § 3º, *ipsis litteris*).

atos normativos com ele validamente compatíveis, sobretudo quando relativos a direitos humanos (MAZZUOLI, 2013). Por esse motivo, seu emprego é capaz de colaborar com o monitoramento e efetivação dos direitos humanos, principalmente quando posturas do poder público contrárias a tais direitos são constatadas. Estabelecer e consolidar o monitoramento permanente desses direitos constitui, inclusive, um dos grandes desafios do Direito Internacional dos Direitos Humanos do século XXI (TRINDADE, 2006).

A aplicação do controle jurisdicional de convencionalidade decorre do dever assumido pela República Federativa do Brasil perante a ordem internacional quando da assinatura e ratificação dos tratados e, no que se refere aos TIDH, também do princípio da prevalência dos direitos humanos que deve regê-la nas suas relações internacionais (art. 4°, II, CF/1988).

Urge a consciência dos encargos advindos das obrigações convencionais, mormente quanto à responsabilidade internacional do Estado. E isso deve acontecer em todos os poderes, órgãos e agentes estatais e não apenas nos governos, pois a responsabilização, vinculada ao Estado, não acompanha a transitoriedade com a qual se reveste o governo; ela permanece ainda que outro seja eleito (TRINDADE, 2006).

Nessa linha de raciocínio, sob pena de incidir a responsabilidade do Estado, seja por ação ou omissão dos poderes públicos, Executivo, Legislativo e Judiciário devem ter posturas condizentes ao comprometimento internacional. Assim, incumbe ao Executivo (principalmente) administrar de maneira que as obrigações assumidas por meio das Convenções Internacionais sejam cumpridas. O Legislativo, por sua vez, deve atuar no sentido de amoldar a produção normativa interna com as previsões dos tratados internacionais de direitos humanos. Ao Judiciário, por fim, cabe a aplicação das normas de referidos tratados e, do mesmo modo, o resguardo de sua observância (TRINDADE, 2006).

É importante sublinhar, desde já, que de acordo com o art. 27 da Convenção de Viena sobre os Direitos dos Tratados de 1969, o direito interno não é motivo que justifique o descumprimento dos tratados internacionais aos quais o país se obrigou.[6] Ademais, a partir de uma nova interpretação resultante do primado do respeito dos direitos humanos como paradigma propugnado para a ordem internacional, bem como

---

6. A respeito, conferir Ramos (2009, p. 257).

da aplicação do princípio da universalidade dos direitos humanos, há a superação da ideia da absoluta soberania nacional.[7] Tudo isso vai ao encontro da abertura da ordem jurídica brasileira para o sistema internacional de proteção dos direitos humanos (PIOVESAN, 1996).

Diante dessa conjuntura é possível afirmar que o Poder Judiciário também tem o dever de realizar o controle de convencionalidade. É por meio deste Poder da República Federativa do Brasil que o Estado-juiz deve atuar primando pela efetivação da dignidade da pessoa humana e de todos os valores que dela derivam. Nesse sentido, Piovesan destaca que "a interpretação jurídica vê-se pautada pela força expansiva do princípio da dignidade da pessoa humana e dos direitos humanos [...]" (2012, p. 06).

Praticado na esfera do Poder Judiciário, o controle de convencionalidade consiste na análise de concordância vertical das espécies legislativas vigentes no país com os tratados internacionais de direitos humanos por este país ratificados (MAZZUOLI, 2013).

Como pressuposto para tratar do aludido controle, optou-se por seguir a teoria adotada por Mazzuoli (2013), segundo a qual os TIDH assumem o status de norma constitucional, independentemente de terem sido aprovados de maneira qualificada, pois "tais instrumentos têm um fundamento ético que ultrapassa qualquer faculdade que queira o Estado ter (em seu domínio reservado) de alocá-los em 'níveis' previamente definidos" (2013, p. 128).[8] Desse modo, entende-se que o controle jurisdicional de convencionalidade das leis brasileiras (*latu sensu*) em matéria de direitos humanos abrange todos os TIDH pelo Brasil ratificados, ou seja, todos os TIDH incorporados ao ordenamento jurídico interno e nele vigentes constituem parâmetro para desenvolver referido controle, pouco importando se foram ou não aprovados de acordo com o art. 5°, §3°, CF/1988.

O resultado dessa análise jurisdicional é invalidar as espécies normativas dissonantes da proteção conferida pelos TIDH. Sagüés considera que o objetivo do controle

---

7. No mesmo sentido, Trindade (2006, p. 426 e 443).
8. No mesmo sentido, Trindade (2006, p. 410-411). Outro é o entendimento predominante no Supremo Tribunal Federal (STF), no qual vigora a tese da supralegalidade (e infraconstitucionalidade) dos TIDH (RE 466.343-1/SP, j. em 03.12.08).

> [...] és determinar si la norma enjuiciada a través de la Convención es o no "convencional" (Corte Interamericana de Derechos Humanos, "Boyce y otros vs. Barbados", considerando 78). Si lo es, el juez la aplica. Caso contrario, no, por resultar "inconvencional". Dicha "inconvencionalidad" importaria uma causal de invalidez de la norma así descalificada, por "carecer de efectos jurídicos". La inconvencionlidad produce um deber judicial concreto de inaplicación del precepto objetado (2009, p. 03).

Por isso, quando a norma interna não é compatível com o conteúdo dos tratados de direitos humanos ratificados e em vigor no Brasil, o juiz/tribunal deve atuar acusando sua invalidez e "fazendo-a cessar de operar no mundo jurídico quando menos benéfica ao ser humano [...]" (MAZZUOLI, 2013, p. 155-156).

Na verdade, o que se realiza é a dupla conformação da legislação pátria, uma vez que o controle de convencionalidade caminha ao lado do controle de constitucionalidade. São dois mecanismos de proteção que se complementam, de maneira que a validade interna de uma lei só se dá quando ela for "compatível com a Constituição e com os tratados internacionais (de direitos humanos e comuns) ratificados pelo governo e em vigor no Estado" (MAZZUOLI, 2013, p. 111).

O controle de convencionalidade é mais amplo que o controle de constitucionalidade,[9] pois também pode ser exercido na ordem internacional, isto é, quando uma Corte Internacional examina a legislação de um Estado submetido à sua competência e a compara com os instrumentos normativos adotados por aquele Estado. Isso acontece, por exemplo, dentro do SIPDH pela Corte IDH, cuja competência obrigatória o Brasil se submeteu pelo Decreto legislativo n. 89 de 1998 e, internamente, mediante o Decreto presidencial n. 4.463 de 2002.

Apesar dessa possibilidade de atuação da Corte IDH, o exercício primário do controle de convencionalidade deve ser feito dentro do próprio Estado signatário do tratado internacional. Praticada no âmbito interno de um país, "La doctrina del 'control de convencionalidad' bien instrumentada, puede ser uma herramienta provechosa para asegurar la primacía del orden jurídico internacional de los derechos humanos" (SAGÜÉS, 2009, p. 06).

Somente em caso de omissão da jurisdição nacional (ou de seu exercício não satisfatório) é que a Corte deverá se pronunciar a respeito. Nesse caso, desempenhará o controle em último grau, gerando o dever

---

9. Conferir Mazzuoli (2013, p. 153).

de cumprimento para o Estado (MAZZUOLI, 2013). Esse foi o entendimento fixado pela Corte IDH a partir de 2006, oportunidade na qual transferiu a obrigação de controlar a convencionalidade das leis de forma prioritária para o Poder Judiciário dos Estados-partes (MAZZUOLI, 2013). Para tanto, a Corte se pronunciou no sentido de que os tribunais e juízes nacionais têm o dever de examinar a compatibilidade das leis domésticas com a Convenção Americana sobre Direitos Humanos (CADH), bem como com a interpretação que referida Corte desenvolve a seu respeito.[10]

Apesar do controle último que pode ser exercido pela Corte IDH, este Tribunal também já se manifestou no sentido de que sua atuação não equivale a uma revisão da decisão interna, mas sim da condenação (e fixação da responsabilidade de reparar o dano) do Estado que não observa a normativa internacional de proteção dos direitos humanos. Isso porque estar-se-á diante de um procedimento internacional de reparação de graves violações de direitos humanos, e não de uma simples demanda de prejuízos nos moldes do direito civil interno (GUERRA, 2012).

Sendo assim, o Poder Judiciário brasileiro tem deveres perante a CADH e, da mesma maneira, perante aquilo que a Corte IDH interpreta de seu conteúdo. Disso se extrai que o texto da Convenção e referida interpretação constituem dois dos parâmetros para o exercício do controle jurisdicional de convencionalidade. Ao seu lado também figuram os demais TIDH e as medidas provisórias emitidas pela Corte IDH.[11] Este conjunto se identifica como *bloco de convencionalidade* e deve guiar a atuação judicial quando do exercício de compatibilidade normativa entre a produção pátria e a do SIPDH (MAZZUOLI, 2013).

Por isso, a fim de cumprir essa finalidade dentro do SIPDH, os juízes (e tribunais) internos não podem se afastar das linhas de interpretação da Corte IDH, devendo, além de segui-las, dar-lhes efetividade. Dessa

---

10. Isso aconteceu no caso Almonacid Arellano e outros Vs. Chile, Exceções Preliminares, Mérito, Reparações e Custas, sentença de 26 de setembro de 2006. De acordo com Sagüés (2011, p. 385 apud Mazzuoli, 2013, p. 101) "A partir desse momento, fixa-se, também, vez por todas, a obrigação dos juízes e tribunais nacionais em aplicar a Convenção Americana segundo a interpretação que dela faz a Corte Interamericana, atribuindo-se ao controle de convencionalidade um efeito positivo ou construtivo".

11. Guerra ensina que "A Corte poderá também se manifestar nas consultas que lhes forem encaminhadas pelos Estados-partes, emitindo pareceres sobre a compatibilidade entre qualquer de suas leis internas e os instrumentos internacionais. Nesse sentido, a Corte tem produzido vasto material, a exemplo das Opiniões Consultivas que são consideradas importantes fontes jurisprudenciais. " (2015, p. 203).

forma, estar-se-á agindo de acordo com os dois propósitos do sistema regional interamericano elucidados por Piovesan (2012, p. 83): "a) promover e encorajar avanços no plano interno dos Estados; e b) prevenir recuos e retrocessos no regime de proteção de direitos."

No entanto, "é extremamente difícil encontrar repercussão no STF das decisões internacionais de Direitos Humanos oriundas de órgãos em relação aos quais o Brasil reconhece a jurisdição" (RAMOS, 2009, p. 281). Apesar de o Supremo Tribunal Federal já ter decidido vários assuntos com base na CADH, a exemplo da impossibilidade da prisão do depositário infiel, do duplo grau de jurisdição, do uso de algemas, dos crimes hediondos, da individualização da pena, da videoconferência no processo penal etc., muitas vezes ele se queda omisso quanto aos precedentes firmados pela Corte IDH[12] e, do mesmo modo, quanto às opiniões consultivas e medidas provisórias por ela emitidas.

Diante disso, reflete-se acerca da atuação do STF no controle de convencionalidade – precisamente em relação à modalidade difusa –,[13] concentrando-se em algo que insistentemente demanda a atuação do Judiciário brasileiro: a falência do sistema prisional e a constante violação de direitos humanos do grupo de vulneráveis que dele é vítima.

Não há novidade quanto aos efeitos nocivos produzidos pelas prisões. Porém, somente a título de ilustração, vale apontar as atrocidades à dignidade humana por elas acarretadas. Isso ocorre como fruto do descaso social, mas principalmente pelo modo como os governantes e a classe política observam o problema das penitenciárias. Por consequência, aquele que é submetido ao sistema e tem privada sua liberdade não escapa das sequelas psicológicas sobremaneira negativas (GIACÓIA; HAMMERSCHMIDT; FUENTES, 2011).

Em tempos recentes essa temática ganhou ainda mais relevância tendo em vista o conjunto de casos sobre os quais o STF teve de se debruçar, bem como a sequência dos chocantes massacres ocorridos em penitenciárias de todo o país.[14]

---

12. Conferir, também, Caldas (2016) e Gerber (2016).
13. Em relação às espécies de controle de convencionalidade, conferir Mazzuoli (2013).
14. REDAÇÃO. Carnificina em presídios deixou mais de 130 mortos neste ano. *Carta Capital*, 16 jan. 2017. Disponível em: <http://www.cartacapital.com.br/sociedade/carnificina-em-presidios-deixou-mais-de-130-mortos-neste-ano>. Acesso em: 19 jan. 2017.

Portanto, tendo em vista a realidade carcerária brasileira, averigua-se o exercício do controle de convencionalidade pelo STF ou a proximidade de sua atuação aos parâmetros relativos a este controle. Por consequência, avalia-se, em linhas gerais, o papel de aludida atividade na efetivação dos direitos humanos dos encarcerados. É o que se desenvolve a seguir.

2. O STF E O CONTROLE DE CONVENCIONALIDADE EM FACE DO SISTEMA PRISIONAL BRASILEIRO

O exame da aplicação do controle de convencionalidade pelo STF relativamente ao sistema prisional pode ser desempenhado a partir da apreciação, de um lado, de casos atinentes à matéria recentemente submetidos à apreciação de aludida Corte e, de outro, de parâmetros úteis para o seu desenvolvimento.[15]

No que diz respeito aos parâmetros aplicáveis para o exercício do controle jurisdicional de convencionalidade nas situações que envolvem o caos penitenciário brasileiro e o consequente descaso para com os direitos dos apenados, importa considerar determinados instrumentos internacionais de proteção de direitos humanos concernentes ao assunto em análise, bem como resoluções emitidas pela Corte IDH especificamente ao Estado brasileiro.

Os instrumentos internacionais de proteção violados pelo Brasil quando do desdém com seu sistema prisional englobam, por exemplo, as Regras Mínimas para o Tratamento de Reclusos das Nações Unidas (Regras de Mandela), os Princípios e Boas Práticas sobre a Proteção das Pessoas Privadas de Liberdade nas Américas da Comissão Interamericana de Direitos Humanos e a própria CADH. Além disso, a Corte IDH ainda menciona, como padrão universal de indicador mínimo na atenção à saúde e às condições de habitação e detenção em geral, as Regras Penitenciárias Europeias do Conselho Europeu aplicadas pelo Comitê Europeu para a Prevenção da Tortura e das Penas ou Tratamentos Desumanos ou Degradantes.[16]

---

15. No presente trabalho, tais considerações são tecidas em relação a parâmetros adotados no âmbito do SIPDH.
16. Caso do complexo penitenciário de Curado. Medidas Provisórias. Resolução da Corte IDH de 23 de novembro de 2016, considerando décimo terceiro.

Quanto às resoluções da Corte IDH, verifica-se que das 35 (trinta e cinco) medidas provisórias emitidas ao Brasil ao longo de 18 (dezoito) anos desde a submissão à sua competência,[17] 19 (dezenove) delas se relacionam aos péssimos aspectos que envolvem unidades de cumprimento de pena,[18] especificamente dos complexos penitenciários de Pedrinhas (São Luís, Maranhão) e Curado (Recife, Pernambuco), e das penitenciárias Urso Branco (Porto Velho, Rondônia) e "Dr. Sebastião Martins Silveira" (Araraquara, São Paulo).

Tendo em vista o objetivo do presente artigo e os limites propostos para o seu desenvolvimento, reservam-se os detalhes das medidas provisórias mencionadas para outra oportunidade. Nesse momento, contudo, convém destacar a postura da Corte IDH quanto à determinação de providências ao Brasil visando a proteção da vida e integridade física dos reclusos.

A emissão dessas medidas não tem intuito apenas cautelar no sentido de preservar uma situação jurídica. Caracteriza-se, sobretudo, por uma finalidade *tutelar*, pois busca evitar prejuízos irreparáveis às pessoas e, com isso, promove a proteção de direitos humanos.[19] É por essa razão que a Corte IDH atua, de um modo geral, pronunciando-se sobre a gravidade da situação de violência e insegurança nas penitenciárias, especialmente em função de superpopulação e superlotação (englobando presos condenados e provisórios no mesmo ambiente), presença de armas, condições de segurança e respeito à vida e à integridade pessoal de internos, funcionários e visitantes (inclusive quanto às revistas humilhantes a que são submetidos), atenção à higiene e saúde (abrangendo os casos dos portadores de enfermidades contagiosas), grupos vulneráveis (a exemplo da população LGBT), infraestrutura decadente etc. e, por tudo isso, determina ao Estado a adoção de medidas, muitas em caráter urgente.[20]

---

17. Pois foi por meio do Decreto Legislativo n. 89 de 03 de dezembro de 1998 que o Brasil aprovou submeter-se à competência obrigatória da Corte IDH.
18. Outras 15 (quinze) medidas provisórias referem-se à precariedade de condições de estabelecimentos de internação socioeducativa, ou seja, destinados a adolescentes infratores de acordo com as previsões da Lei n. 8.069 de 13 de julho de 1990 (Estatuto da criança e do adolescente).
19. Caso da Penitenciária Urso Branco. Medidas Provisórias. Resolução da Corte IDH de 21 de setembro de 2005, considerando quarto.
20. Caso do complexo penitenciário de Curado. Medidas Provisórias. Resolução da Corte IDH de 23 de novembro de 2016, considerando primeiro.

Ao pontuar a obrigação de respeitar os direitos e liberdades expressos na CADH e nos demais TIDH, a Corte IDH salienta que esse dever é ainda mais evidente quando os titulares desses direitos estão sob a custódia estatal, uma vez que, nesse caso, pelo fato de ocupar uma posição especial, o Estado funciona como garante daqueles. O poder público é obrigado, por isso, independentemente de qualquer disposição em particular, a garantir os direitos do sujeito privado de liberdade.[21]

Com base nisso, aludido órgão de proteção dos direitos humanos exige a adoção de medidas específicas por parte dos Estados, pautando-se numa interpretação dinâmica e evolutiva da CADH. Ademais, atua no sentido de combater o arbítrio estatal, denunciando o terrorismo muitas vezes por ele promovido e afirmando a necessidade do direito prevalecer sobre a força (PIOVESAN, 2015).

Nesse sentido, a Corte IDH se pronunciou afirmando que

> [...]o Estado tem o dever de adotar as medidas necessárias para proteger e garantir o direito à vida e à integridade pessoal das pessoas privadas de liberdade e de se abster, sob qualquer circunstância, de atuar de maneira que viole a vida e a integridade das mesmas. [...] as obrigações que o Estado deve inevitavelmente assumir em sua posição de garante incluem [...]reduzir a superlotação, procurar as condições de detenção mínimas compatíveis com sua dignidade, e prover pessoal capacitado e em número suficiente para assegurar o adequado e efetivo controle, custódia e vigilância do centro penitenciário (2014, p. 09).[22]

Apesar do amplo respaldo dos direitos humanos proporcionado por tais manifestações da Corte IDH, sua efetividade depende, na verdade, da implementação pelo Estado brasileiro, inclusive pela atuação do Poder Judiciário, frequentemente chamado a agir nesse sentido. Consiste em tarefa do Estado-juiz, pois, fazer prevalecer e garantir a eficácia imediata dos direitos e garantias fundamentais. Nesse sentido, num terreno de interação democrática entre os três Poderes da República Federativa do Brasil, o Judiciário deve atuar promovendo a publicidade das obrigações internacionais assumidas pelo Brasil.

Compatibilizar as decisões do STF com a interpretação desenvolvida pelos órgãos internacionais de proteção dos direitos humanos im-

---

21. Caso do Complexo Penitenciário de Pedrinhas. Medidas Provisórias. Resolução da Corte IDH de 14 de novembro de 2014; Caso da Penitenciária Urso Branco. Medidas Provisórias. Resolução da Corte IDH de 21 de setembro de 2005, considerando sexto.
22. Caso do Complexo Penitenciário de Pedrinhas. Medidas Provisórias. Resolução da Corte IDH de 14 de novembro de 2014.

plica na superação de uma fase de ambiguidades, caracterizada pela impotência brasileira de fazer cumprir aqueles entendimentos (RAMOS, 2009). Trata-se de uma transição de paradigmas que contextualiza o estímulo ao controle de convencionalidade e ao diálogo entre jurisdições no âmbito interamericano (PIOVESAN, 2012). Alguns casos submetidos ao crivo da mais alta Corte do Judiciário brasileiro podem trazer indícios da ocorrência desse diálogo e do controle jurisdicional de convencionalidade propriamente dito.

Dentre as recentes demandas sob apreciação do STF que envolvem aspectos desajustados do sistema penitenciário brasileiro e a discussão acerca da responsabilidade estatal pelas violações de direitos daí decorrentes, recebem destaque: o Recurso Extraordinário (RE) 641.320/RS, no qual foi decidido, entre outros assuntos, a possibilidade de prisão domiciliar em razão da falta de vagas no regime de cumprimento de pena; a Arguição de Descumprimento de Preceito Fundamental (ADPF) 347/DF, cuja pretensão consiste na determinação de providências para sanar lesões aos direitos fundamentais dos detentos; o Recurso Extraordinário 592.581/RS, no que se refere ao tema 220 da Repercussão Geral conhecida, em que foi estabelecido ser lícito ao Judiciário impor à Administração Pública obrigação de fazer para dar efetividade ao postulado da dignidade da pessoa humana dos detentos; a Ação Direta de Inconstitucionalidade (ADIN) 5170/DF e o Recurso Extraordinário 580.252/MS (quanto ao tema 365 da Repercussão Geral), cujos debates envolvem a responsabilidade civil do Estado pelas más condições carcerárias.

Com base numa observação sucinta e, portanto, não definitiva de tais casos, verificou-se que o STF ainda se mantém afastado dos entendimentos da Corte IDH. Todavia, apesar da parca jurisprudência nesse sentido (PIOVESAN, 2012), já podem ser notados indícios de alguma aproximação com o teor das decisões proferidas pela Corte IDH.

Diz-se isso, particularmente, referindo-se ao julgamento do RE 592.581/RS, cujo Ministro Relator, Ricardo Lewandowski, foi expresso no sentido de invocar o pronunciamento da Corte IDH nas medidas provisórias emitidas contra o Brasil quanto ao Complexo Penitenciário de Urso Branco e à penitenciária "Dr. Sebastião Martins Silveira", apontando, ainda, os casos de estabelecimentos destinados à internação socioeducativa de adolescentes que também já foram objeto de medidas provisórias emitidas pela Corte IDH contra o Brasil. Referido ministro salientou o respaldo normativo interno e internacional que implica na exigência de atuação do Poder Judiciário no sentido de reequilibrar a ordem jurídica violada, principalmente para efetivar os direitos fundamentais dos sujeitos que estão submetidos à custódia provisória do Estado.

Nesse contexto, foi proposta a seguinte tese de Repercussão Geral:

> É lícito ao Judiciário impor à Administração Pública obrigação de fazer, consistente na promoção de medidas ou na execução de obras emergenciais em estabelecimentos prisionais para dar efetividade ao postulado da dignidade da pessoa humana e assegurar aos detentos o respeito à sua integridade física e moral, nos termos que preceitua o art. 5º, LXIX, da Constituição Federal, não sendo oponível à decisão o argumento da reserva do possível nem o princípio da separação dos poderes.

Embora tal tese, confirmada pelo Pleno do Tribunal, esteja adequada aos parâmetros desenvolvidos pela Corte IDH - principalmente quanto à determinação de medidas ao poder público para a efetivação das normativas nacionais e internacionais relacionadas aos direitos e liberdades afetos à dignidade da pessoa humana do privado de liberdade -, não se revelou, expressamente, o exercício do controle de convencionalidade pelo STF.

Nota-se que a Suprema Corte brasileira, ao menos no que se refere à temática aqui tratada e, repita-se, ainda sem um estudo minucioso dos casos assinalados, nas raras vezes em que se utiliza dos entendimentos da Corte IDH, o faz muito mais com um caráter meramente argumentativo do que, propriamente, com vistas à aplicação do controle jurisdicional de convencionalidade.

Diante disso, impera a necessidade de aplicação do controle jurisdicional de convencionalidade, primando-se pelo respeito aos TIDH incorporados ao direito brasileiro, especialmente à própria CADH, que representa o principal documento de proteção dos direitos humanos nas Américas, dada a estruturação de um sistema de supervisão e controle das obrigações assumidas pelos Estados (RAMOS, 2009).

CONSIDERAÇÕES FINAIS

Considerando a atualidade e relevância do tema *controle de convencionalidade*, buscou-se trazer uma reflexão acerca de sua aplicação pelo órgão de cúpula do Poder Judiciário brasileiro, concentrando-se em uma realidade extremamente tortuosa quanto à concretização dos direitos humanos do grupo constituído por aqueles que têm privada sua liberdade, isto é, as vítimas do sistema penitenciário brasileiro.

De início, foi traçado um panorama geral a respeito da abertura material da CF/1988 proporcionada pelo § 2° do art. 5°, que promoveu o reconhecimento de direitos fundamentais presentes em tratados internacionais ratificados pelo Brasil, seguida da reforma constitucional concretizada pela Emenda n. 45/2004, que inseriu o § 3º ao art. 5º, fixando um novo status jurídico para os tratados internacionais aprovados de acordo com seu regramento.

Verificou-se que tal cenário foi responsável pelo início do desenvolvimento da teoria do controle de convencionalidade no direito pátrio. A partir disso, na sequência, foram abordados os principais aspectos deste instrumento e a necessidade/obrigatoriedade de seu implemento por todos os Poderes do Estado signatário de um tratado internacional, tendo em vista o compromisso assumido perante a ordem internacional. Assim, foi possível compreender que a aplicação do controle de convencionalidade também deve ser realizada pelo Poder Judiciário, inclusive de forma prioritária quanto ao controle exercido no âmbito da Corte IDH (controle de convencionalidade externo).

Discorreu-se, em seguida, acerca de determinados parâmetros para o exercício do controle jurisdicional de convencionalidade na temática proposta, bem como de algumas situações submetidas à competência do STF, tudo com vistas à reflexão da aplicação de referido mecanismo pela mais alta Corte brasileira.

Foi possível perceber que os casos submetidos ao STF demonstram a incidência da questão da judicialização das políticas públicas no que se refere ao sistema penitenciário. Sem adentrar na temática do ativismo judicial que há razoável lapso de tempo é foco de inúmeras divergências acadêmicas, o fato é que constantemente o Judiciário brasileiro – em especial, o Supremo Tribunal Federal – se vê obrigado a analisar e a se posicionar a respeito de matérias que, originariamente, não lhe seriam afetas - dado o Princípio da Separação dos Poderes.

A situação ocorre em função da insustentável falta de providências por parte do poder público para com os direitos básicos dos cidadãos privados de liberdade. Este descaso se agrava diante da intensa crise que circunda o ambiente da democracia representativa brasileira, o que a torna incapaz de, nos atuais moldes, gerir e implementar políticas públicas eficazes, sobretudo em matéria prisional.

O controle jurisdicional de convencionalidade passa a ser estudado no âmbito interno em hora oportuna, principalmente quando são mínimas as esperanças de dignidade humana dos menos favorecidos que, no recorte de trabalho proposto, compõem a quarta maior população carcerária do planeta.[23]

O exercício deste mecanismo, aliado a decisões pautadas no garantismo penal enquanto teoria crítica do direito, permite uma maior abertura do sistema atual para a concretização dos direitos fundamentais. A partir do momento em que o Judiciário brasileiro implementar, de fato, referido instrumento, deixando de se referir aos entendimentos da Corte IDH apenas como um álibi argumentativo, acredita-se que o início da efetivação dos direitos humanos deixará de ser apenas um ideal.

Por tudo isso, com base na reflexão proposta, inquieta-se pelo seu aperfeiçoamento e lapidação na esperança de algum dia e de alguma forma contribuir para o despertar da consciência humana para os bons frutos que pode gerar quando enxergar o encarcerado como seu semelhante.

REFERÊNCIAS

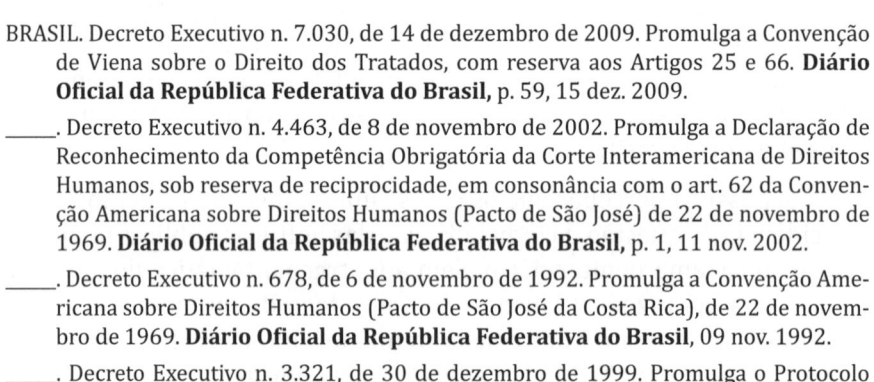

BRASIL. Decreto Executivo n. 7.030, de 14 de dezembro de 2009. Promulga a Convenção de Viena sobre o Direito dos Tratados, com reserva aos Artigos 25 e 66. **Diário Oficial da República Federativa do Brasil**, p. 59, 15 dez. 2009.

_____. Decreto Executivo n. 4.463, de 8 de novembro de 2002. Promulga a Declaração de Reconhecimento da Competência Obrigatória da Corte Interamericana de Direitos Humanos, sob reserva de reciprocidade, em consonância com o art. 62 da Convenção Americana sobre Direitos Humanos (Pacto de São José) de 22 de novembro de 1969. **Diário Oficial da República Federativa do Brasil**, p. 1, 11 nov. 2002.

_____. Decreto Executivo n. 678, de 6 de novembro de 1992. Promulga a Convenção Americana sobre Direitos Humanos (Pacto de São José da Costa Rica), de 22 de novembro de 1969. **Diário Oficial da República Federativa do Brasil**, 09 nov. 1992.

_____. Decreto Executivo n. 3.321, de 30 de dezembro de 1999. Promulga o Protocolo Adicional à Convenção Americana sobre Direitos Humanos em Matéria de Direitos Econômicos, Sociais e Culturais "Protocolo de São Salvador", concluído em 17 de novembro de 1988, em São Salvador, El Salvador. **Diário Oficial da República Federativa do Brasil**, 31 dez. 1999.

_____. Decreto Executivo n. 98.386, de 09 de dezembro de 1989. Promulga a Convenção Interamericana para Prevenir e Punir a Tortura. **Diário Oficial da República Federativa do Brasil**, 13 nov. 1989.

---

23. POPULAÇÃO CARCERÁRIA BRASILEIRA JÁ É UMA DAS MAIORES DO MUNDO, DIZ JUSTIÇA. CORREIO BRASILIENSE, 27 abr. 2016. Disponível em: <http://www.correiobrailiense.com.br/app/noticia/brasil/2016/04/27/internas_polbraeco,529299/populacao-carceraria-brasileira-ja-e-uma-das-maiores-do-mundo-diz-jus.shtml>. Acesso em 18 de jan. 2017.

_____. Decreto Executivo n. 592, de 06 de julho de 1992. Atos Internacionais. Pacto Internacional sobre Direitos Civis e Políticos. Promulgação. **Diário Oficial da República Federativa do Brasil**, 7 jul. 1992.

_____. Decreto Legislativo n. 89, de 3 de dezembro de 1998. Aprova a solicitação de reconhecimento da competência obrigatória da Corte Interamericana de Direitos Humanos em todos os casos relativos à interpretação ou aplicação da Convenção Americana de Direitos Humanos para fatos ocorridos a partir do reconhecimento, de acordo com o previsto no parágrafo primeiro do art. 62 daquele instrumento internacional. **Diário Oficial da República Federativa do Brasil**, p. 2, 4 dez. 1998.

_____. Supremo Tribunal Federal. **Recurso Extraordinário n. 592.581**/RS. Rel. Min. Ricardo Lewandowski, Pleno, unânime, D.J., 01 fev. 2016.

_____. Supremo Tribunal Federal. **Repercussão Geral no Recurso Extraordinário n. 580.252/MS**. Rel. Min. Ayres Britto, Pleno, maioria, D.J., 08 jun. 2011.

_____. Supremo Tribunal Federal. **Recurso Extraordinário n. 641.320**/RS. Rel. Min. Gilmar Mendes, Pleno, maioria, D.J., 16 jun. 2016.

_____. Supremo Tribunal Federal. **Medida Cautelar na Arguição de Descumprimento de Preceito Fundamental n. 347/DF**. Rel. Min. Marco Aurélio, Pleno, maioria, D.J., 19 fev. 2016.

_____. Supremo Tribunal Federal. **Medida liminar na Ação Direta de Inconstitucionalidade n. 5170/DF.** Rel. Min. Rosa Weber, Distribuído, 20 out. 2014.

CALDAS, Roberto. **Profissionais da Justiça ainda desconhecem decisões da CIDH**. 2016. Entrevista concedida à Agência Brasil. Disponível em: <http://www.redebrasilatual.com.br/cidadania/2016/02/juiz-brasileiro-assume-presidencia-da--corte-interamericana-de-direitos-humanos-9508.html>. Acesso em: 06 jul. 2016.

CAMBI, Eduardo Augusto Salomão. **Neoconstitucionalismo e Neoprocessualismo**: direitos fundamentais, políticas públicas e protagonismo judiciário. 2. ed. ver. e atual. São Paulo: RT, 2011.

CAPPELLETTI, Mauro. El 'formidable problema' del control judicial y la contribuicion del analisis comparado. Traducción de Faustino Gonzaléz. **Revista de estudios políticos**, n. 13, Enero-Febrero, 1980, pp. 61-103.

CARNIFICINA EM PRESÍDIOS DEIXOU MAIS DE 130 MORTOS NESTE ANO. **Carta Capital**, 16 jan. 2017. Disponível em: <http://www.cartacapital.com.br/sociedade/carnificina-em-presidios-deixou-mais-de-130-mortos-neste-ano>. Acesso em: 19 jan. 2017.

CNJ, Assessoria de Imprensa do. **Fachin sugere diálogo entre tratado internacional e lei brasileira**. Boletim de notícias Consultor Jurídico (CONJUR). 13 jun. 2016. Disponível em: <http://www.conjur.com.br/2016jun13/fachinsugerediálogoentretratadointernacionalleibrasileira>. Acesso em: 05 dez. 2016.

CORTE INTERAMERICANA DE DIREITOS HUMANOS. **Corte IDH. Asunto del Complejo Penitenciario de Curado respecto de Brasil. Medidas Provisionales. Resolución de la Corte Interamericana de Derechos Humanos de 18 de noviembre de 2015**. Disponível em: <http://www.corteidh.or.cr/docs/medidas/curado_se_03.pdf>. Acesso em: 20 jul. 2016.

_____. **Asunto del Complejo Penitenciario de Curado respecto de Brasil. Medidas Provisionales. Resolución de la Corte Interamericana de Derechos Humanos** de 7 de octubre de 2015. Disponível em: <http://www.corteidh.or.cr/docs/medidas/curado_se_02.pdf>. **Acesso em: 02 abr. 2016.**

_____. **Asunto de la Unidad de Internación Socioeducativa respecto de la República Federativa de Brasil. Medidas Provisionales. Resolución de la Corte Interamericana de Derechos Humanos de 23 de junio de 2015.** Disponível em: <http://www.corteidh.or.cr/docs/medidas/socioeducativa_se_09.pdf>. **Acesso em: 02 abr. 2016.**

_____. **Asunto del Complejo Penitenciario de Pedrinhas respecto de Brasil**. Medidas Provisionales. Resolución Corte Interamericana de Derechos Humanos de 14 de noviembre de 2014. Disponível em: <http://www.corteidh.or.cr/docs/medidas/pedrinhas_se_01.pdf>. **Acesso em: 02 abr. 2016.**

_____. **Asunto del Complejo Penitenciario de Curado respecto de Brasil. Medidas Provisionales. Resolución de la Corte Interamericana de Derechos Humanos de 22 de mayo de 2014.** Disponível em: <http://www.corteidh.or.cr/docs/medidas/curado_se_01.pdf>. **Acesso em 02 abr. 2016.**

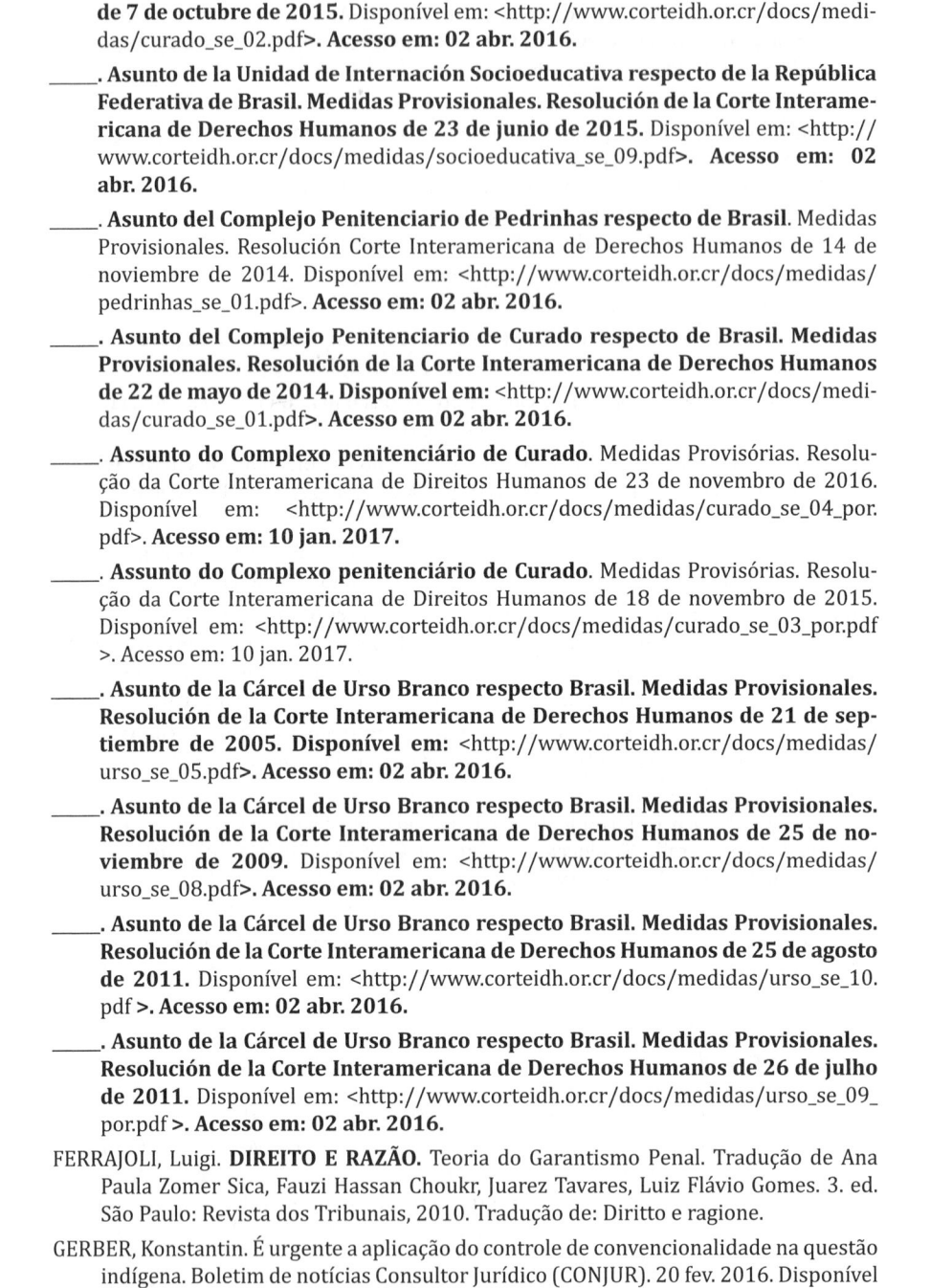

_____. **Assunto do Complexo penitenciário de Curado**. Medidas Provisórias. Resolução da Corte Interamericana de Direitos Humanos de 23 de novembro de 2016. Disponível em: <http://www.corteidh.or.cr/docs/medidas/curado_se_04_por.pdf>. **Acesso em: 10 jan. 2017.**

_____. **Assunto do Complexo penitenciário de Curado**. Medidas Provisórias. Resolução da Corte Interamericana de Direitos Humanos de 18 de novembro de 2015. Disponível em: <http://www.corteidh.or.cr/docs/medidas/curado_se_03_por.pdf >. Acesso em: 10 jan. 2017.

_____. **Asunto de la Cárcel de Urso Branco respecto Brasil. Medidas Provisionales. Resolución de la Corte Interamericana de Derechos Humanos de 21 de septiembre de 2005. Disponível em:** <http://www.corteidh.or.cr/docs/medidas/urso_se_05.pdf>. **Acesso em: 02 abr. 2016.**

_____. **Asunto de la Cárcel de Urso Branco respecto Brasil. Medidas Provisionales. Resolución de la Corte Interamericana de Derechos Humanos de 25 de noviembre de 2009.** Disponível em: <http://www.corteidh.or.cr/docs/medidas/urso_se_08.pdf>. **Acesso em: 02 abr. 2016.**

_____. **Asunto de la Cárcel de Urso Branco respecto Brasil. Medidas Provisionales. Resolución de la Corte Interamericana de Derechos Humanos de 25 de agosto de 2011.** Disponível em: <http://www.corteidh.or.cr/docs/medidas/urso_se_10.pdf >. **Acesso em: 02 abr. 2016.**

_____. **Asunto de la Cárcel de Urso Branco respecto Brasil. Medidas Provisionales. Resolución de la Corte Interamericana de Derechos Humanos de 26 de julho de 2011.** Disponível em: <http://www.corteidh.or.cr/docs/medidas/urso_se_09_por.pdf >. **Acesso em: 02 abr. 2016.**

FERRAJOLI, Luigi. **DIREITO E RAZÃO.** Teoria do Garantismo Penal. Tradução de Ana Paula Zomer Sica, Fauzi Hassan Choukr, Juarez Tavares, Luiz Flávio Gomes. 3. ed. São Paulo: Revista dos Tribunais, 2010. Tradução de: Diritto e ragione.

GERBER, Konstantin. É urgente a aplicação do controle de convencionalidade na questão indígena. Boletim de notícias Consultor Jurídico (CONJUR). 20 fev. 2016. Disponível em: <http://www.conjur.com.br/2016fev20/konstantingerbercontroleconvencionalidadequestaoindigena>. Acesso em: 05 dez. 2016.

GIACÓIA, Gilberto; HAMMERSCHMIDT, Denise; FUENTES, Paola Oviedo. A prisão e a condição humana do recluso. **Revista Argumenta** – Revista do Programa de Mestrado em Ciência Jurídica da UENP, nº 15, pp. 131-161, 2011.

GUERRA, Sidney. A proteção internacional dos direitos humanos no âmbito da Corte Interamericana e o controle de convencionalidade. *Nomos:* **Revista do Programa de Pós-graduação em direito da UFC.** v. 32.2, jul/dez., pp. 341-366, 2012.

MARINONI, Luiz Guilherme. **Controle de Convencionalidade**: na perspectiva do direito brasileiro. 2012. Disponível em <http://www.marinoni.adv.br/artigos.php#>. Acesso em: 03 jul. 2016.

MAZZUOLI, Valerio de Oliveira. **Teoria geral do controle de convencionalidade no direito brasileiro.** Revista de Informação Legislativa, Brasília, v. 46, n. 18, pp. 113-133, jan./mar. 2009. Disponível em: <https://www2.senado.leg.br/bdsf/bitstream/handle/id/194897/000861730.pdf?sequence=3>. Acesso em: 01 jul. 2016.

_____. **O controle jurisdicional da convencionalidade das leis.** Coleção Direito e ciências afins. 3. ed. rev., atual. e ampl. São Paulo: Revisa dos Tribunais, 2013. v.4.

PAULA, Jônatas Luiz Moreira de. **A jurisdição como elemento de inclusão social**: revitalizando as regras do jogo democrático. Barueri: Manole, 2002.

PIOVESAN, Flávia. Direitos Humanos e Diálogo entre Jurisdições. **Revista Brasileira de Direito Constitucional** *(RBDC)*: Revista do Programa de Pós-Graduação "Lato Sensu" em Direito Constitucional. Escola Superior de Direito Constitucional (ESDC), São Paulo, n.19, pp. 67-93, jan./jun. 2012. Disponível em: <http://www.esdc.com.br/RBDC/RBDC-19/RBDC-19-067-Artigo_Flavia_Piovesan_(Direitos_Humanos_e_Dialogo_entre_Jurisdicoes).pdf>. Acesso em: 01 jul. 2016.

_____. **Direitos Humanos e Justiça Internacional**: um estudo comparativo dos sistemas regionais, europeu, interamericano e africano. 6. ed. rev., ampl. e atual. São Paulo: Editora Saraiva, 2015.

_____. O direito internacional dos direitos humanos e a redefinição da cidadania no Brasil. **Revista da Procuradoria Geral do Estado de São Paulo**, n. 45/46, p. 37–50, jan./dez., 1996. Disponível em: <http://www.pge.sp.gov.br/centrodeestudos/revistaspge/revista2/artigo3.htm>. Acesso em: 10 nov. 2016.

POPULAÇÃO CARCERÁRIA BRASILEIRA JÁ É UMA DAS MAIORES DO MUNDO, DIZ JUSTIÇA. **CORREIO BRASILIENSE**, 27 abr. 2016. Disponível em: <http://www.correiobraziliense.com.br/app/noticia/brasil/2016/04/27/internas_polbraeco,529299/populacao-carceraria-brasileira-ja-e-uma-das-maiores-do-mundo-diz-jus.shtml>. Acesso em 18 de jan. 2017.

RAMOS, André de Carvalho. *Curso de Direitos Humanos*. São Paulo: Editora Saraiva, 2014.

_____. *Supremo Tribunal Federal Brasileiro e o Controle de Convencionalidade*: levando a sério os Tratados de Direitos Humanos. Revista da Faculdade de Direito da Universidade de São Paulo, São Paulo, v. 104, pp. 241-286, jan./dez. 2009. Disponível em: <http://www.revistas.usp.br/rfdusp/article/viewFile/67857/70465>. Acesso em: 05 jul. 2016.

SAGÜÉS, Néstor Pedro. **El "control de convencionalidad" en particular sobre las constituciones nacionales, La Ley,** Doctrina, 19.02.2009. pp. 01-06.

SANTOS, Boaventura de Sousa. **Para uma revolução democrática da justiça**. 3. ed. São Paulo: Cortez, 2011.

SARLET, Ingo Wolfgang. **A eficácia dos direitos fundamentais.** Uma teoria geral dos direitos fundamentais na perspectiva constitucional. 11. ed. rev. e atual. Porto Alegre: Livraria do Advogado, 2012.

_____. **Dignidade da pessoa humana e direitos fundamentais na Constituição Federal de 1988.** 7.ed. rev. e atual. – Porto Alegre: Livraria do Advogado, 2009.

TRINDADE, Antônio Augusto Cançado. Desafios e Conquistas do Direito Internacional dos Direitos Humanos do século XXI. In: Org. MEDEIROS, Antônio Paulo Cachapuz de. **Desafios do Direito Internacional Contemporâneo.** Brasília: Fundação Alexandre Gusmão, 2006. p. 408-490.

PRESUNÇÃO DE INOCÊNCIA VERSUS ANTECIPAÇÃO DE PENA: UMA ANÁLISE DAS DECISÕES DO STF SOB A PERSPECTIVA DO CONTROLE DE CONVENCIONALIDADE

Tássio José Ponce de Leon Aguiar[1] &
Thamirys Pereira Soares da Silva[2]

INTRODUÇÃO

As decisões tomadas pelo Supremo Tribunal Federal (STF) em 2016 – em um *habeas corpus* e em um recurso extraordinário com agravo (ARE) – demarcam o entendimento atual (porém não definitivo) da Corte de que é possível que um réu condenado em segunda instância comece a cumprir pena de prisão, ainda que esteja recorrendo aos tribunais superiores. A primeira dessas deliberações, ocorrida em fevereiro do referido ano, com o HC 126.292, quebra com o posicionamento contrário anterior (que predominava desde 2009), de modo que a última delas, o ARE 964.246, em novembro, confirma tal compreensão.

Esse olhar tem levantado uma série de questões acerca de sua compatibilidade com a Constituição Federal – que prevê, em seu artigo 5º, inciso LVII, que ninguém será considerado culpado até o trânsito em julgado da sentença condenatória –, e com tratados internacionais, sobretudo a Convenção Americana Sobre Direitos Humanos, de que o Brasil faz parte desde 1992. Trata-se, pois, de assunto que envolve um controle de constitucionalidade, mas também de convencionalidade, afinal, como se dis-

---

1. Mestre em Comunicação e Culturas Midiáticas (PPGC/UFPB), graduado em Comunicação Social – Jornalismo (UFPB) e estudante do 5º período de Direito (CCJ/UFPB). E-mail: tassioponce@gmail.com.
2. Discente em em Direito (CCJ/UFPB). E-mail: thamirys100@hotmail.com.

cutirá nos tópicos subsequentes, ainda que a Carta Magna brasileira seja considerada a lei máxima do ordenamento jurídico nacional, deve-se ter em consideração que os tratados de direitos humanos igualmente exercem papel fundamental nesse contexto, sendo considerados, por alguns autores, como um teto mínimo de proteção ou um ponto de partida, isto é, como uma estrutura para compensar possíveis déficits nacionais.

Neste artigo, portanto, propõe-se uma revisão da literatura acerca dos direitos humanos, dos sistemas e dos tratados internacionais sobre a matéria, tidos como pressupostos a serem respeitados pelas legislações dos diversos países signatários; discutem-se as decisões tomadas em 2009 (quando se considerava a prisão, sem o trânsito em julgado, inconstitucional e contrária aos ditames do direito internacional dos direitos humanos) e em 2016 (quando se passou a considerar tal execução como possível); observa-se se há diálogo com outras jurisdições e debatem-se as possíveis implicações dos posicionamentos tocantes ao respeito à Constituição, mas também ao convencionado no direito internacional; e avalia-se, de modo não conclusivo/impositivo, se há realmente conflito entre os direitos individuais e a execução de pena quando ainda há possibilidade recursal.

Para tanto, parte-se de uma base doutrinária de autores como Uadi Lammêgo Bulos, Flávia Piovesan e Valerio Mazzuoli, além dos próprios instrumentos legislativos, como a citada Convenção Americana, e das sentenças proferidas pelo Supremo. Não se busca, enfim, uma resposta definitiva para a questão central que se propõe, mesmo porque, conforme sinalizado pelo ministro Gilmar Mendes, em sessão da Segunda Turma do STF e em entrevista à imprensa, no final de maio de 2017, a Corte pode rever sua decisão, diante de novas abordagens sobre o tema.

Enfim, consoante esse viés, o interesse aqui é, antes, fomentar a discussão acerca das possibilidades de definição do que seriam a figura do culpado, a presunção de inocência, bem como, num plano geral, a relevância dos tratados internacionais e do controle de convencionalidade, para guiar os ordenamentos locais, sob o ponto de vista do novo esquema do trapézio jurídico, à frente apresentado, em substituição à clássica pirâmide kelseniana.

1. ENTENDENDO OS SISTEMAS DE PROTEÇÃO

Antes de se analisarem as questões centrais propostas neste artigo, faz-se premente entender o que é o controle de convencionalidade e que estrutura é essa capaz de estabelecer um diálogo entre os ordenamentos jurídicos nacionais e os internacionais, no que toca especificamente aos direitos humanos.

Tais direitos, hoje reverenciados como inatos, universais, absolutos, inalienáveis e invioláveis, entre outros aspectos, não são algo dado ou que sempre permaneceu protegido. Houve momentos na História, por exemplo, em que se percebia a dignidade da pessoa humana como algo restrito a determinados indivíduos, excluindo-se escravos, mulheres ou trabalhadores, para citar alguns. É com a doutrina filosófica estoica e a noção de dignidade como qualidade inerente ao homem, em sua integralidade (pensamento que vai desenvolvendo-se com os jusnaturalistas), que se tem um marco para a mudança de pensamento (RABENHORST, 2001), o que só vem a se concretizar, de fato, com um evento funesto para a humanidade: a Segunda Guerra Mundial.

Até o conflito, os direitos humanos eram vistos como de competência interna de cada país. Supõe-se que "não houvesse uma proteção sistemática [...] pelo Direito Internacional Público" (PETERKE, 2009, p. 25). Porém, diante da destruição massiva e das milhões de mortes ocasionadas, viu-se a necessidade de impedir que tais hecatombes se repetissem. Os Estados, pois, reuniram-se em torno de tal objetivo comum e criaram, em 1945, a Organização das Nações Unidas (ONU), elaborando e lançando, em 1948, a Declaração Universal dos Direitos do Homem, modelo de referência a partir do qual os diversos países deveriam basear sua conduta.

Já no preâmbulo de tal documento, em que os países se comprometem formalmente frente aos demais, "são conhecidos a dignidade inerente e os direitos inalienáveis de todos os membros da sociedade como condição para liberdade, justiça e paz no mundo" (PETERKE, 2009, p. 28). Em 30 artigos, listam-se direitos políticos e liberdades civis, bem como direitos econômicos, sociais e culturais.

Pouco se questiona o impacto desse marco histórico. Porém, já à altura, via-se que a tônica de proteção geral, calcada na igualdade entre os indivíduos, era insuficiente para garantir que todas aquelas garantias iriam, realmente, ser postas em prática. Foram-se desenvolvendo, então, instrumentos particulares, para defender segmentos como mulheres, crianças, populações afrodescendentes, pessoas com deficiência, entre outros. Mesmo assim, continuava a necessidade de um melhor campo de atuação, nascendo em seguida, os chamados sistemas regionais de proteção, "que buscam internacionalizar os direitos humanos nos planos regionais, particularmente na Europa, América e África" (PIOVESAN, 2010, p. 53), numa relação de complementaridade, levando em conta a especificidade local.

O primeiro desses sistemas foi o europeu, com a Convenção Europeia Para a Proteção dos Direitos Humanos e Liberdades Fundamentais, de 1950. Nas Américas, o esforço se consolida em 1978, com a entrada em vigor da Convenção Americana de Direitos Humanos (CADH), também conhecida como Pacto de São José da Costa Rica, tornando mais claras e precisas as intenções existentes desde a criação da Organização dos Estados Americanos (OEA), em 1948.

A CADH está atrelada à Declaração Universal dos Direitos do Homem e aos propósitos do sistema global das Nações Unidas. Composta por uma Comissão, encarregada de promover e defender essas premissas, e por uma Corte, que julga os casos que chegam até si, é considerada a mais completa, entre os sistemas regionais, garantindo, entre outros, "o direito à vida, à integridade social, à liberdade da pessoa, ao processo judicial justo (...), à igualdade e à proteção legal" (PETERKE, 2009, p. 73-74). O Brasil aderiu à Convenção em 1992, através do Decreto nº 678, de 6 de novembro daquele ano, trazendo, em seu primeiro artigo, que a CADH "deverá ser cumprida tão inteiramente como nela se contém" (BRASIL, 1992a), independentemente, pois, de quórum qualificado, conforme se discutirá à frente.

2. CONTROLE DE CONVENCIONALIDADE

Num mundo globalizado, tratados, convenções e acordos estão cada vez mais em evidência, tendo relevância especial os que tratam de direitos humanos. A Constituição brasileira chega a admitir expressamente a possibilidade de esses últimos adquiram o *status* de Emenda Constitucional, desde que aprovados nas duas casas do Congresso Nacional por um rito qualificado, conforme parágrafo 3º do artigo 5º. Para parte da doutrina, todavia, isso ocorre mesmo para aqueles aquiescidos sem tal quórum, contanto que versem sobre DH, denominando-os materialmente constitucionais.

Disso, pergunta-se: como se dá o relacionamento entre as normas internacionais e as nacionais? Ao adquirir *status* constitucional, os tratados sobre direitos humanos se tornam paradigma para os atos realizados pelo poder público, tal qual a CF? É possível sustentar a figura de uma pirâmide normativa, em cujo topo figura, sozinha, a Constituição? Essas são algumas das indagações a serem, a partir de então, enfrentadas.

2.1. A relação entre ordenamento interno e externo

A normativa internacional difere razoavelmente das ordens estatais internas. Internamente, os Estados figuram como autoridades superiores, ao passo que internacionalmente, encontram-se organizados de forma horizontal, inexistindo, por consequência, hierarquia entre normas (REZEK, 2011).

A característica, porém, que mais afasta a ordem internacional da interna parece ser o próprio fundamento de todo o direito internacional público: o consentimento. Com base nisso, "os Estados apenas se obrigam quanto a regras que livremente aderiram ou, ainda, na hipótese de tê-las produzido em conjunto com outras vontades soberanas" (CAPARROZ, 2012, p. 20). Dessa obrigação adquirida, surge a possibilidade de conflito entre normas internacionais e de direito interno, impasse solucionado doutrinariamente por dois pontos de vista.

Autores como o alemão Carl Heinrich Triepel e o italiano Dionisio Anzilotti fazem parte de uma linha de pensamento denominada dualista e acreditam que direito internacional e direito interno são ordens apartadas, completamente distintas e, portanto, não há que se falar em conflito entre elas, haja vista não incidirem no mesmo âmbito de atuação. As internacionais somente atuariam internamente mediante a criação de uma nacional correspondente, ou existindo sua ratificação, por meio de um processo específico que incluiria a aprovação prévia do parlamento (GUTIER, 2011).

O pensamento monista, por sua vez, subdivide-se em duas correntes. A primeira delas tem no austríaco Hans Kelsen seu maior expoente e recebe o nome de monismo internacionalista. A segunda vertente, chamada nacionalista, encontrou adeptos na França, na Alemanha e, principalmente, nos autores soviéticos dos anos 20 aos anos 80. Ambas as correntes acreditam na unidade entre ordenamento interno e internacional. Entretanto, enquanto a primeira apregoa o primado do direito internacional, devendo ajustar-se a ele as ordens internas (preponderância muitas vezes ignorada, inclusive no âmbito acadêmico), a segunda crê no primado do direito nacional de cada Estado soberano, cabendo a estes a faculdade de adotar os preceitos do direito internacional (REZEK, 2011, p. 28).

Quando diante de conflitos entre normas de direito internacional e de direito interno, a imensa maioria dos países ocidentais, inclusive o Brasil, vale-se da ideia apregoada pelo monismo nacionalista: tendo o Estado exercido sua soberania para adotar determinado ato internacional, faz-se necessária a adequação de suas normas internas àquelas de âmbito externo. Desse modo, há que se falar não somente no ajustamento das leis à Constituição (controle de constitucionalidade), mas também no amoldamento das leis internas aos tratados e convenções internacionais adotados pelos países, isto é, em controle de convencionalidade.

2.2. Convencionalidade: uma nova forma de controle

Falou-se em controle de convencionalidade, pela primeira vez, no Conselho Constitucional Francês (equivalente ao Supremo Tribunal Federal no Brasil), quando do exame da Decisão 74-54 DC, de 15 de janeiro de 1975, que tratava da análise de constitucionalidade de uma lei que discorria sobre a interrupção voluntária da gestação. Regra geral, em razão do art. 61 da Constituição francesa, as leis ordinárias devem ser submetidas a controle de constitucionalidade pelo Conselho Constitucional. Ocorre, contudo, que o art. 55 do mesmo diploma afirma que os tratados e acordos ratificados têm, a partir de sua publicação, hierarquia superior às leis ordinárias. Levando em consideração os dois dispositivos, a corte francesa declara a necessidade de dois controles de natureza diferentes: o controle de constitucionalidade e o de convencionalidade (CHAVES; SOUSA, 2016).

Outra grande contribuição da decisão do Conselho Constitucional Francês foi a abertura para a discussão acerca de quem teria competência para exercer esse controle. Na ocasião, como o Conselho Constitucional afastou de si essa atribuição e também não nomeou o responsável, a tarefa coube ao Tribunal Europeu dos Direitos do Homem. Hoje se entende que "compete tanto à jurisdição internacional (tribunais internacionais) quanto à jurisdição Estadual (nacional; juízes e tribunais domésticos) a proteção dos tratados e convenções de direitos humanos" (CHAVES; SOUSA, 2016, p. 94).

No Brasil, tal exercício cabe, em última instância, ao STF. Se, como diz Uadi Lammêgo Bulos (2015, p. 1311), "o Supremo Tribunal foi criado para garantir a supremacia constitucional, com vistas à segurança da ordem jurídica, controlando, juridicionalmente, a legalidade dos atos do Poder Público", nada mais coerente que se encarregue também de verificar a compatibilidade desses mesmos atos com as convenções e tratados internacionais de direitos humanos.

Necessária, porém, a advertência de que não basta a mera citação dos textos internacionais, sendo necessário o exercício de "um *controle de convencionalidade aplicado*, ou seja, que utilize a interpretação realizada pelos intérpretes finais destas normas de tratados de Direitos Humanos, que são os órgãos internacionais de Direitos Humanos instituídos por estes citados tratados" (RAMOS, 2009, p. 245, grifos do autor).

2.3. A superação da pirâmide de Kelsen

Sobre a posição hierárquica dessas normas, é interessante destacar a perspectiva trabalhada atualmente por Flávia Piovesan (2012), que, pensando o controle de convencionalidade a partir de uma óptica dos direitos humanos, elabora a figura do trapézio poroso.

Uma primeira reflexão trazida pela autora, para explanar a necessidade de se pensar em um trapézio, deve-se ao caráter ultrapassado e mal interpretado[3] da pirâmide kelseniana, prevendo, no ápice do ordenamento jurídico, a Constituição nacional. Nessa visão tradicional, toda e qualquer espécie de proteção de direitos deveria estar prevista e subjugada às normas e princípios constitucionais, numa estrutura hermética e pura, autopoiética/autorreferencial. Agora, diante do entendimento de que os tratados de direitos humanos são um piso de proteção mínimo que permite a compensação de déficits nacionais, Piovesan (2012) pensa o trapézio, em cujo topo permanece a Carta Maior, mas com espaço coabitado por esses documentos internacionais sobre DH, que teriam a mesma hierarquia, independentemente de fatores como o rito qualificado brasileiro.

Assim posto, para a interpretação de cada norma, haveria tanto os parâmetros previstos nas constituições quanto nos tratados de direitos humanos, num típico controle de convencionalidade, com espaço ainda para os princípios e a jurisprudência internacional, argumento que justifica as arestas do trapézio serem "porosas", isto é, com aberturas para o diálogo com outras fontes do direito (informação verbal)[4]. Para Piovesan, o paradigma do século XXI não pode ser o mesmo do século XX. Justifica-se, pois, o que ela chama de *Human Rights Approach* ou, em tradução livre, uma abordagem jurídica com foco nos DH.

O controle de convencionalidade pode ser entendido, portanto, como "um instrumento hábil que visa garantir eficácia aos tratados in-

---

3. Fala-se em má interpretação porque, conforme ressalta a autora, a doutrina kelseniana "defende o monismo com a primazia do Direito Internacional – o que tem sido tradicionalmente desconsiderado na América Latina" (PIOVESAN, 2012, p. 68).
4. Posicionamento dado por Flávia Piovesan no evento Controle de Convencionalidade, em João Pessoa, Paraíba, em novembro de 2016.

ternacionais de direitos humanos, que deve ser exercido pelos juízes e tribunais nacionais dos Estados" (FEIJÓ, 2015, p. 260-261) ou, nos dizeres de Yulgan LIRA, "como técnica judicial de confrontação das normas de fonte interna frente às normas de proteção de direitos humanos de fonte internacional" (TENNO, 2016, p. 534).

Seu objetivo é, pois, servir como contrapoder às dinâmicas sociais de opressão social, oferecendo mecanismos de salvaguarda da dignidade humana e de prevenção ao sofrimento (PIOVESAN, 2012). Nesse sentido, "é descabido pensar que o Direito Internacional pode ser indiferente ao direito doméstico, e vice-versa, como se regulasse apenas relações próprias e independentes" (LIRA, 2016, p. 537). Fica evidenciado, por conseguinte, a crucial importância dos sistemas regionais, como o Americano para o Brasil.

Não obstante, conforme aponta Piovesan (informação verbal)[5], são desafios recorrentes: a) pavimentar o controle de convencionalidade no país; b) fomentar a cultura jurídica à luz desses novos paradigmas; c) fortalecer o sistema interamericano, dando-lhe independência e força; d) avançar na proteção dos direitos humanos, da democracia e do Estado de Direito na América Latina, uma das regiões mais desiguais do mundo, com grandes índices de pobreza e de violência, e onde ainda existe instabilidade na manutenção de governos democráticos.

3. O BRASIL E O CONTROLE DE CONVENCIONALIDADE

Conforme adiantado, a Constituição Federal de 1988 inovou no que concerne à relação entre direito internacional e direito interno. Foi a primeira das constituições brasileiras a dispor sobre a possibilidade de tratados internacionais criarem direitos que poderiam ser inseridos no ordenamento pátrio. É do pós-1988 a mais vasta produção normativa de direitos humanos da história legislativa brasileira (PIOVESAN, 2012).

Entretanto, no Brasil, o tema controle de convencionalidade foi posto em pauta tardiamente com a EC nº 45, de 2004 (conhecida como emenda da reforma do judiciário), que acrescentou ao art. 5º da Constituição Federal os parágrafos 3º e 4º. O parágrafo 3º, mais importante para a análise deste trabalho, trata do *status* de Emenda Constitucional conferido aos tratados e convenções sobre direitos humanos aprovados

---

5. Conforme nota de rodapé anterior.

em cada Casa do Congresso Nacional, em dois turnos, por três quintos dos votos dos respectivos membros.

A redação do referido parágrafo pode causar a falsa impressão de que se adota, no país, o entendimento levantado pelos teóricos dualistas, isto é, de que a ordem interna e a internacional são independentes e que a atuação de uma norma externa dentro do Estado depende de sua aprovação qualificada pelo Congresso. Tal olhar, porém, está equivocado, por configurar uma análise descontextualizada e não global do texto constitucional.

A questão principal, no entanto, refere-se à hierarquia desses tratados e convenções sobre direitos humanos no âmbito interno. Bulos (2015) afirma terem-se formado quatro correntes desde o surgimento da Carta de 1988: a) uma enxergava esses dispositivos como superiores à ordem constitucional; b) outra os coloca num *status* supralegal, isto é, entre as leis internas e a Constituição, o que significa que assumem posição de destaque no ordenamento (como defendem/defenderam, no STF, Gilmar Mendes, Marco Aurélio, Ricardo Lewandowski, Cármen Lúcia e Menezes Direito, este já falecido), ainda que subjugados aos preceitos constitucionais; c) um terceiro posicionamento equipara os tratados de DH às leis ordinárias, o que já é descartado pelos ministros do Supremo; d) uma última corrente entende os tratados de direitos humanos como de qualificação constitucional, sendo as convenções celebradas pelo Brasil antes da referida Emenda Constitucional 45/2004 (que institui o rito qualificado) revestidas de caráter materialmente constitucional, ainda que não do ponto de vista formal.

Duas teorias, em especial, sobressaíram-se. A tese majoritária, adotada pela maioria dos ministros do STF, é, segundo Bulos (2015), aquela que entende os tratados e convenções como de *status* supralegal, "pois estão acima da legislação ordinária, situando-se, contudo, abaixo da Constituição da República" (BULOS, 2015, p. 720), limitando seus poderes.

Por outro lado, os integrantes da corrente minoritária (tais como o ministro Celso de Mello e os estudiosos Flávia Piovesan e Valerio Mazzuoli) partem do § 2º do art. 5º, que prevê que "os direitos e garantias expressos nesta Constituição não excluem outros decorrentes do regime e dos princípios por ela adotados, ou dos tratados internacionais em que a República Federativa do Brasil seja parte" (BRASIL, 1988), ou seja, independem do rito de aprovação previsto pelo § 3º do mesmo artigo. Desse modo, ainda que apenas os atos internacionais sobre direitos humanos aprovados com quórum pré-determinado sejam os únicos formalmente constitucionais, todos os tratados ratificados pelo Brasil, sobre DH, devem ser entendidos como materialmente constitucionais (MAZZUOLI, 2009, p. 114).

A posição de Valerio Mazzuoli, o primeiro a dissertar profundamente sobre controle de convencionalidade no Brasil, é reforçado pela Súmula Vinculante nº 25 do STF, de 2009, a qual declara ilícita a prisão civil de depositário infiel. Os precedentes representativos que culminam na emissão da súmula foram todos baseados no art. 7º da Convenção Americana Sobre Direitos Humanos (Pacto de São José da Costa Rica), em vigor desde 1978, convenção esta que não foi aprovada no Congresso, em 1992, pelo rito descrito no art. 5º, § 3º.

Isso leva Mazzuoli à criação da Teoria da Dupla Compatibilidade Vertical Material, defendendo pioneiramente que "todas as normas infraconstitucionais que vierem a ser produzidas no país devem, para a análise de sua compatibilidade com o sistema do atual Estado Constitucional e Humanista de Direito, passar por dois níveis de aprovação" (MAZZUOLI, 2009, p. 114). Seriam esses dois níveis a adequação com a Constituição e com todos os tratados de direitos humanos (controle de convencionalidade) e a adequação com os demais tratados internacionais (controle de legalidade).

Assim sendo, os tratados, convenções, pactos etc. sobre direitos humanos ratificados, quer sejam materialmente ou formalmente constitucionais, passam a integrar o paradigma de controle da validade das leis, haja vista a configuração de uma nova pirâmide normativa do Direito, cujo topo é composto não somente pela Constituição (MAZZUOLI, 2009, p. 120). Reforça-se, pois, a perspectiva do trapézio poroso proposta por Piovesan (2012), de modo que as matérias que envolvem direitos humanos teriam preponderância e possibilitariam o diálogo entre jurisdições. Também é esse o posicionamento de Uadi Lammêgo Bulos, "no sentido de atribuir aos tratados e convenções sobre direitos humanos o *status* constitucional" (BULOS, 2015, p. 721), pois é o único entendimento capaz de assegurar, entre outros aspectos, a máxima efetividade aos tratados e convenções, concatenando os §§ 2º e 3º do artigo 5º da Constituição; a supremacia do princípio da dignidade humana; e a segurança das relações jurídicas, pela defesa ampla dos direitos.

A adesão, enfim, do maior número possível de Estados aos Sistemas Regionais, como o Brasil ao Sistema Interamericano, é de fundamental importância, possibilitando o nascimento do que Piovesan (2012) chama de *jus commune* latino-americano, guiado pela proteção irrestrita dos DH, com respeito aos institutos como a Corte Interamericana, para que suas decisões sejam acatadas e se chegue ao objetivo proposto nas convenções.

4. DIREITO INTERNACIONAL E PRESUNÇÃO DE INOCÊNCIA

Antes de discutir uma possível afronta direta do STF a tratados internacionais de direitos humanos ratificados pelo Estado brasileiro, põem-se aqui, em destaque, dois tratados assinados pelo Brasil, em vigor desde 1992 no país, e que discorrem sobre o objeto deste trabalho: o Pacto Internacional sobre Direitos Civis e Políticos (PIDCP) e a Convenção Americana Sobre Direitos Humanos (Pacto de São José da Costa Rica).

O primeiro é fruto da Comissão de Direitos Humanos da Organização das Nações Unidas (ONU), sendo adotado em 1966 e em vigor desde 1976, embora sua vigência, no Brasil, só tenha se dado 16 anos mais tarde. Em seu artigo 14º, inciso II, diz que "toda pessoa acusada de um delito terá direito a que se presuma sua inocência enquanto não for legalmente comprovada sua culpa" (BRASIL, 1992b). À frente, no inciso V, lê-se que "toda pessoa declarada culpada por um delito terá direito de recorrer da sentença condenatória e da pena a uma instância superior, em conformidade com a lei".

Entendimento semelhante é apresentado na Convenção Americana, em cujo artigo 8º, inciso II, é lida a máxima: "Toda pessoa acusada de delito tem direito a que se presuma sua inocência enquanto não se comprove legalmente sua culpa" (BRASIL, 1992a). Além disso, o art. 7º, inciso VI, disciplina os Estados Partes sobre o direito garantido à pessoa privada de liberdade de ter acesso a juiz ou tribunal com competência de decidir sobre a legalidade de sua prisão e, se necessário, ordenar a soltura, não sendo tal recurso passível de abolição.

Tais previsões encontram fundamento na Declaração Universal dos Direitos do Homem, de 1948, considerada o marco inicial de consagração de direitos, de modo que o próprio ordenamento jurídico brasileiro absorve esses entendimentos e expressa, com palavras bastante afins, no art. 5º, inciso LVII, que "ninguém será considerado culpado até o trânsito em julgado de sentença penal condenatória".

Problematiza-se, a partir dos tratados citados, o momento da comprovação legal da culpa. Vê-se que, tanto no Pacto quanto na Convenção, isso fica indefinido. No entanto, no Brasil, afirma-se que se dá com o trânsito em julgado, isto é, quando não há mais possibilidade recursal. A partir dessa inferência, parte-se à análise dos casos que motivam este artigo.

5. O STF E A EXECUÇÃO ANTECIPADA DE PENA

As decisões do Supremo Tribunal Federal (STF) brasileiro, as quais motivaram este trabalho, são bastante polêmicas e levantaram questões acerca da sua compatibilidade não somente com a Constituição Federal, mas também com os tratados internacionais, sobretudo a Convenção Interamericana de Direitos Humanos anteriormente abordada, de que o Brasil é signatário. Trata-se do *habeas corpus*[6] 126.292, julgado em fevereiro de 2016, e do Recurso Extraordinário com Agravo 964.246, com repercussão geral (a partir do mesmo caso), decidido em novembro do mesmo ano, os quais admitem a possibilidade de que um réu condenado em segunda instância comece a cumprir pena de prisão, ainda que o processo não esteja transitado em julgado.

O objetivo em trazer essas duas questões, para além de discutir substancialmente a constitucionalidade e o controle de convencionalidade a partir das decisões, é também de identificar se os tribunais brasileiros têm-se aberto ao diálogo com outras jurisdições, sobretudo com as decisões e pressupostos do sistema regional interamericano, na perspectiva levantada por Flávia Piovesan (2012) do *human rights approach*. Vale a problematização pretendida, pois, como observa a própria autora, a perspectiva ainda é bastante precária em toda a América Latina, que se mantém presa a uma doutrina kelseniana mal interpretada, que se limita à estrutura piramidal interna.

Primeiramente, coloca-se que, de 2009 até o HC 126.292, o entendimento era o oposto, isto é, de que a execução antecipada da pena consistia em uma afronta ao princípio da presunção de inocência. O paradigma que inaugurou a visão contrária à prisão após sentença condenatória em segunda instância foi o HC 84.078, quando se julgou fundamental, por sete votos a quatro, que o réu pudesse recorrer em liberdade, consoante análise subsequente.

---

6. Remédio constitucional cabível sempre que alguém sofre ou se sente ameaçado de sofrer violência ou coação em sua liberdade de locomoção, por ilegalidade ou abuso de poder.

5.1. HC 84.078

Antes do exame dos posicionamentos dos ministros, lembra-se aqui que o debate sobre o controle de convencionalidade no Brasil é recente e data, na doutrina, do final dos anos 2000, a partir do estudo pioneiro de Mazzuoli (2009) – ainda que a Constituição de 1988 reconheça, em seu parágrafo 2º do artigo 5º, a existência de tratados internacionais e sua possível aplicação, e no 3º, sobre aqueles que terão valor de emenda constitucional, caso aprovados com quórum qualificado. Nesse sentido, não é de surpreender que a maioria dos votantes se atenha, na maciça maioria do tempo, à legislação nacional, notadamente a Carta Magna brasileira.

Mesmo assim, surpreende notar que o Supremo já estabelecia um diálogo com outras jurisdições, conforme se observa na fala de seis ministros.

Carlos Alberto Menezes Direito, lembrando o entendimento de outro ministro, Celso de Mello, em *habeas corpus* julgado em 1999, cita a Convenção Americana, para afirmar que tal documento não assegura ao condenado, de modo irrestrito, o direito de sempre recorrer em liberdade (BRASIL, 2009, p. 1103). Cita-a novamente, ao lado de outros tratados, a partir da doutrina, quando se refere a um estudo específico que defende a execução antecipada de pena como forma de proteção às vítimas de crimes contra a vida. Observa ainda o voto de outra ministra, em outro processo, que traz o entendimento aplicado em outros países, como Portugal, Espanha e Alemanha.

Também aparece um embrião de controle de convencionalidade na fala de Celso de Mello, que, embora seja citado como argumento para o ministro Menezes Direito, conforme explicado acima, muda seu posicionamento e defende que a presunção de inocência está presente desde a Declaração Universal dos Direitos da Pessoa Humana, de 1948, mas também na Convenção Europeia, de 1950; na Carta dos Direitos Fundamentais União Europeia, de 2000; na Carta Africana dos Direitos Humanos e dos Povos, de 1981; na Declaração Islâmica Sobre Direitos Humanos, de 1990; no Pacto Internacional Sobre Direitos Civis e Políticos, de 1966; e na referida Convenção Americana, de 1969 (BRASIL, 2009, p. 1117-1118).

Timidamente se encontra referência na fala do ministro Joaquim Barbosa, que destaca que nem mesmo o Pacto de São José da Costa Rica (Convenção Americana) prevê um terceiro grau de jurisdição, defendendo seu voto favorável à execução da pena após confirmação em segunda instância (p. 1144). Com semelhante nível de importância atribuída à matéria, o ministro Cézar Peluso, por sua vez, cita também brevemente a Declaração Universal, de 1948, mas para afirmar a afronta à presunção da inocência quando se pretende uma execução antecipada da pena.

A ministra Ellen Gracie, por outro lado, é bastante enfática ao abrir um tópico inteiro para debater a Convenção Americana. No entanto, interpreta-a no sentido de não garantir o direito a recorrer em liberdade. "[...] O que a convenção está a reafirmar é a antiga regra segundo a qual a prisão só se pode efetuar nas hipóteses autorizadas pelas Constituições e na forma e nas condições estabelecidas pela legislação editada em sua conformidade" (p. 1173). Acrescenta que "sua redação não significa indenidade contra efeitos de sentenças condenatórias regularmente proferidas e mantidas pelo tribunal" (p. 1173). Dessa forma, por mais que reconheça o direito ao devido processo legal, diz que a Convenção, em seu artigo 25, parágrafo 1º, apenas garante a "possibilidade, meio ou modo de obter-se remédio pronto contra prisão ilegal" (p. 1174), e não a liberdade imediata.

Por fim, o ministro Gilmar Mendes recupera votos de ministros anteriores em julgados anteriores, que ressaltam o parágrafo 2º do artigo 5º da Constituição, dispositivo que assegura o diálogo com tratados internacionais de que o Brasil faz parte. Dialoga, por fim, com o que é praticado em outros países, como a Espanha e a Alemanha. Mendes, todavia, é o único ministro que permaneceu no STF nos dois julgados[7] e que mudou de entendimento, sendo mister uma análise mais minuciosa de seus argumentos.

No julgamento do *habeas corpus* 84.078, de 2009, até então debatido, Mendes, contrário à execução antecipada de pena, abre seu voto contextualizando o histórico de decisões que vinham sendo favoráveis à prisão em virtude de sentença condenatória pendente de recurso. Traz, no entanto, jurisprudências (inclusive espanholas e alemãs) e teses defendidas pela doutrina, problematizando a carência de certeza da culpa do condenado e a falta de justificação para uma prisão cautelar ou provisória, mas, sobretudo, enfatizando que a presunção de inocência (prevista constitucionalmente no artigo 5º, inciso VII da Constituição

---

7. Mantiveram-se ministros, entre 2009 e 2016, além de Gilmar Mendes, Cármen Lúcia, Marco Aurélio, Celso de Mello e Ricardo Lewandowski. Os quatro últimos, no entanto, não mudaram de percepção nesse período.

Federal) é incompatível com a antecipação de cumprimento de pena, haja vista a necessidade do trânsito em julgado.

Nesse sentido, Mendes reforça o desencontro com o que dita a CF e afirma que uma execução condenatória antecipada representa um "grave atentado contra a própria ideia de dignidade humana" (BRASIL, 2009, p. 1196). Reitera seu posicionamento, ao levantar a questão da proporcionalidade, mostrando ser desnecessária uma prisão, por considerar como absoluta uma valoração negativa do condenado e da prática do delito. Porém, mostra-se aberto a mudanças, já que afirma, no decorrer de sua fala, que, do ponto de vista hermenêutico, não existe norma definitiva, senão norma jurídica interpretada. Assim, toda lei interpretada é "uma lei com duração temporal limitada. [...] O texto, confrontado com novas experiências, transforma-se necessariamente em um outro" (BRASIL, 2009, p. 157). Assevera ainda que "fica evidente que o Tribunal não poderá fingir que sempre pensara dessa forma" (p. 158). Ao final, porém, o STF não admite a prisão sem o trânsito em julgado.

5.2. HC 126.292

Já no julgamento do HC 126.292, em fevereiro de 2016, responsável por marcar uma mudança de entendimento, as normas internacionais são mencionadas, pela primeira vez, no voto do Ministro Luís Roberto Barroso, que, ao se posicionar a favor da execução antecipada da pena perante condenação em segunda instância, vale-se de argumento retirado da Convenção Interamericana contra a Corrupção. Cita a recomendação de "implementar reformas no sistema de recursos judiciais ou buscar outros mecanismos que permitam agilizar a conclusão dos processos no Poder Judiciário e o início da execução da sentença, a fim de evitar a impunidade dos responsáveis por atos de corrupção" (BRASIL, 2002).

Barroso também recorre (e fundamenta-se, para isso, no voto da Ministra Ellen Gracie, no julgamento do HC 86.886) à análise do direito comparado, ao argumentar que nenhum outro país suspende a execução de uma condenação, observado o segundo grau de jurisdição.

Luiz Fux, por sua vez, faz uma breve referência à Declaração Universal dos Direitos Humanos da ONU, a fim de conceituar o que seja presunção de inocência. Interessante notar como, não obstante a Constituição brasileira declare que a culpabilidade necessita do trânsito em julgado, Fux, valendo-se do texto da declaração (que não toca nesse aspecto), afirma que essa necessidade, na verdade, não existe.

Gilmar Mendes é um dos que mais se vale dos tratados e convenções internacionais em seu voto. Afirma que nem todas as declarações contemplam expressamente a não culpabilidade, mas as que contemplam afirmam que a inocência é presumida até o momento em que fica provada a culpa de acordo com o direito. Cita, para isso, a Convenção Americana de Direitos Humanos, a Convenção Europeia dos Direitos do Homem e legislações estrangeiras que dispõem semelhantemente. Afirma que a grande questão é saber em que momento a culpa fica provada.

Enquanto Mendes utiliza-se dos tratados internacionais como fundamento para posicionar-se a favor da execução da sentença em face de condenação em segunda instância, o Ministro Celso de Mello vale-se dos mesmos instrumentos para posicionar-se de modo oposto. Afirma ser a presunção da inocência uma conquista histórica, presente na Declaração Universal de Direitos da Pessoa Humana, em reação aos abusos dos governos totalitários nazifascistas. Ressalva ser uma prerrogativa presente em importantes documentos internacionais, como a Declaração Americana dos Direitos e Deveres do Homem, a Convenção Americana sobre Direitos Humanos e o Pacto sobre Direitos Civis e Políticos.

Em clara contra argumentação a Gilmar Mendes, que escolhe falar em princípio da não-culpabilidade, Celso de Mello cita Valerio Mazzuoli, para dizer que a nomenclatura correta a ser utilizada é princípio da presunção de inocência, em conformidade com a Convenção Americana, e não princípio da não-culpabilidade.

Celso de Mello é o último a citar documentos internacionais (ratificados ou não pelo Brasil). Nenhum outro ministro, além dos quatro citados, leva em consideração aspectos referentes à normativa internacional. Assim, pode-se compreender que o número de votos que leva em consideração o controle de constitucionalidade é pouco expressivo, ainda mais quando comparado com o julgamento do HC 84.078.

Sobre o voto específico de Gilmar Mendes, que muda radicalmente de posição entre 2009 e 2016, é merecido, como feito antes, um olhar minucioso sobre seus argumentos.

A flexibilidade interpretativa por ele anunciada no primeiro julgado aqui discutido é posta em prática. Seu tom é diferente e anuncia, como primeira premissa discursiva, que já se cogitava, na primeira ocasião, a prisão em caso de atendimento dos requisitos de prisão preventiva.

A partir de então, seu argumento se direciona para o fato de que as várias possibilidades de recurso oferecidas pelo ordenamento jurídico brasileiro têm bloqueado a efetividade das decisões judiciais, situação que tem sido divulgada, até mesmo, na mídia internacional, citando, como exemplo, o jornal *The Economist*. "Por conta de todas essas questões e reflexões é que, de uns tempos para cá, eu tenho me proposto a refletir novamente sobre aquela nossa decisão. E casos graves têm ocorrido que comprometem mesmo a efetividade da justiça" (BRASIL, 2016a, p. 64). Pontua que "essa massa de recursos faz com que tenhamos esse quadro constrangedor de impunidade" (p. 65), chegando a citar, mais ao final, casos em Pernambuco, em que o crime prescrevia, e os julgamentos não se encerravam.

Guiado por novas convicções, o ministro contradiz muito do que afirmou em 2009, pois passa a relativizar uma série de perspectivas. Tratando da garantia constitucional da presunção de inocência, lembra que ninguém pode ser considerado culpado até o trânsito em julgado, mas questiona o significado da palavra culpado. Observa, em outra passagem, que "ainda que a condenação não tenha transitado em julgado, já foi estabelecida pelas instâncias soberanas para análise dos fatos" (BRASIL, 2016a, p. 68), acrescentando que, após o julgamento da apelação, estão esgotadas as vias recursais ordinárias. Cabem, a partir de então, somente recursos extraordinários, que, em suas palavras, não têm efeito suspensivo, resultando que, "esgotadas as instâncias ordinárias com a condenação à pena privativa de liberdade não substituída, tem-se uma declaração, com considerável força, de que o réu é culpado e a sua prisão necessária" (BRASIL, 2016a, p. 68). Isto é: já não se pode considerar inocente alguém já julgado culpado, mesmo que passível de recurso.

Aprofundando seu novo entendimento, afirma que, no direito comparado, a garantia contra a prisão até o trânsito em julgado não é preponderante. Cita, então, as convenções Interamericana e Europeia de Direitos Humanos, as quais defendem a presunção de inocência somente enquanto a culpa não é provada. "Todas escolhem, como marco para cessação da presunção, o momento em que a culpa é provada de acordo com o direito" (p. 69).

Assim, por mais que afirme a necessidade da presunção da inocência como princípio de vultosa relevância para o ordenamento jurídico brasileiro, afirma que ela "não impõe que o réu seja tratado da mesma forma durante todo o processo. Conforme se avança e a culpa vai ficando demonstrada, a lei poderá impor tratamento diferenciado" (p. 72). Havendo erro, assume a meia culpa e observa que os tribunais poderão acatar *habeas corpus* e outros remédios constitucionais.

Por fim, mostra-se arrependido e confessa que, se o pleno do STF tivesse, no julgamento de 2009, a compreensão que os alemães têm em relação à possibilidade da prisão preventiva, mesmo antes do trânsito em julgado, "nós teríamos um argumento satisfatório, quer dizer, com base na garantia da ordem pública" (BRASIL, 2016a, p. 75).

5.3. ARE 964.246 e seus impactos

Em novembro de 2016, foi formalmente reafirmada, para efeitos de repercussão geral, a jurisprudência do STF que apontava a possibilidade de execução provisória de sentença penal condenatória confirmada por tribunal de segunda instância. A decisão se deu perante o julgamento do recurso extraordinário com agravo (ARE) 964.246 (BRASIL, 2016b), em razão do entendimento unânime no que diz respeito à relevância social e jurídica da problemática.

Esse passo foi de grande importância, pois o instituto da repercussão geral, que surgiu com a Emenda Constitucional nº 45/2004, apresenta efeito multiplicador, isto é, possibilita que o STF decida uma única vez e que essa decisão se estenda para atingir outros processos iguais. Dessa forma, forma-se um alicerce para decisões futuras, encaminhadas no mesmo sentido da possibilidade de execução antecipada de pena.

A grande reviravolta, porém, vem do fato de que, em maio de 2017, o mesmo ministro Gilmar Mendes, cuja opinião se transformara nos dois julgados aqui primeiramente discutidos, volta a sinalizar uma nova mudança de percepção, a partir de argumentos empregados em uma sessão da Segunda Turma do STF, reafirmados, em seguida, à imprensa. Segundo veiculado em um telejornal da TV aberta[8], Mendes diz que tem havido uma enxurrada de casos com recursos pendentes, muitas vezes plausíveis, mas cuja consideração é posta em segundo plano, dando-lhe lugar à prisão. Diz, então, que a prisão em segunda instância é uma possibilidade jurídica, mas não uma obrigação, gerando novas incertezas.

CONSIDERAÇÕES FINAIS

A discussão teórica e analítica empreendida neste artigo permite que se chegue a uma série de conclusões. Do ponto de vista da forma,

---

8. Conforme veiculado no Jornal Nacional, da TV Globo, em 26 de maio de 2017. Disponível em: <http://g1.globo.com/jornal-nacional/noticia/2017/05/stf-pode-rever-decisao-de-prisao--em-segunda-instancia-diz-gilmar-mendes.html>. Acesso em: 07 jun. 2017.

é interessante notar que o STF, ainda que discretamente, está aberto ao diálogo com outras jurisdições, fazendo-o desde o julgado de 2009, quando o controle de convencionalidade ainda era embrionário no país. Vê-se, assim, a importância de se pensar a integração normativa entre os dispositivos nacionais e internacionais, no que tange aos direitos humanos, aproximando-se da perspectiva defendida por autores como Flávia Piovesan e Uadi Lammêgo Bulos, os quais consideram tais documentos externos com a mesma relevância hierárquica constitucional, tal como um trapézio poroso.

Todavia, entendendo tratados e convenções de direitos humanos como um piso de proteção mínimo, essencial para compensar déficits nacionais, observa-se com preocupação o fato de ministros como Gilmar Mendes se apegarem a tais documentos como meio de justificar a execução antecipada de pena, a partir da confirmação de sentença condenatória em segunda instância, ignorando a proteção específica oferecida pela Constituição Federal. Conforme demonstrado no tópico de número cinco deste artigo, tanto o Pacto Internacional de Direitos Civis e Políticos quanto a Convenção Americana de Direitos Humanos afirmam que todo acusado de um delito terá direito à presunção de inocência enquanto não for legalmente comprovada a culpa, momento que fica em aberto. Tal brecha, no entanto, é deveras preenchida no ordenamento nacional, pois a CF afirma que ninguém será considerado culpado até o trânsito em julgado da sentença condenatória.

Não restam dúvidas, portanto, de que, embora as decisões brasileiras sejam compatíveis com o que preveem os instrumentos de proteção internacional (não ofendendo a ideia de controle de convencionalidade), a decisão de fevereiro de 2016, confirmada em novembro do mesmo ano, afronta a Carta de 1988. Sendo a norma jurídica brasileira mais completa e utilizando o princípio penal de aplicação da lei mais benéfica ao réu, não se deveria admitir a prisão sem o trânsito em julgado.

A defesa da execução antecipada da pena confirmada em segundo grau só se sustenta por argumentos que não focam os direitos humanos, como a sensação de impunidade e a necessidade de justificar socialmente a vigilância e atuação do Poder Judiciário, conforme cita o ministro Gilmar Mendes no voto último. Mesmo que se reconheça o momento político em que se vive e a crise política e de legitimidade dos diversos organismos estatais, bem como o fato de o direito ser algo mutável, não se podem ameaçar garantias previstas na Constituição.

Não obstante, não se está perto da resolução dessa questão, uma vez que o próprio ministro Gilmar Mendes, cujas abordagens têm flutuado no que toca ao objeto deste estudo, voltou a afirmar, em maio de 2017, que a prisão em segunda instância vem gerando inconvenientes, pois muitos réus, com recursos pendentes plausíveis, têm tido sua liberdade privada em virtude do entendimento recente do STF, fazendo-o dar um passo atrás e afirmar que a execução antecipada se trata apenas de uma possibilidade (e não uma obrigação), a qual pode voltar a ser debatida pela Corte no futuro.

Não se pretende aqui, enfim, demarcar um argumento taxativo, mas se espera, acima de tudo, ter contribuído com possíveis reflexões no campo jurídico, apresentando entendimentos diversos e contribuindo com o desenrolar da matéria, que, como visto, está longe de se manter estagnada no tempo.

REFERÊNCIAS

BRASIL. Constituição (1988). **Constituição da República Federativa do Brasil**. Brasília, DF: Senado, 1988. Disponível em: <http://www.planalto.gov.br/ccivil_03/Cons-tituicao/Constituicao.htm> Acesso em: 05 dez. 2016.

_____. **Decreto nº 678, de 6 de novembro de 1992**. Promulga a Convenção Americana sobre Direitos Humanos (Pacto de São José da Costa Rica), de 22 de novembro de 1969. 1992a. Disponível em: <http://www.planalto.gov.br/ccivil_03/decreto/D0678.htm> Acesso em: 06 dez. 2016.

_____. Presidência da República. **Pacto Internacional sobre Direitos Civis e Políticos** (Decreto n.º 592, de 6 de julho de 1992). 1992b. Disponível em: http://www.planalto.gov.br/ccivil_03/decreto/1990-1994/d0592.htm Acesso em: 02 jun. 2016.

_____. **Decreto nº 4.410, de 7 de outubro de 2002**. Promulga a Convenção Interamericana contra a Corrupção, de 29 de março de 1996. 2002. Disponível em: <http://www.planalto.gov.br/ccivil_03/decreto/2002/D4410.htm > Acesso em: 07 dez. 2016.

_____. Supremo Tribunal Federal. **Habeas corpus nº 84.078** – Minas Gerais. Relator: Ministro Eros Grau. Pesquisa de Jurisprudência, Acórdãos, 05 fev. 2009. Disponível em: <http://redir.stf.jus.br/paginadorpub/paginador.jsp?docTP=AC&docID=608531>. Acesso em: 02 dez. 2016.

_____. Supremo Tribunal Federal. **Habeas corpus nº 126.292** – São Paulo. Relator: Ministro Teori Zavascki. Pesquisa de Jurisprudência, Acórdãos, 17 fev. 2016a. Disponível em: <http://redir.stf.jus.br/paginadorpub/paginador.jsp?docTP=TP&docID=10964246>. Acesso em: 02 dez. 2016.

_____. Supremo Tribunal Federal. **Recurso extraordinário com agravo nº 964.246** – São Paulo. Relator: Ministro Teori Zavascki. Pesquisa de Jurisprudência, Repercussão Geral, 10 nov. 2016. 2016b. Disponível em: <http://redir.stf.jus.br/paginadorpub/pagina-dor.jsp?docTP=TP&docID=12095503>. Acesso em: 02 dez. 2016.

BULOS, Uadi Lammêgo. **Curso de direito constitucional**. 9. ed. São Paulo: Saraiva, 2015.

CAPARROZ, R. **Direito Internacional Público**. São Paulo: Saraiva, 2012.

CHAVES, D. G.; SOUSA, M. T. C. O controle de convencionalidade e autoanálise do poder judiciário brasileiro. **Revista da Faculdade de Direito – UFPR**, Curitiba, vol. 61, n. 1, jan./abr. 2016, p. 87-113. Disponível em: <http://revistas.ufpr.br/direito/article/vi-ew/43787/27888>. Acesso em: 07 dez. 2016.

FEIJÓ, A. R. A. **Brasil, tratados internacionais de direito humanos e controle de convencionalidade:** uma relação promissora. 2015. Disponível em: <http://www.conpedi.org.br/publicacoes/c178h0tg/phc1kv31/762vWHqNEH31TeH6.pdf>. Acesso em: 07 dez. 2016.

GUTIER, M. S. **Introdução ao Direito Internacional Público**. Uberaba, 2011. Disponível em: <http://murillogutier.com.br/wp-content/uploads/2012/02/INTRODU%C3%87%C3%83-O-AO-DIREITO-INTERNACIONAL-MURILLO-SA-PIA-GUTIER.pdf>. Acesso em: 07 dez. 2016.

MAZZUOLI, V. O. Teoria geral do controle de convencionalidade no direito brasileiro. **Revista de Informação Legislativa**, Brasília, a. 46, n. 181, jan./mar. 2009.

PETERKE, Sven (Coord.). **Manual prático de direitos humanos internacionais**. Brasília: Escola Superior do Ministério Público da União, 2009.

PIOVESAN, Flávia. Direitos humanos e diálogo entre jurisdições. **Revista Brasileira de Direito Constitucional – RBDC**, São Paulo, n. 19, p. 67-93, jan./jun. 2012. Disponível em: <http://www.esdc.com.br/RBDC/RBDC-19/RBDC-19-067-Artigo_Flavia_Piovesan_(Direi-tos_Humanos_e_Dialogo_entre_Jurisdicoes).pdf> Acesso em: 06 dez. 2016.

_____. Igualdade, diferença e direitos humanos: perspectivas global e regional. In: SARMENTO, Daniel; IKAWA, Daniela; PIOVESAN, Flávia (Coords.). **Igualdade, diferença e direitos humanos**. Rio de Janeiro: Lumen Juris, 2010. p. 47-76.

RABENHORST, Eduardo Ramalho. **Dignidade humana e moralidade democrática**. Brasília: Brasília Jurídica, 2001.

RAMOS, André de Carvalho. Supremo Tribunal Federal brasileiro e o controle de convencionalidade: Levando a sério os tratados de direitos humanos. **Revista da Faculdade de Direito da Universidade de São Paulo**, São Paulo, v. 104, jan./dez. 2009, p. 241-286. Disponível em: <http://www.revistas.usp.br/rfdusp/issue/view/5439>. Acesso em: 08 de jun. de 2017.

REZEK, F. **Direito Internacional Público:** Curso Elementar. 13ª Ed. São Paulo: Saraiva, 2011.

LIRA, Yulgan. O direito interno como ponto chave para a garantia do enforcement do direito internacional: controle de convencionalidade à luz do processo normativo transacional de Harold Hongju Koh. In: CONGRESSO BRASILEIRO DE DIREITO INTERNACIONAL, 14., 2016, Belo Horizonte. **Anais do XIV Congresso Brasileiro de Direito Internacional**. Belo Horizonte: Arraes Editores, 2016. p. 522-539.

CONTROLE DE CONVENCIONALIDADE E A RECENTE DECISÃO DO STF NO HC 124.306 DO RIO DE JANEIRO

Graça Aretha Souza de Lira[1]

INTRODUÇÃO

A legislação do aborto no Brasil foi criada com o intuito de proteger a vida do nascituro. No entanto, a criminalização tem trazido mais violações de direitos do que efetivamente promovido benefícios. A mulher é o principal alvo de violações e tem seus direitos sexuais e reprodutivos violados, seus direitos à vida privada, à saúde psicológica e à autonomia (liberdade) tolhidos.

É por meio do Controle de Convencionalidade que essa situação pode ser resolvida, ao compatibilizar a legislação nacional sobre o tema com os Tratados Internacionais de Direitos Humanos, que têm uma posição especial em relação às leis ordinárias, se adequando aos acordos assumidos internacionalmente pelo Brasil e solucionando um problema, como já assumido pelo país, de saúde pública.

A partir do Controle de Convencionalidade Difuso é que qualquer juiz ou tribunal será capaz de compatibilizar os dispositivos acerca do crime de aborto com a Convenção do Belém do Pará (Tratado de Direitos Humanos do qual o Brasil é signatário, sobre o tema), tornando eficaz o compromisso assumido pelo Brasil ao assinar o Tratado aqui mencionado e sendo responsável por reduzir as inúmeras violações aos Direitos Humanos que tal legislação tem trazido ao país.

Este artigo visa analisar a legislação sobre o aborto no Brasil e as divergências existentes entre ela e os Tratados Internacionais sobre Direitos Humanos assinados pelo país, assim como a recente jurisprudência

---

[1]. Discente do Curso de Direito da Universidade Federal da Paraíba campus João Pessoa. E-mail: arethaliras@hotmail.com.

sobre o tema com base no voto-vista do Ministro Luís Roberto Barroso, que, por Controle de Convencionalidade, traz uma interpretação a um Habeas Corpus compatibilizando a legislação doméstica com a internacional (dentre elas, pelos compromissos assumidos pelo Brasil). Voto que abriu um importante precedente para posteriores decisões sobre o tema e com a possibilidade de maior discussão nas Casas Legislativas e uma posterior adequação das legislações com as legislações internacionais.

Para a metodologia do artigo, foram utilizados artigos sobre o Controle de Convencionalidade e sobre o aborto, a análise de jurisprudências da Corte Interamericana e Europeia de Direitos Humanos, a análise do voto-vista do Ministro Luís Roberto Barroso para o Habeas Corpus nº 124.306 do Rio de Janeiro, legislações nacionais e internacionais sobre o tema e a teoria do Controle Difuso de Convencionalidade.

Sendo assim, o artigo tem início com a definição de Controle de Convencionalidade, aborda a divergência doutrinária acerca da hierarquia dos Tratados Internacionais no Brasil, depois as recomendações trazidas pela Declaração dos Direitos das Mulheres, da qual o Brasil é um país signatário e que traz recomendações para legislações sobre o aborto. Então, foram analisados o voto-vista do Ministro Luís Roberto Barroso sobre o Habeas Corpus nº 124.306 do Rio de Janeiro, os direitos fundamentais das mulheres violados diante da criminalização do aborto, o tolhimento do princípio da proporcionalidade e seus subprincípios. E, por fim, a possibilidade de um Controle de Convencionalidade Difuso capaz de contribuir para a igualdade de gênero e cumprimento dos deveres do Estado em não tolher os direitos fundamentais de seus cidadãos.

2. DEFINIÇÃO DE CONTROLE DE CONVENCIONALIDADE

A finalidade principal do Controle de Convencionalidade é tornar compatível a legislação doméstica com os Tratados Internacionais ratificados pelo Brasil (especialmente os relativos a Direitos Humanos vigentes no território nacional) e, portanto, dos compromissos assumidos internacionalmente (MAZZUOLI, 2009, 2 páginas).

O Controle de Convencionalidade no Brasil pode ser interpretado através de uma dupla perspectiva: a) partindo da Corte Interamericana e do impacto de sua jurisprudência na esfera doméstica dos Estados Latino-Americanos; e b) partindo das Cortes Latino-Americanas e do grau de integração e incidência da jurisprudência, dos princípios e da normatividade protetiva internacional de direitos humanos no contexto doméstico (PIOVESAN, 2012, 27 páginas).

O Controle de Convencionalidade é Concentrado quando a Constituição ou qualquer norma a ela equivalente (com o quórum do art. 5º, §3º, da CF) está violando norma infraconstitucional e é efetuada pelo Supremo Tribunal Federal. Enquanto que o Controle de Convencionalidade Difuso (aplicado no HC aqui analisado) ocorre nos casos onde o Tratado de Direitos Humanos não obteve o quórum qualificado para se internalizar, podendo ser efetuado por qualquer juiz ou tribunal (MAZZUOLI, 2009, 27 páginas).

3. HIERARQUIA DOS TRATADOS INTERNACIONAIS NO BRASIL

Alguns países latino-americanos adotam cláusulas abertas em suas Constituições, fato que permite a integração de Tratados Internacionais com a legislação doméstica. Situação que permite que o paradigma hierárquico das leis mude um pouco de forma e deixe de ter o formato de uma pirâmide, segundo a qual a Constituição está no ápice, podendo ser modificada e adquirir a forma de um trapézio. Nessa nova conformação, no topo passam a estar a Constituição e os Tratados relativos aos Direitos Humanos, representados pelo quórum do art. 5º, §3º, da Constituição Federal de 1988 (PIOVESAN, 2012, 27 páginas).

Outra forma de flexibilização da estrutura hierárquica piramidal é a constante realização de audiências públicas em temas de grande repercussão na sociedade, no Supremo Tribunal Federal Brasileiro, o que permite que, até certo ponto, as decisões sejam interpretadas coletivamente.

O art. 5º, §3º, da CF/88 diz: "Os Tratados e Convenções Internacionais sobre Direitos Humanos que forem aprovados, em cada Casa do Congresso Nacional, em dois turnos, por três quintos dos votos dos respectivos membros, serão equivalentes às emendas constitucionais" (CONSTITUIÇÃO FEDERAL, 1988, 117 páginas), ou seja, terão hierarquia constitucional. E, a partir deste artigo, pode-se compreender que apenas os Tratados Internacionais relativos aos Direitos Humanos e aprovados com essa votação têm a mesma hierarquia que a Constituição, a divergência doutrinária é justamente acerca de qual hierarquia os demais Tratados possuem na Legislação Nacional.

Todavia, no Brasil, apenas a Convenção Internacional sobre os Direitos das Pessoas com Deficiência e seu Protocolo Facultativo, ambos assinados em Nova York, em 30 de março de 2007, foram aprovados com o quórum do art. 5º, §3º, da Constituição Federal, por meio do decreto 6.949 de 2009 e publicado no Diário Oficial da União no mesmo ano.

O Supremo Tribunal Federal, ao julgar o Recurso Extraordinário 466.343 em 2008, de forma unânime, conferiu o entendimento de que os Tratados cujo tema fosse de Direitos Humanos devem ter um tratamento especial e diferente do regime jurídico utilizado nos demais Tratados Internacionais.

Apesar de o Supremo Tribunal Federal ter atribuído status diferenciado no que se refere aos Tratados de Direitos Humanos, permaneceu a divergência existente anteriormente em relação à hierarquia desses Tratados, que se encontra dividida em duas teses: a da supralegalidade, segundo a qual a Constituição assume o ponto mais elevado da pirâmide (tese majoritária); e a tese da constitucionalidade de Direitos Humanos pela qual estes passam a compor o topo da pirâmide junto à Constituição (em formato de trapézio). No julgamento do RE 466.343, os votos dos ministros abordaram a adoção de ambas as teses, havendo 5 votos referentes à tese da supralegalidade e 4 votos referentes à constitucionalidade (MAUÉS, 2013, 22 páginas).

Apenas a partir da promulgação da Emenda Constitucional nº 45, é que foram acrescentadas à Constituição as seguintes disposições e que foram responsáveis por modificar a interpretação acerca dos Direitos Humanos no Brasil: a possibilidade de incorporação à Constituição de Tratados sobre Direitos Humanos com o quórum do §3º, art. 5º, da CF/88; a adesão do Brasil ao Tribunal Penal Internacional; e o incidente de deslocamento de competência para a Justiça Federal em caso de violação grave aos Direitos Humanos (MAUÉS, 2013, 22 páginas).

A tese da supralegalidade (majoritária) tem sido utilizada no STF não apenas como forma de interpretar as leis que são hierarquicamente inferiores aos Tratados, servindo também como parâmetro para a interpretação da própria Constituição Federal (MAUÉS, 2013, 22 páginas), realizando assim o Controle de Convencionalidade das leis.

Esse Controle ocorre em relação à Constituição Federal e aos Tratados de Direitos Humanos (material ou formalmente constitucionais), e já no que diz respeito aos Tratados Internacionais comuns que foram ratificados e estão em vigor no Brasil há um Controle de Legalidade (MAZZUOLI, 2009, 2 páginas).

Mazzuoli distingue os Tratados de Direitos Humanos que não foram internalizados de acordo com o quórum previsto na Constituição Federal dos Tratados que não foram aprovados de acordo com esse quórum, afirmando que estes, por serem apenas materialmente constitucionais, servem de paradigma apenas para o Controle Difuso de Convencionalidade e não para o Controle Concentrado (MAZZUOLI, 2009, 2 páginas).

É importante mencionar também que, em caso de conflito entre um Tratado de Direitos Humanos (com hierarquia constitucional) e a Constituição Federal, aplica-se a teoria do diálogo das fontes, pela qual o ordenamento jurídico deve ser interpretado de forma unitária. Assim, é imprescindível compreender que o termo "guarda da Constituição", que é utilizado pelo art. 102, inc. I, alínea a, abarca não apenas o texto da Constituição propriamente dito, como também as normas constitucionais por equiparação (caso dos Tratados de Direitos Humanos) (MAUÉS, 2013, 22 páginas).

4. DECLARAÇÃO DOS DIREITOS DAS MULHERES

Conhecida por Convenção do Belém do Pará, a Convenção Interamericana para prevenir, erradicar e sancionar a violência contra a mulher entrou em vigor no ano de 1995 e já foi ratificada por 32 Estados, dentre eles, o Brasil. Essa Convenção é contra todas as formas de violência contra as mulheres, como é o caso de violações aos direitos sexuais e reprodutivos.

Se nas legislações onde os direitos sexuais e reprodutivos são protegidos ainda há negligência acerca deles, nos países que não protegem esses direitos das mulheres podem ser identificadas violações ainda mais graves (CONVENÇÃO DO BELÉM DO PARÁ, 1995, 20 páginas).

No segundo informe hemisférico acerca da implementação da Convenção do Belém do Pará (QUARTA CONFERÊNCIA DOS ESTADOS-PARTES, 2012, 229 páginas), foi recomendado aos Estados-Partes: legalizar o aborto por motivos terapêuticos e permitir o acesso das mulheres a esse procedimento, entre outros.

Esse informe qualifica os direitos sexuais e reprodutivos como Direitos Humanos e os associa a outros direitos também básicos e que devem ser regulamentados pelas legislações estatais, como o direito a não sofrer discriminação por realizar o aborto, o direito à vida privada, o direito de decidir livremente sobre se e quando ter filhos e, principalmente, serem livres de violência sexual.

Os princípios de igualdade (de gênero) e de não discriminação são fundamentais e constituem normas de *ius cogens*, servindo assim de base para os ordenamentos nacionais e internacionais e, por consequência, observados no Controle de Convencionalidade (CONVENÇÃO DO BELÉM DO PARÁ, 1995, 20 páginas).

Os estereótipos culturais e socioeconômicos por motivo de gênero são ainda um grande obstáculo para o desenvolvimento de políticas e leis que garantam igualdade de justiça aos gêneros e ao exercício dos direitos das mulheres.

Infelizmente, existem muitas leis que propagam a discriminação de gênero e a violência contra as mulheres e as tornam vítimas ao violar os direitos sexuais e reprodutivos delas, representadas, principalmente, pela manutenção da criminalização do aborto ou pela negação de acesso aos cuidados posteriores ao aborto, disseminando os maus tratos. Questão que vai de encontro ao compromisso assumido pelos Estados-Partes em adequar suas legislações para proteger os direitos das mulheres contra atores estatais, não estatais ou particulares (CONVENÇÃO DO BELÉM DO PARÁ, 1995, 20 páginas).

Outro exemplo que merece análise é da recomendação da Convenção do Belém do Pará de eliminar as práticas de aborto inseguro ao estabelecer leis e políticas públicas para que o aborto seja legalizado, pelo menos, quando a vida da mulher e sua saúde estejam em risco (CONVENÇÃO DO BELÉM DO PARÁ, 1995, 20 páginas).

Além do que, a Convenção estabelece padrões mínimos a serem cumpridos e que podem ser modificados com o tempo perante a disseminação de informação a fim de perpetuar ainda mais a igualdade de gênero.

5. ANÁLISE DO HABEAS CORPUS

No voto-vista realizado pelo Ministro Luís Roberto Barroso, ele trata como inconstitucional a incidência do tipo penal do aborto quando a interrupção da gravidez ocorre de forma voluntária e é realizada no primeiro trimestre de gravidez. O Ministro utiliza argumentos baseados em legislações de outras Cortes e utiliza princípios relativos a Tratados de Direitos Humanos ratificados pelo Brasil, como é o caso da "Declaracíon sobre la Violencia contra las Niñas, las Mujeres, y Adolescentes, y sus Derechos Sexuales y Reproductivos" (CONVENÇÃO DO BELÉM DO PARÁ, 1995, 20 páginas), realizando o Controle de Convencionalidade Difuso.

O Ministro cita no Habeas Corpus nº 124.306 que a situação não cumpre os requisitos da prisão cautelar, que são: um risco para a ordem pública, para a ordem econômica, para a instrução criminal ou a para aplicação da lei penal (CÓDIGO DE PROCESSO PENAL, 1941, 66 páginas).

A criminalização do aborto realizado de forma voluntária até o final do primeiro trimestre viola diversos direitos fundamentais das mulheres, bem como o princípio fundamental da proporcionalidade, se os arts. 124 a 126 do Código Penal que tipificam o aborto receberem interpretação de acordo com a Constituição Federal (BARROSO, 2016, 17 páginas).

Os direitos fundamentais das mulheres que são violados com essa criminalização são: os direitos sexuais e reprodutivos da mulher, pois ela não pode ser obrigada a manter uma gestação e, principalmente, se outros problemas se relacionam à decisão; a autonomia da mulher, que deve possuir o direito de fazer suas próprias escolhas; a integridade física e psíquica da gestante, pois é a grávida que sofre os efeitos da gravidez, fisicamente e psiquicamente; e a igualdade da mulher, porque não há como haver equiparação de gênero se a mulher não tiver o direito de escolha sobre sua gravidez, já que o homem não engravida (BARROSO, 2016, 17 páginas).

Enquanto a tipificação do crime de aborto nasceu como forma de proteger a vida do nascituro, ela acaba por prejudicar mais as mulheres pobres. E transforma a prática de aborto no país em um caso de saúde pública, pois, ao ser tratado como crime pela legislação penal brasileira (o aborto), ela impede que mulheres que não conseguem ter acesso a médicos e clínicas privadas recorram a hospitais pertencentes ao sistema público para receberem os procedimentos cabíveis, aumentando o número de automutilações, lesões graves e óbitos (BARROSO, 2016, 17 páginas).

Segundo o relatório do governo brasileiro: "4% das mortes de gestantes estão relacionadas a abortos realizados em condições inseguras, situação que configura um problema de saúde pública de significativo impacto no país" (BRASIL, 2015, 70 páginas).

A tipificação penal, como já mencionado anteriormente, viola também o princípio da proporcionalidade, pois: (a) a lei não consegue impedir que haja abortos, mas impede que eles sejam realizados de modo seguro; (b) entretanto, há outras formas mais eficazes de, ao ser descriminalizado o aborto, o Estado conseguir reduzir o número de abortos no país, como por meio da promoção de educação sexual, ampla distribuição de contraceptivos e sua divulgação, como também suporte à mulher que pretender abortar, apesar de desejar ter filho, por não possuir condição financeira ou outra situação impeditiva; e (c) não é proporcional por tornar a questão um problema de saúde pública e mortes que superam os benefícios da lei, violando, expressamente, o compromisso assumido com a "Declaracíon sobre la Violencia contra las Niñas, las Mujeres, y Adolescentes, y sus Derechos Sexuales y Reproductivos" (CONVENÇÃO DO BELÉM DO PARÁ, 1995, 20 páginas).

A ONU tem indicado a mudança das legislações dos países sobre o aborto ao identificar as consequências de sua criminalização como sendo uma questão de direitos humanos, a exemplo da plataforma de ação da IV Conferência Mundial da Mulher, que solicitava que os países participantes admitissem o "reconhecimento do aborto como problema de saúde pública, pedindo atenção aos abortamentos inseguros, recomendando aos países que revisem suas leis que penalizam as mulheres que fazem abortos ilegais" (FIORINI e KYRIAKOS, 2002, 175 páginas).

O ministro do STF Luís Roberto Barroso cita, ainda, o fato de que em quase nenhum país que seja democrático e desenvolvido há tipificação de crime quando o aborto é realizado no primeiro trimestre da gestação, casos de Alemanha, Estados Unidos, Reino Unido, Portugal, Austrália, Holanda, entre outros (BARROSO, 2016, 17 páginas).

6. VIOLAÇÃO AOS DIREITOS FUNDAMENTAIS DAS MULHERES

6.1. Direitos fundamentais: denominação

Os direitos fundamentais têm a capacidade de vincular todos os Poderes Estatais (ALEXY, 2011, 446 páginas) e constitui nas legislações uma espécie de reserva mínima de justiça que é assegurada a todos os indivíduos (BARROSO, 2015, 20 páginas).

O art. 5º, §2º, da CF/88 afirma que o rol dos direitos fundamentais existentes no art. 5º não é taxativo, abarcando os decorrentes da própria Constituição, como também em outros artigos, bem como os relativos aos princípios adotados pela Constituição Federal e os contidos também em Tratados internacionais dos quais o Brasil seja Estado-Partes (CONSTITUIÇÃO FEDERAL, 1988, 117 páginas).

A dignidade da pessoa humana é a "compreensão do ser humano na sua integridade física e psíquica, como autodeterminação consciente, garantida moral e juridicamente" (GARCIA, 2004, 334 páginas)

"A dignidade humana é referência estrutural para o constitucionalismo mundial, a emprestar-lhe fundamento de validade, seja qual for o ordenamento, não apenas dentro, mas também fora e contra todos os Estados" (FERRAJOLI, L. 2002, 369 páginas). É a dignidade humana que deve ser resguardada a qualquer pessoa, no respeito que deve haver na vida privada e familiar do ser humano (CONVENÇÃO EUROPEIA DE DIREITOS HUMANOS, 1950, 32 páginas), como é o caso do direito ao aborto seguro.

Os direitos fundamentais não são ilimitados e podem entrar em rota de colisão com outros direitos fundamentais ou princípios constitucionais ou com os fins pretendidos pelos Estados. Nos casos tanto de colisão quanto de restrição, para a solução, o princípio da proporcionalidade ou razoabilidade deve ser utilizado (ALEXY, 2011, 446 páginas). Porém, segundo o Ministro Barroso em seu voto, não foi utilizada a proporcionalidade ao criminalizar o aborto até o terceiro trimestre e quando de forma voluntária.

Há percepção, em muitos dos Estados Democráticos onde o aborto é legalizado, que impedir, voluntariamente, que a mulher possa abortar, viola diversos direitos fundamentais das mulheres, com reflexo, especialmente, em relação ao princípio da dignidade humana (BARROSO, 2016, 17 páginas). Parte-se do pressuposto, nos países onde o aborto é legalizado, que a mulher, ao decidir pelo aborto, não toma essa decisão por prazer em fazê-lo; portanto, não precisa que o Estado ainda a processe criminalmente e torne a vida dela pior (BARROSO, 2016, 17 páginas). Consequentemente, se a decisão tomada pela mulher for voluntária e legítima, não há razão para culpar os profissionais que realizaram o procedimento, nem mesmo a mulher que teve a iniciativa de realizá-lo (BARROSO, 2016, 17 páginas).

Doutrinariamente, verificam-se duas posições antagônicas relativas ao momento em que a vida começa, e é importante a menção, pois a Constituição Federal defende a inviolabilidade do direito à vida como um direito que compõe o princípio da dignidade humana (CONSTITUIÇÃO FEDERAL, 1988, 117 páginas). De um lado, há os que defendem que há vida desde o momento da concepção (desde que o espermatozoide fecundou o óvulo). Por outro lado, há os que sustentam que apenas após a formação do sistema nervoso central e da presença de rudimentos de consciência (o que geralmente ocorre após o terceiro mês da gestação) é que é possível falar-se em vida (BARROSO, 2016, 17 páginas).

A segunda teoria é a adotada neste artigo, a chamada teoria neurológica (só há vida quando se inicia a atividade cerebral). No próprio Direito Civil, não é pacificado o momento em que se inicia a vida e, portanto, há início da personalidade civil (CASTILHO, 2014, 7 páginas). Logo, impedir que a mulher possa decidir acerca do aborto no primeiro trimestre da gestação é violar os direitos fundamentais da mulher, pois no decorrer do primeiro trimestre de gestação, o córtex cerebral, que permite ao nascituro o desenvolvimento de sentimentos e racionalidade, não se formou, e o feto, nesse estágio, não possui potencialidade de vida se retirado do útero materno (SARMENTO, 2005, 51 páginas).

6.2. Direitos violados

1. Violação à autonomia da mulher

Ao criminalizar o aborto, a autonomia da mulher em sua vida privada não é levada em consideração e esta corresponde à base da liberdade individual (BARROSO, 2016, 17 páginas), além de abarcar o princípio da dignidade humana (CONSTITUIÇÃO FEDERAL, 1988, 117 páginas). No momento em que a mulher é impedida de escolher se vai manter ou não a gravidez, a autonomia dela está sendo tolhida, pois esta compreende "o poder de controlar o próprio corpo e de tomar decisões a ele relacionadas" (BARROSO, 2016, 17 páginas).

2. Violação do direito à integridade física e psíquica

Há violação da integridade física da mulher, porque é ela que sofrerá todas as modificações e consequências acarretadas pela gravidez, e há violação psíquica, pois o nascimento de um bebê acarreta uma dedicação por toda a vida, além da possibilidade de depressão em decorrência de uma gravidez indesejada (BARROSO, 2016, 17 páginas).

A Constituição Federal em seu art. 5°, *caput* e inc. III, garante o direito à integridade psicofísica da pessoa, abarcando o direito à saúde e à segurança de não ter interferências indevidas nas vidas dos indivíduos e de seus corpos e mentes (BARROSO, 2016, 17 páginas).

3. Violação aos direitos sexuais e reprodutivos da mulher

No que se refere aos direitos sexuais e reprodutivos da mulher, há violação, pois há um impedimento de a mulher decidir se e quando pretende ter filhos, sem que haja "discriminação, coerção e violência, bem como de obter o maior grau possível de saúde sexual e reprodutiva". (BARROSO, 2016, 17 páginas). Essa citação corresponde, também, aos princípios assumidos pelo Brasil na "Declaracíon sobre la Violencia contra las Niñas, las Mujeres, y Adolescentes, y sus Derechos Sexuales y Reproductivos" (CONVENÇÃO DO BELÉM DO PARÁ, 1995, 20 páginas).

Duas Conferências foram importantes para o desenvolvimento de uma ideia onde a mulher tenha direito à liberdade sexual, de forma emancipatória e positiva: a Conferência Internacional de População e Desenvolvimento (CIPD), em 1994, ou Conferência do Cairo; e a IV Conferência Mundial sobre a Mulher, em 1995, Pequim.

No Relatório da Conferência do Cairo, em seu Capítulo VII, os direitos reprodutivos são definidos da seguinte forma:

> § 7.3. Esses direitos se baseiam no reconhecido direito básico de todo casal e de todo indivíduo de decidir livre e responsavelmente sobre o número, o espaçamento e a oportunidade de seus filhos e de ter a informação e os meios de assim o fazer, e o direito de gozar do mais alto padrão de saúde sexual e de reprodução. Inclui também seu direito de tomar decisões sobre a reprodução, livre de discriminação, coerção ou violência, conforme expresso em documentos sobre direitos humanos (RELATÓRIO DA CONFERÊNCIA DO CAIRO, 1994, 105 páginas).

Por meio do Código Penal de 1940, a mulher é obrigada a manter uma gravidez, apesar de esta ser indesejada. Violando, dessa forma, a autodeterminação da mulher (reprodutiva), pois ela é coagida a não abortar (visto que, do contrário, a mulher será processada criminalmente). Ainda causa sérios prejuízos à saúde da mulher, como já mencionado, havendo aumento nos índices de mortalidade materna, além de outras complicações pela realização de abortos inseguros.

4. Violação à igualdade de gênero

No Brasil, há uma institucionalização da desigualdade socioeconômica de gênero, a partir de uma divisão de trabalho com base em um determinismo biológico (CARLOTO, 2002, 11 páginas). À mulher foram estabelecidas visões excludentes, além de um papel social e uma identidade feminina estereotipadas. Associa-se a "mulher" sempre a "ser mãe" e, historicamente, esta tem sido associada de forma subordinada ao homem (CARLOTO, 2002, 11 páginas).

Dessa forma, a mulher possui ônus quase integral da gravidez e apenas a possibilidade de a mulher ter o direito de optar por manter ou não a gravidez constituirá um importante avanço rumo à igualdade entre os gêneros.

5. Discriminação social e impacto desproporcional sobre mulheres pobres

A criminalização do aborto impede que todas as mulheres tenham direito a um procedimento seguro. E é inegável que essa tipificação atinge desproporcionalmente as mulheres com pouco e as com muito poder aquisitivo. Prejudica, especialmente, as mulheres desfavorecidas economicamente, que não possuem condições financeiras de arcar com uma clínica particular e nem podem contar com o Sistema Público de Saúde, acabando por recorrer a métodos precários e rudimentares ou a clínicas clandestinas, arriscando suas vidas (BARROSO, 2016, 17 páginas). Situação que acaba por causar riscos altíssimos de lesões, óbito e mutilações, violando a integridade psicofísica da mulher.

7. PRINCÍPIO DA PROPORCIONALIDADE

7.1. Subprincípio da adequação

A legislação penal brasileira remete ao ano de 1940 e, portanto, é necessário analisar-se, atualmente, o quanto e se a criminalização do aborto protege efetivamente a vida do feto (UNDURRAGA, 2014, 506 páginas). De acordo como o estudo abaixo apresentado, porém, as taxas de aborto nos países onde o aborto é legalizado e naqueles onde a prática é ilegal são bem parecidas.

Em estudo do "Guttmacher Institute" e da Organização Mundial da Saúde (OMS), verificou-se que a criminalização não traz redução significativa sobre a quantidade de abortos realizados (COHEN, 2007, 11 páginas). Longe disso, a taxa anual de abortos nos países em que o método é legal corresponde a 34 a cada mil mulheres em idade reprodutiva. Já nos países onde o procedimento não é legalizado, a taxa sobe para 37 a cada mil mulheres (COHEN, 2007, 11 páginas).

O aborto, no Brasil, é um problema de saúde pública grave e que já foi, inclusive, oficialmente reconhecido (BRASIL, 2015, 70 páginas). A tipificação penal do aborto influencia na quantidade de abortos seguros e acaba por não cumprir a função que foi dada ao dispositivo ao ser criado – proteger a vida do feto (COHEN, 2007, 11 páginas).

Há, além disso, uma difusão de medicamentos abortivos no país, que são consumidos privadamente e os quais o Governo Brasileiro não é capaz de controlar e até mesmo de ter conhecimento sobre a ação (UNDURRAGA, 2014, 506 páginas). Por fim, o que acaba acontecendo é apenas uma reprovação "simbólica" da conduta realizada e não é efetivamente resguardado direito algum (UNDURRAGA, 2014, 506 páginas).

7.2. Subprincípio da necessidade

Ao verificar a necessidade da criminalização do aborto (ineficaz, como observado ao longo do artigo), é necessário o desenvolvimento de uma forma alternativa que possa proteger a vida do feto e que impeça, ao máximo, que as mulheres tenham seus direitos restringidos. A alternativa encontrada por vários países ao redor do mundo foi descriminalizar o aborto (em geral, em seu estágio inicial, no primeiro trimestre), sob a condição de que haja assistência à mulher e só depois haja uma decisão. Apenas assim há a possibilidade de que a decisão tomada seja bem refletida (BARROSO, 2016, 17 páginas).

7.3. Subprincípio da proporcionalidade em sentido estrito

É necessário, segundo este princípio, sopesar se os direitos restringidos às mulheres pela criminalização se igualam à proteção da vida do feto. Ao equilibrar os custos e os benefícios da tipificação penal do aborto, é evidente que a criminalização da interrupção voluntária da gravidez acaba por gerar custos sociais superiores às vantagens da ilegalidade do aborto (BARROSO, 2016, 17 páginas).

Se observadas as legislações de países como Bélgica, França e Cidade do México, por exemplo, a interrupção voluntária da gestação nas doze primeiras semanas não deve ser punida criminalmente (BARROSO, 2016, 17 páginas). Com todo o exposto até aqui, torna-se necessária a interpretação dos arts. 124 ao 126 do Código Penal, que tipificam o aborto, de acordo com a Constituição Federal, a fim de descriminalizar o aborto, pelo menos, se ocorrer de forma voluntária e nas doze primeiras semanas. E com o precedente aberto a partir do voto do Ministro Luís Roberto Barroso no Habeas Corpus nº 124.306 do Rio de Janeiro, através do Controle de Convencionalidade Difuso, essa violação aos direitos das mulheres pode ser interrompida.

O Ministro Luís Roberto Barroso, por fim, em seu voto, fala que, no caso do Código Penal, por ser anterior à Constituição, não é possível declarar a inconstitucionalidade dos dispositivos. A situação que cabe é a hipótese de não recepção dos dispositivos acerca da tipificação do crime de aborto (BARROSO, 2016, 17 páginas), a partir de ampla adesão, pelos juízes e tribunais, do Controle Difuso de Convencionalidade.

8. CONTROLE DIFUSO DE CONVENCIONALIDADE

Após a análise dos inúmeros princípios violados, a partir da existência da criminalização do aborto, é inegável a insustentabilidade e desproporcionalidade da coexistência desses dispositivos que entram em conflito com Tratados de Direitos Humanos que o Brasil é signatário, a exemplo da Convenção do Belém do Pará, bem como contra os princípios constitucionais adotados pelo Estado brasileiro, como a dignidade da pessoa humana.

Apesar de, no momento, haver apenas uma decisão monocrática por um ministro do STF (Luís Roberto Barroso) sobre o tema, esta já constitui um importante precedente para futuras decisões dos magistrados e tribunais ao longo do país, por meio do Controle Difuso de Convencionalidade. Como também dá abertura para discussões doutrinárias sobre este tema que é de extrema relevância, mas tão pouco debatido.

A partir de ampla adesão pelos magistrados e tribunais ao longo do país do Controle Difuso de Convencionalidade dos dispositivos sobre a criminalização do aborto com os Tratados de Direitos Humanos assinados pelo Brasil desse viés, haverá, consequentemente, maior eficácia na resolução das questões desse cunho e uma possibilidade de sanar a violação de direitos constitucionais básicos trazidos pela existência da criminalização do aborto.

CONSIDERAÇÕES FINAIS

Ao trazer mais desvantagens que benefícios, a criminalização do aborto não é efetiva em seu objetivo, tornando necessária sua revisão. E, por meio do Controle de Convencionalidade Difuso, realizado pelo Ministro Luís Roberto Barroso no voto do HC 124.306 do Rio de Janeiro, é possível a compatibilização da legislação doméstica com a internacional a fim de evitar as inúmeras violações de direitos das mulheres e reduzir o impacto sobre a saúde pública que a criminalização do aborto traz.

Ao mesmo tempo que o direito de escolha acerca do aborto se baseia nos problemas físicos e psíquicos que a manutenção da gravidez pode acarretar, sua prática também pode trazer esses mesmos riscos. Sendo assim necessário, além da descriminalização do procedimento: a oferta de educação sexual, a fim de reduzir a discriminação sobre o método e difusão de informação sobre o tema; distribuição de preservativos; programas que amparem a mulher grávida que esteja em situação de vulnerabilidade; entre outras medidas. A mulher podendo, com o acesso a todas as políticas públicas aqui mencionadas tomar uma decisão bem refletida e optar por realizar ou não o aborto, agora com a oportunidade de realiza-lo de forma segura (a lei não impede que o aborto seja realizado, mas sim que não ocorra de forma segura, como os dados sobre o tema são capazes de demonstrar).

Uma prova da defasagem da legislação penal pode ser observada no fato de que a Constituição Federal em vigor no país data de 1988 e com ela novos valores foram incorporados à legislação nacional. Um exemplo importante de revisão da legislação foi a ADPF nº 54, decidida pelo Supremo Tribunal Federal, responsável por descriminalizar o aborto em caso de fetos anencefálicos. A descriminalização do aborto em caso de voluntariedade da mulher e até o primeiro trimestre (pois, com base na teoria neurológica, ainda não há vida) merece ser reavaliada, a fim de se adequar aos compromissos assumidos pelo Brasil internacionalmente. Além do que, a decisão do Ministro Luís Roberto Barroso em seu voto abre um precedente que pode ser utilizado como suporte para decisões em outros tribunais e, consequentemente, Controle Difuso de Convencionalidade dos juízes e tribunais ao longo do país.

REFERÊNCIAS

ALEXY, R. **Teoria dos direitos fundamentais**. 2ª edição. Brasil: Editora Saraiva, 2011, 3ª tiragem.

BARROSO, L. R. "Aqui, lá e em todo lugar": a dignidade humana no direito contemporâneo e no discurso transnacional. **Revista dos Tribunais**. v. 919, p. 127-196, 2012.

BARROSO, L. R. **Curso de direito constitucional contemporâneo: Os conceitos fundamentais e a construção do novo modelo**. 5ª Edição. Brasil: Editora Saraiva, nov. 2014.

BARROSO, L. R. Grandes transformações do direito contemporâneo e o pensamento de Robert Alexy. **Consultor Jurídico**. Rio de Janeiro: Forense Universitária, 2014. Disponível em: <http://s.conjur.com.br/dl/palestra-barroso-alexy.pdf>. Acesso em: 24 dez 2016.

BRASIL, Superior Tribunal de Justiça. Recurso de Habeas Corpus. Voto-vista. **Habeas Corpus nº 124.306**. Rio de Janeiro. Disponível em: <http://s.conjur.com.br/dl/hc--voto-aborto-lrb.pdf>. Acesso em: 14 dez 2016.

BRASIL. **Constituição da República Federativa do Brasil**. Brasília, 1988. Disponível em: <http://www.planalto.gov.br/ccivil_03/constituicao/ConstituicaoCompilado.htm>. Acesso em 20 dez 2016.

BRASIL. **Decreto lei nº 3689, de 3 de outubro de 1941**. Código de Processo Penal. Brasília, DF, out. 1941. Disponível em: <http://www.planalto.gov.br/ccivil_03/decreto-lei/Del3689.htm>. Acesso em: 23 dez 2016.

BRASIL. Decreto-lei nº 2.848, de 7 de dezembro de 1940. Código Penal. Brasília, DF, dez. 1940. Disponível em: <http://www.planalto.gov.br/ccivil_03/decreto-lei/Del2848.htm>. Acesso em: 23 dez 2016.

BRASIL. **Informe do Brasil no contexto do 20º aniversário da aprovação da Declaração e Plataforma de Ação de Pequim**. Apresentado por ocasião da 59ª Sessão da Comissão sobre a Situação das Mulheres. Realizada na sede da ONU em Nova York, de 9 a 20/03/2015. Disponível em: <http://www.onumulheres.org.br/pequim20/csw59/>. Acesso em: 23 dez 2016.

CARLOTO, C. M. Gênero, reestruturação produtiva e trabalho feminino. **Serviço Social em Revista**. Londrina, v. 4, n. 2, jan/jul, 2002. Disponível em: <http://www.uel.br/revistas/ssrevista/c_v4n2_carlotto.htm>. Acesso em: 26 dez 2016.

CARNEIRO, R. A. Aspectos relevantes do controle de convencionalidade e supralegalidade no direito brasileiro. **Âmbito Jurídico**. Rio Grande, XVII, n. 125, jun. 2014. Disponível em: <http://www.ambitojuridico.com.br/site/?n_link=revista_artigos_leitura&artigo_id=14894>. Acesso em: 13 dez 2016.

CASTILHO, P. A. P. Teorias sobre a proteção do início da personalidade e a proteção do nascituro. **Jus Navigandi**, set. 2014. Disponível em: <https://jus.com.br/artigos/31789/teorias-sobre-o-inicio-da-personalidade-e-a-protecao-do-nascituro>. Acesso em: 24 dez 2016.

COHEN, S. A. New Data on Abortion Incidence, Safety Illuminate Key Aspects of Worldwide Abortion Debate. **Guttmacher Policy Review**, n. 10, out 2007. Disponível em: <http://www.guttmacher.org/pubs/gpr/10/4/gpr100402.html>. Acesso em: 23 dez 2016.

DORNELAS, I. O. Velhas questões: aborto e normatização do corpo feminino. In: Simpósio Bordas e fronteiras nas produções do corpo, da sexualidade e da saúde na contemporaneidade, set. 2015. Universidade Federal da Bahia. **Anais...** II Desfazendo: Ativismos das dissidências sexuais e de gênero. Disponível em: <https://drive.google.com/file/d/0B2b9O__yGZPjaVY5QWFLNXJVYkU/view>. Acesso em: 20 de dezembro de 2016.

FERRAJOLI, L. **Diritti fondamentali:** Um dibattito teórico, a cura di Ermanno. Vitale, Roma, Bari, Laterza, 2002, p.338.

FERREIRA, E. J. Aborto, uma questão legal: Análise das legislações pertinentes de Brasil, Argentina, Uruguai e Paraguai. In: **Fazendo Gênero 9**: Diásporas, Diversidades, Deslocamentos, ago, 2010. Disponível em: <https://drive.google.com/file/d/0B2b9O__yGZPjZ0pxcmhabmdtUjA/view>. Acesso em: 21 dez 2016.

FIORINI, E; KYRIAKOS, N. A dimensão legal do aborto no Brasil. In: Aborto legal: implicações éticas e religiosas. Cadernos Católicas pelo Direito de Decidir. São Paulo: CDD, 2002.

GARCIA, M. **Limites da ciência: a dignidade da pessoa humana, a ética da responsabilidade.** São Paulo: RT, 2004.

MAUÉS, A. M. Supralegalidade dos Tratados internacionais de direitos humanos e interpretação constitucional. **Revista Internacional de Direitos Humanos**, abr. 2013, p. 214-235. Disponível em: http://www.convencionalidade.com.br/assets/apoio/artigo_valerio-mazzuoli.pdf< http://www.corteidh.or.cr/tablas/r32493.pdf>. Acesso em: 10 dez 2016.

MAZZUOLI, V. O. Controle concentrado de convencionalidade tem singularidades no Brasil. **Consultor Jurídico,** 24 abr 2015. Disponível em: <http://www.conjur.com.br/2015-abr-24/valerio-mazzuoli-controle-convencionalidade-singularidades>. Acesso em: 12 de dez 2016.

MAZZUOLI, V. O. O controle de convencionalidade das leis. **Jusbrasil,** 6 abr. 2009. Disponível em: <https://lfg.jusbrasil.com.br/noticias/986184/o-controle-de-convencionalidade-das-leis-valerio-de-oliveira-mazzuoli>. Acesso em: 12 dez 2016.

MAZZUOLI, V. O. Teoria geral do controle de convencionalidade no direito brasileiro. **Revista de informação legislativa,** v. 46, n. 181, p. 113-133. Disponível em: < http://www2.senado.leg.br/bdsf/item/id/194897>. Acesso em: 05 jun 2017.

ORGANIZAÇÃO DAS NAÇÕES UNIDAS. **Relatório da Conferência Internacional sobre População e Desenvolvimento: Plataforma de Cairo.** Cairo - Egito: 1994. Disponível em: <http://www.unfpa.org.br/Arquivos/relatorio-cairo.pdf>. Acesso em: 26 dez 2016.

ORGANIZAÇÃO DOS ESTADOS AMERICANOS. **Comisión Interamericana de Mujeres.** Agenda y nota conceptual de la Segunda Reunión de Expertas. Segunda Reunión de Expertas. La Paz, Bolivia- 30 y 31 de Mayo de 2016.

ORGANIZAÇÃO DOS ESTADOS AMERICANOS. **Convenção Americana sobre Direitos Humanos.** San José - Costa Rica: nov. 1969. Disponível em: <https://www.cidh.oas.org/basicos/portugues/c.convencao_americana.htm>. Acesso em: 13 dez 2016.

ORGANIZAÇÃO DOS ESTADOS AMERICANOS. **Declaración sobre la Violência contra las Niñas, Mujeres, y Adolescentes y sus Derechos Sexuales y Reproductivos.** In: Comité de Expertas del Mecanismo de Seguimiento de la Convención de Belém do Pará (MESECVI). Undécima Reunión del Comité de Expertas/os. Montevidéu- Uruguai: set. 2014. Disponível em: <http://www.oas.org/es/mesecvi/docs/declaracionderechos-es.pdf>. Acesso em: 12 dez 2016.

ORGANIZAÇÃO DOS ESTADOS AMERICANOS. **Segunda rodada de avaliação multilateral do MESECVI.** Quarta Conferência dos Estados Parte. Washington - DC: 02 de abr. 2012. Disponível em: <https://www.oas.org/es/mesecvi/docs/MESECVI--SegundoInformeHemisferico-PO.doc>. Acesso em: 05 jun 2017.

PIOVESAN, F. Direitos Humanos e Diálogo entre Jurisdições. **Revista Brasileira de Direito Constitucional,** n. 19, jan/jun., 2012. Disponível em: <http://www.esdc.com.br/RBDC/RBDC-19/RBDC-19-067-Artigo_Flavia_Piovesan_(Direitos_Humanos_e_Dialogo_entre_Jurisdicoes).pdf>. Acesso em: 10 dez 2016.

REDE SAÚDE. **Dossiê Aborto Inseguro.** In: Rede Feminista de Saúde e Direitos reprodutivos, São Paulo, 2001.

SARLET, I. W. Controle de convencionalidade dos Tratados internacionais. **Consultor Jurídico,** 10 abr. 2015. Disponível em: <http://www.conjur.com.br/2015-abr-10/direitos-fundamentais-controle-convencionalidade-Tratados-internacionais>. Acesso em: 13 dez 2016.

SEDGH, G. et al. Abortion incidence between 1990 and 2014: global, regional, and subregional levels and trends. In: **The Lancet,** v. 388, 2016.

UNDURRAGA, V. **"Proportionality in the Constitutional Review of Abortion Law".** In: COOK, Rebecca; ERDMAN, Joanna; DICKENS, Bernard (org.). Abortion law in transnational perspective: cases and controversies. Londres: Medical Law Review, 2015.

UNIÃO EUROPEIA. **Convenção Europeia dos Direitos do Homem**. Estrasburgo- França, Corte Europeia de Direitos Humanos: Conselho Europeu, nov. 1950. Disponível em: <http://www.echr.coe.int/documents/convention_por.pdf>. Acesso em: 15 dez 2016.

UNIÃO EUROPEIA. **Reproductive Rights: Access to a lawful abortion**. Estrasburgo-França, Corte Europeia de Direitos Humanos: Press Unit, nov. 2016. Disponível em: <http://www.echr.coe.int/Documents/FS_Reproductive_ENG.pdf>. Acesso em: 14 dez 2016.

VILLALÓN, P. C. **La formación del sistema europeo de control de constitucionalidad (1818-1939)**. Madrid: Centro de Estudios Constitucionales, 1987.

WESTPHAL, F. P. S. Reflexões acerca do acesso ao aborto legal no Brasil: os direitos sexuais e reprodutivos das mulheres versus o direito de objeção de consciência dos médicos que prestam serviços pelo Sistema Único de Saúde - SUS. **Observatório Brasil da igualdade de gênero**, fev. 2010. Disponível em: <http://www.observatoriodegenero.gov.br/menu/noticias/arquivos/reflexoes-acerca-doacesso-ao--aborto-legal-no-brasil-os-direitos-sexuais-e-reprodutivos-das-mulheres-versus--o-direitode-objecao-de-consciencia-dos-medicos-que-prestam-servicos-pelo--sistema-unico-desaude2013-sus/view?searchterm=reflex%C3%B5es%20acerca%20do%20aborto>. Acesso em: 20 dez 2016.

O CONTROLE DE CONVENCIONALIDADE COMO LIMITE PARA A DISCRICIONARIEDADE DO JUIZ NA EXECUÇÃO: ANÁLISE DAS DECISÕES RECENTES QUE TÊM APLICADO O ARTIGO 139, IV, DO NOVO CÓDIGO DE PROCESSO CIVIL

Bianca Mendes Pereira Richter[1] & Natália Diniz da Silva[2]

INTRODUÇÃO

O objeto deste estudo são as recentes decisões proferidas pelo Poder Judiciário Nacional ao aplicar o artigo 139, IV, do Novo Código de Processo Civil (NCPC), dispositivo legal que confere poderes ao magistrado para determinar *"todas as medidas indutivas, coercitivas, mandamentais ou sub-rogatórias necessárias para assegurar o cumprimento de ordem judicial, inclusive nas ações que tenham por objeto prestação pecuniária."*, e seus limites. Objetiva-se perquirir acerca da possibilidade de transposição do limite elaborado no controle de convencionalidade feito pelo Supremo Tribunal Federal no caso do Pacto de São José da Costa Rica e da prisão civil por dívida para os casos de aplicação do artigo 139, IV, NCPC pelos Tribunais pátrios.

---

1. Mestre e doutoranda em Processo Civil – Universidade de São Paulo. Pesquisadora Visitante – Universidade de Coimbra, 2012. Professora de Prática Jurídica – Universidade Presbiteriana Mackenzie. Professora de Processo Civil – Direito São Bernardo. Advogada.
2. Mestre em Direito Processual Civil – USP. Graduada em Direito pela USP. Membra do Centro de Estudos Avançados de Processo (CEAPRO). Membra do Comitê Brasileiro de Arbitragem (CBAr). Advogada. Contato: nataliadinizdasilva@gmail.com

Como se pode notar em breve leitura, o dispositivo legal deixa a cargo do magistrado a determinação de medidas aptas a viabilizar o cumprimento da obrigação para o caso concreto de acordo com a discricionariedade judicial.

O legislador não se ateve na determinação de limites genéricos para a fixação dessas medidas. Como consequência prática inevitável, após um ano de vigência do novo estatuto processual civil há um grande feixe de medidas já determinadas.

Tais decisões têm sido as mais criativas possíveis ao estabelecerem a suspensão do Cadastro de Pessoa Física do executado, a retenção de passaporte, a retenção de Carteira Nacional de Habilitação e o cancelamento de cartões de crédito dos executados pelo Brasil, como será analisado melhor adiante.

Essa variedade de determinações feitas em primeiro grau de jurisdição com a conseguinte cassação pelos Tribunais, em grande número dos casos, tem gerado situação de insegurança jurídica dentre os jurisdicionados. Dessa maneira, propõe-se, aqui, a discussão de limites razoáveis aos poderes dos magistrados na aplicação do inciso IV do artigo 139 do NCPC.

Anteriormente ao NCPC, que entrou em vigor em março de 2016, o Supremo Tribunal Federal, em 2008, em controle de convencionalidade, vedou a prisão civil do executado, salvo no caso de dívida alimentar ao aplicar o Pacto de São José da Costa Rica em controle de convencionalidade.

Pugnou a Suprema Corte pela prevalência da liberdade de ir e vir do executado em detrimento do direito ao crédito do exequente, na realização da ponderação entre direitos. Dessa maneira, o presente trabalho terá como parâmetro o quanto elaborado pelo STF no mencionado controle de convencionalidade.

1. TRATADOS INTERNACIONAIS E O ORDENAMENTO JURÍDICO BRASILEIRO: BREVES ANOTAÇÕES E A VEDAÇÃO DA PRISÃO CIVIL POR DÍVIDA EM CONTROLE DE CONVENCIONALIDADE REALIZADO PELO SUPREMO TRIBUNAL FEDERAL

A Emenda Constitucional n. 45 de 2004, que implementou a chamada "Reforma do Poder Judiciário" no ordenamento jurídico nacional, acrescentou ao artigo 5º do texto constitucional o §3º que permitiu que tratados internacionais que versem sobre direitos humanos sejam incorporados ao ordenamento jurídico com *status* de emenda constitucional desde que cumpram determinados requisitos de aprovação no Congresso Nacional, com a seguinte determinação: "*Os tratados e convenções internacionais sobre direitos humanos que forem aprovados, em cada Casa do Congresso Nacional, em dois turnos, por três quintos dos votos dos respectivos membros, serão equivalentes às emendas constitucionais.*".

Tal alteração constitucional introduziu no ordenamento jurídico pátrio um novo tipo de controle normativo: o controle de convencionalidade. Nas palavras de Valerio Mazzuoli, controle de convencionalidade é "*a compatibilização da produção normativa doméstica com os tratados de direitos humanos ratificados pelo governo e em vigor no país.*" (MAZZUOLI, 2009, p. 114).

Na divisão das fases pelas quais passa o constitucionalismo, o país estaria vivenciando a fase do constitucionalismo do futuro por ocorrer a constitucionalização do direito internacional. Para José Roberto Dromi, as Constituições, nessa fase, são guiadas por valores fundamentais, quais sejam: a verdade, a solidariedade, o consenso, a continuidade, a participação, a integração e a universalização (DROMI, 1997, p.107-118)[3]. Este último valor, pois, é o que mais interessa em relação ao presente tema.

Para uma boa compreensão da matéria, deve-se trazer a lume a teoria piramidal de Kelsen (KELSEN, 1998, *passim*). No topo da pirâmide kelseniana, está a norma constitucional, que é o parâmetro para o já conhecido controle de constitucionalidade das normas infraconstitucionais que ocupam a base dessa pirâmide. Desde 2004, com a implementação da mencionada reforma, os tratados e convenções internacionais podem se incorporar ao sistema jurídico nacional em três diferentes posições: constitucional, infraconstitucional ou supralegal[4].

Para que o tratado ou convenção internacional assuma a posição constitucional em nosso sistema jurídico interno é necessário observar dois requisitos, material e formal (MONTEIRO, 2008, p. 103). Material-

---

3. Nesse sentido, conferir voto do Ministro Gilmar Mendes no RE 466.343: "*Não se pode perder de vista que, hoje, vivemos em um "Estado Constitucional Cooperativo", identificado pelo Professor Peter Häberle como aquele que não mais se apresenta como um Estado Constitucional voltado para si mesmo, mas que se disponibiliza como referência para os outros Estados Constitucionais membros de uma comunidade, e no qual ganha relevo o papel dos direitos humanos e fundamentais.*", p. 43. Em seu voto, o Ministro referido aponta 4 dispositivos constitucionais que indicam a universalização do Direito Constitucional, quais sejam: art. 4º, parágrafo único; e art. 5º, §§2º, 3º e 4º.

4. Nesse sentido, conferir RE 466.343 de 2008, voto do Min. Gilmar Mendes.

mente, deve tratar-se do tema de direitos humanos. Formalmente, o rito especial de aprovação do tratado deve ser observado, nos termos do artigo 5º, §3º, CF, retro mencionado. É o caso da Convenção de Nova York[5], que cuida da proteção da pessoa com deficiência.

Por sua vez, assumem a posição infraconstitucional os tratados e convenções internacionais que não disponham sobre direitos humanos. É o que ocorreu com a Convenção de Varsóvia que cuida de regras concernentes ao transporte aéreo internacional[6].

Por fim, assumem a posição supralegal os tratados e convenções internacionais que tratem sobre direitos humanos, mas que não tenham sido aprovados em dois turnos de votação por cada casa do Congresso Nacional com maioria de 3/5[7]. Isso ocorre, necessariamente, com os tratados que versem sobre direitos humanos e que sejam anteriores à Emenda Constitucional n. 45/04, como o Pacto de São José da Costa Rica, objeto do presente estudo como parâmetro do controle de convencionalidade. O Brasil assinou-o em 1969 e a incorporação dele foi feita apenas em 1992[8].

Essa terceira posição hierárquica foi elaborada pelo Supremo Tribunal Federal no julgamento do Recurso Extraordinário n. 466.343 de 2008, alterando a jurisprudência anterior da Corte, nos seguintes termos:

> Por conseguinte, parece mais consistente a interpretação que atribui a característica de supralegalidade aos tratados e convenções de direitos humanos. Essa tese pugna pelo argumento de que os tratados sobre direitos humanos seriam infraconstitucionais, porém, diante de seu caráter especial em relação aos demais atos normativos internacionais, também seriam dotados de um atributo de supralegalidade. Em outros termos, os tratados sobre direitos humanos não poderiam afrontar a supremacia da Constituição, mas teriam lugar especial reservado no ordenamento jurídico. **Equipará-los à legislação ordinária seria subes-**

---

5. Decreto n. 6.949 de 2009, que promulga a Convenção Internacional sobre os Direitos das Pessoas com Deficiência e seu Protocolo Facultativo, assinados em Nova York, em 30 de março de 2007.
6. Decreto n. 20.704 de 1931.
7. Discute-se se os tratados internacionais sobre direitos humanos, mas que não observem o requisito formal de aprovação, sendo posteriores a EC 4 de 2004, teriam *status* supralegal. Por fugir ao escopo do presente artigo, deixa-se a discussão de lado, mas ela não poderia de ser mencionada brevemente aqui.
8. Decreto n. 678 de 1992, que promulga a Convenção Americana sobre Direitos Humanos de 22 de novembro de 1969.

timar o seu valor especial no contexto do sistema de proteção dos direitos da pessoa humana. (grifo nosso)[9].

Dessa maneira, a partir desse julgado, a prisão civil do depositário infiel não tem mais aplicabilidade, diante do efeito paralisante do Pacto de São José de Costa Rica em relação à legislação infraconstitucional que regulamenta a questão.

Portanto, os tratados e convenções internacionais que versem sobre direitos humanos têm dois efeitos importantes: a) o efeito paralisante, impedindo a aplicação de leis comuns que lhes forem contrárias; b) o efeito impeditivo, barrando que normas infraconstitucionais novas ingressem no ordenamento jurídico quando lhe contrariarem.

Tal julgamento[10] foi o ápice e a resolução da questão trazida pelo Pacto de São José da Costa Rica, que, em seu artigo 7º, §7º[11], dispõe que os países que o firmaram não permitirão a prisão civil por dívida, salvo a do devedor de alimentos. Seu texto entrava em contradição com o texto constitucional, que em seu artigo 5º, LXVII[12], permitia a prisão do depositário infiel. Resolvida a questão pelo STF em 2008, como mencionado, elaborou-se o enunciado n. 25 da Súmula Vinculante da Corte Suprema com a seguinte redação: "É *ilícita a pris*ão civil de deposit*ário infiel, qualquer que seja a modalidade de depósito*", revogando-se assim o antigo enunciado n. 619[13] da súmula do Supremo Tribunal Federal. Nesse sentido, ainda, determina o enunciado n. 419 da súmula do Superior Tribunal de Justiça[14] que o infiel depositário não pode ser preso mesmo que seja depósito judicial.

Assim, a importância dessa guinada jurisprudencial é manifesta, como ilustra Antônio Moreira Maués:

---

9. RE 466.343 de 2008, voto do Min. Gilmar Mendes, p.49.
10. "PRISÃO CIVIL. Depósito. Depositário infiel. Alienação fiduciária. Decretação de medida coercitiva. Inadmissibilidade absoluta. Insubsistência da previsão constitucional e das normas subalternas." – RE 466.343/2008.
11. Art. 7º, §7º, CADH - *Ninguém deve ser detido por dívidas. Este princípio não limita os mandados de autoridade judiciária competente expedidos em virtude de inadimplemento de obrigação alimentar.* (Grifo nosso)
12. Art. 5º, LXVII, CF - *não haverá prisão civil por dívida, salvo a do responsável pelo inadimplemento voluntário e inescusável de obrigação alimentícia e a do depositário infiel.*
13. Enunciado 619, súmula do STF: *A prisão do depositário judicial pode ser decretada no próprio processo em que se constituiu o encargo, independentemente da propositura de ação de depósito.* (Revogada)
14. Enunciado 419, súmula do STJ: *"Descabe a prisão civil do depositário judicial infiel."*

Como se nota, para que o STF decidisse afastar a possibilidade de prisão do depositário infiel foi necessário modificar o entendimento sobre o nível hierárquico dos tratados internacionais de direitos humanos no Brasil, a fim de que as disposições constitucionais e infraconstitucionais pudessem ser interpretadas à luz da CADH. (MAUÉS, 2013, p. 216).

A fundamentação do julgado, especialmente no voto do Ministro Gilmar Mendes, baseia-se em alguns pontos de interesse para o desenvolvimento do presente trabalho: a) a prisão do devedor é uma medida extrema em prejuízo do devedor; b) para a sua determinação é necessário o estabelecimento de um filtro, que é a proporcionalidade e seus três sub-princípios: adequação, necessidade e proporcionalidade em sentido estrito; c) há risco de inconstitucionalidade se não houver congruência entre o binômio "meio-fim"[15].

Feita essa análise acerca da posição jurídica dos tratados e convenções internacionais que versem sobre direitos humanos em nosso ordenamento e apontados os fundamentos do julgado que vedou a prisão civil por dívida em nosso ordenamento, cabe prosseguir no tema com o fim de analisar a possibilidade de aplicação da argumentação utilizada no julgamento do Recurso Extraordinário 466.343-2008 pelo STF como limite para a discricionariedade judicial na aplicação do artigo 139, inciso IV, do Novo CPC. Para tal fim, passamos a analisar referido dispositivo.

2. NOVO CÓDIGO DE PROCESSO CIVIL E A DISCRICIONARIEDADE DO JUIZ NA EXECUÇÃO: ATIPICIDADE DAS MEDIDAS COERCITIVAS E INDUTIVAS NO CUMPRIMENTO DE ORDEM JUDICIAL

O processo de execução sempre foi o "calcanhar de aquiles" da ciência processual civil, já que se trata da fase de efetivação do Direito, da efetiva entrega do bem da vida e da satisfação. Infelizmente, em muitas situações, é comum o julgamento da decisão, mas a satisfação é demorada ou, por vezes, complicada, e, em algumas situações, simplesmente não ocorre. Não por menos, o relatório do Conselho Nacional de Justiça sobre dados da Justiça aponta que o processo de execução é um dos grandes gargalos para a efetividade da tutela jurisdicional e um dos grandes responsáveis pela morosidade do Poder Judiciário (CONSELHO NACIONAL DE JUSTIÇA, 2016).

Atento a essa realidade, o NCPC em linha com a celeridade processual, com a ampliação dos poderes do juiz, com a ideia de ampla par-

---

15. Conferir STF RE 466.343-08, Voto do Ministro Gilmar Mendes, p. 62-63.

ticipação das partes no processo e, principalmente, com a busca pela real efetividade do processo previu em seu artigo 139, inciso IV, a possibilidade de o juiz praticar medidas executivas atípicas. Já existia no sistema anterior a possibilidade de adoção pelo juiz de outras medidas necessárias para o cumprimento da decisão judicial, como previa o antigo §5º do artigo 461[16], reproduzido atualmente pelo §1º do artigo 536[17] do CPC/2015.

Ocorre que essas medidas eram específicas, tal como a imposição de multas, *astreintes,* e todas sempre limitadas e lidas sob a ótica do processo constitucional. A problemática não está no cumprimento de obrigações específicas, mas na inovação trazida pela última parte do dispositivo legal que permite a prática de medidas atípicas para o pagamento de prestação pecuniária.

A pergunta que os juízes se fazem diariamente é: como entregar a tutela jurisdicional de maneira satisfatória se durante o processo o executado praticou atos fraudulentos, tais como esvaziamento das suas contas, venda de bens, realização de transferências bancárias e outros negócios escusos somente para dificultar a satisfação do crédito? A resposta poderia ser simples: basta comprovar a fraude! No entanto, o cotidiano demonstra que a realidade é muito mais complexa do que essa afirmação, isso porque, em muitas das vezes, o esvaziamento patrimonial é extremamente bem arquitetado e são necessários anos (e diversos incidentes) para se chegar a um bem que satisfaça o crédito devido e já reconhecido pelo Poder Judiciário.

Considerando essa realidade, que é subjacente ao cotidiano do advogado de contencioso e de juízes, que só veem o acervo de execuções aumentar anualmente, que se pensou na possibilidade de medidas atípicas e, nesse contexto, foi promulgado o artigo 139, inciso IV, do NCPC para aumentar o leque de poderes dos juízes, como se fosse uma verdadeira cláusula geral e em branco.

---

16. CPC/73, art. 461, § 5º *Para a efetivação da tutela específica ou a obtenção do resultado prático equivalente, poderá o juiz, de ofício ou a requerimento, determinar as medidas necessárias, tais como a imposição de multa por tempo de atraso, busca e apreensão, remoção de pessoas e coisas, desfazimento de obras e impedimento de atividade nociva, se necessário com requisição de força polícia.*

17. NCPC, art. 536, § 1o *Para atender ao disposto no caput, o juiz poderá determinar, entre outras medidas, a imposição de multa, a busca e apreensão, a remoção de pessoas e coisas, o desfazimento de obras e o impedimento de atividade nociva, podendo, caso necessário, requisitar o auxílio de força policial.*

Contudo, é necessário recordar que a lei processual está sempre limitada pela Constituição e, consequentemente, pelo direito de defesa, pela necessidade de fundamentação das decisões judiciais e pelo respeito aos tratados internacionais (NUNES; STRECK, 2016, *online*).

Assim, é necessário analisar o artigo 139, inciso IV do NCPC sob a ótica dos princípios que regem a execução civil e das limitações impostas pelo próprio processo constitucional (SILVA, 2006, 23-51).

Como explicado, a atipicidade dos meios executivos é uma das novidades do NCPC que está alinhada a uma postura mais ativa dos juízes na entrega efetiva da tutela jurisdicional, autorizando-os a utilizar os meios necessários para tanto. Nesse sentido, entende Fabiano Carvalho que:

> "A direção do processo deve ser exercida pelo juiz porque ele é o sujeito imparcial – e não desinteressado! – no processo a quem o ordenamento jurídico confia o exercício da função jurisdicional. O juiz, enquanto agente do Estado, deve ter o interesse na adequada prestação da tutela jurisdicional. (...). Para que isso ocorra, preocupa-se o CPC em colocar à disposição do juiz uma série de poderes e deveres, muitos deles dispostos no art. 139 do CPC/2015. Os poderes conferidos ao juiz não o colocam em uma posição de superioridade ou subordinação relativamente aos outros sujeitos do processo, tão pouco em relação aos advogados e membros do Ministério Público." (CARVALHO, 2016, p. 211/212).

Desse modo, o juiz não está mais restrito às hipóteses descritas no capítulo específico que trata de execução e às medidas clássicas de expropriação, podendo ele se utilizar de outros meios. Com base nessa possibilidade descrita no artigo 139, inciso IV, NCPC, que os juízes deferiram pedidos para apreensão da Carteira Nacional da Habilitação (CNH), passaporte, bloqueio de cartões de crédito, dentre outros. A atipicidade permitiu a tomada de tais decisões, sempre se baseando em métodos coercitivos e mandamentais, utilizando-se o juiz do seu poder discricionário.

Ocorre que tal possibilidade deve ser limitada por princípios orientadores da execução civil, quais sejam: a menor onerosidade, a especificidade da execução, o contraditório e a responsabilidade patrimonial.

O artigo 805 do NCPC dispõe sobre o chamado princípio da menor onerosidade, que nada mais é do que uma proteção conferida ao executado para evitar que o devedor sofra medidas discricionárias determinadas pelo juiz. A nova legislação acrescentou também o parágrafo primeiro a tal dispositivo legal, que impõe ao devedor a obrigação de indicar meio menos gravoso para a satisfação do crédito. Veja que a ideia aqui não é fugir da constrição patrimonial, que sempre ocorrerá, mas que ela ocorra de forma menos prejudicial possível ao devedor.

Ainda, outro princípio norteador da execução é o da especificidade, ou seja: "*o Estado deve prestar a tutela jurisdicional específica, ofertando ao jurisdicionado o mesmo resultado que ele teria caso não fosse necessário o processo.*" (ABELHA, 2016, p. 63). Em outras palavras: *"A verdadeira essência da função jurisdicional não é, portanto, o pronunciamento da sentença que compõe o litígio – que não passa de uma atividade-meio, apenas instrumental – senão que corresponde à realização do direito material que o Estado impediu que se fizesse pela via privada da autorrealização."* (SILVA, 2003, p. 86).

O Poder Judiciário deve procurar sempre entregar exatamente aquilo que se foi buscar, ou seja, conceder a entrega específica do bem da vida almejado. Dessa maneira, se a parte requerer o pagamento de quantia baseado em confissão de dívida, por exemplo, o Estado-juiz deverá entregar exatamente o pagamento pleiteado, mesmo que seja convertendo a venda de bens feita judicialmente para dinheiro, satisfazendo aquilo que foi buscado judicialmente pelo jurisdicionado.

O contraditório, que é um princípio constitucional, também não pode ser negligenciado na execução. Obviamente, ele é mitigado neste procedimento, cuja essencialidade se baseia em um título judicial, já constituído sob o crivo do contraditório, ou mesmo um título executivo extrajudicial, cuja principal característica deveria ser a certeza do valor ali buscado.

No entanto, mesmo com a referida mitigação, ele é essencial na execução por ser o pilar do Estado Democrático de Direito e tem a sua relevância reconhecida no NCPC em seus artigos 7º[18] e 9º[19]. O contraditório não se restringe apenas ao direito de falar no processo e nele apresentar defesa, mas sim o de participar ativamente, influenciando no convencimento do juiz, produzindo provas e sendo informado dos atos processuais (SICA, 2011, p.42). Isso também deve ocorrer no procedimento de execução, garantindo-se a ampla participação da parte.

---

18. NCPC, Art. 7º *É assegurada às partes paridade de tratamento em relação ao exercício de direitos e faculdades processuais, aos meios de defesa, aos ônus, aos deveres e à aplicação de sanções processuais, competindo ao juiz zelar pelo efetivo contraditório.*

19. NCPC, Art. 9º *Não se proferirá decisão contra uma das partes sem que ela seja previamente ouvida.*

Por fim, é necessário também falar da responsabilidade patrimonial no procedimento de execução. Durante muito tempo da história, o devedor respondia com sua vida pelo pagamento da dívida, isso porque a obrigação era personalíssima e resultante do vínculo obrigacional existente entre devedor e credor (AZEVEDO; CRUZ E TUCCI, 2001, *passim*; COSTA, 1970, *passim*). Com o desenvolvimento do Direito, essa odiosa forma de cumprimento das obrigações foi afastada. Entretanto, ainda restam alguns resquícios desse vínculo histórico, tais como a prisão do depositário infiel (sabiamente afastada pelo STF) e a prisão do devedor de alimentos.

Assim, estabeleceu-se que somente responde pelo cumprimento da obrigação o patrimônio do executado, como está previsto no artigo 789 do NCPC[20]. Trata-se do caráter patrimonial da obrigação (*Haftung*), segundo o qual apenas o patrimônio do devedor responsável deverá ser atingido por eventual constrição executiva (THEODORO JR., 2001, p. 266).

Da breve análise dos princípios orientativos do processo de execução, é possível chegar à seguinte conclusão: a tutela jurisdicional somente pode ser entregue com a ampla satisfação do bem buscado e no processo de execução (cumprimento de sentença) isso apenas ocorre com o pagamento da dívida ou cumprimento específico da execução. Em razão da dificuldade na satisfação do crédito é que o NCPC ampliou os poderes do juiz de modo a que este tome as medidas adequadas para que o processo atinja um dos seus escopos: a pacificação social com a entrega do bem da vida. No entanto, essa busca pela satisfação encontra limites nos demais artigos da legislação processual, nos tratados de direitos humanos incorporados ao ordenamento nacional e nos princípios constitucionais.

Considerando os princípios acima elencados, passa-se a analisar as medidas tomadas pelos juízes, fundamentadas no artigo 139, IV, NCPC, como forma de satisfação do crédito e se elas respeitam os limites estabelecidos constitucionalmente.

---

20. NCPC, Art. 789. *O devedor responde com todos os seus bens presentes e futuros para o cumprimento de suas obrigações, salvo as restrições estabelecidas em lei.*

3. ANÁLISE CRÍTICA DAS RECENTES DECISÕES DO PODER JUDICIÁRIO BRASILEIRO – ART. 139, IV, NCPC, SOB A ÓTICA DOS PRINCÍPIOS DO PROCESSO DE EXECUÇÃO

Com a promulgação do NCPC e um ano de sua vigência, começaram a surgir decisões um tanto quanto inusitadas dando aplicabilidade ao inciso IV do artigo 139 do NCPC, dentre essas decisões tomou o noticiário as que autorizavam a apreensão da carteira de habilitação e o passaporte de devedores como forma de induzi-los ao pagamento das obrigações.

Tais decisões, proferidas principalmente em 1ª instância e cassadas liminarmente nos Tribunais, causaram estranheza e grande debate no meio jurídico. Alguns defensores das medidas como forma de dar efetividade às decisões judiciais, principalmente como *ultima ratio* quando já oportunizado o contraditório e verificada a ocorrência de fraude (TUCCI, 2016, *online*), enquanto que outros criticaram duramente a posição adotada pelos juízes, apontando o perigo da discricionariedade e do processo do autor (STRECK; NUNES, 2016, *online*).

Uma das primeiras decisões de que se teve notícia foi proferida pela Juíza de Direito da 2ª Vara Cível do Foro Regional de Pinheiros no Município de São Paulo, Estado de São Paulo nos autos da execução nº 4001386-13.2013.8.26.0011. A juíza fundamentou tal medida extremada no artigo 139 afirmando que " *nova lei processual civil adotou o padrão da atipicidade das medidas executivas também para as obrigações de pagar, ampliando as possibilidades ao juiz que conduz o processo, para alcançar o resultado objetivado na ação executiva*[21]". Ainda, reconheceu a juíza que tal medida não poderia ser aplicada indiscriminadamente e somente em casos excepcionais em que já teria ocorrido o esgotamento dos meios tradicionais de busca pela satisfação do crédito e que haja indícios de fraude e dificuldade excessiva criada pelo devedor.

Alguns dias após, a decisão foi liminarmente revogada pelo Tribunal de Justiça de São Paulo fundamentando-se no artigo 8º do NCPC ao afirmar que:

> Ademais, o art. 8º, do CPC/2015, também preceitua que ao aplicar o ordenamento jurídico, o juiz não atentará apenas para a eficiência do processo, mas também aos fins sociais e às exigências do bem comum,

---

21. Processo disponível em: <www.tjsp.jus.br>, acesso em 15.01.2017.

devendo ainda resguardar e promover a dignidade da pessoa humana, observando a proporcionalidade, a razoabilidade e a legalidade[22]."

Algumas outras decisões foram proferidas e elas utilizam o argumento justamente da ampliação dos poderes do juiz, a necessidade de dar-se efetividade às decisões judiciais, a atipicidade dos meios executivos e do esgotamento dos meios tradicionais para a satisfação do crédito[23].

Está em xeque aqui a necessidade da entrega da tutela jurisdicional buscada perante o Poder Judiciário *versus* os limites para a perseguição do direito de crédito. E é necessário analisar esses comandos judiciais justamente sob a ótica dos princípios que orientam o próprio processo executivo e ir além, sob a ótica do direito de ir e vir garantido constitucionalmente.

O primeiro limite obviamente é a vida, não se pode chegar ao absurdo de voltar a tempos odiosos em que o devedor respondia com a própria integridade física pelo cumprimento da obrigação (ABELHA, 2016, p. 85), no entanto, essa única limitação não é suficiente considerando a Constituição Federal e as liberdades individuais ali garantidas, tais como a liberdade de locomoção.

Ademais, analisando as decisões judiciais que autorizaram o bloqueio do passaporte e da CNH sob a ótica dos princípios do próprio procedimento da execução, vê-se que elas restam prejudicadas e, muitas vezes, não servem à finalidade proposta que é a satisfação do crédito.

Ao contrário do afirmado pela decisão proferida no processo nº 4001386-13.2013.8.26.0011, o padrão das medidas executivas não é atipicidade, mas pelo contrário, é necessário priorizar o cumprimento específico da obrigação, com a entrega exata daquilo que foi buscado em juízo (CAMARGO, 2014, p. 182) (princípio da especificidade). Não à toa existe a ordem de preferência para a realização das medidas constritivas patrimoniais. Ou seja, a afirmação de que a regra é a atipicidade soa equivocada, isso porque o juiz apenas pode se valer das medidas atípicas em casos extremos e quando esgotados todos os meios específicos de sa-

---

22. Processo disponível em: <www.tjsp.jus.br>, acesso em 15.01.2017 Habeas Corpus nº 2183713-85.2016.8.26.0000, Relator Desembargador: Marcos Ramos, 30ª Câmara de Direito Privado.

23. Nesse sentido: Processo nº 000284173.2006.8.26.0400 da Comarca de Olímpia/SP, <http://m.migalhas.com.br/quentes/251620/juiz-suspende-passaporte-e-cnh-de-mulher--inadimplente>, Processo nº 2014.05.009683-0 da Comarca de Planaltino/DF.

tisfação do crédito. Respeitar a atipicidade é entregar exatamente aquilo que foi buscado em juízo, desta forma, apreender a CNH ou o passaporte parece medida que não efetiva tal princípio, mas somente age como uma forma de coação e até mesmo utilização do Poder Judiciário como se vingança pessoal fosse.

Ainda, sob a ótica da menor onerosidade, as decisões judiciais não se afiguram as mais corretas, já que mandar apreender CNH ou passaporte definitivamente não é a medida menos onerosa ao devedor e sim prática extremamente gravosa que o impedirá de exercer adequadamente a liberdade individual de ir e vir.

Tal ato também não se coaduna com o princípio da responsabilidade patrimonial que aduz que somente o patrimônio do devedor responde pela dívida. Ora, como a apreensão da CNH e do passaporte podem ser considerados patrimônio do devedor? Tais medidas são apenas restritivas do direito de locomoção, afastando-se do modelo constitucional de processo em que dívidas civis somente podem ser satisfeitas no limite patrimonial.

Por fim, a medida também não respeita o princípio do contraditório e da ampla defesa do executado, já que se trata de decisão que não oportuniza a participação democrática do réu no processo.

A esse respeito, interessante análise foi feita pelo Tribunal de Justiça do Rio Grande do Sul ao indeferir pedido do exequente de apreensão da CNH e do passaporte. Ponderou aquele Tribunal que o artigo 139 não autoriza expressamente a tomada dessas medidas, mas trata-se de autorização genérica para prática de medidas executivas que devem ser ponderadas pelo juiz; e o que se está em jogo aqui é um embate entre restrição do direito de viajar (fundamental para o julgador) se comparado ao direito de crédito perseguido:

> Todavia, num juízo sumário de cognição, entendo que o pedido – tal qual como observado pelo juízo a quo – mostra-se genérico e não oferece garantia na obtenção do crédito ora perseguido pela agravante. Ademais, não há previsão legal expressa para a adoção das medidas solicitadas pela requerente. Previsões genéricas do novo CPC, tais como a do art. 139, IV, só podem ser adotadas em casos excepcionais, a depender da natureza do crédito cobrado e da eficácia da medida para efetivamente induzir o pagamento. No caso em tela, o juízo *a quo* fundamentou sua negativa ao referir, corretamente, que as medidas pleiteadas, pela sua natureza, não garantem que haverá a indução ao pagamento. Além disso, elas acarretariam um gravame muito maior aos demandados, em termos de restrição de direitos, inclusive fundamentais (como o direito

de viajar ao exterior), comparativamente ao direito de crédito contraposto. A adoção de tais medidas, por certo, acarretaria risco aos sócios da agravada, razão pela qual deve ser mantida a sentença que indeferiu o pedido.

Ante o exposto, NEGO PROVIMENTO ao agravo de instrumento[24].

Analisando as decisões objeto deste estudo, vê-se que elas não dialogam com esses princípios processuais mínimos e se afastam demasiadamente do que dispõe a Constituição Federal. A ampliação dos poderes do juiz não deve servir como um salvo conduto para que eles possam decidir da maneira como melhor lhes aprouver em busca da satisfação, é necessário um limite que é justamente a Constituição Federal e os princípios ali esculpidos. Alexandre Freitas Câmara ao tratar brevemente sobre os poderes do juiz no NCPC definiu de forma precisa como deve se comportar o julgador, buscando a satisfação, mas tendo em mente sempre a observância dos princípios que orientam um Estado Democrático de Direito:

> O Estado Democrático brasileiro exige um processo civil democrático. Um processo civil que seja construído para os jurisdicionados, que somos todos nós. Através de um processo cooperativo (artigo 6º), que se desenvolve com observância de um contraditório prévio (artigo 9º) e efetivo (artigo 10), com todos os sujeitos nele atuando de boa-fé (artigo 5º), sendo tratados de forma isonômica (artigo 7º), no qual se observe a primazia do mérito (artigo 4º) e se produzam decisões verdadeiramente fundamentadas (artigo 11), ter-se-á respeitado o que consta do artigo 1º do novo CPC, e que nada mais é do que a reafirmação do que está à base do modelo constitucional de processo civil brasileiro: o devido processo constitucional (CÂMARA, 2016, *online*).

Dessa maneira, fica claro que a discricionariedade judicial na determinação de medidas indutivas e coercitivas na execução necessita de limites. Esses limites podem ser encontrados, conforme demonstrado, na ordem legal e constitucional vigente.

O que se pretende aqui é aferir a possibilidade de transporte dos limites impostos pelo STF no julgamento do RE 466.343-2008 ao vedar a prisão civil do depositário infiel, privilegiando a liberdade de locomoção deste em detrimento do direito do depositante, para as situações que envolvem o processo de execução no Brasil.

---

24. Agravo de instrumento nº 0366033-30.2016.8.21.7000, disponível em <www.tjrs.jus.br>, acesso em 15.01.2017.

Para tanto, analisar-se-á, em seguida, o contrato de depósito, modalidade que deu origem à discussão, em comparação com a efetivação de direitos buscada pela execução/cumprimento de sentença.

4. COMPATIBILIDADE DO CONTROLE DE CONVENCIONALIDADE COMO LIMITE POSSÍVEL PARA APLICAÇÃO DO ARTIGO 139, IV, NCPC

A transposição dos limites construídos no controle de convencionalidade mencionado é possível em razão da semelhança dos casos que originaram as duas discussões: a satisfação do interesse patrimonial do depositante, no caso da supralegalidade aplicada, e a satisfação do crédito do exequente, no caso do Novo CPC.

Em seu voto no Recurso Extraordinário n. 466.343/SP, o Ministro Cézar Peluso define o contrato de depósito, que deu origem à discussão acerca da não aplicação da prisão civil do depositário infiel com base no Pacto de São José da Costa Rica, como explanado anteriormente. Para o Ministro, não custa lembrar que *"a causa final do contrato de depósito está, como dispunha o art. 1.265 do revogado CC, na guarda e restituição da coisa depositada [...]. Guarda-se a coisa para ser restituída e, nisso, exaure-se a substância jurídico-conceitual do depósito, que é negócio concebido no interesse do tradens, e não, do accipiens."*[25].

Assim, o contrato de depósito consiste em modalidade negocial cujo objetivo é exaurido com a devolução da coisa colocada sob os cuidados do depositário. Caso o depositário não cumprisse o quanto pactuado, devolvendo a coisa, até o ano de 2008, a sua prisão civil poderia ser decretada como forma de indução ao cumprimento da obrigação em favor do credor, o depositante.

Como explicado no item 1 deste trabalho, a prisão civil foi afastada do presente caso com base no controle de convencionalidade realizado pelo STF, aplicando o Pacto de São José da Costa Rica internamente com *status* de supralegalidade.

Referido precedente é relevante para esta discussão, pois frente ao direito do credor de receber o bem de volta diante da existência do contrato de depósito, acabou por prevalecer a existência de importante limite ao exercício desse direito, qual seja: a liberdade de locomoção do

---

25. STF RE 466.343/SP, p. 5.

devedor. O depositário infiel, ainda que em débito, não pode ter a sua prisão civil decretada. Propõe-se, aqui, o transplante de referido limite para a discricionariedade judicial na busca da efetivação do crédito na execução/cumprimento de sentença.

Com tal fim, analisa-se, neste momento, a fundamentação do STF que levou à conclusão de interesse para a presente discussão. Ela foi tomada com base na proporcionalidade, que pugna pela correlação proporcional entre meios e fins. Esse pensamento serve para proteger o cidadão, tanto do arbítrio, quanto da omissão. É a dupla face da proporcionalidade[26].

Na sua face de proibição do excesso, a proporcionalidade tem 3 sub-princípios: adequação, necessidade e proporcionalidade em sentido estrito (ALEXY, 2008, p. 116).

Pela adequação, entende-se que a medida deve ser apta ao fim almejado; pela necessidade, deve ser a menos gravosa possível; e, por fim, pela proporcionalidade em sentido estrito, devem os benefícios serem maiores do que os malefícios gerados pela medida elegida[27].

O princípio da proporcionalidade, no texto constitucional, é positivo, mas não positivado. Pode-se obter a confirmação da sua existência da combinação dos artigos 1º e 5º da CF, que cuidam do Estado de Direito, da legalidade, da igualdade e do devido processo legal. No entanto, na legislação infraconstitucional, a proporcionalidade vem descrita de forma expressa[28]. Além disso, em diversos julgados do STF, aplicou-se referido princípio, como na ADI 855, que cuidou da pesagem do botijão

---

26. Sobre o tema, conferir STF, HC 100.410- RS: "*O Tribunal deve sempre levar em conta que a CF confere ao legislador amplas margens de ação para eleger os bens jurídicos penais e avaliar as medidas adequadas e necessárias para a efetiva proteção desses bens. Porém, uma vez que se ateste que as medidas legislativas adotadas transbordam os limites impostos pela CF – o que poderá ser verificado com base no princípio da proporcionalidade como proibição de excesso e como proibição de proteção deficiente -, deverá o tribunal exercer um rígido controle sobre a atividade legislativa, declarando a inconstitucionalidade de leis penais transgressoras de princípios constitucionais*". (grifo nosso) – No mesmo sentido: Recl. 4374, RE 580.963 e RE 567.985.
27. Em exemplo simplório, mas didático, sobre o tema: seria um tiro de canhão proporcional para matar um passarinho? O fim seria alcançado, pois adequado, mas não é a forma menos gravosa e outros bens seriam atingidos.
28. Lei n. 9.472 de 97: art. 179, §1º: "*Na aplicação de multa [por infração à legislação dos serviços de telecomunicações] serão considerados a condição econômica do infrator e o princípio da proporcionalidade entre a gravidade da falta e a intensidade da sanção.*"
Lei 9.784/99: art. 2º: "*A Administração Pública obedecerá, dentre outros, aos princípios da legalidade, finalidade, motivação, razoabilidade, proporcionalidade, moralidade, ampla defesa, contraditório, segurança jurídica, interesse público e eficiência.*".

de gás a vista do consumidor como medida desproporcional por inviabilizar a venda e na ADI 1158, quando o STF vedou a concessão do direito de férias aos servidores inativos do Estado do Amazonas por violar proporcionalidade, dentre outros.

No caso ora em estudo, aplicou-se a proporcionalidade nos seguintes termos:

> Diante desse quadro, não há dúvida de que a prisão civil é uma medida executória extrema de coerção do devedor-fiduciante inadimplente, que não passa no exame da proporcionalidade como proibição de excesso (Übermassverbot), em sua tríplice configuração: adequação (*Geeingnetheit*) , necessidade (*Erforderlichkeit*) e proporcionalidade em sentido estrito. Como é sabido, a doutrina identifica como típica manifestação do excesso de poder legislativo a violação ao princípio da proporcionalidade ou da proibição de excesso (*Verhältnismässigkeitsprinzip; Übermassverbot*), que se revela mediante contraditoriedade, incongruência, e irrazoabilidade ou inadequação entre meios e fins. Uma lei será inconstitucional, por infringente ao princípio da proporcionalidade ou da proibição de excesso, diz o *Bundesverfassungsgericht, „se se puder constatar, inequivocamente, a existência de outras medidas menos lesivas"* [...] em se tratando de imposição de restrições a determinados, deve-se indagar não apenas sobre a admissibilidade constitucional da restrição eventualmente fixada (reserva legal), mas também sobre a compatibilidade das restrições estabelecidas com o princípio da proporcionalidade.[29]

Dessa maneira, a prisão civil do depositário infiel não passou pelo filtro triplo da proporcionalidade. As restrições a um direito podem ocorrer desde que compatíveis com os postulados da adequação, da necessidade e da proporcionalidade em sentido estrito.

Nos casos julgados no último ano analisados anteriormente, pode-se vislumbrar que a determinação de limitação do direito fundamental de locomoção do executado tem sido determinada independentemente dessa análise, o que viola o princípio da proporcionalidade.

Chegando ao ponto de interesse do presente trabalho, conclui o Ministro Gilmar Mendes no referido voto: "***A restrição à liberdade individual do fiduciante, neste caso, não é justificada pela realização do direito de crédito do fiduciário.*** *A análise da violação à proporcionalidade em sentido estrito, dessa forma, é realizada pela ponderação entre a liberdade individual do fiduciante e o direito de crédito do fiduciário.* "[30].

---

29. STF RE 466.343/SP, p. 62-63.
30. STF RE 466.343/SP, p. 64, grifo nosso.

Prosseguindo na análise do conflito entre liberdade do devedor e patrimônio do credor, o referido voto adota a seguinte fundamentação:

> A colisão entre liberdade do devedor e patrimônio do credor resolve-se, no caso concreto, em prol do direito fundamental daquele. A prisão civil do fiduciante só se justificaria diante da realização de outros valores ou bens constitucionais que necessitem de maior proteção tendo em vista as circunstâncias da situação concreta, como, por exemplo, o valor da assistência familiar no caso da prisão do alimentante inadimplente. Não, porém, nas hipóteses em que vise à mera recomposição patrimonial do credor-fiduciante. Tem-se, aqui, o primado da liberdade individual.[31]

Por fim: "*A vida, a possibilidade de ir e vir, a manifestação de opinião e a possibilidade de reunião preexistem a qualquer disciplina jurídica.*"[32].

Ainda há outro ponto que esgota quaisquer dúvidas acerca da aplicação do controle de convencionalidade como limite à discricionariedade judicial do art. 139, IV, NCPC: é o artigo 13 do NCPC, que estabelece: "*A jurisdição civil será regida pelas normas processuais brasileiras, **ressalvadas as disposições específicas previstas em tratados, convenções ou acordos internacionais de que o Brasil seja parte***." (grifo nosso).

A novidade do dispositivo transcrito resta na ressalva feita quanto aos tratados internacionais, alertando ao leitor que estes têm prevalência sobre a legislação interna em matéria processual civil (CRAMER, 2016, *online*).

CONSIDERAÇÕES FINAIS

Com a emenda n. 45 passou-se a adotar no Brasil o chamado controle de convencionalidade, que nada mais é que a compatibilização de normas internas com tratados de direitos humanos, que passaram a ter *status* de supralegalidade. Esse é o caso do Pacto de São José da Costa Rica, assinado em 1969 e incorporado internamente em 1992.

No julgamento do Recurso Extraordinário n. 466.343, o STF passou a adotar essa interpretação e entendeu que não mais caberia a prisão civil do depositário infiel, diante do efeito paralisante do Pacto de São Jose da Costa Rica.

---

31. STF RE 466.343/SP, p. 69.
32. STF RE 466.343/SP, p. 69.

O NCPC autorizou, no artigo 139, inciso IV, a prática de medidas atípicas na execução pecuniária como forma de garantir a efetividade das decisões judiciais e satisfação do crédito.

Os juízes têm aplicado esse dispositivo legal, determinando a apreensão da Carteira Nacional da Habilitação e do passaporte. Contudo, essas decisões judiciais não respeitam os próprios princípios da execução de título, quais sejam: menor onerosidade, especificidade e responsabilidade patrimonial e afastam-se dos limites impostos pela Constituição Federal.

A busca pela satisfação do crédito encontra limites na Constituição Federal e não pode ser discricionária.

Defende-se aqui a transposição dos limites construídos no controle de convencionalidade que proibiu a prisão civil por dívida para limitar os poderes do juiz, haja vista estarem em jogo os mesmos direitos: satisfação do crédito *versus* liberdade de locomoção.

Assim, as decisões que determinam a apreensão da CNH e passaporte, limitando a liberdade de locomoção do executado, com fundamento no artigo 139, inciso IV do NCPC, não se harmonizam com as regras do Pacto de São José da Costa Rica e com a posição do STF que proíbe a prisão do devedor civil com base no controle de convencionalidade. Desta forma, tais decisões além de afrontarem os princípios próprios da execução, também afrontam a Constituição Federal.

REFERÊNCIAS

ABELHA, Marcelo. **Manual da execução civil**. 6. ed. Forense: São Paulo, 2016.

ALEXY, Robert. **Teoria dos Direitos Fundamentais**. Trad. de SILVA, Virgílio Afonso da. São Paulo: Malheiros, 2008.

AZEVEDO, Luiz Carlos de; CRUZ E TUCCI, José Rogério. **Lições de processo civil canônico:** história e direito vigente. São Paulo: Revista dos Tribunais, 2001.

ASSIS, Araken de. Manual da Execução. 2. ed. *e-book* baseada na 18. ed. impressa. São Paulo: Revista dos Tribunais, 2016.

CONSELHO NACIONAL DE JUSTIÇA. Justiça em números. Disponível em: <http://www.cnj.jus.br/programas-e-acoes/pj-justica-em-numeros>. Acesso em 19 de maio de 2017.

CÂMARA, Alexandre Freitas. **Novo CPC ampliou sobremaneira os poderes do juiz.** Disponível em: <http://www.conjur.com.br/2016-jun-23/alexandre-freitas-camara-cpc-ampliou-poderes-juiz>. Acesso em: 15.01.2017

CAMARGO, Daniel Marques de. O novo Código de Processo Civil e os princípios da execução civil. In: **Execução civil e temas afins do CPC/1973 ao novo CPC.** Estudos em homenagem ao professor Araken de Assis. Coord. Arruda Alvim et. all. Revista dos Tribunais: São Paulo, 2014.

CARVALHO, Fabiano. **Código de Processo Civil anotado**. Coord. CRUZ E TUCCI, José Rogério; et. all. São Paulo: Editora RZ, 2016.

CRAMER, Ronaldo. **O Novo CPC e os tratados internacionais sobre direito processual civil**. Disponível em: ≤http://genjuridico.com.br/2016/02/01/o-novo-cpc-e-os-tratados-internacionais-sobre-direito-processual-civil/>. Acesso em: 19 de janeiro de 2017.

CRUZ E TUCCI, José Rogério. **Ampliação dos poderes do juiz no novo CPC e princípio da legalidade**. Disponível em: <http://www.conjur.com.br/2016-set-27/paradoxo-corte-ampliacao-poderes-juiz-cpc-principio-legalidade>. Acesso em: 07.01.2017.

COSTA, Moacir Lobo da. **Breve notícia histórica do direito processual civil brasileiro e de sua literatura**. São Paulo: Revista dos Tribunais, 1970.

DROMI, José Roberto. *La reforma constitucional: el constitucionalismo del porvenir*. In: ARÉVALO, Manuel Francisco Clavero (Coord.). *El derecho publico de finales del siglo*: una perspectiva ibero-americana. Madri: Fundación Branco Bilbao Vizcaya, 1997, p. 107-118.

KELSEN, Hans. **Teoria Geral do Direito e do Estado**. São Paulo: Martins Fontes, 1998.

MAUÉS, Antônio Moreira. Supralegalidade dos tratados internacionais de direitos humanos e interpretação constitucional. In: **SUR – Revista Internacional de Direitos Humanos**. v. 18, p.215-235. a. 2013.

MAZZUOLI, Valerio de Oliveira. Teoria Geral do Controle de Convencionalidade no Direito Brasileiro. In: **Revista de Informação Legislativa**. Brasília, a. 46; n. 181; p. 113-139; jan/mar. 2009.

MONTEIRO, Marco Antonio Corrêa. **Incorporação dos tratados internacionais de direitos humanos ao direito interno brasileiro e sua posição hierárquica no plano das fontes normativas**. 2008. Dissertação (Mestrado em Direito do Estado) - Faculdade de Direito, Universidade de São Paulo, São Paulo, 2008. doi:10.11606/D.2.2008.tde-23112010-102354. Acesso em: 2017-05-22.

NUNES, Dierle; STRECK, Lênio Luiz. **Como interpretar o artigo 139, IV, do CPC? Carta branca para o arbítrio?** Disponível em: <http://www.conjur.com.br/2016--ago-25/senso-incomum-interpretar-art-139-iv-cpc-carta-branca-arbitrio>. Acesso em: 07.01.2017

SICA, Heitor Vitor Mendonça. **O direito de defesa no processo civil brasileiro**. Um estudo sobre a posição do réu. São Paulo: Atlas, 2011.

SILVA, Ovídio Baptista da. **Curso de processo civil**. v. 1. 6. ed. São Paulo: Revista dos Tribunais, 2003.

SILVA, Virgílio Afonso da. O conteúdo essencial dos direitos fundamentais e a eficácia das normas constitucionais. **Revista de Direito do Estado**. v. 4. Ano 2006, p. 23-51.

SUPREMO TRIBUNAL FEDERAL. **Recurso Extraordinário n. 466.343-2008/SP**. Disponível em: <www.stf.jus.br>. Acesso em: 06 de janeiro de 2017.

THEODORO JR., Humberto. **Curso de Direito Processual Civil, vol. II**. 31. ed. Rio de Janeiro: Forense, 2001.

PARTE 5
CONTROLE DE CONVENCIONALIDADE NO DIREITO COMPARADO

O EXERCÍCIO DO CONTROLE DE CONVENCIONALIDADE PELOS TRIBUNAIS LATINO-AMERICANOS

Thiago Oliveira Moreira[1]

INTRODUÇÃO

A Corte Interamericana de Direitos Humanos (Corte IDH), como já é por demais sabido, determinou que o controle de convencionalidade deve ser exercido, inicialmente, no âmbito da jurisdição doméstica, uma vez que os Estados são os sujeitos primários no que pertine à proteção dos direitos humanos. Ao que parece, não há grandes objeções a esse entendimento do tribunal interamericano.

Com efeito, a Corte IDH pronunciou-se de forma ziguezagueante no que tange a quais órgãos estatais devem exercer o controle de convencionalidade. Sendo que, com efeito, seu último entendimento foi no sentido que todos os órgãos do Estado devem praticá-lo.

Muito embora se esteja ciente dessa obrigação, o presente escrito irá se concentrar em como os alguns tribunais latino-americanos exercem o controle de convencionalidade.

Para tanto, certas opções metodológicas foram feitas. Como o objetivo do presente escrito não é investigar todos os países latino-americanos, determinados critérios foram estabelecidos. Primeiro, opta-se por investigar somente países de língua espanhola, que tenham ratificado a CADH e que se submetam à jurisdição da Corte IDH. Segundo, foram escolhidos Estados da América Central, do Caribe, da Região Andina e do Cone Sul, além do México. Terceiro, todos os países investigados fazem parte da Organização dos Estados Americanos (OEA). Por fim, Estados

---

1. Doutorando em Direito pela Universidade do País Basco (UPV/EHU) e pela Universidade de Coimbra (FDUC/PT). Mestre em Direito pela UFRN e UPV/EHU. Professor Adjunto da UFRN. Membro do Conselho Nacional da Academia Brasileira de Direito Internacional.

em que o controle de convencionalidade encontra resistência também serão objeto de estudo. Diante de tais critérios, será investigado o exercício do controle de convencionalidade em países como Argentina, México, Nicarágua, Panamá, Peru, República Dominicana, Uruguai e Venezuela[2].

Espera-se que ao final, após dialogar com a doutrina latino-americana, notadamente com juristas provenientes dos países investigados, e ainda que a amostragem não seja tão larga, possam-se ranquear os países latinos investigados com relação ao exercício do controle de convencionalidade, bem como estabelecer como dito controle vem sendo efetivado na órbita doméstica.

1. O CONTROLE DE CONVENCIONALIDADE NO MÉXICO, AMÉRICA CENTRAL E CARIBE

Com a intenção de investigar o exercício do controle de convencionalidade doméstico[3] em todas as regiões da América Latina, no presente tópico serão abordadas as experiências de países como México, que apesar de fazer parte da América do Norte, integra a América Latina; Nicarágua e Panamá, como exemplos advindos da América Central; e República Dominicana, como exemplo caribenho.

1.1. México

Talvez o México seja um dos países em que o controle de convencionalidade encontra-se mais desenvolvido. Antes mesmo da Suprema Corte de Justiça manifestar-se sobre o tema, o *Primer Tribunal Colegiado de Circuito en materia Administrativa y de Trabajo*, no caso Raúl Negrete, reconheceu o bloco de constitucionalidade e pronunciou-se a favor do exercício do controle de convencionalidade de atos de autoridades e normas internas (ROSARIO RODRÍGUEZ, 2016, p. 362).

Apesar da relevância do acima citado, deve-se reconhecer que o verdadeiro impulso para o enfrentamento do tema do controle de convencionalidade no México adveio da condenação imposta no Caso Radilla Pacheco, pela Corte IDH, em 2009. Essa decisão gerou uma obrigação

---

2. Evidente que se reconhece o quão relevante seria estudar as experiências de países como Brasil, Bolívia, Colômbia, Costa Rica, Chile, El Salvador, Equador, Guatemala, Honduras e Paraguai. Porém, em razão dos critérios estabelecidos, ficarão para outro escrito.
3. Para considerações teóricas sobre o tema, *vide*: (GUERRA, 2017, p. 1 – 21), (MARTINS; MOREIRA, 2011, p. 463 - 483) e (MAZZUOLI, 2016).

específica para o Estado mexicano de implementar o controle de convencionalidade, de ofício, tomando como parâmetro os tratados internacionais de direitos humanos e as próprias decisões do Tribunal Interamericano (RAMOS VÁZQUEZ, 2016, p. 313).

Outro ponto extremamente importante foi a reforma constitucional de 2011[4]. Com ela, o tema do controle de convencionalidade no âmbito da jurisdição mexicana foi alavancado. Basicamente, o arts. 1º, 103, I, e 133 da Constituição mexicana fundamentam, juntamente com o disposto na CADH e nas sentenças da Corte IDH, a obrigação de realização do controle de convencionalidade.

A leitura dos artigos mencionados leva a compreensão, em suma, de que os tratados internacionais de direitos humanos, ao ingressarem na ordem jurídica mexicana, ocupam o seu lugar no bloco de constitucionalidade; que há uma supremacia dos Direitos Humanos, independentemente de serem oriundos de fonte constitucional ou internacional; que em caso de conflito entre tais normas, deve-se aplicar o princípio *pro persona*; que os tratados internacionais de direitos humanos devem ser diretamente aplicados pelo Poder Judiciário; e, por fim, que há um dever de interpretar o direito interno em conformidade o direito internacional dos direitos humanos. Desse modo, tais normas garantem a possibilidade tanto do controle concentrado quanto do difuso de convencionalidade[5].

Diante da condenação no Caso Radilla Pacheco e da reforma constitucional de 2011, a discussão sobre o controle de convencionalidade foi levada ao âmbito da Suprema Corte de Justiça da Nação. Na decisão proferida no *Expediente Varios* 912/2010[6], a Suprema Corte analisou o

---

4. "Efectivamente los días 6 y 10 de junio de 2011 se publicaron en el Diario Oficial de la Federacion, dos reformas paradigmáticas a la Constitución Política de los Estados Unidos Mexicanos, que sin lugar a dudas impactan directamente en todos los órganos del Estado". (HERRERÍAS CUEVAS, 2016, p. 212).

5. "...la scjm ha determinado que el control de convencionalidad *ex officio* en materia de derechos humanos debe ser acorde con el modelo general de control establecido constitucionalmente, pues no puede entenderse un control como el que se ordena en aquella sentencia si no se parte de un control de constitucionalidad general que se desprende del análisis sistemático de los artículos 1 y 133 de la Constitución Federal y que es parte de la esencia de la función judicial". (BAZÁN, 2012, p. 41).

6. "Las discusiones del Expediente Varios 912 se llevaron a cabo en el periodo comprendido del 4 y al 14 de julio de 2011 y se desarrollaran en un contexto sui generis que influyó sobremanera en la determinación final. Así, pues, fueron tres las circunstancias de peso: por una parte, la reforma constitucional de derechos humanos de 10 de junio de 2011, en lo que refiere al

cumprimento da sentença proferida pela Corte IDH no Caso Radilla (BAZÁN, 2012, p. 40), e, como principal consequência, reconheceu que há uma nítida obrigação dos juízes nacionais de avaliarem a compatibilidade de uma lei não só com a Constituição, mas também com os tratados internacionais de direitos humanos. Além disso, a mais alta Corte mexicana também considerou, por maioria, que a jurisprudência da Corte IDH era de caráter vinculante, quando o México fosse parte, e, quando não o fosse, serviria como critério orientador (BECERRA, 2016, p. 36) (CABRALES LUCIO, 2016, p. 227).

Sem embargo, o critério anterior foi reorientado na *Contradicción de Tesis* 293/11, na medida em que a Suprema Corte de Justiça da Nação, em 2013, considerou não só que os tratados internacionais de direitos humanos e a Constituição possuem um mesmo nível hierárquico, mas também reconheceu que a jurisprudência emitida pela Corte IDH, ainda que o México não tenha sido parte no caso, conforme mencionado, é vinculante. Evidente que respeitada à aplicação do princípio *pro persona* (ROSARIO RODRÍGUEZ, 2016, p. 364 – 366).

Diante das obrigações decorrentes da condenação imposta no Caso Radilla Pacheco, da reformada ordem constitucional mexicana e dos posicionamentos da Suprema Corte de Justiça da Nação, pode-se afirmar que todos os juízes mexicanos devem exercer o controle de convencionalidade[7]. Entretanto, se dito controle é realizado por órgãos jurisdicionais com competência para o controle concentrado de constitucionalidade, a norma incompatível com os tratados internacionais de direitos humanos, respeitado o princípio *pro persona*, pode ser invalidada com efeitos *erga omnes*. No caso do juiz ou tribunal somente possuir competência para controle difuso de constitucionalidade, caberá afastar a incidência, inaplicando a norma ou a interpretação inconvencional, com efeitos *inter partes*.

---

artículo 1º; por otra, la emisión de la resolución sobre supervisión de cumplimiento de la sentencia dictada en el Caso Radilla Pacheco por la Corte IDH; y, finalmente, la solución de otras sentencias por parte de la Corte Interamericana de Derechos Humanos en contra de México, en las que se reiterá la obligación del Poder Judicial respecto del control de convencionalidad y los límites de la Jurisdicción militar". (RAMOS VÁZQUEZ, p. 316).

7. Nesse sentido: (*GIL RENDÓN*, 2012, p. 37 – 48).

1.2. Nicarágua

A Constituição da Nicarágua (CN)[8] é bastante concisa no que concerne a relação entre o direito estatal e o internacional. Inicialmente, cabe destacar que, segundo o teor de seu art. 182, a Constituição Política é a carta fundamental da República e todas as demais leis, incluindo os tratados, caso lhe façam qualquer oposição ou alterem suas disposições, não terão qualquer valor[9]. Trata-se do princípio da primazia constitucional.

Apesar do dispositivo acima parecer um obstáculo ao exercício do controle de convencionalidade, outro confere tal possibilidade por parte dos juízes e tribunais nicaraguenses. Utilizando a mesma técnica da reformada Constituição argentina, o art. 46 da CN afirma que toda pessoa goza de proteção estatal e do reconhecimento dos direitos inerentes à pessoa humana, de irrestrito respeito, promoção e proteção dos direitos humanos e da plena vigência dos direitos consignados na Declaração Universal dos Direitos Humanos, na Declaração Americana de Direitos e Deveres do Homem, no Pacto Internacional dos Direitos Civis e Políticos, no Pacto Internacional dos Direitos Econômicos, Sociais e Culturais e na CADH. Vê-se que houve uma constitucionalização de ditos instrumentos internacionais, o que, segundo aponta a doutrina (CÁRDENAS VELÁSQUEZ, 2015, p. 69), permite que em ocorrendo eventual conflito entre a CN e um dos instrumentos internacionais elencados no art. 46, deve ser aplicado o princípio *pro persona*. Assim, a melhor interpretação seria de que, por força da própria CADH, as sentenças da Corte IDH fossem devidamente observadas.

Infelizmente, ao que parece, não é isso que acontece, pois a *Corte Suprema de Justicia* (CSJ) já se manifestou no sentido de que a supremacia constitucional deve ser observada e que os tratados internacionais ratificados pela Nicarágua possuem hierarquia legal (CARRIÓN MARADIAGA; FLORES ACEVEDO, 2016, p. 156 – 157). Não adotando, portanto, o entendimento de que os tratados internacionais de direitos humanos integram o bloco de constitucionalidade.

---

8. Disponível em: http://www.oas.org/juridico/spanish/mesicic3_nic_const.pdf. Acesso em: 30/07/2017.
9. Art. 182. *[Carta magna. Primacía constitucional] La Constitución Política es la carta fundamental de la República; las demás leyes están subordinadas a ella. No tendrán valor alguno las leyes, tratados, órdenes o disposiciones que se le opongan o alteren sus disposiciones.*

Muito embora a hierarquia dos tratados internacionais de direitos humanos no ordenamento jurídico interno não seja o principal fundamento para o exercício do controle de convencionalidade, deve-se reconhecer a sua relevância. Entretanto, ainda assim, mesmo que haja ausência de dispositivo na CN que aborde o tema do controle de convencionalidade (CARRIÓN MARADIAGA; FLORES ACEVEDO, 2016, p. 137), ele poderia ser exercido de modo atrelado ao de constitucionalidade por todos os juízes. Essa interpretação depreende-se do teor do art. 46 da CN, bem como do próprio sistema de controle de constitucionalidade que foi adotado pela Nicarágua.

Ocorre que mesmo havendo previsão para o controle difuso de constitucionalidade e da possibilidade de realização, conforme dito, do de convencionalidade, a doutrina (CARRIÓN MARADIAGA; FLORES ACEVEDO, 2016, p. 141) aponta que há sérias dificuldades desses mecanismos garantidores dos direitos humanos serem observados pelos juízes e tribunais.

A omissão é tamanha que a Nicarágua já foi condenada pela Corte IDH em 03 oportunidades. Com efeito, especificamente em matéria de controle de convencionalidade, importa destacar o Caso Yatama, julgado em 2005.

No citado caso, analisou-se o art. 173 da CN, que (ainda) impede a interposição de recursos ordinários e extraordinários contra as decisões do *Consejo Supremo Electoral* (CSE). No caso, constatou-se que os membros da organização indígena Yatama não puderam participar de um processo eleitoral de caráter regional, pois não contavam com um recurso efetivo para impugnar a decisão do CSE que negou a inscrição da referida organização como partido político, em razão de não contar com as assinaturas necessárias para constituir-se como tal. Diante dessa situação, as vítimas manejaram o *recurso de amparo* contra a decisão. Mesmo assim, a Sala Constitucional da CSJ da Nicarágua julgou o *amparo* improcedente, o que limitou os membros da minoria de serem eleitos para o exercício de um cargo público. Felizmente, a Corte IDH concluiu que se havia vulnerado o direito ao recurso efetivo e determinou que os órgãos eleitorais deveriam estar sujeitos ao controle jurisdicional (TORRES ZÚÑIGA, 2017, p. 112).

Portanto, vê-se que a Corte IDH, no caso acima citado, declarou a incompatibilidade/inconvencionalidade, dentre outros, do último parágrafo do art. 173 da CN, tomando como parâmetro o direito a proteção judicial e os direitos políticos reconhecidos pela CADH (CÁRDENAS VE-

LÁSQUEZ, 2015, p. 58 – 59). Entretanto, a Nicarágua ainda não promoveu as necessárias adequações de sua legislação, inclusive da própria Constituição, ao DIDH, descumprindo, portanto, o que fora determinado pela Corte IDH.

Muito embora o art. 46 da CN, a ratificação da CADH, à submissão a jurisdição da Corte IDH e a própria condenação proferida no Caso Yatama sejam por demais suficientes para fomentar o exercício do controle de convencionalidade no âmbito da jurisdição nicaraguense, isso não vem ocorrendo. Sem embargo, os juízes não tem a prática de realizarem o controle de convencionalidade, nem o de constitucionalidade em casos concretos, nem sequer de enunciar sistematicamente os instrumentos internacionais de direitos humanos em suas decisões (CARRIÓN MARADIAGA; FLORES ACEVEDO, 2016, p. 142).

Apesar do exposto, é preciso mencionar o caso Ortega como uma exceção a regra de inaplicação do controle de convencionalidade e da própria supremacia constitucional absoluta.

A CSJ, em 2009, ao jugar o *recurso de amparo* interposto pelo atual Presidente da República, declarou, após reiterar o valor da supremacia constitucional e analisar o caso à luz dos tratados internacionais de direitos humanos, que a vedação à reeleição configura uma violação à própria CN e aos direitos humanos consagrados em vários instrumentos internacionais, notadamente o direito ao sufrágio e o princípio da igualdade (CARRIÓN MARADIAGA; FLORES ACEVEDO, 2016, p. 150 – 151). Com efeito, a presente decisão mostra-se contraditória, pois foge do padrão de não reconhecimento da força dos tratados internacionais de direitos humanos, como ocorreu no caso Yatama e em outros. Afinal, os mesmos direitos humanos invocados pela CSJ a favor do Presidente Ortega são os que se nega em outros casos (CARRIÓN MARADIAGA; FLORES ACEVEDO, 2016, p. 152). Trata-se de uma aplicação seletiva do controle (implícito) de convencionalidade.

Em virtude do contexto apresentado, vê-se que apesar de todos os juízes nicaraguenses terem o dever de exercerem o controle de convencionalidade, com base no art. 46 da CN, na CADH e nas decisões da Corte IDH, notadamente no Caso Yatama, isso não vem ocorrendo. E quando a CSJ reconheceu (implicitamente) a inconvencionalidade da vedação a reeleição, o fez de modo seletivo, assegurando direitos humanos que negou em outras oportunidades.

1.3. Panamá

Ainda na América Central, vale mencionar os principais contornos do controle de Convencionalidade no Panamá. Interpretando o art. 4 de sua Constituição Política, que trata do acatamento das normas de Direito Internacional, a Corte Suprema de Justiça, desde o início dos anos 90, assumiu a doutrina do bloco de constitucionalidade, reconhecendo que um de seus elementos é justamente o direito internacional dos direitos humanos (SÁNCHEZ G., 2016, p. 204).

Ocorre que nem todas as normas provenientes de tratados internacionais de direitos humanos, na visão da citada Corte, integrariam o bloco em comento. Nesse sentido, caberia ao dito tribunal, analisando caso a caso, decidir quais tratados e quais as normas que comporiam o bloco[10].

Entretanto, esse pensamento foi superado. Com a reforma constitucional de 2004, o art. 17 passou a determinar que *"los derechos y garantías que consagra esta Constitución, deben considerarse como mínimos y no excluyentes de otros que incidan sobre los derechos fundamentales y la dignidad de la persona"*. Diante dessa cláusula de atipicidade dos direitos fundamentais, a Corte Suprema de Justiça, em 2008, passou a reconhecer que todos os tratados internacionais de direitos humanos, desde que ratificados pelo Panamá, fazem parte do bloco de constitucionalidade[11], o que, segundo alguns afirmam, trata-se do reconhecimento da hierarquia constitucional dos tratados internacionais de direitos humanos[12].

Com efeito, no que concerne ao exercício do controle de convencionalidade explícito pela Corte Suprema de Justiça do Panamá, o Pleno da Corte Suprema de Justiça, em sentenças proferidas em 2012, passou a fazer referência a decisões da Corte IDH, inclusive aquelas em que o Panamá não foi parte. Além disso, depois fora concedido um *amparo*

---

10. Nesse sentido: "En las sentencias de 28 de septiembre de 1990 y de 8 de noviembre de 1990, la Corte sostuvo que el artículo 8º de la Convención Americana de Derechos Humanos formaba parte del bloque de constitucionalidad. Sin embargo, en la sentencia de 23 de mayo de 1991, le nególa posibilidad de integrar el bloque de constitucionalidad a los convenios 87 y 98 de la Organización Internacional del Trabajo, tras argumentar que dichos pactos sólo tienen formalmente valor de ley y carecen de jerarquía constitucional". (MEJÍA EDWARD, 2013, p. 474).
11. Nesse sentido: (SÁNCHEZ G., 2016, p. 204 – 206).
12. "...a partir de la reforma del año 2004, particularmente tras la incorporación del segundo párrafo del artículo 17 constitucional, los derechos humanos previstos en tratados de derechos humanos tienen rango constitucional e, incluso, pueden ser tenidos como derechos fundamentales". (MEJÍA EDWARD, 2013, p. 476).

interposto por uma adolescente, cujo fundamento foi a violação ao devido processo. Nessa decisão, a Corte Suprema citou, novamente, o Caso Heliodoro Portugal para estabelecer a obrigação das autoridades de suprimir as normas e práticas, independente da natureza, que configurem violações as garantias previstas na CADH, que desconsiderem os direitos nela previstos ou que obstaculizem o seu exercício (SÁNCHEZ G., 2016, p. 219 – 220).

No mesmo caminho, a Terceira Sala da Corte Suprema de Justiça, em 2009, entendeu, após citar o Caso Heliodoro Portugal, que deveria dar cumprimento à obrigação de exercer o controle de convencionalidade. Em que pese esse reconhecimento ser um avanço, no mérito, o litígio foi superado com a aplicação apenas do direito interno. Esse mesmo fato voltou a ocorrer em um caso sobre direito de petição e em outro sobre medicamentos genéricos (SÁNCHEZ G., 2016, p. 220 – 222). Assim, vê-se que dito órgão jurisdicional, em que pese reconhecer o dever de realizar o controle de convencionalidade, não o faz de modo satisfatório ou, quando o faz, é apenas de modo secundário.

O reconhecimento de que o Estado deve exercer o controle de convencionalidade acarreta na questão de saber quem tem competência para realizar o dito controle. Partindo da premissa de que no Panamá o controle de constitucionalidade é exercido de modo concentrado (EYNER ISAZA, 2015, p. 60) pelo Pleno da Corte Suprema de Justiça e que os tratados internacionais de direitos humanos integram o bloco de constitucionalidade, tendo, portanto, hierarquia constitucional, caberia somente ao Pleno do mais alto tribunal panamenho a prática do controle forte de convencionalidade[13]. Sendo que, no presente caso, seriam aplicados os procedimentos inerentes ao controle de constitucionalidade[14].

---

13. "Nuestra propuesta sugiere clasificar el control de convencionalidad, en primer lugar y en cuanto a su intensidad, en términos de fuerte o débil. El control fuerte de convencionalidad importaría la obligación del juez nacional de "desplazar" la aplicación de la norma interna por violar la CADH y la interpretación de ella en las sentencias de la Corte IDH. Utilizo la expresión "desplazar" en razón de la escasa especificidad de los efectos del control de convencionalidad según la jurisprudencia de la Corte IDH. La versión fuerte del control de convencionalidad surge en el origen mismo de la doctrina: el caso Almonacid Arellano v. Chile. En dicha oportunidad, el conocido decreto ley de amnistía se reputó manifiestamente incompatible con la CADH. Por ello, a juicio de la Corte, el juez nacional no podía sino preterir la aplicación de la norma interna para dar vigencia al tratado y asegurar su effet utile". (CONTRERAS, 2014, p. 253).

14. Nesse sentido: (MEJÍA EDWARD, 2013, p. 484).

Isso não significa que as demais autoridades estatais não estejam vinculadas ao controle de convencionalidade. Porém, uma ressalva deve ser feita. Com exceção do Pleno da Corte Suprema de Justiça, as demais autoridades, jurisdicionais ou não, somente terão competência para o exercício do controle fraco de convencionalidade, ou seja, devem afastar a interpretação contrária ao direito internacional dos direitos humanos, ainda que não possam invalidar a norma. Caso a interpretação conforme não seja possível, só resta levar o caso ao Pleno da Corte.

Em suma, no ordenamento jurídico do Panamá, o controle de convencionalidade - muito embora já se reconheça o dever de exercê-lo, que alguns precedentes da Corte IDH já tenham sido citados nas sentenças da Corte Suprema de Justiça, bem como que os tratados internacionais de direitos humanos integram o bloco de constitucionalidade - ainda é incipiente, necessitando, portanto, de largo amadurecimento. Além disso, o controle forte de convencionalidade somente é exercido pelo Pleno da Corte Suprema, uma vez que o controle de constitucionalidade é apenas concentrado. Assim, pode-se dizer que o Panamá é mais um dos casos em que o controle de convencionalidade encontra-se totalmente atrelado ao de constitucionalidade.

1.4. República dominicana

A República Dominicana caracteriza-se como um Estado que resiste ao caráter vinculante das decisões da Corte IDH, o que, por si só, já é motivo suficiente para dificultar o desenvolvimento do controle de convencionalidade pelos tribunais dominicanos.

Apesar da afirmação acima, a Constituição Dominicana de 2010 apresenta lastro suficiente para reconhecer o relevo do direito internacional dos direitos humanos. Em seu art. 26 preceitua, dentre outras normas, que a República Dominicana é um Estado aberto a cooperação e ligado as normas de direito internacional, o que acarreta no reconhecimento e dever de aplicação das normas de direito internacional, bem como no respeito aos direitos humanos.

Ainda que sem avançar nos detalhes dos mecanismos de controle de constitucionalidade da República Dominicana, necessário se faz ressaltar que a inconstitucionalidade ocorre quando, nos termos do art. 6º da Lei Orgânica do Tribunal Constitucional, *"haya contradicción del texto de la norma, acto u omisión cuestionado, de sus efectos o de su interpretación o aplicación con los valores, principios y reglas contenidos en la Constitución y en los tratados internacionales sobre derechos humanos suscritos y ratificados por la República Dominicana o cuando los mismos tengan como consecuencia restar efectividad a los principios y mandatos contenidos en los mismos".* Dessa forma, vê-se que o controle de constitucionalidade também deve ser realizado tomando como parâmetro os tratados internacionais de direitos humanos.

Do ponto de vista da competência, como o sistema de controle de constitucionalidade é misto, há possibilidade tanto do controle concentrado quanto do difuso de constitucionalidade e de convencionalidade, uma vez que em virtude da noção de bloco de constitucionalidade, no caso Dominicano (BREWER-CARIAS, 2011, p. 309), os dois estão atrelados. Com efeito, o controle de convencionalidade tanto pode ser exercido no âmbito do Tribunal Constitucional quanto pelos demais órgãos do Poder Judiciário, conforme entendimento extraído do art. 7.3 da Lei Orgânica outrora mencionada.

Para além dos dispositivos mencionados, o art. 74, 3 da Constituição dominicana ainda é expresso ao afirmar que os "*los tratados, pactos y convenciones relativos a derechos humanos, suscritos y ratificados por el Estado dominicano, tienen jerarquía constitucional y son de aplicación directa e inmediata por los tribunales y demás órganos del Estado*". Nesse ponto, diferentemente de outros ordenamentos jurídicos, a inclusão das normas internacionais protetivas de direitos humanos no bloco de constitucionalidade não é uma construção pretoriana que partiu de uma cláusula de abertura, mas sim de um reconhecimento expresso, textual, pela própria Constituição. Seria esse mais um fundamento para robustecer o dever de exercício do controle de convencionalidade, ainda que atrelado ao de constitucionalidade, na República Dominicana[15].

Descrito, ainda que de forma breve, o lastro normativo que atribui relevância ao direito internacional dos direitos humanos no âmbito do direito dominicano, passa-se a análise de algumas decisões relacionadas ao tema do controle de convencionalidade.

Ao contrário do que se imagina, em 2013, na sentença TC- 168, o Tribunal Constitucional da República Dominicana desconheceu de maneira flagrante o estabelecido pela Corte IDH, na medida em que não considerou adequada a interpretação feita no Caso Niñas Yean y Bosico sobre os estrangeiros em trânsito (SANTOFIMIO GAMBOA, 2017, pg. 242). Continuando com essa sistemática, na sentença TC-0256, em

---

15. Nesse sentido: (BREWER-CARIAS, 2011, p. 317).

2014, declarou a inconstitucionalidade do instrumento de aceitação da competência da Corte IDH, que fora devidamente assinado pelo outrora Presidente da República Dominicana (SANTOFIMIO GAMBOA, 2017, pg. 242). Vê-se que a pretensão foi desligar a República Dominicana da jurisdição da Corte IDH, sem denunciar a CADH. Trata-se de um novo caso de reação irregular por parte dos juízes nacionais contra as sentenças da Corte IDH e a própria jurisdição da mesma (MORALES ANTONIAZZI, 2017, p. 558).

Nesse contexto, em que pese todo arcabouço jurídico previsto na Constituição Dominicana e na Lei Orgânica do Tribunal Constitucional, bem como a atribuição de hierarquia constitucional aos tratados internacionais de direitos humanos, torna-se impossível realizar o controle de convencionalidade explícito e forte nos tribunais dominicanos.

2. O CONTROLE DE CONVENCIONALIDADE NOS PAÍSES ANDINOS

No que concerne a região andina, a presente investigação concentra-se em países que apresentam cenários absolutamente opostos em matéria de controle de convencionalidade. Dessa forma, serão analisados os exemplos de Peru e Venezuela.

2.1. Peru

A Constituição peruana de 1993, embora não contenha previsão expressa para o exercício do controle de convencionalidade, possui alguns dispositivos que embasam a possibilidade de realização da referida garantia pela jurisdição peruana.

Com efeito, o art. 3º contém uma cláusula de atipicidade dos direitos fundamentais, pois afirma que a enumeração de tais direitos não exclui os demais que a Constituição garante, nem outros de natureza análoga ou que se fundamentam na dignidade humana, ou nos princípios de soberania do povo, do Estado democrático de direito e da forma republicana de governo. Muito embora não se trate de uma cláusula de abertura explícita ao direito internacional, é possível conceber que as normas internacionais protetivas de direitos humanos, desde que internalizadas, possuem hierarquia constitucional.

O art. 55 da citada Constituição, mesmo sem estabelecer de modo claro o nível hierárquico dos tratados internacionais de direitos humanos[16], afirma que os tratados celebrados pelo Estado e em vigor formam parte do direito nacional. Vê-se, portanto, que o Peru optou pelo sistema monista (BREGAGLIO LAZARTE, 2013, p. 454). É justamente com base na interpretação sistemática do referido dispositivo que o Tribunal Constitucional reconhece a hierarquia constitucional dos tratados internacionais de direitos humanos (TORRES ZÚÑIGA, 2013, p. 27).

Nas disposições finais e transitórias da Constituição em comento, o item 4 reza que as normas relativas a direitos e liberdades que a Constituição reconhece se interpretam de conformidade com a Declaração Universal de Direitos Humanos e com os tratados e acordos internacionais sobre as mesmas matérias ratificados pelo Peru. Trata-se do que se convencionou chamar de interpretação conforme o DIDH. Com efeito, a Constituição peruana, ao positivar uma norma nesse sentido, avança no que concerne ao relacionamento entre a ordem jurídica estatal e a internacional.

Por fim, vale mencionar o art. 205, ao afirmar que "*agotada la jurisdicción interna, quien se considere lesionado en los derechos que la Constitución reconoce puede recurrir a los tribunales u organismos internacionales constituidos según tratados o convenios de los que el Perú es parte*", constitucionaliza o acesso a jurisdição internacional, notadamente a interamericana. Nesse ponto, concorda-se com o pensamento de García Belaunde e Palomino Manchego (2013, p. 231), no sentido de que há um novo direito fundamental, o "*derecho de acceso a la jurisdicción internacional en materia de derechos humanos*".

Para além das normas acima mencionadas, é importante, para fins de controle de convencionalidade doméstico, saber que a Constituição peruana consagrou um sistema misto de controle de constitucionalidade, com a possibilidade de controle difuso pelos juízes e tribunais, bem como de controle concentrado, cuja competência é do Tribunal Constitucional (LOVATÓN PALACIOS, 2017, p. 1399).

Reconhecido que os tratados internacionais de direitos humanos formam parte do ordenamento jurídico peruano, que ditos instrumentos possuem hierarquia constitucional, que o Peru adota o sistema misto de controle de constitucionalidade, bem como que o citado Estado ratifi-

---

16. "La Constitución Peruana no contempla una norma general que establezca, como en Francia, la superioridad jerárquica de los tratados internacionales frente a la ley. Dicha Carta Fundamental simplemente afirma que los tratados celebrados por el Estado y en vigor forman parte del derecho nacional". (AGUILAR CAVALLO, 2013, p. 739).

cou a CADH[17], resta investigar como a Jurisdição peruana, notadamente o Tribunal Constitucional, exerce o controle de convencionalidade.

Inicialmente, cabe mencionar que no Peru há casos relativos à aplicação do controle de convencionalidade pela justiça ordinária. Entretanto, o uso do parâmetro interamericano para o controle do direito interno ocorreu de maneira tácita ou inominada, como visto no exame de compatibilidade realizado pela Juíza Antonia Saquicuray, em 1996, ao não aplicar as leis de autoanistia (TORRES ZÚÑIGA, 2013, p. 23 – 24).

No âmbito da jurisdição constitucional peruana, ainda que não tenha feito uso explícito da expressão "controle de convencionalidade", o TC considerou inconstitucionais algumas normas do Decreto-Legislativo 1097/2010, por violarem tratados internacionais de direitos humanos e normas de *jus cogens*, conforme se depreende do expediente 0024-2010-PI[18], cuja decisão foi prolatada em 2011. Trata-se, mais uma vez, de controle de convencionalidade exercido de modo atrelado ao de constitucionalidade, uma vez que os tratados internacionais de direitos humanos foram considerados parâmetro para o controle do direito estatal (NOVOA CAMPOS, 2016, p. 44).

Em maio de 2011, pode-se afirmar que o TC exerceu o controle de convencionalidade no expediente 2278-2010-HC[19]. Trata-se do caso em que cidadão chinês Wong Ho Wing, que se encontrava no Peru, teve sua extradição solicitada pela China. Ocorre que o TC, ao momento de proferir a citada decisão, não recebeu qualquer garantia formal de que a pena de morte não seria aplicada em caso de extradição. Dessa forma, mesmo o Peru estando vinculado por um tratado de extradição com a China,

---

17. "La ratificación del Estado peruano de la Convención Americana de Derechos Humanos, también llamada Pacto de San José (1969) que incluye el reconocimiento de los órganos que lo comprenden (Comisión y Corte), así como el sometimiento a la competencia contenciosa de la Corte, fue realizado por la Asamblea Constituyente de 1978-1979. La Convención Americana fue aprobada con anterioridad por el Gobierno militar mediante el decreto ley 22231, publicado en el diario oficial *El Peruano* el 11 de julio de 1978. Pero esto se consideró insuficiente, y por tanto fue ratificado por la Asamblea Constituyente, y así consta en la Decimosexta de las Disposiciones Generales y Transitorias de la Constitución de 1979. El instrumento de ratificación por parte del Perú es de 1978, reiterado en 1981. En vista de este último instrumento de ratificación depositado en la sede del Organismo, está vigente para el Perú desde noviembre de 1981". (GARCÍA BELAUNDE; PALOMINO MANCHEGO, 2013, p. 227).

18. Disponível em: http://www.tc.gob.pe/jurisprudencia/2011/00024-2010-AI.html. Acesso em: 01/08/2017.

19. Disponível em: http://www.tc.gob.pe/jurisprudencia/2011/02278-2010-HC.pdf. Acesso em: 01/08/2017.

deve-se aplicar as disposições protetoras da CADH, que impedem a extradição quando há possibilidade de aplicação da pena de morte. Assim, o TC decidiu que Peru não deveria, em razão da ameaça de violação do direito a vida, proceder com a extradição (AGUILAR CAVALLO, 2013, p. 739). Portanto, a norma prevista no tratado entre Peru e China foi declarada, de modo implícito, como inconvencional.

No expediente 00156-2012-PHC[20], julgado em 2012, o TC reconheceu, após citar a jurisprudência da Corte IDH, a possibilidade da existência de *normas constitucionales inconvencionales*.

Em 2014, no expediente 04617-2012-PA[21], o TC destacou que o juiz constitucional deve atuar como juiz de convencionalidade e afirmou a necessidade de adequar o direito interno aos tratados internacionais, bem como que nos casos em que o ordenamento jurídico peruano não garanta os direitos consagrados no âmbito internacional, deve adequar ou suprimir suas normas, assim como criar garantias verdadeiramente protetoras dos direitos humanos (SANTOFIMIO GAMBOA, 2017, p. 225 – 226).

Diante das bases constitucionais elencadas e das manifestações jurisprudenciais colhidas, vê-se que, no Peru, todos os juízes devem praticar o controle de convencionalidade. Entretanto, somente o TC poderá decidir pela anulação da norma inconvencional e com efeitos *erga omnes*. Além disso, o controle de convencionalidade, como regra, vem sendo exercido pelo TC de modo atrelado ao de constitucionalidade[22], uma vez que os tratados internacionais de direitos humanos, segundo construção pretoriana do próprio TC, possuem hierarquia constitucional.

Por fim, mesmo diante do exposto acima das experiências do TC que foram descritas, o controle de convencionalidade ainda vem sendo exercido de modo incipiente pelos magistrados peruanos (GARCÍA BELAUNDE; PALOMINO MANCHEGO, 2013, p. 241).

2.2. Venezuela

A Venezuela, vale destacar desde logo, que se trata do Estado que apresenta a maior resistência ao exercício do controle de convencionalidade.

---

20. Disponível em: http://www.tc.gob.pe/jurisprudencia/2012/00156-2012-HC.html. Acesso em: 01/08/2017.
21. Disponível em: http://www.tc.gob.pe/jurisprudencia/2014/04617-2012-AA.html. Acesso em: 01/08/2017.
22. Nesse sentido: (LOVATÓN PALACIOS, 2017, p. 1396).

Na vigência da Constituição de 1961 e com a ratificação da CADH, a Corte Suprema de Justiça exercia o que se pode chamar de controle implícito de convencionalidade, uma vez que invalidava as normas consideradas violatórias de direitos previstos no Pacto de São José da Costa Rica.

Mas isso não significa que o dito controle era exercido de maneira autônoma. Pelo contrário, tratava-se de mais um caso em que o controle de convencionalidade estava atrelado ao de constitucionalidade (SANTOFIMIO GAMBOA, 2017, p. 255).

Com a nova ordem constitucional que entrou em vigor e mesmo diante da previsão contida no art. 23 de que os tratados em matéria de direitos humanos possuem hierarquia constitucional e prevalecem, portanto, na ordem interna, desde que mais favoráveis, a Corte Suprema de Justiça, em 2003, considerou que são inexigíveis os conteúdos das sentenças emanadas de tribunais internacionais. Assim, a Sala Constitucional do Tribunal Supremo teria a competência para determinar quais normas de direitos humanos prevaleceriam no direito venezuelano (SANTOFIMIO GAMBOA, 2017, p. 256).

Aos idos de 2008, a Corte Suprema de Justiça, ao julgar a ação de interpretação da sentença proferida pela Corte IDH no Caso Aptiz Barbera[23], decidiu que as decisões advindas da jurisdição interamericana são inexecutáveis e devem obedecer ao ordenamento jurídico interno. Esse posicionamento foi reiterado em 2011, quando do controle inominado de constitucionalidade da sentença prolatada no Caso López Mendoza.

Pouco tempo depois, o Tribunal Supremo de Justiça da Venezuela desconhece de plano as decisões da Corte IDH, considerando-as inexecutáveis[24], o que levou o país a denunciar a CADH, em 6 de setembro de 2013. Por fim, a Sala Constitucional, em setembro de 2015, ao apreciar

---

23. "En el *Apitz Barbera y otros (Corte Primera de lo Contencioso Administrativo) Vs. Venezuela*, la Corte IDH ordenó la reincorporación de los jueces. El Tribunal Supremo de Justicia de Venezuela, frente a esta decisión de la Corte IDH, sostuvo la tesis de la inejecutabilidad de los fallos del contencioso interamericano y solicitó al ejecutivo denunciar la CADH". (MORALES ANTONIAZZI, 2017, p. 554).

24. "El Tribunal Supremo de Justicia de Venezuela consideró que el fallo de la Corte IDH en el caso *Apitz Barbera y otros (Corte Primera de lo Contencioso Administrativo) Vs. Venezuela* debe considerarse inejectable en el ámbito interno y de conformidad con lo dispuesto en el artículo 78 de la Convención Americana de Derechos Humanos, se solicitó al Ejecutivo Nacional proceda a denunciar este Tratado o Convención, antes la evidente usurpación de funciones en que ha incurrido la Corte Interamericana". (PARRA VERA, 2017, p. 523).

a decisão da Corte IDH prolatada no Caso Granier e outros (RCTV), reafirmou o seu entendimento de que tais sentenças continuam a ser inexecutáveis, por não estarem de acordo com Constituição venezuelana (SANTOFIMIO GAMBOA, 2017, p. 256 – 261).

Da breve análise das decisões dos tribunais venezuelanos, pode-se afirmar que o controle de convencionalidade, ainda que num passado tenha sido realizado de maneira implícita e atrelado ao controle de constitucionalidade, não mais subsiste na atualidade. Não se trata de uma caso de má ou rara aplicação, mas de inexistência. Assim, concorda-se com Mariela Morales Antoniazzi, quando afirma que *"el Tribunal Supremo de Justicia de Venezuela no mantinen un diálogo constructivo con la Corte IDH. Menos aun cumple los estándares"* (2017, p. 555).

Feitas tais considerações, resta investigar a experiência de tribunais pertencentes a países do Cone Sul em matéria de controle de convencionalidade.

3. O CONTROLE DE CONVENCIONALIDADE NO CONE SUL

Por fim, seguindo os critérios apontados no início do texto, chega-se ao Cone Sul da América Latina. Nessa oportunidade, serão avaliados os casos de Argentina e Uruguai.

3.1. ARGENTINA

A Argentina, em que pese a jurisprudência ser variante, encontrou, ao menos até fevereiro de 2017, conforme será demonstrado, um largo desenvolvimento em matéria de controle de convencionalidade. Muito desse avanço deve-se as bases constitucionais e a alguns posicionamentos da Corte Suprema de Justiça da Nação (CSJN), conforme será descrito nas linhas que seguem[25].

A Constituição argentina, após a reforma constitucional de 1994, aperfeiçoou-se em matéria de direitos humanos. Com efeito, nos termos da nova cláusula de abertura contida no art. 75, inciso 22, vários tratados e declarações internacionais passaram a ter status constitucional, integrando, assim, o bloco de constitucionalidade. Essa constitucionalização do direito internacional dos direitos humanos (DIDH) no ordenamento jurídico argentino impactou de modo significativo na compreensão do controle de convencionalidade pela CSJN.

---

25. Para um estudo mais detalhado, *vide*: (MOREIRA, 2017, p. 397 – 406).

Ainda que com percalços, avanços e retrocessos, é possível afirmar que a CSJN tem recepcionado as normas e decisões provenientes do sistema interamericano, o que acarretou na prática do controle de convencionalidade, ainda que implícito, a partir do caso Simón, em 2005.

Na mencionada decisão, a CSJN entendeu que as leis de obediência devida e ponto final são contrárias à CADH e ao Pacto Internacional dos Direitos Civis e Políticos (PIDCP), na medida em que dificultam o esclarecimento dos fatos e a efetiva sanção dos responsáveis por atos contrários ao DIDH. Nessa oportunidade, a Corte Suprema, levando em consideração que os tratados internacionais de direitos humanos integram o bloco de constitucionalidade, declarou inconstitucionais as referidas leis (MENSA GONZÁLEZ, 2016, p. 195), flexibilizando princípios constitucionais como o da irretroatividade da lei penal, da coisa julgada e da prescritibilidade das ações (AMAYA, 2016, p. 26). Além disso, voltou a aceitar que a jurisprudência da Corte IDH é pauta de interpretação para os juízes argentinos (SAGÜÉS, 2016, p. 110).

A CSJN, no caso Mazzeo, julgado em 2007, decidiu que os juízes argentinos devem realizar o controle de convencionalidade (BAZÁN, 2015, p. 59), bem como resolveu que a interpretação da CADH deve guiar-se pela jurisprudência da Corte IDH (MENSA GONZÁLEZ, 2016, p. 195). Indo além, reconheceu a possibilidade de a própria CSJN retificar suas decisões diante de uma sentença condenatória da Corte IDH ou revogar uma sentença proferida por instâncias inferiores (PIZZOLO, 2016, p. 291). Ou seja, adota-se a tese da desconstituição da coisa julgada inconvencional.

Nos casos Videla e Massera, ambos julgados em 2010, a CSJN apoiou-se na doutrina da Corte IDH e reconheceu que os órgãos do Poder Judiciário devem exercer não só o controle de constitucionalidade, mas também, de ofício, o de convencionalidade (BAZÁN, 2015, p. 59). O mesmo entendimento também pode ser encontrado no caso Rodríguez Pereyra, julgado em 2012[26].

Em 2011, no julgamento do caso *PLS c/Colegio Público de Abogados de la Capital Federal s/amparo*, a CSJN afirmou que se deve levar em consideração o *corpus iuris* elaborado pelos Comitês de Direitos Humanos, pois eles são intérpretes autorizados de instrumentos internacionais

---

26. Nesse sentido: (MIDÓN, 2016, p. 103).

(MIDÓN, 2016, p. 96). Sem embargo, alarga-se, cada vez mais, o bloco de convencionalidade[27], na visão do mais alto tribunal argentino.

Em 2014, no caso A.D.D, a CSJN manifestou-se no sentido de que no exercício do controle de convencionalidade, a justiça argentina deve adequar suas decisões as sentenças da Corte IDH (BAZÁN, 2015, p. 61 – 62). Portanto, mais uma vez, reconheceu o caráter vinculante de tais decisões.

Em 23 de março de 2015, na Resolução nº 447-15, resultante do Expediente Administrativo 4499/2013, o entendimento acerca da natureza vinculante das decisões da Corte IDH é, mais uma vez, corroborado.

Na oportunidade, a CSJN, em decorrência da decisão proferida pela Corte IDH no Caso Mohamed vs. Argentina, em que uma das condenações consistiu na obrigação do citado de Estado de adotar as medidas necessárias para que os efeitos jurídicos da sentença proferida contra o Sr. Oscar Alberto Mohamed sejam suspensos até que se emita uma decisão garantindo o direito ao recurso[28], o mais alto tribunal argentino ordenou a *Sala Primera de la Cámara Nacional de Apelaciones en lo Criminal y Correccional* que cumprisse com o ordenado pela Corte IDH. Em razão do exposto, dita Sala decidiu suspender os efeitos da sentença condenatória. Diante da discussão que virá, torna-se necessário consignar os exatos termos da CSJN no caso em tela:

> *"Que a partir de la reforma constitucional de 1994, y de acuerdo con lo dispuesto en el art.75, inc. 22°, de la norma fundamental, las sentencias de la Corte Interamericana de Derechos Humanos pronunciadas en causas en las que el Estado argentina sea parte deben ser cumplidas por los poderes constituidos en el ambito de su competencia y, en consecuencia, son obligatorias para la Corte Suprema de Justicia de la Nación. Por ella, esta Corte, como uno de los poderes del Estado argentino y conforme lo previsto en el art. 68.1 de la misma Convención, debe cumplir la sentencia del tribunal internacional y ordenar a la Camara Nacional de Apelaciones en lo Criminal y Correccional que, por intermedio de quien corresponda,*

---

27. O bloco de convencionalidade regional interamericano seria composto por todos os tratados internacionais de direitos humanos celebrados no âmbito da Organização dos Estados Americano, pela Declaração Americana dos Direitos e Deveres do Homem, normas de *jus cogens* e pela jurisprudência da Corte IDH, incluindo sentenças, resoluções, decisões cautelares e opiniões consultivas. De outro modo, o bloco de convencionalidade doméstico seria mais amplo, pois além do material controlante acima mencionado, devem-se acrescentar os tratados internacionais de direitos humanos do sistema onusiano (desde que ratificados pelo Estado) e, para alguns, os informes da CIDH, desde que envolvam diretamente determinado Estado.

28. Corte IDH. Caso Mohamed Vs. Argentina. Excepción Preliminar, Fondo, Reparaciones y Costas. Sentencia de 23 noviembre de 2012. Serie C No. 255.

designe una nueva sala de ese tribunal para que proceda a la revisión de la sentencia en los terminos del articulo 8.2.h de la Convención Americana de Dereehos Humanos"[29].

O entendimento acima é importante por dois motivos. Primeiro, resta claro que uma sentença estatal pode ser considerada inconvencional, por violar normas previstas em instrumentos internacionais de proteção aos direitos humanos, como é o caso do direito ao recurso. Segundo, porque, mais uma vez, a CSJN deixa bem nítido o seu posicionamento acerca da natureza vinculante das decisões da Corte IDH, inclusive, no que pertine a possibilidade de tornar sem efeito uma decisão judicial interna.

Apesar de todo o avanço (com alguns percalços, vale repetir), a CSJN, em 14 de fevereiro de 2017, no julgamento do caso *Ministerio de Relaciones Exteriores y Culto s/ informe sentencia dictada en el caso 'Fontevecchia y D' Amico vs. Argentina*, altera completamente o seu entendimento anterior[30].

Em síntese, a CSJN, em 2001, confirmou a decisão proferida pela *Cámara Nacional de Apelaciones*, que condenou Jorge Fontevecchia e Héctor D'Amico pela violação do direito a intimidade do outrora Presidente Carlos Saúl Menem. Entretanto, os condenados submeteram o caso ao Sistema Interamericano, sustentando que a decisão da CSJN violou o direito a liberdade de pensamento e expressão, previsto no art. 13 da CADH.

Em 29 de novembro de 2011, no julgamento do caso *Fontevecchia y Otros v. Argentina*, a Corte IDH declarou que dito Estado violou o direito à liberdade de expressão e que, dentre outras reparações, deveria deixar sem efeito a condenação cível imposta aos autores[31]. Além da sentença

---

29. Disponível em: https://jurisprudencia.mpd.gov.ar/Jurisprudencia/Res.%20447-15.pdf. Acesso em 22/07/2017.
30. Nesse sentido: (SANTOFIMIO GAMBOA, 2017, p. 92).
31. "Esta Corte ha determinado que la sentencia emitida el 25 de septiembre de 2001 por la Corte Suprema de Justicia de la Nación que confirmó la condena impuesta por un tribunal de alzada, violó el derecho a la libertad de expresión de los señores Jorge Fontevecchia y Héctor D´Amico (*supra* párrs. 54 a 75). Por lo tanto, el Tribunal dispone, de conformidad con su jurisprudencia, que el Estado debe dejar sin efecto dichas sentencias en todos sus extremos, incluyendo, en su caso, los alcances que estas tengan respecto de terceros; a saber: a) la atribución de responsabilidad civil de los señores Jorge Fontevecchia y Héctor D'Amico; b) la condena al pago de una indemnización, de intereses y costas y de la tasa de justicia; tales montos deberán ser reintegrados con los intereses y actualizaciones que correspondan de acuerdo al derecho interno, y c) así como cualquier otro efecto que tengan o hayan tenido aquellas decisiones. A efectos de cumplir la presente reparación, el Estado debe adoptar todas las medidas judiciales, administrativas y de cualquier otra índole que sean necesarias, y cuenta para ello con el

de mérito, o tribunal interamericano ainda editou duas Resoluções de Supervisão de Cumprimento de Sentença, sendo a primeira em 2015[32] e a segunda em 2016[33], reafirmando a obrigação do Estado argentino de tornar sem efeito a condenação civil imposta aos Srs. Jorge Fontevecchia e Héctor D'Amico.

A CSJN, ao deparar-se com o pedido para cumprimento da obrigação acima mencionada, manifestou-se, por maioria, no sentido que as sentenças proferidas pela Corte IDH contra a Argentina são de cumprimento obrigatório, porém, impôs que tais decisões sejam prolatadas dentro das competências conferidas pela CADH ao referido tribunal regional.

Para a CSJN, no caso em tela, a Corte IDH exorbitou das faculdades previstas na CADH ao decidir por deixar sem efeito uma sentença proferida pelo mais alto tribunal argentino. O grande fundamento apresentado foi à impossibilidade de a Corte IDH atuar como uma "quarta instância", revogando decisões de tribunais domésticos, uma vez que não há previsão na CADH para tanto. Além disso, destacou a CSJN que deixar sem efeito uma sentença nacional dotada de coisa julgada é juridicamente impossível à luz dos princípios fundamentais do direito público argentino, nos termos do art. 27 da Constituição Nacional. Com efeito, tais princípios fazem parte da "esfera de reserva soberana" do Estado (MOREIRA, 2017, p. 404).

3.2. Uruguai

O Uruguai apresenta uma situação das mais sensíveis no que pertine ao controle de convencionalidade, conforme será visto quando da análise da manifestação do mais alto tribunal uruguaio sobre a sentença proferida no Caso Gelman, pela Corte IDH.

Do ponto de vista da ordem constitucional, são poucos os dispositivos que tratam da relação entre o direito estatal e o internacional. Entretanto, o art. 72 merece destaque, na medida em que afirma que *"la*

---

plazo de un año a partir de la notificación de la presente Sentencia". Corte IDH. Caso Fontevecchia y D`Amico Vs. Argentina. Fondo, Reparaciones y Costas. Sentencia de 29 de noviembre de 2011. Serie C No. 238, párr. 105.

32. Corte IDH. Caso Fontevecchia y D'amico Vs. Argentina. Supervisión de Cumplimiento de Sentencia. Resolución de la Corte Interamericana de Derechos Humanos de 1 de septiembre de 2015.

33. Corte IDH. Caso Fontevecchia y D'amico Vs. Argentina. Supervisión de Cumplimiento de Sentencia. Resolución de la Corte Interamericana de Derechos Humanos de 22 de noviembre de 2016.

enumeración de derechos, deberes y garantías hecha por la Constitución, no excluye los otros que son inherentes a la personalidad humana o se derivan de la forma republicana de gobierno". Com efeito, mesmo diante da citada cláusula de atipicidade, no que concerne à aplicação dos tratados internacionais ratificados pelo Uruguai, alguns defendem que ditos instrumentos possuem hierarquia infraconstitucional (SANTOFIMIO GAMBOA, 2017, pg. 246) e não são superiores a lei (LARRIEUX RODRÍGUEZ, 2017, p. 66), apesar da divergência[34].

Do ponto de vista da jurisprudência emanada da Suprema Corte de Justiça[35], vê-se que em matéria de controle de convencionalidade a posição é bastante conservadora, uma vez que outorga total prevalência do direito interno sobre o internacional, mesmo em matéria de direitos humanos, conforme se depreende de uma sentença proferida em 2013. Mas antes de mencionar os fundamentos da citada decisão, necessário se faz que algumas questões sejam levantadas.

Em 24 de fevereiro de 2011, a Corte IDH condenou o Estado uruguaio pela primeira vez. Trata-se do conhecido Caso Gelman. Como um dos atos de cumprimento da presente decisão, fora promulgada a Lei 18.831. Em síntese, dito diploma normativo restabeleceu o exercício da pretensão punitiva do Estado para os delitos cometidos em situação de terrorismo, considerando-os imprescritíveis, e revogou a Ley 18.848, ou seja, a *Ley de Caducidad* (LARRIEUX RODRÍGUEZ, 2017, p. 68).

Ocorre que em 2013, a Corte Suprema declarou a inconstitucionalidade dos artigos 2 e 3 da Lei 18.831, por violarem os princípios constitucionais da legalidade e da irretroatividade da lei penal mais gravosa (SANTOFIMIO GAMBOA, 2017, pg. 248). Assim, a lei que era oriunda das obrigações impostas pela condenação ditada pela Corte IDH foi invali-

---

34. "Los derechos y garantías contenidos en el DIDH, ingresan en nuestro derecho interno, con rango constitucional, por la vía del artículo 72 de nuestra Constitución. El razonamiento es sencillo: si esta disposición constitucional dice que tendrán rango constitucional aquellos derechos no establecidos a texto expreso en la Carta si es que son inherentes a la personalidad humana o derivados de la forma republicana de gobierno, qué mayor argumento puede haber para sostener que un derecho es inherente a la personalidad humana que el que deriva de ver que ha sido reconocido con tal carácter por el DIDH. La mera constatación de que un derecho humano, no establecido a texto expreso en la Carta, es reconocido como tal por el DIDH conduce a que deba reconocérsele rango constitucional y con dicha condición se deberá aplicar". (RISSO FERRAND, 2016, p. 194).

35. "...Uruguay no posee un tribunal constitucional. La jurisdicción constitucional y particularmente la función de control de la constitucionalidad de las normas están entregadas a la Suprema Corte de Justicia de Uruguay". (AGUILAR CAVALLO, 2013, p. 736).

dada pelo mais alto tribunal uruguaio. Como principais fundamentos, a Corte Suprema entendeu que a sentença proferida no Caso Gelman não constituía em um precedente vinculante (LARRIEUX RODRÍGUEZ, 2017, p. 68) e que é contrária a CADH, uma vez a condenação imposta contraria a aplicação plena dos direitos humanos, nos termos do art. 29 da mencionada Convenção. Nesse contexto, constata-se que a Suprema Corte, com base em argumentos constitucionais, considera-se competente para avaliar a convencionalidade da própria decisão emanada da Corte IDH (SANTOFIMIO GAMBOA, 2017, pg. 249 – 250).

Em reação ao descumprimento das condenações impostas no Caso Gelman, a Corte IDH emitiu uma resolução de supervisão de cumprimento de sua sentença, com relação ao citado caso. Dita Resolução não foi bem recebida por parte da doutrina uruguaia, pois alguns defendem que a posição da Corte IDH desconhece os princípios da legalidade, irretroatividade da lei penal mais grave e prescritibilidade que regem o direito penal (LARRIEUX RODRÍGUEZ, 2017, p. 70).

Diante da manifestação do mais alto tribunal uruguaio, o controle de convencionalidade, em que pese à interpretação da Constituição favorecer o entendimento que seria possível realizá-lo de modo atrelado ao controle de constitucionalidade, somente ocorre na hipótese de não se contrariar a ordem constitucional e os entendimentos da própria Suprema Corte de Justiça. Assim, sem reconhecer que as decisões da Corte IDH possuem força vinculante, ainda que proferidas contra o Uruguai, resta bastante mitigado o conceito de bloco de convencionalidade e prejudicado o seu exercício.

CONSIDERAÇÕES FINAIS

Após a investigação das normas constitucionais e manifestações jurisprudenciais de 08 (oito) países (México, Nicarágua, Panamá, República Dominicana, Peru, Venezuela, Argentina e Uruguai), bem como do posicionamento doutrinário de juristas oriundos dos Estados avaliados, torna-se necessário que uma breve síntese dos resultados da pesquisa seja apresentada. Para tanto, o resultado será sistematizado de duas maneiras. Inicialmente, far-se-á breve descrição das principais características inerentes ao exercício do controle de convencionalidade nos países investigados. Logo após, impressões pessoais serão trazidas, na intenção de contribuir com as construções teóricas já postas sobre o tema.

O México apresenta um dos melhores cenários em matéria de desenvolvimento do controle de convencionalidade doméstico. Dentre as principais condições que justificam a presente informação, destaca-se que, com fundamento na Constituição, os tratados internacionais de direitos humanos possuem hierarquia constitucional e, portanto, integram o bloco de constitucionalidade; em caso de conflito entre uma norma constitucional e uma convencional, aplica-se o princípio *pro persona*; em virtude do modelo misto de controle de constitucionalidade, todos os juízes mexicanos são competentes para o exercício do controle de convencionalidade; há precedentes da realização do dito controle; e, conforme entendimento da mais alta Corte mexiana, as sentenças da Corte IDH, ainda que o México não tenha sido parte, são vinculantes.

Diferentemente do quadro anterior, a Nicarágua, em que pese ter constitucionalizado alguns tratados e declarações internacionais protetivas de direitos humanos, sua Corte Suprema entendeu que há uma supremacia quase absoluta da Constituição; que os tratados internacionais de direitos humanos possuem hierarquia infraconstitucional; e, que ditos tratados não integram o bloco de constitucionalidade. Dessa forma, não há manifestações nítidas de exercício explícito do controle de convencionalidade, salvo no descrito Caso Ortega, em que houve uma aplicação seletiva do controle implícito de convencionalidade.

No Panamá os tratados internacionais de direitos humanos fazem parte do bloco de constitucionalidade, muito embora não haja previsão expressa nesse sentido por parte da Constituição, mas sim uma cláusula de atipicidade dos direitos fundamentais. De toda forma, podem ser encontradas referências as decisões da Corte IDH na jurisprudência, bem como precedentes em matéria de controle de convencionalidade por parte da Corte Suprema de Justiça. Apesar do reconhecimento do dever de exercitar o controle de convencionalidade, dito mecanismo somente vem sendo realizado de modo secundário e incipiente, uma vez que se encontra atrelado ao controle de constitucionalidade. Assim, em virtude do Panamá adotar somente o modelo concentrado, aos juízos ordinários somente compete o exercício do controle de convencionalidade débil, ou seja, a afastar a interpretação da norma que seja contrária ao bloco de convencionalidade.

Na República Dominicana o quadro é de larga resistência ao caráter vinculante das decisões da Corte IDH. Mesmo diante da própria Constituição expressamente afirmar que os tratados internacionais de direitos humanos possuem hierarquia constitucional e de a Lei Orgânica do Tribunal Constituional considerar ditos tratados como parâmetro para controle de constitucionalidade. Portanto, não falta lastro constitucional para o controle de convencionalidade. Entretanto, o Tribunal Constitucional, desconsiderando esse lastro, declarou a inconstitucionalidade do instrumento de aceitação da competência da Corte IDH. Assim, resta praticamente fulminada qualquer tentativa frutífera de realizar o controle de convencionalidade.

No Peru, mesmo não havendo expressa disposição constitucional, o Tribunal Constitucional, interpretando a cláusula de atipicidade, reconheceu a hierarquia constitucional dos tratados internacionais de direitos humanos. Pontos interessantes que merecem ser destacados é que há uma cláusula que contempla expressamente o dever de interpretar o direito estatal conforme o direito internacional dos direitos humanos, bem como que o direito de acesso a jurisdição internacional em matéria de direitos humanos foi constitucionalizado. No que concerne especificamente ao controle de convencionalidde, diante das normas constitucionais mencionadas, encontram-se precedentes no Tribunal Constitucional em que o citado controle encontra-se atrelado ao de constitucionalidade. Entretando, mesmo adotando o sistema misto de controle de constitucionalidade, o de convencionalidade ainda é incipiente por parte dos juízes. Cabe um último registro de avanço do Tribunal Constitucional peruano ao reconhecer a possibilidade de normas constitucionais inconvencionais.

Na Venezuela, muito embora a Constituição confira hierarquia constitucional aos tratados internacionais de direitos humanos, os tribunais afirmam que as sentenças da Corte IDH são inexequíveis e que há uma absoluta primazia do ordenamento jurídico venezuelano sobre as normas internacionais, mesmo das protetivas de direitos humanos. Assim, nesse contexto, o controle de convencionalidade não mais subsiste no Estado em comento.

A Argentina conta com uma cláusula constitucional de abertura ao direito internacional, que constitucionaliza diversos instrumentos internacionais. Nesse cenário, o controle de convencionalidade foi inicialmente exercido de modo implícito e depois passou a ser expressamente reconhecido como de competência de todos os juízes. Além disso, há o reconhecimento de que o bloco de convencionalidade doméstico é mais largo do que o interamericano, bem como que as decisões da Corte IDH são vinculantes. Ocorre que esse último entendimento recebeu uma condicionante. Segundo a CSJN, somente as decisões prolatadas pela Corte IDH dentro das competências conferidas pela CADH é que são vinculantes. Assim, o mais alto tribunal poderá avaliar se a decisão da Corte

IDH foi feita dentro das competências ou não. Esse entendimento pode ser considerado um salto para trás na experiência argentina em matéria de controle de convencionalidade. Por fim, a Argentina ainda altera seus entendimentos anteriores e não mais aceita que uma decisão da Corte IDH declare sem efeito uma sentença estatal ou a desconstituição da coisa julgada inconvencional.

Por último, o Uruguai, mesmo apresentando uma cláusula constitucional de atipicidade dos direitos fundamentais, considera os tratados internacionais de direitos humanos como de hierarquia infraconstitucional; que o direito interno prevalece sobre o direito internacional; que as sentenças da Corte IDH não são vinculantes; e, que o controle de convencionalidade só pode ocorrer se não violar a Constituição uruguaia. Portanto, vê-se larga resistência ao exercício do controle de convencionalidade.

Diante do que fora investigado e descrito, apresenta-se como *ranking* em matéria de relevância do controle de convencionalidade, em ordem crescente, os seguintes países: México, Argentina, Peru, Panamá, Nicarágua, Uruguai, República Dominicana, Venezuela.

Feitas as considerações que resumem como o controle de convencionalidade vem sendo exercido nos países investigados, passa-se a elencar, de modo sistemático, algumas conclusões teóricas sobre o tema.

Primeiro, não há previsão expressa nas Constituições para o exercício do controle de convencionalidade. Apesar de que isso não impede que ele venha a ser exercido em virtude do disposto na CADH, na Convenção de Viena sobre Direito dos Tratados, nas decisões da Corte IDH e, por fim, em razão das cláusulas de abertura ao direito internacional e atipicidade dos direitos fundamentais.

Segundo, a hierarquia dos tratados internacionais de direitos humanos, apesar de importante, não é um critério fundamental para o exercício do controle de convencionalidade.

Terceiro, nos países em que os tratados internacionais de direitos humanos integram o bloco de constitucionalidade, o controle de convencionalidade é exercido de modo atrelado ao de constitucionalidade, produzindo os mesmos efeitos e valendo-se dos mesmos instrumentos.

Quarto, é por demais importante que o controle de convencionalidade esteja aliado ao exercício do diálogo com a Corte IDH;

Quinto, nos países que adotam somente o controle concentrado de constitucionalidade, os juízes ordinários devem exercer, no mínimo, o controle de convencionalidade débil, ou seja, precisam afastar a interpretação da norma estatal que seja contrária ao direito internacional dos direitos humanos.

Sexto, notadamente nos países que não reconhecem a hierarquia constitucional dos tratados internacionais de direitos humanos, não há fundamento para a obrigatoriedade da vinculação dos controles de constitucionalidade e convencionalidade. Assim, um juiz, ainda que não tenha competência para controle de constitucionalidade, deverá exercer o de convencionalidade, pois o parâmetro e o fundamento são diversos.

Sétimo, se um determinado Estado reconhece que os tratados internacionais de direitos humanos fazem parte do bloco de constitucionalidade, mas não aceita o caráter vinculante das decisões da Corte IDH (ou o dever de dialogar), então somente há controle de constitucionalidade.

Oitavo, o bloco de convencionalidade doméstico é mais amplo que o interamericano, uma vez que engloba também os tratados do sistema onusiano.

Nono, o número de experiências positivas, no caso dos países investigados, é o mesmo das experiências negativas. Isso comprova que o controle de convencionalidade ainda precisa percorrer um largo caminho rumo à aceitação em todos os Estados latinos.

Por fim, décimo, o controle de convencionalidade ainda se encontra longe de alcançar a maturidade, seja do ponto de vista teórico-doutrinário ou nas manifestações dos tribunais investigados. Portanto, equivocam-se os que afirmam que o tema já se encontra demasiadamente debatido. São mais de dois séculos discutindo sobre o controle de constitucionalidade. Dessa forma, muitas luzes ainda precisam ser lançadas sobre um instituto que conta com pouco mais de quadro décadas, levando em consideração que ele surgiu na França, em 1975.

REFERÊNCIAS

AGUILAR CAVALLO, Gonzalo. **El Control de Convencionalidad: análisis en derecho comparado**. In.: REVISTA DIREITO GV, SÃO PAULO, 9(2), jul-dez, 2013: p. 721 – 754.

AMAYA, Jorge Alejandro. **Diálogo entre Tribunales Internacionales y Tribunales Internos. Tensiones e interrogantes en materia de derechos políticos que surgen de la jurisprudencia de la Corte Interamericana de Derechos Humanos**. In.: MEZZETTI, Luca; PIZZOLO, Calogero (Coords.). Tribunales supranacionales y tribunales nacionales. T. 1. Buenos Aires: Astrea, 2016, p. 17 – 47.

BAZÁN, Víctor. **El Control de Convencionalidad como Instrumento para Proteger Derechos Esenciales y Prevenir la Responsabilidad Interancional del Estado**. In.: Anuario Iberoamericano de Justicia Constitucional, núm. 19, Madrid: 2015, p. 25-70.

BECERRA R., José de Jesús; MEJÍA R., Joaquín A; FLORES, Rogelio (Coords.). **El control de convencionalidad en México, Centroamérica y Panamá**. Tegucigalpa: Casa San Ignacio, 2016.

BECERRA R., José de Jesús. **El control de convencionalidad en México: Origen y desarrollo**. In.: BECERRA R., José de Jesús; MEJÍA R., Joaquín A; FLORES, Rogelio (Coords.). El control de convencionalidad en México, Centroamérica y Panamá. Tegucigalpa: Casa San Ignacio, 2016, p. 19-44.

BREGAGLIO LAZARTE, Renata. **LA PROTECCIÓN MULTINIVEL DE DERECHOS HUMANOS EN EL PERÚ**. In.: GALINDO, George Rodrigo Bandeira; URUEÑA, René; TORRES PÉREZ, Ainda (Coords.). Protección Multinivel de Derechos Humanos. Red de Derechos Humanos y Educación Superior, 2013, p. 449-469.

BREWER-CARIAS, Allan R. **El sistema de justicia constitucional en la Republica Dominicana y la Ley Organica del Tribunal Constitucional y de los procedimientos constitucionales (2011)**. In.: Estudios Constitucionales, Ano 9, Nº 1, 2011, p. 303-338.

CABRALES LUCIO, José Miguel. **Algunas Consideraciones sobre los Desafíos Interpretativos (teóricos y prácticos) del Control de Convencionalidad en México**. In.: BECERRA R., José de Jesús; MEJÍA R., Joaquín A; FLORES, Rogelio (Coords.). El control de convencionalidad en México, Centroamérica y Panamá. Tegucigalpa: Casa San Ignacio, 2016, p. 224-247.

CÁRDENAS VELÁSQUEZ, Byron G. **El control supra-constitucional de las leyes en Nicaragua. Una mirada desde la sentencia Yatama vs. Nicaragua**. In.: Revista de Derecho, nº. 18, 2015, p. 57 – 86.

CONTRERAS, Pablo. **Control de Convencionalidad, Deferencia Internacional y Discreción Nacional en la Jurisprudencia de la Corte Interamericana de Derechos Humanos**. In.: Revista Ius et Praxis, año 20, nº 2, 2014, p. 235 – 274.

CARRIÓN MARADIAGA, Gonzalo; FLORES ACEVEDO, Wendy Flores. **LOS DESAFÍOS DEL CONTROL DE CONVENCIONALIDAD EN NICARAGUA**. In.: BECERRA R., José de Jesús; MEJÍA R., Joaquín A; FLORES, Rogelio (Coords.). El control de convencionalidad en México, Centroamérica y Panamá. Tegucigalpa: Casa San Ignacio, 2016, p. 133 – 164.

ESTEVA GALLICCHIO, Eduardo G. **El control de convencionalidad en Uruguay**. In.: MARINONI, Luiz Guilherme; MAZZUOLI, Valerio de Oliveira (Coords.). Controle de convencionalidade: um panorama latino-americano: Brasil, Argentina, Chile, México, Peru, Uruguai. Brasília: Gazeta Jurídica, 2013, p. 687 – 711.

EYNER ISAZA, Henry. **La Constitucionalización del Derecho Internacional de los Derechos Humanos: cambios de paradigmas**. Bogotá: Nueva Jurídica, 2015.

FLORES SALDAÑA, Antonio (Coord.). **Control de Convencionalidad y Decisiones Judiciales**. México: Tirant lo Blanch, 2016.

GARCÍA BELAUNDE, Domingo; PALOMINO MANCHEGO, José F. **El control de convencionalidad en el Perú**. In.: Pensamiento Constitucional, n° 18, 2013, p. 223 - 241.

GIL RENDÓN, Raymundo. **El control difuso de convencionalidad. Obligación de todo los jueces y magistrados latinoamericanos, como consecuencia de la sentencia de la Corte Interamericana en el caso Rosendo Radilla**. In.: Lex – Revista de la Facultad de Derecho y Ciencia Política de la Universidad Alas Peruanas, vol. 10, núm. 9, 2012, p. 37 - 48.

HERRERÍAS CUEVAS, Ignacio F. **Consecuencias de la Aplicación del Control de Convencionalidad en el Orden Jurídico Interno**. In.: FLORES SALDAÑA, Antonio (Coord.). Control de Convencionalidad y Decisiones Judiciales. México: Tirant lo Blanch, 2016, p. 203 – 216.

LARRIEUX RODRÍGUEZ, Jorge. **Control de Convencionalidad y Constitucionalidad entre el Nivel Interamericano y el Nacional**. In.: SAIZ ARNAIZ, Alejandro (Dir.); ROA ROA, Jorge Ernesto; SOLANES MULLOR, Joan (Coords.). Diálogos Judiciales en el Sistema Interamericano de Derechos Humanos. Valencia: Tirant lo Branch, 2017, p. 63 – 70.

LOVATÓN PALACIOS, David. **Control de convencionalidad interamericano en sede nacional: una noción aún en construcción**. In.: Revista Direito e Práxis, v. 8, n. 2, 2017, p. 1389 - 1418.

MARINONI, Luiz Guilherme; MAZZUOLI, Valerio de Oliveira (Coords.). **Controle de convencionalidade: um panorama latino-americano: Brasil, Argentina, Chile, México, Peru, Uruguai**. Brasília: Gazeta Jurídica, 2013.

MARTINS, Leonardo; MOREIRA, Thiago Oliveira. **Constitucionalidade e convencionalidade de atos do poder público: concorrência ou hierarquia? Um contributo em face da situação jurídico-constitucional brasileira**. In.: Anuario de Derecho Constitucional Latinoamericano , v. 1, 2011, p. 463 - 483.

MAZZUOLI, Valerio de Oliveira. **O Controle Jurisdicional da Convencionalidade das Leis**. 4ª ed. São Paulo: RT, 2016.

MEJÍA EDWARD, Jerónimo. **Control de constitucionalidad y de convencionalidad en Panamá**. In.: Anuario de Derecho Constitucional Latinoamericano, Año XIX, Bogotá, 2013, p. 467 - 488.

MENSA GONZÁLEZ, Andrea. **El Control de Convencionalidad como Pilar del Sistema Interamericano**. In.:

MEZZETTI, Luca; PIZZOLO, Calogero (Coords.). Tribunales supranacionales y tribunales nacionales. T. 1. Buenos Aires: Astrea, 2016, p. 183 - 212.

MIDÓN, Mario A. R. **Control de Convencionalidad**. Buenos Aires: Astrea, 2016.

MORALES ANTONIAZZI, Mariela. **Estándares Interamericanos sobre Independencia Judicial en los Casos de Remoción de Jueces: negación del diálogo judicial por parte de Venezuela**. In.: SAIZ ARNAIZ, Alejandro (Dir.); ROA ROA, Jorge Ernesto; SOLANES MULLOR, Joan (Coords.). Diálogos Judiciales en el Sistema Interamericano de Derechos Humanos. Valencia: Tirant lo Branch, 2017, p. 531 – 564.

MOREIRA, Thiago Oliveira. **A concretização do direito interamericano dos direitos humanos pela justiça argentina: overruling na Suprema Corte de Justiça da nação**. In: PORTELA, Irene Mª.; GONÇALVES, Rubén Miranda; VEIGA, Fábio da Silva. (Org.). PARADIGMAS DO DIREITO CONSTITUCIONAL ATUAL. 1ed. Barcelos: Instituto Politécnico do Cávado e do Ave, 2017, p. 397-406.

NOVOA CAMPOS, Bruno. **Cuestiones de interés en referencia al "control constitucional" y al "control de convencionalidad" en los procesos constitucionales.** In.: Essentia Iuris, nº. 09, 2016, p. 35 – 45.

PARRA VERA, Oscar. **La independencia Judicial en la Jurisprudencia de la Corte Interamericana de Derechos Humanos. Evolución, Debates y Diálogos.** In.: SAIZ ARNAIZ, Alejandro (Dir.); ROA ROA, Jorge Ernesto; SOLANES MULLOR, Joan (Coords.). Diálogos Judiciales en el Sistema Interamericano de Derechos Humanos. Valencia: Tirant lo Branch, 2017, p. 485 – 530.

PIZZOLO, Calogero. **Una Comunidad de Intérpretes Finales en Materia de Derechos Humanos.** In.: MEZZETTI, Luca; PIZZOLO, Calogero (Coords.). Tribunales supranacionales y tribunales nacionales. T. 1. Buenos Aires: Astrea, 2016.

RAMOS VÁZQUEZ, Eréndira Nohemí. **La Doctrina del Control de Convencionalidad en el Sistema Interamericano: particularidades del caso mexicano.** In.: FLORES SALDAÑA, Antonio (Coord.). Control de Convencionalidad y Decisiones Judiciales. México: Tirant lo Blanch, 2016, p. 301 – 323.

RISSO FERRAND, Martín. **El Control de Convencionalidad.** In.: Revista de Derecho Público, año 25, n. 50, 2016, p. 193 – 201.

ROSARIO RODRÍGUEZ, Marcos del. **De la Supremacía Constitucional a la Supremacía de Convencionalidad: la nueva conformación del bloque de constitucionalidad en México.** In.: FLORES SALDAÑA, Antonio (Coord.). Control de Convencionalidad y Decisiones Judiciales. México: Tirant lo Blanch, 2016, p. 347 – 369.

SAGÜÉS, Nestor Pedro. **El Control de Convencionalidad en Argentina. ¿Ante las Puertas de la "Constitución Convencionalizada"?** In.: CRUZ, Fabricio Bittencourt da; DUARTE, Fabiane Pereira de Oliveira; JARDIN, Tarciso Dal Maso (Coords). **Controle de Convencionalidade.** Brasília: CNJ, 2016, p. 107 – 121.

SAIZ ARNAIZ, Alejandro (Dir.); ROA ROA, Jorge Ernesto; SOLANES MULLOR, Joan (Coords.). **Diálogos Judiciales en el Sistema Interamericano de Derechos Humanos.** Valencia: Tirant lo Branch, 2017.

SÁNCHEZ G., Salvador. **El control de convencionalidad en Panamá.** In.: BECERRA R., José de Jesús; MEJÍA R., Joaquín A; FLORES, Rogelio (Coords.). El control de convencionalidad en México, Centroamérica y Panamá. Tegucigalpa: Casa San Ignacio, 2016, p. 194 – 223.

SANTOFIMIO GAMBOA, Jaime Orlando. **El Concepto de Convencionalidad. Vicisitudes para su Construcción Sustancial en el Sistema Interamericano de Derechos Humanos: ideas fuerza rectoras.** Bogotá: Universidad Externado de Colombia, 2017.

TORRES ZÚÑIGA, Natalia. **Control de Normas Constitucionales por la Corte Interamericana de Derechos Humanos: subsidiariedade, deferencia e impacto en la teoría del cambio constitucional.** In.: SAIZ ARNAIZ, Alejandro (Dir.); ROA ROA, Jorge Ernesto; SOLANES MULLOR, Joan (Coords.). Diálogos Judiciales en el Sistema Interamericano de Derechos Humanos. Valencia: Tirant lo Branch, 2017, p. 89 – 126.

A NECESSIDADE DA IMPLEMENTAÇÃO DO CONTROLE DE CONVENCIONALIDADE NO DIREITO GUINEENSE

Mamadu Seidi[1]

INTRODUÇÃO

A globalização teve e tem um enorme impacto na humanidade. Mas, talvez o maior deles tenha sido a radical relativização do princípio da restrição das fronteiras nacionais, permitindo a circulação das pessoas no espaço territorial de forma menos desimpedida possível. A ideia de que todos nós somos cidadãos do mundo, habitantes do planeta terra vence o nacionalismo exacerbado, que por muito tempo hostiliza os estrangeiros em suas nações.

Essa evolução rompeu com a tese estatocêntrica do direito internacional[2], atribuindo ao indivíduo a posição central nesse ramo da ciência jurídica. Com essas mudanças, consolidou-se a ideia de que as pessoas são também sujeitos de direito e deveres no âmbito global.

A nova realidade pressupõe a cooperação entre o direito interno e direito internacional como forma de garantir a máxima eficácia e efetividade dos direitos individuais. Daí a necessidade de os Estados adequarem as suas normas internas aos compromissos assumidos internacionalmente, qual seja, garantir os direitos humanos. O instrumento idôneo para realizar essa adequação é justamente o controle de convencionalidade, pois através dele seria possível afastar da ordem jurídica nacional

---

1. Mestre em Ciências Jurídicas pelo Centro de Ciências Jurídicas da Universidade Federal da Paraíba. Graduado em Direito Pela Universidade Federal do Rio Grande do Norte.
2. Segundo a qual o direito internacional é o conjunto de regras escritas e não escritas que regem as relações dos Estados. Os indivíduos são sujeitos do direito internacional.

os preceitos incompatíveis com as convenções internacionais dos direitos humanos.

Não obstante, os Estados africanos parecem não acompanhar essa evolução, reflexo da sua pouca cultura jurídica em matéria do direito internacional. Apesar de elaborarem um documento muito rico de conteúdo em direitos humanos, padecem de capacidade e vontade de cumpri--lo, receosos de que esse gesto viole as soberanias. A Guiné Bissau[3]não é uma exceção, pois nesse país a aplicabilidade das convenções dos direitos humanos está longe de se tornar uma realidade.

Com essas considerações, o presente trata da necessidade e relevância de implementação do controle de convencionalidade dos direitos humanos na Guiné Bissau. Para tanto, o trabalho inicia analisando a posição do país face ao sistema internacional de proteção dos direitos humanos, com o objetivo de apurar as obrigações assumidas internacionalmente neste sentido. Em seguida, avança ao analisar a relação do direito doméstico guineense com o direito internacional dos direitos humanos, a fim de demonstrar qual o valor desse *corpus juris* na hierarquia das fontes do direito interno. Logo após, faz uma ponte entre o Poder Judiciário, direitos humanos e controle de convencionalidade. Por fim, é feito uma análise do papel do Supremo Tribunal de Justiça e sua omissão em realizar o controle de convencionalidade.

1. A GUINE BISSAU PERANTE O SISTEMA INTERNACIONAL DE PROTEÇÃO DOS DIREITOS HUMANOS

É perfeitamente sabido que o surgimento da Organização das Nações Unidas e as declarações dos direitos do século XX foram responsáveis pela migração dos direitos humanos do âmbito local para a esfera global. Um tema que até então era abordado exclusivamente pelos Estados passou a suscitar o interesse da comunidade internacional, que evocou para si a função de proteger a dignidade humana. Com essas transformações, nasce o sistema internacional de proteção dos direitos humanos, conhecido também como sistema da ONU.

---

3. A República da Guiné-Bissau fica situada na costa ocidental da África, fazendo fronteira com Senegal, ao Norte, e Guiné Conacri, ao Sul. Possui uma superfície total de 36.125 km²; e uma população de, aproximadamente, 1.900.000 habitante. De colónia portuguesa, tornou-se oficialmente independente em 24 de Setembro1974, na ocasião, reconhecida pela Organização das Nações Unidas (ONU) como tal, mesmo contra a vontade de Portugal.

O sistema da ONU conta com auxílio de três sistemas regionais (europeu, interamericano e africano) que desempenham um papel fundamental na proteção dos direitos humanos, na medida em que abordam melhor as questões especificas, sobretudo aqueles relacionadas as vicissitudes socioculturais das respectivas regiões.

A República da Guiné Bissau como membro da comunidade internacional abraçou a causa na sequência da proclamação da sua independência no ano de 1973. Na verdade, após ter a sua capacidade jurídica reconhecida no âmbito global em 1975, a primeira providência tomada pelo país foi assinar os documentos e integrar ao sistema internacional e regional africano de proteção dos direitos humanos.

Na qualidade do sujeito de direito e deveres a nível internacional, e com o escopo de reafirmar o seu compromisso de zelar pelos os direitos humanos, a Guiné Bissau assinou a Declaração Universal dos Direitos Humanos; Pacto Internacional dos Direitos Civis e Políticos; Pacto Internacional dos Direitos Econômicos, Sociais e Culturais; Convenção para a Eliminação de todas as Formas de Discriminação contra mulher e Convenção relativa à Direito de Criança e Adolescentes. No mais, se submete aos mecanismos de monitoramento dos referidos documentos, enviando anualmente o seu relatório à Comissão dos Direitos da ONU, em que pese o não cumprimento das recomendações desse órgão na sua integralidade, em função das limitações materiais do país.

No contexto regional, ratificou a Carta Africana dos Direitos Humanos e dos Povos, aprovada em Nairóbi, capital do Quênia, em junho de 1981. Trata-se de um documento inédito, na medida em que foi o primeiro a reconhecer expressamente que os povos também são titulares dos direitos humanos. Até então, o povo apenas tinha o direito de autodeterminação, assegurado pelo art. 1º do Pacto Internacional dos Direitos Civis e Políticos. A Carta Africana, por sua vez, ampliou esse rol, garantindo o direito de autodeterminação enquanto povo; a livre disposição de sua riqueza e recursos naturais, direito ao desenvolvimento, a paz e a segurança, bem como a preservação de um meio ambiente sadio[4].

Outra questão merecedora de destaque na Carta é a sua preocupação em espelhar e preservar os valores culturais (os valores tribais com corolário da carta, a disposição não só dos direitos, mas dos deveres dos

---

4. COMPARATO, Fabio Konder. Afirmação Histórica dos Direitos Humanos.6. ed. São Paulo: saraiva, 2008,p.395.

deveres individuais para com grupo familiar, afirmação conceitual do povo com titular de direito, especialmente no que toca a independência e autodeterminação do povo africano) que permearam toda formação histórica da África[5].

Todavia, a grande inovação da Carta Africana foi, indubitavelmente, a sua forma holística de apresentar os direitos, acatando assim a recomendação da Declaração Universal de Direitos Humanos de 1948. "A Carta não distingue a natureza dos direitos, atribui-lhes igual força jurídica e submetem-os todos à "jurisdição", ou melhor, ao controlo da Comissão Africana dos Direitos do Homem"[6]. Em outras palavras, "adota uma visão necessariamente integral ou holística dos direitos humanos, tomados todos em seu conjunto, seguindo com fidelidade o legado da Declaração Universal de 1948"[7].

A Guiné Bissau ainda é signatária do Protocolo Facultativo da Comunidade Econômica dos Estados da África Ocidental (CEDAO) de 2000; Protocolo da Carta Africana dos Direitos Humanos e dos Povos relativo à Direito das Mulheres em África, conhecidos como protocolo de Maputo[8].

A Constituição da Guiné Bissau ao concretizar os preceitos das convenções de que é parte assegura expressamente que todos são iguais perante a lei, gozam dos mesmos direitos e estão sujeitos aos mesmos deveres, sem distinção de raça, sexo, nível social, intelectual ou cultural (CRGB, Art.24). Para cumprir esse comando constitucional, o constituinte originário abriu a possibilidade de recepção de novos direitos, estabelecendo que os direitos constitucionalmente consagrados não eliminam os demais previstos nas leis ordinárias ou nos tratados internacionais dos direitos humanos (Art.29).

---

5. BARROS, Marinana;BRANT, Leonardo;PEREIRA, Luciana. O Sistema Africano de Proteção dos Direitos Humanos e dos Povos. Disponível em:<< http://www.dhnet.org.br/direitos/sip/africa/ua_brant_sistema_africano_leonardo_nemer_caldeira_brant.pdf>>. Acesso em 20. Fev.2017.
6. PIRES MARIA, José Morais. Carta Africana dos Direitos Humanos e dos Povos. Disponível em:<< http://www.gddc.pt/actividade-editorial/pdfs-publicacoes/7980-b.pdf>>. Acesso em: 20. Fev.2017.
7. PIRES MARIA, José Morais. Carta Africana dos Direitos Humanos e dos Povos. Disponível em:<< http://www.gddc.pt/actividade-editorial/pdfs-publicacoes/7980-b.pdf>>. Acesso em: 20. Fev.2017
8. Dada a limitação do presente trabalho não é possível mencionar aqui todos os tratados ratificados pela Guiné Bissau. A lista de todos os tratados ratificados pelo país encontram-se no neste site: <<http://www.anpguinebissau.org/leis/tratados-e-acordos-internacionais.>>

Destarte, diversas leis ordinárias foram editadas sobre o assunto, dentre as quais se destacam a Lei nº 14/2011, que proíbe a mutilação genital feminina; Lei de 02 de agosto de 2013, que criminaliza a violência doméstica. O próprio código civil, no capitulo (Livro IV- Do Direito de Família) dedicado ao direito de família e sucessão, decreta a nulidade do casamento realizado com menor idade (prática corriqueira no interior do país), sob a justificativa de que essa pratica promovida pelo próprio núcleo familiar da criança atenta contra os direitos humanos[9].

Portanto, quer através da Constituição ou dos tratados internacionais, a Guiné Bissau está vinculada no plano global e regional aos principais documentos de proteção dos direitos humanos. Ademais, se submete aos seus mecanismos periódicos de monitoramento e avaliação. A nível universal tem enviado regularmente o seu relatório à Comissão dos Direito Humanos da ONU[10]·. Não há nenhum registro de envio de relatório à Comissão Africana dos Direitos Humanos. Isso dificulta a comparação das avaliações dos dois sistema e, conseguintemente, ter uma noção sobre as eventuais diferenças[11].

2. A RELAÇÃO DO DIREITO GUINEENSE COM O DIREITO INTERNACIONAL DOS DIREITOS HUMANOS

O direito internacional em geral não constitui algo estranho à realidade jurídica da Guiné Bissau, mas também não é recebido com muita simpatia no ordenamento jurídico desse país. A eficácia das suas normas é extremamente limitada pelo direito interno, o que minimiza sobremaneira a sua importância para a solução dos conflitos da nação e da sua população.

A Constituição guineense é obscura, contraditória e sobremodo conservadora no que toca à matéria do direito internacional. Declara no art. 18º que a Guiné Bissau estabelece e desenvolve as suas relações com

---

9. MONTEIRO, Nancy. O direito Internacional e a Proteção Integral da Criança e Adolescente: A RealidadeJurídicaeSocialdaGuinéBissau.Disponivelem:<<https://repositorio.ufsc.br/bitstream/handle/123456789/135797/335644.pdf?sequence=1&isAllowed=y>>. Acesso em: 05.Jun.2017.

10. Esses relatórios são elaborados pela Liga Guineense dos Direitos Humanos, um órgão criado Pelo Estado guineense com apoio das Nações Unidas.O seu relatório estão disponíveis nesse <<link:http://www.lgdh.org/p/relatorios.html>>

11. CO, Pedro Rosa. Tópicos para uma Estratégia Nacional dos Direitos Humanos na Guiné-Bissau. Disponível em:<<http://www.lgdh.org/2017/03/topicos-para-uma-estrategia-nacional.html>>.acesso em:05. Jun.2017.

outras nações na base do direito internacional e dos princípios da independência nacional, igualdade entre os Estados, não ingerência nos assuntos internos, reciprocidade das vantagens, coexistência pacífica e do não alinhamento. O parágrafo 2º do mesmo dispositivo determina que a solução pacifica dos conflitos internacionais deve ser prioridade do Estado, conjugando esforços a fim de que seja possível consolidar a paz, justiça e uma nova ordem econômica internacional.

Como pode se observar, são parcas referências feitas ao direito internacional na Carta Magna guineense. Porém, essa restrição em relação às normas internacionais é absolutamente compreensível, pois trata-se de uma Constituição elaborada na aurora dos anos 80, pouco tempo após a conquista da independência nacional. Nessa época, o objetivo era fortalecer a soberania e, consequentemente, consolidar politicamente a nação, razão pela qual o constituinte originário optou pelo conservadorismo exacerbado.

Além da tímida abertura, a Lei Maior guineense não é clara sobre a forma como se daria a relação entre o direito doméstico com o direito internacional. Suscita grandes dúvidas a respeito do procedimento de incorporação das normas internacionais na ordem jurídica interna. Dispõe no art. 100º que o poder executivo enquanto órgão responsável pela administração dos interesses da nação deve negociar e celebrar os acordos internacionais. Por sua vez, no art. 85º diz que cabe a Assembleia Nacional Popular (Câmara dos Deputados) aprovar ou rejeitar os tratados. Por fim, ao Presidente da República é reservado a competência de ratifica-los.

Deste modo, é possível concluir que a incorporação dos tratados internacionais no direito guineense ocorre da seguinte forma: o governo após celebrar o acordo, submete-o a Assembleia Nacional para aprovação ou rejeição. Uma vez aprovada, é encaminhado ao Presidente para a ratificação[12].

A força normativa do direito internacional na ordem jurídica guineense é outro assunto que gera um grande problema. A Constituição é obscura e contraditória no sobre a exata posição dos tratados internacionais na hierarquia das fontes do direito doméstico. Não admite a suasupralegalidade e muito menos a constitucionalidade delas. É impe-

---

12. OLIVEIRA, Felipe Falcão. A aplicação do Direito Internacional Público nos Direitos de Língua Portuguesa.Disponivelem:<http://dipdlp.cedis.fd.unl.pt/wpcontent/uploads/2016/03/Question%C3%A1rio.GB_.pdf>>. Acesso em: 04.Jun.2017.

rioso reiterar que o artigo 18º dispõe que a relação do Estado guineense com outras nações deve se dar na base do direito internacional. Todavia, a interpretação do dispositivo em comento não oferece segurança para afirmar categoricamente que há uma abertura constitucional no sentido de elevar as normas internacionais ao mesmo grau hierárquico da Constituição. Em verdade, ainda que seja feita uma interpretação sistemática não será possível corrigir as deficiências constitucionais a respeito.

Perante a esse cenário, a Constituição elimina qualquer possibilidade de unidade do direito interno e internacional comum, determinando expressamente a não aplicação das normas incompatíveis com as disposições e princípios constitucionais, conforme o art.126. Essa posição é reforçada pelo art. 8º, que estabelece que o Estado obedece a Constituição e que as demais normas devem buscar a sua validade a partir dela, deixando claro que a soberania constitui o fundamento da nação e reside no povo, desenvolvendo a sua relação com base no princípio da independência nacional, igualdade entre os Estados[13].

Não obstante, em matéria do direito internacional dos direitos humanos, a realidade é diferente, pois o constituinte originário deixou o conservadorismo um pouco de lado. Houve uma flexibilização que permite deduzir que as convenções dos direitos humanos gozam de primazia sobre o direito ordinário guineense. Ao tratar do assunto Jorge Bacelar Gouveia "aponta o entendimento implícito assumido pela Constituição guineense no sentido da supralegalidade do Direito Internacional"[14].

De fato, o art. 29º da Constituição ao estabelecer que os direitos nela consagrados não exclui os demais previstos em leis ordinárias ou nos tratados internacionais e que as normas constitucionais relativas aos direitos fundamentais devem ser interpretadas em consonância com a Declaração Universal dos Direitos Humanos, oferece argumentos para justificar essa afirmação, dissipando todas as dúvidas que poderiam surgir a respeito dessa questão.

---

13. VALDEZ, Alassana. Aplicabilidade das Normas do Tratado do Direito Internacional no Direito Comercial: Caso da OHADA no Ordenamento Jurídico Guineense. Disponível em:<<http://www.repositorio.ufba.br:8080/ri/bitstream/ri/10707/1/Alassana.pdf>..acesso em : 07.Jun.2017.
14. Jorge Bacelar Gouveia. Apud. OLIVEIRA, Felipe Falcão. A aplicação do Direito Internacional PúbliconosDireitosdeLínguaPortuguesa.Disponivelem:<http://dipdlp.cedis.fd.unl.pt/wp-content/uploads/2016/03/Question%C3%A1rio.GB_.pdf>>. Acesso em: 04.Jun.2017.

Em vista do acima exposto, é possível afirmar que implicitamente a Constituição no mínimo atribuiu as convenções dos direitos humanos o status de normas constitucionais. Neste sublinhado, menciono, por sinal, o entendimento de Lingna N'Quelim[15], segundo o qual a Carta Magna Guineense, em seu art.29 constitucionalizou o direito internacional dos direitos dos homens, recebendo-as plena e automaticamente na ordem jurídica interna. Neste sentido, o autor tela defende que as normas internacionais podem acarretar a inconstitucionalidade do direito ordinário. Na mesma linha de pensamento, Pedro Rosa Có[16] destaca a especial força jurídica das normas internacionais relativas aos direitos humanos no ordenamento jurídico guineense.

Os autores supramencionados entendem que o direito interno guineense deveria ser submetido a um duplo processo de compatibilização material antes de entrar em vigor na ordem jurídica guineense. Isto porque as normas internas ocupam uma posição inferior em relação ao direito internacional dos direitos do homem na hierarquia das fontes do direito doméstico.

A Constituição ao ampliar o seu rol dos direitos fundamentais permitindo a inclusão de novos direitos demonstra que não detém pretensão de completude. Ou seja, por reconhecer a sua incompletude abriu a possiblidade de recepção de outros direitos que não provem de fontes constitucionais. Isso reflete a preocupação do constituinte originário em reforçar a proteção dos direitos humanos reconhecidos no âmbito internacional. Tal proteção apenas seria efetivo se esses direitos alcançassem o mesmo grau dos direitos materiais e formalmente declarados na Carta Magna, blindados contra o poder reformador e munidos de aplicabilidade imediata. Não fosse essa a real intenção do constituinte, chamar tais direitos de fundamentais não faria menor sentido[17].

---

15. Ligna N,quelim.apud. OLIVEIRA, Felipe Falcão. A aplicação do Direito Internacional Público nos DireitosdeLínguaPortuguesa.Disponivelem:<http://dipdlp.cedis.fd.unl.pt/wpcontent/uploads/2016/03/Question%C3%A1rio.GB_.pdf>>. Acesso em: 04.Jun.2017.

16. Pedro Rosa Có. Apud.OLIVEIRA, Felipe Falcão. A aplicação do Direito Internacional Público nos DireitosdeLínguaPortuguesa.Disponivelem:<http://dipdlp.cedis.fd.unl.pt/wpcontent/uploads/2016/03/Question%C3%A1rio.GB_.pdf>>. Acesso em: 04.Jun.2017.

17. WILLIAM CESAR, Nonato Costa Da. A hierarquia dos Tratados Internacionais de Direitos Humanos no Ordenamento Jurídico brasileiro sob a ótica do Neoconstitucionalismo. Disponivel em:<http://www.ambitojuridico.com.br/site/index.php?n_link=revista_artigos_leitura&artigo_id=6828>. Acesso em: 09.Jun.2017.

3. O PODER JUDICIÁRIO GUINEENSE, DIREITOS HUMANOS E CONTROLE DE CONVENCIONALIDADE

Primeiramente, faz-se necessário, falar, ainda que em linhas sucintas, da organização judiciaria guineense. Considero abordagem desse assunto fundamental para compressão da relação do Poder Judiciário com os direitos humanos e controle de convencionalidade.

A República da Guiné Bissau não é uma federação, mas sim Estado unitário. Não admite a descentralização do poder político, o qual se concentra em um único órgão (Estado Nacional). Consequentemente, o Poder Judiciário é uno, pois não comporta a divisão em órgãos de justiça estadual e federal, como acontece no Brasil. Isto é, a justiça guineense é nacional.

O sistema de justiça guineense compreende duplo grau de jurisdição. O topo da hierarquia dos tribunais é ocupado pelo Supremo Tribunal de Justiça, sediada na capital Bissau, mas com a jurisdição em todo o território nacional. "[...]Funciona como a última instância de recurso entre as diversas categorias dos tribunais[...]"[18]. Na segunda instância, tem-se os chamados Tribunais de Círculo. Esses órgãos, fazendo uma comparação seriam equivalentes aos Tribunais de Justiça brasileiro na esfera estadual e Tribunais Regionais Federais no âmbito federal. O primeiro grau é composto por Tribunais Regionais[19].Fazem parte também da organização judiciaria os tribunais de pequenas causas denominados de Tribunais de Setor, semelhantes aos juizados especiais brasileiros.

Não há um Tribunal Constitucional na Guiné Bissau. O Supremo Tribunal de Justiça acumula as suas competências típicas com a de Corte Constitucional. O sistema de apreciação de constitucionalidade é concentrado. Porém, o modo de fiscalização é concreto ou incidental, na medida em que a arguição de inconstitucionalidade de uma norma é condicionada ao momento da sua aplicação ao caso concreto. Levantada a questão da (in)constitucionalidade, suspende-se o processo, remetendo os autos do incidente em aparatado a Suprema Corte, que o decidirá em plenário e cujas as decisões vinculam a todos os órgãos do poder judi-

---

18. Conferência das Jurisdições Constitucionais dos Países de Língua Portuguesa. Disponível em:<<http://www2.stf.jus.br/cjcplp/1assembleia/pdfs/GuineBissau.pdf>>. Acesso em: 06.Jun.2017.
19. Diferentemente do Brasil, o primeiro grau da justiça guineense é composto por um tribunal, ou seja, colegiado de três juízes e não de um juiz singular.

ciário[20]. Os legitimados para suscitar a inconstitucionalidade são: juiz de causa (que deve se abster de aplicar uma norma se entender que fere a constituição), o Ministério Público e qualquer das partes interessadas[21].

A Constituição guineense no capítulo dedicado ao Poder Judiciário conferiu aos tribunais o status de órgão de soberania, incumbindo-lhes a função de proteger os direitos individuais. Essa tarefa não se resume apenas nas decisões que proferem no julgamentos dos casos concretos que lhe são submetidos, mas também consiste em fiscalizar os outros poderes quanto aplicação das normas dos direitos humanos, exigindo--lhes o comprimento dos deveres assumidos na esfera internacional. Isso demonstra que a justiça é um pilar da democracia, situando-se como a última trincheira da cidadania, servindo de amparo aos indivíduos que se sentiram ameaçados ou lesados em seu direito[22].

Destarte, o direitos humanos ocupam um lugar privilegiado no ordenamento jurídico, vinculando a todos os poderes públicos bem como os agentes privados. Assim sendo, uma norma só será aplicada a um caso concreto se estiver conforme os direitos humanos. Logo, diante de uma norma que admite várias interpretações, deve o interprete seguir aquela que melhor se compatibilize com esses direitos[23].

Daí a necessidade e relevância do controle de convencionalide, pois é um instrumento adequado para verificar a compatibilidade conven-

---

20. FERREIRA MOREIRA, Atila Djawara. Normas Constitucionais Programáticas na Ordem Jurídica Guineense.Disponível em<<https://repositorio.ufba.br/ri/bitstream/ri/9280/1/%C3%81TILA%20DJAWARA%20MOREIRA%20FERREIRA%20%20disserta%C3%A7%C3%A3o.pdf>>. Acesso em: 06.Jun.2017.

21. Como se vê, o rol dos legitimados para suscitar a inconstitucionalidade é muito restrito, porque só se admite discutir a questão constitucional quando se tem um caso concreto. É sobremodo absurdo a não adoção do sistema difuso de controle de constitucionalidade, permitindo que o juiz competente para julgar o caso concreto ser também para questões constitucionais. O condicionamento da suscitação da inconstitucionalidade a aplicação da norma ao caso concreto, compromete seriamente a duração razoável do processo, porque o juiz é obrigado a sustar o processo, até que a questão constitucional seja julgada pelo o Suprema Corte, o que demora muito dada a carga do trabalho que este órgão possui. O procedimento controle de constitucionalize guineense é ilógico, pois o sistema é concentrado, mas o momento de aplicação incidental. Isso tem reflexos sobre o Controle de Convencionalidade.

22. A Constituição da República da Guiné Bissau em seu artigo 32 garante a todos o direito de recorrer aos órgãos jurisdicionais para invocarem a intervenção judicial contra os atos que ofendem o seus direitos assegurados na Carta Magna, bem como nas leis infraconstitucionais. O mesmo dispositivo constitucional proclama ainda que a prestação jurisdicional não pode ser negada,por falta de capacidade econômica daquele que a invoca.

23. RAMOS, André de Carvalho. Curso dos Direitos Humanos. 3 ed. São Paulo: Saraiva:2016, p.102.

cional das normas do direito doméstico. Agora, o respeito a Constituição mostra-se insuficiente atribuir uma norma a validade no território nacional, necessitando igualmente se conformar as convenções dos direitos humanos que vigoram no país. E, seria o Poder Judiciário nacional a exercer esse controle de Convencionalidade. Isso permitiria atender os compromissos assumidos na esfera internacional pelo o Estado, que os impõe deveres internacionalmente, mas com consequências práticas no âmbito interno[24].

4. O SUPREMO TRIBUNAL DE JUSTIÇA GUINEENSE E O CONTROLE DE CONVENCIONALIDADE

Pela leitura da Constituição da Guiné Bissau infere-se que as normas do direito ordinário guineense para terem validade no território nacional deveriam passar por dois processos de verificação de compatibilidade material. Ou seja, "devem respeitar a Carta Magna e as convenções dos direitos humanos assinados e ratificados pelo país"[25]. Desse modo, caberia aos tribunais nacionais verificar a conformidade constitucional e convencional do direito doméstico, posto que a fiscalização da constitucionalidade e convencionalidade são dois institutos que tratam de controle sobre a lei.

De acordo com o art. 126º da Constituição guineense, o Supremo Tribunal de Justiça é único órgão competente para exercer o controle de constitucionalidade. Os demais tribunais que compõem o Poder Judiciário não podem determinar o afastamento de uma norma do ordenamento jurídico, com base na sua inconstitucionalidade, cabendo-lhe apenas remeter a questão a título incidental a Suprema Corte.

Frente as asserções acima expostas, faço a seguinte conjectura: deveria ser o Supremo Tribunal de Justiça guineense a realizar controle de convencionalidade, nos mesmos moldes do controle de constitucionalidade, adaptando as normas do direito doméstico aos compromissos assumidos pelo Estado a nível internacional.

Em que pese abertura constitucional à possibilidade de implementação do controle de convencionalidade no direito interno, o Supremo

---

24. MAZZUOLI VALERIO, Oliveira De. Controle de Convencionalidade no Brasil.in MARINONI, Guilherme Luiz; MAZOULLI VALERIO, Oliveira De. Controle de Convencionalidade: Um Panorama Latino Americano: Brasil, Argentina, Chile, México, Peru, Uruguai. 1. ed. Brasília, DF: 2013, p.31-33.
25. Ibid.p.38.

Tribunal de Justiça caminha no sentido oposto. Raramente, faz menção as convenções dos direitos humanos assinados pelo Estado em seus julgamentos. Na verdade, é de praxe dessa instituição não se valer do direito internacional dos direitos humanos como meio de resolução dos litígios que lhe é submetido, ignorando consideravelmente a utilidade desse ramo do direito. No entanto, esse não é um problema exclusivo da Corte Constitucional, mas sim de comunidade jurídica guineense no seu todo.

Na Guine Bissau ainda prevalece a remota mentalidade de que as convenções internacionais padecem de força normativa, ao fundamento de que tratam-se apenas de meros compromissos políticos firmados pelos seus signatários. A esse fato se deve ao não conhecimento das normas internacionais pelos aplicadores do direito guineense, como aponta a relatora especial da ONU para os Direitos Humanos, Monica Pinto, na visita feita a Guiné-Bissau em 2015. É ainda menos compreensível no seio dos atores políticos e juristas de que as decisões dos órgãos internacionais possam usufruir da primazia sobre o direito interno, sob a justificativa de isso constituiria uma manifesta violação da soberania nacional[26].

Sem qualquer exagero há um desconhecimento generalizado por parte dos juízes guineenses das convenções internacionais dos direitos humanos e sua importância para afirmação do Estado Democrático de Direito[27], razão pela qual privilegiam o direito doméstico. Essa situação, naturalmente, [...]gera prejuízo ao jurisdicionado que permanece desamparado frente às investidas do direito infraconstitucional"[28].

Há várias situações que oferecem argumentos para justificar a afirmação de que os juízes nacionais privilegiam o direito interno em detrimento dos tratados internacionais dos direitos humanos, como bem explica Yulgan LIRA[29], nos termos seguintes:

---

26. OLIVEIRA, Felipe Falcão. A aplicação do Direito Internacional Público nos Direitos de Língua Portuguesa.Disponivelem:<http://dipdlp.cedis.fd.unl.pt/wpcontent/uploads/2016/03/Question%C3%A1rio.GB_.pdf>>. Acesso em: 04.Jun.2017.

27. A relatora especial da ONU para os direitos humanos, Monica Pinto, na visita realizada a Guiné- Bissau em 2015, afirma em seu relatório, que a justiça nacional depara com problemas de aplicação dos tratados internacionais. Sustenta ainda a necessidade de garantir a independência do poder judiciário, bem como as garantias de um processo e julgamento justo e o acesso à justiça.

28. TENNO, Yulgan. Controle de Convencionalidade: A Tutela Coletiva dos Tratados Internacionais dos Direitos Humanos. João Pessoa: Ideia, 2016, p.82.

29. Ibid. p.82.

Não são poucos os exemplos de situações jurídicas regulamentadas por THDI que são inferiorizadas diante da lei, os quais permanecem sendo postos de lado pelos aplicadores do direito, apesar do seu inequívoco posicionamento privilegiado no ordenamento jurídico pátrio.

Neste sentido, cito a patente violação do direito ao silêncio e de não produzir prova contra si no sistema processual penal guineense. De acordo com o art. 61 do Código de Processo Penal "o direito ao silêncio estaria assegurado quanto ao interrogatório de mérito (sobre os fatos imputados) e não quanto o interrogatório de qualificação (sobre a pessoa do arguido)"[30]. Ou seja, o acusado apenas pode silenciar-se sobre os fatos, devendo responder e com verdade as perguntas a respeito dos seus elementos da identificação pessoal, bem como informar os antecedentes criminais. Além disso, deve "sujeitar-se as diligências de provas necessárias a investigação e ao julgamento, conforme o art. 62, da lei processual.

O constituinte originário guineense nada assinala a respeito do direito ao silêncio. Porem, "[...] a falta da enunciação expressa..., não impede o reconhecimento da dignidade constitucional do instituto"[31]. Em que pese a omissão, o direito de ficar calado é reconhecido expressamente na Declaração Universal dos Direitos Humanos[32], Pacto Internacional dos Direitos Civis e Políticos[33], bem como na Carta Africana dos Direitos Humanos e dos Povos, documentos ratificados pela República da Guiné Bissau.

Esta deficiência constitucional a respeito do direito ao silêncio poderia ser contornada se os juízes nacionais conhecessem e exercessem o controle de convencionalidade, afastando os artigos 61 e 62 da Lei Processual Penal do ordenamento jurídico guineense, com base na sua inconvencionalidade.

Recorde-se que a Constituição guineense foi promulgada após a declaração da independência, com objetivo de afirmação política do Estado. Por isso priorizou a soberania, relegando os interesses individuais

---

30. TROIS NETO, Paulo Mario Canabarro. Direito a Não Auto Incriminação e Direito ao Silêncio. Porto
Alegre: Livraria do Advogado: 2010, p.89.
31. Ibid.p.90.
32. Artigo 11ºToda a pessoa acusada de um acto delituoso presume-se inocente até que a sua culpabilidade fique legalmente provada no decurso de um processo público em que todas as garantias necessárias de defesa lhe sejam asseguradas.
33. Artigo 14º- 3. Durante o processo, toda a pessoa acusada de um delito terá direito, em plena igualdade, às seguintes garantias mínimas:) A não ser obrigada a prestar declarações contra si própria nem a confessar-se culpada.

ao segundo plano, fazendo menção expressa aos direitos humanos de modo superficial. Mas, os tratados internacionais de que o país é parte abordam esses direitos com maior densidade, suprindo as lacunas deixadas pelo constituinte originário.

Portanto, é imprescindível a implementação do controle de convencionalidade para adaptar o direito nacional as convenções celebrados pelo Estado e, consequentemente, cumprir as obrigações assumidas perante o sistema internacional dos direitos humanos. Apenas através desse gesto seria possível conferir uma proteção efetiva de tais direitos em todo o território nacional, contribuindo a enriquecer a cultura jurídica internacional guineense.

CONSIDERAÇÕES FINAIS

A efetividade das normas internacionais de tutela dos direitos humanos ainda está longe de tornar-se uma realidade na Guiné Bissau. Essa entrave é, outrossim, visível nos outros ramos de direito internacional, tornando ainda mais preocupante essa situação.

Há vários fatores que explicam "o porquê" da distância existente entre o Judiciário guineense e direito internacional. A origem do desse ramo da ciência jurídica apresenta elementos que justificam esse *status quo*. Pois, esse *corpus júri* fez, inicialmente, parte da realidade estritamente ocidental, tendo sido reconhecido aos países ditos "protetorados" do imperialismo ocidental a partir das três últimas décadas do século passado[34].

Por outro lado, o direito internacional é o ramo da ciência jurídica mais refinada, haja vista que não se trata de um mero regulador da conduta humana, isto é, o seu uso pressupõe uma certa maturidade política (democracia sólida), jurídica (instituições fortes e independentes) e social (sociedade conscientizada, instruída e homogenia). Essas características são típicas dos países euros-ocidentais e algumas nações do mundo que possuem alto nível de estruturação e pacificação.

O respeito às normas do direito internacional deve-se muito às características supracitadas. Os países que mais violam direitos humanos no mundo carecem de tais elementos, exceto os Estados Unidos que de-

---

34. Ver ANGHIE, Antony. Imperialism, sovereignty and the making of international law. Cambridge Studies in International Comparative Law. Cambridge University Press. United Kingdom, 2004.

manda, uma análise complexa a respeito da sua postura frente às normas de direito internacional dos direitos humanos.

A aderência da Guiné-Bissau e outros países africanos aos documentos internacionais de direitos humanos, no fundo, constituí uma estratégia política da pessoa do governante, e não reflexo da maturidade sociopolítico e jurídica. Isto porque, a adesão implica inclusão e reconhecimento no cenário geopolítico e macroeconômico internacional, tendo os países membros uma série de benefícios e proteções que, em regra, são utilizados pelos governantes para satisfação dos interesses particulares. E isso tem sido uma das maiores causas do enfraquecimento das instituições, mormente o judiciário, em grande parte dos países daquele continente.

Contudo, devemos acreditar que temos a capacidade de transformar a realidade, introduzindo à consciência de que o respeito aos direitos humanos constitui o fim permanente de qualquer nação que pretende ser um Estado Democrático de Direito.

REFERÊNCIAS

BARROS, Marinana; BRANT, Leonardo; PEREIRA, Luciana. **O Sistema Africano de Proteção dos Direitos Humanos e dos Povos.** Disponível em:<< http://www.dhnet.org.br/direitos/sip/africa/ua_brant_sistema_africano_leonardo_nemer_caldeira_brant.pdf>>. Acesso em 20. Fev.2017.

CO, Pedro Rosa. **Tópicos para uma Estratégia Nacional dos Direitos Humanos na Guiné-Bissau.** Disponível em:<< http://www.lgdh.org/2017/03/topicos-para-uma-estrategia-nacional.html>>.acesso em:05. Jun.2017.

COMPARATO, Fabio Konder. **Afirmação Histórica dos Direitos Humanos.** 6. ed. São Paulo: saraiva, 2008.

Conferência das Jurisdições Constitucionais dos Países de Língua Portuguesa. Disponível em:<<http://www2.stf.jus.br/cjcplp/1assembleia/pdfs/GuineBissau.pdf>>. Acesso em: 06.Jun.2017.

FERREIRA MOREIRA, Atila Djawara. **Normas Constitucionais Programáticas na Ordem Jurídica Guineense.** Disponível em<<https://repositorio.ufba.br/ri/bitstream/ri/9280/1/%C3%81TILA%20DJAWARA%20MOREIRA%20FERREIRA%20%20disserta%C3%A7%C3%A3o.pdf>>. Acesso em: 06.Jun.2017.

MARINONI, Guilherme Luiz; MAZOULLI VALERIO, Oliveira De. **Controle de Convencionalidade:** Um Panorama Latino Americano: Brasil, Argentina, Chile, México, Peru, Uruguai. 1. ed. Brasília, DF: 2013.

MONTEIRO, Nancy. **O direito Internacional e a Proteção Integral da Criança e Adolescente**: A Realidade Jurídica e Social da Guiné Bissau. Disponivel em: <<https://repositorio.ufsc.br/bitstream/handle/123456789/135797/335644.pdf?sequence=1&isAllowed=y>>. Acesso em: 05.Jun.2017.

OLIVEIRA, Felipe Falcão. **A aplicação do Direito Internacional Público nos Direitos de Língua Portuguesa.** Disponivel em: <http://dipdlp.cedis.fd.unl.pt/wpcontent/uploads/2016/03/Question%C3%A1rio.GB_.pdf>>. Acesso em: 04.Jun.2017.

PIRES MARIA, José Morais. **Carta Africana dos Direitos Humanos e dos Povos.** Disponível em:<< http://www.gddc.pt/actividade-editorial/pdfs-publicacoes/7980-b.pdf>>. Acesso em: 20. Fev.2017.

RAMOS, André de Carvalho. **Curso dos Direitos Humanos.** 3 ed. São Paulo: Saraiva:2016

LIRA, Yulgan. **Controle de Convencionalidade**: A Tutela Coletiva dos Tratados Internacionais dos Direitos Humanos. João Pessoa: Ideia, 2016.

TROIS NETO, Paulo Mario Canabarro. **Direito a Não Auto Incriminação e Direito ao Silêncio.** Porto Alegre: Livraria do Advogado: 2010.

VALDEZ, Alassana. **Aplicabilidade das Normas do Tratado do Direito Internacional no Direito Comercial**: Caso da OHADA no Ordenamento Jurídico Guineense. Disponívelem:<<http://www.repositorio.ufba.br:8080/ri/bitstream/ri/10707/1/Alassana.pdf>..acesso em : 07.Jun.2017.

WILLIAM CESAR, Nonato Costa Da. **A hierarquia dos Tratados Internacionais de Direitos Humanos no Ordenamento Jurídico brasileiro sob a ótica do Neoconstitucionalismo.** Disponível em: <http://www.ambitojuridico.com.br/site/index.php?n_link=revista_artigos_leitura&artigo_id=6828>. Acesso em: 09.Jun.2017.

PARTE 6
PROPOSTAS DE EFETIVAÇÃO DO CONTROLE DE CONVENCIONALIDADE

CUMPRIMENTO DE MEDIDAS PROVISÓRIAS IMPOSTAS PELA CORTE INTERAMERICANA NO CASO DO COMPLEXO PRISIONAL DO CURADO: DESAFIOS DO MINISTÉRIO PÚBLICO FEDERAL NO CONTROLE DE CONVENCIONALIDADE

Alfredo Carlos Gonzaga Falcão Júnior[1] &
Flavianne Fernanda Bitencourt Nóbrega[2]

INTRODUÇÃO: cooperação extrajudicial, círculos de cumprimento e papel das instituições estatais no controle de convencionalidade

Em junho de 2016, o Ministério Público Federal (MPF) e a Corte Interamericana de Direitos Humanos (IDH) formalizaram memorando de entendimento para intercâmbio de informações, aprimoramento técnico e, por fim, para cooperação e auxílio quanto ao cumprimento de decisões e medidas provisórias da Corte IDH relativas evidentemente ao Brasil. Abriu-se uma clareira de esperanças e dúvidas.[3]

---

1. Procurador da República. Procurador Regional de Direitos do Cidadão – Ministério Público Federal –Pernambuco. Doutorando e Mestre em Direito pela Universidade Federal de Pernambuco.
2. Professora de Teoria Política e do Estado da Faculdade de Direito do Recife - Universidade Federal de Pernambuco. Doutora em Direito pela UFPE, com período sanduíche na Bucerius Law School – Hamburg. Mestre em Direito. Mestre em Ciência Política. Coordenadora do Projeto de extensão universitária e pesquisa-ação "Acesso ao Sistema Interamericano de Proteção aos Direitos Humanos" (Sigproj/MEC- UFPE).
3. MPF e Corte Interamericana de Direitos Humanos assinam documento para troca de informações

Este artigo objetiva demonstrar que, tendo em vista o baixo *enforcement* (Koh, 1999) das decisões da Corte Internacionais no país, a cooperação extrajudicial é um caminho possível a ser construído para se garantir a efetividade ao cumprimento das decisões da Corte Interamericana, reforçando o controle de convencionalidade no Brasil. O trabalho pontua também os desafios que essa missão ainda tem por enfrentar.

As práticas de cooperação entre Corte Internacional e instituição jurídica nacional ainda precisam ser construídas, sem esvaziar a autoridade jurisdicional da Corte, observando sempre a aplicação do princípio *pro homine*, quando envolver a proteção de direitos humanos.

Por isso a necessidade de que entidades da sociedade civil e governamentais nacionais participem como denunciadores e monitorem a implementação das medidas da Corte, formando ampla rede fiscalizadora da qualidade das ações estatais e fortalecendo o controle de convencionalidade.

A articulação entre instituições do Estado, como Ministério Público e defensorias públicas, e clínicas de direitos humanos, muitas delas constituídas no seio de universidades e organizações civis, fortalecem o papel da Corte, são caminhos concretos de reforço estratégico do Sistema Interamericano de Direitos Humanos no Direito doméstico. É de acordo com Ergstrom (2017, p. 1259) a prática do *compliance constituences* – "círculos de cumprimento", em que atores judiciais domésticos podem atuar como canais de implementação interno das normas internacionais de direitos humanos. O autor destaca, por exemplo, a experiência de burocracias do Ministério Público estadual na América Latina, como no Brasil e Argentina, cujo desafio não é ser a favor ou contra o Estado, mas defender os direitos humanos com as ferramentas jurídicas disponíveis, com destaque para o do Sistema Interamericano (Ergstrom, 2017, p.1260).

A situação escolhida é o do complexo prisional do Curado, em Pernambuco, que faz parte de um problema nacional, vivido em outros Estados da federação, a respeito das condições sanitárias e de segurança da população carcerária. A experiência do Ministério Público Federal no Inquérito Civil 1.26.000.002034/2011-38 possibilita pensar numa nova

---

<http://www.mpf.mp.br/pgr/noticias-pgr/mpf-e-corte-interamericana-de-direitos-humanos-assinam-documento-para-troca-de-informacoes,> Acesso em 29.07.17

prática de controle de convencionalidade a partir de medidas provisórias impostas pelas Corte Interamericana de Direitos Humanos.

O Brasil tem a quarta maior população carcerária, com cerca de 607.700 presos – segundo estudos do Ministério da Justiça, divulgados em 2015. Os primeiros são Estados Unidos da América, China e Rússia. Pernambuco ocupa a segunda posição na federação brasileira, com cerca de 32 mil detentos para 11.200 vagas.

O tema suscita o debate sobre a qualidade da política de segurança pública do país. Não é à toa que o assunto chegou na mesa de uma corte internacional de direitos humanos.

Entretanto, o debate neste artigo se restringe a um objeto menor, também de elevada complexidade, que é saber, como a cooperação entre instituições brasileiras, em especial o MPF e Clínica de direitos humanos, e a Corte IDH pode ser feita sem que o uso da jurisdição brasileira esvazie a autoridade do organismo internacional.

Uma das primeiras perguntas a ser feita é qual seria a relevância para a sociedade de manter a autoridade da Corte Internacional, se a justiça brasileira puder resolver o problema social primeiramente levado à referida Corte.

E a nossa resposta é que a cooperação exige equilíbrio, com o fito de manter o interesse no diálogo, sem sobrepor a figura de uma entidade cooperante a outra. Na perspectiva da teoria política sobre jogos de poder, o desafio é construir um estratégia cooperativa em que todos possam ganhar e o cidadão se beneficiar de uma interação institucional entre a justiça local e internacional com resultado socialmente produtivo, em que as decisões, recomendações e padrões de direitos humanos do Sistema Interamericano possam ser implementadas concretamente.

Um cenário contrário a esse equilíbrio eliminaria o importante papel da Corte Interamericana como instância de controle longe das vicissitudes do sistema político nacional, que, muitas vezes, é o protagonista na violação de matérias de direitos humanos.

A par disso, há importantes questões dogmáticas que dizem respeito ao pacto de são José da Costa Rica, em favor do qual o Brasil é signatário, envolvendo respeito a garantias judiciais, à integridade física e moral da pessoa e, sublinhe-se, respeito à autoridade de jurisdição do Tribunal de direito Humanos como instância supralegal em face do sistema judicial brasileiro.

A deferência à Corte, a despeito dos graves problemas orçamentários que ela enfrenta, nas palavras do atual presidente dela, Roberto Caldas, encontra suporte na crescente importância política advinda do resultado das funções do tribunal, como agente promotor de direitos humanos na América Latina.[4]

O sucesso das atividades da Corte se materializa na revisão de julgados nacionais contrários a direitos humanos e na mudança de políticas administrativas em prol de uma melhora qualidade de cidadania. Essa importância é realçada ainda pelo fato de que o Brasil não deixa de ser uma democracia recente, pós ditadura, de modo que a cultura de primazia de direitos humanos ainda está se fortalecendo na academia e na prática jurídica.

Nesse sentido, o Supremo Tribunal Brasileiro (STF) deu aos tratados de direitos humanos importância superior a leis ordinárias[5] e não deixa de reconhecer que a Corte Interamericana exerce importante papel de revisão da jurisprudência nacional. Não como instância superior ao STF em matéria de direito constitucional e direitos humanos, mas como fórum internacional com poder de julgar o Estado Brasileiro.

É uma estratégia política e jurídica, inclusive, que órgãos de luta civil procurem as Cortes Internacionais para que o aparelho governamental tenha maior legitimidade para enfrentar desafios estruturais e o poder político locais, após sinais eloquentes de que os agentes do Estado não têm condições de reunir forças internas para combater males sociais.[6]

Natural, portanto, que temas candentes e plurais – na verdade, velhos conhecidos da estrutura social problemática da América –, cheguem à Corte com maior visibilidade e esperança na resolução de suas chagas.

O tema prisional é recorrente no país, porque vez ou outra se repete com infeliz intensidade em motins carcerários, decorrente de brigas criminosas e insatisfação com as condições dos presídios. Os últimos casos foram de Roraima e Amazonas, que redundaram em promessas de diversas entidades, entre elas a Ordem dos Advogados do Brasil (OAB), de que procurariam a Comissão Interamericana para falar da falência do

---

4. https://jota.info/especiais/jota-entrevista-o-novo-presidente-da-corte-interamericana-de--direitos-humanos-14022016, disponível em 29.07.17.
5. RE 466.343-SP e HC 87.585-TO, ambos do STF.
6. World Development Report. **Governance and the law**. World Bank Group. 2017: p. 83-103.

Estado Brasileiro a respeito da administração do sistema prisional, cujos distúrbios resultam anualmente em centenas de mortes brutais.[7]

1. CASO DO COMPLEXO DO CURADO

Em 2011, a situação de risco à vida e à integridade dos detentos do Complexo do Curado foi denunciada à Comissão Interamericana de Direitos Humanos da Organização dos Estados Americanos (CIDH) pela Pastoral Carcerária de Pernambuco, Serviço Ecumênico de Militância nas Prisões, Pastoral Carcerária Nacional, Justiça Global e Clínica Internacional de Direitos Humanos da Faculdade de Direito da Universidade de Harvard.

A Comissão, naquele mesmo ano, determinou que o Estado Brasileiro adotasse medidas para a proteger a vida, a integridade e saúde dos presos, bem como para aumentar o número de agentes de segurança no presídio e eliminar a figura do "chaveiro". As determinações incluíram também a garantia de atenção médica adequada aos internos, medidas para evitar a transmissão de doenças contagiosas e para a diminuição da superlotação na unidade prisional."[8]

A reportagem acima transcrita sintetiza denuncia que ocorreu à Comissão Interamericana, em julho de 2011, por organismos da sociedade civil (ofício IHRC 08.07.11-2). O trabalho teve base em contínuas observações colhidas em entrevistas e inspeções promovidas pelo Conselho Nacional de Política Criminal e Penitenciária, conforme relatório em 30.03.08.[9]

Rapidamente, a Comissão Interamericana impôs medidas cautelares, para que os problemas relatados na denúncia fossem mitigados; todavia elas não lograram resultados satisfatórios.

Por isso o MPF instaurou inquérito civil (IC) em 2012,[10] com base em peça investigativa originada em agosto de 2011, por força de comu-

---

7. http://politica.estadao.com.br/blogs/fausto-macedo/oab-vai-levar-massacres-de-roraima--e-do-amazonas-a-corte-de-direitos-humanos/, disponível em 29.07.17.
8. http://g1.globo.com/pernambuco/noticia/2016/07/estado-confirma-morte-de-dois-presos-em-tumulto-no-complexo-do-curado.html, disponível em 29.07.17.
9. http://www.justica.gov.br/seus-direitos/politica-penal/cnpcp-1/relatorios-de-inspecao-1/relatorios-de-inspecao, disponível em 29.07.17.
10. IC nº 1.26.000.002034/2011-38, tramita na Procuradoria da República em Pernambuco (PRPE/MPF).

nicado da Procuradoria Federal de Direitos do Cidadão – PFDC, órgão nacional do MPF sobre cidadania –, para acompanhar o cumprimento da decisão da comissão interamericana em favor dos internos do Complexo do Curado (antigo presídio professor Aníbal Bruno).

O inquérito, como peça investigativa exclusiva do MPF, fundada em normativos constitucional, legal e infralegal,[11] deu origem a um Fórum de Acompanhamento das Medidas Provisórias outorgadas pela Corte IDH para monitoramento das melhorias do Complexo prisional, formado pelas mais diversas instâncias com interesse no tema, como as organizações da sociedade civil peticionárias, representantes do Poder Executivo Estadual e Federal, Ministério Público Estadual e Federal, Poder Judiciário Estadual, Defensoria Pública Estadual e Federal, inclusive com a posterior integração do grupo de pesquisa-ação da Universidade Federal de Pernambuco "Acesso ao Sistema Interamericano de Proteção aos Direitos Humanos".

Estabeleceu-se um plano de trabalho para acompanhar a implementação das medidas provisórias impostas pela Corte em 07.10.15 (Segunda Resolução da Corte IDH) e em 18.11.15 (Terceira Resolução da Corte IDH), em razão do descumprimento das medidas cautelares impostas pela Comissão Interamericana.

O plano de trabalho abrange a realização de reuniões periódicas, setoriais e gerais, além de inspeções ao presídio e informes de que as autoridades estão abertas a ouvir denúncias de maus tratos de presos e outras irregularidades.

Os temas cuidam de três grandes eixos, descritos abaixo:

- O primeiro é acerca de questões sanitárias, sobretudo estrutura de equipamento e pessoas para que se evite a transmissão de doenças contagiosas por falta de cuidados básicos com a saúde dos detentos.
- O segundo envolve a situação de superlotação do complexo do Curado, que trata da necessidade de criação de vagas prisionais e da substituição da indigitada "figura do chaveiro", consistente no trabalho de agente penitenciário feito pelos próprios presos, em razão do pouco efetivo de agentes do Estado e também,

---

11. Artigo 129, III, constituição federal, c/c art. 6º, VII, alíneas "a" a "d", da Lei complementar nº 75/93, c/c art. 5º da Resolução CSMPF nº 87/2006, c/c art. 4º da Resolução CNMP nº 23 e outros.

destaque-se, pelo Estado não poder garantir a segurança pessoal de seus próprios funcionários em determinados pontos do presídio. Anote-se que o complexo tem cerca de 6.800 presos para 1.466 vagas, sendo cerca de 2.300 presos em situação provisória.[12] Nesse caos, é conclusivo que, das 386 mortes violentas em 2016, registradas em presídio, Pernambuco ocupa novamente a segunda colocação com quarenta e três mortes.[13]

- Por último, o terceiro eixo trata de medidas de respeito à vida e à integridade pessoal de todos os internos, para evitar, p.ex., a ocorrência de estupros coletivos, muitas vezes, denunciadas como uma espécie de vingança entre os presos ou "singelamente" uma disputa de gênero e cobrança de dívidas. Em 2017, está em fase final a criação de um espaço LGBT no complexo do Curado, para evitar a repetição de casos de estupros contra transsexual, momento no qual muitas vezes há transmissão de HIV e outras doenças contagiosas (assunto foi objeto de denúncia na audiência pública da Corte em setembro de 2015), por falta de cuidado com os presos e de medicamentos preventivos como "coqueteis triplo", que deveriam ser fornecidos após o Estado tomar conhecimento de infortúnios como o caso de estupro.[14]

Em 23 de novembro de 2016, a Corte encaminhou nova Resolução, fazendo um trabalho, essencialmente, de monitoramento das Medidas Provisórias anteriormente determinadas, estabelecendo novas prestações[15] para o Estado brasileiro. Para atender às questões mais urgentes,

---

12. https://cnj.jusbrasil.com.br/noticias/126876685/mutirao-carcerario-do-complexo-do-curado-e-considerado-positivo, disponível em 29.07.17.
13. O massacre em 2017, em Manaus, resultou em 64 mortos. Em PE, http://jconline.ne10.uol.com.br/canal/cidades/geral/noticia/2017/01/12/presidios-de-pernambuco-registraram-43-mortes-em-2016-266697.php, disponível em 29.07.17.
14. O tema foi abordado na mais nova resolução Corte IDH, em novembro de 2016, http://www.corteidh.or.cr/docs/medidas/curado_se_04_por.pdf
15. "1) Informar à Corte sobre as medidas de prevenção e de tratamento de doenças infectocontagiosas adotadas, de forma detalhada e discriminada por mês e por cada unidade do Complexo do Curado;2) Elaborar, dentro de três meses, um Diagnóstico Técnico e um Plano de Contingência de reforma estrutural e redução da superlotação e superpopulação do Complexo, nos termos do Considerando 63; 3) Informar se os Juízes de Execução Penal realizam visitas periódicas ao Complexo Prisional e quais os resultados de tais visitas; 4) Adotar medidas urgentes e necessárias para impedir a presença em poder dos internos de qualquer tipo de arma, objetos e substâncias proibidas dentro do Complexo; 5) Iniciar procedimentos para a contratação de defensores públicos e guardas em número suficiente para cumprir a proporção prevista em normas do CNPCP e garantir a segurança e ordem do Complexo através de

o Estado apresentou, no âmbito do Fórum Permanente de monitoramento do Inquérito Civil do MPF, um "Plano de Contingência de reforma estrutural e de redução da superlotação e superpopulação".

Esse Plano de Contingência[16], então, foi subdividido em quatro eixos, responsáveis por ações que visam enfrentar o cenário de precariedade do Complexo do Curado e a proteção dos direitos fundamentais. São eles:

1. Geração de vagas e realização de transferências para redução da superlotação
2. Melhoria na infraestrutura do Complexo Penitenciário do Curado
3. Revisão Processual e Alternativas ao Encarceramento
4. Garantia de direitos e da integridade física

No que tange à elaboração e implementação do plano de emergência para reduzir a situação de superlotação e superpopulação no Complexo do Curado, os representantes[17] dos beneficiários, em manifestação de 20 de outubro de 2016, trazem uma série de dados que demonstra a violação do Estado quanto ao número de detentos, como o aumento de 575,2% de encarcerados desde 1990, mas ainda não se vê uma verdadeira mudança quanto a isso. Nas três unidades da instituição, 6.460

---

funcionários do Estado, e não através dos chamados "chaveiros"; 6) Adotar medidas específicas para proteger a integridade pessoal e a vida de grupos em situação de vulnerabilidade, em especial os internos com deficiência e LGBTs; 7) Permitir o trabalho de monitoramento por parte dos representantes dos beneficiários e sua entrada no complexo penitenciário sem restrições indevidas ou injustiçadas; 8) Proporcionar a lista de presos alojados no Complexo Penitenciário do Curado, distinguindo entre provisórios e com sentença condenatória transitada em julgado, informando, em cada caso, os delitos pelos quais foram condenados ou indiciados e processados, como também o tempo em que cada um permanece privado de liberdade pela condenação ou pelo respectivo processo." Assunto do Complexo penitenciário do Curado a respeito do Brasil. Medidas Provisórias. Resolução da Corte Interamericana de Direitos Humanos de 23 de Novembro de 2016.

16. INQUÉRITO CIVIL Nº 1.26.000.002034/2011. Diagnóstico e Plano de Contingência do Complexo Prisional do Curado. pp.1980-3018.
17. Clínica Internacional de Direitos Humanos da Universidade de Harvard em conjunto com a Justiça Global, a Pastoral Carcerária de Pernambuco, a Pastoral Carcerária Nacional e o Serviço Ecumênico de Militância nas Prisões (SEMPRI), a qual atende a nota CDH-S/1059, emitida pela Corte em 22 de setembro de 2016. JUSTIÇA GLOBAL et al. Manifestação Dirigida À Corte Interamericana No Quadro das Medidas Provisórias Emitidas em 7 de Outubro de 2015 Relativas ao Caso do Complexo do Curado (REF: CDH-S/1079). 19/09/2017

detentos ocupam um espaço onde deveria haver somente 1.819[18], ou seja, 3,5 vezes a capacidade do local. Ainda, segundo relatório do MNPCT (Mecanismo Nacional de Prevenção e Combate à Tortura), existem 30 presos para cada agente penitenciário, superando o ideal de 5 detentos para cada servidor.

A superlotação reflete, também, no fluxo constante de armas de fogo dentro da unidade. Somente durante o ano de 2016, 40 armas foram apreendidas no Complexo, demonstrando que as medidas que o Estado brasileiro vem tomando não são suficientes para resolver tal questão, em consonância com o disposto na manifestação dos representantes das vítimas. Diversas notícias, datadas dos últimos meses, demonstram a fragilidade dos conflitos armados dentro de penitenciárias. É o caso da morte de Fábio Ferreira de Santana[19], após ser alvejado por tiros dentro do Presídio Juiz Antônio Luís Lins de Barros (PJALLB), em julho de 2017, ou das diversas armas encontradas no Presídio Frei Damião de Bozzano (PFDB)[20], em junho do mesmo ano, após tumulto com morte e feridos.

Esses fatos demonstram, pois, que o Estado não vem cumprindo com o estipulado em suas próprias provisões, a respeito das condições de segurança e de respeito à vida e à integridade pessoal dos internos e demais sujeitos que por ali transitam, e não há provisões de fato de ocorrerem alterações, tendo em vista que a manifestação dos representantes das vítimas demonstra a repetição excessiva e por vezes desnecessária por parte do governo, demonstrando sua ineficiência quanto às questões de direitos humanos no Complexo do Curado.

O anexo II[21], por sua vez, demonstra que a Secretaria da Corte IDH solicitou ao Estado Brasileiro, no dia 25 de outubro de 2016, para que fossem apresentadas informações referentes às mortes (violentas ou naturais)

---

18. JORNAL DO COMMERCIO. Complexo do Curado sob Risco. Recife, PE. 5 jan. 2017; Disponível em < http://jconline.ne10.uol.com.br/canal/cidades/geral/noticia/2017/01/05/complexo--do-curado-sob-risco-265766.php >. Acesso em 19/09/2017.

19. TV JORNAL. Presos Matam Detento a Tiros Dentro do Complexo do Curado. Recife, PE. 12 de jun. de 2017. Disponível em < http://tvjornal.ne10.uol.com.br/noticia/ultimas/2017/07/12/presos-matam-detento-a-tiros-dentro-do-complexo-do-curado-32003.php >. Acesso em 19/09/2017.

20. JC ONLINE. Após tumulto com morte e feridos armas são encontradas no Complexo do Curado. Recife, PE. 26 jun. de 2017. Disponível em <http://jconline.ne10.uol.com.br/canal/cidades/policia/noticia/2017/06/26/apos-tumulto-com-morte-e-feridos-armas-sao-encontradas-no-complexo-do-curado-291816.php>. Acesso em 19/09/2017.

21. CIDH.Medidas Provisórias : Complexo Penitenciário de Curado. San José, 25 de out de 2016. (Ref: CDH-S /1192).

ocorridas no interior do Complexo do Curado, além de informes sobre as denúncias de violências, brigas e uso de armas dentro do Complexo Penitenciário. Porém, a falta de disseminação das atuações estatais dificultam a visualização dos descumprimentos e implementação das medidas.

O anexo III[22], refere-se ao caso emblemático do Presídio Urso Branco supracitado.

Por final, é possível identificar no anexo IV[23] traços de atuações informais de poder baseadas na corrupção dos agentes penitenciários[24] dentro do Complexo do Curado. Tais fatos agravam a situação de violações, colocando todos os servidores em risco, visto que através dessas ações ocorre o contrabando de armas, drogas, celulares, e outros objetos que contribuem para a criminalização do reeducando, dificultando ainda mais a assistência dos servidores.

2. APARENTE SOBREPOSIÇÃO DE INSTÂNCIAS JURÍDICAS E O PAPEL DA COOPERAÇÃO ENTRE INSTÂNCIAS NACIONAIS E A CORTE IDH

Desde a data da denúncia, passaram-se seis anos sem que haja perspectiva para cumprimento satisfatório das medidas, apesar de alguns avanços conquistados.

Na última reunião ocorrida em Recife-PE, em junho de 2016, na Procuradoria da República, com a presença dos juízes da Corte Eduardo Ferrer e Pazmiño Freire, além de outras autoridades nacionais, foi constatado que, de fato, o Estado não estava cumprindo a contento as medidas impostas pela Corte, a despeito das alegações do Estado Brasileiro e do Estado de Pernambuco de que mais de cinquenta por cento do plano de trabalho estava sendo cumprido satisfatoriamente.

---

22. CIDH. Voto Concurrente a La resolucion de La Corte Interamericana de Derechos Humanos sobre medidas provisionales en El caso de La carcel de Urso Branco. San José, 7 de jul. de 2004.
23. Brasil. Inquérito Civil Público nº I nº 1.26.001.000143/2014-53. Ministério Público Federal.
24. Policial militar acusado de participar na tentativa de contrabandear drogas para dentro do Complexo via os depósitos de lixo. Disponível em: http://jc.ne10.uol.com.br/blogs/ronda-jc/2016/10/27/norecife-policial-e-investigado-por-esconder-drogas-em-lixeiras-depresidio/. Acesso em 19/09/2017. Agente penitenciário preso supostamente tentando entrar no presídio com revólver, munições e carregadores de celular escondidos em uma bolsa. Disponível em: http://www.folhape.com.br/noticias/noticias/cotidiano/2016/11/03/NWS,4909,70,449,NOTICIAS,2190-AGENTE-PENITENCIARIO-PRESO-TENTANDO-ENTRAR-COM-ARMA-COMPLEXO-CURADO.aspx. Acesso em 19/09/2017.

Essa argumentação do governo foi contrastada por denúncias de detentos, órgãos civis e até por observações do Conselho Penitenciário Nacional, vinculado ao Ministério da Justiça, no sentido de que problemas graves permaneciam, não obstante houvesse melhoras.

Em inspeção realizada no primeiro semestre de 2017, em 7 de fevereiro de 2017, extremamente exaustiva, que durou uma manhã e tarde, visitando todos os espaços do complexo do Curado, como preparatório para envio das alegações finais escritas pelo governo brasileiro,[25] com ampla participação de setores da Universidade, do MPF e do Estado, além de peticionários – na verdade, representantes da entidade civil que levaram os casos à Corte –, constataram-se que, realmente, deficiências antigas persistiam, a exemplo de áreas dentro do presídio em que havia a figura de "chaveiros", com a passagem de agentes do Estado apenas uma única vez ao dia ou nenhuma, além de espaços insalubres e improvisados com centenas de presos.

Uma última visita ao complexo foi realizada pela Presidente do Supremo Tribunal Federal (STF), em julho de 2017, lá verificou-se a demora de Pernambuco em aplicar os cerca 44 milhões de reais do Fundo Penitenciário Nacional em melhoras consistentes em estrutura e criação de novas vagas prisionais, além de verificar os problemas estruturais do complexo do Curado.

Nesse contexto, veem-se os limites do "amicus curiae" como amigo da Corte, uma vez que a cooperação em fornecer informações deveria também resultar num trabalho propositivo de modificação de realidade no contexto do próprio judiciário brasileiro.[26]

Ao invés disso, porém, o papel relevante de agente que apresenta denúncias e colabora com provas, para que a Corte IDH faça uma avaliação da realidade sem deformações, esgota-se diante de questões que permeiam a omissão do Estado, ao ponto de se confundir com sua própria existência.

Para essas situações, a importância do Direito é testada com conjecturas criativas a título de solução.

---

25. Art. 56 do Regulamento da Corte.
26. Art. 2º, 3, Regulamento da Corte Interamericana. "A expressão "amicus curiae" significa a pessoa ou instituição alheia ao litígio e ao processo que apresenta à Corte fundamentos acerca dos fatos contidos no escrito de submissão do caso ou formula considerações jurídicas sobre a matéria do processo, por meio de um documento ou de uma alegação em audiência."

Órgãos como o Ministério Público Federal e entidades civis poderiam acionar o judiciário nacional, cobrando posturas adequadas do Estado Brasileiro e, utilizando-se, inclusive, da autoridade de um processo judicial internacional, para resolver o problema, ou haveria uma ilegal duplicidade de jurisdição?

Mesmo que o processo apresente fases de sigilo, poderiam entidades e organismos estatais independentes, utilizá-las para buscar melhoras pontuais em favor do problema que a Corte IDH julga?

Qual a relação de um órgão como MPF, constitucionalmente independente em face dos poderes da república, em relação a um processo internacional? Há um dever de respeito silencioso durante a tramitação do processo, no máximo com uso de medidas cooperativas extrajudiciais, ou poderia também acionar o judiciário nacional, buscando a resolução completa ou parcial do problema? E, quanto ao processo jurídico internacional, o MPF deve postular o papel de "amicus curiae", de observador anômalo (à míngua de previsão legal) ou de parte interessada na punição do Estado Brasileiro?

É importante dizer que, afora do papel de partes, o MPF não é oficialmente intimado dos atos proferidos no processo da Corte, não tendo, portanto, "voz nos autos", o que limita bastante o seu papel na Corte, mesmo que exerça intensa colaboração para o desfecho satisfatório do processo judicial.

Uma estratégia eficiente de colaboração entre instâncias nacional e Corte poderia dar maior efetividade à natureza reparatória das sentenças da Corte IDH, evitando também que o judiciário brasileiro recaísse num papel figurativo, seja como espectador da Corte, seja como instância que não conseguiu dar efetividade aos seus julgados, como sinal de profunda crise de legitimidade constitucional.

3. FÓRUM DE ARTICULAÇÃO ENTRE INSTITUIÇÕES FEDERAIS E LOCAIS PARA IMPLEMENTAR MEDIDAS IMPOSTAS PELA CORTE: SOLUÇÃO CRIATIVA E SEUS LIMITES

O controle de convencionalidade em relação ao sistema penitenciário Brasileiro deve encontrar como parâmetro, além da Convenção Americana sobre Direitos Humanos, decisões e medidas provisórias da Corte Interamericana de Direitos Humanos, os "Princípios e Boas Práticas para a Proteção das Pessoas Privadas de Liberdade nas Américas", documento aprovado pela Comissão Interamericana de Direitos Humanas na data 13/03/2008.

Embora não constitua uma convenção internacional, mas uma declaração possui como escopo firmar compromissos entre os Estados, com ênfase em sua obrigação institucional de garantir direitos fundamentais aos indivíduos tutelados, podendo ser usada para clarificar obrigações contidas na Convenção Americana. Direitos inerentes à sociedade civil, tais quais saúde e educação gratuita e acesso ao trabalho são garantias previstas no documento.

O contexto observado no Complexo Prisional do Curado (PE) demonstra desvios de conduta graves por parte do Estado Brasileiro, no que se refere à administração prisional e tutela dos presidiários. As violações descritas em relatórios anteriores da Comissão Interamericana de Direitos Humanos, com ênfase no lançado dia 23 de Novembro de 2016, expõe a fragilidade institucional do sistema penitenciário Brasileiro, cujo Estado encontra sérias dificuldades em promover as bases direcionadas pelos próprios tratados internacionais.

No âmbito do Fórum Permanente para acompanhamento das medidas provisórias outorgadas pela Corte, criado no Inquérito Civil do 4º Ofício de Tutela Coletiva da Procuradoria da República em Pernambuco, o Ministério Público Federal realiza a observação do cumprimento das medidas cautelares e provisórias outorgadas pela Comissão e pela Corte, respectivamente.

Este papel de monitoramento representa concretamente uma prática de controle de convencionalidade no âmbito doméstico, reforçando a aplicação local dos parâmetros internacionais de proteção aos direitos humanos.

O Fórum se destacou como uma instância, que reúne autoridades elevadas dos executivos federal e local, com a finalidade de solucionar os problemas destacados pela Corte. A discussão de problemas resultou também na criação de um lugar de conciliação e de incentivo para adotar medidas locais preventivas.

Entretanto, questões estruturais naturalmente se tornaram grave óbice para o completo sucesso do Fórum. Apontam-se a arquitetura inadequada do antigo complexo do Curado, vícios sistêmicos de corrupção, lentidão processual para resolver casos de prisão provisória e até mesmo, entre outras diversas razões, aumento de violência nas ruas e prisões em face da atual crise econômico-social da sociedade brasileira.

O complexo do Curado, destaque-se, é um presídio cuja disposição espacial impede que os agentes do Estado exerçam com segurança suas atribuições; e não só isso. A própria improvisação de espaços para acolher presos que excedem em mais de 100% a capacidade do presídio faz com que os presos sejam recolhidos em espaços pouco apropriados, sem luminosidade e largura suficiente para convivência de presos e fiscalização de agentes de segurança.

Podem-se mencionar algumas irregularidades colhidas em inspeção no presídio:

- A Existência de Cantinas no Complexo do Curado: segundo a legislação brasileira, é vedado aos egressos venderem comidas nos presídios. Entretanto, enquanto a equipe caminhava pela localidade prisional, encontraram uma casa branca que fornecia água para os integrantes da comitiva, era uma espécie de cantina. Constata-se, então, que esta é uma prática bastante visualizada e corriqueira, em que os presos comercializam produtos no próprio sistema penitenciário, gerando a circulação de dinheiro que patrocina diversas ilicitudes no Complexo. (1)

- Arremessos: uma das medidas planejadas como resposta às arguições da Corte Interamericana de Direitos Humanos foi à instalação de marquises, visto que as cercas presentes no Complexo já não são mais úteis em evitar os arremessos de drogas e armas. Nesse sentido, na vistoria, foram encontradas embalagens pelo chão, com fitas adesivas e pedaços de espuma de colchão, para evitar que as armas e artefatos fossem danificados quando caíssem no solo. Assim, alguns agentes do GOS (Grupo de Operações e Segurança/SERES) explicaram à equipe da comitiva que, se os policiais da guarita tentassem evitar tal ocorrência de lançamentos, atirando contra quem está fora do presídio, também receberia disparos de dentro da unidade. Essa situação constata e evidencia a presença de armas no ambiente prisional. Além disso, podem-se observar resquícios de corrupção no presídio, visto que agentes facilitam os transportes das mercadorias.

- Por conseguinte, foi possível encontrar alguns presos no que, inicialmente, deveria ser só um galpão de materiais de construção. Naquele lugar, eles podiam ter fácil acesso a barras de ferro, pás, etc. Havia cerca de 8 presos. Quando a comitiva questionou sobre o porquê deles estarem ali, responderam que não tinham "convívio", ou seja, estavam ali por sua própria segurança, estariam em "risco" se ficassem isolados com os demais detentos. A equipe pediu para entrar e ver mais de perto toda a situação. Então, o diretor da unidade, os agentes penitenciários e o representante da SERES se entreolharam com concordância, mas nenhum deles pôde abrir a grade. Foi então que um dos presos disse que abriria. Ele mesmo abriu sua "cela". Tal situação observada retrata evidentemente como opera a própria lógica institucional dos "chaveiros" e o poder que estes possuem no sistema carcerário, visto que monitoram as saídas e entradas de determinadas áreas do Complexo Penitenciário do Curado.

Durante toda a visita, o clima de insegurança foi contínuo. Apesar da proteção realizada pelos agentes do Grupo de Operações e Segurança, era possível afirmar que se não se podia afirmar com segurança a ausência de armamento entre os presidiários. É válido constatar que, em alguns lugares, a comitiva não pode adentrar, pela hostilidade dos que pareciam comandar aquelas áreas. Tal situação remonta uma reflexão sobre a autogestão dos detentos e o déficit da presença estatal nesse ambiente. O número de agentes penitenciários é precário e a possibilidade de fugas, rebeliões, entradas de armas e drogas é imensa.

Como se vê, o fórum é um instrumento paliativo, centrado no acordo de vontades nem sempre eficiente, haja vista que as questões estruturais de segurança pública reclamam ações políticas que não ser levadas a cabo pela burocracia tão somente, em que pese a boa vontade de membros de ministério público, magistrados em sua função extrajudicial, secretários de Estado e diretores e coordenadores de organismos envolvidos com o tema.

O uso da via judicial, com a judicialização parcial de temas tratados pela Corte IDH, parece ser um caminho salutar, contanto que não implique retrocessos na conquista de direitos humanos. Seriam tentativas de buscar auxílio junto ao poder coercitivo do judiciário para tratar de temas pontuais já objeto de processo conduzido no seio de uma Corte internacional.

É instigante perguntar o porquê de não se judicializar tudo. Mas há uma resposta prática e negativa para isso. Afinal, levar todo o tema para o judiciário decerto seria improdutivo, eis que a busca e acesso à Corte Internacional já ocorreu após a comprovação da falência das instâncias nacionais, dos três poderes, para resolver o problema, como corolário do princípio da complementariedade e subsidiariedade do direito internacional. Logo, se o Estado brasileiro resolvesse o problema, haveria um cumprimento espontânea de decisão da corte internacional; condição alvissareira (elogiável) que dificilmente se realizaria. Judiciário

CONSIDERAÇÕES FINAIS: DESAFIOS DO CONTROLE DE CONVENCIONALIDADE NO ÂMBITO DO FÓRUM PERMANENTE

A cooperação entre a Corte IDH e instâncias jurídicas brasileiras, em especial o MPF e clínicas de direitos humanos, deve ser pensada como instrumento para dar efetividade a soluções que resolvam os conflitos nacionais.

Nesse sentido, entidades nacionais cooperantes podem, inclusive, utilizar o judiciário nacional para dar efetividade às medidas impostas pela Corte Internacional.

Em caso de conflito entre uma resposta do judiciário nacional e a posição da Corte IDH, deve prevalecer sempre a posição mais favorável aos vitimados pelas violações de direitos humanos.

A hipótese em comento foi testada para o caso do problema carcerário brasileiro. Na verdade, o complexo do Curado — presídio situado no Estado de Pernambuco.

O fato de Pernambuco apresentar uma das maiores populações carcerárias do país e um dos maiores excedentes entre quantidade de população de presos e quantidade ideal de vagas, ilustra bem que a situação é um excelente paradigma para pensar a relação de complementaridade entre Corte e entidades nacionais.

O MPF constituiu inquérito civil a respeito do Complexo do Curado para acompanhar a implementação das medidas impostas pela Corte, mediante a formação de um fórum de articulação entre as diversas entidades interessadas na resolução do problema prisional. Foi organizado um plano de trabalho cujo avanço significaria a paulatina conquista de direitos humanos, segundo ações consensuais.

As visitas ao presídio e a coleta de informações sobre o estado dos problemas sanitários, de superpopulação e de medidas de proteção à vida, contudo, mostraram que "déficits" estruturais do Estado não têm solução encontrada em caixinhas, a despeito da boa vontade dos interessados e da fiscalização rigorosa da Corte acerca da eficácia de suas ordens.

Os sérios problemas a serem resolvidos, contrários ao texto constitucional e aos tratados de direitos humanos, assinalam para soluções pontuais e constantes, em que figuram da duplicidade de instancias judiciais é um dos caminhos promissores.

Nesse raciocínio, é convidativo o uso da via judicial nacional para tratar de questões particulares objeto de determinações da Corte IDH.

Se, por acidente, a decisão judicial brasileira for contrária à garantia de eficácia da Corte IDH, ela não pode ser empecilho para que a Corte expeça novas determinações e condenações contra o Estado brasileiro.

Os labirintos dogmáticos da coisa julgada, litispendência etc. não podem ser opostos à autoridade da Corte, que primeiro conheceu o caso em sede internacional, por meio de diploma que está acima das leis nacionais e até, para os que aceitam, da Constituição brasileira.

As medidas da Corte são como um programa cuja obediência é obrigatória aos nacionais. A entrega de todo o assunto ao judiciário decerto encontraria a barreira política contrária à sua efetiva implementação; de toda sorte, o uso pontual do judiciário poderia muito bem somar esforços estratégicos de uma instância internacional de crescente legitimidade e de um judiciário nacional que não merece ser esquecido.

REFERÊNCIAS

ENGSTROM, Par. Reconceitualizando o Impacto do Sistema Interamericano de Direitos Humanos. **Rev. Direito e Práx.**, Rio de Janeiro, Vol. 2, N. 8, pp. 1250-1285.

LIRA, Yugan. **Controle de Convencionalidade**: a tutela coletiva dos tratados

HOH, Herald. How is International Human Rights Law Enforced?, 1999.

http://g1.globo.com/pernambuco/noticia/2016/07/estado-confirma-morte-de-dois--presos-em-tumulto-no-complexo-do-curado.html, disponível em 29.07.17.

http://jc.ne10.uol.com.br/blogs/rondajc/2016/10/27/norecife-policial-e-investigado--por-esconder-drogas-em-lixeiras-depresidio/. Acesso em 19/09/2017.

http://jconline.ne10.uol.com.br/canal/cidades/geral/noticia/2017/01/12/presidios--de-pernambuco-registraram-43-mortes-em-2016-266697.php, disponível em 29.07.17.

http://jconline.ne10.uol.com.br/canal/cidades/geral/noticia/2017/01/05/complexo--do-curado-sob-risco-265766.php >. Acesso em 19/09/2017.

http://jconline.ne10.uol.com.br/canal/cidades/policia/noticia/2017/06/26/apos--tumulto-com-morte-e-feridos-armas-sao-encontradas-no-complexo-do-cura-do-291816.php>. Acesso em 19/09/2017.

http://politica.estadao.com.br/blogs/fausto-macedo/oab-vai-levar-massacres-de-roraima-e-do-amazonas-a-corte-de-direitos-humanos/, disponível em 29.07.17.

http://tvjornal.ne10.uol.com.br/noticia/ultimas/2017/07/12/presos-matam-detento--a-tiros-dentro-do-complexo-do-curado-32003.php >. Acesso em 19/09/2017.

http://www.corteidh.or.cr/docs/medidas/curado_se_04_por.pdf

http://www.folhape.com.br/noticias/noticias/cotidiano/2016/11/03/NWS,4909,70,449,NOTICIAS,2190-AGENTE-PENITENCIARIO-PRESO--TENTANDO-ENTRAR-COM-ARMA-COMPLEXO-CURADO.aspx.

http://www.justica.gov.br/seus-direitos/politica-penal/cnpcp-1/relatorios-de-inspecao-1/relatorios-de-inspecao, disponível em 29.07.17.

http://www.mpf.mp.br/pgr/noticias-pgr/mpf-e-corte-interamericana-de-direitos-humanos-assinam-documento-para-troca-de-informacoes, disponível em 29.07.17.

https://cnj.jusbrasil.com.br/noticias/126876685/mutirao-carcerario-do-complexo-do-curado-e-considerado-positivo, disponível em 29.07.17.

https://jota.info/especiais/jota-entrevista-o-novo-presidente-da-corte-interamericana-de-direitos-humanos-14022016, disponível em 29.07.17.

INQUÉRITO CIVIL Nº 1.26.000.002034/2011. Diagnóstico e Plano de Contingência do Complexo Prisional do Curado. pp.1980-3018.

RE 466.343-SP e HC 87.585-TO, ambos do STF.

World Development Report. Governance and the law. World Bank Group. 2017: p. 83-103.

CONTROLE DE CONVENCIONALIDADE E A EXPERIÊNCIA DAS CLÍNICAS DE DIREITOS HUMANOS NA PARAÍBA: AUMENTO DO *ENFORCEMENT* DOS TRATADOS DE DIREITOS HUMANOS POR MEIO DE NOTAS TÉCNICAS

Rafaelly Oliveira Freire dos Santos[1] *& Ylana Lira*[2]

INTRODUÇÃO

A importância do controle de convencionalidade para efetivação em âmbito interno dos preceitos internacionais de proteção dos Direitos Humanos é notório, tornando-se ainda mais relevante diante do atual modelo de Estado Constitucional e Humanista erguido no Brasil com à Constituição Federal de 1998. Contudo, observa-se que o instituto ainda é um tema pouco debatido nos tribunais brasileiros. Assim, a questão preocupa muitos estudiosos, pois a carência desse debate pode ser uma das principais razões por trás do descompasso existente no país entre as garantias constitucionais, as normais infraconstitucionais vigentes e os variados entendimentos jurisprudências.

O Supremo Tribunal Federal, entre avanços e retrocessos, tem discutido o controle de convencionalidade em seus julgados, como ocorreu

---

1. Discente em Ciências Jurídicas pela Universidade Federal Federal da Paraíba, ex-participante do IAA Mapping Project da UNCTAD, Ex-bolsista do projeto de iniciação científica "Tráfico de Pessoas na Paraíba: um diagnóstico de 2015" e ex-extensionista do projeto "Acesso à Jurisdição Interamericana de Direitos Humanos". E-mail: rafaeelly@hotmail.com
2. Discente em Ciências Jurídicas pela Universidade Federal da Paraíba, com mobilidade acadêmica na Universität Vechta (Alemanha). Pesquisadora bolsista do projeto de iniciação científica "Políticas de Regulação de Empresas Transnacionais de Energia e Mineração por Violação aos Direitos Humanos". Membro do grupo "*Law and Economics*" e ex-extensionista bolsista do projeto "Acesso à Jurisdição Interamericana de Direitos Humanos".

na Arguição de Descumprimento de Preceito Fundamental de número 153 (2010) e na Arguição de Descumprimento de Preceito Fundamental de número 320 (2014). Essas tinham como fundamento jurídico a violação de garantias fundamentais, como o direito à cidadania (art. 1°, inc. II), prevalência dos direitos humanos (art. 4°, inc. II, CF) e não exclusão dos direitos e garantias expressos em tratados internacionais (art. 5°, § 2º). Além desses fundamentos, as ações também se pautaram nos dispositivos da Convenção Americana de Direitos Humanos (1969) e na jurisprudência da Corte Interamericana de Direitos Humanos[3], destacando-se o caso Gomes Lund vs. Brasil[4].

Em decisão mais recente, proferida em 2016, em face do Recurso Especial (REsp) n. 1640084, o Superior Tribunal de Justiça, aplicando a Convenção Americana de Direitos Humanos, reconheceu a inconvencionalidade do crime de desacato a autoridade, considerando-o contrário ao direito a liberdade de pensamento e expressão, previsto no art. 13 da Convenção Americana sobre Direitos Humanos (BRASIL, 2017).

Apesar do STF e do STJ debaterem a aplicação nas normas emanadas do Sistema Interamericano de Direitos Humanos, os demais tribunais locais parecem desconhecer sua existência, bem como o caráter vinculante das decisões da Corte Interamericana. A doutrina aponta diferentes razões que levam à essa falta de aplicação dos documentos internacionais, tais como a falta de conhecimento dos agentes estatais e a falta de educação voltada ao aprendizado em torno dos direitos humanos nas faculdades de direito.

Como solução para a primeira razão indicada, os órgãos estatais têm promovido palestras e seminários sobre direitos humanos voltados a capacitação de seus agentes. Como resposta ao segundo motivo, inseriu-se a disciplina de direitos humanos nas grades dos cursos de direito.

Apesar de válidas, ambas as iniciativas ainda se revelam bastante incipientes quando observado o tímido avanço da utilização dos documentos jurídicos internacionais nas decisões dos tribunais brasileiros.

---

3. O Brasil reconheceu a competência contenciosa da Corte Interamericana de Direitos Humanos em 1996, cerca de 4 anos após tornar-se signatário da Convenção Interamericana de Direitos Humanos, em 1994.
4. O caso Gomes Lund vs Brasil, também conhecido como guerrilha do Araguaia, foi julgado pela corte Interamericana em outubro de 2010. No mérito, a Corte condenou o Brasil pela pratica de desaparecimento forçado e por adotar lei contrárias à convenção americana, qual seja: a lei de anistia.

Nesse contexto, foram criadas as clínicas de direitos humanos, com a proposta de diversificar as formas de promover o ensino e a prática dos direitos humanos entre os profissionais do direito.

1. HIERARQUIA DOS TRATADOS DE DIREITOS HUMANOS: O CASO BRASILEIRO

Mesmo após a Constituição Cidadã de 1988, a Corte Suprema brasileira litigava em favor da tese que conferia aos Tratados Internacionais de Direitos Humanos (TIDH) o mesmo *status* dos demais tratados incorporados pelo Brasil, ou seja, de lei ordinária federal. Dessa forma, grande discussão doutrinária em torno da temática surgiu, desembocando no famoso caso do depositário fiel perante o Supremo Tribunal Federal em 3 de dezembro de 2008.

O debate em torno da hierarquia dos TIDH teve azo em razão do próprio texto constitucional aprovado em 1988 estabelecer, em seu art. 5, §2ª, que os direitos e garantias fundamentais expressos na Constituição não excluiriam outros decorrentes de tratados internacionais nos quais o Brasil figurasse como parte. Assim, diante desta redação, surgiram três principais posicionamentos quanto à natureza dos TIDH: (i) teoria da supraconstitucionalidade; (ii) teoria da constitucionalidade; e (ii) a teoria que equiparava os TIDH à lei ordinária federal.

Como observado, o Supremo Tribunal Federal encampou de 1988 a 2008 a teoria que concedia natureza jurídica de lei ordinária aos tratados de direitos humanos, pronunciando-se, em *leading case* julgado em 1995, que não seria admitida emenda constitucional por meio de ratificação de tratado[5]. Ademais, no mesmo precedente, a Corte comparou a Constituição Brasileira à Constituição argentina que, após a reforma de 1994, consagrou expressamente a hierarquia constitucional dos tratados de direitos humanos. Nesse sentido, o STF afirmou que o constituinte expressamente manifestaria sua vontade à constitucionalização dos TIDH, caso assim almejasse.

O posicionamento do STF, contudo, sempre enfrentou críticas, levando os defensores de Direitos Humanos a recorrer ao legislativo para que este editasse norma pondo fim a celeuma instalada e conferindo de uma vez por todas *status* constitucional aos TIDH. Os defensores do

---

5. HC 72.131, voto do Rel. p/ o ac. Min. Moreira Alves, Plenário, julgamento em 23-11-1995, Plenário, DJ de 1ª-8-2003)

status constitucional dos Tratados Internacionais de Direitos Humanos reconheciam no §2, do art. 5, cláusula aberta diante de sua redação: "os direitos e garantias expressos nesta constituição não excluem outros decorrentes [...] dos tratados internacionais [...]" (RAMOS, 2009).

O Congresso Nacional promoveu, então, modificação no texto constitucional, acrescentando o §3 ao art. 5, por meio da emenda constitucional 45/2004. A intervenção legislativa, contudo, foi ferozmente criticada. Cançado Trindade em voto separado no caso Damião Ximenes Lopes (2006), da Corte Interamericana de Direitos Humanos, reprovou o citado parágrafo, expondo que este "[foi] mal concebido, mal redigido e mal formulado, representa[ndo] um lamentável retrocesso em relação ao modelo aberto consagrado pelo parágrafo 2ª, do artigo 5 da Constituição Federal de 1988", indicando que se trata de uma "aberração jurídica"[6].

Os debates, então, não tiveram fim com o "auxílio" do legislativo. Os defensores da constitucionalidade dos TIDH alegaram a inconstitucionalidade da reforma, em razão dos tratados internacionais de direitos humanos comporem o núcleo duro ao qual faz referência o art. 60, §4, da CRFB/88, proibindo-se, portanto, proposta de emenda tendente a aboli-los. Ademais, alegaram, ainda, a recepção com *status* constitucional dos tratados internacionais de direitos humanos ratificados antes da reforma constitucional.

Contudo, a redação do §3, do art. 5, abre espaço para existência no momento pós-Emenda de tratados de direitos humanos com natureza infraconstitucional, aprovados pelo rito simples, pelo qual o posicionamento da recepção formal restou fragilizado.

Diante da modificação do texto constitucional e acréscimo do §3 ao art. 5, o STF revisou seu posicionamento sobre a hierarquia dos tratados de direitos humanos no julgamento RE 466.343, referente a prisão do depositário infiel. Nesse julgado, consagrou-se a teoria do duplo *status* dos tratados de direitos humanos que equivale a natureza constitucional dos tratados aprovados pelo rito formal estabelecido no art. 5, §3, objeto da Emenda de 2004, e a natureza supralegal para todos os demais tratados de direitos humanos, anteriores ou não à reforma constitucional, aprovados pelo rito comum. No *leading case* em comento, foram considerados inaplicáveis o art. 1.287 do Código Civil de 1916 (art. 652 do CC/02) e o Decreto-Lei 911/1969, em razão de incompatibilidade com o

---

6. §§30 e 31 do citado Voto Separado.

Pacto Internacional dos Direitos Civis (art.11) e com a Convenção Americana sobre Direitos Humanos (art. 7º, 7).

Conclui-se, pois, que a lei infraconstitucional deve ser compatível com o os Tratados Internacionais de Direitos Humanos, cabendo controle de convencionalidade no caso concreto. Ademais, os tratados incorporados pelo rito do art. 5º, §3, passam a integrar o bloco de constitucionalidade restrito, podendo servir de parâmetro para avaliar a constitucionalidade de normas infraconstitucionais.

2. CONTROLE DE CONVENCIONALIDADE: ASPECTOS CONCEITUAIS

A teoria clássica do Controle de Convencionalidade concebe-o como um mecanismo de controle de atos normativos domésticos, o qual utiliza como parâmetro de validade dessas normas tratados internacionais de direitos humanos. Segundo Mazzuoli (2009, p.2), tal mecanismo foi inserido no ordenamento jurídico brasileiro com a emenda constitucional n° 45, de 8 de dezembro de 2004 já citada.

Esta emenda, como mencionado, adicionou o parágrafo 3° ao artigo 5° da Constituição Federal de 1998 (CRFB/88), trazendo a possibilidade de conferir status de emenda constitucional aos tratados internacionais sobre direitos humanos, desde que aprovados pelo Congresso Nacional com quórum qualificado, isto é, com o voto de três quintos dos membros.

Na lição do referido doutrinador, tais normas alienígenas, para serem utilizadas como parâmetro no Estado brasileiro, deverão ser ratificadas por ele e estar em vigor (MAZZUOLI, 2009, p. 3).[7] A aprovação com quórum qualificado confere ao tratado o *status* de formalmente constitucional. Logo, sintetizando, os tratados e convenções que não passarem pela aprovação congressual não terão o referido *status* e, assim, serão infraconstitucionais.

Assim, apesar de formalmente infraconstitucionais, possuem *status* de normas supralegais, subordinando-se apenas aos preceitos da Constituição Federal, conforme consignado no voto do Min. Sepúlveda

---

7. A ratificação de um tratado internacional, conforme o art. 84, inc, VIII da Constituição Federal, consiste no ato de competência privativa do Presidente da República, e, via de regra, efetiva-se com a assinatura do instrumento jurídico internacional. Ver mais no art. 2.1.b da Convenção de Viena: http://www.planalto.gov.br/ccivil_03/_ato2007-2010/2009/decreto/d7030.htm. Acesso em 23 de dezembro de 2016. Dentre as principais formas pelas quais uma convenção internacional deixa de vigorar está a denúncia, ato de competência do Presidente da República.

Pertence, em 29 de março de 2000, no RHC 79.785/RJ. Uma vez que as normas internacionais sobre direitos humanos possuem caráter de supralegalidade, elas devem ser observadas como parâmetros para a produção legislativa doméstica (MENDES, 2005, p.239), não sendo possível, pois, permitir a elaboração de normas internas que agridam tratados e convenções internacionais.

Uma vez que o *status* dos tratados de direitos humanos é definido com base na aplicação de dispositivos constitucionais, o controle de convencionalidade analisa apenas se a norma internacional foi violada por meio da própria aplicação da norma constitucional (RAMOS, 1999, p.132). Desse modo, é a referida norma constitucional que possibilita a transformação dos tratados internacionais sobre direitos humanos em parâmetros para a elaboração e aplicação de leis nacionais.

A Corte Interamericana de Direitos Humanos (CrIDH) é um dos principais organismos internacionais a fomentar a utilização do referido instituto no continente americano. Segundo o entendimento dessa Corte, firmado desde o caso *Radilla Pacheco* vs. Estados Unidos Mexicanos (2009) que tanto os legisladores quanto os juízes dos Estados submetidos à sua jurisdição, tem o dever de realizar o Controle de Convencionalidade, seja na criação normativa, seja em sua aplicação ao caso concreto.

Com relação ao Brasil, um dos julgamentos da CrIDH mais importantes foi em face do caso *Gomes Lund* (2010), no qual a Corte decretou a incompatibilidade da Lei de Anistia[8] com a Convenção Americana de Direitos Humanos. Por essa razão, o Brasil foi condenado a revogá-la formalmente e a não aplicá-la.

Com bases nas decisões da CrIDH, a doutrina elenca dois efeitos centrais do Controle de Convencionalidade: o repressivo e o positivo. O primeiro efeito implica na invalidação, isto é, não aplicação do ato normativo interno, devido sua incompatibilidade com a Lei internacional. Já o segundo efeito implica na aplicação do direito local de acordo com a Lei alienígena, delimitando o dever do estado de realizar "uma releitura do direito nacional de forma harmonizada, lendo-se as disposições domésticas como convencionais ou inconvencionais" (RUSSOWSKY, 2012, p. 66).

Em face do que foi elucidado, observa-se que o Controle de Convencionalidade consiste em um mecanismo de controle normas, semelhante

---

8. Lei nº 6.683, de 28 de agosto de 1979.

ao Controle de Constitucionalidade, mas que dissona deste na medida em que elege como parâmetro não a Constituição de um Estado, mas sim os tratados internacionais sobre direitos humanos devidamente ratificados.

Nesse vestígio, o Controle de Convencionalidade, assim como o de Constitucionalidade, pode ocorrer tanto da forma difusa, como concentrada. Na forma difusa, a inconvencionalidade é alegada em face da aplicação de determinada lei em um caso concreto específico, sendo todos os juízes pátrios competentes para julgar a questão.

Na forma concentrada, por sua vez, a inconvencionalidade é alegada através de impugnação direta da norma infraconstitucional, mediante a utilização de uma das ações próprias do Controle de Constitucionalidade, como a Ação Direita de Inconstitucionalidade. Nesse caso, apenas o Supremo Tribunal Federal será competência para julgar a inconvencionalidade (MAZZUOLI, 2009, p. 10). Do mesmo modo, apenas os legitimados do art. 103 da CF[9] poderão propor tais ações, em outras palavras, suscitar o Controle de Convencionalidade pela via concentrada, exatamente como no Controle de Constitucionalidade concentrado.

Deve-se observar que o Controle de Convencionalidade, pautado em tratados que não se submeteram a aprovação congressual, só poderá ocorrer pela via difusa, vez que, apesar de materialmente constitucionais (art. 5°, §2°, CF), não são normas formalmente constitucionais.

Já os tratados internalizados conforme o art. 5°, §3° – ou seja, aprovados com quórum qualificado, portanto, formalmente constitucionais – poderão ser utilizados como parâmetro tanto para o controle difuso, quanto para o concentrado (MAZZUOLI, 2009, p. 25).

A internacionalista Flávia Piovesan, observando a forte influência do Controle de Convencionalidade para o atual modelo de Estado de Direito Constitucional e Transnacional, vislumbra que a clássica pirâmide kelseniana tem se revelado incapaz de solucionar a complexidade jurídica hodierna. Eis que a Constituição não pode mais ser considerada

---

9. O art. 103 determina que podem propor a ação direta de inconstitucionalidade e a ação declaratória de constitucionalidade: I - o Presidente da República; II - a Mesa do Senado Federal; III - a Mesa da Câmara dos Deputados; IV a Mesa de Assembléia Legislativa ou da Câmara Legislativa do Distrito Federal; V - o Governador de Estado ou do Distrito Federal; VI - o Procurador-Geral da República; VII - o Conselho Federal da Ordem dos Advogados do Brasil; VIII - partido político com representação no Congresso Nacional; IX - confederação sindical ou entidade de classe de âmbito nacional.

como única norma suprema, disposta no topo da pirâmide normativa de um Estado (CONTROLE... 2016).

No mundo globalizado, a construção legislativa doméstica deve ser compatível tanto com a Constituição do Estado, quanto com as normas de direito internacional, notadamente com aquelas que buscam proteger os direitos essenciais de todos os cidadãos, seus direitos humanos.

Nesse cenário, a internacionalista propõe a transmigração da pirâmide kelseniana para o modelo que intitulou de hexágono poroso (idem). Neste, o topo do polígono é alargado, de modo a inserir, ao lado da constituição estatal, todo o ordenamento internacional dos direitos humanos. Esse hexágono deverá ser poroso na medida em que deverá permitir o diálogo entre as variadas fontes, mediante cláusulas de abertura, ultrapassando-se, assim, a antiga visão hermética firmada pelo positivismo jurídico no século XX.

3. O PAPEL DAS CLÍNICAS NA PROTEÇÃO DOS DIREITOS HUMANOS

Com a decretação do Programa Nacional de Direitos Humanos – PNDH-3[10], o ensino em direitos humanos foi elencado como objetivo nacional (PNDH-3, diretriz 19), com vistas a garantir a educação sobre o assunto e viabilizar a proteção desses direitos. Nesse contexto, diversas instituições de ensino superior inseriram o estudo dos direitos humanos em sua grade curricular.

Conforme aponta a autora Fernanda Brandão Lapa (2014, p.54), um dos principais métodos de inserção dessa matéria nos cursos de direito foi através da criação de Clínicas de Direitos Humanos. Tais espaços tem como objetivo central o compromisso com a justiça social, o qual diz respeito a busca por soluções concretas em face de violações de direitos humanos.

Tal busca, tem levado à crítica da metodologia tradicional de ensino – a memorização de códigos. Como forma de superá-la, as clínicas propõem um modelo de ensino pautado na prática advocatícia, possuindo sete características essenciais: i) compromisso com a justiça social; ii) metodologia participativa; iii) articulação da teoria com a prática dos direitos humanos; iv) integração das atividades de ensino, pesquisa e extensão; v) enfoque interdisciplinar; vi) institucionalização formal e

---

10. Decreto nº 7.037 de 21 de dezembro de 2009.

reconhecimento na universidade; e vii) participação dos universitários (ibidem, p. 115).

Como forma de moldar-se a essas características, uma das principais estratégias utilizadas pelas clínicas são os convênios com órgãos públicos, como fez a clínica Luiz Gama da Faculdade de Direito de São Paulo. Mediante a criação de uma Ouvidoria Comunitária da População em Situação de Rua, o grupo paulista se propôs a sistematizar os casos de violações aos direitos humanos dos moradores de rua, de modo a pensar coletivamente maneiras de mudar o cenário de violações (CLÍNICA LUIZ GAMA, 2012, p.1).

Para garantir que as reclamações captadas pela ouvidoria resultassem na efetiva tutela dos direitos violados, o grupo firmou convênio com a Defensoria Pública do Estado, órgão que tornou possível a judicialização dos principais casos de violações de direitos humanos (ibidem, p.2).

O grupo de extensão Acesso à Jurisdição Interamericana de Direitos Humanos (AJIDH), vinculado à Universidade Federal da Paraíba desde 2012, por sua vez, apesar de não se intitular como clínica de direitos humanos, reuniu todos os pressupostos indicados por Lapa. Assim como a Clínica Luiz Gama, a AJIDH tinha o compromisso de promover a justiça social, no entanto, buscava atingir esse objetivo mediante a facilitação do acesso popular às decisões da Corte Interamericana.

Os universitários encontraram na produção de notas técnicas e no firmamento de convênios com órgãos públicos o caminho mais eficiente para viabilizar tal acesso. As notas técnicas consistiam em pareceres jurídicos fundamentados em atos normativos da Organização dos Estados Americanos (OEA), notadamente, na Convenção Americana sobre Direitos Humanos, na jurisprudência da CrIDH e nas Opiniões Consultivas da Comissão Interamericana de Direitos Humanos (CIDH).

Para a elaboração desses pareceres, o grupo contava com uma metodologia participativa, mediante a qual os próprios alunos organizavam-se em equipes de pesquisa e, posteriormente, de elaboração do parecer. O primeiro passo de feitura da nota consistia na (i) esquematização estratégica da pesquisa, buscando a proteção jurídica internacional do tema que cercava o caso concreto; o segundo passo, baseava-se (ii) na articulação dos fundamentos encontrado com o caso real, de forma a construir uma argumentação jurídica plausível baseada nos parâmetros internacionais.

A estratégia utilizada para a produção do parecer aproximava a linguagem do Sistema Interamericano àquela utilizada no cotidiano forense, ao passo que o convênio possibilitava a veiculação do conteúdo dos atos normativos do referido sistema a diversos órgãos do aparato estatal. Esse ciclo possibilitou a percepção das violações de direitos humanos sob um prisma que transcende a normatividade interna, trazendo a discussão de concepções pautadas em parâmetros internacionais de tutela da humanidade.

Dado o exemplo de atuação de grupos pautados no ensino clínico, tem-se que as clínicas de direitos humanos consistem em um importante espaço de promoção dos referidos direitos, na medida em que sua atuação facilita a aplicação e disseminação dos parâmetros internacionais, inserindo-os de diferentes maneiras na prática jurídica. Um dos principais caminhos de inserção de tais parâmetros, como mencionado, é através da produção de notas técnicas.

4. UTILIZAÇÃO DA NOTA TÉCNICA COMO INSTRUMENTO PROPULSOR DO CONTROLE DE CONVENCIONALIDADE: O CASO CANABIDIOL

Dentre os pareceres elaborados pela AJIDH, destaca-se o do caso canabidiol que versava sobre o direito à saúde, especificamente no tocante ao dever do Estado de liberar a importação do medicamento à base da referida substância psicoativa para o tratamento de 16 pacientes, menores de idade, com patologias neurológicas. O caso fora levado até o grupo pelo Ministério Público Federal em julho de 2014, quando o medicamento ainda era proibido no país.[11] Assim, passa-se a uma breve análise do plano fático que cercava o caso.

Os citados enfermos sofriam constantes crises epiléticas, chegando a suportar vinte convulsões diárias. Laudo pericial acostado aos autos do caso constatava que essas crises, ao longo do tempo, provocam danos irreversíveis ao sistema neuropsicomotor dos enfermos, vez que reduzem a plasticidade neural, diminuindo a autonomia motora dos acometidos. Ainda, destacou-se que a utilização dos medicamentos tradicionais causava sérios efeitos colaterais para os usuários, como o comprometimento das funções hepáticas e renais, perda da visão, fraqueza muscu-

---

11. Portaria/SVS nº 344, de 12 de maio de 1998, da Agência Nacional de Vigilância Sanitária (ANVISA), inseria o canabidiol na lista de medicamentos proscritos no Brasil.

lar, enfraquecimento do sistema imunológico, inflamação das mucosas, bem como depressão e outros.

Nesse contexto, observou-se que os métodos tradicionais causavam sofrimentos físicos e psicológicos aos acometidos pela doença e, indo além, também impactavam os familiares, obrigados a acompanhar as involuções na autonomia motora e na condição psíquica de seus parentes.

Nos autos do processo, argumentou-se, baseando-se em diversas pesquisas, que a utilização do Cannabidiol possibilita notável controle das crises convulsivas de pacientes que apresentam quadro clínico semelhante ao dos menores em questão. Constatou-se que os efeitos colaterais do medicamento são mínimos, inexistindo real risco à saúde de seus usuários. Na realidade, os estudos realizados com o Cannabidiol, até o momento apontam para uma melhora significativa na qualidade de vida dos pacientes acometidos pela patologia. Assim, o grupo de extensão trabalhou com os *standards* do sistema internacional para elaboração de uma nota técnica que pusesse luz a questão.

4.1. Fundamentos Jurídicos da Nota Tecnica

A nota técnica do caso canabidiol foi embasada, essencialmente, nos precedentes do Sistema Interamericano, demonstrando desde o dever convencional do Estado de regular o uso de substâncias psicotrópicas para fins medicinais, até a adequação das normas regentes do uso do canabidiol para uma efetiva tutela do direito à saúde dos que dele necessitam.

Ficou demonstrado que as convenções internacionais referentes ao controle de drogas[12] ressaltam a necessidade do uso dessas substâncias, com fins medicinais ou científicos, por pacientes que não apresentam melhoras com a terapia tradicional, como era a situação dos jovens paraibanos. Tal necessidade é fomentada pela essencialidade do direto à vida e à saúde.

Destarte, a utilização do medicamento à base de uma droga ilegal no país adquire relevância para o escopo dos direitos humanos, notadamente, em razão da precariedade da situação a qual os pacientes esta-

---

12. Convenção Única de Drogas Narcóticas de 1961, emendada pelo Protocolo de 1972 (ratificada no Brasil pelo Decreto nº 54.216, de 27 de Agosto de 1964); Convenção de Substâncias Psicotrópicas de 1971 (ratificada no Brasil pelo Decreto nº 79.388, de 14 de março de 1977); e Convenção Contra o Tráfico Ilícito de Drogas Narcóticas e Substâncias Psicotrópicas de 1988 (ratificada no Brasil pelo Decreto no 154 de 26 de junho de 1991).

vam sujeitos, ferindo sua dignidade. O sistema internacional de proteção aos direitos humanos indica a utilização dessas substâncias nos casos em que à sua ausência afeta seriamente a dignidade das pessoas que delas dependem. Por essa razão, a atuação do Estado no sentido de garantir a esses indivíduos o acesso ao medicamento se torna imperiosa.

Partindo desse pressuposto, o preâmbulo da Convenção Única sobre Entorpecentes de 1961 indica que os Estados têm o dever de regulamentar a manipulação terapêutica, devendo ser garantida a disponibilidade de entorpecentes para uso médico, indispensáveis para o alívio da dor e do sofrimento.

O art. 4ª do mesmo instrumento vai além, estabelecendo que os Estados devem adotar todas as medidas legislativas e administrativas que possam ser necessárias "à limitação exclusiva a fins médicos e científicos, da produção, fabricação, exportação, importação, distribuição, comércio, uso e posse de entorpecentes [...]".

Não é outro o entendimento positivado na Convenção de Substancias Psicotrópicas de 1971 e na Convenção de 1988, a qual traz mandamento específico em seu art. 14, §2, com relação a proteção dos direitos humanos. Em face dessas normas, a negativa do Estado brasileiro de conceder o medicamento aos jovens acometidos pelas patologias neurológicas configurava uma omissão inconvecional, vez que contraria aos preceitos das Convenções da Organização das Nações Unidas (ONU) aplicáveis ao tema.

Diferentemente das citadas convenções da ONU, a Convenção sobre os Direitos das Pessoas com Deficiência tem, no ordenamento jurídico brasileiro, *status* de norma constitucional, eis que passou pelo rito formal estabelecido pelo §3, art. 5ª da Constituição Federal de 1988, estando vigente desde 9 de julho de 2009, data de publicação do decreto.

Os dispositivos da Convenção em comento estabelecem o dever do Estado de garantir os direitos fundamentais de autonomia, autodeterminação, desenvolvimento pleno de capacidades intelectuais, socialização e, claro, a dignidade da pessoa humana. Assim, a negligência estatal em face de tais direitos tem o condão de gerar inconstitucionalidades, notadamente inconstitucionalidade por omissão, na medida em que o Estado tem o dever de regulamentar o uso de drogas que tenham o potencial de tutelar o direito à saúde.

A nota técnica ingressa na discussão acerca do direito à saúde, primeiramente, indicando, com lastro na jurisprudência da Corte Interamericana[13], que os enfermos do caso teriam sua integridade física e psíquica afetadas em razão da negação do Estado em disponibilizar o único medicamente que poderia por fim as frequentes convulsões dos peticionários.

Nessa esteira, indicou-se que, de acordo com a Corte Interamericana, a integridade pessoal e, assim, o próprio direito à saúde, são essenciais para o gozo do direito à vida[14], o que se observa devido ao caráter interdependente dos direitos humanos[15]. Partindo desse pressuposto, a Comissão Interamericana de Direitos Humanos entende que o Estado tem o dever de fornecer, de forma gratuita, os medicamentos necessários à garantia do direito individual à saúde, à integridade e à vida, e o que ficou consignado no relatório de mérito nº. 12.249, Caso *Jorge Odir Miranda Cortéz versus El Salvador* (2001).

Nesse documento, a Comissão observou que, ao negar o fornecimento gratuito de medicamentos essenciais, o Estado de *El Salvador* violou as previsões contidas no artigo 26 da Convenção Americana de Direito Humanos, juntamente com as previsões do artigo XI da Declaração Americana dos Direitos e Deveres do Homem, inciso "i" da Carta da Organização dos Estados Americanos e o artigo 10 do Protocolo Adicional à Convenção Americana sobre Direitos Humanos em Matéria de Direitos Econômicos, Sociais e Culturais.

Dessa forma, segundo o parecer dado na Nota Técnica, a omissão e a legislação inoperante do Estado Brasileiro que, *per si,* obstruía a plena efetivação de direitos contidos em convenções internacionais protetoras de Direitos Humanos constituíam violação a esses tratados e, portanto, tratava-se de caso de inconvencionalidade.

---

13. "No que toca à relação entre a obrigação de garantia, artigo 1 (1) e artigo 5(1) da Convenção, a Corte tem estabelecido que o direito à integridade pessoal é direta e imediatamente ligado à atenção à saúde humana", Caso Suárez Peralta v. Equador, Julgamento de 21 de maio de 2013, parág. 130; "A assistência médica deficiente recebida pela alegada vítima constitui uma violação ao Artigo 5 da Convenção Americana", Caso Tibi v. Equador, Julgamento de 07 de setembro de 2004, parág. 157.

14. A Corte tem, repetidamente, estatuído que o direto à vida é um direito humano fundamental, o gozo e exercícios deste é pré-requisito para o exercício de todos os outros direitos. Integridade pessoal é essencial para o gozo da vida humana", Caso Albán – Cornejo e outros v. Equador, Julgamento de 22 de novembro de 2007, parág. 117.

15. "Nesse contexto, a Corte julga que é apropriado recordar sobre a interdependência que existe entre direitos civis e políticos e direitos econômicos, sociais e culturais, uma vez que eles devem ser totalmente entendidos como direitos humanos, sem nenhuma hierarquia e exigíveis em todos os casos perante as autoridades competentes.", Caso Acevedo Buendia e outros v. Perú, Julgamento de 1 de julho de 2009, parág. 101.

4.2. Contribuição da Nota Técnica Com o Controle de Convencionalidade

A principal implicação da nota técnica é a possibilidade de auxílio na deflagração de inconvencionalidade em casos concretos através de convênio com órgãos públicos como os já citados MPF e DPU, órgãos que provocarão a máquina judiciária, possibilitando a inserção dos parâmetros internacionais de proteção aos direitos humanos na prática jurídica brasileira. Trata-se de promover e estimular o exercício do controle de convencionalidade difuso no país.

O controle de convencionalidade, como lecionado por Yulgan Lira (2016a, p. 536), é capaz de aumentar o grau de *enforcement* dos tratados internacionais de direitos humanos, que saem da esfera da condescendência (*complience*) e passam por um processo chamado por Harold Koh de processo normativo transnacional.

O processo normativo transnacional de Harold Koh (1999) simboliza o processo de interação dos agentes públicos e privados para fazer, interpretar e internalizar preceitos internacionais no direito doméstico, de forma que os tratados de direitos humanos sejam observados e obedecidos, aumentando, assim, seu grau de *enforcement*.

Nesse sentido, à maneira que o controle de convencionalidade confere densidade aos tratados de direitos humanos, no sentido de sua efetiva aplicação, as notas técnicas oferecem substrato para a plena realização do controle de convencionalidade que, por si, como teoria, carece de mecanismos que tornem possíveis sua prática.

O controle de convencionalidade tido como mecanismo processual interno tem respaldo na exigência internacional de compatibilização das normas internas com os preceitos internacionais[16] ou mesmo na adoção de medidas legislativas que visem suprir lacunas, omissões internas[17].

---

16. A Corte Interamericana declarou expressamente que o judiciário deve exercer um controle de convencionalidade sobre as leis de seu país, de forma a adequá-las aos preceitos contidos nos TIDH, nesse sentido ver *caso Almonacid Arellano y otros vs. Chile*, §124.

17. Esse é o sentido do art. 2ª da Convenção Americana sobre Direitos humanos que dispõe, *in verbis*: "Se o exercício dos direitos e liberdades mencionados no artigo 1 ainda não estiver garantido por disposições legislativas ou de outra natureza, os Estados-partes comprometem-se a adotar, de acordo com as suas normas constitucionais e com as disposições desta Convenção, as medidas legislativas ou de outra natureza que forem necessárias para tornar efetivos tais direitos e liberdades."

Ora, é exatamente nesse ponto que se torna relevante a atuação de clínicas de direitos humanos que viabilizem a inserção dos preceitos internacionais de proteção aos direitos humanos de forma técnica e coerente no ordenamento jurídico doméstico. Senão, vejamos. A exigência do exercício do controle de convencionalidade em âmbito interno é, ela própria, um preceito internacional, um dever ser estabelecido internacionalmente da mesma forma que as demais normas as quais esse mecanismo tem a pretensão de garantir. Não adentrando na análise da natureza jurídica das normas aqui comparadas, observa-se, em última análise, a necessidade de garantia deste preceito que, juntamente com os demais mandamentos contidos nos TIDH, não são observados.

O que garante o alto grau de *enforcement* das normas internacionais são instrumentos capazes de garantir sua aplicação, seja por obediência ou condescendência, esta, contudo, gera insegurança jurídica, uma vez que se baseia em um sistema de sanções, positivas ou negativas. A obediência, por outro lado, relaciona-se com a internalização dos preceitos da norma jurídica, integrando o próprio sistema de valores da pessoa (LIRA, 2016b, p. 90-94).

Assim, observa-se que a obediência é a forma mais desejável para garantir a observância dos TIDH, por conferir maior segurança jurídica ao sistema, conforme já mencionada, e por decorrer da própria lógica horizontal do direito internacional, que não possui um sistema de sanções reconhecido (SHAW, 2012, p. 5-6). Assim, indica-se que um efetivo modo para a internalização dessas normas em âmbito interno é a disseminação de seus preceitos em órgãos institucionais.

Acompanhando o raciocínio desenvolvido pelo autor Yulgan Lira em sua obra "Controle de Convencionalidade" (2016b), os diplomas internacionais são obedecidos, em uma primeira perspectiva, quando incorporados no país, adquirindo validade interna; e, em uma segunda perspectiva, quando aplicados efetivamente e considerados pelas diversas instituições domésticas, em especial o judiciário, na solução de casos reais.

Assim, o autor indica que o problema de como garantir o *enforcement* do Direito Internacional se traduz, em realidade, em como garantir o *enforcement* das normas internacionais internalizadas e, assim, pertencentes ao direito doméstico. Desse modo, as instituições internas que se utilizam dos parâmetros internacionais na sua atuação jurisdicional cotidiana contribuem para aumentar o grau de *enforcement* da norma internacional e, consequentemente, de sua obediência (p. 95-96).

Dessa forma, fica claro, primeiramente, a necessidade de incorporação dos TIDH na ordem jurídica interna, não apenas passando pelo processo de internalização, mas, igualmente, fazendo parte do dia-a-dia da prática jurídica forense, sendo utilizada pelos próprios advogados na busca pela tutela mais efetiva aos direitos de seus mandantes ou mesmo em resposta após provocação dos órgãos públicos. E, além disso, que o envolvimento de organismos públicos nos processos sensíveis a direitos humanos, utilizando os *standards* internacionais, contribuem para aumentar o grau de *enforcement* dos Tratados de Direitos Humanos. Logo, o encadeamento dos conceitos e circunstancias aqui esboçados desembocam em um mecanismo simples e útil a esse processo, a produção de notas-técnicas especializadas que pressionam as partes em uma lide a se pronunciarem sobre os parâmetros internacionais de proteção, contribuindo para a sua aplicação no país e colaborando para inserção na mentalidade dos juristas brasileiros da plena efetividade dos direitos garantidos nas convenções internacionais.

CONSIDERAÇÕES FINAIS

No decorrer da pesquisa, constatou-se que o Estado brasileiro possui forte resistência em obedecer ao direito internacional. O processo de internalização de seus preceitos através de ratificação de Acordos Internacionais ocorre, mas a efetiva aplicação na prática forense beira a inexistência, o que resulta no baixo grau de *enforcement* dos tratados internacionais de direitos humanos no Brasil.

Nesse sentido, apontou-se algumas razões para tal fato, como o desconhecimento das normas internacionais pelos aplicadores do direito e a dificuldade em lidar material e processualmente com os casos de graves violações a direitos humanos. Diante desse cenário o trabalho desenvolvido em clínicas de direitos humanos adquire grande relevância.

A pesquisa aponta que a experiência com as clínicas de direitos humanos auxilia na educação e na promoção desses direitos, na medida em que disseminam e aplicam judicialmente os preceitos internacionais, ou seja, os textos normativos e a jurisprudência correlata das cortes internacionais de direitos humanos.

Assim, um dos caminhos disponíveis para a promoção desses direitos é através da atuação das clínicas de direitos humanos, com a produção de notas técnicas, que analisam casos concretos e sugerem soluções jurídicas pautadas por tais parâmetros internacionais.

Dessa forma, a nota técnica surge como um importante instrumento de efetivação dos tratados internacionais de direitos humanos na ordem interna, tendo em vista que viabilizam o exercício do controle de convencionalidade e auxiliam o aumento do grau de *enforcement* dos tratados internacionais de direitos humanos.

REFERÊNCIAS

BRASIL. Decreto nº 7030, de 14 de dezembro de 2009. Promulga a Convenção de Viena sobre o Direito dos Tratados, concluída em 23 de maio de 1969, com reserva aos Artigos 25 e 66. **Convenção de Viena Sobre O Direito dos Tratados.** Disponível em: <http://www.planalto.gov.br/ccivil_03/_ato2007-2010/2009/decreto/d7030.htm>. Acesso em: 21 dez. 2016.

BRASIL. Decreto nº 7037, de 21 de dezembro de 2009. Aprova o Programa Nacional de Direitos Humanos - PNDH-3 e dá outras providências. **PNDH-3.** Disponível em: <https://www.planalto.gov.br/ccivil_03/_ato2007-2010/2009/decreto/d7037.htm>. Acesso em: 21 dez. 2016.

BRASIL. Superior Tribunal de Justiça. **Decisão do Resp nº 1640084.** Diário de Justiça Eletrônico. Brasilia, DF.

CONTROLE de Convencionalidade - 2.º Dia. João Pessoa: Escola da Magistratura da Paraíba (esma), 2016. (60 min.), son., color. Palestra da professora Flávia Piovesan. Ver à partir de 00:50. Disponível em: <https://www.youtube.com/watch?v=xanO4GftzT0&t=3939s>. Acesso em: 21 dez. 2016.

CIDH. Informe nº 29/01. Caso 12.249. **Jorge Odir Miranda Cortez et al. El Salvador.** 7 de março de 2001.

Corte IDH. **Caso Ximenes Lopes vs. Brasi**l. Mérito, Reparações e Custas. Sentença de 4 de julho de 2006. Série C Nº 149.

_____. **Caso Gomes Lund e Outros ("Guerrilha do Araguaia") vs. Brasil.** Exceções Preliminares, Mérito, Reparações e Custas. Sentença de 24 de novembro de 2010. Série C Nº 219.

_____. **Caso Radilla Paccheco vs. Estados Unidos Mexicanos**. Exceções Preliminares, Mérito, Reparação e Custas. Sentença de 23 de novembro de 2009. Série C No.

G1 (Brasil). **MPF pede liberação de cannabidiol para tratar 16 pacientes da Paraíba:** Medicamento tem substância proibida presente na maconha. Ação civil pública é contra União e Anvisa. 2014. Disponível em: <http://g1.globo.com/pb/paraiba/noticia/2014/07/mpf-pede-liberacao-de-canabidiol-para-tratar-16-pacientes-da-paraiba.html>. Acesso em: 21 dez. 2016.

MAZZUOLI, Valerio de Oliveira. Teoria geral do controle de convencionalidade no direito brasileiro. **Revista de Informação Legislativa,** Brasília, v. 46, n. 181, p.113-139, mar. 2009. Trimestral. Disponível em: <http://www.patriciamagno.com.br/wp-content/uploads/2016/03/Controle-de-Convencionalidade.pdf>. Acesso em: 21 dez. 2016.

MENDES, Gilmar. **Controle de constitucionalidade.** In: MENDES, Gilmar Ferreira;

RAMOS, André de Carvalho. **A responsabilidade internacional do Estado por violação de direitos humanos.** 1999. tese (Doutorado) - Faculdade de Direito, Universidade de São Paulo, São Paulo. p. 132.

_____. **Curso de Direitos Humanos**. 4ª ed. São Paulo: Saraiva, 2017.

_____. Supremo Tribunal Federal Brasileiro e o Controle de Convencionalidade: Levando a sério os Tratados De direitos Humanos. **Revista Faculdade de Direito da Universidade de São Paulo**. São Paulo, v.104, p.-241-286, Jan./dez. 2009. Disponível em: http://www.convencionalidade.com.br/assets/apoio/artigo_andre-ramos.pdf Acesso em 18 de junho de 2017.

RUSSOWSKY, Iris Saraiva. O CONTROLE DE CONVENCIONALIDADE DAS LEIS: Uma análise na esfera internacional e interna. **Revista do Caap,** Belo Horizonte, v. 18, n. 2, p.61-96, mar. 2012. Disponível em: <http://www2.direito.ufmg.br/revistadocaap/index.php/revista/article/viewFile/305/294>. Acesso em: 21 dez. 2016.

LIRA, Yulgan de Farias Lira. O Direito Interno como Ponto Chave para a Garantia do Enforcement do Direito Internacional: Controle de Convencionalidade à Luz do Processo Normativo Transnacional de Harold Hongju Koh. **Direito Internacional em Expansão**: volume VII. org. Wagner Menezes. Belo Horizonte: Arraes Editores, 2016a. p. 522-539.

LIRA, Yulgan. **Controle de Convencionalidade**: A Tutela Coletiva Dos Tratados Internacionais De Direitos Humanos. João Pessoa: ideia, 2016b.

O CONTROLE DE CONVENCIONALIDADE COMO MECANISMO PARA GARANTIR A COOPERAÇÃO DOS ESTADOS COM O TRIBUNAL PENAL INTERNACIONAL

Bruno de Oliveira Biazatti[1]

INTRODUÇÃO

O italiano Antonio Cassese – primeiro Presidente do Tribunal Penal Internacional para a ex-Iugoslávia[2] – descreveu essa corte como "[...] um gigante sem braços e pernas, que precisa de membros artificiais para andar e trabalhar" (CASSESE, 1998, p.13; tradução nossa). Ainda segundo Cassese, "[...] esses membros artificiais são as autoridades estatais" (CASSESE, 1998, p.13; tradução nossa). O mesmo raciocínio também pode ser aplicado ao Tribunal Penal Internacional (TPI). Essa corte não possui mecanismos próprios para garantir a eficácia de suas decisões, sendo, em grande medida, dependente da cooperação dos Estados para investigar, prender, julgar e punir os indivíduos que cometeram os crimes internacionais sob sua jurisdição (PHOOKO, 2011, p.195).

---

1. Mestre em Direito Internacional Contemporâneo pela Universidade Federal de Minas Gerais (UFMG). Bacharel em Direito pela UFMG. Especialista em Direito Internacional pelo Centro de Estudos em Direito e Negócios (CEDIN). Pesquisador da Academia Nacional de Estudos Transnacionais (ANET). Email: bbiazatti@gmail.com
2. O Tribunal Penal Internacional para a ex-Iugoslávia foi criado em 25 de maio de 1993, por meio da Resolução no. 827, aprovada pelo Conselho de Segurança das Nações Unidas. Nos termos do artigo 1º de seu Estatuto, esse Tribunal tem competência para julgar pessoas físicas responsáveis por graves violações do direito internacional humanitário, cometidas no território da Ex-Iugoslávia (hoje correspondendo aos Estados da Bósnia e Herzegovina, Eslovênia, Croácia, Macedônia, Montenegro e Sérvia, incluindo as regiões do Kosovo e Voivodina), desde 1º de janeiro de 1991. A sua sede se localiza em Haia, nos Países Baixos.

O caráter essencial da obrigação de cooperar se torna evidente ao analisarmos o artigo 63 do Estatuto de Roma, segundo o qual "[o] acusado estará presente durante o julgamento" (TPI, 1998, art.63, §1). Diante disso, os procedimentos no TPI não podem prosseguir enquanto o acusado não estiver sob a custódia do Tribunal e presente na sala de julgamento. Se o próprio réu não se entregar voluntariamente, ao TPI apenas resta esperar que os Estados cooperem, prendendo o acusado e o enviando à Haia. Devido a essa exigência específica do artigo 63, cinco ações criminais perante o TPI ainda não prosseguiram para a fase de julgamento, pois os acusados ainda estão foragidos. Os casos são os seguintes: (i) *Procurador v. Saif Al-Islam Gaddafi*; (ii) *Procurador v. Ahmad Muhammad Harun e Ali Muhammad Ali Abd-Al-Rahman*; (iii) *Procurador v. Abdel Raheem Muhammad Hussein*; (iv) *Procurador v. Abdallah Banda Abakaer Nourain*; e (v) *Procurador v. Omar Hassan Ahmad Al Bashir*. O primeiro se refere à situação na Líbia e os outros quatro à situação em Darfur, no Sudão[3].

Esse cenário revela que a falta de cooperação pelos Estados, em especial a recusa de deter e entregar os acusados, possui a nefasta consequência de impedir que o TPI exerça as suas funções e competências outorgadas pelo Estatuto de Roma. O presente artigo objetiva apresentar o controle de convencionalidade pelo Poder Judiciário doméstico dos Estados como instrumento normativo para garantir a cooperação com o TPI. Políticas e práticas estabelecidas pelo Poder Executivo e a promulgação de instrumentos normativos pelo Poder Legislativo que objetivam prejudicar o dever de cooperação devem ser revogados pelos juízes por meio do procedimento de controle de convencionalidade.

Para defender esta hipótese, primeiramente, apresentar-se-á o âmbito normativo da obrigação dos Estados de cooperar com o TPI, destacando o regime legal estabelecido pelo Capítulo IX do Estatuto de Roma. Depois disso, o caso mais ilustrativo quanto à falta de cooperação com TPI – o caso de Omar Al Bashir – será descrito, com o objetivo de indicar os principais argumentos empregados pelos Estados para justificar essa posição e também as respostas que o Tribunal tem dado a estes argumentos. Por fim, a doutrina do controle de convencionalidade será apresentada, indicando a sua aplicabilidade ao Estatuto de Roma e à obrigação de colaborar com o TPI.

---

3. Tanto a situação no Sudão quanto à situação na Líbia foram submetidas ao TPI por meio de resoluções do Conselho de Segurança das Nações Unidas, pois estes dois Estados ainda não são partes do Estatuto de Roma.

1. A OBRIGAÇÃO DOS ESTADOS DE COOPERAR COM O TPI À LUZ DO ESTATUTO DE ROMA

O TPI não funciona como uma corte doméstica tradicional. Sem o intermédio das autoridades nacionais, ele não pode executar mandados de prisão, coletar material probatório, coagir testemunhas a prestar depoimento e nem periciar os locais onde os crimes foram supostamente cometidos (CASSESE, 1999, p.164). Assim, a cooperação estatal com o TPI é tão essencial que o Estatuto de Roma dedicou um capítulo inteiro a esta temática: o Capítulo IX.

A obrigação geral de cooperar com o Tribunal se encontra positivada no primeiro artigo do Capítulo IX: o artigo 86. Esse dispositivo afirma que "[o]s Estados Partes deverão, em conformidade com o disposto no [Estatuto de Roma], cooperar plenamente com o [TPI] no inquérito e no procedimento contra crimes da competência deste". O artigo 86 deixa claro que o dever de cooperar com o Tribunal é uma obrigação objetiva e jurídica, não sendo passível de disposição pelos Estados conforme suas conveniências políticas (BIATO, 2016, p.1238). O Estatuto de Roma também indica que "[o]s Estados Partes deverão assegurar-se de que o seu direito interno prevê procedimentos que permitam responder a todas as formas de cooperação especificadas [no Capítulo IX do Estatuto]" (TPI, 1998, art.88).

Na Conferência de Roma que adotou o Estatuto, os Estados tinham duas opções de modelos normativos para regular a cooperação com o TPI: um modelo interestatal e outro supraestatal. O primeiro modelo – o interestatal – determina que a relação entre os Estados e Tribunal seria similar àquela já existente na cooperação judiciária interestatal em matéria penal. Nesses moldes, o TPI não estaria numa posição de superioridade em face dos Estados, restando impotente para coagi-los a efetivamente cooperar. Assim, a soberania dos Estados teria muito mais influência, sendo um grande empecilho a qualquer tentativa do Tribunal de constranger um Estado recalcitrante a colaborar (CASSESE, 1999, p.164).

Por outro lado, o modelo supraestatal afasta-se do tradicional arquétipo de cooperação judiciária Estado-Estado, no qual todos os Estados são entidades soberanas e iguais, sem qualquer hierarquia entre eles. No modelo supraestatal, o TPI estaria numa posição acima dos Estados, possuindo amplos poderes para ordená-los, de forma vinculante, a cooperar. Caso os Estados se mantenham inadimplentes, o tribunal estaria autorizado a solicitar a tomada de medidas coercitivas contra os Estados que não cooperam (CASSESE, 1999, p.165).

Em linhas gerais, o Estatuto de Roma adotou um modelo híbrido, que funde elementos do modelo supraestatal com o interestatal (CASSESE, 2013, p.305; BIATO, 2016, p.1240). Assim, apesar do artigo 86 estabelecer uma obrigação geral de cooperar, o Estatuto reconhece que os procedimentos internos dos Estados possuem um papel importante nesta seara, dando margem para que o regime de cooperação com TPI seja flexibilizado, até certa medida, pela lei interna do país. Nesse sentido, os Estados têm o dever de cumprir os pedidos de cooperação pelo Tribunal, mas também têm a prerrogativa de regulamentar os procedimentos e modalidades que serão seguidos na implementação da cooperação (BIATO, 2016, p.1240).

Diante disso, o regime legal do Capítulo IX é, de forma geral, bem flexível em diversos aspectos. Primeiramente, o dever de cooperar apenas se aplica às modalidades previstas no Estatuto. Apesar da lista de formas de cooperação do Estatuto ser ampla e aparentemente satisfatória para atender aos propósitos do Tribunal, os Estados possuem a prerrogativa de rejeitar qualquer outra modalidade não prevista no Estatuto. O artigo 39(1)(l) expressamente afirma que os Estados devem "[p]restar qualquer outra forma de auxílio não proibida pela legislação do Estado requerido, destinada a facilitar o inquérito e o julgamento por crimes da competência do Tribunal" (TPI, 1998, art.39.1.l). Esse dispositivo ilustra que aos Estados é facultado proibir qualquer forma de cooperação não enumerada no Estatuto (CASSESE, 2013, p.305).

Outro dispositivo flexibilizante da obrigação de cooperar é o artigo 93(4). Este indica que um Estado poderá recusar, no todo ou em parte, um pedido de auxílio formulado pelo Tribunal quando este pedido se reportar unicamente à produção de documentos ou à divulgação de elementos de prova que atentem contra a sua segurança nacional. Trata-se de uma exceção ao dever de cooperar, com o propósito de garantir o direito dos Estados de recusar a entrega de qualquer informação que coloque a segurança nacional em risco (CASSESE, 2013, p.306-307).

O artigo 87(7) do Estatuto de Roma empodera o TPI com a prerrogativa de elaborar um relatório sobre o não cumprimento de um pedido de cooperação "[...] e remeter a questão à Assembleia dos Estados Partes [do Estatuto de Roma] ou ao Conselho de Segurança, quando tiver sido este a submeter o fato ao Tribunal" (TPI, 1998, art.87.7). Porém, o Estatuto não indica quais as medidas que a Assembleia dos Estados Partes está autorizada a tomar contra o Estado recalcitrante, o que enseja certas dúvidas sobre os limites de sua competência nesta área (BIATO,

2016, p.1242). Além disso, seria uma forma de fortalecer o sistema de cooperação se o Conselho de Segurança também recebesse o relatório de *non-compliance* nos casos não iniciados por ele. Naturalmente, o Conselho de Segurança, agindo conforme o Capítulo VII da Carta da ONU, pode tomar medidas contra o Estado que não coopera em qualquer caso, se entender que a situação constitui uma ameaça à paz. Assim, teria sido mais coerente se o Estatuto também tivesse previsto este procedimento (CASSESE, 1999, p.166).

2. OMAR AL BASHIR: O CASO PARADIGMÁTICO QUANTO À FALTA DE COOPERAÇÃO PELOS ESTADOS

Omar Hassan Ahmad Al Bashir é o atual Presidente em exercício do Sudão e foi acusado, pela Procuradoria do TPI, de vários crimes internacionais cometidos na região de Darfur, na parte ocidental do Sudão. Apesar do TPI já ter emitido dois mandados de prisão contra ele (o primeiro em 4 de março de 2009 e o segundo em 12 de julho 2010), Al Bashir continua em liberdade, o que inviabiliza o andamento do processo criminal contra ele naquela corte internacional. Segundo estes dois mandados de prisão, Al Bashir foi indiciado por cinco crimes contra a humanidade (homicídio, extermínio, transferência forçada, tortura e estupro), dois crimes de guerra (dirigir ataques intencionais contra a população civil e pilhagem), e três acusações de genocídio contra os grupos étnicos Fur, Masalit e Zaghawa (homicídio dos membros do grupo, ofensas graves à integridade física ou mental dos membros do grupo, e sujeição intencional do grupo a condições de vida com o propósito de provocar a sua destruição física, total ou parcial)[4].

O Sudão não é parte do Estatuto de Roma, mas a situação no país foi submetida ao TPI pelo Conselho de Segurança das Nações Unidas através da Resolução no. 1593, datada de 31 de março de 2005. Devido a essa resolução, o TPI tem competência para julgar todos os crimes ocorridos no território sudanês ou por nacionais sudaneses depois do dia 1º de julho de 2002. O Conselho de Segurança tem a prerrogativa de submeter situações ao TPI garantida pelo artigo 13, alínea "b" do Estatuto de Roma, o qual afirma:

> O [TPI] poderá exercer a sua jurisdição em relação a qualquer um dos crimes a que se refere o artigo 5º, de acordo com o disposto no [Estatuto

---

4. Todas as informações referentes ao caso *Procurador v. Omar Hassan Ahmad Al Bashir* podem ser encontradas aqui: <https://www.icc-cpi.int/darfur/albashir>. Acesso em: 21/05/2017.

de Roma], se: [...] O Conselho de Segurança, agindo nos termos do Capítulo VII da Carta das Nações Unidas, denunciar ao Procurador qualquer situação em que haja indícios de ter ocorrido a prática de um ou vários desses crimes (TPI, 1998, art.13, "b").

À luz do dever de cooperar, todos os Estados Partes do Estatuto têm a obrigação de executar esses mandados de prisão, devendo prender Al Bashir e entregá-lo para o TPI. Apesar disso, o acusado já realizou viagens internacionais na África e nenhum Estado que ele visitou o prendeu.

Em julho de 2010, o Chade foi o primeiro país que Al Bashir visitou depois de emitido o primeiro mandato de prisão. O sudanês foi até o Chade por ocasião de uma reunião da Comunidade dos Estados Sahel-Saarianos, uma organização sub-regional africana. Ele não foi preso e enviado ao TPI pelas autoridades chadianas sob o argumento principal de que a imunidade de Al Bashir como chefe de Estado em exercício impede o cumprimento do mandado de prisão. Em 27 de agosto de 2010, a Câmara de Instrução I do TPI, composta por Cuno Tarfusser (da Itália), Sylvia Steiner (do Brasil) e Sanji Mmasenono Monageng (da Botsuana), emitiu uma decisão informando o Conselho de Segurança das Nações Unidas e a Assembleia dos Estados Partes do Estatuto de Roma sobre a presença de Omar Al-Bashir no território do Chade. Em nenhum momento, a decisão fez menção expressa ao artigo 87(7) do Estatuto (TPI, 2010a).

Em 27 de agosto de 2010, Al Bashir esteve no Quênia para participar das celebrações pela promulgação da nova Constituição queniana. O governo do Quênia não deteve Al Bashir, apesar daquele país ter uma lei interna (o *International Crimes Act*, adotado em 2008) expressamente afirmando que as imunidades dos chefes de Estado não prejudicarão a cooperação com o TPI. No dia que o acusado estava no Quênia – 27 de agosto de 2010 – a Câmara de Instrução I emitiu uma decisão alertando o Conselho de Segurança das Nações Unidas e a Assembleia dos Estados Partes sobre a presença de Al Bashir no Quênia. Nenhuma decisão foi emitida pelo TPI reconhecendo o *non-compliance* com os mandados de prisão por parte do Quênia (TPI, 2010b).

Em 8 de maio de 2011, Al Bashir esteve no Djibuti para a cerimônia de posse do Presidente Ismael Omar Guelleh e também não foi detido pelas autoridades locais. Em 12 de maio, a Câmara de Instrução I notificou o Conselho de Segurança e a Assembleia dos Estados Partes sobre esta visita. Nenhuma condenação foi emitida pelo TPI contra o Djibuti (TPI, 2011d).

Nos dias 7 e 8 de agosto de 2011, Al Bashir realizou nova visita ao Chade por ocasião da cerimônia de posse do Presidente Idriss Deby Itno. Novamente, ele não foi preso. Em 13 de dezembro de 2011, a Câmara de Instrução I emitiu a primeira decisão no caso *Procurador v. Omar Hassan Ahmad Al Bashir* nos termos do artigo 87(7) do Estatuto, declarando que o Chade violou a sua obrigação de cooperar e submetendo a situação ao Conselho de Segurança e à Assembleia dos Estados Partes (TPI, 2011a).

Em outubro de 2011, Al Bashir visitou o Malawi para participar de uma cúpula do Mercado Comum para a África Oriental e Austral. Sabendo que o Malawi não deteve o acusado, o TPI emitiu, em 13 de dezembro de 2011, uma decisão condenando este país pela falta de cooperação (TPI, 2011b).

Posteriormente, o caso *Procurador v. Omar Hassan Ahmad Al Bashir* foi redistribuído para a Câmara de Instrução II, que substituiu a Câmara de Instrução I. A nova Câmara era composta pelos juízes Ekaterina Trendafilova (da Bulgária), Hans-Peter Kaul (da Alemanha) e Cuno Tarfusser (da Itália). A Câmara de Instrução II emitiu sua primeira decisão de *non--compliance* em 26 de março de 2013, condenando o Chade mais uma vez por uma visita de Al Bashir neste país entre 16 e 17 de fevereiro de 2013 (TPI, 2013).

Entre 26 e 27 fevereiro de 2014, Al Bashir esteve na República Democrática do Congo para participar de outra cúpula do Mercado Comum para a África Oriental e Austral. Em 9 de abril de 2014, o TPI emitiu a sua decisão reprovando o descumprimento dos mandados de prisão por parte da República Democrática do Congo (TPI, 2014).

De forma curiosa, em 9 de março de 2015, a Câmara de Instrução II[5] publicou decisão condenando a falta de cooperação do Sudão por não entregar o seu próprio presidente ao TPI. Sabendo que o Sudão não é parte do Estatuto de Roma, o seu descumprimento dos mandados de prisão foi encaminhado apenas do Conselho de Segurança e não à Assembleia dos Estados Partes do Estatuto (TPI, 2015).

Em 2016, Al Bashir realizou as suas duas últimas viagens internacionais: em 8 de maio, ele esteve no Djibuti e, em 12 de maio, em Uganda. Em 11 de julho 2016, a Câmara de Instrução II, agora composta por Cuno Tarfusser (da Itália), Marc Perrin de Brichambaut (da França) e Chang-

---

5. À época, a Câmara de Instrução II era composta pelos juízes Ekaterina Trendafilova (da Bulgária), Cuno Tarfusser (da Itália) e Christine Van den Wyngaert (da Bélgica).

-ho Chung (da Coreia do Sul), emitiu duas decisões condenando o Djibuti e Uganda pela falta de cooperação. Sabendo que essas são as decisões mais recentes quanto à não cooperação dos Estados, passa-se a analisá--las com mais detalhes, a fim de melhor compreender os argumentos utilizados para justificar o *non-compliance* pelos Estados africanos e as respostas que o TPI tem para estas justificativas.

2.1. Decisão referente à Uganda

Por meio da mídia, o TPI tomou conhecimento que Al Bashir iria viajar para Uganda, a fim de comparecer à cerimônia de posse do Presidente Yoweri Museveni. Diante disso, no dia 11 de maio de 2016, a Secretaria do TPI transmitiu uma nota verbal às autoridades ugandesas relembrando do seu dever de deter e entregar Al-Bashir. No dia 12 de maio, o acusado de fato esteve em Uganda, mas esse Estado nada fez para prendê-lo (TPI, 2016a, p.4).

Em 27 de junho, a Câmara de Instrução II recebeu uma carta enviada por Uganda afirmando que não entregou Al-Bashir devido a uma decisão da Conferência dos Chefes de Estado e de Governo da União Africana, na qual se determinou que os Estados membros da União Africana, de acordo com as imunidades previstas no artigo 98 do Estatuto de Roma[6], não devem deter e entregar Al-Bashir ao TPI (TPI, 2016a, p.4-5).

Em sua decisão, a Câmara relembrou que Uganda é um Estado Parte do Estatuto de Roma, o que significa que tem a obrigação de cooperar com o Tribunal, inclusive por meio da prisão e entrega de acusados. Também se destacou que, nos termos do artigo 97 do Estatuto, em caso de qualquer questão que pudesse impedir ou retardar a execução de um mandado de prisão, o Estado teria o dever de consultar o Tribunal sem demora, a fim de encontrar uma solução para a questão. Nenhuma con-

---

6. O artigo 98 do Estatuto afirma que: "(1) O Tribunal pode não dar seguimento a um pedido de entrega ou de auxílio por força do qual o Estado requerido devesse atuar de forma incompatível com as obrigações que lhe incumbem à luz do direito internacional em matéria de imunidade dos Estados ou de imunidade diplomática de pessoa ou de bens de um Estado terceiro, a menos que obtenha, previamente a cooperação desse Estado terceiro com vista ao levantamento da imunidade. (2) O Tribunal pode não dar seguimento à execução de um pedido de entrega por força do qual o Estado requerido devesse atuar de forma incompatível com as obrigações que lhe incumbem em virtude de acordos internacionais à luz dos quais o consentimento do Estado de envio é necessário para que uma pessoa pertencente a esse Estado seja entregue ao Tribunal, a menos que o Tribunal consiga, previamente, obter a cooperação do Estado de envio para consentir na entrega".

sulta foi iniciada por Uganda a fim de explicitar os motivos do não cumprimento dos mandados de prisão (TPI, 2016a, p.6).

A Câmara reforçou que a decisão da União Africana, impondo aos seus membros o dever de não cooperar com o TPI, não é motivo válido para justificar o descumprimento dos mandados de prisão contra Al--Bashir. Segundo o TPI, essa determinação da União Africana se encontra em desconformidade com o Direito Internacional. Quando o Conselho de Segurança das Nações Unidas submeteu a situação do Sudão à jurisdição do Tribunal, ele determinou que a imunidade de Al-Bashir como chefe de Estado não poderia ser usada como obstáculo aos procedimentos criminais. É nada mais do que lógico que quando o Conselho de Segurança deu poderes ao TPI para julgar os crimes no Sudão, ele teve a intenção de afastar qualquer impedimento ao julgamento dos acusados, incluindo a imunidade destes. Diante disso, o Conselho de Segurança implicitamente renunciou as imunidades que Al Bashir teria direito sob a lei internacional, não havendo, assim, qualquer empecilho normativo capaz de justificar o inadimplemento dos dois mandados de prisão contra ele. Diante disso, a Câmara concluiu que aquela decisão da União Africana se encontra sem qualquer efeito jurídico válido (TPI, 2016a, p.6-7).

Pelo exposto, a Câmara de Instrução II concluiu que Uganda violou o Estatuto de Roma ao não prender e entregar Al Bashir quando ele esteve em seu território. Nos termos do artigo 87(7) do Estatuto de Roma, a conduta ilegal de Uganda foi remetida à Assembleia dos Estados Partes do Estatuto de Roma e para o Conselho de Segurança das Nações Unidas, para que as medidas cabíveis fossem tomadas (TPI, 2016a, p.9).

2.2. Decisão referente ao Djibuti

Em 10 de maio de 2016, a Secretaria do TPI notificou a Câmara de Instrução II de que Omar Al-Bashir viajou ao Djibuti no dia 8 de maio de 2016, a fim de participar da cerimônia de posse do Presidente Ismail Omer Gaili. Nessa ocasião, as autoridades do Djibouti nada fizeram para prender Al-Bashir (TPI, 2016b, p.4).

No dia 24 de junho, o Djibuti enviou uma carta ao TPI apresentando os seus motivos por não ter executado os mandados de prisão contra Al--Bashir. Basicamente quatro argumentos foram desenvolvidos: (i) o ordenamento jurídico interno do Djibuti não prevê os procedimentos judiciais e administrativos necessários para a detenção e entrega de suspeitos ao TPI; (ii) nos termos do artigo 98 do Estatuto de Roma, Al-Bashir não pode ser detido, porque tem direito às imunidades cabíveis aos chefes de Estado em exercício; (iii) como membro da União Africana, o Djibuti deve respeitar a decisão dessa organização dirigindo os seus Estados Membros a não cumprir os mandados de prisão contra Al-Bashir; e (iv) no âmbito da Autoridade Intergovernamental para o Desenvolvimento (*Intergovernmental Authority on Development* -IGAD), o Djibuti faz parte do processo de paz na República do Sudão e na República do Sudão do Sul (TPI, 2016b, p.4-5).

Rejeitando os argumentos do Djibuti, a Câmara de Instrução II afirmou que esse Estado é parte do Estatuto de Roma e, portanto, tem o dever de cooperar com o TPI. Quanto ao primeiro argumento apresentado (a falta de procedimentos na lei interna), a Câmara destacou que, de fato, o Estatuto de Roma determina que os Estados Partes devem promulgar instrumentos legais criando procedimentos internos de cooperação com o Tribunal. Conduto, a inexistência desses procedimentos (como ocorre no Djibuti) não pode servir como justificativa ao descumprimento dos pedidos de cooperação feitos pelo Tribunal. Nada no Estatuto afirma que a cooperação com o TPI está condicionada à adoção de leis internas estabelecendo esses procedimentos judiciais (TPI, 2016b, p.6).

Referindo-se à imunidade de Al-Bashir e a decisão da União Africana, a Câmara apresentou o mesmo argumento desenvolvido no caso de Uganda: a resolução do Conselho de Segurança submetendo a situação do Sudão ao TPI priva Al-Bashir de suas imunidades jurisdicionais face o Tribunal. Assim, a imunidade que ele teria como chefe de Estado não é capaz de impedir o prosseguimento do processo criminal no TPI (TPI, 2016b, p.6-7).

No tocante ao último ponto da carta do Djibuti, a Câmara se demonstrou sensível ao procedimento político de construção da paz da região. Porém, destacou que os Estados Partes do Estatuto de Roma devem exercer suas pretensões e objetivos políticos circunscritos aos limites de suas obrigações legais. É inadmissível que os Estados coloquem seus deveres jurídicos de lado por simples conveniência política (TPI, 2016b, p.7-8).

Pelo exposto, a Câmara concluiu que o Djibuti também violou o Estatuto de Roma quando não prendeu Al Bashir. A situação foi submetida à Assembleia dos Estados Partes e ao Conselho de Segurança das Nações Unidas (TPI, 2016b, p.10).

3. A APLICAÇÃO DO CONTROLE DE CONVENCIONALIDADE À OBRIGAÇÃO DOS ESTADOS DE COOPERAR COM O TPI

Segundo Valerio Mazzuoli, o controle de convencionalidade se relaciona com a compatibilidade vertical do direito interno de um Estado com os tratados de direitos humanos aos quais este país figura como parte, traduzindo-se na obrigação dos juízes e órgãos judiciais do Estado de adequar as leis e práticas domésticas a esses tratados (MAZZUOLI, 2009, p.114-115). Em outras palavras, é uma modalidade de controle da produção normativa doméstica que não tem como parâmetro a constituição, mas os tratados de direitos humanos vinculantes ao Estado (MAZZUOLI, 2011a, p.79; MAZZUOLI, 2013, p.419).

Com o propósito de discorrer sobre a aplicação do controle de convencionalidade à obrigação dos Estados de cooperar com o TPI, primeiramente, (**4.1**) demonstrar-se-á como o ordenamento jurídico interno dos Estados pode ser um empecilho ao cumprimento desta obrigação e, então, (**4.2**) passaremos a efetivamente explanar sobre a relevância do controle de convencionalidade ao dever de cooperar.

3.1. O ordenamento jurídico interno dos Estados como obstáculo à cooperação com o TPI

Como explicado anteriormente, os Estados devem cooperar com o TPI, mas o direito doméstico destes países regula o procedimento interno a ser seguido para esta cooperação. Apesar disso, os Estados não podem aprovar leis ou práticas em desacordo com o Estatuto de Roma, estabelecendo verdadeiros empecilhos legislativos à cooperação (OOSTERVELD, PERRY e MCMANUS, 2002, p.772). O direito dos Estados de regulamentar os procedimentos para cooperação jamais pode ser visto como uma brecha normativa para efetivamente impedir qualquer uma das formas de cooperação previstas no Estatuto de Roma.

Apesar disso, os Estados frequentemente fazem uso de artifícios normativos para enfraquecer ou driblar a sua obrigação de cooperar. Ademais, a aplicação de princípios e regras tradicionais da cooperação interestatal aos procedimentos de cooperação jurídica com tribunais penais internacionais pode dar ensejo a questionamentos quanto à constitucionalidade ou legalidade destes procedimentos.

Podemos destacar, por exemplo, o *International War Crimes Tribunals Act*, que foi adotado pela Austrália, em 1995, com o objetivo de regular a cooperação deste país com o Tribunal Penal Internacional para a ex-Iugoslávia, o Tribunal Penal Internacional para Ruanda e o Mecanismo Residual Internacional para Tribunais Penais. Segundo essa lei, o Advogado-Geral da Austrália determinará que uma pessoa será entregue a um destes tribunais internacionais, exceto se "circunstâncias especiais" (*special circumstances*) exigirem o contrário. Nenhuma definição ou guia mais preciso sobre quais seriam essas circunstâncias especiais são indicados no *International War Crimes Tribunals Act*. (AUSTRÁLIA, 1995, seção 16). Essa lei também afirma que os pedidos de assistência pelos tribunais devem ser indeferidos quando prejudicarem a "soberania, segurança ou interesses nacionais da Austrália" (AUSTRÁLIA, 1995, seções 26, 33, 35, 36, 40 e 44).

De forma similar, temos o *International War Crimes Tribunals Bill*, na Nova Zelândia, que proíbe a entrega de um acusado se o Advogado-Geral da Nova Zelândia concluir que existem "circunstâncias excepcionais" (*exceptional circumstances*) capazes de justificar o *non-compliance* com o pedido de cooperação com o tribunal internacional. Essa lei também dá grande margem às autoridades neozelandesas ao permitir a não cooperação quando essa prejudica a "soberania, segurança ou interesses nacionais da Nova Zelândia" (NOVA ZELÂNDIA, 1995, seção 57).

De fato, o artigo 72 do Estatuto de Roma permite que seja impedida a "[...] divulgação de informação ou de documentos de um Estado [que possam], no entender deste, afetar os interesses da sua segurança nacional" (TPI, 1998, art.72). Nesse mesmo sentido se encontra o já mencionado artigo 93(4) do Estatuto. Esse dispositivo determina que um Estado Parte poderá recusar um pedido de cooperação formulado pelo TPI se tal pedido se reportar unicamente à produção de documentos ou à divulgação de elementos de prova que atentem contra a sua segurança nacional. Apesar do Estatuto garantir aos Estados o direito de conter a exposição de informações relevantes a sua segurança nacional, esse direito deve ser exercido no âmbito de um procedimento estrito e regulado pelo Estatuto. Em linhas gerais, o artigo 72 determina que o Estado, em conjunto com o Procurador, a defesa, a Câmara de Instrução ou a Câmara de Julgamento em Primeira Instância, devem realizar consultas para encontrar uma solução. Se nenhuma solução for encontrada nessas consultas e se o TPI concluir que o Estado não agiu conforme a sua obrigação de cooperar, o *non-compliance* será submetido ao Conselho de Segurança das Nações Unidas e à Assembleia dos Estados Partes para que as medidas sejam tomadas contra o Estado recalcitrante (TPI, 1998, art.72; LEE, 2016, p.1087).

Assim, a recusa de um pedido de cooperação com fundamento no risco à segurança nacional do Estado apenas pode ocorrer seguindo o procedimento previsto no Estatuto e exclusivamente quando o pedido se referir à produção de provas. Outras formas de cooperação, em especial a entrega de acusados, não podem ser impedidas sob a alegação de que a colaboração com o TPI representa uma ameaça à segurança nacional ou outros interesses nacionais. Além disso, o uso de expressões genéricas, tais como "circunstâncias excepcionais", "circunstâncias especiais" ou outras similares, são suficientemente vagas e confusas ao perigoso ponto de abrir brechas na obrigação estatal de cooperar com o TPI. Com isso, são incompatíveis com o Estatuto de Roma (GUPTA, 2000, p.34). Como defendido por Hans-Peter Kaul, ex-juiz alemão no TPI, o Estatuto exige que "os Estados promulguem legislações [...] que sejam suficientemente precisas para permitir uma cooperação direta, sem a necessidade de disposições adicionais" (KAUL, 2008, p.89; tradução nossa).

Além do uso de artifícios legislativos para restringir o dever de cooperar com o TPI, os Estados podem adotar políticas mais explícitas, nas quais expressamente afirmam que não colaborarão com o Tribunal. Um exemplo claro é o *American Service-Members' Protection Act*, aprovado pelo Congresso dos Estados Unidos, em 2 de agosto de 2002. Esse diploma legal, em linhas gerais, suprime qualquer forma de cooperação dos Estados Unidos com o TPI. O *American Service-Members' Protection Act* foi o ápice de uma política de antagonismo ao TPI implementada pelo governo de George W. Bush (FAULHABER, 2003, 542-545). Vejamos alguns de seus excertos que exemplificam e positivam essa política:

> Nenhum tribunal dos Estados Unidos ou qualquer órgão ou entidade de qualquer Estado ou governo local, incluindo qualquer tribunal, poderá cooperar com o Tribunal Penal Internacional em resposta a um pedido de cooperação apresentado pelo Tribunal Penal Internacional nos termos do Estatuto de Roma (ESTADOS UNIDOS, 2003, seção 2004, "b"; tradução nossa).
>
> Nenhum órgão do Governo dos Estados Unidos poderá transmitir para execução qualquer carta rogatória ou outro pedido de cooperação feito pelo Tribunal Penal Internacional ao tribunal, funcionário ou agência nos Estados Unidos a quem é dirigido (ESTADOS UNIDOS, 2003, seção 2004, "c"; tradução nossa).
>
> Nenhum órgão ou entidade do Governo dos Estados Unidos ou de qualquer Estado ou governo local poderá extraditar qualquer pessoa dos Estados Unidos para o Tribunal Penal Internacional, nem apoiar a transferência de qualquer cidadão dos Estados Unidos ou estrangeiro com residência permanente ao Tribunal Penal Internacional (ESTADOS UNIDOS, 2003, seção 2004, "d"; tradução nossa).

> Nenhum órgão ou entidade do Governo dos Estados Unidos ou de qualquer Estado ou governo local, incluindo qualquer tribunal, pode prestar apoio ao Tribunal Penal Internacional (ESTADOS UNIDOS, 2003, seção 2004, "e"; tradução nossa).
>
> Nenhum agente do Tribunal Penal Internacional poderá realizar, nos Estados Unidos ou em qualquer território sujeito à jurisdição dos Estados Unidos, qualquer atividade de investigação relacionada com um inquérito preliminar, investigação, persecução penal ou outro procedimento do Tribunal Penal Internacional (ESTADOS UNIDOS, 2003, seção 2004, "h"; tradução nossa).

De forma satírica e sarcástica, os opositores do *American Service-Members' Protection Act* o apelidaram de Ato da Invasão de Haia (*Hague Invasion Act*) (FAULHABER, 2003, p.546; HUMAN RIGHTS WATCH, 2002), já que esta lei autoriza o Presidente dos Estados Unidos a utilizar todos os meios necessários, incluindo a força militar, para garantir a libertação de nacionais norte-americanos que estejam sob a custódia do TPI (ESTADOS UNIDOS, 2003, seção 2008, "a"). Assim, este diploma legal permite, pelo menos em tese, que os Estados Unidos invadam as instalações do TPI em Haia com o propósito de libertar seus nacionais sob julgamento[7].

As normas internas relativas à extradição de nacionais e estrangeiros também já foram um entrave ou trouxeram dificuldades à cooperação com tribunais penais internacionais. Antônio Cassese indica que diversos países de tradição jurídica do *civil law* proíbem a extradição de seus próprios nacionais. Essa regra em particular se mostrou um grande desafio ao Tribunal Penal Internacional para a ex-Iugoslávia (CASSESE, 2004, p.5-6). A Constituição da República Federal da Iugoslávia, aprovada em abril de 1992, expressamente afirmava que os nacionais deste Estado não seriam extraditados (REPÚBLICA FEDERAL DA IUGOSLÁVIA, 1992, art.17). O governo da ex-Iugoslávia utilizou esse dispositivo constitucional para se recusar a entregar seus nacionais ao Tribunal

---

7. O indiciamento de nacionais dos Estados Unidos pelo TPI se torna uma possibilidade cada vez mais concreta devido à investigação conduzida pela Procuradoria do TPI no Afeganistão. Este Estado depositou o seu instrumento de ratificação do Estatuto de Roma em 10 de fevereiro de 2003. Assim, o TPI tem jurisdição sobre os crimes previstos no Estatuto cometidos no território do Afeganistão ou pelos seus nacionais a partir de 1 de maio de 2003. A Procuradoria iniciou a sua investigação no país em 2007. As investigações revelaram que há indícios de crimes de guerra cometidos por soldados dos Estados Unidos e agentes da Agência Central de Inteligência (CIA) no território afegão. Sabendo que o TPI tem jurisdição para julgar as pessoas envolvidas em crimes cometidos no território de um Estado parte do Estatuto, os nacionais norte-americanos responsáveis por tais crimes no Afeganistão poderiam ser levados a julgamento pelo TPI (TPI, 2016c, p.43-51).

Internacional para a ex-Iugoslávia. Outros países balcânicos, tais como Croácia, Eslovênia e Macedônia, cujas constituições foram em grande medida formuladas a partir da Constituição da República Federal da Iugoslávia, também apresentaram resistência em cooperar com o Tribunal com base na proibição de extradição de nacionais (CROÁCIA, 1990, art.9; ESLOVÊNIA, 1991, art.47; MACEDÔNIA, 1991, art.4).

Além disso, Estados que adotam a cultura jurídica do *common law* normalmente não extraditam estrangeiros sem um tratado prevendo a extradição. Essa regra particular trouxe problemas ao Tribunal Penal Internacional para Ruanda[8], no caso *Promotor v. Elizaphan Ntakirutimana*. O réu - Elizaphan Ntakirutimana - era um hutu e pastor da Igreja Adventista do Sétimo Dia em Ruanda. Ele administrava o Complexo de Mugonero, onde permitiu que diversos tutsis se refugiassem durante o genocídio de 1994. Depois de dias acolhendo famílias tutsis, ele foi até as autoridades policiais e membros da milícia que estavam perseguindo os tutsis e os levou, em seu próprio carro, até o Complexo de Mugonero. Depois disso, os hutus realizaram um massacre contra os tutsis ali abrigados.

Ntakirutimana foi indiciado pelo Tribunal Penal Internacional para Ruanda pela sua participação no genocídio tutsi. Sabendo que à época, ele estava residindo no Texas, nos Estados Unidos, o Tribunal solicitou a este país a entrega de Ntakirutimana. Em resposta, o governo norte-americano deu início a um procedimento de extradição no Tribunal do Distrito Sul do Texas. Relevante destacar que em 1995, o Presidente Bill Clinton concluiu um acordo do executivo (*executive agreement*) com o Tribunal Penal Internacional para Ruanda, sem a autorização do Senado, assumindo o compromisso de entregar ao Tribunal os acusados que estivessem em solo norte-americano. Em 1996, o Congresso aprovou uma lei implementando esse acordo (a *Public Law 104-106*). O juiz texano competente para adjudicar o caso negou o pedido de extradição sob o

---

8. O Tribunal Penal Internacional para Ruanda foi estabelecido pelo Conselho de Segurança das Nações Unidas, por meio da Resolução no. 955, de 8 de novembro de 1994, com o objetivo de julgar e condenar aqueles que foram responsáveis pelo crime de genocídio e outras violações graves do direito internacional humanitário cometidos no território de Ruanda e também os cidadãos ruandeses que cometeram esses mesmos crimes no território de Estados vizinhos, entre 1 de janeiro de 1994 e 31 de dezembro de 1994. O Tribunal tem sede em Arusha, na Tanzânia, mas a sua Câmara de Recursos está localizada em Haia, nos Países Baixos. Ele também tem escritórios em Kigali, a capital ruandesa. O Tribunal foi formalmente fechado pelo Conselho de Segurança em dezembro de 2015, sendo que suas funções residuais têm sido implementadas pelo Mecanismo Residual Internacional para Tribunais Penais.

argumento de que os Estados Unidos extraditam estrangeiros com base apenas em tratado, e não em leis aprovadas pelo Congresso (ESTADOS UNIDOS, 1997).

O governo dos Estados Unidos instruiu sua petição mais uma vez e iniciou os procedimentos de extradição novamente no Tribunal do Distrito Sul do Texas. Em sua nova decisão, a corte deferiu o pedido, alegando que a *Public Law 104-106* é um fundamento constitucional válido para a extradição de Ntakirutimana (ESTADOS UNIDOS, 1998). Diante disso, o acusado apelou para a Corte de Apelações do Quinto Circuito, em Nova Orleans. Esse tribunal manteve a segunda decisão do Tribunal do Distrito Sul do Texas, alegando que a autoridade para extraditar uma pessoa deve ser prevista em um instrumento normativo, que pode ser tanto um tratado, quanto um ato normativo do Congresso (ESTADOS UNIDOS, 1999).

Atualmente, o debate quanto à constitucionalidade ou legalidade da extradição de nacionais ou estrangeiros a tribunais penais internacionais se encontra ultrapassado[9]. Dois argumentos principais fundamentam a obrigação dos Estados de entregar ao TPI até mesmo seus nacionais natos: (i) é uma regra sólida e clássica do Direito Internacional aquela segundo a qual os Estados não podem se valer de seu direito interno para justificar o inadimplemento de uma obrigação jurídica internacional; e (ii) as restrições constitucionais e legais aplicáveis à *extradição* não podem ser aplicadas ao instituto da *entrega* de acusados ao TPI. Extradição e entrega são dois institutos normativos internacionais distintos, com regras específicas para cada um deles. Enquanto a extradição é uma forma de cooperação entre Estados, que se encontra sujeita ao princípio da igualdade formal, a entrega é uma forma de cooperação entre um Estado e um tribunal internacional. A entrega não se opera seguindo uma lógica de solidariedade entre duas partes em plena igualdade, mas, na verdade, encontra fundamento no princípio hierárquico, segundo o qual o Estado está subordinado ao órgão jurisdicional internacional (CASSESE, 2004, p.5-6; LIMA e COSTA BRINA, 2006, p.162-166).

---

9. Relevante destacar que este debate também ocorreu entre doutrinadores brasileiros, porque a Constituição Federal de 1988 lista como direito fundamental o seguinte: "nenhum brasileiro será extraditado, salvo o naturalizado, em caso de crime comum, praticado antes da naturalização, ou de comprovado envolvimento em tráfico ilícito de entorpecentes e drogas afins, na forma da lei". Essa previsão constitucional suscitou debates quanto à constitucionalidade da obrigação do Brasil de entregar seus nacionais ao TPI. Cf. LIMA e COSTA BRINA, 2006, p.1621-166.

Apesar dos avanços na doutrina e jurisprudência, ainda persistem certos instrumentos normativos internos que objetivam obstar a cooperação com o TPI. O controle de convencionalidade se revela um instrumento relevante para superar esses obstáculos.

3.2. A aplicação do controle de convencionalidade à obrigação dos Estados de cooperar com o TPI

A doutrina do controle de convencionalidade foi defendida pela primeira vez no *Caso Almonacid-Arellano e outros* v. *Chile*, julgado em 2006, pela Corte Interamericana de Direitos Humanos (MAZZUOLI, 2011b, p.85). O caso se refere à responsabilidade internacional do Chile pela inércia frente à obrigação de investigar, julgar e punir os responsáveis pela execução extrajudicial de Luis Alfredo Almonacid Arellano, um professor de ensino básico e militante do Partido Comunista Chileno. A execução ocorreu durante o regime militar no Chile e os responsáveis foram anistiados, em 1978, por meio do Decreto-Lei nº 2.191. Em decorrência disso, a morte de Arellano nunca foi investigada. Em seu julgamento, a Corte afirmou que

> [...] está ciente de que os juízes e tribunais nacionais estão sujeitos ao Império do Direito e, portanto, estão obrigados a aplicar as disposições vigentes no sistema jurídico. Contudo, quando um Estado ratifica um tratado internacional, como a Convenção Americana [de Direitos Humanos], seus juízes, como parte do Estado, também estão vinculados por este tratado. Isto obriga-os a assegurar que os efeitos das disposições consagradas na Convenção não sejam prejudicados pela aplicação de leis contrárias ao seu objeto e finalidade e que são incapazes de produzir de efeitos jurídicos válidos desde a sua adoção. Em outras palavras, <u>o Poder Judiciário deve exercer uma forma de controle de convencionalidade entre as disposições legais internas que se aplicam a casos específicos e a Convenção Americana sobre Direitos Humanos. Nessa tarefa, o Poder Judiciário deve levar em consideração não apenas o tratado, mas também a sua interpretação dada pela Corte Interamericana, que é o intérprete final da Convenção Americana</u> (CtIADH, 2006, §124; tradução e grifo nossos).

Pelo excerto, a Corte Interamericana afirmou que todos os juízes nacionais, independentemente de sua hierarquia, função ou área de especialização, têm o dever, como partes da estrutura do Estado, de exercer *ex officio* um "controle de convencionalidade" das leis internas do Estado tendo como parâmetro de controle, os tratados de direitos humanos aplicáveis (MAZZUOLI, 2011b, p.85). Relevante notar que esse controle não pode ser feito de forma arbitrária, mas deve ser exercido em respeito aos limites de competência de cada magistrado e seguindo as normas processuais correspondentes (MAC-GREGOR POISOT, 2010, §17-19).

Como afirmado por Sergio García Ramírez, essa competência específica dos magistrados é um verdadeiro controle de convencionalidade difuso, já que deve ser realizado por todo e qualquer juiz doméstico (RAMÍREZ, 2006, §§12-13). Esse controle deve ser feito até mesmo pelos juízes que, segundo a ordem constitucional vigente, não estão autorizados a fazer o controle de constitucionalidade das leis (MAZZUOLI, 2011b, p.87). Antônio Augusto Cançado Trindade, atual juiz brasileiro na Corte Internacional de Justiça, relembra que o controle de convencionalidade difuso é importante e necessário, porque, no tocante à proteção da pessoa humana, os sistemas normativos nacional e internacional estão em constante interação (CANÇADO TRINDADE, 2006, §3).

Não há dúvida de que o Estatuto de Roma também pode ser parâmetro de controle de convencionalidade pelo Poder Judiciário dos Estados. Apesar do controle de convencionalidade ter se desenvolvido em maior escala no âmbito do Sistema Regional Interamericano de Direitos Humanos, cujo instrumento central é a Convenção Americana de Direitos Humanos, não há qualquer restrição à aplicação desta doutrina a outros instrumentos de direitos humanos. García Ramírez já afirmou que o propósito do controle de convencionalidade é "[...] assegurar coerência entre as ações a nível nacional e os compromissos internacionais assumidos pelo Estado" (RAMÍREZ, 2006, §2; tradução nossa). Nesse sentido, o controle de convencionalidade não está limitado apenas a um ou outro tratado, mas a um verdadeiro "bloco de convencionalidade", que é composto por todos os tratados voltados para a proteção da pessoa humana aos quais o Estado figura como parte (MAC-GREGOR POISOT, 2010, §50).

O pertencimento do Estatuto de Roma ao bloco de convencionalidade se revela na função precípua do TPI: trazer justiça e evitar a impunidade de graves violações contra a pessoa humana. O próprio preâmbulo do Estatuto de Roma faz menção aos "[...] milhões de crianças, homens e mulheres [que] têm sido vítimas de atrocidades inimagináveis que chocam profundamente a consciência da humanidade" (TPI, 1998, preâmbulo). Outra cláusula preambular indica que um dos propósitos do TPI é "[...] garantir o respeito duradouro pela efetivação da justiça internacional" (TPI, 1998, preâmbulo). Diante disso, existe uma coordenação e codependência entre o Direito Penal Internacional e o Direito Internacional dos Direitos Humanos (CANÇADO TRINDADE, 2013, p.195), que se encontra expressamente prevista no artigo 21, parágrafo 3 do Estatuto de Roma. Esse dispositivo afirma que "[a] aplicação e interpretação do Direito [pelo TPI] deverá ser compatível com os direitos humanos internacionalmente reconhecidos, sem discriminação alguma [...]" (TPI, 1998, art.21, §3). Ao interpretar esse dispositivo, no *caso Promotor v. Thomas Lubanga*, a Câmara de Recursos do TPI concluiu que o

> [a]rtigo 21(3) do Estatuto estabelece que as normas aplicáveis em virtude do Estatuto [de Roma] devem ser interpretadas e aplicadas em conformidade com os direitos humanos internacionalmente reconhecidos. <u>Os direitos humanos fundamentam o Estatuto em todos os seus aspectos, incluindo o exercício da competência do Tribunal.</u> As suas disposições devem ser interpretadas e, sobretudo, aplicadas de acordo com os direitos humanos internacionalmente reconhecidos (TPI, 2006, §37; tradução e grifo nossos).

À luz desse dispositivo, o TPI fez menção ao Direito Internacional dos Direitos Humanos ao reconhecer os direitos a serem garantidos por ele próprio. Podemos citar, por exemplo, o direito ao devido processo legal, o direito à um recurso efetivo, o direito das vítimas à reparação e o direito à presunção de inocência (TPI, 2012a, §§89-92; TPI, 2011c, §70; TPI, 2008, §§34-37; TPI, 2012b, §§24-28). Além disso, o TPI, a fim de fundamentar suas decisões, já fez uso de precedentes da Corte Europeia de Direitos Humanos, do Comitê de Direitos Humanos das Nações Unidas, da Corte Interamericana de Direitos Humanos e da Comissão Africana de Direitos Humanos (TPI, 2012b, §§*24-28)*. O Tribunal também já mencionou tratados de direitos humanos em suas decisões, tais como o Pacto Internacional dos Direitos Civis e Políticos e as convenções regionais americana, africana e europeia de direitos humanos (TPI, 2011c, §69).

Com isso, podemos concluir que o Estatuto de Roma é a carta constitutiva de um tribunal que também se volta para a proteção internacional dos direitos humanos. Porém, o TPI possui uma função específica na responsabilização internacional pelas violações graves dos direitos humanos: enquanto outros tribunais internacionais focam na responsabilidade dos Estados, o TPI determina a responsabilidade dos indivíduos (CANÇADO TRINDADE, 2015a, p.701). São duas funções complementares e igualmente relevantes. Nenhum tribunal internacional possui hierarquia ou importância superiores em face dos outros (CANÇADO TRINDADE, 2015b, p.37-39).

Sabendo que o TPI possui um papel crucial na efetivação dos direitos humanos internacionalmente reconhecidos, em especial na busca por justiça e reparação, o Estatuto de Roma também deve ser incluído no bloco de convencionalidade, sendo, portanto, um parâmetro para o controle de convencionalidade das leis internas dos Estados pelos seus juízes. Esse controle se faz indispensável no tocante aos mecanismos de cooperação com o TPI, pois, como já exposto, sem a colaboração plena e incondicional dos Estados, esse Tribunal se torna incapaz de cumprir os seus propósitos de forma plena.

Assim, cabe ao Poder Judiciário a obrigação de revogar as leis e práticas internas que se encontrem em desacordo com o dever de cooperação com o TPI. Estados que se recusam a cooperar ou que estabeleçam requisitos anacrônicos para a cooperação em seus ordenamentos jurídicos estão violando flagrantemente o objeto e propósito do Estatuto de Roma (efetivar a justiça internacional). As autoridades judiciárias não podem coadunar ou perpetuar essas condutas ilegais. Elas devem, na verdade, se rebelar contra tais normas e práticas e se recusar a aplicá-las. Para tanto, o controle de convencionalidade difuso se revela um mecanismo fundamental para garantir a eficácia do Estatuto de Roma.

Além disso, paralelo ao controle de convencionalidade difuso pelos juízes internos dos Estados, o próprio TPI deverá exercer controle de convencionalidade concentrado para identificar as leis internas dos Estados partes que se encontram em desconformidade com a obrigação prevista no Estatuto de Roma de cooperar com o Tribunal. Esse controle concentrado deve ser exercido devido a função inerente que o TPI possui de guardião e intérprete final de seu Estatuto. Nesse sentido, já que o Estatuto impõe a obrigação jurídica de cooperar e sabendo que o respeito a esta obrigação é essencial para o adequado funcionamento e eficácia da justiça penal internacional, o TPI deve ser empoderado com a competência de identificar tais violações, como única forma de garantir a seu plena operacionalidade.

Apesar do artigo 25 do Estatuto deixar inequívoco que "[...] o [TPI] será competente para julgar as pessoas físicas", o artigo 87(7) indica que "[...] o Tribunal poderá elaborar um relatório" sobre o descumprimento da obrigação de cooperar. É neste relatório que o TPI realizará o controle de convencionalidade concentrado à luz do Estatuto de Roma, indicando os instrumentos normativos e práticas internas que obstaculizam o pleno cumprimento do dever de cooperar.

CONSIDERAÇÕES FINAIS

O TPI não possui procedimentos e instituições com a finalidade específica de garantir a eficácia (o *enforcement*) de suas decições. Assim, esse tribunal resta inexoravelmente dependente da cooperação dos Estados. O Estatuto de Roma - muito corretamente - não negou ou ignorou essa realidade fática e jurídica. Ao contrário, ele estabeleceu regras específicas sobre a cooperação. O sistema jurídico de colaboração com o TPI se pauta no princípio hierárquico, garantindo uma posição proeminente ao Tribunal em face dos Estados. Essa escolha na Conferência de Roma representa um avanço, pois supera as vicissitudes do tradicional modelo interestatal de cooperação judicial.

Apesar da obrigação de cooperar ser inquestionável, certos Estados ainda se monstram recalcitrantes em cumpri-la plenamente. O caso *Procurador v. Omar Hassan Ahmad Al Bashir*, amplamente descrito acima, ilustra essa constatação de forma clara. Como resposta a isso, o presente trabalho apresentou o controle de convencionalidade, tanto na modalidade difusa quanto na concentrada. Referindo-se a sua modalidade difusa, constatou-se que o Poder Judiciário dos Estados partes do Estatuto deve atuar de forma a implementar a obrigação de cooperar na esfera normativa interna, eliminando qualquer prática ou lei doméstica que represente um obstáculo não autorizado pelo Estatuto ao dever de colaborar. Por outro lado, segundo o controle de convencionalidade concentrado, o próprio TPI, ao emitir os seus relatórios de *non-compliance*, nos termos do artigo 87(7) do Estatuto, deve indicar quais práticas e instrumentos normativos se encontram em desacordo com a obrigação de cooperar. Com isso, o controle de convencionalidade se revela um relevante instrumento na busca pela efetivação da justiça penal internacional, evitando a impunidade e trazendo reparação às vítimas dos crimes internacionais.

REFERÊNCIAS

AUSTRÁLIA. **International War Crimes Tribunals Act 1995,** 29 de março de 1995. Disponível em: <https://www.legislation.gov.au/Details/C2016C00825>. Acesso em: 21/05/2017.

BIATO, Marcel. "Artigos 86 a 88: Cooperação e Assistência Judicial. Regras Gerais de Cooperação. Obrigação dos Estados Partes", p.1235-1251. *In* STEINER, Sylvia Helena e BRANT, Leonardo Nemer Caldeira (coords). **O Tribunal Penal Internacional:** Comentários ao Estatuto de Roma, Belo Horizonte: Del Rey, 2016.

CANÇADO TRINDADE, Antônio Augusto. **A Humanização do Direito Internacional**, 2ª ed., Belo Horizonte: Rel Rey, 2015a.

_____. **Concurring Opinion in the Case of Dismissed Congressional Employees (Aguado Alfaro et al.) v. Peru,** Judgment of November 24, 2006. Series C No. 158.

_____. **El Ejercicio de la Función Judicial Internacional**: Memorias de la Corte Interamericana de Derechos Humanos, 2 ed., Belo Horizonte: Del Rey, 2013.

_____. **Os Tribunais Internacionais e a Realização da Justiça**, Belo Horizonte: Rel Rey, 2015b.

CASSESE, Antonio. "Existe um conflito insuperável entre soberania dos Estados e justiça penal internacional?", p.3-24. *In* CASSESE, Antonio e DELMAS-MARTY, Mireille (orgs.). **Crimes Internacionais e Jurisdições Internacionais,** Barueri: Manole, 2004.

_____. "On the Current Trends towards Criminal Prosecution and Punishment of Breaches of International Humanitarian Law", **European Journal of International law**, vol.9, p.2-17, 1998.

_____. "The Statute of the International Criminal Court: Some Preliminary Reflections", **European Journal of International Law**, vol.10, p.144-171, 1999.

_____. **International Criminal Law**, 3 ed., Oxford: Oxford University Press, 2013.

CROÁCIA. **Croatia's Constitution of 1990**, Dezembro de 1990. Disponível em: <http://www.servat.unibe.ch/icl/hr01000_.html>. Acesso em: 21/05/2017.

CtIADH – CORTE INTERAMERICANA DE DIREITOS HUMANOS. **Case of Almonacid Arellano et al. v. Chile**, Judgment of September 26, 2006. Series C No. 154.

ESLOVÊNIA. **Constitution of the Republic of Slovenia**, 23 de dezembro de 1991. Disponível em: <http://www.us-rs.si/en/about-the-court/legal-basis/>. Acesso em: 21/05/2017.

ESTADOS UNIDOS. *American Service-Members' Protection Act,* Bureau of Political-Military Affairs, 30 de junho de 2003.

_____. Elizaphan Ntakirutimana v. Janet Reno et al., **No. 98-41597, United States Court of Appeals, Fifth Circuit, 5 de agosto de 1999.**

_____. **In re Surrender of Ntakirutimana**, 988 F.Supp. 1038, 1042 (S.D.Tex.1997).

_____. **In re Surrender of Ntakirutimana**, No. civ. A. L-98-43, 1998 WL 655708, at 9, 17 (S.D.Tex. Aug.6, 1998).

FAULHABER, Lilian V. "American Service Members' Protection Act of 2002", **Harvard Journal on Legislation**, vol.40, p.537-557, 2003.

GUPTA, Sunil Kumar. "Sanctum for the War Criminal: Extradition Law and the International Criminal Court", **California Criminal Law Review**, vol.3, p.1-35, 2000.

HUMAN RIGHTS WATCH. "U.S.: **'Hague Invasion Act' Becomes Law**", 3 de Agosto de 2002. Disponível em: <https://www.hrw.org/news/2002/08/03/us-hague-invasion-act-becomes-law>. Acesso em: 21/05/2017.

KAUL, Hans-Peter. "The ICC and International Criminal Cooperation - Key Aspects and Fundamental Necessities", p.85-91. *In* GIOIA, Federica e POLITI, Mauro (eds.). **The International Criminal Court and National Jurisdictions,** Nova York: Routledge, 2008.

LEE, S. Roy. "Artigos 72 e 73: Proteção de Informação Relativa à Segurança Nacional e de Documentos de um Estado ou de Terceiros", p.1079-1090. *In* STEINER, Sylvia Helena e BRANT, Leonardo Nemer Caldeira (coords). **O Tribunal Penal Internacional**: Comentários ao Estatuto de Roma, Belo Horizonte: Del Rey, 2016.

LIMA, Renata Mantovani de e COSTA BRINA, Marina Martins da. O Tribunal Penal Internacional, Belo Horizonte: Del Rey, 2006.

MACEDÔNIA. **Constitution of the Republic of Macedonia**, 17 de novembro de 1991. Disponível em: <https://www.ilo.org/dyn/natlex/docs/ELECTRONIC/36714/70972/F511737559/MKD36714%20Eng.pdf>. Acesso em: 21/05/2017.

MAC-GREGOR POISOT, Eduardo Ferrer. **Concurring Opinion in the Case of Cabrera García and Montiel-Flores v. Mexico,** Judgment of November 26, 2010. Series C No. 220.

MAZZUOLI, Valerio de Oliveira. "O Controle Jurisdicional da Convencionalidade das Leis: O Novo Modelo de Controle da Produção Normativa Doméstica sob a Ótica do 'Diálogo das Fontes'", **Revista Argumenta,** no.15, p.77-114, 2011a.

_____. "O Controle Jurisdicional da Convencionalidade das Leis no Brasil", *Anuario de Derecho Constitucional Latinoamericano,* ano XIX, p.417-434, 2013.

_____. "Teoria geral do controle de convencionalidade no direito brasileiro", **Revista de Informação Legislativa,** vol.46, no.181, 2009.

_____. **O Controle Jurisdicional da Convencionalidade das Leis**, 2 ed., São Paulo: Revista dos Tribunais, 2011b.

NOVA ZELÂNDIA. International War Crimes Tribunals Act 1995, 9 de junho de 1995. Disponível em: <http://www.legislation.govt.nz/act/public/1995/0027/latest/whole.html#DLM365945>. Acesso em: 21/05/2017.

OOSTERVELD, Valerie; PERRY, Mike e MCMANUS, John. "The Cooperation of States with the International Criminal Court", Fordham International Law Journal, vol.25, no.3, p.767-839, 2002.

PHOOKO, Moses Retselisitsoe. "How Effective the International Criminal Court Has Been: Evaluating the Work and Progress of the International Criminal Court", Notre Dame Journal of International, Comparative, & Human Rights Law, vol.1, p.182-209, 2011.

RAMÍREZ, García. *Concurring Opinion in the Case of Dismissed Congressional Employees (Aguado Alfaro et al.) v. Peru*, Judgment of November 24, 2006. Series C No. 158.

REPÚBLICA FEDERAL DA IUGOSLÁVIA. **Constitution of the Federal Republic of Yugoslavia**, 27 de abril de 1992. Disponível em: <http://www.ilo.org/dyn/natlex/natlex4.detail?p_lang=en&p_isn=29669&p_country=YUG&p_count=333&p_classification=01.01&p_classcount=11>. Acesso em: 21/05/2017.

TPI – TRIBUNAL PENAL INTERNACIONAL. **Estatuto de Roma do Tribunal Penal Internacional**, Roma, 17 de julho de 1998. Disponível em: <http://www.planalto.gov.br/ccivil_03/decreto/2002/D4388.htm>. Acesso em: 21/05/2017.

_____. **Procurador v. Omar Hassan Ahmad Al Bashir**, "Corrigendum to the Decision Pursuant to Article 87(7) of the Rome Statute on the Failure by the Republic of Malawi to Comply with the Cooperation Requests Issued by the Court with Respect to the Arrest and Surrender of Omar Hassan Ahmad Al Bashir", Câmara de Instrução I, ICC-02/05-01/09, 13 de dezembro de 2011b. Disponível em: <https://www.icc-cpi.int/CourtRecords/CR2011_21750.PDF>. Acesso em: 21/05/2017.

_____. **Procurador v. Omar Hassan Ahmad Al Bashir**, "Decision informing the United Nations Security Council and the Assembly of the States Parties to the Rome Statute about Omar Al-Bashir's recent visit to the Republic of Chad", Câmara de Instrução I, ICC-02/05-01/09, 27 de agosto de 2010a. Disponível em: <https://www.icc-cpi.int/CourtRecords/CR2010_05769.PDF>. Acesso em: 21/05/2017.

____. **Procurador v. Omar Hassan Ahmad Al Bashir**, "Decision informing the United Nations Security Council and the Assembly of the States Parties to the Rome Statute about Omar Al-Bashir's presence in the territory of the Republic of Kenya", Câmara de Instrução I, ICC-02/05-01/09, 27 de agosto de 2010b. Disponível em: <https://www.icc-cpi.int/CourtRecords/CR2010_05760.PDF>. Acesso em: 21/05/2017.

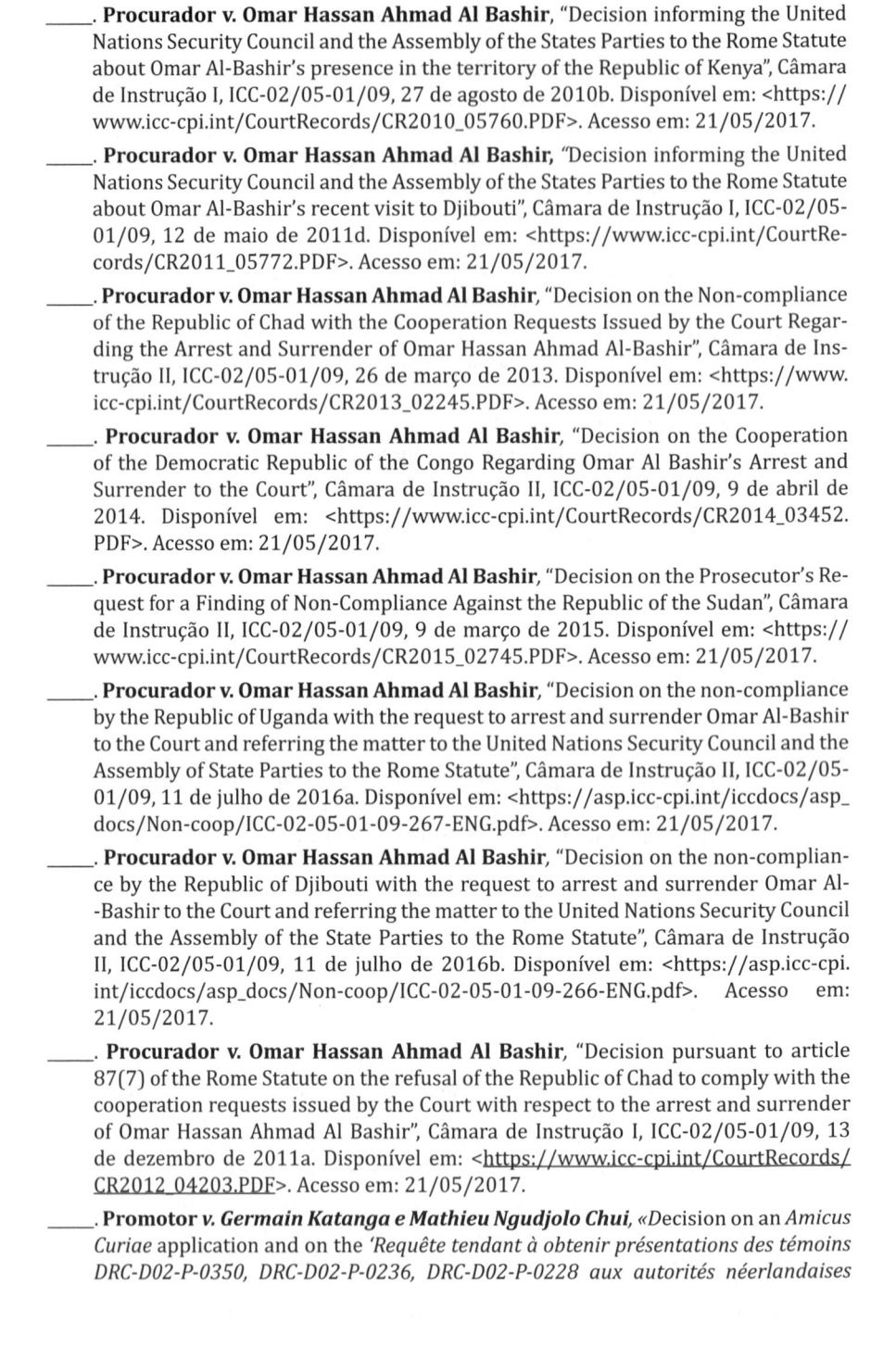

____. **Procurador v. Omar Hassan Ahmad Al Bashir**, "Decision informing the United Nations Security Council and the Assembly of the States Parties to the Rome Statute about Omar Al-Bashir's recent visit to Djibouti", Câmara de Instrução I, ICC-02/05-01/09, 12 de maio de 2011d. Disponível em: <https://www.icc-cpi.int/CourtRecords/CR2011_05772.PDF>. Acesso em: 21/05/2017.

____. **Procurador v. Omar Hassan Ahmad Al Bashir**, "Decision on the Non-compliance of the Republic of Chad with the Cooperation Requests Issued by the Court Regarding the Arrest and Surrender of Omar Hassan Ahmad Al-Bashir", Câmara de Instrução II, ICC-02/05-01/09, 26 de março de 2013. Disponível em: <https://www.icc-cpi.int/CourtRecords/CR2013_02245.PDF>. Acesso em: 21/05/2017.

____. **Procurador v. Omar Hassan Ahmad Al Bashir**, "Decision on the Cooperation of the Democratic Republic of the Congo Regarding Omar Al Bashir's Arrest and Surrender to the Court", Câmara de Instrução II, ICC-02/05-01/09, 9 de abril de 2014. Disponível em: <https://www.icc-cpi.int/CourtRecords/CR2014_03452.PDF>. Acesso em: 21/05/2017.

____. **Procurador v. Omar Hassan Ahmad Al Bashir**, "Decision on the Prosecutor's Request for a Finding of Non-Compliance Against the Republic of the Sudan", Câmara de Instrução II, ICC-02/05-01/09, 9 de março de 2015. Disponível em: <https://www.icc-cpi.int/CourtRecords/CR2015_02745.PDF>. Acesso em: 21/05/2017.

____. **Procurador v. Omar Hassan Ahmad Al Bashir**, "Decision on the non-compliance by the Republic of Uganda with the request to arrest and surrender Omar Al-Bashir to the Court and referring the matter to the United Nations Security Council and the Assembly of State Parties to the Rome Statute", Câmara de Instrução II, ICC-02/05-01/09, 11 de julho de 2016a. Disponível em: <https://asp.icc-cpi.int/iccdocs/asp_docs/Non-coop/ICC-02-05-01-09-267-ENG.pdf>. Acesso em: 21/05/2017.

____. **Procurador v. Omar Hassan Ahmad Al Bashir**, "Decision on the non-compliance by the Republic of Djibouti with the request to arrest and surrender Omar Al-Bashir to the Court and referring the matter to the United Nations Security Council and the Assembly of the State Parties to the Rome Statute", Câmara de Instrução II, ICC-02/05-01/09, 11 de julho de 2016b. Disponível em: <https://asp.icc-cpi.int/iccdocs/asp_docs/Non-coop/ICC-02-05-01-09-266-ENG.pdf>. Acesso em: 21/05/2017.

____. **Procurador v. Omar Hassan Ahmad Al Bashir**, "Decision pursuant to article 87(7) of the Rome Statute on the refusal of the Republic of Chad to comply with the cooperation requests issued by the Court with respect to the arrest and surrender of Omar Hassan Ahmad Al Bashir", Câmara de Instrução I, ICC-02/05-01/09, 13 de dezembro de 2011a. Disponível em: <https://www.icc-cpi.int/CourtRecords/CR2012_04203.PDF>. Acesso em: 21/05/2017.

____. **Promotor *v. Germain Katanga e Mathieu Ngudjolo Chui*,** «Decision on an *Amicus Curiae* application and on the *'Requête tendant à obtenir présentations des témoins DRC-D02-P-0350, DRC-D02-P-0236, DRC-D02-P-0228 aux autorités néerlandaises* *aux fins d'asile'* (articles 68 and 93(7) of the Statute)», Câmara de Julgamento II, ICC-01/04-01/07-3003-tENG, 15 de junho de 2011c.

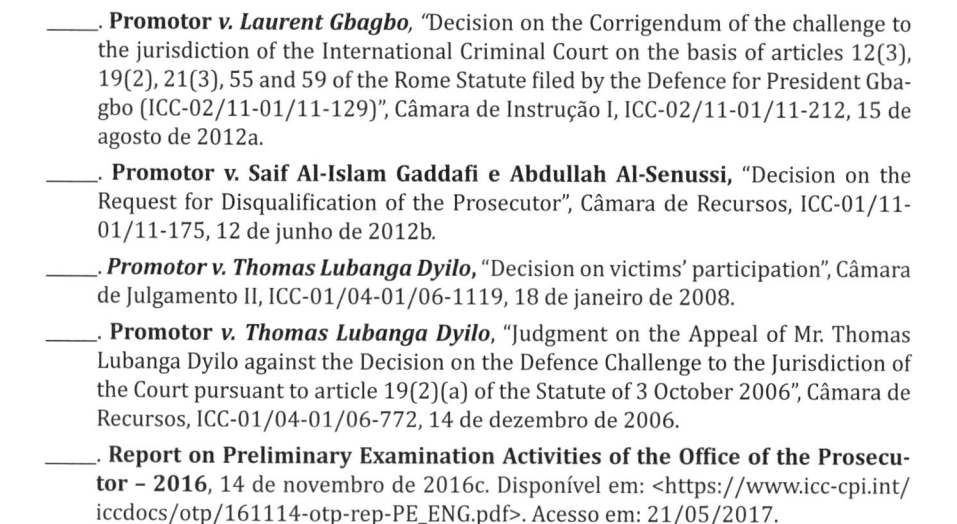

____. **Promotor *v. Laurent Gbagbo*,** "Decision on the Corrigendum of the challenge to the jurisdiction of the International Criminal Court on the basis of articles 12(3), 19(2), 21(3), 55 and 59 of the Rome Statute filed by the Defence for President Gbagbo (ICC-02/11-01/11-129)", Câmara de Instrução I, ICC-02/11-01/11-212, 15 de agosto de 2012a.

____. **Promotor v. Saif Al-Islam Gaddafi e Abdullah Al-Senussi,** "Decision on the Request for Disqualification of the Prosecutor", Câmara de Recursos, ICC-01/11-01/11-175, 12 de junho de 2012b.

____. *Promotor v. Thomas Lubanga Dyilo,* "Decision on victims' participation", Câmara de Julgamento II, ICC-01/04-01/06-1119, 18 de janeiro de 2008.

____. **Promotor *v. Thomas Lubanga Dyilo*,** "Judgment on the Appeal of Mr. Thomas Lubanga Dyilo against the Decision on the Defence Challenge to the Jurisdiction of the Court pursuant to article 19(2)(a) of the Statute of 3 October 2006", Câmara de Recursos, ICC-01/04-01/06-772, 14 de dezembro de 2006.

____. **Report on Preliminary Examination Activities of the Office of the Prosecutor – 2016**, 14 de novembro de 2016c. Disponível em: <https://www.icc-cpi.int/iccdocs/otp/161114-otp-rep-PE_ENG.pdf>. Acesso em: 21/05/2017.

A IMPORTÂNCIA DO DIREITO À MEMÓRIA EM SITUAÇÕES PÓS-CONFLITOS ARMADOS E O USO DO CONTROLE DE CONVENCIONALIDADE COMO INSTRUMENTO GARANTIDOR

Renato Gomide Martinez de Almeida[1]

INTRODUÇÃO

O presente trabalho terá como proposta analisar as bases e os conceitos do direito à memória, assim como uma breve análise sobre como quatro diferentes países lidam com a busca e consolidação de tal direito. Toda a ótica trabalhada é vista também com a perspectiva do controle de convencionalidade como um dos instrumentos garantidores da promoção de tal direito.

Em um primeiro momento, pode-se pensar que o direito à memória tem um caráter estritamente interno, uma vez que tal direito está presente na justiça transicional, ou seja, não teria no que se falar com relação ao direito internacional, em especial o controle de convencionalidade, já que, afinal, é uma relação entre o povo e a sua história como nação.

Ao analisar mais precisamente, entretanto, há um interesse da ordem internacional para a estabilidade e a manutenção da paz, sendo a qual o principal objetivo da Carta das Nações Unidas. Dessa forma, tanto a ONU, quanto diversas outras organizações internacionais têm como

---

1. Graduado em direito pela Pontifícia Universidade Católica do Rio de Janeiro, com ênfase em Estado e Sociedade. Participação na pesquisa de iniciação científica (PIBIC) sobre o tema: Cooperação Jurídica internacional: o Projeto sobre o Reconhecimento e Execução de Sentenças da Conferência Da Haia de Direito Internacional Privado (2015-2016). Membro do Núcleo de Direitos Humanos da PUC-Rio entre 2013 e 2014. Aperfeiçoamento em direito internacional pelo Centro de Direito Internacional (CEDIN) em Belo Horizonte.

cerne central a perpetuação da paz e, consequentemente, o combate às violações de direitos humanos.

O direito à memória entra, por tanto, na seara preventiva da manutenção da paz, sendo de vital importância para a criação de uma memória coletiva que tenha como função lembrar das violações aos direitos humanos cometidas durante o período de crise em determinada sociedade.

Do mesmo modo, o controle de convencionalidade vem como um controle fiscalizador no qual tem como escopo garantir que o direito nacional tenha como primazia prover o estabelecido nos tratados internacionais que versam sobre direitos humanos. Assim, órgãos internacionais vem na fiscalização e no auxílio de países que ainda perpetuam agressões aos direitos humanos de seus nacionais.

Violações de direitos humanos e impunidades são consideradas como causas centrais, dentre diversas outras, para a instabilidade da paz nos países em conflitos ou com potencial para tal. Por tanto, sanar tais problemas o mais rápido possível é de crucial importância para a promoção da estabilidade em tais regiões.

Dessa forma, o controle de convencionalidade vem, por meio de decisões de cortes internacionais, ou por resoluções e mediações de órgãos internacionais, defender e promover a construção de um direito à memória que auxilie na cessação de tensões na região e que possa haver uma permanência da paz nessas regiões. Há, portanto, uma obrigação internacional dos Estados em cumprir os pactos internacionais nos quais eles se subscreveram, assumindo o compromisso em promover e perpetuar uma comunidade internacional baseada na paz e nos direitos humanos.

Vale ressaltar, contudo, que os processos de construção de uma justiça de transição devem respeitar ainda as tradições e as culturas locais de cada região, para não serem consideradas estrangeiras e, de certa forma, adquirirem um caráter imperialista e ganhando a inimizade da população em questão. Portanto, é necessário evitar tal paradoxo influenciando os processos locais de memorização e de justiça, desde que, obviamente, respeitem os princípios estabelecidos pelos direitos humanos.

2. DEFINIÇÃO DO DIREITO À MEMÓRIA E SUAS BASES

Primeiramente, devemos entender o conceito de direito à memória. Tal direito se atrela ao direito à verdade, atuando no cerne dos direitos das vítimas, das famílias das vítimas e de toda a sociedade em saber quais as violações aos direitos humanos foram cometidas. O direito à verdade tem o condão de descobrir realmente o que aconteceu com as vítimas, enquanto o direito à memória tem a finalidade de preservar estes fatos na sociedade para que sempre sejam lembrados. Este é do direito de não esquecer, como afirma Maria Natércia Coimbra:

> O conceito de *memória* remete para um assunto controverso – a questão do "dever de não esquecer" - que no título desta comunicação utilizo em sentido lato não o reduzindo e fixando em acontecimentos e épocas específicas, por muito importantes e socialmente relevantes que sejam, antes o entendendo, como diz Guilherme de Oliveira Martins (2007), na sua obra *Portugal identidade e diferença: aventuras da memória*: "o dever de não esquecer é, no fundo, extensível a todo o legado histórico.

Tais direitos estão presentes nos artigos 8 e 25 da Convenção Americana sobre Direitos Humanos como sendo o direito das vítimas, ou de seus familiares, em ter dos órgãos competentes do Estado o esclarecimento dos direitos violados e das responsabilidades correspondentes, através da investigação e ajuizamento de ações judiciais. Diversos outros tratados de direitos humanos universais também consagraram o direito à verdade e à memória como sendo parte dos direitos culturais coletivos, pois todas as sociedades são detentoras do direito de possuir uma identidade e uma história próprias.

Em mais de um caso, o direito à verdade e à memória foram utilizadas pela Corte Interamericana de Direitos Humanos para obrigar o Estado infrator a investigar casos de graves violações aos direitos humanos. No caso Amonacid Arellano, a Corte entendeu que a verdade histórica presente em documentos de Comissões da Verdade não pode impedir o Estado de promover a verdade em processos judiciais. Desse modo o direito de investigar judicialmente pode ser entendido como um dos braços que o Estado deve ter para a promoção do direito à verdade e, consequentemente ao direito à memória, como se refere à própria Corte:

> En tal sentido, los artículos 1.1, 8 y 25 de la Convención protegen la verdad en su conjunto, por lo que Chile tiene el deber de investigar judicialmente los hechos referentes a la muerte del señor Almonacid Arellano, atribuir responsabilidades y sancionar a todos quienes resulten partícipes.

Existe, por tanto, uma importância para toda a sociedade no que se refere à implementação e preservação do direito à memória, pois todo o valor dos patrimônios culturais, materiais e imateriais exigem a verdade dos acontecimentos, para que a sociedade ganhe vivência, ou seja, experiência, baseada na sua memória. Tais acontecimentos devem ser lembrados, sejam eles bons ou ruins, pois nos forçam a recordar de que cada acontecimento tem suas ações positivas e negativas e a memória nos dá a direção, que fora aprendida com as ações passadas.

A memória, então, se transmuta do ponto de vista individual, das narrativas daqueles que vivenciaram um período marcante, para o coletivo, passando a ter como forma uma memória social. Sua existência se baseia na preservação de fatos históricos de determinado grupo, sendo presente no imaginário social e sendo constantemente renovado, determinando as ações e decisões futuras. Essa construção existente dá a noção de pertencimento ao coletivo e cria uma identidade social daqueles que partilham esse passado comum.

Por ter o direito à memória uma relevância não somente pessoal, ou seja, para os agentes diretamente ligados a determinado fato (independentemente de ele ser bom ou ruim), mas sim social, a construção desse novo caráter social fica no âmago de cada cidadão a sua responsabilidade para tal.

Demonstra-se, por tanto, a importância do direito à memória como fator de construção social e do dever cívico de cada um em discutir e exigir do Estado à manutenção da memória como tal, sendo entrelaçada ao direito à verdade, para que não haja ainda fatos obscuros que a sociedade ainda não os conheça.

3. JUSTIÇA DE TRANSIÇÃO, SOCIEDADE E MEMÓRIA

Feita essa breve consideração sobre o que é o direito à memória, falaremos agora sobre sua importância na sociedade e de sua importância na chamada justiça de transição.

O trabalho da memória é de suma importância para a construção de uma identidade social e vai de encontro a construções que podem ser criadas ou vendidas para que alguns fatos históricos sejam encobertos. Dessa forma, o trabalho de rememoraçãoé que se pode construir uma identidade social que tenha seus pilares cravados na história e não escolhida ou imposta por um determinado governo. Essa construção exige um dever de memória, que parte da vontade política da sociedade para tal. Querer recordar e rever os fatos históricos é imprescindível para que uma sociedade possa aprender com seus erros e desenvolver o apaziguamento social. A sociedade, portanto, se reconhece como tal, pois ganha uma identidade, deixando de recorrer ao uso da violência arbitrária.

A promoção ao direito ao esquecimento histórico e de negação da memória é extremamente prejudicial para qualquer tipo de sociedade, em especial àquelas que ainda estão formando a sua identidade. Assim, se o fomento à memória é um impulsionador do desenvolvimento de processos democráticos e da criação de uma cultura nacional, por óbvio, a exclusão da memória se torna um obstáculo. Dessa forma, a sociedade fica impedida de elucidar a verdade de violações de direitos humanos perpetradas na época do trauma. O trauma, quando não exposto, compartilhado e sentido pelos cidadãos, dá a chance de se repetir. Nesse sentido, Marcelo Torelly afirma que:

> Quando a negação do passado ocorre por meios oficiais explícitos – caso da imposição do esquecimento por meio de leis, como tentou-se fazer no Brasil, Argentina e Espanha, entre tantos outros – o resultado torna-se ainda mais grave, pois o próprio Estado passa a, politicamente, ser o fiador da injustiça, mantendo em seu cerne a própria negação *Permitir que possíveis acordos políticos afastem a Justiça valoriza a impunidade e sinaliza que em novos rompantes autoritários bastar-se-ia, ao final, realizar um "acordo político"*.

O Estado, então, ao cometer tais atos se inviabiliza como Estado Democrático de Direito, pois afasta a possibilidade de justiça, mostrando para a sociedade que a política é quem tem a prerrogativa de efetuar as punições e não o direito, afastado pelos interesses políticos.

A relevância e os objetivos do resgate e promoção da memória passam por três fatores fundamentais, sendo eles: uma reconciliação nacional, voltado para a afirmação de uma constituição de valores mais humanos; um processo de afirmação de valores no sentido de integração social e afastamento da ideologia de eliminação consciente do outro e; na criação de uma identidade nacional, em especial nos países em que essa identidade nacional é incompleta.

Para alcançar estes objetivos é utilizada em diversos países à justiça de transição, que é um conjunto de medidas e mecanismos que tem o intuito de levar a sociedade a lidar com o legado de abusos em larga escala na qual se passou, utilizando como mecanismos a busca pela verdade e sua memorização, reformas institucionais (modificando as instituições como uma forma de prevenção), reparações das vítimas e responsabilização dos perpetradores de crimes. Ao se falar nas reparações, é importante dizer que elas não derivam somente da reparação monetária, mas também vem uma reparação moral de reconhecimento do Estado às vítimas dos crimes sofridos. No que se refere as responsabilizações individuais dos agentes perpetradores de crimes, no âmbito deste trabalho só podemos afirmar que a delicadeza desta matéria vem do fato de que o próprio Estado, antes perpetrador de crimes, deve agora investigar seus atos e os condenar, criando, consequentemente, formas de interromper ou atrapalhar esse movimento.

Dentre as diversas políticas adotadas pelas justiças de transição em diversos países da América Latina e Europa Oriental, como criações de Comissões da Verdade e programas de reparações às vítimas, o que deve ser destacado aqui, devido ao tema deste trabalho, é a criação de políticas de memória vinculadas a uma intervenção educativa, voltada para os direitos humanos, como memoriais e espaços públicos. Tal iniciativa tem a intenção de ressignificar a história do país e aumentar a consciência moral sobre o que ocorreu no passado, com a finalidade da não-repetição.

4. AVALIANDO CASOS DE PRESERVAÇÃO DA MEMÓRIA NO NEPAL, UGANDA, COLÔMBIA E BRASIL

NEPAL

A guerra civil desencadeada no Nepal, entre os anos de 1996-2006, deixou mais de 12 mil pessoas mortas. Violações de direitos humanos foram cometidas pelos dois lados da guerra (forças de segurança estatais e a CPN-M – partido maoísta), explícito no relatório do International Center for Transitional Justice (ICTJ):

> *Unlawful killings, enforced disappearances, arbitrary detention, and cruel, inhuman, and degrading treatment, such as torture, rape and other forms of sexual violence, were widespread and committed by all parties to the conflict. According to the UN Office of the High Commissioner for Human Rights, up to 9,000 serious violations of international human rights or humanitarian law may have been committed, although there is a widely acknowledged problem of underreporting, particularly in relation to cases of sexual violence. Many also suffered disruptions to their education, health care, and basic government services; an exacerbation of existing economic hardships; insecurity; and fear.*

A própria população nepalesa vê o direito à memória como forma de honrar os que pereceram no conflito, além de honrar as próprias famílias das vítimas. Dessa forma, muitos grupos locais ergueram seus memoriais para as vítimas, como jardins, pilares e pedras (algumas com os nomes dos mortos). Entretanto, muitos desses memoriais são considerados não oficiais pelo governo.

O processo de implementação da paz e da justiça transicional no Nepal foi cuidadosamente apoiado e auxiliado pela comunidade internacional, em especial pelo Secretário Geral e órgãos específicos da ONU, como o UNIFEM (Fundo de Desenvolvimento das Nações Unidas para a Mulher) e o Escritório do Alto Comissariado das Nações Unidas para os Direitos Humanos (EACDH), no qual puderam desenvolver trabalhos em conjunto com o governo e a sociedade de promoção aos direitos humanos e da memorização das vítimas.

As atuações do Estado nepalês em preservar a memória dos acontecimentos vão no sentido de transformar as vítimas do conflito em mártires. Tal conceito de martírio é forte dentro da cultura nepalesa, pois há o reconhecimento do sacrifício individual, elevando esta concepção a nível nacional. Mesmo sendo o conceito de martírio antecessor a guerra civil de 1996, foi somente após este conflito que houve o fortalecimento do seu significado, como aponta o relatório da ICTJ:

> While the idea of martyrdom clearly had existed before in Nepal, it was only after the Maoist conflict started in 1996—and the Maoists' simultaneous strategic construction and utilization of the term—that it acquired its current meaning. The Maoist definition centers on a culture of self-sacrifice and accompanying ideas of "grandeur, shining glory, and an abstract sort of immortality on the fallen [that] transforms them into stars that light up the dark world."

O partido Maoísta, que lutou contra o Estado durante a guerra, também criou memoriais, em especial na entrada das vilas ou em baixo de árvores, para os mártires do conflito. Muitos destes memoriais cooptaram práticas tradicionais para aumentarem sua legitimidade e demonstrar sua conexão com grupos menores (como os Kham Magar).

Para as vítimas o reconhecimento oficial é mais valioso do que verdades proferidas por fontes não oficiais. Ou seja, ser reconhecido como mártir é mais valioso para as famílias das vítimas (por ser de fonte oficial do governo), do que ser reconhecido como vítimas de violações de direitos humanos, ainda mais quando se trata de pessoas que tradicionalmente foram subvalorizadas por razões sociais, econômicas ou políticas. Logo, acaba virando uma forma de conquistar um certo reconhecimento do Estado.

Vale ressaltar ainda a tentativa para a construção de um museu na capital do país, Katmandu, para lembrarem-se dos desaparecidos, com um acervo de roupas, livros e outros pertences relevantes coletados e mantidos para este propósito. Tal ato foi inclusive recomendado pelo ICTJ em seu relatório sobre a guerra no Nepal.

REGIÃO NORTE DE UGANDA

Continuando com a análise de casos, passamos agora para a região norte de Uganda, que sempre foi considerada uma região de muita instabilidade, passando por diversas guerras e massacres, como os perpetrados pela LRA (Lord's Resitance Army), em que em uma resposta a operação Lightning Thunder, executou mais de 600 pessoas no noroeste da República Democrática do Congo, sendo apelidado de "Massacres de Natal". Tal fato é apenas um exemplo da instabilidade militar que se propagou nessa região.

Com o suporte de diversos órgãos das Nações Unidas, como o Escritório do Alto Comissariado das Nações Unidas para os Direitos Humanos (EACDH) e o Programa das Nações Unidas para o Desenvolvimento (PNUD), foi desenvolvido diversos trabalhos de responsabilização, reconciliação e de justiça transicional para promover estabilidade na região do norte de Uganda, chegando aos Acordos de Paz de Juba, entre os anos de 2006-2008, mas não tendo resultados.

A comunidade criou os seus memoriais com base em três principais motivações, sendo elas a cura das vítimas traumatizadas pelo conflito, promoção a ajuda para as comunidades que sofreram com os confrontos, aumentando a conscientização sobre a situação das vítimas, e, por fim, uma reconciliação entre clãs e tribos (como nas regiões de Atiak e Abia).

Os atos para preservar a memória dos conflitos variam de região para região, mas podemos afirma que de forma geral monumentos e memoriais foram erguidos, com a realização de preces anuais para as vítimas (em alguns casos as preces foram suspensas por falta de verba), além de locais específicos para as memórias das vítimas dos massacres. Vale ainda ressaltar a região de Atiak em que, especialmente, após o massacre ocorrido em 1995 feito pelo LRA, houve, além das atitudes já mencionadas, a construção de uma escola, a Lwani Memorial College.

Ademais, diversas expressões culturais também foram feitas em memória das vítimas de massacres, como se refere o artigo do ICTJ:

> Another young man from Atiak explained, "The way I see these memorials is that they start with prayers, then a drama is played, traditional dances performed, so in the end people interact freely and reconcile with one another in the process."

É importante ressaltar o principio reconciliatório entre as tribos vítimas, como no caso do massacre de Atiak, cometido pelo LRA, no qual pessoas de diferentes tribos foram mortas. Os líderes de uma tribo queriam a reconciliação com a outra tribo vítima do massacre, gerando um sentimento de cooperação.

Para a população as reparações mais importantes são as compensatórias na forma de dinheiro, pois passam o recado para a população de que o sofrimento das vítimas e de suas famílias é reconhecido pelo governo.

COLÔMBIA

O caso colombiano é, talvez, um dos mais complexos e duradouros. Os holofotes do mundo foram voltados para o tão esperado acordo entre o Governo e as FARC (Forças Armadas Revolucionárias da Colômbia). Entretanto, deve-se salientar que o processo de pacificação colombiano para o fim da guerrilha armada no território é bem mais antigo e foi feito de modo paulatino.

O complexo conflito interno que se deu nesse país, com forças armadas nacionais, grupos de guerrilheiros de esquerda (Forças Armadas Revolucionárias da Colômbia e Exército de Libertação Nacional) e paramilitares de direita, como a Autodefesas Unidas da Colômbia (AUC) teve início na década de 60 e causou um número incontável de mortos e de refugiados.

Diversas tentativas de acordos de paz foram feitos durante os anos que se sucederam com as diferentes frentes do conflito, mas nunca foi possível juntar todos em um único acordo. A Colômbia ainda não passou por uma justiça de transição, mas tem se baseado em leis, políticas públicas e mecanismos de justiça de transição clássicos como o direito penal e a responsabilidade dos ex-combatentes, a busca pela verdade e memória e a reparação de vítimas.

O governo colombiano voltou seus esforços nos anos 2000 para firmar um acordo de paz com os paramilitares da AUC, promovendo diversas leis de anistia, como a Lei 1424 de 2010, no qual estabeleceria uma série de benefícios jurídicos para os paramilitares que não cometeram crimes graves, como utilização ilegal de armas ou de uniformes. Em contrapartida, deveriam contribuir para a construção da memória histórica, através de depoimentos nos chamados "*acuerdos de la verdad*" e na reparação de vítimas.

Para por fim de vez o conflito armado interno, foi estabelecido o Ato Legislativo nº1 de 2012, mais conhecido como "Marco Jurídico Para la Paz", que foi uma reforma constitucional que uniu as diferentes leis e políticas públicas para se harmonizarem e se complementarem, de forma a funcionar de modo unitário.

A busca pela verdade e construção da memória histórica ficou a cabo dos acordos de depoimentos voluntários, utilizando mecanismo depoimentos de ex-paramilitares que desejam voltar a vida civil através da já mencionada Lei 1424 de 2010, além do CNRR (*Comisión Nacional de Reparaciones y Reconciliación*) e o *Centro de Memoria Histórica*. Dessa forma, os relatos dos agentes que participaram das lutas armadas, sejam vítimas ou ex-agentes de combate, serviriam para a busca da verdade e a construção da memória coletiva das guerrilhas.

O CNRR é uma instituição que foi criada pela Lei 975 de 2005 (Ley de Justicia y Paz). Suas principais funções eram a criação e desenvolvimento de um programa de restituição, garantir a participação das vítimas em procedimentos criminais e produzir um relatório sobre os abusos do conflito, com relação aos depoimentos colhidos na busca pela verdade. Sua instituição se deu por encerrada em dezembro de 2011.

O *Centro de Memoria Histórica* (CMH) é um órgão que teve início em 2005, criado pela CNRR e tinha como objetivo disseminar a narrativa do conflito na Colômbia, desde o seu início, identificando o que levou a criação dos diversos grupos armados, assim como as diferentes memórias de violência, dando preferência as vozes das vítimas. Também foram publicados diversos relatórios sobre conflitos que ocorreram em diferentes partes do território. Vale dizer que o CMH não é considerado uma comissão da verdade, já que suas pesquisas foram conduzidas no meio de um conflito. Entretanto, é importante salientar o seu trabalho de busca pela verdade e preservação da memória antes de ser constituída uma comissão da verdade propriamente dita, visto que "*memory and the right to the truth cannot wait until an uncertain peace agenda is concluded and the end of the conflict has been reached*".

Seu trabalhado foi precedido pelo *Centro Nacional de Memoria Histórica* (CNMH) pela Lei 1448 de 2011, no qual continua com funções de preservação e construção da memória histórica colombiana.

A Colômbia foi julgada diversas vezes pelo Sistema Interamericano de Direitos Humanos por conta das violações cometidas durante o período de guerrilha, seja pelo Estado, seja pelos outros grupos armados que lutavam entre si. Além disso, a Organização das Nações Unidas atuou na colaboração dos acordos de paz entre o governo e os grupos guerrilheiros, fornecendo apoio técnico em algumas instâncias (através de seus órgãos mais especializados) como por exemplo no desenvolvimento de um protocolo entre as partes do conflito para a libertação de crianças nas fileiras das FARC.

Nas recentes negociações do governo colombiano com as FARC, o acordo assinado em 2016 para determinar o fim do conflito foi rejeitado pelo povo colombiano, através de um plebiscito. Seu modelo de construção de paz se assemelhou muito ao utilizado nas negociações com os grupos paramilitares da AUC, no qual leis de anistia foram constituídas e órgãos governamentais especiais foram desenvolvidos para auxiliar no processo de pacificação e de construção da verdade e da memória em mais capítulo da guerra civil colombiana.

BRASIL

Após um momento de ruptura democrática, no qual consistem graves violações de direitos humanos, gerando uma espécie de trauma na sociedade, o Estado, ao fazer sua transição para a redemocratização, pode adotar instrumentos de justiça transicional. Um desses instrumentos é a Comissão da Verdade. Dessa forma, as referidas comissões vêm com a proposta de reconciliação e reestruturação do Estado e da sociedade, através de uma busca pela verdade e da criação de uma memória social construída principalmente com o resgate da memória individual das vítimas de violações de direitos humanos. Diversos países adotaram essa técnica, como Argentina, Chile, África do Sul e Brasil.

A Comissão Nacional da Verdade (CNV) foi o órgão legislativo federal desenvolvido com o propósito de realizar a busca da verdade, construção de uma memória coletiva e integrar na sociedade as vítimas das violações de direitos humanos que sofreram durante a ditadura militar brasileira. Seu âmbito de escopo era esclarecer as graves violações de direitos humanos ocorridas entre 1946 a 1988. Enquanto ativa, foram recolhidos mil depoimentos e foram levantados diversos documentos e provas.

Para tal, a Comissão Nacional da Verdade tinha somente poderes investigativos, permitindo que vítimas e seus familiares reconstruam, a partir de suas memórias individuais, uma memória coletiva do que ocorreu. A CNV, entretanto, não tinha caráter jurisdicional e/ou punitivo.

Todavia, ocorreram alguns problemas durante a vigência da CNV. Por conta do não acesso a todos os documentos militares, a busca pela verdade foi deficitária. Ademais, não houve uma fiel construção social de memória, visto que não é toda a população brasileira que teve contato com o trabalho da comissão. O seu relatório final teve uma repercussão grande no meio acadêmico, em especial aos estudiosos da ditadura militar, de Direitos Humanos e áreas afins, mas não teve a ideal abrangência nacional, sendo que muitos ainda não tem conhecimento do documento desenvolvido pela comissão ou não tem ciência da sua importância para o desenvolvimento da identidade nacional.

Segundo Carlos Augusto Cânedo Golçalves da Silva e Roberta Cerqueira Reis, o motivo para a falta de repercussão seja o grande lapso temporal entre o fim da ditadura e a criação da CNV, que foi mais de vinte anos. Além disso, a transição lenta e gradual poderia ter reduzido a percepção de período ditatorial como um trauma, dando um efeito letárgico na maior parte da população, com exceção das vítimas da ditadura.

Os atuais pedidos de intervenção militar, fim do Congresso Nacional, retorno da ditadura, discursos que tentam amenizar os crimes cometidos naquele período em paralelo aos problemas democráticos que o país atualmente atravessa, além de tantos outros mostram com clareza o fracasso em construir uma memória coletiva e social sobre os crimes cometidos durante a ditadura militar. Chegou-se ao ponto de um deputado federal exaltar um ex-militar que reconhecidamente cometeu crimes humanitários e de direitos humanos durante o período ditatorial. Percebe-se, por tanto, uma relação entre a dimensão do trauma social sofrido e a forma como se deu a transição democrática, para que os efeitos de uma comissão da verdade sejam expressivos na fase transicional.

A situação pode ser considerada ainda mais falha quando as vítimas em questão foram campesinas e indígenas. Historicamente estes dois grupos sempre foram oprimidos e marginalizados, sofrendo diversas ações de extermínio e de esbulho de terras, com a participação ou conivência do Estado. O trabalho de busca da verdade e de construção de uma memória acaba sendo muito prejudicado, visto que não se tem muitas informações concretas acerca desses fatos. Entretanto, a Comissão Nacional da Verdade conseguiu apurar alguns casos, através de um Grupo de Trabalho investigativo especial. Foi constatado o assombroso número de 8.350 mortes de indígenas e camponeses, decorrentes da ação ou omissão estatal, além de reconhecer o esbulho de terras indígenas ilegalmente ocupadas pelo Estado, além de outras graves violações de direitos humanos.

O direito ao esquecimento no qual tentou-se estabelecer após a ditadura com a Lei de Anistia é outro retrato da trôpega construção de uma memória social na qual o Brasil tentou construir, sendo retificado pelo Supremo Tribunal Federal na ADPF 153.

CONSIDERAÇÕES FINAIS

Podemos concluir que as políticas de memória, como o acesso à verdade e a construção de uma reflexão crítica sobre o passado, ajudam na criação de uma memória democrática, destinado ao fomento do sentimento de pertencimento social e no desenvolvimento da memória coletiva. Por tanto, valores autoritários, que foram empregados durante a época dos regimes opressivos perdem espaço e ocorre um decréscimo na violência social.

Com relação as políticas de memória, existe a preocupação da comunidade internacional com essas áreas, sendo foco de ações da ONU e seus diversos órgãos, assim como de outras organizações intergovernamentais, como a OEA no caso colombiano. Portanto, o olhar internacional se volta para estabelecer uma política de memória, tendo como finalidade a promulgação da paz internacional.

O principal papel dos organismos intergovernamentais e dos tribunais internacionais é a promoção da estabilidade nas regiões de conflito, norteando os governos locais para, dentre outras formas de alcançar a paz, adotar políticas de memória que possam criar um contexto de diálogo para as vítimas exporem as violências sofridas, criando uma memória de não repetição. O controle de convencionalidade vem, por tanto, como instrumento facilitador entre o diálogo internacional e o nacional, primando pela perpetuação das normas internacionais de direitos humanos, mas adaptando-se a cada realidade e a cada cultura.

O Brasil foi duramente criticado pela Alta Comissariada das Nações Unidas para Direitos Humanos à época, Navi Pillay, e não obedeceu a decisão emblemática da Corte Interamericana de Direitos Humanos no caso Gomes Lund e outros ("Guerrilha do Araguaia") vs. Brasil, por se limitar nas investigações do que ocorreu devido ao imposto pela Lei de Anistia brasileira.

A região do norte de Uganda, Nepal e Colômbia tiveram assessoramento de órgãos intergovernamentais, em especial a ONU, para a promoção de acordos de paz, medidas de justiça de transição e políticas de memória, respeitando as peculiaridades culturais de cada povo. O apoio internacional proporciona maior viabilidade para a promoção da estabilidade em regiões de conflito e o desenvolvimento ao direito à memória.

A importância ao direito à memória é indiscutível para a fomentação de uma cultura social. Ainda mais se pensarmos que a sociedade, devido a sua volatilidade, muda constantemente. A sociedade deve basear-se em conceitos mais imutáveis para que não cometam os mesmo erros do passado. O direito à memória serve como norteador social, direcionando a sociedade para uma maior empatia social e união da população.

A importância da criação de uma narrativa passa justamente pela superação do conflito, através da reconciliação. O direito à memória entra como este conciliador, ajudando os indivíduos a restabelecer os laços com o Estado, com a sociedade e com eles próprios. É a reconstrução individual, que passa a compor o coletivo estabelecendo uma noção de pertencimento. Deve especialmente reconstruir e desmarginalizar as vítimas das violações, inserindo-as novamente no contexto social e dando-as a noção de pertencerem a uma nação e de que o Estado agora as reconhece como tal. Desenvolve-se, por tanto, estabilidade e a cessação dos conflitos, promovendo os direitos humanos e a paz entre os nacionais.

REFERÊNCIAS BIBLIOGRÁFICAS

Centro Nacional de Memoria Histórica. **Construcción de la Memoria Histórica.** Disponível em: <http://www.centrodememoriahistorica.gov.co/areas-trabajo/construccion-de-la-memoria-historica>. Acesso em: 18 set 2017.

CORTE INTERAMERICANA DE DIREITOS HUMANOS: **Caso 19 comerciantes vs. Colômbia.** Mérito, Reparações e Custas. Sentença de 5 de julho de 2004. Série C, nº 109;

CORTE INTERAMERICANA DE DIREITOS HUMANOS: **Caso Massacre de Mapiripán vs. Colômbia.** Mérito. Sentença de 15 de setembro de 2005. Série C, nº 134.

CORTE INTERAMERICANA DE DIREITOS HUMANOS. **Caso Gomes Lund e outros (Guerrilha do Araguaia) vs. Brasil.** Sentença de 24 de novembro de 2010. Exceções Preliminares. Mérito. Reparações. Custas. Série C, nº219.

HOPWOOD, Julian. **We Can't Be Sure Who Killed Us: Memory and Memorialization in Post-conflict Northern Uganda.** Link para acesso: <https://www.ictj.org/sites/default/files/ICTJ-JRP_UGA_Memorialization_pb2011.pdf>. Acesso em: 15 out 2017.

International Center for Transitional Justice. **"We Cannot Forget":Truth and Memory in Post-Conflict Nepal.** Link para acesso: <https://www.ictj.org/sites/default/files/We%20Cannot%20Forget%20Book.pdf>. Acesso em 15 out 2017.

Justicia Transicional. **Justicia transicional en Colombia.** Disponível em: <http://www.justiciatransicional.gov.co/Justicia-Transicional/Justicia-transicional-en-Colombia>. Acesso em: 18 set 2017.

LIRA, Yulgan Tenno de Farias. **Controle de Convencionalidade:** A tutela coletiva dos tratados internacionais de direitos humanos. E. Ideia. - João Pessoa. 2016

MEYER, Emilio Peluso Neder (coord.). **Justiça de Transição em Perspectiva Transnacional.** Ed: Initia Via. Belo Horizonte, 2017.

Report of the Secretary General. **United Nations activities in support of mediation**. Disponível em: <http://digitallibrary.un.org/record/1291524/files/A_72_115-EN.pdf>. Acesso em 17 ou 2017.

SANTOS, Boaventura de Souza et al (Org.). **Repressão e memória no Contexto ibero--brasileiro**: estudos sobre Brasil, Guatemala, Moçambique, Peru e Portugal. Brasília: Ministério da Justiça, Comissão de Anistia; Portugal: Universidade de Coimbra, Centro de Estudos Sociais, 2010. Disponível em: < http://www.justica.gov.br/central-de-conteudo/anistia/anexos/repressao-e-memoria-no-contexto-ibero--amenricano.pdf>. Acesso em: 16 out 2017.

United Nations. **Challenge of sustaining peace:** Report of the Advisory Group of Experts on the Review of the Peacebuilding Architecture. Disponível em: < http://digitallibrary.un.org/record/798480/files/A_69_968_S_2015_490-EN.pdf>. Acesso em 17 out. 2017

United Nations Human Rights: Office of the High Comissioner. **The Nepal Conflict Report:** An analysis of conflict-related violations of international human rights law and international humanitarian law between February 1996 and 21 November 2006. Disponível em: <http://www.ohchr.org/Documents/Countries/NP/OHCHR_Nepal_Conflict_Report2012.pdf>. Acesso em 17 out. 2017.

VIDAL-LÓPEZ, Roberto. *Truth-Telling and Internal Displacement in Colombia.* Case Studies on Transitional Justice and Displacement. ICTJ. JULHO DE 2012. Disponível em: <https://www.ictj.org/sites/default/files/ICTJ-Brookings-Displacement-Truth-Telling-Colombia-CaseStudy-2012-English.pdf>. Acesso em: 18 set 2017.

O CNJ NO ESTÍMULO AO CONTROLE DE CONVENCIONALIDADE AMBIENTAL E AO *ENFORCEMENT* DE NORMAS PROTETIVAS INTERNACIONAIS

Ana Isabella Bezerra Lau[1]

INTRODUÇÃO

O controle de constitucionalidade deixou de ser o único mecanismo para aferição da validade jurídica de uma norma. Diante da série de fóruns e encontros internacionais em busca de níveis protetivos mais elevados, especialmente no tocante a direitos humanos e meio ambiente, passou a ser necessário constatar que normas internas dos países estivessem de acordo com o trabalho resultante desses encontros. Surgiu, então, o que hoje é denominado de controle de convencionalidade, um mecanismo perante o qual se verifica a compatibilidade de uma norma com os tratados internacionais ratificados pelo País.

No Brasil, a edição da EC 45/2004 instaurou um procedimento qualificado de aprovação de tratados e convenções internacionais de direitos humanos. Isso fez com que gerasse uma diferenciação entre as normas de direitos humanos aprovadas mediante tal procedimento e entre as aprovadas antes e depois da Emenda, discussões que, conforme irá ser demonstrado no presente estudo, permeiam o cenário jurídico, não se tendo, ainda, uma posição definitivamente pacificada a respeito.

O trabalho de categorizar tais normas torna fragilizada a tradicional figura da pirâmide de Kelsen, construída isoladamente em cada Esta-

---

1. Advogada. Professora universitária. Mestre em Direito Econômico pelo Programa de Pós Graduação em Ciências Jurídicas da Universidade Federal da Paraíba (PPGCJ/UFPB). Pós graduação em Direito do Trabalho e Previdenciário pela Pontifícia Universidade Católica de Minas Gerais (PUC Minas). Graduação em Direito pela Universidade Federal da Paraíba. Pesquisadora do Laboratório Internacional de Investigação em Transjuridicidade (LABIRINT). Membro associado da International Law Association (ILA) e Membro do Conselho Editorial da Lexmax: Revista do Advogado da Paraíba.

do. Ademais, a discussão acerca da categorização das normas de direitos humanos (debate decorrente da EC 45) influencia diretamente no mecanismo de controle de convencionalidade, já que, dependendo do ponto de vista adotado, elas podem ter caráter constitucional ou supralegal, o que, conforme se verá, influenciará na categorização das normas internacionais que não versem sobre direitos humanos, as quais serão inseridas na categoria de normas supralegais ou infraconstitucionais, a depender, mais uma vez, da posição doutrinária adotada e isso, consequentemente, repercutem no controle de convencionalidade, já que este só pode ser realizado perante normas hierarquicamente inferiores.

Independentemente do posicionamento adotado, o que se percebe é que há a utilização de normativas internacionais no julgamento de casos concretos, mesmo que sem a utilização direta do termo "controle de convencionalidade". Essa constatação será demonstrada através da análise do caso dos pneus reformados, contencioso instaurado perante o Mercosul e perante a OMC, e cuja decisão repercutiu no julgamento da ADPF 101 no Supremo Tribunal Federal. Porém, grande parcela do Judiciário nacional ainda permanece alheia às normativas internacionais (conservadorismo cultural brasileiro), o que compromete uma tutela social mais efetiva e impede o cumprimento de obrigações assumidas pelo Estado perante a comunidade internacional.

Nesse cenário, pretende-se demonstrar a necessidade de realização do controle de convencionalidade na seara ambiental, pois, não obstante o Brasil ser um ativo participante nos fóruns e encontros internacionais voltados à proteção ambiental, permanece tímido no que diz respeito à aplicação dos compromissos firmados, haja vista a falta de incentivo dos magistrados nacionais. Dessa forma, será averiguada a possibilidade do Conselho Nacional de Justiça (CNJ) atuar nesse intuito, fazendo com que as metas traçadas em importantes eventos mundo afora não representem mera retórica, mas sejam efetivamente respeitadas para que sejam alcançadas.

1. O CONTROLE DE CONSTITUCIONALIDADE E O CONTROLE DE CONVENCIONALIDADE

O controle de constitucionalidade e o controle de convencionalidade são mecanismos de aferição de validade de juridicidade. O que os difere, em poucas palavras, é o fato de que, enquanto o primeiro utiliza como parâmetro a Constituição Federal, o segundo verifica a conformidade das normas internas com os tratados (convenções) internacionais ratificados pelo País. A incompatibilidade com algum desses parâmetros é suficiente para que o ato seja destituído de validade.

O Brasil, ao reconhecer uma série de instrumentos de Direito Internacional de Direitos Humanos, criou um cenário em que o Poder Judiciário interno, principalmente o Supremo Tribunal Federal, teve que rever seu posicionamento enquanto cúpula máxima e única do Direito brasileiro. Após a edição da Emenda Constitucional nº45/2004, segundo Gilmar Mendes, houve a constante necessidade de adaptação dos sentidos possíveis da Constituição[2], de acordo com os valores e fins trazidos nos documentos internacionais. Ademais, em relação ao controle de convencionalidade, segundo a Corte Interamericana de Direitos Humanos, última instância de interpretação da Convenção Americana (da qual o Brasil é signatária), o Poder Judiciário interno deve (obrigatoriamente) exercer o referido controle em sua atuação.

Até mesmo porque a utilização do referido controle na atividade jurisdicional do Estado representa a adição de mais um mecanismo de proteção da dignidade da pessoa humana, já que rejeita as decisões e normas que sejam contrárias às declarações de direitos *lato sensu* vigentes no Sistema Internacional (LIRA, 2016, p.44).

Isso significa dizer que, a partir da edição da citada Emenda, a validade jurídica de um ato normativo não mais se afere simplesmente pela sua compatibilização com a Constituição Federal. Na visão de Ana Sabadell e Dimitri Dimoulis, já foi superada a ideia de que a Carta Magna representa o "começo jurídico absoluto" (SABADELL; DIMOULIS, 2011, p.84). Passa a ser necessário verificar a compatibilidade de determinado ato com normas internacionais ratificadas. Ou seja, a partir da Emenda Constitucional nº 45/2004[3], o Brasil passou a contar com um novo tipo de controle de normas – o controle de convencionalidade, ao estabelecer a possibilidade de que tratados internacionais de direitos humanos pudessem equivaler às emendas constitucionais, se observado o quórum de aprovação (MAZZUOLI, 2009, p. 113).

De acordo com entendimento de Mazzuoli (2011, p.117), a produção normativa pátria deve passar por dois exames de compatibilização para adquirir validade jurídica e eficácia, quais sejam: a) compatibilização com a Constituição Federal e os tratados de direitos humanos ergui-

---

2. Voto proferido no Recurso Extraordinário 466.343-1, Relator Min. Cezar Peluso.
3. A emenda nº 45 de 2004 acrescentou ao art. 5º da Constituição Federal o §3º, o qual atribuiu aos Tratados Internacionais de Direitos Humanos status de emenda constitucional, ou seja, se o tratado for aprovado de acordo com o rito previsto nesse parágrafo (em dois turnos, por três quintos dos votos dos respectivos membros) terá valor material e formalmente constitucional.

dos ao patamar constitucional; e b) compatibilização com os tratados internacionais comuns, cujo status é de supralegalidade.

Importante mencionar que há, tanto na doutrina quanto na jurisprudência pátria, controvérsias quanto à hierarquia dos tratados internacionais que versam sobre direitos humanos no ordenamento jurídico brasileiro. Quando aprovados pelo rito trazido pela emenda constitucional 45/2004, ou seja, em cada Casa do Congresso Nacional, em dois turnos de votação e aprovação por três quintos do total de seus respectivos membros, equivalerão às normas da própria Constituição, pois ganham o status de emenda constitucional. A discussão, entretanto, diz respeito aos tratados que forem aprovados, mas que não atingiram tal quórum qualificado.

O STF, em 2008 (por meio do HC 87.585/TO e RE 466.343/SP), decidiu que os tratados de direitos humanos (aprovados ou não pelo rito da EC 45/04) possuem superioridade em relação às leis ordinárias. Todavia, o valor hierárquico dos tratados de direitos humanos aprovados sem maioria qualificada ainda não estava bem delineado. De um lado, havia entendimento no sentido de tais tratados possuírem valor supralegal, e os tratados comuns status de lei infraconstitucional (posição defendida pelo Ministro Gilmar Mendes) e, por outro lado, entendimento de que, ainda que não aprovados por maioria qualificada, teriam valor constitucional (art. 5º, §2º, CF) e os tratados comuns status de supralegalidade (posição defendida pelo Ministro Celso de Mello). Por cinco votos a quatro (dois Ministros não participaram do julgamento), a tese vencedora foi a de que os tratados internacionais de direitos humanos não aprovados por maioria qualificada tinham valor supralegal e não valor constitucional.

De uma forma ou de outra, os tratados de direitos humanos que não forem aprovados pelo rito previsto na EC 45/04 (maioria qualificada) estão acima das normas infraconstitucionais. Ou seja, o modelo idealizado por Kelsen já não tem tanta aplicabilidade, "no que se pode dizer existir (doravante) uma nova pirâmide formal do direito entre nós" (MAZZUOLI, 2011, p.13). A problemática reside, entretanto, em relação aos tratados internacionais comuns, ou seja, que não versam sobre direitos humanos.

Mazzuoli defende a tese apresentada por Celso de Mello, pois entende que os tratados de direitos humanos, aprovados ou não pela maioria qualificada, têm status constitucional, sendo os primeiros equivalentes às emendas constitucionais (e, portanto, formal e materialmente constitucionais, enquadrando-se no art. 5º, §3º da CF) e os segundos apenas materialmente constitucionais, estando inseridos no disposto no art. 5º,

§2º da CF. Para o autor, os demais tratados comuns, que não dizem respeito aos direitos humanos, é que teriam status de supralegalidade (os quais, para o STF, têm valor legal).

Desse modo, segundo entendimento de Mazzuoli (2009, p.114), ao lado do controle de constitucionalidade deve ser verificada a compatibilidade das leis brasileiras com os tratados internacionais de direitos humanos ratificados pelo Estado brasileiro e em vigor no País, sendo eles aprovados por maioria absoluta ou não, o que constitui o controle de convencionalidade das leis.

Os tratados internacionais comuns (que não versam sobre direitos humanos), os quais também têm status superior ao das leis internas, também servem de paradigma ao controle das normas infraconstitucionais, o que Mazzuoli (2009b, p.343-345) chama de controle de legalidade (ou supralegalidade), já que não podem servir de paradigma do controle de convencionalidade (expressão reservada aos tratados com nível constitucional). Nas palavras do referido autor:

> Isso tudo somado demonstra que, doravante, todas as normas infraconstitucionais que vierem a ser produzidas no país devem, para a análise de sua compatibilidade com o sistema do atual Estado Constitucional e Humanista de Direito, passar por dois níveis de aprovação: (1) a Constituição e os tratados de direitos humanos (material ou formalmente constitucionais) ratificados pelo Estado; e (2) os tratados internacionais comuns também ratificados e em vigor no país. No primeiro caso, tem-se o controle de convencionalidade das leis; e no segundo, o seu controle de legalidade (MAZZUOLI, 2009, p.114).

Importante mencionar que, embora essa tese tenha sido vencida pelo julgado do STF, tal julgamento ocorreu em sede de controle difuso (RE 466.343/SP), e não de ADI, por exemplo, podendo a tese ser novamente discutida e julgada de forma diversa. Na realidade, o controle de convencionalidade por meio de instrumentos internacionais não aprovados por maioria absoluta já é realizado pelo STF sem que o mecanismo seja nominado, o que pode ser verificado pela análise de casos concretos, a exemplo do contencioso dos pneus reformados que envolveu o Brasil perante o Mercosul e a Organização Mundial do Comércio.

2. ADPF 101: O CONTENCIOSO DOS PNEUS REFORMADOS E O CONTROLE DE CONVENCIONALIDADE AMBIENTAL

O contencioso dos pneus reformados, que envolveu o Brasil perante o Órgão de Solução de Controvérsia da OMC e o Tribunal do Mercosul. A importação de pneus usados era proibida pelo Brasil desde a Portaria emitida pelo Ministério de Economia, Finanças e Planejamento em 1991 (Portaria 08/1991). Em 2000, foi adotada nova Portaria, pelo Ministério do Desenvolvimento, Indústria e Comércio Internacional, estendendo a proibição para importação de pneus fabricados a partir de pneus usados, estes conhecidos como remoldados ou recauchutados (MOROSINI, 2013). A referida Portaria foi fundamentada nos preceitos constitucionais previstos nos artigos 225 e 196 da Constituição Federal (direito a um meio ambiente ecologicamente equilibrado e o direito à saúde, respectivamente), que obrigam o Estado de adotar uma política social e econômica visando reduzir os riscos de doenças oriundas de problemas sanitários e ambientais, assim como na própria Convenção de Basileia sobre o controle de Movimentos Transfronteiriços de Resíduos Perigosos e sua Eliminação, de 22 de março de 1989. Entretanto, a proibição à importação de pneus remoldados causou significativos impactos sobre a concorrência no mercado de pneus, seja em nível nacional, regional e internacional.

Diante da nova Portaria, o Uruguai iniciou uma controvérsia no âmbito do Mercosul alegando violação ao livre comércio recíproco do Bloco Regional pela nova restrição imposta, bem como violação ao princípio do estoppel. Tal princípio do direito internacional aduz que uma parte não pode adotar medidas que contradigam o que ela, expressa ou implicitamente, já admitiu, se estas novas medidas resultarem em prejuízo para a outra parte.

O Brasil, por sua vez, defendeu-se tecnicamente alegando que não havia estabelecido nova proibição e reforçando a validade da Portaria de 2000, não adentrando, curiosamente, em qualquer defesa de mérito quanto aos problemas ambientais e sociais decorrentes da importação dos pneus remoldados, nem invocando as exceções estabelecidas no Anexo I do Tratado de Assunção e nos ideais estabelecidos no preâmbulo.

O Tribunal *ad hoc* rechaçou a defesa brasileira e decidiu de maneira favorável ao Uruguai (Laudo de janeiro de 2002), entendendo que a Portaria 08/2000 representava nova restrição ao comércio, violando, assim, os ideais que norteiam a integração econômica regional, e determinou que o Brasil adaptasse sua legislação às resoluções legais do Mercosul (MOROSINI, 2013, p.538).Ademais, segundo o Laudo, "a Portaria Nº 8/00 contradiz princípios gerais do direito, especialmente o princípio do estoppel, cuja aplicação no presente caso reafirma os postulados básicos relativos ao objeto e ao fim do Tratado de Assunção"[4].

---

4. Laudo do Tribunal Arbitral Ad Hoc do MERCOSUL constituído para entender da controvérsia apresentada pela República Oriental do Uruguai à República Federativa do Brasil sobre

O Brasil, então, promulgou nova Portaria (Portaria 17/2003) permitindo a importação de pneus dos países do Mercosul, mas mantendo a proibição para a importação advinda de outros países, o que repercutiu na Comunidade Europeia que, insatisfeita com a medida adotada pelo Brasil, iniciou controvérsia perante a Organização Mundial do Comércio.

A instauração do Painel junto à OMC resultou uma acirrada negociação, tendo em vista os altos interesses econômicos e ambientais envolvidos, durando em torno de quatro anos até ser concluída (2005-2009). Cabe ressaltar que, perante a OMC, o Brasil fundamentou sua defesa na exceção prevista no art. XX do GATT, alegando os altos riscos sociais e ambientais decorrentes da importação de pneus remoldados.

As alegações da Comunidade Europeia (hoje denominada União Europeia) eram no sentido de que o Brasil havia adotado medidas legais para proibir a importação de pneus remoldados (estabelecendo multa diária de R$ 400,00 (quatrocentos reais) por pneu importado) e que tal proibição não se estendia aos países integrantes do Mercosul (devido a decisão do laudo arbitral do Tribunal ad hoc, que considerou a medida brasileira contrária aos fundamentos do Bloco), agindo de forma discriminatória em relação aos produtos europeus e descumprindo, portanto, princípios fundamentais da Organização Mundial do Comércio, dentre eles o princípio da não discriminação e princípio da Nação mais favorecida.

Segundo a Comunidade Europeia (CE) a cláusula da Nação mais favorecida (prevista no artigo I, §1º do GATT) teria sido desrespeitada pelo Brasil uma vez que este concedia vantagem a produtos originários do Mercosul e não estendia tal vantagem aos países europeus. Ademais, segundo a CE, a imposição da multa contrariava o art. III, §4º do GATT, que dispõe sobre o Tratamento Nacional no tocante à Tributação e Regulamentação Internas (DURANTE; LUZ, 2013).

O Brasil, por sua vez, como já dito anteriormente, respondeu juridicamente às acusações fundamentando-se no artigo XX, b, do GATT, sob a alegação de que a proibição à importação de pneus reformados se tratava de uma medida necessária à proteção da vida, da saúde e do meio ambiente. O Relatório do Painel (também denominado Grupo Especial) deu ganho de causa à Comunidade Europeia, concluindo que as medidas brasileiras eram incompatíveis com a legislação do GATT/OMC. Porém,

---

"Proibição de Importação de Pneumáticos Remoldados (Remolded) Procedentes de Uruguai". 2002. Disponível em:<http://www.stf.jus.br/arquivo/cms/processoAudienciaPublicaAdpf101/anexo/LaudodoTribunalArbitr alAdHocdoMERCOSUL.pdf>. Acesso em: 01 abr. 2017.

importante ressaltar que o Órgão de Apelação (decisão proferida em dezembro de 2007) reconheceu que a medida restritiva imposta pelo Brasil enquadrava-se na exceção prevista no art. XX, sendo necessária à proteção do meio ambiente e da saúde pública.

Tendo em vista que o Órgão de Apelação entendeu que a restrição brasileira era discriminatória e que feria os princípios da OMC, e tendo em vista que a sua decisão se impõe ao sistema regional de integração, o Brasil foi obrigado a aplicar a medida restritiva também aos países do Mercosul, o que repercutiu no julgamento da ADPF nº 101, declarando inconstitucional as liminares que autorizavam a importação e proibindo definitivamente a importação de pneus remoldados do Mercosul, em junho de 2008.

No julgamento da referida Arguição de Descumprimento de Preceito Fundamental (ADPF 101[5]), a Relatora do processo, Ministra Carmem Lúcia, além de fundamentar seu voto nos artigos 196 e 225 da Constituição Federal (no direito à saúde e no direito ao meio ambiente ecologicamente equilibrado), invocou vários instrumentos internacionais de proteção de direitos humanos e de direitos ambientais para decidir pela constitucionalidade da lei que proíbe a importação de pneus usados, dentre eles a Convenção da Basiléia (aprovada pelo Brasil em 1992), o Relatório Brundtland (ou Nosso Futuro Comum), a Declaração do Rio sobre Ambiente e Desenvolvimento, a Convenção da Basileia sobre Movimentos Transfronteiriços de Resíduos Tóxicos, a Convenção de Estocolmo sobre Poluentes Orgânicos Persistentes (POP) e a Convenção de Rotterdam (ou Convenção PIC), que entrou em vigor no Brasil em 2004.

O que se percebe é que, embora o STF tenha entendido (por meio do julgamento do RE) que o controle de produção normativa e jurisdicional só pode ser realizado por instrumentos internacionais de direitos humanos aprovados por maioria qualificada, nos moldes da EC 45/04 (já que para o Órgão apenas estes têm status constitucional por equivalerem à emendas), na prática há a aplicabilidade de tratados internacionais que não foram necessariamente aprovados mediante procedimento qualificado, como os vários tratados ambientais invocados pela Relatora Min. Carmem Lúcia. Isso demonstra que, embora não se tenha nominado o mecanismo diretamente, o controle de convencionalidade (nos moldes

---

5. STF. Arguição de Descumprimento de Preceito Fundamental nº ADPF 101/DF, Relª Min. Carmen Lúcia, Julgado em 24.06.2009. Disponível em: <http://redir.stf.jus.br/paginadorpub/paginador.jsp?docTP=AC&docID=629955>. Acesso em: 05 abr. 2017.

defendidos por Mazzuoli) tem aplicabilidade prática podendo – e devendo – ser realizado, como o foi no julgamento do contencioso dos pneus reformados.

3. O PAPEL DO CNJ NA EFETIVAÇÃO DO DIÁLOGO ENTRE O DIREITO INTERNO E O DIREITO INTERNACIONAL

O panorama jurídico atual passa por mutações significativas. O que era explicado através de uma pirâmide (KELSEN, 1996) ganha contornos diversos e curvas salientes. Na visão de Mireille Delmas-Marty (2004, p.84), não é mais possível simbolizar a paisagem por meio da metáfora da pirâmide, pois é "como se o plano de composição estivesse embaralhado pelo inevitável movimento que cedo ou tarde desloca as linhas".

As profundas transformações decorrentes da globalização (avanços tecnológicos, diminuição das fronteiras, intensificação dos fluxos comerciais, entre outras) refletem na maneira de enxergar o Direito e na forma como ele deve agora se portar enquanto regulador das atividades sociais. Por mais tranquilizante que seja, fica cada vez mais claro que a metáfora da pirâmide deve ser substituída por uma paisagem plural e interconectada. Na visão de Carla Lopes (2012):

> Essa faceta plural do Direito nos dias de hoje está marcada pelo signo da interlocução, não havendo espaço para o isolamento e tampouco para o imperialismo, o que determina não só a pulverização de instâncias de poder como também um constante cruzamento de produtos normativos.

Afirmar que o plano de composição se embaralhou não significa dizer que a hierarquia tenha desaparecido e que a soberania estatal perdeu importância, pois "o Estado ainda é um ator indispensável na modulação e na execução do Direito e na compreensão das relações internacionais" (FRANCA FILHO, 2006). O desenho é que foi modificado: no lugar da hierarquia contínua e linear representada através da imagem da pirâmide, "surgem hierarquias descontínuas, como outras tantas pirâmides inacabadas, e hierarquias enredadas que formam anéis estranhos" (DELMAS-MARTY, 2004, p.87).

Nesse sentido, revelam-se novas formas de pensar o Direito, utilizando-se geralmente de metáforas, a fim de melhor descrever a referida interação dialógica dos dias atuais. Há, por exemplo, o modelo de rede (OST; VAN DE KERCHOVE, 2000), o de nuvem (pluralismo ordenado) (DELMAS-MARTY, 2006), o da hidra com diversas cabeças (TEUBNER, 1994), entre outros.

François Ost e Michel Kerchove, por exemplo, enxergam a paisagem jurídica como uma rede: tecido constituído de fios e nós que se interconectam e interagem entre si, obedecendo a certas regras de funcionamento. (OST; KERCHOVE, 2002, p.23-24) para qualificar jurisdições que não se contentam em simplesmente aplicar a lei, como no modelo piramidal, mas que apreciam a juridicidade equilibrando direitos e interesses legítimos. Segundo eles, é como se o Estado tivesse se tornado muito grande para os pequenos problemas e muito pequeno para os grandes.

Tal pluralismo conduz, assim, a uma interação/ interdependência que substitui a concepção monista da escolha entre um ou outro por uma concepção combinatória que "tende a buscar o ponto de compatibilidade entre um e o outro (DELMAS-MARTY, 2004, p. 183), superando uma "prática de concorrência dos direitos" que foi resultado da internacionalização do campo jurídico, na visão da autora francesa (DELMAS-MARTY, 2004 p. 208).

O pluralismo jurídico, concebido como essa interação/diálogo entre sistemas jurídicos e fontes normativas, pode - e deve - ser posto em prática quando o caso concreto assim necessitar.A interação do Direito interno com o Direito internacional é vista sob uma perspectiva transnacionalista e traduz um "diálogo de fontes" que, em termos de Direito Constitucional, é referido como "transconstitucionalismo" (NEVES, 2009, p. 242 e s.), "interconstitucionalismo" (CANOTILHO, 2006, p. 266) ou "cross- constitucionalismo" (TAVARES, 2009), o que significa, em rasos termos,uma aproximação entre diversas ordens jurídicas (constitucionais e internacionais), por meio de documentos legislativos e experiências judiciais (jurisprudência), a que Sarlet (2009, p. 169) se refere como a "tríade dinâmica constituída de textos normativos, doutrina (teorias) e jurisprudência".

Um meio de efetivar esse pluralismo é através de mecanismos como o controle de convencionalidade, que permite uma avaliação do direito interno tomando como bússola instrumentos protetivos internacionais que ele própria aprovou, o que desperta uma nova postura no Poder Judiciário. É verdade que ele já é realizado (como foi no caso dos pneus), mas ainda com timidez, devido à resistência dos juízes e tribunais nacionais em exercê- lo e em aplicar os tratados e convenções internacionais (o que também foi verificado no julgamento da ADPF 153, na discussão da Lei no 6683/79 - Lei de Anistia, em 2010, na qual o Supremo Tribunal Federal desconsiderou a Convenção Americana de Direitos Humanos e toda a jurisprudência da Corte Interamericana de Direitos Humanos). Tal resistência se revela como um problema cultural do judiciário brasileiro em relutar às transformações dinâmicas, privilegiando um conservadorismo apegado à dogmas e agindo como um robô limitado a aplicar aos fatos as conseqüências jurídicas previstas em leis (LUÑO, 2012, p.65). Tal comportamento se mostra cada vez mais ultrapassado devido a ameaças que se revelam cada vez mais transnacionais, como são as relativas ao meio ambiente.

Em sede de meio ambiente o que se percebe é que as decisões judiciais se fundamentam basicamente em normas internas básicas e leis específicas (como o Código das Águas, Código Florestal etc), o que acaba restringindo o nível de proteção conferido pela série de instrumentos internacionais ambientais que são interpretados pela Corte Interamericana de Direitos Humanos e que, portanto, poderiam servir de parâmetro do controle de convencionalidade. Segundo Mazzuoli (2014, p.493):

> Inicialmente, cabe destacar a dificuldade do Poder Judiciário pátrio (especialmente instâncias ordinárias) em lidar com a aplicação dos atos internacionais quando não se alega qualquer proteção convencional na exordial, e pela análise do caso concreto entende-se que o juiz deveria conhecer e aplicar o tratado. Ora, quando um tratado se integra à ordem jurídica nacional, passa a compor o acervo normativo pátrio, devendo então o Judiciário aplicá- lo tal como se lei interna fosse, ainda que não alegado pelas partes: *jura novitcuria*.

Além de ser um problema cultural, a resistência dos magistrados em aplicar normas internacionais também pode ser justificada pela falta de estímulo à observância de normas que, diante da realidade imediata, parecem estar tão distantes. O Órgão que poderia estimular tal atuação dos juízes é o Conselho Nacional de Justiça (CNJ), devido à sua função constitucional de assegurar o cumprimento dos deveres dos magistrados, através de resoluções e recomendações. Logo, levando em consideração que a Constituição Federal exige o cumprimento dos tratados internacionais ratificados pelo Brasil, é dever do magistrado garantir que os direitos neles inseridos sejam efetivados.

Nessa perspectiva, inclusive, o CNJ editou uma Recomendação (nº 49)[6], em 2014, disciplinando a atuação dos magistrados no sentido de observar as normas do Protocolo de Istambu, da ONU, o qual estabelece os procedimentos de investigação e os documentos necessários em casos de crime de tortura e outras penas ou tratamentos cruéis, desumanos ou degradantes.Vale destacar que o referido Protocolo, sem ne-

---

6. CONSELHO NACIONAL DE JUSTIÇA. Recomendação Nº 49 de 01/04/2014. Disponível em: <http://www.cnj.jus.br///images/atos_normativos/recomendacao/recomendacao_49_01042014_03042014 155230.pdf>. Acesso em 08 abr. 2017.

gar sua importância, não fora ratificado pelo Brasil, sendo considerado, portanto, norma de *soft law*.

Logo, levando em consideração que pôde fazer recomendação para o cumprimento de normativa perante as quais os juízes não tinham obrigação constitucional de cumprir, pode o CNJ recomendar que sejam cumpridos tratados que o Brasil já ratificou, ou seja, já assumiu o compromisso de respeitar. Trata-se de um estímulo necessário para que seja realizado o controle de convencionalidade em matéria ambiental. Ressalte-se posicionamento do Ministro Celso de Melo a respeito:

> [...]o Poder Judiciário constitui o instrumento concretizador das liberdades civis, das franquias constitucionais e dos direitos fundamentais assegurados pelos tratados e convenções internacionais subscritos pelo Brasil. Essa alta missão, que foi confiada aos juízes e Tribunais, qualifica-se como uma das mais expressivas funções políticas do Poder Judiciário. O juiz, no plano de nossa organização institucional, representa o órgão estatal incumbido de concretizar as liberdades públicas proclamadas pela declaração constitucional de direitos e reconhecidas pelos atos e convenções internacionais fundados nos direitos das gentes.Assiste, desse modo, ao Magistrado, o dever de atuar como instrumento da Constituição – e garantidor desua supremacia – na defesa incondicional e na garantia real das liberdades fundamentais da pessoa humana, conferindo, ainda, efetividade aos direitos fundados em tratados internacionais de que o Brasil seja parte. Essa é a missão socialmente mais importante e politicamente mais sensível que se impõe aos Magistrados (BRASIL. STF, RE 466.343-1/SP, Recorrente: Banco Bradesco S/A, Recorrido: Luciano Cardoso Santos, Rel. Min. Cézar Peluso, DJE 104, Ementário n. 2363-6, p. 1106-1330, dez. 2008).

Importante ressaltar, ainda, que em 2015, o ministro Ricardo Lewandowski, na época presidente do CNJ e do STF, assinou carta de intenções com a Comissão Interamericana de Direitos Humanos (CIDH) com o objetivo de fomentar a capacitação dos magistrados nacionais na área de direitos humanos, divulgando a jurisprudência da CIDH, as decisões e os debates lá travados[7]. E, em setembro de 2016, o CNJ formalizou parceria com a Associação para a Prevenção da Tortura (APT), entidade internacional, com o intuito de facilitar a capacitação dos juízes e consolidar a jurisprudência em sede de direitos humanos[8].

---

7. Parceria com Comissão Interamericana de Direitos Humanos busca difundir jurisprudência internacional. Disponível em: <http://www.cnj.jus.br/noticias/cnj/62420-parceria-com-comissao-interamericana-de- direitos-humanos-busca-divulgar-jurisprudencia-internacional--a-magistrados>. Acesso em: 08 abr. 2017.

8. CNJ firma acordo com entidade internacional para prevenir tortura no país. Disponível em: <http://www.cnj.jus.br/noticias/cnj/83376-cnj-firma-acordo-com-entidade-internacional--para-prevenir- tortura-no-pais>. Acesso em: 08 abr. 2017

O Brasil é um ativo participante dos fóruns internacionais relativos a proteção dos direitos humanos e do meio ambiente e, de fato, tem evoluído no tocante a observância das obrigações assumidas nesses encontros. Porém, parcela do Judiciário ainda parece alheio à essa realidade atual que anseia por diálogo e cooperação para que seja garantida a primazia dos direitos humanos e para que as metas de desenvolvimento humano e sustentável sejam alcançadas.

CONSIDERAÇÕES FINAIS

Ao discutir o controle de convencionalidade percebe-se que, além dos diferentes posicionamentos acerca dos parâmetros utilizados para realizá-lo, o mecanismo impulsiona uma avaliação do comportamento de grande parcela do Judiciário nacional que, arraigada a um conservadorismo cultural, permanece resistente à aplicação de instrumentos internacionais que foram ratificados pelo País.

Na realidade, perante alguns casos práticos, normativas internacionais são invocadas em decisões judiciais, sendo realizado um controle de convencionalidade mesmo que o mecanismo não seja diretamente mencionado. Isso ocorreu no caso dos pneus reformados, por exemplo, no qual foram citados diversos instrumentos internacionais para considerar inconstitucional a lei que permitia a importação dos referidos pneus, como a Convenção da Basiléia (aprovada pelo Brasil em 1992), o Relatório Brundtland (ou Nosso Futuro Comum), a Declaração do Rio sobre Ambiente e Desenvolvimento, a Convenção da Basileia sobre Movimentos Transfronteiriços de Resíduos Tóxicos, entre outros.

Porém, uma parte significativa do Judiciário mantém sua postura conservadora, até porque não são suficientemente estimulados a modificarem seu *modus operandi*. Quanto a isso, o Conselho Nacional de Justiça (CNJ) poderia atuar de forma mais incisiva, através de seus meios de ação (recomendações e resoluções), de modo a impulsionar a função do magistrado de rever seu papel na construção da sociedade e na proteção de direitos humanos, abrindo-se ao diálogo e à cooperação internacional por meio do mecanismo do controle de convencionalidade, de forma a garantir que as normas internacionais ambientais sejam efetivamente cumpridas e não representem mera retórica.

REFERÊNCIAS

BRASIL. **Acordo de Marraqueche**. Disponível em: <http://www.mdic.gov.br/arquivo/secex/omc/acordos/portugues/02estabeleceomc.pdf>. Acesso em: 02 set. 2016.

_____. **Laudo do Tribunal Arbitral Ad Hoc do MERCOSUL** constituído para entender da controvérsia apresentada pela República Oriental do Uruguai à República Federativa do Brasil sobre "Proibição de Importação de Pneumáticos Remoldados (Remolded) Procedentes de Uruguai". 2002. Disponível em:<http://www.stf.jus.br/arquivo/cms/processoAudienciaPublicaAdpf101/anexo/LaudodoTribunalArbitralAdHocdoMERCOSUL.pdf>. Acesso em: 01 set. 2016.

_____ STF. **Arguição de Descumprimento de Preceito Fundamental nº ADPF 101/DF.** Relª Min. Carmen Lúcia. Julgado em 24.06.2009. Disponível em: <http://redir.stf.jus.br/paginadorpub/paginador.jsp?docTP=AC&docID=629955>. Acesso em: 05 abr. 2017.

_____. **Tratado de Assunção.** Disponível em: <http://www.desenvolvimento.gov.br/arquivos/dwnl_1270491919.pdf>. Acesso em: 01 set. 2016.

CANOTILHO, J. J. Gomes. **"Brancosos" e interconstitucionalidade. Itinerários dos discursos sobre a historicidade constitucional.** Coimbra: Almedina, 2006.

CONSELHO NACIONAL DE JUSTIÇA. **Recomendação Nº 49 de 01/04/2014.** Disponível em: <http://www.cnj.jus.br///images/atos_normativos/recomendacao/recomendacao_49_010 42014_03042014155230.pdf>. Acesso em 08 abr. 2017.

DURANTE, Daniel; LUZ, Lília. **A guerra dos pneus: a controvérsia entre Brasil e Comunidades Europeias sobre o comércio internacional de pneus usados.** 2013. Editora UFPR. Disponível em: <https://sigaa.ufrn.br/sigaa/verProducao?idProducao=1605736&key=d47e8672f18a5de c883a8d53039700fc>. Acesso em: 01 set. 2016.

LUÑO, Antônio Enrique Pérez. **Perspectivas e tendências atuais do Estado constitucional.** Porto Alegre: Livraria do Advogado, 2012.

MAZZUOLI, Valerio de Oliveira. **O controle jurisdicional da convencionalidade das leis.** 2. ed. rev., atual. e ampl. São Paulo: Editora Revista dos Tribunais, 2011.

_____. **Teoria geral do controle de convencionalidade no direito brasileiro.** Revista de Informação Legislativa, Brasília, v. 46, n. 181 (jan./mar. 2009). Disponível em: <http://www2.senado.leg.br/bdsf/item/id/194897>. Acessado em: 02 abr. 2017.

_____. **Curso de direito internacional público.** 3ed. Revisada, atualizada e ampliada. São Paulo: RT, 2009b.

_____. **Direito dos tratados.** Rio de Janeiro: Forense, 2014.

MOROSINI, Fábio. El debate sobre los vínculos entre comercio y medio ambiente em el Mercosul: lascontroversias sobre el comercio de neumáticos. In: ÁLVAREZ ZÁRATE, José Manuel; GRANDO, Michelle; HETERMEYER, Holger. **Estado y futuro delderecho económico internacional en América Latina.** Colombia: Universidad Externado de Colombia, 2013.

NEVES, Marcelo. **Transconstitucionalismo.** São Paulo: WMF Martins Fontes, 2009.

SABADELL, Ana Lucia; DIMOULIS, Dimitri. **Anistia. A política além da justiça e da verdade.** Acervo, v. 24, 2011, p. 79-102.

SARLET, Ingo Wolfgang. **A assim designada proibição de retrocesso social e a construção de um direito constitucional comum latino-americano.** Revista Brasileira de Estudos Constitucionais – RBEC, Belo Horizonte, ano 3, n. 11, p. 167-204, jul./set. 2009.

TAVARES, André Ramos. **Modelos de uso da jurisprudência constitucional estrangeira pela justiça constitucional.** Revista Brasileira de Estudos Constitucionais – RBEC, Belo Horizonte, ano 3, n. 12, p. 17-55, out./dez. 2009.

LIRA, Yulgan. **Controle de convencionalidade: A tutela coletiva dos tratados internacionais de direitos humanos.** João Pessoa: Ideia, 2016.